Fernsehwerbung im Programm

Saarbrücker Studien
zum Privat- und Wirtschaftsrecht

Herausgegeben von Johann Paul Bauer,
Michael Martinek (geschäftsführender Herausgeber)
und Helmut Rüßmann

Band 29

PETER LANG
Frankfurt am Main · Berlin · Bern · Bruxelles · New York · Oxford · Wien

Marc Laukemann

Fernsehwerbung im Programm

Die zunehmende Kommerzialisierung des Fernsehprogramms im Zeitalter einer Ökonomisierung der Aufmerksamkeit als verfassungs-, wettbewerbs- und rundfunkrechtliches Problem

PETER LANG
Europäischer Verlag der Wissenschaften

Die Deutsche Bibliothek - CIP-Einheitsaufnahme

Laukemann, Marc:

Fernsehwerbung im Programm : die zunehmende Kommerzialisierung des Fernsehprogramms im Zeitalter einer Ökonomisierung der Aufmerksamkeit als verfassungs-, wettbewerbs- und rundfunkrechtliches Problem / Marc Laukemann. - Frankfurt am Main ; Berlin ; Bern ; Bruxelles ; New York ; Oxford ; Wien : Lang, 2002
(Saarbrücker Studien zum Privat- und Wirtschaftsrecht ; Bd. 29)
Zugl.: Saarbrücken, Univ., Diss., 2001
ISBN 3-631-38917-5

Gedruckt auf alterungsbeständigem, säurefreiem Papier.

D 291
ISSN 1433-8866
ISBN 3-631-38917-5

Printed in Germany 1 2 3 4 5 7

www.peterlang.de

Saarbrücker Studien zum Privat- und Wirtschaftsrecht

herausgegeben von
Prof. Dr. Johann Paul Bauer
Prof. Dr. Dr. Michael Martinek
Prof. Dr. Helmut Rüßmann

Die Schriftenreihe "Saarbrücker Studien zum Privat- und Wirtschaftsrecht" bildet in erster Linie ein Forum für rechtswissenschaftliche Doktorarbeiten der Universität des Saarlandes auf zwei juristischen Schwerpunktgebieten. Zum einen sollen Dissertationen im klassischen Privatrecht, vor allem im bürgerlichen Vermögensrecht der ersten drei Bücher des BGB und ihrer Nebengesetze vorgestellt werden. Zum anderen findet das Wirtschaftsrecht im Sinne des Wirtschaftsprivatrechts besondere Berücksichtigung, womit namentlich die Gebiete des Handelsrechts einschließlich des Bilanzrechts, des Personen- und Kapitalgesellschaftsrechts einschließlich des Konzernrechts, des Gewerblichen Rechtsschutzes sowie des Wettbewerbs- und Kartellrechts bezeichnet sind. Es versteht sich, daß nicht nur rechtsdogmatische Studien, sondern auch rechtstatsächlich, rechtspolitisch oder interdisziplinär angelegte Arbeiten in die Schriftenreihe Aufnahme finden. Denn die Rechts- und Wirtschaftswissenschaftliche Fakultät der Universität des Saarlandes vereinigt unter *einem* Dach die Fachbereiche Rechtswissenschaft und Wirtschaftswissenschaft und regt damit Studenten und Hochschullehrer in besonderer Weise zu fachübergreifender Lehre und Forschung an. Die Schriftenreihe steht aber nicht nur sehr guten und ausgezeichneten Dissertationen, sondern auch anderen "Studien" zu privat- und wirtschaftsrechtlichen Themen offen, bis hin zu Materialien und Skripten des akademischen Unterrichts. Die drei Herausgeber, die zugleich stellvertretend für ihre anderen Saarbrücker Fakultätskollegen des Privat- und Wirtschaftsrechts handeln, verbinden mit den "Saarbrücker Studien zum Privat- und Wirtschaftsrecht" den Wunsch, daß die hier veröffentlichten Arbeiten die verdiente Resonanz in der breiteren juristischen Fachöffentlichkeit finden.

„Sie und ich, wir können täglich nur über vierundzwanzig Stunden verfügen, während die Fähigkeit der Unternehmen, sich für unser Leben Kommerzialisierungsformen auszudenken, unbegrenzt ist“

Jeremy Rifkin

Amerikanischer Autor im Gespräch mit der Frankfurter Allgemeinen Zeitung vom 19. Aug. 2000, S. 43

„Was kann ich dafür, dass die Menschheit beschlossen hat, Gott durch Massenkonsumgüter zu ersetzen?“

Frederic Beigbeder

In: „39,90“, Rowohlt, 2001, S. 18

Vorwort

Das Medium Fernsehen hat mich schon immer fasziniert. Das Fernsehen bringt einem die große weite Welt einfach nach Hause, ist in seinen Kosten überschaubar und gehört für mich immer noch zu einem der wichtigsten Informationsmedien.

Manchmal ärgere ich mich auch über das Fernsehen. Und insbesondere über die Werbung.

Manchmal bin ich selbst nicht mehr sicher, ob ich Werbung oder fern sehe.

Mit der vorliegenden Arbeit wollte ich dieser Frage nachgehen.

Sie vereint meine Begeisterung für das Fernsehen, mein Interesse an der Werbung sowie die Erfahrungen, die ich während meines Referendariates in der Rechtsabteilung eines großen Fernsehsenders, in einer rundfunkrechtlich ausgerichteten Anwaltskanzlei sowie als Unternehmensjurist in einem Multimediaunternehmen gesammelt habe.

Diese Arbeit wurde im Sommersemester 2001 von der rechtswissenschaftlichen Fakultät der Universität Saarbrücken als Inauguraldissertation angenommen. Mein Dank gilt zunächst einmal meinem Doktorvater Herrn Prof. Dr. Dr. *Michael Martinek* M.C.J. (New York) für die sehr angenehme Betreuung.

Als weitere Gutachter standen Prof. *Dr. Ronald Beckmann* für den privatrechtlichen und Priv. Doz. Dr. *Christian Callies* für den öffentlich-rechtlichen Teil dankenswerterweise zur Verfügung.

Die Arbeit wurde im November 2000 eingereicht. Für die Drucklegung wurden jedoch Rechtsprechung und Literatur bis einschließlich Dez. 2001 berücksichtigt.

Ein besonderer Dank geht an meine Eltern, die mich tatkräftig und energisch unterstützt haben.

Ich widme dieses Buch meiner Frau *Janina*, ohne die ich diese Arbeit nicht fertig gestellt hätte.

München, den 01.01.2001.

Dr. *Marc Laukemann*

Inhaltsübersicht

Inhaltsverzeichnis

ABKÜRZUNGSVERZEICHNIS

a.A.	andere(r) Ansicht
a.a.O.	am anderen Ort im Literaturverzeichnis.
Abl.	Amtsblatt
Abl. EG	Amtsblatt der Europäischen Gemeinschaften
Abs.	Absatz
A.E.	am Ende
a.F.	alte Fassung
AfP	Archiv für Presserecht (Zeitschrift)
AG	Amtsgericht/Die Aktiengesellschaft (Zeitschrift)
AGBG	Gesetz zur Regelung des Rechts der Allgemeinen Geschäftsbedingungen
allg.	allgemein
a.M.	andere Meinung
Anh.	Anhang
ARD	Arbeitsgemeinschaft der öffentlich rechtlichen Rundfunkanstalten der Bundesrepublik Deutschland
Art.	Artikel
Aufl.	Auflage
Ausf.	Ausführlich
BB	Betriebs Berater (Zeitschrift)
Bd., Bde.	Band, Bände
Beil.	Beilage
Bes.	besonders
Beschl	Beschluss
Betr.	betreffend
BGB	Bürgerliches Gesetzbuch
B/H	Baumbach/Hefermehl, Kommentar zum Wettbewerbsrecht
BB	Der Betriebsberater
Bd.	Band
Beucher u.a.,	Beucher/Leiendecker/von Rosenberg, Kommentar zu Mediengesetzen, 1999
BGB	Bürgerliches Gesetzbuch
BGBl.	Bundesgesetzblatt
BGH	Bundesgerichtshof
BGH LM	Nachschlagewerk des BGH, Lindenmaier/Möhring (u.a. Hrsg.)
BGHZ	Entscheidungen des Bundesgerichtshof in Zivilsachen
BJM	Bundesministerium der Justiz
Bork, WiP,	Bork, Werbung im Programm.
BR-Drucks.	Bundesrats-Drucksache
BVerfG	Bundesverfassungsgericht
BVerfGE	amtliche Entscheidungen des Bundesverfassungsgerichts
BVerwG	Bundesverwaltungsgericht
BVerwGE	Amtliche Entscheidungssammlung des BVerwG
bzw.	beziehungsweise
ca.	zirka
CR	Computerrecht (Zeitschrift)
DB	Der Betrieb (Zeitschrift)
ders.	derselbe
dies.	Dieselbe/n
diff.	differenziert

Diss.	Dissertation
d.h.	dass heißt
DJV	Deutscher Journalistenverband
DLM	Direktoren der Landesmedienanstalten.
DLM-Richtlinie	Gemeinsame Richtlinien der Direktoren der Landesmedienanstalten für die Werbung, zur Durchführung der Trennung von Werbung und Programm und für das Sponsoring im Fernsehen in der Neufassung vom 10. Feb. 2000
DÖV	Deutsche öffentliche Verwaltung (Zeitschrift)
DZWir	Deutsche Zeitschrift für Wirtschaftsrecht
E.	Entscheidungssammlung
ebd.	ebenda
EFÜ	Europäisches Fernsehübereinkommen
EG	Europäische Gemeinschaft
EG-FsRili	Richtlinie 89/552/EWG zur Koordinierung bestimmter Rechts- und Verwaltungsvorschriften der Mitgliedsstaaten über die Ausübung der Fernsehtätigkeit
EG-Richtlinie	Richtlinie der Europäischen Gemeinschaft
EGMR	Europäischer Gerichtshof für Menschenrechte
EGV	Vertrag zur Gründung der Europäischen Gemeinschaft v. 25.3.1957
e-marketing	Werbemagazin für Online-Marketing und E-Commerce
EMRK	Europäische Konvention zum Schutz der Menschenrechte und Grundfreiheiten
Entsch.	Entscheidung
epd Medien	Evangelischer Pressedienst (Zeitschrift)
EWG	Europäische Wirtschaftsgemeinschaft, seit. 1. Nov. 1993 umbenannt in Europäische Gemeinschaft
EWiR	Entscheidungen zum Wirtschaftsrecht (Zeitschrift)
EWS	Europäisches Wirtschafts- und Steuerrecht (Zeitschrift)
EU	Europäische Union
EuGH	Gerichtshof der Europäischen Gemeinschaften
FAZ	Frankfurter Allgemeine Zeitung
f., ff.	folgend(e)
Fn.	Fußnote
FR	Frankfurter Rundschau (Zeitung)
FuR	Zeitschrift für Film und Recht
Fußnote	Verweis auf Fußnote innerhalb der Arbeit
gem.	gemäß
GBl.	Gesetzblätter
GG	Grundgesetz für die Bundesrepublik Deutschland
g.h.A.	ganz herrschende Ansicht
g.h.M.	ganz herrschende Meinung
GmS	Gemeinsamer Senat
Grdl.	grundlegend
GRUR	Zeitschrift für Gewerblichen Rechtsschutz und Urheberrecht
GRUR int.	GRUR internationaler Teil
GWB	Gesetz gegen Wettbewerbsbeschränkungen i.d.F. v. 1998
Harstein u.a.	Harstein/Ring/Kreile/Dörr/

	Stettner, Kommentar zum RStV 1995
HaustürWiG	Haustürwiderrufsgesetz
Hrsg.	Herausgeber
h.L.	herrschende Lehre
h.M.	herrschende Meinung
Hrsg.	Herausgeber
Hs.	Halbsatz
http.:	Hyper Text Transfer Protocol, Verfahren, nach dem die Daten von www-Seiten übertragen werden.
HWG	Heilmittelwerbegesetz
i.d.F.	in der Fassung
i.d.R.	in der Regel
i.e.S.	im engeren Sinne
i.E.	im Ergebnis
i.S.d.	im Sinne des
ITC	Independent Television Commission (Britische Fernsehaufsichtsbehörde)
JA	Juristische Arbeitsblätter (Zeitschrift)
Jg.	Jahrgang
JAR	Journal of Advertising Research (Zeitschrift)
JuS	Juristische Schulung (Zeitschrift)
JZ	Juristenzeitung (Zeitschrift)
K&R	Kommunikation und Recht (Zeitschrift)
Kap.	Kapitel
KEK	Kommission zur Ermittlung der Konzentration auf dem Mediensektor
KG	Kammergericht
Kom	Dokument der EG-Kommission, Legislativevorschläge und andere Kommissionsmitteilungen von eigenem Interesse
Krit.	Kritisch
KUG	Kunst- und Urhebergesetz
LfR	Landesanstalt für das Rundfunkwesen Nordrhein Westfalen
LG	Landgericht
LMG	Landesmediengesetz
LMBG	Lebensmittel- und Bedarfsgegenständegesetz
LPG	Landespressegesetz
LV	Landesverfassung
M&K	Medien- und Kommunikationswissenschaft (Zeitschrift vormals Rundfunk und Fernsehen)
MA	Der Markenartikel (Zeitschrift)
m. Anm.	mit Anmerkung
m.a.W.	mit anderen Worten
MDStV	Mediendienstestaatsvertrag
Mio.	Million
MJ	Marketingjournal (Zeitschrift)
MMM	Medien machen Menschen, Zeitschrift der IG Medien
MR	medien und recht (österreichische Zeitschrift)
MMR	MultiMedia und Recht (Zeitschrift)
MP	Media Perspektiven (Zeitschrift)
m.w.N.	mit weiteren Nachweisen
Nachw.	Nachweise
NJW	Neue Juristische Wochenzeitschrift
Nds.	Niedersächsisches
Nr.	Nummer

ÖOGH	Österreichischer Oberster Gerichtshof
OLG	Oberlandesgericht
o.T.	ohne Titel
O.V.	ohne Verfasser(angabe)
OVG	Oberverwaltungsgericht
PangV	Preisangabenverordnung
RabattG	Rabattgesetz
Rdnr., Rdnrn.	Randnummer(n)
RS.	Rechtsprechung
RStV	Rundfunkstaatsvertrag in der Fassung vom 1. April 2000
RuF	Rundfunk und Fernsehen (Zeitschrift)
Slg.	Sammlung der Rspr. des EuGH
S.	Seite
Seite	Verweis auf Seite innerhalb der Arbeit
s.Seite	siehe Seite
s.o.	siehe oben
Saarl.	Saarland, Saarländische
sog.	sogenannt
str.	strittig
st. Rspr.	ständige Rechtsprechung
SbZ	Saarbrücker Zeitung
SpuRt Recht	Zeitschrift für Sport und
StGB	Strafgesetzbuch
SZ	Süddeutsche Zeitung
TAZ	Tageszeitung
Tz.	Teilziffer
u.a.	und andere
Ufita	Archiv für Urheber-, 'Film-, Funk- und Theaterrecht (Zeitschrift)
UrhG	Gesetz über Urheberrecht und verwandte Schutzrechte
Urt.	Urteil
usw.	und so weiter
UWG	Gesetz gegen den unlauteren Wettbewerb
v.	vom/von
Verf.	Verfasser
VG	Verwaltungsgericht
vgl.	vergleiche
VO	Verordnung
VPRT	Verband Privater Rundfunk und Telekommunikation
VuR	Verbraucher und Recht (Zeitschrift)
WbR	Wettbewerbsrecht
WiB	Wirtschaftsrechtliche Beratung (Zeitschrift)
WiSt	Wirtschaftswissenschaftliches Studium (Zeitschrift)
www.	World wide web
WRP	Wettbewerb in Recht und Praxis (Zeitschrift)
w&v	Werben und Verkaufen (Zeitschrift)
ZAW	Zentralverband der deutschen Werbewirtschaft
z.B.	zum Beispiel
ZDF hen	Zweites Deutsches Fernse-
ZfP	Zeitschrift für Presse und Fernsehen
ZfS	Zeitschrift für Sozialpsychologie
ZHR	Zeitschrift für das gesamte Handelsrecht und Konkursrecht
ZIP recht	Zeitschrift für Wirtschafts-
Zit.	zitiert

ZLR	Zeitschrift für Lebensmittelrecht
ZRP	Zeitschrift für Rechtspolitik
ZSR.NF.	Zeitschrift für Schweizerisches Recht. Neue Folge
Z.T.	zum Teil
ZugabeVO	Zugabeverordnung
zugl.	zugleich
ZUM	Zeitschrift für Urheber- und Medienrecht
zutr.	zutreffend

KAPITEL 1: GRUNDLAGEN DER FERNSEHWERBUNG IM PROGRAMM

Abschnitt 1: ZIEL UND AUFBAU DER UNTERSUCHUNG

A. Problemstellung

Die bundesdeutsche Fernsehlandschaft hat in den letzten Jahren eine bedeutende Wandlung vollzogen. Neue technische Entwicklungen ermöglichten eine Ausweitung der Programmangebote im Fernsehen. Mit der Zulassung privater Fernsehanbieter, die sich ausschließlich aus Werbung finanzieren, hat das Fernsehen Mitte der 80er Jahre ein neues Gesicht bekommen. Der bis dahin statische, nur öffentlich-rechtliche Programme beinhaltende Fernsehmarkt hat sich ökonomischen Regeln unterworfen.[1] Zunehmend verändert sich seitdem die Ausrichtung der Programmangebote. Das Interesse der Fernsehanstalten an der Vermittlung von Inhalten wird verstärkt von der vor allem wirtschaftlich bedingten Notwendigkeit, Werbung zu akquirieren, überlagert. Die Werbetreibenden bewerten das Medium Fernsehen in erster Linie danach, ob es ein attraktives Umfeld für die Platzierung von Werbebotschaften darstellt. Sie machen ihre Werbeschaltungen von den Inhalten der einzelnen Programmangebote abhängig, d.h. sie untersuchen, ob die Programminhalte eine für Vermarktungszwecke lukrative Zielgruppe ansprechen. Die Rundfunkanbieter, welche mehr oder weniger ihr Programmangebot über Werbeeinnahmen finanzieren, müssen sich dadurch einer zunehmenden Einmischung der Werbeindustrie auf die Programmgestaltung erwehren.[2]

Zwar wird mittlerweile die generelle Zulässigkeit von Fernsehwerbung aufgrund der ausführlichen gesetzlichen Normierungen sowohl im deutschen als auch europäischen Recht nicht mehr in Frage gestellt.[3] Die Diskussion über die Grenzen erlaubter Werbung ist aber seit jeher Gegenstand heftiger Auseinandersetzun-

[1] Vgl. dazu: *Sjurts*, Wettbewerb und Unternehmensstrategie in der Medienbranche, in: *Altmeppen* (Hrsg.), Ökonomie der Medien und des Mediensystems, S. 53 ff, 73 ff.

[2] Vgl. z.B. *Bartels*, Harry, hol schon mal den BMW. Die einen nennen es „Private Public Partnership", die anderen Schleichwerbung: Wie Produkte ihren Weg auch ins öffentlich-rechtliche Fernsehen finden. Der Zuschauer merkt meistens nichts, in: Die Zeit 28/2001.

[3] Daneben bestehen sehr genaue Richtlinien der öffentlich-rechtlichen Anstalten sowie die der Landesmedienanstalten für den privaten Rundfunk.

gen.[4] Auf die Gefahr einer sich immer weiter ausbreitenden, alle Lebensbereiche erfassenden Werbetätigkeit wies *Kimminich* bereits 1964 hin:

„Die letzte Bastion der Freiheit, die es ermöglicht, sich ständiger Werbeberieselung zu entziehen, ist das Gefängnis."[5]

Später warnte *von Nostitz* vor den Wirkungen von Werbung, die seiner Ansicht nach unsere

„Lebensqualität, -planung, und -bedürfnisse und damit die gesamte Erziehungsarbeit....in einem immer stärkeren Maße von Werbestrategen festlegt [werden. Glück erscheint nunmehr direkt erreichbar] und zwar durch Konsum von Waren. Dadurch findet eine Entgrenzung der Bedürfnisse statt, der Konsument werde in einem Zustand der ständigen Unzufriedenheit gehalten, mitten im Überfluss bestehe so das Gefühl der Knappheit."[6]

Da das Fernsehen im Rahmen der Freizeitgestaltung der gesamten Bevölkerung eine zentrale Rolle einnimmt[7], und aufgrund seiner multisensorischen Ansprache (in Ton und Bild) zu dem Leitmedium der Massenkommunikation geworden ist[8], hat es der Gesetzgeber zahlreichen gesetzlichen Restriktionen unterworfen. Um ein Vordringen werblicher Botschaften in das redaktionelle Programm zu

---

[4] Vgl. zur kontroversen Debatte über Gefahren und Nutzen der Werbung: *Packard*, The hidden persuaders, 1957 (deutsch: Die geheimen Verführer: der Griff nach dem Unbewußten in jedermann, Düsseldorf 1992); und zuletzt *Beigbeder*, „39,90", 2001 und Klein, Naomi, No Logo, 2001. Dagegen: *Brand*, Die Legende von den „geheimen Verführern", 1978; *Kroeber-Riel,* Über die Schönfärberei in der Werbelehre, 1972, S. 127; *Hoppenkamps,* Information oder Manipulation?, 1977; *Rost,* Pawlows Hunde - Die Legende der beliebigen Manipulierbarkeit des Menschen, 1993; *Nickel*, Werbung und Moral, 1997. Weit. Nachw. finden sich bei *Pöchhacker*, Suggestivwerbung und unlauterer Wettbewerb, 1990, S. 29 ff. Krit. zur Werbung: *Luhmann*, Realität der Massenmedien, 2. Aufl. 1996, Kap. 7, der fragt: „Wie können gut situierte Mitglieder der Gesellschaft so dumm sein, viel Geld für Werbung auszugeben, um sich ihren Glauben an die Dummheit anderer zu bestätigen?"

[5] Der Staat, 1964, S. 61.

[6] *V. Nostitz*, Sponsoring - mit Steuergeldern die öffentliche Meinung steuern? ZRP 1996, S. 85.

[7] Jeder Deutsche schaut im Durchschnitt täglich 198 Minuten Fernsehen. Damit verbringt der Deutsche im Laufe eines 75-jährigen Lebens gut zehn Jahre vor dem Fernsehen, vgl. *o.V.*, USA sind fernsehhungrig, WaS vom 3. Dez. 2000, S. 36.

[8] Grdl.: *Kroeber-Riel*, Bildkommunikation 1993, S. 4 f. So ist die tägliche Reichweite der klassischen Lesemedien dramatisch zurückgegangen; sie ist von 1978 bis 1985 von 51% auf 14% gesunken; der Konsum von elektronischen Medien hat dagegen stark zugenommen, vgl. ebd. *Heinrich*, Medienökonomie, Bd. 1, 1994, S. 82 f, sieht im Fernsehen „das Basismedium im Bereich der Markenartikelwerbung".

verhindern, wurde u.a. das Gebot der Trennung und Kennzeichnung von Werbung und Programm geschaffen.[9]

Das Trennungsgebot verlangt im Grundsatz, dass Werbung und Programm keinerlei Verbindung zueinander aufweisen dürfen (§ 7 Abs. 3 Satz 2 RStV, § 22 Abs. 3 ZDF-StV[10]). Zugleich muss Werbung im Zuschauerinteresse nach herrschender Auffassung deutlich erkennbar sein.[11] Mit dieser Vorschrift werden die Art. 10 Abs. 1 EG-FsRili und Art. 13 Abs. 1 EFÜ umgesetzt. Die gesetzliche Bestimmung dieses „Vermischungsverbotes durch Gesetz"[12] ist Ausdruck einer in Deutschland und Europa[13] gewachsenen Grundauffassung, die zur Sicherung eines freien Rundfunks und der Lauterkeit des Wettbewerbs als unerlässlich angesehen wird.[14]

Gerade dieses Gebot sieht sich als Folge des liberalisierten Fernsehmarktes heftigen Angriffen sowohl von Seiten der Werbeindustrie als auch von der Politik ausgesetzt.[15] Denn die Nachfrage nach Werbung steigt trotz Zulassung neuer Werbeformen ständig an und ist größer als die knappheitsbedingt kostspieligen Angebote. Der Nachfrageüberhang kann jedoch aufgrund gesetzlicher Restriktionen vor allem in Gestalt der Werbezeitbeschränkungen (s. §§ 15, 45 RStV) nicht gedeckt werden. Zudem ist die Werbeindustrie mit dem Erfolg klassischer Fernsehspots mehr und mehr unzufrieden.[16] Deren Wirkung leidet nach Auffassung der Auftraggeber zu sehr an der täglichen Werbeflut in den Medien.[17] Diese führt dazu, dass der Zuschauer die einzelnen Werbebotschaften kaum wahr

---

[9] Statt vieler *Scheuch,* Eigenproduktionen der Filmwirtschaft und Product Placement - Schranken wettbewerbsrechtlicher Kontrolle, in: FS-*Piper*, 1996, S. 439 ff. m.w.N.

[10] Abgedr. in: *Bauer/Ory*, Recht in Hörfunk und Fernsehen, 4.3.

[11] S. *Bosmann,* Rundfunkrechtliche Aspekte der Trennung von Werbung und Programm, ZUM 1990, 545, 548; *Coerdt-Taxhet*, Irreführende Fernsehwerbung in Deutschland, 1999, S. 82.

[12] So *Schneider*, Statement zur LfR-Studie „Trennung von Werbung und Programm im Fernsehen". Kabel & Satellit Nr. 6 v. 2. Feb. 1998, S. 10.

[13] Zur abweichenden Werbepraxis in Amerika und anderen Ländern: vgl. *Volpers/Herkströter/Schnier*, Trennung von Werbung und Programm, 1998; *Schaar*, Programmintegriete Fernsehwerbung, 2001, Kap. 3, S. 142 ff.

[14] *LG München*, ZUM 1985, 517; *Castendyk*, Werbung nach der Fernsehrichtlinie, in. *Schwarze* (Hrsg.) 1999, S. 151, 159.

[15] Vgl. nur aus jüngerer Zeit: epd medien Nr. 10 v. 9. Febr. 2000, „Privatsender dürfen neue Werbeparagrafen missachten". *Matt*, in: w&v, Nr. 5 v. 4. Feb. 2000, „VPRT legt Widerspruch ein".

[16] *O.V.:* Massenflucht vor Fernsehwerbung, FR v. 25. Feb. 2001.

[17] Fast 37 Stunden Fernsehwerbung läuft täglich im deutschen Fernsehen. Im Durchschnitt nimmt der Zuschauer davon nur 16 Minuten Fernsehwerbung am Tag, vgl. *Gustedt/Ruzas*, Preisdiktat bis an die Schmerzgrenze, in: FOCUS 34/2000.

nimmt. Bei stetig steigenden Kommunikationskosten ist somit gleichzeitig eine sinkende Effizienz der Kommunikation durch klassische Werbespots zu verzeichnen.[18]

Unter dem Druck explodierender Programm- und Produktionskosten sind die Rundfunkanstalten auf der Suche nach neuen Vermarktungswegen und verbesserten Werbeeinnahmen den Werbetreibenden in jüngerer Zeit vermehrt entgegen gekommen.[19] Besonders rasant schreitet diese Entwicklung im Fernsehen voran.[20] In vielen Programmbereichen[21] hat dies zu einer Angleichung und Vermischung von Werbung und Programm geführt, ohne dass das rundfunk- und wettbewerbsrechtliche Gebot zur Trennung von Werbung und Programm dem bisher Einhalt gebieten konnte.

Die EU-Kommission wirft Deutschland mittlerweile vor, die Werbepraxis privater Fernsehsender unzureichend zu kontrollieren und Verstöße gegen die EU-Fernsehrichtlinie[22] nicht zu ahnden. Bei einer Untersuchung im Auftrag der Europäischen Union (EU) seien "eklatante, wiederholte und schwere Verstöße" vor allem bei privaten Rundfunksendern festgestellt worden.[23]

Die gegenwärtige Situation der Rundfunkwerbung lässt sich durchaus mit der Erkenntnis des griechischen Philosophen *Heraklits* beschreiben, dem die Nachwelt den Beinamen des Dunklen gegeben hat. „Panta rhei“, alles fließt, nichts besteht, alles wechselt ewiglich. Aber gibt es einen bleibenden Sinn?

Gegenstand der vorliegenden Untersuchung ist die Suche nach diesem übergeordneten Sinn im Zusammenhang mit der Vermischung werblicher und programmlicher Fernsehangebote[24] durch Werbung im Programm, welche fast schon zur „Programmnormalität“[25] zu gehören scheinen.

---

[18] *Bachem*, Fernsehen in den USA, 1997, S. 22.

[19] Vgl. *Böll*, Merchandising, 1995, S. 82 m.w.N. in Fn. 287.

[20] Vgl. *Diekhof*, Bezahlte Werbebotschaften. w&v Background Nr. 41 1996, S. 92, spricht von einer „Vermählung von Business und TV“.

[21] Vgl. *Böll*, Merchandising, S. 82 f.

[22] EG-Richtlinie zur Koordinierung bestimmter Rechts- und Verwaltungsvorschriften der Mitgliedstaaten über Ausübung der Fernsehtätigkeit vom 3. Okt. 1989 (89/552/EWG), abgedr. in:. *Bauer/Ory*, a.a.O., 1.3.2.1

[23] *O.V.:* Eklatante Verstöße, in: FR v. 21. Nov. 2001.

[24] Zu den Problemen der Hörfunkwerbung: *Laukemann*, Die Auswirkungen des 4. Rundfunkänderungsstaatsvertrages auf die Hörfunkwerbung, in: *Bauer/Ory*, 2001, S. 115 ff.

[25] Vgl. *Dörfler*, Product Placement im Fernsehen, 1992, S. 32; *Volpers u. a.*, a.a.O., S. 74 mit zahlreichen Beispielen für Product-Placement im öffentlich-rechtlichen und privaten Rundfunk.

Rechtsgrundlagen der Werbung im Fernsehen finden sich in der nationalen und in der europäischen Rechtsordnung. Im Bereich des Vertragsrechts der europäischen Gemeinschaft sind die Art. 10 EMRK,[26] Art. 151 (Kulturelles und literarisches Schaffen einschließlich des audiovisuellen Bereiches als Tätigkeitsfelder, beschränkt auf Empfehlungen und Fördermaßnahmen) und 49 EGV für Rundfunk und Werbung als Dienstleistung von Bedeutung. Im Bereich des Sekundärrechts regelt die EU-Fernsehrichtlinie in ihrer revidierten Fassung von 1997 die Bereiche zur Fernsehwerbung, Quotenregelungen bzgl. bestimmter Programmanteile für den europäischen Film, Jugendschutz und Gegendarstellungsrecht. Die Richtlinie regelt Mindeststandards, strengere Regelungen sind möglich (Art. 3 Abs. 1 EGV). Weiterhin hat der Europarat gleichfalls Regelungen geschaffen, die allerdings nur länderübergreifend Anwendung findet.

Fernsehwerbung kommt unter verfassungsrechtlichen Aspekten Bedeutung zu, insbesondere unter dem Gesichtspunkt der Meinungs-, Rundfunk-, Berufs- und Kunstfreiheit. Dezidierte Werberegelungen enthält weiterhin der Rundfunkstaatsvertrag, der wiederum durch die Gemeinsamen Richtlinien für die Werbung, zur Durchführung der Trennung von Werbung und Programm und für das Sponsoring im Fernsehen vom 10. Feb. 2000 und den entsprechenden Richtlinien von ARD und ZDF präzisiert wird. Da die medienrechtlichen Vorschriften in der Werbepraxis nicht selten unbeachtet bleiben und aufgrund ihrer fehlenden Sanktionsmöglichkeiten nicht immer geeignet sind, die sich ständig weiter entwickelnden Werbeformen in den Griff zu bekommen,[27] fällt der Blick auf die flexiblen wettbewerbsrechtlichen Instrumentarien, in deren Mittelpunkt das wettbewerbsrechtliche Gebot der Trennung von Werbung und redaktioneller Sendung steht. Insbesondere soll dabei der bisher in der Literatur noch weitgehend vernachlässigten Frage der dogmatischen Herleitung des Trennungsgebotes als im Interesse des Verbrauchers liegendes Irreführungsinstrument nachgegangen werden.

B. Zum Begriff der Werbung im Programm

Sofern in der vorliegenden Arbeit vom „Verbraucher“ oder „Zuschauer“ gesprochen wird, dann sind damit alle Zuschauer (m/w) ab 14 Jahren zu verstehen. Nicht eingegangen werden kann auf die Probleme der Fernsehwerbung für Kin-

---

[26] Das Gesetz über die Konvention zum Schutze der Menschenrechte und Grundfreiheiten v. 7.8.1052, BGBl. II, S. 685, 953 fasst dort Werbung als „Meinung“ auf. Allerdings gilt das Gesetz in der BRD nur als einfaches Gesetz; es kommt ihm kein Verfassungsrang zu; *BVerfGE* 41, 126 ff, 149.

[27] Vgl. nur *Henning-Bodewig*, Wo kein Kläger, da viel Reklame - Werbung und Programm werden häufig nicht klar getrennt und niemanden kümmert's, in SZ. v. 29. Dez. 1997, S. 15.

der; für die gerade aus sozialpsychologischer und verfassungsrechtlicher Sicht erhebliche Besonderheiten beachtet werden müssen.[28]

Der Begriff der „Werbung im Programm“ tauchte vor allem in der Mitte der 80er Jahre einsetzenden Debatte über die rundfunk- und wettbewerbsrechtlichen Grenzen der Fernsehwerbung auf.[29] Grundsätzlich kann man dabei zwischen redaktioneller Werbung und Werbung als Programm unterscheiden.

Redaktionelle Werbung ist Werbung im Gewand eines Programmbeitrags. Ihre Besonderheit liegt darin, dass sie dem Zuschauer nicht offen als Werbung durch oder für ein Unternehmen, sondern versteckt als Beitrag einer Redaktion zur Informations- oder Meinungsbildung gegenübertritt.[30] In diesem Fall wird auch von Schleichwerbung oder „Product-Placement“ gesprochen.[31] Gemeinsam ist diesen Werbeformen, dass damit dem Umworbenen der Eindruck vermittelt werden soll, es handele sich um eine vom Beworbenen unbeeinflusste Äußerung der Redaktion.[32] Werbung kann ein größeres Gewicht erhalten, wenn der Umworbene den Redakteur für den Äußernden der Werbeaussage hält, und somit nicht berücksichtigen kann, dass die Aussage im Eigeninteresse des Werbenden erfolgt und mithin in höchstem Maße subjektiv ist. Da redaktionelle Fernsehwerbung im Auftrag werbetreibender Dritter durch Einflussnahme auf die Programmgestaltung der Rundfunkanstalten und damit in deren Eigeninteresse erfolgt, wird sie ganz überwiegend nicht als Entscheidungshilfe für den Verbraucher angesehen.

Von der redaktionellen Werbung als Berichterstattung kann die Werbung in Form der Berichterstattung (sogen. getarnte Werbung) unterschieden werden, wobei auch hier die Übergänge fließend sind.[33] Kennzeichnend für diese Werbeform ist das Anlehnen an redaktionelle Programmangebote. Bei der Ausstrahlung handelt es sich formal um in Werbeblöcke gefasste und mittels Werbelogo

---

[28] Vgl. hierzu grundlegend: *Engels*, Fernsehwerbung für Kinder, Diss. 1997, S. 28 ff, 55 ff.

[29] Vgl. statt vieler: *Bork*, Werbung im Programm, 1988 m.w.N.

[30] *Köhler*, Redaktionelle Werbung, WRP 1998, 349. Vgl.: *Zentralausschuß der deutschen Werbewirtschaft* (ZAW) e.V., Schleichwerbung, S. 7 ff, 11 ff. Weitergehend: *Schaar*, Regulierung redaktioneller Fernsehwerbung in Großbritannien. Ein Vorbild für den deutschen Rundfunkstaatsvertrag? ZUM 1998, S. 869, wonach redaktionelle Werbung die Gesamtheit der Werbeformen umfasst, die auf einer Verbindung von Werbeaussagen mit redaktionellem Programm beruhen.

[31] Die Terminologie ist ebenso wie die Schreibweise für Product-Placement (sie folgt hier dem Duden, Die deutsche Rechtschreibung, 21. Aufl. 1996) einheitlich, vgl. *Ring*, Kommentar zum RStV (April 2000) § 7 RStV Rdnr. 47.

[32] *Rodekamp*, Redaktionelle Werbung, 1975, S. 2 f.

[33] Vgl. *Prinz/Peters*, Medienrecht, 8. Kap. V 1. Rdnrn. 231 ff m.w.N. und exemplarisch: *OLG Hamburg*, AfP 1997, 813 f – Kosmetikartikel.

als Werbespot gekennzeichnete, klassische Werbespots[34], deren Werbecharakter für den Zuschauer jedoch aufgrund der Vermischung mit klassischen Programmangeboten nur schwer zu erkennen ist.[35] Zur getarnten Werbung sind auch sogen. Public-Relations-Sendungen[36], Narrow-Casting[37] oder Moderatorenwerbung[38] zu zählen.

Letztlich sind die in der Literatur vielfach getroffenen Unterscheidungen nur begrifflicher Natur[39]. Allgemein kann man von Werbung im Programm sprechen, wenn innerhalb des durch das Senderlogo der Rundfunkanstalt gekennzeichneten Programmbereichs Werbung betrieben wird. Diese Werbeform umfasst damit gerade diejenige Werbung, die außerhalb des als Werbespot (gem. § 14, 44 RStV), Sponsoring (§8 Abs. 1 RStV), Dauerwerbesendung (§ 7 Abs. 5 RStV) oder Teleshopping (§ 7 RStV) gekennzeichneten Bereichs ausgestrahlt wird.

---

[34] Neben den klassischen Werbespots haben sich in neuerer Zeit moderne Varianten entwickelt (vgl. FOCUS 7/1997, S. 165; DER SPIEGEL 39/97, S. 112). Bei der sogen. „Appetitmacherwerbung" wird die Werbung direkt nach Sendungsbeginn geschaltet. Diese Werbeform ersetzt zunehmend die sogen. „Scharnierwerbung", also Werbung, die zwischen den Sendungen gezeigt wird, da die Zappingquote durch eine „Optimierung des Programmflusses deutlich zurückgegangen ist. Vgl. dazu: Horizont 37/97, S. 80 f. Mehrere redaktionelle Magazine beschäftigen sich mit den witzigsten Werbespots der Welt (Sat.1, RTL2). In der sogen. Werbung für Werbung kündigt ein Unternehmen im Fernsehen den Werbeauftritt des nachfolgenden Unternehmens an.

[35] Gerade Werbespots, die sich einer filmischen Erzählstruktur bedienen und damit dem Kinofilm gleichen, lassen den Zuschauer oftmals (bewusst) über den Bruch von Trennung und Programm im Unklaren. Vgl. *Volpers u.a.*, Werbung und Programm, S. 60 u.H.a. kommunikationstheoretische und wahrnehmungspsychologische Erkenntnisse.

[36] Public-Relations-Sendungen stellen das audiovisuelle Pendant zur schriftlichen Pressemitteilung dar.

[37] Als Narrow Casting bezeichnet man Werbespots, die eine spezielle programmliche Thematik aufgreifen (z.B. im NIKE-Spot direkt nach einer Fußballspielübertragung treten bekannte Fußballer auf). Dieser aus den USA kommende Trend der formalen und inhaltlichen Nähe von Werbespot und Film (vgl. hierzu die Untersuchung von *Bachem*, a.a.O., S. 264 ff, 272) bis hin zu einer gegenseitigen Abstimmung von Produkt und Programmumfeld ist vor allem im Kinderfernsehen zu beobachten. Charakteristisch dafür ist, dass eine Einordnung als (Dauer)Werbung oder Programm ohne entsprechende Kennzeichnung für den Zuschauer fast unmöglich ist. Vgl. *Volpers u.a.*, Werbung und Programm, S. 60 f.

[38] Bei dieser weit verbreitete Form präsentieren TV-Moderatoren sich selbst in Werbespots außerhalb des regulären Programms, wobei diese Werbeform häufig an den Programmteil angelehnt ist und für den Zuschauer im ersten Moment nur schwer durchschaubar sind (z.B. *Marcel Reif* für Bitburger-Bier, *Thomas Gottschalk* für Haribo-Gummibärchen).

[39] Das *OVG Niedersachsen*, ZUM 1999, 347, 350 – Barbie Puppe, unterscheidet wenig überzeugend zwischen Product-Placement als Einfügung in das redaktionelle Programm und redaktioneller Werbung, der als Werbesendung die Gestalt eines redaktionellen Programms gegeben wird.

ZUSAMMENFASSUNG ZU ABSCHNITT 1:

Moderne Fernsehwerbung löst sich immer weiter von der klassischen Spotwerbung und sucht die Integration im redaktionellen Programm. Die vorliegende Untersuchung konzentriert sich dabei auf diejenige Werbung, die innerhalb des mit dem Senderlogo der Rundfunkanstalt gekennzeichneten Programmbereichs betrieben wird, und die sich in erster Linie an Jugendliche und Erwachsende richtet.

Abschnitt 2: Funktion und Rolle von Fernsehwerbung im System der Betriebswirtschaftslehre

A. Zur Funktion der Werbung

I. Die ökonomische Bedeutung der Werbung

Die Produktion von Sachgütern beschränkte sich schon frühzeitig nicht nur auf die Zweckmäßigkeit einer Sache, besondere Bedeutung kam auch ihrer Schönheit zu. Neben Funktion und Aussehen eines Gegenstandes trat zunehmend auch ein sogen. „Geltungsnutzen" in den Vordergrund, der für die Verkaufsplanung eine große Rolle spielt. Die äußere Gestaltung von Produkten begann im ausgehenden 16. Jh. von Künstlern, deren primäres Ziel es war, für Kunden ein optisches Qualitätssignal zu setzen.

Die Werbung in Form der heute bekannten Massenwerbung entstand mit dem Aufkommen der Massenproduktionen nach Ende des 1. Weltkrieges, die einen Überfluss an Waren und eine immer geringer werdende Überschaubarkeit des Angebotes für den Konsumenten mit sich führte. Die Massenproduktion veränderte eine von Angebots- und Produktionsknappheit geprägte Zeit rasch zu sog. „Käufermärkten".[1]

Während man in der Wettbewerbstheorie anfangs davon ausging, dass im Wettbewerb ein hohes Maß an Markttransparenz gewährleistet sei und der Verbraucher in der Lage wäre, aus den vorhandenen Marktinformationen über Preis und Qualität der Produkte seine subjektive, rationale Kaufentscheidung zu fällen[2], musste man bald erkennen, dass es einen ausschließlich rational orientierten Verbraucher, der mit dem geringsten Aufwand den größtmöglichen Nutzen erzielt (Modell des „homo oeconomicus") genauso wenig gibt wie einen Markt, auf dem sich alle preislich und qualitativ vorteilhaften Produkte durchsetzen, während die schlechteren vom Markt verschwinden.[3]

Mit dem Ende des zweiten Weltkrieges setzte die Massenwerbung in Westeuropa ein, die mit der erneuten Zunahme des Käufermarktes ab 1950 und der Entwicklung zur Wohlstandsgesellschaft weiter anstieg. Kennzeichnend für diese Entwicklung sind annähernd gesättigte Märkte, auf denen Produktinnovationen weitgehend selten sind, und auf denen ein gleichmäßig hoher Fertigungsstand besteht. Meist ausgereifte Produkte (z.B. Seife, Schokolade, Waschmaschinen,

---

[1] *Nieschlag/Dichtl/Hörschgen,* Marketing, 17. Aufl. 1994, S. 12 ff.

[2] Sogen. klassische Theorie des „statischen Modell der Marktwirtschaft", eingehend: *Stobbe,* Gesamtwirtschaftliche Theorie, S. 288; *ders.*, Mikroökonomik; S. 313.

[3] Vgl. *Luhmann,* Die Wirtschaft der Gesellschaft, 2. Aufl. 1989, S. 271 ff.

Radios) lassen sich durch Beschaffenheit oder Preis kaum noch differenzieren. Auf einem solchen Markt konnte von Markttransparenz keine Rede sein. Gleichzeitig bestand aber die Notwendigkeit eines wirtschaftlichen Wachstums.[4] Der Wettbewerb wurde zum Entdeckungsverfahren sowohl für Anbieter als auch Verbraucher.[5]

Der Verbraucher, dem eine wichtige Schiedsrichter- und Steuerungsfunktion im Wettbewerb der Anbieter von Waren und Dienstleistungen zukommt, benötigte immer mehr Informationsangebote, um das aus seiner Sicht beste Produkt auswählen zu können.[6] Der Werbung fiel daher die Aufgabe zu, die erheblich gestiegene Kaufkraft der Bevölkerung dem Markt zu erschließen. Insbesondere galt es, Interesse für teuere Wirtschaftsgüter zu wecken, deren Anschaffung dem größten Teil der Bevölkerung nun erstmals wirtschaftlich möglich wurde.[7] Die zeit- und kostenaufwendige Suche des Verbrauchers nach Produktinformationen, die aufgrund der fehlenden Markttransparenz notwendig war[8], konnte durch Werbung abgekürzt werden.[9]

Zugleich ermöglichte die Werbung auch kurzfristige Verkaufserfolge, da der Werbetreibende eine große Zahl geographisch weit gestreuter Käufer wirksam und zu niedrigen Preisen ansprechen konnte. Die aufgrund der Werbung eingetretene Reaktion der Kunden stellte für den Werbetreibenden eine wichtige Marktinformation dar, die es ihm ermöglichte, seine Produktionspläne schneller die Verbraucherwünsche anzupassen.[10]

Werbung machte sich durch die Möglichkeit Konsumgüter rationell, durch zielgenaue und wirksame Ansprache, den Verbrauchern anzubieten, im Zeitalter der Massenproduktion unentbehrlich.[11] Vor diesem Hintergrund kann Werbung sowohl als letztes Mittel zur Erhaltung des Wettbewerbs innerhalb von Märkten, die von einer hohen Konzentrationsdichte bestimmt sind, als auch als Instrument des vorstoßenden Wettbewerbs betrachtet werden.[12] Ständiger Konsum der

---

[4] *Nieschlag* u.a., Marketing, S. 528 ff.

[5] Grdl.: *von Hayek,* Wettbewerb als Entdeckungsverfahren, 1968.

[6] Sogen. Theorie des dynamischen Modells der Marktwirtschaft, vgl. *Schmidt, I.* Wettbewerbspolitik und Kartellrecht, 4. Aufl. 1993 S. 2 ff.

[7] *Kajer-Hansen,* in: Handbuch der Werbung, S. 30.

[8] Zum Konsumentenverhalten: vgl.: *Kroeber-Riel/Weinberg,* Konsumentenverhalten, 1999, S. 587 ff; *Kroeber-Riel/Meyer-Hentschel,* Werbung – Steuerung des Konsumenten, 1982., S. 201; *Trommsdorf,* Konsumentenverhalten, 1989, S. 6; *Jendrosch,* Der programmierte Konsument. 1995, S. 245.

[9] Zur Informationsfunktion der Werbung vgl. *Rogge,* Werbung, 1988, S. 23 ff m.w.N.

[10] *Hoppmann,* Wettbewerb und Werbung, WuW 1983, 776, 778.

[11] Ausführlich zur Geschichte der Werbung: *Kajer-Hansen,* in: Handbuch der Werbung, S. 30.

[12] *Schmidt, I.,* a.a.O., S. 61 m.w.N.

Verbraucher, welcher durch Werbung verstärkt wird, steigert den Warenabsatz und fördert die Schaffung neuer Märkte. Damit ist Werbung notwendiger Bestandteil der marktwirtschaftlichen Ordnung und wichtiges Bindeglied zwischen Angebot und Nachfrage.[13]

II. Der betriebswirtschaftliche Werbebegriff

Einen unverzichtbaren Bestandteil der Kommunikationspolitik eines Unternehmens, welche die bewusste Gestaltung aller an die Unternehmensumwelt gerichteten Informationen umfasst, stellt die Media-Werbung dar.[14] Ihr kommt in erster Linie die Aufgabe zu, in Abstimmung mit anderen Marketingaktivitäten eines Unternehmens Nachfrage nach eigenen Waren und Dienstleistungen zu generieren und zu stabilisieren.

Werbung kann insoweit als absichtliche und zwangfreie Form der Beeinflussung, die den Umworbenen für Werbeziele des Werbenden gewinnen soll, verstanden werden.[15] Heutzutage ist Werbung das zentrale und unerlässliche Instrument zur Realisierung der Unternehmens -u. Marketingzielsetzung.[16]

III. Die Interessen der werbetreibenden Wirtschaft

Vor dem Hintergrund der sich drastisch wandelnden, modernen Medien- und Freizeitgesellschaft ist auch die heutige Funktion der Werbung zu betrachten. Werbung als ein Mittel der Absatzpolitik ist ein wichtiger Aktionsparameter der konkurrierenden Unternehmen auf dem Markt. Sie dient der Stimulierung des Absatzes von Waren und Dienstleistungen und macht die Erschließung neuer Märkte möglich.[17] Daneben sind die Erhöhung der Markenbekanntheit, die Stabilisierung oder Änderung von Einstellungen und die Verstärkung der Kaufabsichten durch Werbung beabsichtigt.[18]

---

[13] *Nieschlag* u.a., Marketing, S. 49 ff, 54 ff; *Kroeber-Riel/Weinberg*, Konsumentenverhalten, S. 657 ff, 662 f, stellen fest, dass der Verbraucher nicht zum ausschließlich rationalen Verhalten erziehbar ist. Vgl. den ZAW-Vorsitzenden: *Nickel*, Anmerkungen zum Einfluß der Werbung auf die Medien, MA 4/1995, S. 155, spricht von einer „Demokratisierungsfunktion" der Werbung.

[14] Vgl. im Einzelnen *Meffert*, Marketing, 7. Auf. 1986 S. 119 ff.

[15] DTV Brockhaus Lexikon 1988, Bd. 20, S. 37 f.

[16] *Tietz/Zentes*, Die Werbung der Unternehmung, 1980, S. 33 f.

[17] Vgl. *Holznagel*, Rundfunkrecht in Europa, 1996, S. 125.

[18] Sogen. „kommunikative oder außerökonomische" Ziele der Werbung, im Einzelnen: *Nieschlag* u.a., Marketing, S. 579; *Tietz,/Zentes*, a.a.O., S. 33 f; *Schmidt, I.*, a.a.O., S. 60; *Kroeber-Riel*, 1991, S. 29 ff.

Unternehmen nutzen Werbung, um auf ihre Umwelt einzuwirken und um im Wettbewerb überhaupt vom Verbraucher wahrgenommen zu werden.[19] Der Werbeerfolg aus Sicht des Unternehmens hängt dabei entscheidend davon ab, welchen Grad der Aufmerksamkeit ihre Werbung erreicht und wie nachhaltig sie in die bewusste oder unbewusste Erinnerung der Umworbenen eindringt.[20] Der Aufmerksamkeitsgrad des Zuschauers ist abhängig von der richtigen Auswahl und dem gezielten Einsatz von Werbemitteln, die möglichst genau in Hinblick auf Werbereiz und bezweckte Reaktion abgestimmt und den Geschmack-, Lebens- und Wertvorstellungen der Adressaten angepasst sein.[21] Das marktstrategische Hauptziel der Werbung liegt aus Sicht der Unternehmer in der Positionierung des Angebots. Unter Positionierung versteht man hier alle Maßnahmen, die darauf abzielen, das Angebot durch Schaffung eines Sach- oder Erlebnisprofils für die Marke oder das Unternehmen bekannt und unterscheidbar zu machen und dafür zu sorgen, dass es von der Zielgruppe beim Einkaufen wahrgenommen wird.[22]

Da der Fernsehwerbung wenig Interesse seitens des Verbrauchers entgegen gebracht wird, konkurrieren nicht nur die einzelnen Werbespots miteinander; die Werbung steht auch mit den Programmangeboten anderer Sender, die zeitgleich ausgestrahlt werden, im Wettbewerb.

Aus diesem Grunde stellen viele Unternehmen zunehmend die Unterhaltungsfunktion ihrer Aussagen in den Vordergrund. Sie versuchen ihre Werbebotschaften so ansprechend zu gestalten, dass beim Zuschauer ein gewisses Interesse geweckt wird, welches zur Aufnahme der Werbebotschaft erforderlich ist.

IV. Die Funktion von Werbung für den Zuschauer

Früher kam der Werbung in erster Linie eine Informations- und Wissensfunktion zu. Mittlerweile ist die Bereitstellung von Kaufangeboten für den Verbraucher als Information, von geringer Bedeutung.[23] Denn für die Kaufentscheidung des Verbrauchers spielt die Bewertung von Gütern nach deren Sachnutzen, also den klassischen Kriterien Preis und Qualität, nur dann eine wichtige Rolle, wenn er

[19] Neben der Werbung gehören die Preis- Produktions-, Absatz-, Finanz-, Investitions- und Entwicklungspolitik) zu den wichtigsten Aktionsparametern; vgl.: *Arndt*, in: *Cox/Jens/Markert* (Hrsg.), Handbuch des Wettbewerbs, 1981, S. 49, 63 f.

[20] *Gloy,* Handbuch des Wettbewerbsrechts, 2. Aufl. 1997, § 14, Rdnr. 2.

[21] *Gloy*, WbR, § 14, Rdnr. 14 m.w.N.

[22] Vgl.: *Kroeber-Riel*, Bildkommunikation, 1993, S. 11 f; *ders.*, Strategie und Technik in der Werbung, 3. Aufl. 1991, S. 43. Zur Bedeutung der Pflege des Markenimages: *Ricken,* Allgem. Ethik, 2. Aufl. 1989: „Marke ist mehr als das Produkt, sie ist die Idee des Verbrauchers über das Produkt. Der Verbraucher betrachtet die Marke als sein Eigentum. Wenn uns Markenartiklern das gelingt, dann kann der Handel an unseren Marken nicht vorbei."

[23] *Kaiser,* Werbung - Theorie und Praxis werblicher Beeinflussung, S. 66.

aktiv auf der Suche nach Information über ein konkretes Gut ist.[24] In vielen Fällen sind Waren- und Dienstleistungsangebote in Qualität, Preis und Innovation austauschbar geworden. Der Verbraucher ist deshalb für Werbebotschaften empfänglicher, bei denen nicht primär der Sachnutzen im Vordergrund steht.[25] Aufgrund der Werbeüberflutung ist er meist nicht mehr in der Lage, den für ihn relevanten Angebotsmarkt zu überschauen[26], weshalb ihm die Werbung wichtige Informationen über das Marktgeschehen anbietet, ohne die er in einer Überangebotsgesellschaft orientierungslos wäre.

B. Die zunehmende Verwischung von Werbung und Programm

I. Zur Wirkungsweise von Fernsehwerbung im Wettbewerbsmarkt

Lange Zeit war Werbung im Fernsehen verboten. Die sich nach dem zweiten Weltkrieg entwickelnde deutsche Fernsehlandschaft war zunächst von einer öffentlich-rechtlichen Monopolstellung geprägt. Es existierte ausschließlich ein Angebotsmarkt, m.a.W., Programmangebote und Programmvielfalt wurden durch die öffentlich-rechtlichen Anstalten und ihre Gremien festgelegt und konnten kaum vom Zuschauer beeinflusst werden. Das Rundfunksystem war als Folge des öffentlich-rechtlichen Monopols in seiner ursprünglichen Form kein verkehrsfähiges Gut im ökonomischen Sinne, da keine Konsumentenrivalität bestand und die Produktionskosten der Sendungen von der Konsumentenzahl unabhängig waren.

Die Rundfunkwerbung spielte in den 60er und 70er Jahren nur eine untergeordnete Rolle, wenn auch ihre Bedeutung als Finanzierungsinstrument langsam zunahm. Einen wahren Werbeboom im Fernsehen löste dann die nicht unumstrittene Zulassung[27] privater Rundfunkanbieter Mitte der 80er Jahre aus. Auf der Grundlage der amerikanischen als auch presseureigensten Idee, dass der freie und harte Wettbewerb zunächst eine Vielzahl an Programmangebote entstehen lässt, und sich die Ideen die besten und wahrsten Gedanken durchzusetzen hilft[28], wurde der Fernsehmarkt nun liberalisiert und 1984 die ersten privaten

---

[24] Andererseits werden eine Vielzahl von Kaufentscheidungen habituell oder affektiv gesteuert; zu den verschiedenen Funktionen vgl.: *Kroeber-Riel/Weinberg,* Konsumentenverhalten, S. 583 ff, 589 ff.

[25] *Wiswede*, Soziologie, 1991, S. 15 f, 19.

[26] *Schmidt, I.*, a.a.O., S. 60.

[27] So formulierten insbesondere die Monopolkommission, in: Wettbewerbsprobleme bei der Einführung von privaten Hörfunk und Fernsehen (Sondergutachten 11), 1981, ihre Bedenken. Ihr Vorschlag, privaten Rundfunk nur als Pay-TV zuzulassen, da der Verbraucher bei Pay-TV und ähnlichen privaten Rundfunkanbietern seine Wünsche unmittelbar zur Geltung bringen kann, setzte sich allerdings nicht durch.

[28] *Mestmäcker*, Meinungsfreiheit und Medienkonzentration, in *ders.*, Recht der offenen Gesellschaft, 1993, S. 515.

Rundfunkanbieter zugelassen. Allein zwischen 1983 und 1995 entstanden insgesamt 209 neue private als auch öffentlich-rechtliche Fernsehprogramme in Europa.[29]

Die generelle Informationsflut führte in Zusammenhang mit zu ausgedehnten Werbeblöcken sowie mangelnder Kreativität und Originalität der Werbespots zu geringer Wahrnehmung[30] und zu abnehmenden Erinnerungswerten der Zuschauer, für die die Werbespots zunehmend austauschbarer wurden.[31] Gleichzeitig wuchs das Abwehrverhalten der Zuschauer gegenüber erkennbarer, allgegenwärtiger und aufdringlicher Werbung weiter an.[32] Zur größten Herausforderung für die Werbestrategen entwickelte sich das verbreitete Phänomen des „Zapping". Unter Zapping versteht man den Versuch der Zuschauer, sich der Werbung durch Umschalten auf ein anderes Programm zu entziehen.[33] Eine ebenso beliebte Ausweichalternative der an Werbung nicht interessierten Zuschauer wurde in zahlreichen Studien untersucht. Es wird vermutet, dass ca. 40% der Fernsehzuschauer das Zimmer verlassen, wenn ein Spielfilm durch Werbung unterbrochen wird, und etwa 80 Prozent der verbleibenden Zuseher

[29] *Felten, J. B.*, Medienpräsenz als zentrales Element im Sportsponsoring, SpuRt 1997, 19.

[30] Unter „Wahrnehmung" wird in der Verhaltenswissenschaft der Vorgang der Aufnahme und Verarbeitung von Informationen über die Welt außerhalb des Individuums verstanden, vgl. *Nieschlag* u.a., Marketing, S. 328 ff.

[31] *Kroeber-Riel*, 1991, S. 11 ff.

[32] Nach einer neueren Untersuchung des Allensbach-Instituts aus dem Jahr 1997 (zit. nach SbZ v. 6. Juni 1997, S. 1) waren 57% der TV-Zuschauer von Unterbrecherwerbung genervt. Außerdem ist über ein Drittel von ihnen mit dem Programmangebot unzufrieden. Fünf Jahre zuvor äußerten sich nur 47% der (westdeutschen) Zuschauer zufrieden (vgl. die Nachw. Bei: *Spitzer*, Sonderwerbeformen im Fernsehen, 1996, S. 87). Generell kann man sagen, dass die Zuschauer Fernsehwerbung zunehmend weniger Aufmerksamkeit schenken, vgl. *Wolfradt/Petersen*, Dimensionen der Einstellung gegenüber Fernsehwerbung, RuF 1997, S. 325 m.w.N. Einer Untersuchung der *GFK Marktforschung* zufolge ist die vom Konsumenten erkannte Notwendigkeit der Werbung von 64 Prozent im Jahr 1954 auf 25 Prozent im Jahr 1988 zurückgegangen; der Anteil der strikten Werbegegner ist aber ebenfalls seit 1973 von 27 Prozent auf 22 % im Jahr 1988 gesunken. Hierzu: *Spitzer*, Sonderwerbeformen, S. 50, Fn. 1.

[33] *Spitzer*, Sonderwerbeformen, S. 86 f m.w.N.

unterbrochen wird, und etwa 80 Prozent der verbleibenden Zuseher sich während der Werbesendungen mit anderen Dingen beschäftigen.[34]

Der Rückgang der Werbewirkung bei gleichzeitig steigenden Kosten für die Werbeschaltungen[35] führte in den 70er und 80er Jahren zu neuen Ansätzen der Werbetreibenden.

Grundlage für alle Strategien ist die aus der Verhaltensforschung stammende Erkenntnis, dass die begrenzte Aufnahmemöglichkeit des Zuschauers einerseits und seine kritische Einstellung gegenüber erkennbarer Werbung andererseits die Vermittlung werblicher Informationen in Zeiten der Informationsüberflutung erheblich schwächen. Sobald ein Individuum seine Verhaltens- und Meinungsfreiheit durch Werbung bedroht sieht, entsteht psychische Reaktanz, m.a.W., ein innerer Spannungszustand, der darauf gerichtet ist, sich der drohenden Einengung zu widersetzen.[36] Einer rational argumentierenden und erkennbaren Werbung gelingt es nur noch selten, die Wahrnehmungsschranken des Individuums

---

[34] Vgl. die Ergebnisse einer Untersuchung der Gesellschaft für Konsumforschung (GfK), Handelsblatt v. 19. Juni 1996. Ähnlich auch *Reifenrath*, Einstellungen zur Fernsehwerbung, 1996, S. 110 ff, wonach nur 22% die Werbespots verfolgen. Nach einer repräsentativen SPIEGEL-Umfrage (Heft 35/1995; S. 120) erklärten 51% der Befragten, sie fänden Werbung im Fernsehen ärgerlich, bei nur 11% Befürwortern. 18% verlassen den Raum und 53% schalten um, wenn Fernsehwerbung ausgestrahlt wird. Die Rundfunkveranstalter verweisen gerne auf neuere Untersuchungen, wonach sich das Problem des Zappens für die Werbestrategen relativiert hat. Die im Auftrag von Sat.1 Research & Information erarbeitete Studie „Sehbeteiligung bei Unterbrecherwerbung“ (in Horizont v. 15. Mai 1997, 20/97, S. 45 und Horizont 37/97, v. 11. Sept. 1997, S. 80 f) ermittelte im Langzeitvergleich eine Zappingquote von 14%. Umgekehrt würden 75-90% der angebotenen Unterbrecher- und Scharnierwerbung angesehen (vgl. auch die Studie der IP- Deutschland der Universität Hohenheim, hierzu: FAZ v. 30. Sept. 1998, S. 42; und: *Ottler,* Das Märchen von der Zapp-Manie, Tele Images 1/97, 18 ff). Unzweifelhaft hat der sensiblere Umgang der Sender mit Programmunterbrechungen zu Werbezwecken zu einer Senkung des Umschaltverhaltens beigetragen. Allerdings gibt die Werbewirkungsforschung nur begrenzt darüber Auskunft, ob der Zuschauer eine eingeschaltete Werbeeinblendung auch wirklich wahrnimmt. Fest steht, dass das Zuschauerverhalten vom Sendungsgenre abhängt. So sehen sich 92% der Zuschauer von Spielsshows den Werbeblock an, vgl. FAZ, ebd.

[35] Die Werbebranche hat allein 1999 für Fernsehwerbung 8,5 Mrd. DM ausgegeben, vgl. *Gustedt/Ruzas*, Preisdiktat bis an die Schmerzgrenze, in: FOCUS 34/2000. Nach einer Vorhersage der Prognos AG werden von den Nettowerbeeinnahmen von DM 72,5 Milliarden DM im Jahr 2010 laut Prognos 14,2 Milliarden DM auf die Fernsehwerbung fallen. Demgegenüber wird die Onlinewerbung trotz optimistischen Wachstumsprognosen mit 4,8 Milliarden DM deutlich dahinter zurück bleiben; vgl. o.V., Bedeutung der elektronischen Werbemedien wächst, in: FAZ v. 4. Dez. 2000, S. 18.

[36] Vgl. *Gniech,/Grabitz,* Freiheitseinengung und psychologische Reaktanz, in: *Frey,* (Hrsg.), 1978, S. 48. Reaktanz kann definiert werden als die Abwehrhaltung einer Person gegen jeden (erkennbaren) Versuch der Beeinflussung durch Außenstehende, die seine persönliche Auswahlfreiheit einzuschränken droht, vgl. *Mähling*, Werbung, S. 283.

zu durchbrechen und Aufmerksamkeit auf sich zu lenken.[37] Deshalb wandte man sich zunehmend von klassischen Werbeformen wie Werbespots oder Außenwerbung ab hin zu einer umfassenden, integrierten Werbestrategie, die die beworbene Marke (oftmals ohne Hinweis zu dem hergestellten Produkt) in ein „Erlebnisumfeld" setzen will, das vom Zuschauer als emotional „ansprechend" empfunden wird. Der Marke selbst soll dadurch ein Erlebniswert anhaften.[38] Die Werbemotive selbst richten sich nach den Wünschen und Vorstellungen der Zielgruppen, d.h. Werbebotschaften werden i.d.R.[39] in einem Umfeld von lebendigen, positiven und optimistischen Bildern verbreitet.[40] Die Werbetreibenden suchen ständig nach neuen Umfeldern, die vom Verbraucher als besonders angenehm bewertet werden und in denen er üblicherweise nicht mit werblichen Einflüssen rechnet.[41]

Auf die Fernsehlandschaft bezogen, boten sich der redaktionelle Programmbereich an, der zunehmend in das Blickfeld der Werbetreibenden geriet. Dabei drangen Werbebotschaften zunehmend in redaktionelle Bereiche wie Spielfilme, Unterhaltungssendungen und Sportberichte ein und konnten kaum noch von Unterhaltungsangeboten unterschieden werden.[42] Im Zusammenhang mit der anhaltenden Werbeflaute im Jahr 2001 sehen sich die Fernsehsender gezwungen, neue Wege in der Fernsehvermarktung zu gehen.

Unter dem Stichwort des integrierten Marketings entwickelten sich immer neue Allianzen zwischen Medien und Wirtschaft.[43] Üblich sind integrierte Paketlösungen in Form von Baukastensystemen (Vernetzung) mit Elementen wie TV-Spots, TV-Sponsoring, Teletext, Bandenwerbung (bei Sportveranstaltun-

---

[37] *Stobbe*, Gesamtwirtschaftliche Theorie, S. 292 ff.

[38] *Spitzer,* Sonderwerbeformen, S. 43, 49 ff; *Kroeber-Riel/Weinberg,* Konsumentenverhalten, S. 90 ff.

[39] Daneben besteht auch die Möglichkeit der Schockwerbung, oder der Appell an „uneigennützige Gefühle". Entscheidend ist aber weniger die Art des Gefühls, als überhaupt die Erregung von Aufmerksamkeit. Im Einzelnen: *Hoffmann*, Werbepsychologie, 1972, S. 43.

[40] Grdl.: *Moore/William*, Affect intensity and the consumer's attitude toward high impact emotional advertising appeals, JAR 1996, S. 37 ff. Vgl. auch: *Ahlert/Schröder*, Rechtliche Grundlagen des Marketing, 2. Aufl. 1996, , S. 325 f m.w.N. *Hopkins*, zit. nach *Römer,* Die Sprache der Anzeigenwerbung, 1974, S. 194 empfiehlt deshalb allen Werbestrategen: „Zeigen Sie Bilder so, wie die Menschen sein möchten, nicht so, wie sie vielleicht sind! Wir fühlen uns angezogen durch Sonnenschein, Glück, Gesundheit und Erfolg. Dann zeigen Sie die Wege, die zu diesen Dingen führen."

[41] *Spitzer*, Sonderwerbeformen, S. 26 m.w.N.

[42] *Herkströter,* Neue elektronische Werbeformen: Glaubwürdigkeit des Programms gefährdet?, MP 1998, 106. Vgl. auch die Beispiele bei: *ZAW*, Schleichwerbung, S. 25 ff, 62 ff.

[43] *Böll,* Merchandising, S. 142.

gen).[44] Rundfunksender und Werbetreibende koordinieren ihre Planung, Steuerung und die Realisierung der gemeinsamen Projekte unter optimaler Nutzung des beiderseitigen Know-hows.[45]

Im Folgenden sollen die wichtigsten Sonderwerbeformen kurz vorgestellt werden.[46]

II. Neue Sonderwerbeformen im Fernsehen

1. Trikot- und Bandenwerbung

Die Trikot- und Bandenwerbung gehörte zu den ersten Werbeformen, mit denen es den Werbetreibenden gelang, die rigide Verbannung von Werbung im Programm systematisch zu umgehen. Unter Bandenwerbung versteht man, dass werbegeeignete Flächen bei Sportveranstaltungen mit Firmenzeichen oder Produktdarstellungen in der Erwartung versehen werden, dass bei der Bildberichterstattung über das Sportereignis zwangsläufig auch die Firmenzeichen mitübertragen werden. Unter den Begriff Trikotwerbung oder Werbung am Mann fallen üblicherweise alle Werbeformen, bei denen Sportler mit bestimmten Kleidungsstücke, Geräten oder Gegenständen vom Werbetreibenden ausgerüstet werden. In beiden Fällen hofft der Werbetreibende, eine Steigerung des Bekanntheitsgrades des Produktes zu erreichen.[47]

2. Product-Placement

Unter Product-Placement versteht man im Allgemeinen die gezielte[48] werbewirksame Platzierung und/oder Präsentation von Markenartikeln, Dienstleistungen oder sonstigen marktfähigen Gütern, die i.d.R. in der Handlung eines Film-

---

[44] Der damalige Frauensender TM3 bot beispielsweise im Herbst 1997 neben der Möglichkeit von Werbespots, TV-Sponsoring und Titelpatronat die Einbringung redaktioneller Beiträge, Experten, Ausstattung, Cross-Promotion-Gewinnspiele an. Außerdem kündigte der Sender Cross Promotion-Aktivitäten mit Printmedien an (die Kochsendung Essen & Trinken, Wohnidee). Hierzu: *Schlosser*, TM3 zieht alle TV-Werberegister - Kundennahe Programmumfelder und eine breite Palette an Werbemöglichkeiten sollen dem Frauensender Aufwind geben, Horizont 39/97 v. 25. Sept. 1997, S. 72. Vergleichbare Werbeformen boten auch andere Sender an. Vgl. Horizont 37/97, v. 11. Sept. 1997, S. 82.

[45] Vgl. hierzu: *Tritschler*, Vernetztes Denken, w&v 13/2000, S. 114.

[46] Die folgende Darstellung basiert auf der Untersuchung von *Spitzer*, Sonderwerbeformen, Diss. 1996.

[47] *Bruhn/Mehlinger*, Rechtliche Gestaltung des Sponsoring, Bd. 1, 1995 S. 162.

[48] Gezielt heißt, dass diese Vorgänge meist unter Zuhilfenahme entsprechend spezialisierter Werbeagenturen zwischen Markenartikelhersteller und Fernsehproduzenten abgesprochen sind. Vgl. *Bork*, Product Placement und Wettbewerbsrecht - Zu den Grenzen „medialer Werbung", GRUR 1988, 264 f.

werks bzw. außerhalb der regulären Werbezeiten in Fernsehen und Rundfunk erscheinen.[49]

Die Werbebranche hat dieses Instrument bereits früh[50], aber erst seit Mitte der 80er Jahre konsequent eingesetzt. Die Erkenntnis, dass die Verbindung eines Produkts oder einer Dienstleistung mit einem nichtkommerziellen Kommunikator besonderes geeignet ist, den angestrebten Werbeerfolg - i.d.R. ein Wiedererkennungswert – beim Zuschauer zu erreichen, ist Grundlage für den Einsatz von Product-Placement.[51] Exklusive Darstellungsmöglichkeiten außerhalb der überfüllten Werbeinseln im Werbeblock sollen ebenfalls einen höheren Wiedererkennungswert bedingen. Mit Product-Placement als Werbeinstrument besteht die Möglichkeit, die zeitlichen Beschränkungen der Werbezeit zu umgehen.[52] Im allgemeinen Sprachgebrauch hingegen wird Product-Placement als Schleichwerbung bezeichnet.[53]

Da die Wirkung von Product-Placement nur von kurzer, meist einmaliger Dauer ist, muss sie von weiteren kommunikativen Maßnahmen begleitet werden. Ausschlaggebend für den Werbeerfolg ist fast immer der Umfang und die Dauer der Medienunterstützung.[54] Product-Placement eignet sich für bekannte Marken.[55] In den letzten Jahren ist kaum ein Hollywoodspielfilm, der in den deutschen Ki-

---

[49] Zu den verschiedenen Definitionen in der Literatur vgl. *Schultze*, Product Placement im Spielfilm, Diss. 2001, S. 12 ff. Zu den unterschiedlichen Arten des Product Placement wie Generic Placement (Platzierung einer ganzen Warengruppe), Image- und Präsentations-Placement, vgl. *Völkel*, Product Placement aus Sicht der Werbebranche und seine rechtliche Einordnung, ZUM 1992, 55 ff.

[50] Die Fahrt Dustin Hoffmanns mit einem roten Alfa Romeo Spider in dem 1967 gedrehten Film „Die Reifeprüfung" wird heute oftmals als die erste Werbung mit der Taktik des Product-Placement angesehen; hierzu und zur Geschichte im Einzelnen: *Asche*, Product-Placement im Kino, 1995, S. 27 f m.w.N.

[51] A.A. *Baerns/Lamm*, Erkennbarkeit und Beachtung redaktionell gestalteter Anzeigen. Design und Ergebnisse der ersten Umfrage zum Trennungsgrundsatz, MP 1987, S. 149, 156, wonach redaktionelle Anzeigen eine niedrigere Beachtung als andere Anzeigen finden würden und daher Verstöße gegen das Trennungsgebot nicht nur im Allgemeininteresse schädlich, sondern auch werbewirtschaftlich unsinnig seien. Ihre Schlussfolgerungen scheinen von der Werberealität widerlegt.

[52] Grundlegend: *Auer/Kalweit/Nüßler*, Product Placement – Die neue Kunst der geheimen Verführung, 1991. Gemäß § 45 Abs. 1 RStV dürfen die Privaten bis zu 20 % ihrer täglichen Sendezeit für Werbeschaltungen nutzen. Insbesondere die attraktiven Sendezeiten sind aber meist schon ausgebucht. Die öffentlich-rechtlichen Sender hingegen dürfen nur 20 Minuten täglich bis 20.00 Uhr Werbung senden (§§ 14 Abs. 1, 15 Abs. 1 RStV). Da ihr Abendprogramm keine Spotwerbung erlaubt, ist in diesem Bereich Product-Placement besonders reizvoll, da die Wirkung der platzierten Werbebotschaft nicht von anderen Werbespots „verwässert" werden kann. Vgl. w&v 16/1997, S. 75.

[53] Vgl. nur: FOCUS 18/1997, S. 259, Schleichwerbung - Sittenwidrig und sehr modern.

[54] *Böll*, Merchandising, S. 265, 270.

[55] *Auer* u.a. Product Placement, S. 189 ff.

nos (und anschließend im deutschen Fernsehen) lief, ohne Product-Placement ausgekommen.[56] Man kann davon ausgehen, dass Product-Placement heute „epidemische Auswirkungen"[57] angenommen hat und fester Bestandteil des Fernsehprogramms ist.[58] So haben die meisten Privatsender eigene Placement-Abteilungen, die allerdings eher im Stillen arbeiten, um zusätzliche Einnahmequellen zu generieren, ohne dass klassische TV-Werbebuchungen geringer werden.[59] Mindestens 60 große Markenartikelhersteller geben bis zu 500 Millionen Mark (Schätzung) für Product-Placement-Maßnahmen aus[60]; über 100 Agenturen haben sich auf bezahlte PR und die Präsentation von Markennamen in TV- und Kinoproduktionen spezialisiert.[61]

3. Themensponsoring

Vom Product-Placement zu unterscheiden ist das Themenplacement oder Themensponsoring. Man versteht unter diesem Begriff die im Interesse und Auftrag eines Dritten gegen eine Leistung erfolgende, zielgerichtete Implementierung von handlungsbestimmenden Themen in den dramaturgischen Verlauf eines Fernsehprogramms. Anders als beim Product-Placement werden nicht Markenartikel, sondern Themen zentral im Programm platziert.[62]

---

[56] Vgl. *Dörfler*, Product Placement, S. 32.

[57] Sehr kritisch: *Schuster*, sittenwidrig, unlauter und lukrativ: Alle tun es: Ob im Kino, im Fernsehen, im Internet oder in der Presse, TAZ v. 25. Aug. 2000, S. 16.

[58] Vgl. *Tschiedert*, Die Reklame-Offensive. Noch nie durfte ein Unternehmen in einem Film so vordergründig Werbung betreiben wie die Federal Express, Berliner-Morgenpost v. 18. Jan. 2001, Art-Url:
http://www.berliner-morgenpost.de/bm/inhalt/heute/feuilleton/story384951.html

[59] Dabei besteht die Angst vor allem darin, dass die Werbung im Programm, wenn sie zu offensichtlich ist, die „Werbeinseln fressen", so *Kühner*, IP-Kommunikation, in: Horizont, Nr. 42 v. 16.10.97, S. 69. Als eines der wenigen Unternehmen hat BMW offiziell (!) eine eigene Abteilung eingerichtet, die sich ausschließlich mit der Platzierung von Autos in Filmen beschäftigt, vgl. *Maier,* Wenn die Werbung schleichend wirkt, Kölnische Rundschau v. 20. Dez. 1999.

[60] Der mit Product-Placement erzielte, weltweite Umsatz wurde 1990 auf 4-8 Mrd. US-Dollar geschätzt, dürfte aber aufgrund des weltweiten Kino- und Fernsehbooms in den neunziger Jahren weitaus höher sein, vgl. *Bente*, Produkt Placement, Entscheidungsrelevante Aspekte der Werbepolitik, 1990, S. 45.

[61] Vgl. den Bericht von *Ott, K.*, Werbung, die ins Programm schleicht, SZ v. 20. Dez. 1999, über ein Unternehmen, das angeblich über 40 Radiostationen mit als Informationssendungen getarnten PR-Beiträgen beliefert. Weitere Beispiele auch bei *Zabel/Letz*, Wenn die Werbung angeschlichen kommt, DIE WELT v. 21. Dez. 1999, S. 36. Vgl. auch: Horizont v. 16. Okt. 1997, Nr. 42, S. 1, 69 f, „Mehr Werbung in der Grauzone. Product Placement ist ein Millionengeschäft. Markenartikelhersteller setzen zunehmend auf Werbung im redaktionellen Programm".

[62] Vgl. hierzu: *Bülow,* Themensponsoring im Fernsehen. Zulässigkeit einer innovativen Werbeform neben Spotwerbung und Product Placement, CR 1999, S. 105, 106; *ders.*, Themensponsoring im Fernsehen, 1998; *Hackbarth,* Titelsponsoring im Fernsehen, ZUM 1998, 974.

Besonders beliebt ist es neuerdings komplette Markenbotschaften mit Hilfe von Dialogen und Szenen in Spielfilmen dramaturgisch zu transportieren. Das sieht etwa so aus: In die WG einer Seifenoper zieht ein neuer Bewohner, der den anderen vorwirft, dass sie ihren Müll nicht trennen. Es gibt Streit, aber am Ende sehen alle ein: Recycling ist gut. Die scheinbar hehre Botschaft stimmt mit den wirtschaftlichen Interessen eines großen Recycling-Unternehmens überein – und könnte deshalb gezielt gegen Bezahlung in die Dramaturgie eingefügt worden sein.[63]

Themensponsoring geht auf die Agenda Setting-Forschung zurück, die sich seit über 20 Jahren mit der Thematisierungsfunktion von Massenmedien[64] beschäftigt. Nach vorliegenden Erkenntnissen kann das Fernsehen zwar nicht bestimmen, wie der Zuschauer über eine bestimmte Frage denkt, dafür aber, über welche Fragen er nachdenkt. Die Intensität der Behandlung eines Themas in den Massenmedien bedingt eine mehr oder minder zentrale Stellung im Bewusstsein des Menschen.[65]

4. Bartering

Beim Programmbartering handelt es sich um Gegenlieferungsgeschäfte, bei denen der Austausch von Gütern mit annähernd gleichem Wert erfolgt, ohne dass es zu einer effektiven Geldzahlung kommt. Unternehmen erstellen auf eigene Rechnung Sendegut mit Inhalten, die zu einem gewissen Grad die Produkte des Unternehmens thematisieren, und verkaufen dieses an Rundfunkveranstalter. Schallplattenfirmen beispielsweise produzieren Musikvideos, welche sie dem Fernsehveranstalter zur Ausstrahlung überlassen und im Gegenzug Werbezeit im Werbeprogramm eingeräumt bekommen[66]. Der Sender erhält kostenlose Werbespots, das Unternehmen kostbare Werbeminuten. Branchenkenner schätzten, dass zwischen drei bis fünf Prozent des Werbevolumens der Rundfunkveranstalter aus solchen Tauschgeschäften resultiert.[67] Beim Bartering ist die Versuchung für die Beiträge bereitstellenden Unternehmen groß, in die von ihnen produzierten Sendungen Werbung einzubauen.[68]

[63] Krit. *Niggemeier*, Harry holt schon mal den Wagen. Schleichwerbung ist in Deutschland verboten – die Bereitschaft zu Product Placement aber wächst, in SZ. Vom 12. Jan. 1999.

[64] Massenmedien sind dadurch gekennzeichnet, dass keine Interaktion unter Anwesenden zwischen Sender und Empfängern stattfinden kann, hierzu: *Luhmann*, Massenmedien, S. 11.

[65] Vgl. *Dernbach*, Themen der Publizistik, Publizistik 1999, 38, 39 ff m.w.N.

[66] *Scherer, B.* Product Placement im Fernsehen, 1990, S. 32 f spricht „von Werbung anstelle Programm".

[67] Hierzu: *Volpers u.a., Werbung* und Programm, S. 83 m.w.N.

[68] Ausführlich zur rundfunkrechtlichen Zulässigkeit von Bartering: *Meyer-Harport,* Neue Werbeformen im Fernsehen, Diss. 2000, S. 195 ff.

5. Gameshows

Bei Gameshows handelt es sich um Fernsehunterhaltungssendungen, in denen Kandidaten um Sachpreise oder sonstige Leistungen wetteifern, die i.d.R. von Unternehmen zur Verfügung gestellt wurden (bekannte Beispiele sind „DAS GLÜCKSRAD“ und „DER PREIS IST HEISS“). Bei diesen Shows gibt es unterschiedlich stark ausgeprägte Formen der Kooperation zwischen Sponsor und Werbeunternehmen. Meist stellt der Moderator die vom Sponsor gestellten Produkte in positiver Art und Weise kurz vor. Gameshows sind bei hohen Einschaltquoten schnell und kostengünstig zu produzieren und für die Sponsoren interessant, da durch die Einbindung der Produkte und Leistungen in die Spielhandlung eine erhöhte Aufmerksamkeit der Verbraucher auf die präsentierten Produkte gelenkt wird.[69]

6. Produktsponsoring und TV-Sponsoring

Unter Sponsoring versteht man die finanzielle Unterstützung einer Sendung, die das Image des Sponsors fördern soll (sogen. „Imagewerbung“)[70]. Der Sponsor wird entweder zu Beginn und am Ende der Sendung in Wort und Bild (Logo) mit Markeneinblendung kurz genannt, ohne dass nähere werbliche Aussagen über ihn oder seine Produkte getätigt werden. Unterschieden wird zwischen Programmsponsoring, Ereignissponsoring und Produktsponsoring. Dabei hat die besondere Werbeform[71] des Programmsponsorings einen unmittelbaren rundfunkrechtlichen Bezug und dient als Finanzierungsquelle der Rundfunkanstalten[72]. Das Sponsoring von Sendungen hat gegenüber klassischer Werbung den Vorteil, dass es von den Zuschauern überwiegend positiv beurteilt wird[73], und somit ein Teil der Werbebotschaften transportiert werden kann, die bisher von Werbespots vermittelt wurde.[74] Aus diesem Grunde setzen die Werbetreibenden

---

[69] *Bruhn/Mehlinger*, Rechtliche Gestaltung des Sponsoring: Programmsponsoring, Bd. 2, 1999, S. 258 f.

[70] Image ist nach *Rode*, Werbewirkung, S. 23, definiert als die Ganzheit objektiver und subjektiver teilweise stark emotional getönter Vorstellungen, Einstellungen, Gefühle, Erfahrungen und Kenntnisse, die eine Person (oder Personengruppe) von einem Meinungsgegenstand (Marke, Firma usw.) hat.

[71] *BGHZ* 117, 353, 358; *OLG Frankfurt* ZUM 1995; *Weiand*, ZUM 1993, 81, 82.

[72] Zum Begriff vgl. § 8 Abs. 1 RStV, Art. 2 g EFÜ, Art. 1 e) EG-FsRiLi.

[73] Nach einer Untersuchung des Sample-Instituts, *Mölln*, MA 1995, 276, wird das finanzielle Engagement der Unternehmen in Form von Sponsoring von gut 80% der Bevölkerung begrüßt und von 37% der Bevölkerung als sympathischer angesehen als klassische Werbung (umgekehrt 15%). Zugleich besteht in der Bevölkerung die Sorge fort, dass Sponsoring die Unabhängigkeit der Programmgestaltung gefährde.

[74] Hierzu: *Bruhn/Mehlinger*, Sponsoring, Bd. 2, S. 260; *Friccius*, Sponsoring, ZUM 1996, S. 1019.

in den letzten Jahren vermehrt auf diese Werbeform.[75] Dazu beigetragen hat auch der Gesetzgeber, der Programmsponsoring 1991 erstmals im Rundfunk bei öffentlich-rechtlichen und privaten Programmen zuließ (vgl. § 8 RStV).[76] Zwar erscheint der werbliche Sponsorenhinweis zu Beginn und Ende jeder Sendung (§ 8 Abs. 2 RStV), so dass man meinen könnte, der vom Sponsor erreichte werbliche Einfluss erfolge eher am Rande des Programms als im Programm selbst. Dass sich ein Sponsor damit zufrieden gibt, nimmt auch der Gesetzgeber nicht an, der im übrigen auch nicht jede Einflussnahme auf das Programm für unzulässig hält.[77] Üblich ist es vielmehr, dass im Rahmen einer Sendung die Produktionsverantwortlichen auf die finanzielle Unterstützung durch den Sponsor durch Nennung, Einblendung oder auf andere Weise hinweisen. In diesem Fall handelt es sich um Produktsponsoring, dessen Grenze zum Product-Placement fließend verläuft. Eine weitere Möglichkeit ist, dass eine Veranstaltung selbst gesponsert wird und dieser Sponsorenhinweis bewusst oder unbewusst vom Rundfunksender während der Übertragung mitgeteilt wird.

7. Titelsponsoring

Seit 1996 ist ein verstärkter Trend bei Zeitungen und Zeitschriften festzustellen, sich im Fernsehen mit eigenen Boulevardmagazinen oder politischen Sendungen darzustellen[78]. Umgekehrt nutzen vermehrt Sender ihren Erfolg, um auf dem Zeitschriftenmarkt aufzutauchen[79]. Es wird von Titelsponsoring gesprochen,

---

[75] Lag das geschätzte Sponsoringvolumen in Deutschland 1983 bei lediglich 50 Millionen. Mark, wurden 1990 bereits 1,5 Milliarden Mark für Sponsoring ausgegeben. 1995 stieg diese Summe auf 2,4 Milliarden an und soll bereits zur Jahrtausendwende 3,4 Milliarden. übersteigen. Parallel dazu erhöhte sich das weltweite Sponsoringvolumen von 2,5 Mill. US-Dollar 1985 auf 10,8 Mill. US-Dollar 1993; vgl. die Nachweise bei *Klooz*, Sportsponsoring, in: *Vieweg* (Hrsg.), Sponsoring im Sport 1996, S. 17 f Abbild. 2, S. 19.

[76] Viel zu wenig beachtet wird bislang die zunehmende Verbreitung „staatlicher Schleichwerbung". So unterstützen zahlreiche Bundesministerien (der Verteidigung; für wirtschaftliche Zusammenarbeit, für Landwirtschaft) finanziell, personell und materiell (z.B. Bundeswehrsoldaten, Flugzeuge) zahlreiche TV-Projekte (z.B. die Seifenoper GUTE ZEITEN SCHLECHTE ZEITEN; Kriminalfilme wie den TATORT: MANILA oder Schulfernsehen) und betreiben so Werbung in eigener Sache. Vgl. *Schalten*, Staatliche Schleichwerbung. in: TV-SPIELFILM, Heft 23/99, S. 22.

[77] Das wird bereits an der von § 7 Abs. 2 RStV abweichenden Formulierung in § 8 Abs. 2 RStV („...nicht in einer Weise beeinflusst...") deutlicht.

[78] Während Sendungen wie SPIEGEL TV, STERN TV, SZ-MAGAZIN schon etabliert waren, zogen in jüngerer Zeit FOCUS, DIE BUNTE, BRAVO u.a. nach. Vgl. hierzu: Horizont Heft 51/52 v. 20. Dez. 1996, S. 57 f „Print goes TV".

[79] Z.B. RTL mit seiner Zeitschrift zur Daily Soap „GUTE ZEITEN SCHLECHTE ZEITEN".

wenn Marken- und Printtitel zur Erzielung von Werbewirkung an ein Programmformat gebunden werden.[80]

8. Merchandising und ähnliche Kooperationsformen

Bei dieser Sonderform der Werbung nutzt das werbetreibende Unternehmen den mit ihm kooperierenden Rundfunksender nicht (primär) als Trägermedium zur Verbreitung bestimmter Werbebotschaften, sondern kapitalisiert den durch das Programm geschaffenen Bekanntheitsgrad bestimmter Serien oder Figuren zur Absatzsteigerung seiner Produkte (z.B. Socken mit Bart Simpson Logo, Ralf Schumacher-Sonnenbrille etc.). Dabei werden hochgradig bekannte Zeichen und Namen eines Produkts auf Sekundärprodukte von populären Erscheinungen (insbesondere fiktiver Figuren, realen Persönlichkeiten, Namen Titeln, Signets, Logos, Ausstattungselementen, Designs, und Bildern) außerhalb ihrer eigentlichen Betätigungs- und Erscheinungsformen durch den Berechtigten übertragen.[81] Man bezeichnet deshalb Merchandising grundsätzlich als eine „Kommunikationskooperation nach dem Programm".[82]

Neben Umsatzsteigerungen des beworbenen Produkts[83] lässt sich durch Merchandising die Aufmerksamkeit des Zuschauers für die Sendung selbst steigern, was wiederum die Zuschauerbindung an Sendung und Sender erleichtert.[84] Die Kooperation mit einem „renommierten Leistungspartner", der als am Markt etabliertes Unternehmen für die Merchandisingprodukte bereits erschlossene Ver-

---

[80] Vgl. *Hackbarth,* ZUM 1998, 974. Diese unterscheidet noch weiter zwischen Programmangeboten, die auf Initiative und im Namen von Zeitungen und Zeitschriften angeboten werden (z.B. Spiegel-TV, Stern-TV, FOCUS-TV, Bravo-TV); Sendungen, die ohne redaktionelle Verbindung in Titel und in Sendung ständig auf den Sponsor verweisen (z.B. Hattrick! WM. Das Pumamagazin, Finish - Das Krombacher Studio u.ä.); von privaten Unternehmen ausgestrahlte langformatige Werbefilme (sogen. Business-TV) und Titelsponsoring von Vereinen und Verbänden (z.B. das im Herbst 1997 bei RTL ausgestrahlte Greenpeace TV). Die Übergänge vom Titel- zum Themensponsoring (s. Seite 22) sind allerdings fließend.

[81] *Bruhn/Mehlinger*, Sponsoring, Bd. 2, S. 257; *Schertz*, Merchandising, Rechtsgrundlagen und Rechtspraxis, 1997, S. 10 f Rdnr. 14. Vgl. Seite 23 ff.

[82] *Spitzer*, Sonderwerbeformen, S. 168 f m.w.N.; *Ehlgen*, Merchandising, ZUM Sonderheft 1996, 1008, charakterisiert Merchandising als eine Form der „Kapitalisierung der Beliebigkeit".

[83] Der private Fernsehsender Sat.1 hat allein 1996 mit dem Verkauf von senderlizenzierten Produkten seinen Handelsumsatz auf 635 Millionen Mark verdoppelt. Hierbei spielen nicht mehr nur die bisher erfolgreichen Produktsegmente CD, Video und Plüschfiguren eine Rolle (Intrend Studie zum Merchandising aus Zuschauersicht in Horizont 12/97 S: 42 f). Das Lizenzgeschäft verlagert sich dabei zunehmend auf höherwertige Produkte und Dienstleistungen wie Autos (z.B. das Sat.1-Family-Car), Ferienhäuser auf Mallorca und Zuschauerreisen, vgl. Horizont 12/97 S. 42.

[84] *Ehlgen*, ZUM 1996, 1008, *Tilmann-Schneider*, Horizont 12/97 S: 42. *Böll,* Merchandising, S. 122 ff.

triebswege vorweisen kann[85], ermöglicht es den Sendern, werbliche Erfolge und Kundenbindungen ohne eigenes Vertriebsnetz aufzubauen. Wenn der mit dem Sender kooperierende Hersteller bereits ein bekanntes und mit einem positiven Image versehenes Produkt hat, ermöglicht Merchandising die Ausdehnung der Qualitätsvorstellungen und der emotionalen Bindungen der Abnehmer auf die Sekundärprodukte.

So wird z.B. in Merchandisingverträgen zwischen Rundfunkveranstalter und Unternehmen als Nebenabrede vereinbart, dass die lizenzierten Markenprodukte auch im entsprechenden Film platziert werden, damit die werbliche Verknüpfung zwischen Markenartikeln und Spielfilm noch besser zur Geltung kommt. Gegen Leistung wird Dritten das Recht eingeräumt, die Filmthematik in ihrer Fernseh- und Printwerbung verwenden zu dürfen (sog. „Promotional-Tie-In“).[86] Schon vor den Dreharbeiten großer amerikanischer Kinofilme werden Handlung und Hauptfiguren den Bedürfnissen der Merchandising- und Werbeindustrie angepasst.[87]

9. Cross Marketing und Cross Promotion

In den 90er Jahren verstärkte die werbetreibende Industrie ihre Bemühungen, auf Programmangebote und die Werbespotplatzierung zu Werbezwecken Einfluss zu nehmen.[88] Dabei kamen die Rundfunkveranstalter den Werbetreibenden vermehrt entgegen, in dem sie ihr Programm entsprechend den Wünschen der Werbeindustrie zielgruppengerecht zu gestalten versuchten.[89]

Als jüngste Sonderwerbeform hat sich das sogen. Cross Marketing herausgebildet, für das die auf Gewinnorientierung ausgerichtete Kooperation zwischen einem Medienunternehmen und einem am Markt tätigen, werbetreibenden Mar-

---

[85] *Schneider, T.*, Leiter der New Business Sat.1 in Horizont 12/97 S: 42.

[86] *Böll*, Merchandising, S. 290 m.w.N. in Fn. 1143.

[87] Besonderes in den USA ist die Kooperation zwischen Entertainment und Promotion weit voran geschritten. Ganze Serien werden im Auftrag von Konsumgüterherstellern mit dem Ziel produziert, Marken und Produkte in das Programm und als Programm zu präsentieren. Vgl. *Diekhof*, Bezahlte Werbebotschaften. w&v Background Nr. 41 1996, S. 92 f. Die Situation in Deutschland verdeutlichen die Aussagen von VIVA-Marketingchefin *von Hulst*: „Werbung ist ein natürlicher Bestandteil unseres Programms.“ In: w&v 16/1997, 144 f.

[88] *Herkströter*, MP 1998, 108.

[89] Hierzu *Bornemann*, Crosss-Promotion in Fernsehprogrammen von Senderfamilien, K&R 2001, 302 ff. Beispielsweise hatte die 1997 durchgeführte große „Programmoffensive im ZDF“ vor allem das Ziel, in dem der Werbeindustrie zugänglichen Vorabendprogramm populäre Sendungen für jüngere Zielgruppen zu platzieren. Die ZDF-Ratgebersendung WISO, deren Zuschauer für die Werbeindustrie besonders interessant, zugleich aber schwer zugänglich sind, wurde darauf hin vom werbefreien Abendprogrammplatz ins Vorabendprogramm gelegt, vgl. Horizont Heft 51/52 v. 20. Dez. 1996 S. 66 f.

kenartikler charakteristisch ist.[90] Meist handelt es sich um sogen. „submixübergreifende Maßnahmenkombinationen", bei denen ein Unternehmen Lizenzrechte von bestimmen Programmen, Sendungen, Titelfiguren für eigene produktpolitische Zielsetzungen nutzt. Neue Sendeformate werden von den Rundfunkanstalten nach eingehenden Marktanalysen häufig in Kooperation mit Zeitschriftenverlagen entwickelt. Die Sendeinhalte geben dann nicht mehr allein die Rundfunkanstalten vor, sondern sie entstehen in Abstimmung mit den kooperierenden Zeitschriftenredaktionen.

Eine weitere Form des Cross Marketing besteht darin, dass Lizenzverträge zunehmend zu längerfristigen Kooperationen zwischen Sendern und Partnern (insbesondere aus den Branchen Spielzeugindustrie und Fast-Food-Ketten) ausgebaut werden. Zwischen den im Handel erhältlichen Produkten und den ausgestrahlten Filmprojekten entstehen durch gezielte Hinweise Synenergieeffekte. Ziel ist es, die Besucherzahlen der Kinofilme oder Einschaltquoten der Sender zu verbessern, den Absatz der beteiligten Partner zu steigern und die Zielgruppen ohne Streuverluste anzusprechen. Die Rundfunkanstalt richtet ihrerseits ihr Programmangebot (z.B. redaktionelle Kinoberichte, Filme mit den gleichen Schauspielern oder des gleichen Regisseurs) an der Thematik eines zuerst im Kino ausgestrahlten Films aus. Ziel ist es letztendlich immer, den Bekanntheitsgrad der Produkte und damit den Lebenszyklus der Merchandisinglizenz und der Verwertungskette zu verlängern.[91]

Einen vorläufigen Höhepunkt des Cross Marketing stellte der Autorenvertrag zwischen dem ehemaligen Top Manager *Jack Welch* und dem Time Warner Trade Publishing über den Abschluss seines nächsten Buches dar. Nach Abschluss des Vertrages wurde bekannt, dass der zu Time Warner gehörende Internetdienst AOL Werbung für das Welch-Buch betreiben werde, das hauseigene Wirtschaftsmagazin Fortune soll Seminare und Konferenzen mit dem Manager veranstalten, der Nachrichtensender CNN einen halbstündigen Film über Welch drehen und zahlreiche weitere Zeitschriften von Time Warner (vom Time Magazin bis zum Klatschblatt People) über Welch berichten werden.[92]

---

[90] *Luck/Kriwat,* Moderne Tendenzen im Sportsponsoring in den USA, in: Vieweg (Hrsg.), 1996, S. 9 ff.

[91] *Böll,* Merchandising, S. 290. Zum Teil greifen Werbeplaner auch in Deutschland schon im Vorfeld in die Entwicklungsphase von TV- Serien ein. Die ZDF-Serie „Rivalen der Rennbahn" setzte erfolgreich das Kommunikationsziel, Niveau und Lebensgefühl der „Galopperszene" zu zeigen, um und steigerte die Umsätze im Pferdelotto nachweislich um rund 10%; vgl. *Kaplitzka* in *Meyer-Hentschel* aaO, S. 176 ff.

[92] *Schön,* Wenn aus einen Buch-Autor ein Mythos werden soll: Jack Welch erhält eine Rekordsumme für ein Buch und eine komplette Marketing-Kampagne, in FR v. 25. Juli 2000.

Hinter dieser sehr marktökonomischen Vorgehensweise aller Beteiligten stehen zunächst einmal finanzielle Interessen und weiterhin die Erkenntnis, dass nicht nur die Glaubwürdigkeit eines Programms für den Werbekunden interessant ist, sondern umgekehrt auch die Werbespots ihrerseits die Bewertung des Programms durch die Zuschauer beeinflussen.[93] Aus diesem Grunde besteht bei den Sendeanstalten ein großes Interesse, Werbekunden gezielt auszuwählen nach Attraktivität für die sendereigenen Zielgruppen, denn letztendlich geht es hierbei auch um den Markenwert des Senders. Fernsehveranstalter und Industriepartner bewerben sich gegenseitig durch Hinweise auf den Kooperationspartner und versuchen auf diese Weise wechselseitig vom positiven Image zu profitieren.[94]

ZUSAMMENFASSUNG ZU ABSCHNITT 2:

Unter dem Druck explodierender Programm- und Produktionskosten sind die Rundfunkanstalten auf der Suche nach neuen Vermarktungswegen und verbesserten Werbeeinnahmen den Werbetreibenden in jüngerer Zeit vermehrt entgegen gekommen.[95]

Man wandte sich zunehmend von klassischen Werbeformen wie Werbespots ab hin zu einer umfassenden, integrierten Werbestrategie, die die beworbene Marke (oftmals ohne Hinweis zu dem hergestellten Produkt) in ein „Erlebnisumfeld" setzen will, das von den Zuschauern als emotional „ansprechend" empfunden wird.

Die Werbetreibenden suchen ständig nach neuen Umfeldern, die vom Verbraucher als besonders angenehm bewertet werden und in denen er üblicherweise nicht mit werblichen Einflüssen rechnet.

In vielen Programmbereichen hat diese Entwicklung zu einer Angleichung und Vermischung von Werbung und Programm geführt, ohne dass das rundfunk- und wettbewerbsrechtliche Gebot zur Trennung von Werbung und Programm

---

[93] *Gleich*, Aktuelle Ergebnisse aus der Werbeforschung, MP 1997, S. 401 f m.w.N. Danach beurteilten die befragten Personen das von humorvollen Spots unterbrochene Programm positiver als das (identische) Programm, das von neutralen Spots unterbrochen wurde. Sie fanden es unterhaltsamer und lustiger sowie interessanter und insgesamt besser.

[94] In der Tendenz zeichnen sich zunehmend offene Kooperationen zwischen Unternehmen innerhalb eines Konzerns ab, d.h. die zu Bertelsmann gehörenden Sender RTL, RTL2 und VOX kooperieren vorwiegend mit der unternehmenseigenen Presse des Mutterunternehmens; die zur Kirch-Gruppe gehörenden Sender Sat.1, Kabel1 und Pro7 arbeiten vorwiegend mit der „Springer-Presse" zusammen, an der wiederum die Kirch-Gruppe beteiligt ist. Nicht verwunderlich, dass diese Kooperationen nicht die Zustimmung der öffentlich-rechtlichen Rundfunkanstalten erhalten, welche die hervorragenden Verbindungen der privaten Fernsehanstalten zur Presse beklagen. Vgl. *Dörfler*, Product Placement, 1. Kap., § 2 A, S. 8.

[95] Vgl. Böll, Merchandising, S. 82 m.w.N.

dem bisher Einhalt gebieten konnte. Allein Sat.1 wurde im vergangenen Jahr für mehrere Verstöße gegen das Schleichwerbeverbot von der aufsichtsführenden Landeszentrale für private Rundfunkveranstalter Rheinland Pfalz (LPR) gerügt.[96]

[96] Netzzeitung vom 13. Feb. 12.42 Uhr „Zahlreiche Sat.1-Sendungen getadelt, unter www.netzzeitung de.

Abschnitt 3: Die Bedeutung und Funktion der Fernsehwerbung im System der Kommunikationswissenschaft und Soziologie

A. Fernsehinhalte aus kommunikationswissenschaftlicher Sicht

I. Fernsehen als Medium zur Inhaltevermittlung

Das Fernsehen ist weitaus mehr als ein einfaches betriebswirtschaftliches Instrument zur Kommunikation zwischen Marktanbietern und Konsumenten. Es ist vielmehr ein wichtiges gesellschaftliches Medium und übermittelt Inhalte an eine nicht begrenzte, personell definierte Empfängerschaft. Dem Zuschauer wird es ermöglicht, sich über eine Vielzahl von Vorgängen zu informieren. Er vertraut den im Fernsehen gemachten Aussagen im besonders hohem Maße. Aus seiner Sicht ist Fernsehen das glaubwürdigste aller Medien[1], weshalb von ihm eine hohe Beeinflussungswirkung ausgeht.[2] Die Gründe dafür liegen in der Erweiterung des Wahrnehmungsfeldes im visuellen als auch im akustischen Bereich sowie in der Eindringlichkeit und subjektiv wahrgenommenen Zuverlässigkeit der audio-visuellen Informationsübertragung, die sich gegenüber anderen Massenmedien abhebt. Dem Fernsehen gelingt es besser als jedem anderen Medium, die Realität des täglichen Lebens zu simulieren und neue Realitäten zu schaffen. Dazu trägt auch die objektiv feststellbare äußere Aufmachungen des Mediums insgesamt und der kommunizierte redaktionelle Inhalt bei. Insoweit ist es anzunehmen, dass Medienglaubwürdigkeit auch auf die Glaubwürdigkeit der Fernsehwerbung übertragen wird.[3]

In den letzten Jahren verliert die ursprünglich wesentliche Informationsfunktion des Fernsehens zunehmend an praktischer Bedeutung.

Die Aufnahme sachlicher Informationen leidet einerseits darunter, dass die Kombination der Impulsträger Ton und Bild dem Zuschauer eine erhöhte geisti-

[1] 66% der Bevölkerung finden das Fernsehen und je 14% das Radio und die Zeitung am Glaubwürdigsten. 63% der Jugendlichen und jungen Erwachsenen würden am Ehesten dem Fernsehen glauben, wenn sie von Radio, Fernsehen, Zeitungen und Zeitschriften über ein und dasselbe Ereignis informiert würden, die Berichte aber einander widersprächen oder voneinander verschieden wären. Vgl. die Nachweise bei *Kroeber-Riel/Weinberg,* Konsumentenverhalten, S. 611.

[2] Nach neueren Untersuchungen (vgl. *Kroeber-Riel/Weinberg,* Konsumentenverhalten, S. 570 ff) wirkt Fernsehen als Massenkommunikationsmittel hauptsächlich dadurch, dass vorhandene Meinungen bestätigt und verstärkt (Verstärkerhypothese), nicht jedoch verändert werden.

[3] *Kroeber-Riel/Weinberg,* Konsumentenverhalten, S. 610, allerdings weisen sie auf den negativen Reputationseffekt hin, den die Werbeflut für das Fernsehen haben kann.

ge Leistung abverlangen, und die Zahl der hoch aktiven, aufmerksamern Zuschauer beim Fernsehgenuss eher gering ist.[4] Der Zuschauer nutzt das Fernsehen vor allem zum Zwecke der Unterhaltung, Zerstreuung und Entspannung,[5] weshalb er dem Ausgestrahlten auch nur eine geringere Aufmerksamkeit entgegenbringt.

Andererseits wird der Informationsstand der Empfänger vor allem vom Konsum gedruckter Medien bestimmt. Gründe für diese erstaunliche Erkenntnis sind in unserer Erziehung und unseren gesellschaftlichen Gewohnheiten angelegt. Schon in der Schule lernen wir, sachliche Informationen eher Zeitungen und Büchern zu entnehmen als den Programmen des Fernsehens. Aufgrund der Bildersprache eignet sich das „Mehr-Sinnes-Medium" Fernsehen besser zur Vermittlung emotional wirkender Ereignisse.[6]

Dennoch kommt dem Fernsehen aus Zuschauersicht auch Nutzenwirkung zu. So stoßen gerade Programmangebote auf besonderes Interesse, die individuell nützliche Informationen vermitteln (z.B. Gesundheitsmagazine, Berichte von Modenschauen usw.). Schließlich bestimmen die von den –Fernsehanstalten aufgegriffenen Themen entscheidend, mit welchen Themen sich das Publikum beschäftigt und über welche es nachdenkt. Diese Thematisierungsfunktion hat im Zuge der voranschreitenden Entwicklung des Fernsehens eine größere Bedeutung erlangt. Mittlerweile stehen die meisten Fernsehsendungen der privaten Sender und immer mehr auch der öffentlich-rechtliche Anbieter unter dem Diktat der erfolgreichen Einschaltquote, das sich in Höhe der Einschaltquote ausdrückt, ist maßgeblich für die Ausstrahlung einer Sendung.[7] Die Quotenfrage wird zur „Überbensfrage".[8]

II. Die gesellschaftliche Funktion des Fernsehens

In den Kommunikations- und Sozialwissenschaften wird insbesondere die gesellschaftspolitische und medienpädagogische Funktion des Fernsehens, vor al-

[4] *Müller, W.*, Die Ökonomik des Fernsehens, 1980, 2.2, S. 11 ff m.w.N.

[5] Von einer aus Sicht des Rezipienten einheitlichen Funktion der Medien kann heute nicht mehr die Rede sein. So sprechen Kinospielfilme, Fernsehfilme und -serien den Zuschauer emotional stark an und dienen in erster Linie der Unterhaltung, vgl. *Kroeber-Riel/Weinberg*, Konsumentenverhalten, S. 578.

[6] Stritt., vgl.: *Kroeber-Riel/Weinberg*, Konsumentenverhalten, S. 569 m.w.N. So wird die Zeitung zwar von mehr Menschen subjektiv für unentbehrlich gehalten als der Hörfunk und das Fernsehen; sie rangiert aber in der Wertschätzung als aktuelle Informationsquelle sowie hinsichtlich ihrer Glaubwürdigkeit unter den drei genannten Medien mit Abstand an letzter Stelle; hierzu: *Kiefer*, Massenkommunikation 1964-1985, in: MP, 3/1987, S. 137, 144 f.

[7] Vgl. *Spenneberg*, Was kostet die Welt, Die Woche v. 12. Dez. 1997, S. 14.

[8] So Sat.1-Programmchef *Fred Kogel*, zit. nach *Spenneberg*, ebd.

lem der redaktionellen Inhalte[9] - zur Schaffung von Meinungsvielfalt hervorgehoben.[10]

Ausgangspunkt ist die Erkenntnis, dass in der Fernsehrealität das Ideal eines aktiv suchenden, bewusst auswählenden und kritisch beurteilenden Rezipienten, der im Ernstfall auch politisch aktiv werden kann, nicht anzutreffen ist.[11] Jeder Zuschauer nimmt aufgrund des unterschiedlichen, individuellen Nutzungsverhaltens Fernsehinformationen mehr oder weniger intensiv wahr. So sind beispielsweise Themen, die „im Interesse der Gesellschaft" am Dringendsten vermittelt werden sollten (Arbeitslosigkeit, Standortpolitik usw.) nicht dazu geeignet, ein besonders breites Publikum anzusprechen.[12]

Luhmann kritisiert, dass die Massenmedien im Allgemeinen und das Fernsehen im Besonderen zu wenig Hintergrundwissen bereitstellen, welches als Grundlage der Kommunikation fungiert.[13] Außerdem würden die ungeschriebenen Mediengesetze der Aktualität, des Vorrang des Überraschungs- und Neuigkeitswertes Gefahr laufen, Zusammenhänge zu vernachlässigen und letztlich Verwirrung und Desinteresse zu stiften. Hier werde deutlich, dass die Selektionsmechanismen der Medien eher telekratisch denn demokratisch seien.[14]

Um der bestehenden Gefahr einer Verzerrung der Realität durch das Fehlen einer (im ökonomischen Sinn zu verstehenden) Nachfrage des Zuschauers nach für den Meinungsbildungsprozess relevanten und wahren Programmangeboten entgegen zu wirken, obwohl diesen im demokratischen Meinungsbildungsprozesse eine wichtige Funktion zugemessen wird[15], diskutiert man unter dem

---

[9] Vgl. nur *Hagen*, Informationsqualität von Nachrichten, 1995, S. 191 m.w.N.

[10] *Kruse*, Ordnungspolitik im Rundfunk in: *Schenk/Donnerstag* (Hrsg.), Medienökonomie, S. 77, 86 f.

[11] *Altmeppen*, Märkte und Medienkommunikation: Publizistische und ökonomische Aspekte von Medienmärkten und Markthandeln, in: *ders.* (Hrsg.), 1996, S. 250, 256; *Wunden*, Medienethik - Medienpädagogik. In: *ders.* (Hrsg.), S. 267 ff; *Funiok*, Grundfragen einer Publikumsethik, in: *ders.* (Hrsg.), 1996, S. 107 ff; *Neuberger*, Journalismus als Problembearbeitung. Objektivität und Relevanz in der öffentlichen Kommunikation, 1996, S. 174 m.w.N.

[12] Vgl. *Kiefer*, Das duale Rundfunksystem - wirtschaftstheoretisch betrachtet, in: *Hömberg/Pürer* (Hrsg.), S. 87 f; *Voß*, Wirtschaft im Fernsehen, 1996, S. 11 f u.H.a. verschiedene Untersuchungen.

[13] *Luhmann*, Massenmedien, S. 119 ff.

[14] *Rüttgers*, Vor welchen Herausforderungen stehen die Entscheidungsträger in der Medienwirtschaft und Politik?, in: Multimedia: eine revolutionäre Herausforderung; 1995, 115, 118.

[15] Zur grundlegenden verfassungsrechtlichen Bedeutung, welche die Wahrnehmung, Meinungs- und Willensbildung in der Öffentlichkeit für das Verhältnis von staatlicher Macht und Bürgern hat, vgl. *Habermas*, Volkssouveränität als Verfahren. Ein normativer Begriff von Öffentlichkeit, Merkur, 6. Jg. 1989, S. 465 ff.

Stichwort „mangelnder Publikumsbezug" die Zulässigkeit staatlicher Eingriffe in die Souveränität der Medienkonsumenten.[16]

Der Gesetzgeber soll nach dieser Auffassung das Recht haben, die formale und inhaltliche Gestaltung der Programmangebote der Rundfunkanstalten um sogen. meritorische Güter[17] zu ergänzen[18], wenn er bestimmte Entwicklungen und Bedürfnisse für „falsch" hält oder der Bürger seiner Ansicht nach zur Beurteilung bestimmter Medienangebote nicht in der Lage ist (Bild des sogen. „wohlmeinenden Diktators").[19]

Diese Einflussnahme darf nicht als ein Eingriff in die Konsumentensouveränität der Bürgerfehl interpretiert werden. Vielmehr trägt der Staat der begrenzten Informationsverarbeitungskapazität des Zuschauers Rechnung und delegiere die Entscheidung über bestimmte Programmangebote an Fachleute. Dieser Ansatz, dessen Vorteil die leichte Nachprüfbarkeit und damit Praktikabilität zu sein scheint[20], hatte in der Vergangenheit großen Einfluss auf die Rechtsprechung des *BVerfG*.

B. Fernsehwerbung und Fernsehaufgabe

I. Der kommunikationswissenschaftliche Werbebegriff

In der Kommunikationswissenschaft definiert man Werbung als „öffentliche Kommunikation zum Zweck der ökonomisch wirksamen Information, Persuasion und Entscheidungssteuerung".[21] Charakteristisch für diese Interpretation ist das Fehlen eines Dialogs zwischen Werbendem und Umworbenen aufgrund der Einseitigkeit des Kommunikationsvorgangs (fehlende Rückkoppelung).[22]

---

[16] *Neuberger*, a.a.O. S. 173 m.w.N.

[17] Unter meritorischen Gütern werden jene Medienleistungen verstanden, die zwar als wünschenswert eingestuft, von den Rezipienten aber (aufgrund fehlender Information, unabgeschlossener Lernprozesse, mangelnder Beurteilungsfähigkeit und begrenzter Informationsverarbeitungskapazität) nicht in ausreichendem Maße nachgefragt werden, hierzu und zum Folgenden grdl.: *Kiefer*, Duale Rundfunksystem, 1996, S. 87 f; *Heinrich*, Medienökonomie, Bd. I, 1994, S. 103 f.

[18] *Neuberger*, a.a.O. S. 175, u.H.a. *Theodore Pettersons* Theorie der „sozialen Verantwortung der Presse".

[19] *Kiefer*, Die Dominanz des Ökonomischen, epd 63 v. 13. Aug. 1994.

[20] So *Hesse*, Rundfunkrecht, 2. Aufl. 1999, 4. Kap. II 1 c Rdnr. 10 f.

[21] *Haseloff*, Werbung als instrumentelle Kommunikation, in: *Tietz* (Hrsg.), 1982, S. 63 ff, S. 108.

[22] *Rogge*, Werbung, 1993, S. 14.

II. Funktion der Werbung aus soziologischer Sicht

Der Soziologie verdanken wir die Erkenntnis, dass Werbung nicht nur ökonomisches Absatzinstrument, sondern auch ein sozial-kulturelles Beeinflussungsmedium von besonderer Bedeutung ist.[23] So wirkt sich die Werbung auf Denken und Fühlen der Menschen dergestalt aus, dass sie den Adressaten neben Informationen über Waren und Dienstleistungen auch gesellschaftliche Normen und Werteinstellungen vermittelt. Werbung ist deshalb mehr als die „Kunst, auf den Kopf der Verbraucher zu zielen und die Brieftasche zu treffen", wie es *Packard* formuliert, sondern hat mit ihren Botschaften eine wichtige identitätsstiftende Funktion übernommen. Werbung prägt Trends, Entwicklungen, und ist an der Ausformung des Weltbildes der Konsumenten sowie am gesellschaftlichen Wertewandel maßgeblich beteiligt.[24] Charakteristisch für diese Entwicklung sind das gesteigerte Erlebnisempfinden, die starke Freizeitorientierung, das hohe Umweltbewusstsein und die positive Aufnahme der Multimediaangebote wie Internet, Online-Einkauf usw.[25] Der Werbung kommt die Rolle eines sozialen Lernmediums zu, da Informationen aus der Werbung dem kommunikativen und sozialen Austausch von Zuschauern dienen können. Sie bietet dem Umworbenen Verhaltensnormen zur Übernahme und Nachahmung an, was dem Konsumenten Entscheidungen erleichtert und vereinfacht (Orientierungsfunktion). Werbung vermittelt Werte und Lebensstile, die aktuell in der Gesellschaft vorherrschend sind und hilft vor allem jüngeren Menschen, ihren Konsum zu strukturieren und ihr Weltbild auszuformen (Wertefunktion).[26] Diese Funktion der Werbung wird bei der Kaufentscheidung deutlich, bei der das Image, also das Erscheinungsbild

---

[23] *Wiswede*, Motivation und Verbraucherverhalten, 1973, S. 182 f.

[24] *Kroeber-Riel/Weinberg*, Konsumentenverhalten, S. 584.

[25] *Böll*, Merchandising, S. 146. *Dorsten*, Absatzwirtschaft 6/95, S. 35, stellt fest: „Der Konsument bewegt sich mehr und mehr in Erlebniswelten, in denen die Produkte eingebettet sind und emotionale Mehrwerte schaffen. Entsprechend verlagern sich auch die Gewichte in der Vermarktung." Zum unterschwelligen Wertewandel auch *Honig*, Werbung und Produktgestaltung, WRP 1997, 807, 808.

[26] Hierzu: *Wolfradt/Petersen*,, Einstellung gegenüber Fernsehwerbung, RuF 1997, S. 324, 325 m.w.N. Sie bezeichnen die Werbung als „Trenduhr", wobei allerdings die älteren Verbraucher zunehmend resistent sind und negative Einstellungen gegenüber der Fernsehwerbung entwickeln. Nach *Luhmann*, Massenmedien, S. 89, sei es die wichtigste Funktion der Werbung, „Leute ohne Geschmack mit Geschmack zu versorgen." Diese gerade unter Intellektuellen verbreitete Geringschätzung gegenüber dem Massengeschmack verschließt sich der Tatsache, dass vielfältige Leit- und Vorbilder aus sozialen, politischen und gesellschaftlichen Gründen in den letzten Jahrzehnten verloren gegangen sind, und dass diese Lücken nicht geschlossen werden konnten (was auch *Luhmann* anerkennt). Sofern die Werbung Motiv- und Ideengeber insbesondere für junge Menschen ist, liegt das auch und gerade an dem Mangel an alternativen Kultur- und Gesellschaftsangeboten. So steht die Kommerzialisierung des Geschmacks letztlich für die zunehmende Ökonomisierung aller Lebensbereiche, vgl.: *Spenneberg*, Was kostet die Welt, Die Woche vom 12. Dez. 1997, S. 14.

eines Unternehmens oder Unternehmensproduktes in der Öffentlichkeit[27], eine zentrale Rolle spielt. Konsum wird zum Vehikel sozialer Rollendifferenzierung, sei es, dass der Verbraucher sich als „Trendsetter" definiert oder aufgrund gruppenspezifischem Nachahmungsverhaltens handelt.[28] Letztere Verhaltensweise ist darauf zurück zu führen, dass sich Konsumenten in ihrem Kaufverhalten gerne von Leitbildern, denen sie sich verbunden fühlen, beeinflussen lassen. Jeder Konsument hat individuelle „Opinions Leaders" (real existierende Personen, Darbietungen, Filme, Bücher u.ä.), deren Lebensgepflogenheiten er als nachahmenswert ansieht und die er auch durch sein Kaufverhalten nachzuahmen sucht.[29]

III. Zur Wirkungsweise von Fernsehwerbung

1. Werbung als geheimer Verführer?

Gegenüber Werbung im Allgemeinen und Fernsehwerbung im besonderen wird nach wie vor sehr schnell das (Vor)Urteil der manipulativen Wirkungsweise vorgebracht. Insbesondere *Packard* hat in seinem berühmten Buch „Die Geheimen Verführer" aus dem Jahre 1957 vor den Gefahren der Werbung gewarnt und berichtet, dass nach den Erkenntnissen der mit Mitteln der Tiefenpsychologie arbeitenden Werbestrategen der Konsument vor allem „gefühlsmäßig und zwangsläufig" handelt. Aus diesem Grund versuche die Werbung systematisch die Gefühle, Schwächen und geheimen Sehnsüchte der Umworbenen anzusprechen, um so deren Kaufverhalten unterbewusst zu beeinflussen.[30] Später wurde gegen Werbung vorgebracht, dass sie die Leichtgläubigkeit der Menschen ausnutze, indem sie Produkten Wirkungen beilege, die ihnen in Wirklichkeit gar nicht zukommen[31]. Außerdem würde sie die Menschen „dingabhängig" machen, indem sie die

---

[27] Zum Begriff vgl. Fußnote 70.

[28] Ausführlich zum Konsum als soziales Handeln: *Rode*, Werbewirkung, S. 253, 257 ff; *Trommsdorff*, Konsumentenverhalten, 2. Aufl. 1993, S. 187 ff, 198 ff.

[29] *Bikchandani/Hirshleifer/Welch*, A Theory of Fads, Fashion, Custom and Cultural Chang as Informational Cascades, Journal of Political Economy, 1992, 992 ff. Vgl. die Beispiele bei: *Asche*, Product Placement im Kino, S. 27 f; *Kroeber-Riel/Weinberg*, Konsumentenverhalten, S. 635 f, weisen darauf hin, dass der reale Meinungsführer im zunehmenden Maße von virtuellen Meinungsführern, die nicht real, sondern nur in den Medien vorhanden sind, abgelöst wird. Darin liegt auch ein wichtiger Grund für die zunehmende Merchandisingpraxis der Fernsehunternehmen. Vgl. hierzu: Seite 23 ff. und: *Auer* u.a., Product Placement, S. 112.

[30] *Packard*, Verführer, S. 6, 8. Zur Aktualität von *Packard* s. *Brockert*, Die Macht der Emotionen, in: Die Zukunft des Marketing? 1999, S. 34 ff. Zuletzt auch .*Beigbeder*, 39,90, S. 35: „...Sie werden sehen, eines Tages wird Ihnen ein Strichcode aufs Handgelenk tätowiert. Die einzige Macht, über die Sie verfügen, ist Ihre Kreditkarte, das wissen die Inserenten. Deshalb dürfen Sie nicht die Möglichkeit bekommen zu entscheiden. Unwillkürliches Handeln muss zum Kaufakt werden."

[31] *Angehrn*, MA, 1974, 267, 268.

Werte der Innerlichkeit und Selbstbestimmung abwerten[32] und sei wegen ihrer Wirkungsweise unsittlich.[33]

Auch in der juristischen Forschung und Praxis sind Fälle nicht selten, in denen vorurteilsbehaftete Skepsis gegenüber den kommerziellen Anpreisungen der Werbeindustrie eine tiefergehende Beschäftigung mit den Ergebnissen der Verhaltensforschung ersetzen.[34]

Dagegen ist man sich heute in der Verhaltenswissenschaft einig, dass die Darstellung des Menschen als ein außengeleitetes, manipulierbares Wesen, das die Maxime seines Handelns ganz überwiegend von der Meinung seiner Umwelt abhängig macht („Konsumidiot„), nicht der Realität entspricht.[35] Eine Wirtschafts- und Gesellschaftsordnung, deren Grundpfeiler gerade der Liberalismus und die Freiheit des menschlichen Willens darstellen, kann nicht existieren, wenn sich der Einzelne nicht mehr für sein Handeln verantwortlich zu fühlen bräuchte, da er eine vernünftige, im Gemeinschaftsinteresse liegende Handlung nicht mehr treffen könnte.[36]

Auch die wissenschaftlichen Untersuchungen philosophischer, theologischer, physikalischer, biologischer, genetischer, hirnmedizinischer und psychologischer Fachrichtungen, kamen übereinstimmend zu dem Ergebnis, dass jeder geistig gesunde Mensch Willensfreiheit besitzt.[37] Vom gesunden Erwachsenen können lediglich Bedürfnisse, die auf angeborenen Instinktmechanismen beruhen (Ernährungs- u. Sexualtrieb) nur mit Schwierigkeiten gehemmt werden; alle

[32] *Steuber, K.*, Werbung und Wohlstand, 1958, S. 205; *Bergler*, Ethische Probleme der Werbung, in: *Behrens*, 1970, S. 200, 201 kritisiert, dass Werbung den Menschen unzufrieden macht.

[33] *Meyer-Cording*, Gute Sitten und ethischer Gehalt des Wettbewerbs, JZ 1964, 273 ff. u. 310 ff, 312 f; v. *Nostitz*, ZRP 1996, S. 85.

[34] So hat z.B. das *OVG Münster*, in seiner Entscheidung vom 11. März 1958 (abgedr. in: DÖV 1958, 824, 825) zur Frage der Rechtswidrigkeit einer an einer Eisenbahnbrücke angebrachten Leuchtreklame, die lediglich den Namen eines Markenartikels enthielt, ausgeführt: „Das Wesen [dieser] Werbung besteht darin, dass sie den Bürger als potentiellen Käufer nicht zu überzeugen versucht, sondern ihn, ohne dass er es merkt und möglichst ohne, dass er sich dagegen zu wehren vermag, lenkt und ihm den Kauf bestimmter Waren suggeriert...der gebildete Mensch...fühlt sich als freie Persönlichkeit mißachtet, indem er nicht zur freien Entscheidung für die angepriesenen Ware aufgefordert, sondern als willenloses Objekt behandelt wird." Das Urteil wurde zwar vom *BVerwG*, in: NJW 1959, 1194, 1195, mit dem Hinweis auf die jedem Menschen eigene Willensfreiheit aufgehoben, es verdeutlicht aber, wie unbekannt vielen Juristen die Wirkungsmechanismen der Werbung auch heute noch sind.

[35] *Nieschlag* u.a., Marketing, 57 f; *Scherer, I.* Privatrechtliche Grenzen der Verbraucherwerbung, 1996, S. 30 f m.w.N., berichtet, dass sich ein Großteil neuer Produkte (ca. 90%) trotz intensiver Werbeunterstützung am Markt nicht durchsetzen können.

[36] *Nieschlag/Dichtl/Hörschgen*, Marketing, S. 58; ähnlich *Nickel*, 1997, S. 19 ff.

[37] Hierzu und zum Folgenden: *Dreher, E.*, Die Willensfreiheit, 1987, S. 379 ff, 395; *Baudenbacher*, Suggestivwerbung und Lauterkeitsrecht, 1978, S. 19 ff, 40 ff, 84 ff m.w.N.

anderen Bedürfnisse können mittels rationaler Kontrolle überprüft und beherrscht werden.[38] Ohne diese Freiheit der Willensentscheidung könnte der Verbraucher niemals über das beste und durchsetzungsfähige Angebot entscheiden und so seiner ihm zugedachten Aufgabe als Schiedsrichter des Marktgeschehens nachkommen.[39]

2. Zur Wirkungsweise emotionaler und bildhafter Werbung im Fernsehen

a) Einschränkung der Konsumentensouveränität durch Suggestivwerbung

I.d.R. erfolgt Werbung im Programm als eine Sonderform der suggestiven Image- und Leitwerbung, d.h. sie versucht weniger durch Mitteilung bestimmter Merkmale des Produkts zu überzeugen, als vielmehr auf irrationale Identifikationswünsche der Zuschauer abzustellen.[40] Suggestivwerbung nimmt insoweit Einfluss auf die Präferenzstrukturen der Nachfrager und versucht dadurch, eine zusätzliche, nicht auf den Kriterien Qualität und Leistung beruhende subjektive Produktdifferenzierung zu erreichen.[41]

Von der Suggestivwerbung ist die klassische, informative Werbung zu unterscheiden. Darunter versteht man jede Werbung, die Auskunft über Preise und Produkteigenschaften (Größe, Gewicht, Design, Farbe, Auflage etc.) gibt. Da es sich dabei um objektiv nachprüfbare Angaben handelt, erhöht sie unmittelbar die Markttransparenz der beworbenen Produkte. Da ihr Werbecharakter deutlich im Vordergrund steht, setzt diese Werbung voraus, dass der Adressat ein besonderes Interesse an diesen Informationen hat. Als Folge des Massenkonsums und des Massenwettbewerbs, ist die Bereitschaft der Verbraucher zur ständigen Aufnahme neuer, werblicher Informationen begrenzt.[42] Schließlich kostet ihn die

---

[38] *Kroeber-Riel/Weinberg,* Konsumentenverhalten, S. 141 ff m.w.N. A.A. ohne Berücksichtigung der Erkenntnisse der Verhaltensforschung: *Scheuch,* Product-Placement, S. 459.

[39] *Scherer, I.,* Verbraucherwerbung, S. 34 ff; *Loewenheim,* GRUR 1975, 99 ff, 104; *Baumbach/Hefermehl,* UWG, 1999, Einl. UWG, Rn 98; *Emmerich,* Wettbewerbsrecht, 1999, S. 197.

[40] So *Bruhn,* Effizientes Kommunikationsmanagement; in: Werbeforschung & Praxis 3/1993, S. 75 für Product-Placement. Hingegen nahm *Kisseler,* Unlautere Werbung durch redaktionelle Werbung, in: *Baerns/Fischer* (Hrsg.) S., 89, vor über zwanzig Jahren an, dass zumindest redaktionelle Werbung überwiegend als informative Werbung eingesetzt werde. Abgesehen davon, dass derartige Werbung im Falle ihres Aufdeckens mit einem erheblichen Vertrauensverlust und damit einem kaum kalkulierbaren wirtschaftlichen Risiko verbunden ist, wirkt diese Werbeform wegen ihres offensichtlichen Anpreisungscharakters vielfach eher abschreckend auf den Zuschauer

[41] Zur Wettbewerbsfunktion der Werbung: *Jacob,* Werbung und Wettbewerb, in: Schmollers Jahrbuch 86 (1966); S. 385 ff. Zur Bedeutung suggestiver oder emotionaler Werbung: *Kroeber-Riel/Weinberg,* Konsumentenverhalten, S. 128 ff;

[42] *Nieschlag* u.a., Marketing, S. 436; *Spitzer,* Sonderwerbeformen, S. 39 ff; *Kroeber-Riel/Weinberg,* Konsumentenverhalten, S. 90.

Informationsauswertung und -suche Zeit, die sich bei der zunehmenden qualitativen und preislichen Austauschbarkeit vieler (Marken)Produkte nicht zu lohnen verspricht.[43] Wird er im Fernsehen mit einer Vielzahl weiterer Informationen „überschüttet", so kann dies zu Informationsstress führen („information overload") sowie zu einem Sinken des Rationalitätsniveaus des Entscheidungsaktes und der Entscheidungsfreudigkeit.[44] Damit speichert und rezipiert der Zuschauer nur noch einen Bruchteil der auf ihn einwirkenden Informationsmenge, die bei ihm spezifische Assoziationen erzeugen.[45]

Der Werbeerfolg und damit die Stärke der Kommunikation hängt entscheidend von einer wirksamen Aktivierung ab, m.a.W., von der Frage, wie wirksam Informationen aufgenommen, verarbeitet und gespeichert werden. Der Verbraucher nimmt aber diejenigen Werbebotschaften eher wahr, denen es gelingt, eine hohe Informationsmenge in gebündelter Verdichtung z.B. in Form von Produktbildern zu übermitteln.[46] Visuelle und akustischer Kommunikation weisen den Vorteil auf, dass sie aufgrund der multisensorischen Ansprache besser vom Verbraucher aufgenommen werden und eher in Erinnerung bleiben ohne den vergleichbar hohen gedanklichen Aufwand, den etwa das Lesen eines Werbeprospekts mit sich bringt (sogen. „low-involvement" des Konsumenten). So drücken gespeicherte innere Bilder einstellungsrelevantes Produktwissen aus und beeinflussen somit das Entscheidungsverhalten.[47] Je klarer und prägnanter diese Produktbilder sind, desto stärker wirken sie sich auf das Käuferverhalten aus, da sie mehr oder weniger automatisch bei geringer gedanklicher Kontrolle und unvollständigen sprachlichem Bewusstsein im Menschen ablaufen.[48]

---

[43] Vgl. Seite 44.

[44] Grdl. hierzu und zur Kraft der Bilder und Schwäche traditioneller Kommunikationsformen: *Kroeber-Riel*, Bildkommunikation, S. 3 ff, 18 f, 250 ff.

[45] *Trommsdorff*, Konsumentenverhalten, 2. Aufl. 1993, S. 228 ff, bezeichnet diesen Vorgang als „selektive Wahrnehmung"; vgl. auch; *Pöchhacker*, a.a.O., S. 64 ff.

[46] Sogen. „Schlüsselinformationen"; vgl.: *Mähling*, Werbung, 1983, S. 233 ff. Während ca. 75-90% der angebotenen Bildinformationen den Empfänger erreichen, liegt der Anteil der angebotenen sprachlichen Informationen aber nur 10-15%. In der Zeitschriftenwerbung kann man mit einem Informationsüberschuss von über 95 % rechnen. Vgl. *Kroeber-Riel*, 1993, S. 18 m.w.N. in Fn. 14; *Kroeber-Riel/Weinberg*, Konsumentenverhalten, S. 90.

[47] Vgl. die empirischen Untersuchungen der Werbewissenschaft: z.B.: *Hackforth*, 1989, S. 100 ff, 104 f; *Walliser*, MARKETING ZFP 1997, 43 m.w.N.

[48] Eine erfolgreiche „Involvierung" mittels Fernsehwerbung hängt nach *V. Keitz*, zit. nach *Kroeber-Riel*, Bildkommunikation, 1993, S. 114 von folgenden Ergebnissen ab: a) Besonders wichtig ist die Auftaktaktivierung, die vor allem akustisch erfolgen soll. b) Durch erregende Szenen soll im ersten Teil ein Aktivierungsschub ausgelöst werden, der den späteren Spotszenen zugute kommt. c) Stark aktivierende Szeneelemente lenken leicht von der Werbebotschaft ab und müssen deswegen mit dieser verknüpft werden. Grdl.: *Kroeber-Riel/Weinberg*, Konsumentenverhalten, S. 92 ff; S. 238 ff, 241.

Gerade der Einsatz positiver, lebendiger Bilder in einem erlebnisorientierten Rahmenprogramm (z.B. Sportveranstaltung, Konzert, Freizeitpark) erhöht die Wahrscheinlichkeit eines Werbeerfolges.[49] Der Zuschauer bewertet eine emotionale Erregung grundsätzlich danach, ob sie bei ihm angenehme oder unangenehme Empfindungen hervorruft. Wird nun Marken- oder Firmennamen zusammen mit emotionalen Reizen in ein Handlungsumfeld integriert, welches auf den Zuschauer positiv wirkt, kann durch wiederholte und gleichzeitige Darbietung de Namen „emotional aufgeladen" und eine Verbesserung des Images des Unternehmens erzielt werden (sogen. Technik der emotionalen Konditionierung).[50] Die Marke erhält dann eine emotionale Anziehungskraft, die sich in einer positiven und verhaltenswirksamen Einstellung niederschlägt. Sie wird deshalb auch besonders gerne zur Bindung an Produkte zur eingesetzt, die bereits länger im Handel etabliert sind.[51]

Im Medium Fernsehen bieten sich dem Werbetreibenden insbesondere unterhaltungsorientierte, redaktionelle Programmangebote als ideales und exklusives Werbeumfeld an mit der Aussicht auf eine höhere Bereitschaft der Zuschauer, sich mit den dargebotenen Werbebotschaften gedanklich zu beschäftigen.

b) Suggestivwerbung und Konsumentenverhalten

Ob es sich bei der suggestiven Werbung nur um den Versuch einer Ansprache des Konsumenten im nichtrationalen Bereich[52] oder um eine versuchte Steuerung[53] oder Manipulation handelt, ist ebenso umstritten wie die Frage der Auswirkungen subjektiver Werbeelemente auf den Wettbewerb.

i. DIE AUFFASSUNG VON KROEBER-RIEL/WEINBERG

Kroeber-Riel/Weinberg halten die Annahme der Souveränität der Bürger und deren metaphysischen Willensfreiheit für eine Fiktion.[54] Das Verhalten des

---

49 *Moore/William*, JAR 25, 1996, S. 37 ff; *Römer*, Die Sprache der Anzeigenwerbung, 1974, S. 194.

50 Grdl.: *Kroeber-Riel*, Bildkommunikation, 1993, S. 86 ff, 155 ff.

51 *Kroeber-Riel/Weinberg*, Konsumentenverhalten, S. 370 ff.

52 Vgl. *Emmerich*, UWG, S. 153.

53 So *Hartwig*, WRP 1997, 827.

54 Vgl. *Kroeber-Riel/Weinberg*, Konsumentenverhalten, S. 662 ff; *ders.* WiSt 1972, 127 ff, wonach der Konsument durch die Werbung in seinem Verhalten manipuliert sei. Dagegen *Baudenbacher*, a.a.O., S. 19 ff, 84 ff u.H.a. neuere, wissenschaftliche Untersuchungen, die eine Gefahr durch emotionale Vorgänge für das Entscheidungsverhalten der Konsumenten als gering ansehen.

Menschen werde vielmehr durch Reiz-Reaktions-Beziehungen gesteuert, was die Werbung sich zu nutze mache.[55]

Ausgangspunkt für ihre Ansicht ist die Unterscheidung zwischen Beeinflussung und Manipulation.

Unter Beeinflussung ist dabei die von außen eingeleitete Änderung eines Zustandes zu verstehen, in den Stufen Aufnahme einer Information, kognitive Verarbeitung einer Erkenntnis, Meinung oder Vorstellung von dem Produkt und schließlich der Veränderung eines Verhaltensmusters erfolgt. Werden diese Stufen durch eine beabsichtigte Aktivität verursacht, handelt es sich um Persuasion.[56]

Manipulation hingegen kann nicht als eine isolierte Technik und Phänomen der Massenkommunikation angesehen werden. Sozialwissenschaft und Publizistik verstehen darunter die kritische Bezeichnung für eine Steuerung fremden Verhaltens, die von den betroffenen Personen nicht bewusst kontrolliert oder durchschaut werden kann oder zwanghaft ist, und die besonders im Interesse der Ausführenden (Manipulatoren) liegt.[57]

Gerade der systematische Einsatz von Techniken der beeinflussenden Kommunikation wie dem „emotionalen Konditionieren" ermöglicht nach Ansicht von *Kroeber-Riel/Weinberg* eine erfolgreiche Verhaltenssteuerung (und damit die direkte und starke Überzeugungswirkung sowohl hinsichtlich Bestärkung bestehenden Überzeugungen als auch hinsichtlich der Veränderung von Einstellungen, die für den Verbraucher meist nicht so wichtig sind).[58] So könne durch wiederholte parallele Darbietung eines neutralen Markennamens mit vom Verbraucher als angenehm empfundenen, schönen Bildern oder Symbolen eine positive Haltung erzeugt werden.[59] In diesen Fällen werde die Konsumentensouveränität[60] durch

---

[55] *Kroeber-Riel/Weinberg,* Konsumentenverhalten, S. 580 ff; 651 ff.

[56] *Nieschlag* u.a., Marketing, 4.2.2.2., S. 554; umfassend Nachweise bei: *Müller, W.*, 1980, S. 11 ff.

[57] DTV Brockhaus Lexikon Bd. 11, S. 239 f, 1989; so auch: *Kroeber-Riel* in. *Meyer-Hentschel,* a.a.O., S. 19 ff; *Zentes*, Grundbegriffe des Marketing, 1996, S. 246.

[58] *Kroeber-Riel/Weinberg,* Konsumentenverhalten, S. 574 f.

[59] *Zentes*, a.a.O., S. 246 ff m.w.N. Bekanntestes Beispiel für den erfolgreichen Aufbau von Markenimages ist die Marlborowerbung, bei der anfangs die Naturlandschaft, danach ein Pferd und ein Cowboy gezeigt wird und der Markenname kurz am Schluss eingeblendet wird. Ziel ist es beim Verbraucher unbewusste Lebensgefühle anzusprechen, oftmals wird sogar auf die Nennung der angesprochenen Gefühle ganz verzichtet. Vgl. *Hartwig*, WRP 1997, 828.

[60] Vgl.: *Kroeber-Riel/Weinberg,* Konsumentenverhalten, S. 126, 146, 599, 607.

Automatisierung von Verhaltensweisen eingeschränkt, ohne dass es der Zuschauer erkenne.[61]

ii. SUGGESTIVWERBUNG IM URTEIL DER ÜBERWIEGENDEN ANSICHT

Auch wenn die Möglichkeiten emotionaler Konditionierungen und damit bewusster Beeinflussungstechniken in der Werbung kaum mehr bestritten werden können, wird die Frage manipulativer Werbetechniken überwiegend weitaus weniger kritisch gesehen.

Es wird in der Literatur vertreten, dass bei einem erwachsenen, vernunftbegabten Menschen das Risiko einer relevanten, einseitigen, kaufentscheidenden Beeinflussung - abgesehen von Fällen der bewussten Täuschung -, gering ist. Denn ein gesunder Erwachsener wird bei Einsatz seiner Urteilsfähigkeit immer die Möglichkeit haben, die durch Werbung von ihm geforderte Kaufentscheidung zu verweigern.[62]

Demnach vermag Fernsehwerbung nur sehr begrenzt den Verbraucher dazu zu bewegen, sich neue Einstellungen und Bedürfnisse zu eigen zu machen. Die Informationsflut der Werbung führt zu einer selektiven Wahrnehmung vor allen derjenigen werblichen Informationen, die mit den bereits vorhandenen Einstellungen und Bedürfnissen des Verbrauchers vereinbar sind. Bedingt durch das Anwachsen des Wettbewerbs wird ein Großteil der Werbeanstrengungen neutralisiert. Die Steigerung der Werbeaufwendungen und die Vervielfältigung der Werbemaßnahmen dient in den meisten Fällen nur der Erhaltung bisheriger Markteinstellungen.[63]

c) Zum Wahrnehmungsverhalten des Fernsehzuschauers beim Einsatz suggestiver Werbetechniken

Fraglich ist, ob vor dem Hintergrund der verfassungsrechtlichen Bedeutung des Fernsehens als Leitmedium bei der Beurteilung der Manipulationsrisiken nicht ein besonders strenger Maßstab angelegt werden muss.

Eine Bewertung setzt zunächst voraus, sich mit den spezifischen Gefahren einer von rationaler Argumentation losgelösten Beeinflussung von Einstellungen und

[61] *Kroeber-Riel/Weinberg,* Konsumentenverhalten, S. 590 dagegen: *Reifenrath*, a.a.O., S. 227 ff m.w.N., der massive Zweifel am Werbewirkungsmodell von *Kroeber-Riel* äußert: „[...B]isher [ist es] noch niemanden gelungen [...], Menschen zu willenlosen Opfern der werbenden Industrie zu machen."

[62] *Scherer, I.,* Verbraucherwerbung S. 212 ff; *Baudenbacher*, a.a.O., S. 43, 85 m.w.N.

[63] Honig, WRP 1997, 810.

Verhaltensweisen des Zuschauers durch emotionale Bilder auseinander zu setzen.[64]

Im Folgenden soll deshalb zunächst die grundsätzliche Wahrnehmungswirkung von Bildern im Fernsehen auf den Zuschauer untersucht werden. Nur wenn diese Gefahren kontrollierbar sind, kann im nächsten Schritt geprüft werden, in wieweit der Zuschauer aufgrund fehlender Erkennbarkeit der konkreten Werbeeinblendung irregeführt wird.

i. TECHNIKEN SUGGESTIVER BEEINFLUSSUNG

Grundsätzlich gilt, dass Wahrnehmungsstärke und Erinnerung entscheidend vom subjektiven Erleben abhängen.[65]

Insgesamt betrachtet, ist das Fernsehen im Allgemeinen und insbesondere der Fernsehfilm im Besonderen hochgradig suggestiv, da die optischen und akustischen Signale große Ähnlichkeit mit der Realität haben, aber mit Mitteln der Sinnestäuschung und anderen Filmtricks arbeiten.

Nicht nur Unterhaltungssendungen, sondern zunehmend auch Reportagen und Berichterstattungen greifen auf moderne Techniken der Sinnestäuschung zurück, die mit emotionalem Druck arbeiten.[66] Kennzeichnend dafür ist der Verzicht auf eine Vielzahl einzelner Reize zugunsten einer Handlungsbeschleunigung, ein folgenloses Aneinanderreihen von Fakten, ein beliebiger, schneller Themenwechsel, und ein irrationales Spiel mit Sensationen und Emotionen. Dies hat zur Folge, dass das Auge aufgrund der „Verarmung der Bilder" sich nicht mehr auf Details fixiert, sondern nur noch mit der Verfolgung der aneinandergereihten Bildfolgen beschäftigt ist; in dem es als Sehapparat animiert wird, klammert man zugleich das Gehirn aus, das in der Realität als Erkennungshilfe zur Entschlüsselung und Wahrnehmung der Bilder dient.[67] Die systematische Unterforderung des Auges wirkt auf das Gehirn in der Weise, dass der Zuschauer bei vollem Wachsein die Wahrnehmung für die Umgebung unterdrückt (unscharfen

[64] Vgl.: *Kroeber-Riel*, Bildkommunikation, 1993, S. 87 in Fn. 36 m.w.N.

[65] Empirische Studien zur Bedeutung des Kinos: *Baacke/Schäfer/Vollbrecht*, a.a.O., S. 87 ff.

[66] *Hoefer*, Eine Filmtheorie der Wahrnehmung, Wahrnehmungspathologie als Folge der Reizüberflutung, 1996, S. 65 ff, spricht von Versuchen des Fernsehens aus Machtgründen, den Zuschauer zum „Beobachtungsanalphabeten" zu machen, ihn seelisch zu „vergewaltigen", zu „unterwerfen" und zu „erniedrigen".

[67] Ähnlich auch: *Kroeber-Riel*, Bildkommunikation, S. 4 f; *Hoefer*, a.a.O., S. 19 ff, 22, empfiehlt folgendes interessantes Beispiel: „Hält man den Actionfilm in mitten des Show-down an und betrachtet das Standbild, so stellt man eine totale Leere fest. Es wird nichts mehr ausgestaltet, es wird nur noch eines dargestellt, und das ist Zerstörung, Tempo von Fahrzeugen, Kampf und zu 99% der Held. Dieses Einzelbild ist nicht komplex oder vielfältig, nur die Bildfolge als ganzes ist es aufgrund ihrer Geschwindigkeit."

Sehen, bei längerem Hinsehen zum Verlust des Abstandsgefühls und Tiefenschärfe), inaktiv wird und das Gehirn als Beobachtungshilfe ausschaltet.[68]

Die Bilderflut führt nicht nur zu einer „Wahrnehmungspathologie" des Auges. Da das Auge mit dem Erfassen schneller Bilderfolgen beschäftigt ist und nur einen Teil der gesamten auf es einprasselnden Reize wahrnehmen kann, ersetzt die Kameraeinstellung zunehmend die Augentätigkeit, in dem die Kamera anstelle des Betrachters fokussiert und beobachtet. Noch unvollständige Informationen werden von dem Auge intuitiv, also entsprechend seiner angelernten Erfahrung, ergänzt. [69]

Kritiker warnen, dass kleinere und größere Manipulationsversuche in diesem Prozess unerkannt durchgehen, da die inhaltliche Korrektheit des Bildervortrags für den Rezipienten nur noch eine untergeordnete Rolle spiele. Entscheidend sei vielmehr der Erlebniswert, den der Konsum der Bilder bringe.[70] Vielfach kann sich der Rezipient an einzelne Filmbilder kaum erinnern; sie werden aber bei erneuter Darbietung wiedererkannt. Dieses geringe Bewusstsein der gespeicherten und verarbeiteten Gedächtnisbilder verringert die gedankliche und rationale Auseinandersetzung mit den bildlichen Informationen, d.h. ihr Einfluss auf die eigene Meinungen und Haltungen wird kaum hinterfragt. Sogar krasse Fehlinformationen können dem Zuschauer auf diese Art und Weise glaubhaft vermittelt werden. Die hohe Suggestivkraft solcher Bilderfluten birgt die Gefahr, dass der Zuschauer zwischen realitätsnahen Filmen und wahrer Berichterstattung nicht mehr unterscheiden kann.[71]

Zwar kommen empirische Studien zu dem Ergebnis, dass der Zuschauer eines Films zumindest jederzeit exakt zwischen seiner erlebten Wirklichkeit und der Scheinwirklichkeit im Film trennen kann.[72] Allerdings hat er ein vielfältiges Bilderwissen gespeichert, das ihm aufgrund flüchtiger Kontakte zum Teil nicht oder kaum bewusst ist. Gerade die Musiksender sind ein typisches Beispiel für die systematisch betriebenen Versuche von Werbe- und Unterhaltungsindustrie, mittels schönen, virtuosen Bildern, schnellen Schnitten und emotionaler Musik vielfältige Botschaften werblicher und soziologischer Art dem Zuschauer zu vermitteln.[73] *Hoefner* warnt, dass selbst der intelligenteste und vernünftigste

[68] *Hoefer*, a.a.O., S. 25.

[69] *Jendrosch*, a.a.O., S. 66 f.

[70] Zur Bedeutung der Bilder in der Kommunikation vgl. *Kroeber-Riel*, 1993, S. 12 ff, 59 ff.

[71] Zu diesen Gefahren vgl.: *Hoefer*, a.a.O., S. 26 f m.w.N., 34 ff; 37 ff; 41 f. Allgemein hierzu: *Kroeber-Riel*, 1993, S. 93 f;

[72] Vgl. die Untersuchungen bei: *Baacke/Schäfer/Vollbrecht*, a.a.O., S. 115 m.w.N.; ebenso: *Kluge, N.*, Bestandsaufnahme: Utopie Film, 1983, S. 213.

[73] *Hoefer*, a.a.O., S. 25; *Neumann-Braun/Barth/Schmidt*, RuF 1996, 71 m.w.N.

Mensch sich vom Bildersturm und von „simplen Mythen und billigen Tricks" verzaubern lässt.[74]

ii. VERHALTENSTEUERUNG DURCH SUGGESTIVTECHNIKEN

Unabhängig von der ethischen Wertung wird man jedoch inhaltliche Defizite der Fernsehkultur nicht mit Mitteln des Rechts aufheben können.

Es ist zu berücksichtigen, dass das Fernsehen, insbesondere der fiktionale Bereich ebenso wie die Werbung mit Mitteln der Manipulation[75] arbeiten. Starke Reize, die häufig wiederholt eingesetzt werden, setzen keine automatische Verarbeitung der gebotenen Information in Gang. Ihre Wirkungswahrscheinlichkeit erhöht sich im Verbund mit überraschenden Gestaltungen, die einen eigenen Unterhaltungswert haben. Dies kann dazu führen, dass einzelne Gestaltungselemente als bemerkenswert abgespeichert werden, nicht aber die eigentliche Botschaft. Die Botschaften der Filme oder anderer Sendungen finden ihre Grenzen in der von bestimmten Lebensverhältnissen vorgeprägten Persönlichkeitsstrukturen des Menschen, der nicht beliebig manipulierbar ist.[76]

Zwar ist eine Beeinflussung des Zuschauers durch eine Fernsehsendung um so eher möglich, je mehr die in der jeweiligen Sendung vertretenen Auffassungen mit den vorhandenen Attitüden des Rezipienten übereinstimmen.[77] In diesem Falle tritt eine genauso eine Verstärkerwirkung ein wie bei redaktionellen Informationsvermittlungen auch.[78] Bei häufiger Beschäftigung des Verbrauchers mit bestimmten Marken erhöht sich dabei auch die Wahrscheinlichkeit, dass dieser zum Kauf dieser Marke angeregt wird. Aber selbst in diesem Falle kann allenfalls erwartet werden, dass sich mit ihrer Hilfe bei noch unentschiedenen Konsumenten Interesse, Vorstellungen von Bekanntheit, Anmutung usw. ausbilden lassen.[79]

---

[74] *Hoefer*, a.a.O., S. 34.

[75] Erfolgreiche Filmregisseure wollen ihr Publikum absichtlich auch in die Irre führen, überraschen und lenken. „Manipulation ist das Handwerk des Filmemachers" beschrieb der amerikanische Starregisseur und Oskarpreisträger *Steven Spielberg* (u.a. Schindlers Liste) die Wirkungsweise von Filmen.

[76] *Baacke/Schäfer/Vollbrecht*, a.a.O., S. 150 ff m.w.N.

[77] Umgekehrt laufen solche Sendungen, in denen bei vielen Zuschauern derartige Dissonanzen auftreten oder erwartet werden, Gefahr, weite Publikumsschichten gar nicht erst zu erreichen bzw. dort nur geringe Wirkungen zu erzielen, vgl. *Nieschlag* u.a., Marketing, § 4, 1.1.2.

[78] Sogen. „Theorie der kognitiven Konsonanz", hierzu: *Müller, W.*, 1980, 2.2. S. 15.

[79] Vgl. *Nickel*, 1997, S. 18; *Klooz*, a.a.O., S. 23 am Beispiel eines Grafik-Sponsorings im Fernsehen.

Letztlich aber sind die Einflussfaktoren, die zu einer Kaufentscheidung führen, zu vielseitig, als das sie von einer Seite bewusst gesteuert werden kann.[80]

Ein Werbeerfolg im Sinnes von Kauf des beworbenen Produktes vollzieht sich nicht schlagartig nach Betrachten der Werbung. Der Rezipient muss erst einmal die Botschaft aufnehmen und sie verarbeiten. Erst danach kann die Information im Falle einer positiven Wirkung das Verhalten beeinflussen und den Empfänger zum Kauf animieren.[81] Ein solcher Werbeerfolg zeigt sich nach Erkenntnissen der Marketingwissenschaft[82] erst bei einer Kampagnendauer von 20-24 Wochen. Die Angst der Werbekritiker „heute im TV sehen, morgen im Laden kaufen", wird damit als Illusion abqualifiziert.[83]

Auch für die zweifelsfrei vorhandenen Einflussnamemöglichkeiten mittels suggestiver Werbetechniken trifft letztendlich die Erkenntnis zu, dass öffentliche Manipulation in demokratischen System weitgehend durch Meinungsvielfalt verhindert wird[84] Den wirkungsvollsten Schutz vor Manipulation bieten dezentrale Systeme wie die Marktwirtschaft.[85] So schmälert der scharfe Werbungswettbewerb und die damit zusammenhängende Werbeflut tendenziell die Werbewirkung einzelner Werbebotschaften und neutralisiert einen Großteil der Werbeanstrengungen, während zugleich der Verbraucher von der Angebotsvielfalt profitiert. Dabei zeigt sich, dass etablierte Unternehmen selbst bei Erhöhung der Werbeaufwendungen und Vervielfältigung ihrer Werbemaßnahmen i.d.R. nur ihre bisherige Marktstellung erhalten, da die mit Mitteln der Persuasion arbeitenden Werbekampagnen offenkundig den Verbraucher nicht mit ausreichender Wirkung erreichen.[86]

Werbung ist demnach nur eine versuchte Beeinflussung und damit eine legitime Sozialtechnik, da die Beeinflussung von Menschen ein universeller Vorgang ist,

---

[80] *Nickel,* 1997, S. 21 f.

[81] *Auer* u.a., Product Placement, S. 59.

[82] Allerdings ist der Nachweis einer Wirkungs- und Erfolgskontrolle der Werbung ist kostenintensiv und zeitaufwendig (vgl. *Hackforth*, 1989, S. 100 ff), die genauen Funktionszusammenhänge der Werbepsychologie sind bis heute noch nicht geklärt und es ist fraglich, ob das jemals der Fall sein wird; hierzu: *Hartwig*, WRP 1997, 832.

[83] *Rode,* Werbewirkung, S. 23, 147 ff, 152.

[84] Vgl. nur *BVerfGE* 12, 113, 126: „Nur die freie, öffentliche Diskussion...sichern die freie Bildung der öffentlichen Meinung, die sich im freiheitlich demokratischen Staat notwendig „pluralistisch"...vollzieht...Die Presse ist neben Rundfunk und Fernsehen das wichtigste Instrument der Bildung der öffentlichen Meinung."

[85] *Mylaeus*, a.a.O., S. 90. So thematisieren immer mehr Zeitschriften (jenseits redaktioneller Werbung) Aufmachung, Qualität und Originalität von Werbespots, teilweise (z.B. MAX, TV-TODAY) werden diese von den Lesern in Rankings benotet. Diese "veröffentlichte Klassifizierung" stärkt die Verbraucherposition ungemein, da jede negative Beurteilung von Werbung (vgl. nur die Kritik an Waschmittelwerbung) für das Image des Produktes schädlich sein kann.

[86] *Honig*, WRP 1997, 810.

ohne den kein soziales System und keine Kommunikationsform auskommt.[87] Die Freiheit der Willensbildung des Verbrauchers wird entscheidend durch die grundsätzlich garantierte Meinungsfreiheit, die Landespressegesetze, und das GWB gewährleistet. Im übrigen wird der Zuschauer vor den Gefahren eines unüberlegten Kaufs oder weiterer unfairer Verkaufspraktiken umfassend geschützt (AGBG, VerbrKrG, HaustürWiG, ProdHaftG, § 13 a UWG, § 535ff BGB, § 611ff. BGB usw.).

IV. Informationsvermittlung und Werbung im Programm

1. Das Vertrauen der Zuschauer in die Glaubwürdigkeit bestimmter Aussagen

Allein die Masse an Informationen, die dem Zuschauer täglich zur Verfügung stehen, lässt noch keine Schlüsse über Qualität und Richtigkeit der angebotenen Nachrichten zu. Er muss selbst entscheiden, welchen Informationen er vertraut.

Empirische Studien kamen übereinstimmend zu dem Ergebnis, dass Informationen aus glaubwürdigen Quellen die Kaufentscheidung des Rezipienten zugunsten des angesprochenen Produkts beeinflussen. Die Glaubwürdigkeit der Quelle spielt vor allem dann eine Rolle, wenn sich die übermittelte Information mit den bisherigen Vorstellungen und Auffassungen des Konsumenten nicht deckt (Diskrepanz).[88]

Das zentrale Problem ist, dass der Nutzer auf vertrauenswürdige Selektions- und Strukturierungsinstanzen angewiesen ist.[89] *Engel* hat zurecht darauf hingewiesen, dass die Selbststeuerung am Markt am besten gelänge, wenn die Medienunternehmen ihre politischen Ansichten mitverkaufen müssten.[90] Aber auch die Offenlegung der ökonomischen Absichten könnte dem Zuschauer eine wichtige Orientierungsfunktion liefern.

Als Vertrauensträger kommen Marken, Gütezeichen, sowie Auskünfte von Testinstituten, Verbraucherberatungsstellen und vor allem journalistische Berichte in

---

[87] *Scherer, I.*, Verbraucherwerbung, S. 19 ff, 30 u. 58; *Mylaeus*, a.a.O., S. 90. Letztlich auch: *Kroeber-Riel/Weinberg*, Konsumentenverhalten, S. 582; *Nickel*, 1997, S. 18 ff, wonach von politischen Parteien, Gewerkschaften und Kirchen, die jährlich 60 Mrd. DM/Jahr alleine für öffentliche Bewerbung ausgeben, eine höhere Beeinflussungswirkung ausgeht.

[88] Zum Ganzen: *Gierl/Stich/Strohmayr*, Einfluß der Glaubwürdigkeit einer Informationsquelle auf die Glaubwürdigkeit der Information, MARKETING ZFP 1997, 27 ff; 28, 31 mit umfangreichen Nachweisen.

[89] Diese Erkenntnis rechtfertigt es nach Auffassung von *Groebel*, Medienpsychologie und Medienzukunft, in: *Fünfgeld/Mast* (Hrsg.), Massenkommunikation. Ergebnisse und Perspektiven, 1997, S. 322. die Technik der „Involvierung" zu den zwölf grundlegenden Dimensionen künftiger Kommunikation zu zählen.

[90] *Engel*, AfP 1994, 188.

Betracht. So verfolgt der Zuschauer z.B. redaktionelle Berichte eines Fernsehsenders aufmerksamer und hält deren Aussagen für glaubwürdiger als die aus wirtschaftlichen Motiven der Unternehmen ausgestrahlten Werbespots. Da dem Verbraucher für seine Kaufentscheidung nur eine begrenzte Zeit und Informationskapazität zur Verfügung steht, bevorzugt er neutrale Quellen, welche die Gefahr von Fehlinformationen und damit von Fehlinvestitionen gering halten.[91] Insbesondere bei der Suche nach Konsumangeboten bevorzugt der Kaufinteressent Qualitätsbekundungen unabhängiger Kritiker.

Gegenüber sogenannter erkennbarer, anpreisender Werbung nimmt der Verbraucher meist eine abwehrende Haltung ein[92] und steht den vom individuellen Absatzstreben des Anbieters geprägten Aussagen eher skeptisch gegenüber, zumal er den Wahrheitsgehalt der Werbeaussagen nur eingeschränkt überprüfen kann.[93] Der Verbraucher hält sich für unabhängig und möchte gern Herr seiner Entscheidungen bleiben. Durch Werbespots wähnt er diese Autonomie gefährdet, daher reagiert er mit Ablehnung und im Einzelfall mit Aggressionen.[94]

2. Konsequenzen für die Werbung im Programm

Aus den bisherigen Erkenntnissen ergeben sich in Hinblick auf den Einsatz von Fernsehwerbung folgende Konsequenzen:

Redaktionelle Berichte eines Fernsehsenders werden vom Zuschauer und potentiellen Verbraucher glaubwürdiger beurteilt als aus wirtschaftlichen Motiven der Unternehmen ausgestrahlte Werbespots. Je glaubwürdiger ein Produkt präsentiert wird, um so eher ist der angesprochene Verbraucher bereit, sich beim Einkauf für dieses Produkt zu entscheiden. Der Verbraucher sucht das für ihn vorteilhafteste Produkt, das seinen Vorstellungen und Ansprüchen entspricht. Gelingt es dem werbetreibenden Unternehmer, die Glaubwürdigkeit redaktioneller

[91] *Nieschlag* u.a., Marketing, S. 568 ff (aus sozialpsychologischer Sicht) und S. 571 ff (aus soziologischer Sicht); *Keßler*, Lauterkeitsrecht und Verbraucherschutz in Polen, in: *Micklitz* (Hrsg.), Rechtseinheit und Rechtsvielfalt in Europa, 1996, S. 273, 276 m.w.N.

[92] Sog. Reaktanz, vgl. Fußnote 36.

[93] *Bänsch*, Käuferverhalten, 5. Aufl. 1993, S. 55.

[94] *Kroeber-Riel/Weinberg*, Konsumentenverhalten, S. 206 ff. Einer Untersuchung der *GFK Marktforschung* zufolge ist die vom Konsumenten erkannte Notwendigkeit der Werbung von 64 Prozent im Jahr 1954 auf 25 Prozent im Jahr 1988 zurückgegangen; der Anteil der strikten Werbegegner ist dabei seit 1973 von 27 Prozent auf 22 % im Jahr 1988 gefallen, *Spitzer*, Sonderwerbeformen, S. 50, Fn. 1. Nach einer neueren Untersuchung des Allensbach-Instituts sind hingegen 57% der TV-Zuschauer von Unterbrecherwerbung genervt. Außerdem ist über ein Drittel von ihnen mit dem Programmangebot unzufrieden, vgl. SbZ v. 6. Juni 1997, S. 1. Generell wird man sagen können, dass Personen Fernsehwerbung zunehmend weniger beachten; hierzu: *Wolfradt/Petersen*, RuF 1997, S. 325 m.w.N.

Berichterstattung durch bestimmte Techniken auf seine Werbebotschaften überzuleiten, so erhöht sich dadurch die werbliche Wirkung für sein Produkt.[95]

Der für den Kauf entscheidende Wiedererkennungswert ist umso höher, je bekannter das beworbene Produkt ist. Die emotionale Sensibilisierung in einem redaktionellen Programm genügt nicht zur Erzielung eines starken Wettbewerbseffekts.[96] Sie muss von einer schonenden, umfangreichen Flankierung anderer Marketinginstrumente, vor allem auch konventioneller Werbung, begleitet werden. Kennzeichnend für alle Werbeformen, die in das redaktionelle Umfeld eindringen, ist allgemein eine deutliche Verringerung des Reaktanzverhalten des Zuschauers, sofern die Durchführung nicht ungeschickt und die Werbeabsicht bloßstellend ist.[97]

3. Fernsehprogrammgestaltung und Ökonomie der Aufmerksamkeit

a) Programmvielfalt und Informationsflut

Als Folge der Programmvielfalt tritt an die Stelle der informationellen (einschließlich propagandistischer) Massenbeeinflussung, die es zu Zeiten des öffentlich-rechtlichen Monopols faktisch gab, im Informationszeitalter der Wettbewerb um die begrenzte Aufmerksamkeit des Zuschauers.[98]

Dieser Wettbewerb wird mittels der Programminhalte ausgetragen. Zuschauer erreicht nur noch derjenige Rundfunkanbieter, der ein attraktives Programm anbieten kann. Dabei kann der Zuschauer vermehrt auswählen, welchem Informationsangebot er seine Aufmerksamkeit. In diesem Wettbewerb setzt sich nur noch derjenige Fernsehanbieter durch, der die begrenzte Aufmerksamkeit des Zuschauers gewinnt.[99] Damit wird die Aufmerksamkeitsgewinnung die zentrale Aufgabe aller Programmgestalter. Die Vermittlung redaktioneller Fernsehinhalte wird durch die zahlreichen anderen Informationsangebote von Internet, Radio, Zeitungen und Zeitschriften zunehmend schwieriger. Entscheidend ist nicht der

---

[95] *Scherer, I.*, Verbraucherwerbung, S. 30 f m.w.N.

[96] Vgl. *Woelke*, Product Placement oder Werbespots? Zwei Werberepräsentationsformen im Vergleich, ZfS 29, (1998) 165 ff, wonach die formale Abgrenzung zum Programmkontext, wie sie bei Werbespots erfolgen, die Informationsverarbeitung deutlich beeinflusst.

[97] Als sicher gilt, dass Produkte in Marktsegmenten mit vielen Konkurrenzprodukten von Werbung weniger profitieren können als Produkte, die sich gegenüber einer geringen Anzahl von Konkurrenten behaupten müssen. Werbeerfolge stellen sich am Wahrscheinlichsten bei denjenigen Rezipienten ein, die ein Produkt bereits nutzen. Weniger wirkungsvoll ist Werbung bei denjenigen, die ein Konkurrenzprodukt nutzen (Sogen. „Verstärkerwirkung"). Zum Ganzen vgl.: *Jones/Blair*, Examing „conventional wisdoms" about advertising effects with evidence from independent sources, JAR 36, 6/1996, S. 37 ff.

[98] *Mast*, a.a.O., in: *Fünfgeld/Mast* (Hrsg.), S. 217 ff; *Depenhauer*, AfP 1997, 670.

[99] Vgl. Seite 11, 13 ff.

Inhalt selbst, sondern zunächst einmal die Wahrnehmung durch den Rezipienten, welche in Zeiten der Informationsüberflutung kaum mehr zu gelingen scheint. Nur der TV-Reiz, der beim Durchschalten hinreichend stark ist, eine spontane Reaktion auszulösen, hat die Chance, auch eine weitergehende Informationsverarbeitung anzuregen.[100]

Gerade für Informationen, für die kein Mindestinteresse besteht, wird es immer schwerer, allein durch den bloßen Sachinhalt anzusprechen.[101] Darin liegt eine wichtige Ursache für die zunehmende Verlagerung der Werbeaktivitäten der Unternehmen auf Kampagnen, welche den Konsumenten im Rahmen seiner Freizeitgestaltung anzusprechen versuchen, ohne ihn direkt mit dem Produktabsatz in Berührung zu bringen. Insbesondere das Sponsoring hat die Idee der Förderung eines kulturellen, sozialen oder ökologischen Anliegens in Verbindung mit der Nennung eines Firmennamens, sowie der Kommunikation der Gründe des Unternehmens für die Unterstützung des Anliegens aufgegriffen.[102]

b) Die Medien und die Aufmerksamkeitsstrategie

Die Medien sind vor diesem Hintergrund längst nicht mehr bloße Transporteure von Inhalten, deren Produktion als solche wenig mit den Medien selbst zu tun hat. Seit langem ist eine Veränderung der Öffentlichkeit hin zur Ausrichtung auf eine „Ökonomie der Aufmerksamkeit"[103], zu beobachten.

Die Aufmerksamkeitsdebatte geht wesentlich auf *Goldhaber*[104] zurück. Dieser hat als einer der ersten den Übergang des Zeitalters der industrialisierten Massenproduktionen hin zu einem Zeitalter der Ökonomie der Aufmerksamkeit proklamiert, in der weniger rein materialistisches Streben als die Suche nach sowie

[100] Besondere Bedeutung kommt dabei der Aufmerksamkeitswerbung i.S.d. sogen. AIDA-Konzept (Abkürzung für **A**ttention - **I**nterest - **D**esire - **A**ction) zu, vgl. *Meffert*, a.a.O., S. 545 f; *Rogge*, a.a.O., S. 48.

[101] Diese Erkenntnis veranlasst *Groebel,* in: Medienpsychologie und Medienzukunft, in: *Fünfgeld/Mast* (Hrsg.), 1997, S. 321, 322, die Involvierung zu den „zwölf grundlegenden Dimensionen künftiger Kommunikation" zu zählen.

[102] *Hoffmann-Riem*, ZUM 1996, 3 f m.w.N. in Fn. 18 ff. Gerade in den USA werden die Sponsoringmöglichkeiten durch Private in Zeiten massiver Sparbemühungen stark angenommen. Kritiker sehen dies mit Skepsis und Sorge (vgl.: *Dörfler*, Product Placement, S. 1 m.w.N.

[103] Grdl. *Frank*, Ökonomie der Aufmerksamkeit, 1998; *Esposito*, Macht als Persuasion oder Kritik der Macht, in: *Maresch/Werber*, S. 83 , 91 ff; *Vesting*, M&K 2001, 290 ff m.w.N.

[104] *Goldhaber*, Die Aufmerksamkeitsökonomie und das Netz - Teil I. vom 27. Nov. 1997 Artikel-URL: http://www.telepolis.de/tp/deutsch/special/eco/6195/1.html.

das Erhalten und Schenken von Aufmerksamkeit im Vordergrund der Bedürfnisse aller Beteiligter steht.[105]

Der materielle Überfluss begrenze die Konsummöglichkeiten und -wünsche der Menschen. In dieser Situation spiele die Schaffung und Verteilung neuer Informationen zur Erschließung neuer Konsummöglichkeiten und zur Verbesserung der Lebensqualität eine wichtige Rolle.

Heute legen selbst Menschen mit hoher und höchster Bildung beim Medienkonsum Wert auf entsprechende attraktive und unterhaltsame Form der Präsentation. Die Kunst des Journalisten im Zeitalter des Überangebotes besteht daher heute darin, Inhalte so aufzubereiten und darzustellen, dass der schnelllebige, zur Oberflächlichkeit neigende Konsument allein durch die Gestaltungsform auf den Inhalt aufmerksam gemacht wird.[106]

Inhalte und Informationen selber haben in einem solchen Umfeld nur einen Wert, wenn sie knapp und begehrenswert sind, so dass es ein klares Motiv gibt, sich anzustrengen, um sie zu erlangen. Das Mittel hierzu ist nach Auffassung von *Goldhaber* und anderer Kommunikationswissenschaftler die dauerhafte Bindung von Aufmerksamkeit.[107]

Erfolgreiche Werbung darf daher zwar nicht darauf verzichten, durch Neuheiten und ständige Wiederholungen die Aufmerksamkeit des Zuschauers zu erregen.[108] Sie darf sich darauf jedoch nicht beschränken, sondern muss eine Aufmerksamkeitsbereitschaft schaffen, welche „zumutbar" und vom Rezipienten akzeptiert wird.[109] Das höchste Ziel der Werbung besteht dann in der Integration von Botschaften und Signalen in die Alltagswelt der Konsumenten derart, dass bestimmte Personen und Logos mit einem Lebensstil identifiziert werden.

c) Der Wandel des Fernsehzuschauers vom Rezipienten zum Konsumenten

Die Eigendarstellung der Rundfunkanstalten spielt vor diesem Hintergrund auch eine entscheidende Rolle, da sie die Wahrnehmung durch den Zuschauer beein-

---

[105] *Goldhaber*, Die Aufmerksamkeitsökonomie und das Netz - Teil II, vom 12. Dez. 1997 Artikel-URL: http://www.telepolis.de/deutsch/special/eco/6200/1.html.

[106] *Ziesel*, Grundrecht auf Meinungsfreiheit, in Der Tagesspiegel v. 24. Juni 2001, S. 33.

[107] *Schmidt*, Aufmerksamkeit - revisited. vom 22. Dez. 2000, Artikel-URL: http://www.telepolis.de/deutsch/special/auf/4543/1.html; *Zurstiege*, Aufmerksamkeit - die Unwahrscheinlichkeit des Unvermeidbaren, vom 17. Jan. 2001, Artikel-URL: http://www.telepolis.de/deutsch/special/auf/4699/1.html; *Jacke*, Prominente und Stars. Aufmerksamkeitskonglomerate und Werbeknotenpunkte, vom 28. Feb. 2001, Artikel-URL: http://www.heise.de/tp/deutsch/special/auf/7017/1.html.

[108] *Schmidt*, ebd.

[109] *Zurstiege*, ebd.

flusst. Genauso wie der gute Name eines Herstellers, der für den Großteil der Verbraucher die zentrale Orientierungshilfe beim Kauf eines Produktes ist, orientiert sich auch das Einschaltverhalten des Zuschauers am Image, m.a.W., am Erscheinungsbild des Senders in der Öffentlichkeit.[110] Das Image des Senders prägt wiederum entscheidend das Vertrauen des Zuschauers in die Fähigkeit des Unternehmens, hohe Qualitätsansprüche aufrecht zu halten.[111] So kann beispielsweise gerade bei aufwendiger Vorbereitungsarbeit die Kooperation zwischen Sender und Unternehmen auch ein Qualitätssignal für den Verbraucher sein.[112] Umgekehrt profitiert der Rundfunksender von der Kooperation mit einem populären Unternehmen und erzielt damit erhöhte Sympathiewerte. Jede Kooperation erhöht das Programmniveau in einer Form, wie sie ohne die finanzielle Ausstattung des Kooperationspartners nicht möglich wäre.[113]

Es verwundert daher wenig, dass sich vermehrt feststellen lässt, dass Rundfunkveranstalter und Werbetreibender gemeinsam Marken entwickeln, die medienübergreifende redaktionelle Inhalte sowie Werbe- und Verkaufsmöglichkeiten verbinden. Die Grenze zwischen Werbung und Programm bzw. zwischen Rundfunkanbietern und Handel werden sich danach so weit auflösen, bis die Rundfunkinhalte derart kommerzialisiert sind, dass in den Inhalten neue Wertschöpfungsketten integriert sind.[114]

---

[110] Vgl. Fußnote 70. sowie: *Rode*, Werbewirkung, S. 23.

[111] Vgl. *Frank*, a.a.O., S. 147 ff. Welche entscheidende Rolle dem Image eines Fernsehunternehmens zukommt, verdeutlicht die Studie von ARD und ZDF zur Mediennutzung der 12-19-jährigen, (s. FR v. 4. Dez. 1999, den Öffentlich-rechtlichen geht die Jugend verloren). Die extrem niedrigen Einschaltquoten bei dieser Zielgruppe trotz verstärkter inhaltlicher Programmausrichtung beider Sender seien danach auf das Imageproblem von ARD und ZDF zurückzuführen. Die Jugendlichen würden im öffentlich-rechtlichen Fernsehen sie ansprechende Formate gar nicht mehr erwarten und gleich zu den Privaten schalten.

[112] Vgl., hierzu *Asche*, Product Placement im Kino, S. 127 f m.w.N.

[113] *Schardt*, (Justitiar bei Sat.1), ZUM 1991, 62. *Scholz, R.*, Mediendialog 8/1993, S. 6; vgl. die Diskussion in Horizont v. 20.2.1007, 8/97, S. 41.

[114] *Ladeur*, Virtuelle Werbung in Sportübertragungen (1), SpuRt 2000, 45 ff; *Vesting*, M&K 2001, 290.

ZUSAMMENFASSUNG ZU ABSCHNITT 3:

Festzuhalten bleibt, dass gerade von suggestiver Werbung keine Meinungssteuerung, jedoch eine erhebliche Meinungslenkungswirkung ausgeht. Diese Beeinflussungswirkung ist um so stärker, je weniger störend sie vom Zuschauer empfunden wird. Fernsehwerbung im Programm ist im besonderen Maße geeignet, höhere Sympathiewerte beim Zuschauer zu erreichen.

Aus diesem Grunde ist es wichtig, dass die Willensentscheidungsfreiheit des Verbrauchers ausreichend geschützt wird. Denn nur derjenige Verbraucher, der in seiner Willensfreiheit frei ist, kann seine Wahl für das beste und durchsetzungsfähige Angebot treffen und damit seiner ihm zugedachten Aufgabe als Schiedsrichter des Marktgeschehens nachkommen.[115]

Eine Lösung dieses Spannungsverhältnisses zwischen werblicher Beeinflussung und Persönlichkeitsrecht kann nur durch einen Ausgleich beider Interessen gelingen kann. Hierzu werden vielfältige Modelle diskutiert. So sollen konkret die Missstände und Fehlentwicklungen der Werbung korrigiert werden[116]; teilweise werden auch konkrete verbraucherpolitische Handlungsanweisungen abgeleitet (Machtausgleich, Erziehung des Verbrauchers zur Selbstverwirklichung, Konsum- und Willensfreiheit).[117]

Der Gesetzgeber hat durch die Schaffung der rundfunkrechtlichen und wettbewerbsrechtlichen Werberegelungen, welche von der Rechtsprechung z.T. noch näher konkretisiert werden, dem wesentlichen Schutzbedürfnissen Rechnung getragen. Die genaue Ausgestaltung dieses Schutzes wird im weiteren Verlauf der Arbeit überprüft werden müssen.

[115] *Scherer, I.,* Verbraucherwerbung, S. 34 ff; *Loewenheim*, GRUR 1975, 99 ff, 104; *B/H,* a.a.O., Einl. UWG, Rn 98.
[116] *Nieschlag* u.a., Marketing, § 2 1.2.4., S. 46.
[117] Grdl.: *Scherhorn,* Verbraucherinteresse und Verbraucherpolitik, 1975, 69 ff, 91 ff, 103 ff.

KAPITEL 2: FERNSEHWERBUNG IM SPANNUNGSFELD ZWISCHEN VERFASSUNGSAUFTRAG UND ÖKONOMISCHEM WETTBEWERB

Abschnitt 4: Rundfunkfreiheit und Rundfunkordnung

A. Wesensmerkmale der Rundfunkordnung nach Auffassung des Bundesverfassungsgerichts

Nach allgemeiner Auffassung verfolgt das Trennungsgebot das Ziel, die Unabhängigkeit der Programmgestaltung zu erhalten und den Verbraucher vor einer Irreführung und Täuschung hinsichtlich des Werbezwecks zu schützen, indem es die unterschiedliche personelle Verantwortlichkeit für den Inhalt des Ausgestrahlten deutlich macht, sachfremde Einflüsse Dritter auf die Programmgestaltung abwehrt und somit das Vertrauen der Rezipienten in die Neutralität und Unabhängigkeit redaktioneller Äußerungen absichert.[1]

Die Verpflichtung der Rundfunkanstalt zur Unabhängigkeit und Neutralität greift die Rechtsprechung des *BVerfG* auf, wonach redaktionelle Programme ungeachtet der zunehmenden Verbreitung neuer Programm- und Informationsangebote dem publizistischen Vielfaltsgebot entsprechen müssen.

In diesem Abschnitt soll der Frage nachgegangen werden, inwieweit diese das Trennungsgebot prägende Rechtsprechung des *BVerfG* noch aktuell ist.

I. Die „dienende" Funktion des Rundfunks

Das Fernsehen eignet sich wegen seiner multisensorischen Ansprache, seiner leichten Verfügbarkeit und der damit verbundenen hohen Popularität beim Zuschauer im besonderen Masse, auf die öffentliche, aber auch auf die private Meinungsbildung in der Bevölkerung Einfluss zu nehmen.[2] Vom Fernsehen geht nach Auffassung des *BVerfG* eine hohe Meinungsmacht aus, da dieses Medium den Zuschauer wesentlich beeinflussen kann.[3]

[1] *BGH*, GRUR 1990, 611, 615 – Boro.

[2] Vgl. S. 35 f.

[3] *BVerfGE* 47, 46, 79; 57, 295, 321; 73, 118, 152; 74, 297; 87, 181, 201; 90, 69, 87 m.w.N. *BGH*, WRP 1990, 626, 630 – Boro; *Sack*, AfP 1991, 704, 707; *Bork*, WiP, S. 84

Zur Sicherung einer freien Meinungsbildung im „Leitmedium Fernsehen“ muss der Gesetzgeber deshalb bestimmte organisatorische und inhaltliche Mindeststandards gewährleisten, damit eine freie und umfassende Berichterstattung im Sinne eines vielfältigen Angebots an Meinungen im öffentlich-rechtlichen und privaten Rundfunk sichergestellt ist (sogen. „Vielfaltsgebot“).[4]

Diese Verpflichtung des Gesetzgebers ergibt sich nach Auffassung des *BVerfG* unmittelbar aus dem GG. Denn die in Art. 5 Abs. 1 Satz 2 GG verbürgte Rundfunkfreiheit sei nicht lediglich als ein staatsgerichtetes Abwehrrecht zu verstehen. Vielmehr sieht das Gericht hierin eine objektive Garantie der Rundfunkfreiheit, welche verhindern soll, dass der Rundfunk weder dem Staat noch einer gesellschaftlichen Gruppe ausgeliefert wird.[5]

Die massenmediale Vermittlungsfunktion beschränkt sich dabei nach der Rechtsprechung nicht auf Entstehen und Transfer von Meinungen in einem spartenmäßig engen Sinn wie Nachrichten, Berichte und Kommentare im Bereich der politischen Publizistik. Sie gilt vielmehr so gut wie für sämtliche Programmgegenstände, -formen und –sparten, gerade auch scheinbar „meinungslose postmoderne Unterhaltungsangebote wie Spielfilme und Talkshows.“[6]

II. Die inhaltlichen Anforderungen an die Programmgestaltung

Als inhaltliche Anforderungen verlangt das *BVerfG* die Staatsferne des Rundfunks, ein Mindestmaß an inhaltlicher Ausgewogenheit, Sachlichkeit und gegenseitiger Achtung. Außerpublizistische, insbesondere wirtschaftliche Zwecke hingegen stehen nach diesem objektivrechtlichen Verständnis des *BVerfG* im Widerspruch zur Rundfunkfreiheit, da jede einseitige Ausrichtung des Rundfunks an bestimmten Programminhalten die Interessen des Zuschauers an einer freien, umfassenden und wahrheitsgemäßen Meinungsbildung gefährdet.[7]

Dies gilt nicht nur für unmittelbare Einflussnahmen des Staates oder privater Dritter auf das Programm, sondern auch für Einflüsse, welche die Programmfreiheit mittelbar beeinträchtigen können.[8] Eine freie Berichterstattung sei demnach dann nicht mehr gegeben, wenn sie den Imperativen der werbetreibenden

[4] *Meyer-Harport*, Neue Werbeformen im Fernsehen, S. 16, 18.
[5] Vgl. *BVerfGE* 12, 205, 262; 90, 60, 88.
[6] Vgl. *BVerfGE* 59, 231, 258; 87, 181, 201.
[7] Vgl. *BVerfGE* 87, 181, 201; *BGHZ* 110, 278, 289 = WRP 1990, 626, 630 – Boro; *OLG Frankfurt*, GRUR 1994, 131, 132 – Fürst von Metternich; *Sack*, AfP 1991, 707; *Bork*, WiP, S. 83; *Bosmann*, Rundfunkrechtliche Aspekte der Trennung von Werbung und Programm, ZUM 1990, 545, 548; *Neft*, Rundfunkwerbung und Rundfunkfreiheit: inhaltliche Bindungen der Rundfunkwerbung durch Anforderungen des Art. 5 Abs. 1 Satz 2 GG, Rechtswissenschaftliche Forschung und Entwicklung, 1994, S. 97 ff.
[8] *BVerfGE* 73, 118, 183.

Wirtschaft untergeordnet bzw. auf deren Bedürfnissen ausgerichtet werden. Auch die rein werbefinanzierten privaten Rundfunkanstalten sind – wenn auch mit Abstrichen - zur ausgewogenen, vielfältigen Berichterstattung fernab von kommerziellen Überlegungen der Programmverantwortlichen verpflichtet.[9]

Eine unabhängige Meinungsbildung ist danach dadurch gekennzeichnet, dass die jeweils vorhandenen Meinungen, inklusive Tatsachenbehauptungen und Vernunftgründen analytisch-kritisch erschlossen, journalistisch aufbereitet und zu einem qualifizierten Informations- und Kommunikationsangebot verarbeitet werden. Journalistische Programmbeiträge haben sich deshalb an den journalistischen Grundsätzen der Wahrheit, Sachlichkeit, Vollständigkeit und nicht an der Maximierung von Werbehinweisen und Werbeeinnahmen zu orientieren.[10]

III. Rundfunkfreiheit und kommerzieller Programmeinfluss

Das *BVerfG* geht insoweit davon aus, dass das ausschließlich werbefinanzierte Fernsehen in der Tendenz zur Nachahmung massenattraktiver, kommerziell bewährter Programmtypen neigt, die höhere Ertragssicherheit bieten und auf Minderheitenangebote keine Rücksicht nehmen.[11]

Dieser Ansatz des *BVerfG* geht dabei auf eine in der Medienökonomie weit verbreitete Befürchtung zurück, wonach eine Kommerzialisierung, d.h. eine zu starke Ausrichtung der Programmangebote an den Interessen der Werbeindustrie[12], zu Lasten der meinungsbildungsrelevanten Programmangebote gehe und damit den Funktionsauftrag des Rundfunks bedrohe.[13]

---

[9] Vgl. nur *BVerfGE* 57, 295, 322; 73, 118, 160; 83, 238, 315 ff; 90, 60, 90; *Hesse*, Rundfunkrecht, 4. Kap. II 1 a Rdnr. 5; krit. *Starck*, Grundversorgung und Rundfunkfreiheit, NJW 1992, 3257 ff.

[10] *Sack*, AfP 1991, 707.

[11] *Brinkmann*, Probleme der Marktregulierung des Rundfunks in der dualen Ordnung, in: FS-*Kübler*, 1997, S. 159 Fn. 35 u.H.a. medienökonomisches Studien,; ebenso *Kohl*, elektronische Massenmedien und staatliche Verantwortung. In: FS-Kübler, S. 224 f, der vor den Folgen von „Aldi-Fernsehen" für das untere Drittel der Fernsehzuschauer, und „Fernsehboutique und Schlemmerladen" für die wohlhabende Mittelklasse warnt.

[12] Unter Kommerzialisierung ist mit *Altmeppen*, Märkte und Medienkommunikation, in: *ders.* (Hrsg.), 1996, S. 257, ein sozialer Prozess zu verstehen, „bei dem zunehmend die ökonomischen Regeln kapitalistischer Gesellschaften gelten und bei dem soziales Handeln weitgehend von ökonomischen Kalkülen geprägt" wird.

[13] Statt vieler: *Altmeppen*, Märkte und Medienkommunikation, S. 264 f. Sehr krit. auch *Baum*, Inflationäre Publizistik und misslingender Journalismus, in: *Altmeppen* (Hrsg.), S. 247, wonach durch eine inflationäre Publizistik als Folge der Kommerzialisierung der Medien ein Zwang zur Information geschaffen werde, welcher zu einer Instrumentalisierung des Journalismus führe.

Verwiesen wird vor allem auf die Doppelrolle der Werbeindustrie, die zum einen das Programmangebot entsprechend ihrer Zielgruppenansprache bestimme und zum anderen nur eine begrenzte Auseinandersetzung mit Werbekritik zulasse.[14]

Unter diesem Aspekt stelle der Rundfunk nur ein zusätzliches Werbeumfeld dar. Ökonomisches Gut sei insoweit nicht das Programm des Rundfunkveranstalters, sondern der für die werbetreibende Wirtschaft geschaffene Zugang zum Publikum. Das Programm ist aus dieser Sicht ein Zwischenprodukt zur Herstellung des marktfähigen Endprodukts.[15] Die Werbeindustrie sei daher bestrebt, eine möglichst große, bzw. die einzelnen Zielgruppen genau umfassende Anzahl kaufkräftiger Adressaten anzusprechen, was zu möglichst populären Programmen mit hohen Einschaltquoten führe. Programmproduktionen, die nur ein Teil des Publikums interessieren, würden nicht mehr gezeigt, sobald diese in den Herstellungskosten weder durch Werbeschaltungen noch durch Pay-TV-Beiträge des begrenzten Publikums abdeckt würden.[16]

Diesen Gefahren, die mit einer zu starken Ausrichtung der Programminhalte auf Werbeeinnahmen verbunden sind, kann nach Auffassung seiner Kritiker nur begegnet werden, wenn alle Rundfunkanbieter ein breites Spektrum verschiedenartiger, frei zugänglicher, kommunikativer Angebote, die den Zugang zu einer Vielzahl von Kulturen, Anschauungsweisen, Informationen und Meinungen eröffnen[17], in ihren Programmangeboten mit aufzunehmen (sogen. „Objektive Ausgestaltung der Rundfunkfreiheit").[18]

Ausgehend von diesem Ansatz wendet sich daher das *BVerfG* wendet sich gegen jegliche Form der Kommerzialisierung der Fernsehprogramminhalte, soweit die-

[14] *Brinkmann,* a.a.O. S. 160 ff; *Kruse*, a.a.O., in: *Schenk/Donnerstag* (Hrsg.), S. 77, 86 f; *Neft,* Rundfunkwerbung, S. 97 ff m.w.N.

[15] Sehr krit. zum Einfluss der Werbeindustrie auf das Programm: *Kiefer*, epd medien 63 v. 13. Aug. 1994, die feststellt, dass die Werbewirtschaft bevorzugt natürlich nur für den Zugang zur werblich interessanten Zielgruppe der 14-49jährigen zahlt. Vgl. auch *Brinkmann,* a.a.O. S. 160 ff; *Hesse,* Rundfunkrecht, 3. Kap. IV Rdnr. 49 u.H.a. *BVerfGE* 73, 118, 155; 83, 238, 311; 87 181, 199; *Heidel,* Verfassungsfragen der Finanzierung von Privatfunk durch Werbung, 1988, S. 24.

[16] *Kollek,* Rechtsfragen der Rundfunkfinanzierung, S. 114 f; *Enz*, Programmauftrag und Einschaltquote, ZUM 1987, 58 ff.

[17] *Hagen*, a.a.O., 1997, S. 189 ff; *Habermas*, a.a.O., S. 465 ff, spricht von einer „freiheitsverbürgenden Wirkung" vielfältiger qualifizierter Angebote.

[18] *BVerfGE* 57, 295, 324.

se meinungsbildende Programmfunktion zu überlagern oder zu verfälschen drohen.[19]

IV. Auswirkungen der BVerfG-*Rechtsprechung auf das Trennungsgebot*

Vor diesem Hintergrund stellt das Gebot Werbung und Programm im Ansatz des *BVerfG* eine Ausgestaltung der objektiven Rundfunkfreiheit dar, da es der Erhaltung eines funktionierenden Meinungsmarkts durch Abwehr werblicher Angriffe dient[20] und dem Zuschauer die wichtige Information über den publizistischen oder ökonomischen Hintergrund einer Berichterstattung offen legt. Damit sichern die Werberegelungen im Rundfunk die Rundfunkordnung selber.[21]

Folge dieser Einordnung ist zugleich, dass bei einer Kollision unterschiedlicher Grundrechtsinteressen ein Ausgleich wiederstreitender Interessen in keinem Fall dazu führen kann, dass das Grundrecht der Rundfunkfreiheit gänzlich hinter anderen Grundrechten zurücktritt. Man kann insoweit auch von einem sogenannten „Untermaßverbot“ sprechen.

Die Zulässigkeit eines Eingriffs in die Rundfunkfreiheit ist vielmehr anhand eines Konglomerates von verschiedenen Belangen (Gemeinwohl, Zuschauer, Veranstalter) zu prüfen. Nur die nicht auf die Kommunikation auf solche bezogenen Regelungen (wie Jugendschutz, Ehrenschutz) fallen unter Art. 5 Abs. 2 GG und können daher eine weitergehende Beschränkung der Rundfunkfreiheit rechtfertigen.

Ein Werbetreibender kann sich nach diesem Modell ebenso wenig wie der Rundfunkveranstalter darauf berufen, er habe eine grundgesetzlich geschützte vorrangige Rechtsposition, die es ihm generell erlaube, entgegen dem einfachgesetzlichen Gebot, Werbung und Programm zu trennen, im redaktionellen Pro-

[19] *BVerfG*, MMR 1998, 202, 207 - Kurzberichterstattung im Fernsehen; *Tschentscher/Klee*, Aktuelle Rechtsprobleme der Werbung im privaten Rundfunk, ZUM 1994, 146 m.w.N. in Fn. 6; in diesem Sinne ist auch die Gemeinsame Erklärung der Deutschen Bischofskonferenz und des Rates der Evangelischen Kirche, 1997, S. 33, zu verstehen.

[20] *Ricker*, Die Werbefreiheit des privaten Rundfunks in einer veränderten Kommunikationsordnung, AfP 1997, 590, 593 m.w.N.; nach *Volpers u.a.*, Werbung und Programm, S. 113, ist dem Gesetzgeber jedenfalls bei der Ausgestaltung des Trennungsgebotes ein ausgesprochen weiter Gestaltungsspielraum zuzubilligen, um eine wirksame Abwehr von Angriffen der Werbewirtschaft auf redaktionelle Programminhalte vornehmen zu können.

[21] *Ricker*, AfP 1997, 593 m.w.N. Vgl. auch: *ders./Schiwy*, a.a.O., Teil F, Rdnr. 87, S. 409 f, wonach es für den Zuschauer einen Unterschied mache, ob ein Produkt von einer unabhängigen Redaktion im Rahmen einer Ratgebersender empfohlen oder in einem vom Hersteller finanzierten Werbebeitrag angepriesen werde.

gramm eines Rundfunksenders Werbung zu „schalten".[22] Werbung im Programm ist – folgt man den Vorgaben des *BVerfG* – vielmehr nur insoweit zulässig, als die Grenzen des Gebotes zur Trennung von Werbung und Programm nicht verletzt werden.

B. Die Rundfunkfreiheit als subjektives Abwehrrecht

I. *Die Gegenposition in der Literatur*

Der Grundversorgungsauftrag des öffentlich-rechtlichen Rundfunks, die Meinungsvielfalt sicherstellen und eine zu einseitige Ausrichtung von Rundfunkangeboten zu verhindern, ist im Prinzip unbestritten.[23]

Dem vorangestellten „objektiv-rechtlichem" Verständnis von Rundfunk steht aber eine Auffassung entgegen, welche in Art. 5 Abs. 1 S. 2 GG ein klassisches Abwehrrecht mit rein subjektiv-rechtlicher Charakter für Presse und Rundfunk sehen.[24]

Danach wird eine Verpflichtung zu vielfältigen Programmangeboten zumindest im privatwirtschaftlichen, rein werbefinanzierten Rundfunk abgelehnt. Teilweise

[22] Zur Grundrechtsposition des Rundfunkanbieters vgl. S. 83 ff.

[23] Vgl. *Holznagel*, Rundfunkrecht in Europa, 1996, S. 97 ff; *Kohl*, a.a.O., FS-Kübler, S. 223 m.w.N.; *Kantzenbach*, Publizistischer Wettbewerb, S. 79. Auch der *EuGH*, in Slg. 1993, I-487, 518 - TV 10; erkennt die Zulässigkeit von Belastungen privater Veranstalter durch Mitgliedstaaten zugunsten eines pluralistischen Rundfunks an, sofern dadurch die Meinungsfreiheit gesellschaftlicher Strömungen geschützt wird.

[24] *Mestmäcker*, Über den Einfluß von Ökonomie und Technik auf Recht und Organisation der Telekommunikation und der elektronischen Medien, in: *ders.* (Hrsg.), Kommunikation ohne Monopole II, 1995, S. 13, 141 ff, *Engel*, Medienordnungsrecht, 1996; *ders.*, Multimedia und das deutsche Verfassungsrecht, in *Hoffmann-Riem/Vesting* (Hrsg.), S. 160; *ders.*, Privater Rundfunk vor der Europäischen Menschenrechtskonvention, AfP 1994, 185 ff; *Hain*, Rundfunkfreiheit und Rundfunkordnung, 1993, S. 41 ff; *Kull*, „Dienende Freiheit" - dienstbare Medien, FS-*Lerche*, 1993, S. 663 ff m.w.N.; *Starck*, Grund- und Individualrechte in der Telekommunikation in: *Mestmäcker* (Hrsg.), S. 291, 297 f; *Möschel*, Reform der deutschen Rundfunkordnung, in: *Mahle* (Hrsg.) S. 98. *Depenhauer*, Informationsordnung durch Informationsmarkt, AfP 1997, 669.

wird sogar die Existenzberechtigung und Organisation des öffentlich-rechtlichen Rundfunks gänzlich in Frage gestellt.[25]

Die Hauptkritik richtet sich gegen die Rechtsprechung des *BVerfG*, dem vorgehalten wird, dass es sich mit der starken Protegierung des öffentlich-rechtlichen Fernsehens mit dem von ihm selbst proklamierten Prinzip der freiheitlichen Demokratie in Widerspruch setze. Dieses Prinzip würde geprägt vom geistigen Kampf um Meinungen, der freien Auseinandersetzung mit Ideen und Interessen.[26] Modelle einer öffentlichen Treuhandschaft, wie sie das derzeitige Rundfunkrecht vorsieht, werden den heutigen Kommunikationsmärkten nicht mehr gerecht.[27]

Vielmehr gilt auch für den Rundfunkmarkt die Erkenntnis, dass Monopolisierung oder übermäßige Regulierung von Märkten zu einer Aufhebung des Wettbewerbs und damit zur größten Gefahr der Meinungsbildungsfreiheit führen.[28] Freiheit und damit auch Meinungsfreiheit als Voraussetzung autonomen Handelns bedeutet nach diesem Verständnis aber auch von der eigenen Vernunft in allen Stücken öffentlichen Gebrauch zu machen.[29] Meinungsfreiheit soll daher vielmehr staatliche und gesellschaftliche Institutionen legitimieren, indem sie diese der öffentlichen Kritik aussetzt und ihnen dadurch die Informationen verschafft, auf die sie zur Erfüllung ihrer Aufgaben angewiesen sind.

---

[25] Vgl. zu dieser Auseinandersetzung die Nachweise bei *Vesting*, Das Rundfunkrecht vor den Herausforderungen der Logik der Vernetzung. Überlegungen zu einer horizontalen Rundfunkordnung für die Ökonomie der Aufmerksamkeit. M&K 2001, S. 285 ff; *Hecker*, „Medienmarkt und Rezipientenfreiheit, 1987, S. 108 ff, 183 ff; *Wolf*, Medienfreiheit und Medienunternehmen, Berlin 1985, S. 64 ff. Aus medienkommunikationswissenschaftlicher Sicht: *Neuberger*, a.a.O. S. 173 m.w.N.; aus rundfunkrechtlicher Sicht: *Starck*, NJW 1992, 3257 ff. Aus (in erster Linie) ökonomischer und kartellrechtlicher Sicht: *Wissenschaftsbeirat*, „Offene Mediengesellschaft", in dem die gesamte rundfunkrechtliche Regulierung in Frage gestellt, das tiefe Misstrauen der Medienordnung gegenüber dem Wettbewerb kritisiert und das Kartellrecht als ausreichendes Instrument zur Sicherung der Meinungsvielfalt angesehen wird. Zur heftigen Diskussion über das Gutachten vgl.: *Ott, Kl*, Mach mal `n Gutachten, SZ v. 20. Nov. 1999.

[26] *Mestmäcker*, Neuordnung des Rundfunks in der BRD (1986) in: ders. (Hrsg.) Offene Gesellschaft 1993, S. 531 u.H.a. *BVerfGE* 5, 85, 205.

[27] So bereits 1985 der Vorsitzende der amerikanischen Federal Communications Commission, *Fowler*, in seiner Rede zum 50jährigen Jubiläum des Federal Communications Act, abgedr. in: 37 Federal Communication Law Journal, 71/72, 1985.

[28] *Mestmäcker*, Der verwaltete Wettbewerb, 1984, S. 80, vgl. auch zum Schutzzweck des Leistungswettbewerbs: *V. Gamm*, Das Verbot einer unbilligen Behinderung und einer sachlich nicht gerechtfertigten Diskriminierung, NJW 1980, 2489 ff.

[29] *Kant*, Beantwortung der Frage: Was ist Aufklärung?, Akademieausgabe, Bd. 8, S. 33.

II. Deutsche und Europäische Rundfunkfreiheit

Auch die EG-Politik, welche Rundfunk und Fernsehsendungen, einschließlich der zu Werbezwecken eingesetzten Ausstrahlungen weniger als Kulturgut denn primär als wirtschaftliche Dienstleistung versteht, orientiert sich eher am subjektiv-rechtlichen Charakter der Rundfunkfreiheit[30], welche von der Meinungsfreiheit des Art. 10 EMRK mitumfasst ist.[31]

Zwar wird die Meinungs- und Rundfunkfreiheit nicht uneingeschränkt gewährt (vgl. Art. 10 Abs. 2 EMRK). Die Notwendigkeit der Beschränkung dieser für die demokratische Gesellschaft bedeutsamen Freiheit setzt jedoch ein dringendes soziales Bedürfnis voraus, welches überzeugend nachgewiesen werden muss.[32]

Folge hiervon ist, dass z.B. die nationalen Werbebeschränkungen sich am primärrechtlichen Maßstab des Art. 49 EGV, der die Aufhebung sämtlicher Beschränkungen für den grenzüberschreitenden Dienstleistungsverkehr verlangt, messen lassen müssen.

Die zahlreichen autonom gesetzten Standesregeln und gesetzlichen Vorschriften des Werberechts, die u.a. dem Vielfaltsgebot entsprechend einen zu starken Einfluss einzelner gesellschaftlicher Gruppen (wie z.B. der Werbewirtschaft) auf die Programmangebote entgegen stehen sollen, stellen deshalb Beschränkungen der Dienstleistungsfreiheit dar, die als Werbeverbote den Zugang der Sender zum potentiellen Klienten erschweren.[33]

Diese unterschiedslos geltende Werbebeschränkungen können aber aus zwingenden Gründen des Allgemeinwohls gerechtfertigt sein[34], z.B. wenn es sich um Werbebeschränkungen im Rundfunk handelt, die den Schutz des Verbrauchers vor einem Übermaß an kommerzieller Werbung sowie die Erhaltung einer bestimmten Programmqualität im Rahmen der Kulturpolitik bezwecken.

---

[30] St. RS des *EuGH*, Slg. 1974, 409, 428, Erwägungsgrund 6 - Sacchi; 1982, 3381; 1988, 2085; 1991, 2925 ff; *EuGH*, EuZW 1993, 251 - Veronica; *EuGH*, GRUR Int. 1995, 496 - Leplerc-Siplec; *EFTA-Gerichtshof*, GRUR Int. 1996, 52, 53 ff - Marktrat-Mattel Norge/Lego Norge; zusammenfassend auch: *Greissinger*, Die *EuGH*-Rechtsprechung zur Fernsehrichtlinie, CR 1999, 112 ff; *von der Horst*, Europäisches Rundfunkrecht, 1995.

[31] Die Kommunikationsfreiheiten werden auch durch Art. 10 Abs. 1 EMRK gewährt, an denen die deutschen Staatsorgane vertraglich gebunden sind und der durch Art. F Abs. II EUV im Gemeinschaftsrecht ausdrücklich verankert ist; vgl. zur EMRK: BGBl. 1952 II 1952, 685, 690; *Frowein*, in: *Frowein/Peukert*, EMRK, 1996, Art. 10, Rdnrn. 1ff.

[32] *EGMR*, EuGRZ 1985, S. 170ff. – Barthold; hierzu: *Calliess*, AfP 2000, 251.

[33] *Perau*, Werbeverbote im Gemeinschaftsrecht, 1997, S. 166 f m.w.N.

[34] Hierzu ausführlich *Perau*, a.a.O., S. 159 ff, 165.

Zu diesen zulässigen Beschränkungen zählen auch das Trennungs- und Kennzeichnungsgebot, soweit sie gewährleisten, dass kommerzielle Werbung mit redaktionellen Programmteilen verwechselt werden kann.[35]

Seit einiger Zeit erkennt der *EuGH* zwar die Medienvielfalt bzw. den Medienpluralismus als Ausnahmetatbestand der EG-Grundfreiheiten an.[36]

Ob jedoch die Vorstellung des *BVerfG*, eine Kommerzialisierung des gesamten werbefinanzierten privaten Programms sowie eine Verflachung der Inhalte oder einseitige Ausrichtung der Programmangebote zu verhindern, vor dem Hintergrund der europäischen Rechtslage verfassungsrechtlich überzeugend begründet werden kann, wird mit guten Gründen bezweifelt.[37]

So dürfte unstreitig sein, dass auch den besonders populären, zugleich auch in Qualität, Anspruch und Themenausrichtung vielfältigen Unterhaltungsangeboten im Fernsehen (Spielfilme, Serien, Sportübertragungen), eine verfassungsrechtlich wichtige Bedeutung für die Meinungsbildung zukommen.[38] Sofern diese Programmangebote im Fernsehalltag überwiegen, ist dies in erster Linie Ausdruck des Zuschauerwunsches und nicht auf den Einfluss der werbetreibenden Industrie zurückzuführen. Eine mit dem Argument des Vielfaltgebotes untermauerte Forderung nach dem Verbot massenattraktiver Programme droht damit zu einer Ausgestaltung der Medieninhalte zu werden.[39]

Art. 10 EMRK enthält genauso wie der nahezu wortgleiche Art. 11 EUGC[40] zumindest keinen Hinweis auf eine Rundfunkgewährleistungspflicht in dem Sinne, dass durch diese Vorschrift im Fernsehprogramm durchweg eine unab-

---

[35] *EuGH*, Slg. 1991, I-4069, 4101, Erwägungsgrund 45 - Mediawet; Slg. 1991, I-4007, 4022 ff, 4033, Erwägungsgrund 27. - Gouda.

[36] *EuGH*, Slg. 1997, S. I-3689 – Familiapress; vgl. hierzu: *Ress/Bröhmer*, Europäische Gemeinschaft und Medienvielfalt, 1998.

[37] *Engel*, Privater Rundfunk, S. 74 ff, S. 390 ff, 393 f. Allgemein zum Prüfungsmaßstab des EGMR im Rahmen einer Verhältnismäßigkeitsprüfung: *Calliess*, Werbung, Moral und Europäisches Menschenrechtskonvention, AfP 2000, 248, 249f.

[38] Vgl. nur *BVerfG*, MMR 1998, 202, 206: „Die Bedeutung [von Sportveranstaltungen] erschöpft sich nicht in ihrem Unterhaltungswert. Sie erfüllen darüber hinaus auch eine wichtige gesellschaftliche Funktion."

[39] Vgl. die Stellungnahme des *Wissenschaftsbeirat*, „Offene Mediengesellschaft", S. 9 f (Pkt. 14 f).

[40] Charta der Grunde der Europäischen Grundrechtscharta vom 18. Dez. 2000 (2000/C 364 /01), vgl. hierzu *Engel*, Die Europäische Grundrechtscharta und die Pressefreiheit, ZUM 2000, 975. Insbesondere die Gesetzesberatungen zu Art. 11 Abs. 2 EUGC („Die Freiheit der Medien und Ihre Pluralität werden geachtet") machen deutlich, dass die Europäische Verfassung deutlicher als bisher dem bundesdeutschen Rundfunkkonzept einer Vielfaltsicherung zugunsten einer „pressespezifischen Medienunternehmerfreiheit" eine klare Absage erteilt hat; krit. zu dieser Entwicklung: *Stock*, EU-Medienfreiheit – Kommunikationsgrundrecht oder Unternehmensfreiheit?, K&R 2001, 294 ff., 297f.

hängige, d.h. von werblichen Einflüssen freie Berichterstattung gewährleistet werden muss.

Eine Verpflichtung zur vielfältigen Programmausgestaltung stellt sich daher in erster Linie als eine Beeinträchtigung der Informations-(Auswahl)-Freiheit der Fernsehzuschauer dar und dürfte nicht geeignet sein, die freie individuelle und öffentliche Meinungsbildung zu schützen.[41]

C. Eigene Stellungnahme

Folgt man dem Ansatz des *BVerfG,* wonach die Rundfunkanstalten wegen der objektiv zu verstehenden Gewährleistungspflicht des Art. 5 Abs. 1 S. 2 GG zur unabhängigen und vielfältigen Berichterstattung verpflichtet sind, ist jede einseitige werbliche Einflussnahme auf das Fernsehprogramm, insbesondere durch Schleichwerbung und ähnliche Praktiken, wegen Verstoßes gegen das Gebot zur unabhängigen und neutralen Berichterstattung verboten.

Lehnt man die Verpflichtung der (privaten) Rundfunkanstalten zur umfassenden Programmgestaltung mit der Gegenmeinung ab, weil man diesen vergleichbar mit Zeitungen das Recht zubilligt, einseitige Meinungen zu vertreten, kann man die Frage nach dem Anwendungsbereich des Trennungsgebotes vor dem Hintergrund eines fragwürdig gewordenen Schutzzwecks neu stellen. Der nachfolgende Blick in die Medienökonomie soll die Entscheidung für die eine oder andere Ansicht erleichtern.

I. Unabhängige Programmgestaltung unter medienökonomischen Gesichtspunkten

Zweifellos führt die verstärkte Orientierung der Rundfunkanstalten an Werbeeinnahmen dazu, dass der Autonomieanspruch der Redaktionen einer stärkeren Marktorientierung[42] unterliegt. Die Redakteure werden zunehmend für das operationelle Geschäft verantwortlich, müssen Medienmarketing betreiben, d.h. das Medium Rundfunk als Markenartikel positionieren.[43] Darin liegt ein Grund dafür, dass die wirtschaftlichen Interessen der Medien immer mehr ihren Niederschlag in der Berichterstattung finden.[44] Denn Medienangebote sind ökonomisch gesehen Produkte, über deren gewinnbringenden Absatz die Konkurrenzfähig-

[41] *Engel*, Privater Rundfunk, S. 81 ff.

[42] Allgemein hierzu: *Klaus/Lünenborg*, Der Wandel des Medienangebotes als Herausforderung an die Journalismusforschung: Plädoyer für eine kulturorientierte Annäherung, M&K 2000, 188, 190.

[43] Vgl. *Wolff,* Wettbewerb und Qualität bei Presseprodukten, Publizistik, 1998, 259, 260 ff.

[44] *Altmeppen*, Märkte und Medienkommunikation, in: *ders.* (Hrsg.), 1996, S. 258.

keit des Unternehmens gesichert wird. Von daher handeln die Rundfunkanstalten durch Kooperationen mit (werbetreibenden) Dritten ökonomisch sinnvoll, da sie so zu einer optimalen Verwertung ihrer Produkte und damit zu einer Reduzierung von Fehlallokationen beitragen[45] und ein attraktives Medienangebot überhaupt erst gewährleisten.[46]

Insoweit dienen die Werbe- und Sponsoringeinnahmen bereits der Unabhängigkeit der öffentlich-rechtlichen wie privaten Rundfunkanstalten vor staatlichen Einflussnahmen und sind damit nicht grundsätzlich negativ zu bewerten.[47]

1. Gefährdet die Werbefinanzierung die Unabhängigkeit der Rundfunkanstalten?

Fraglich ist, wie die zunehmende Bedeutung der Werbung als Finanzierungsinstrument der Rundfunkanstalten rechtlich zu bewerten ist.

Teilweise wird die Auffassung vertreten, die Werbefinanzierung könne spätestens seit den jüngeren Entscheidungen des *BVerfG*[48] nicht mehr als besonderer Garant für staatliche Unabhängigkeit verstanden werden.[49]

Dieser Auffassung scheint der Gesetzgeber nicht zu sein. Denn er hat mit zahlreichen Liberalisierungen der Rundfunkwerberegelungen den Einfluss der Werbeindustrie nicht zurückgedrängt, sondern im Gegenteil wie es z.B. in §§ 8

[45] Beispielsweise kooperiert das ZDF seit kurzer Zeit mit den kommerziellen Sendern Euronews und Eurosport im Rahmen des geplanten Digitalbouquets des ZDF u.a. mit dem Ziel gemeinsam Programme zu verbreiten, vgl. o.V., ZDF kooperiert mit Euronews und Eurosport, FAZ vom 10. Dez. 1999, Nr. 288, S. 18.

[46] *Böll,* Merchandising, 1.3, S. 16. Die Diskussion über die Qualität von Medieninhalten wird in den letzten Jahren verstärkt geführt. So haben die meisten Unternehmen (z.B. ARD-Videotextseite 400 ff), DER SPIEGEL; FAZ; FR, Die Wirtschaftswoche,) erst in den letzten Jahren eigene Medienredaktionen geschaffen. Dahinter stehen vor allem aber medienpolitische und wirtschaftliche Gründe, insbesondere hofft man durch Berichte über konzernverbundene Medien und deren Konkurrenten Einfluss auf die Leser, Anzeigenkunden und die Politik der Aufsichtsbehörden zu nehmen. Krit. zu dieser Entwicklung: *Ruß-Mohl,* Transparenz und Selbstreflexivität: Überlegungen zum Medienjournalismus und zur PR-Arbeit von Medienunternehmen, in: *Fünfgeld/Mast* (Hrsg.), S. 193, 202; ebenso *Wolff,* Wettbewerb und Qualität bei Presseprodukten, Publizistik, 1998, 259, 260 ff.

[47] Vgl. auch *Bullinger*, Rundfunkwerbung im Umbruch der Medien, ZUM 1985, 129.

[48] Vgl. *BVerfGE* 87, 181, 199 – Werbung auf Hessen 3; 83, 238, 311 – Nordrheinwestfälischer Rundfunk: Von der Werbefinanzierung können „programmliche und vielfaltsverengende Zwänge ausgehen“.

[49] So *Ricker*, AfP 1997, 592.

Abs. 1 oder 7 Abs. 4 u. Abs. 6 S. 2f. RStV zum Ausdruck kommt, sich weiter ausbreiten lassen[50].

Grundsätzlich ist die Tatsache, dass Geld für die Verbreitung kommunikativer Inhalte aufgewendet wird, in der Mediengesellschaft seit langem genauso selbstverständlich, wie die Tatsache, dass dieses Geld auch zur Förderung des eigenen Nutzens aufgewendet wird.[51]

Die Kommerzialisierung der Programme im Fernsehen stellt vielmehr ein Problem des intermediären Wettbewerbs dar und ist keine Aufgabe der landesrechtlichen Rundfunkgesetzgeber. Die vielfach beklagten negativen Auswirkungen des ökonomischen Wettbewerbs auf die Medien, an dem sich die öffentlich-rechtlichen Anstalten massiv beteiligen, ist Folge einer auch vom *BVerfG* gebilligten dualen Rundfunkordnung, die auf das Mittel der Werbefinanzierung zur Sicherung der Meinungsvielfalt setzt. Mit der Zulassung privater Rundfunkanbieter, die sich ausschließlich über Werbung finanzieren, und deren Wettbewerbsfähigkeit entscheidend von der Höhe der erzielten Werbeeinkünfte abhängt, haben zwangsläufig auch marktwirtschaftliche Prinzipien Einzug in das Rundfunkwesen erhalten.[52]

Werbeeinnahmen fördern die Vielfalt der Medien als Effekt der betriebswirtschaftlichen Investition in Werbung. Die Medien selbst müssen sich in ihrem redaktionellen Angebot weitgehend an den Bedürfnissen, Wünschen und Forderungen der Bürger als Mediennutzer orientieren, wenn sie attraktiv bleiben wollen - attraktiv auch als Werbeträger. Je zahlreicher ihre Angebote sind, desto wahrscheinlicher ist es darüber hinaus, dass auch anspruchsvolle Sendungen darunter sind.[53]

Allein die kommerzielle Ausrichtung des Rundfunks stellt daher keine Gefahr für die Meinungsfreiheit dar, zumal der öffentlich-rechtliche Rundfunk durch seinen Grundversorgungsauftrag eventuelle Programmdefizite der Privaten ausgleichen kann.

2. Auswirkungen der Werbefinanzierung auf die Rundfunkordnung

Auch wenn damit das Instrument der Werbefinanzierung grundsätzlich mit der derzeitigen Rundfunkordnung rechtlich vereinbar ist, erscheint fraglich, ob die zunehmend erweiterten Möglichkeiten der Rundfunkanstalten, Werbung im

[50] Vgl. hierzu: Seite 200 ff.
[51] *Hoffmann-Riem*, Kommunikationsfreiheit für Werbung, ZUM 1996, 1, 4.
[52] *Engel*, Medienordnungsrecht, S. 40 ff.
[53] *Zuleeg*, ZUM 1997, 782.

Programm auszustrahlen, die redaktionelle Programmgestaltung im Sinne der Vorgaben des *BVerfG* unberührt lässt.

Bereits die Entscheidung des Gesetzgebers, eine duale Rundfunkordnung zu schaffen, in der sich private Rundfunkanstalten ausschließlich und öffentlich-rechtlichen Rundfunkanstalten zu einem nicht unerheblichen Teil über Werbeeinnahmen finanzieren, hat dazu geführt, dass die Rundfunkanstalten vermehrt um wirtschaftliche (Einschaltquoten, Werbeeinnahmen) statt um inhaltliche Ziele konkurrieren.[54] Diese Entwicklung wurde von Gesetzgeber, wenn auch nicht von allen Seiten gewollt, so doch gebilligt, wie gerade auch die Schaffung der „medienkartellrechtlichen" Vorschriften zur Vielfaltsicherung im privaten Fernsehen (§§ 26, 30-32 RStV) durch den dritten Rundfunkänderungsstaatsvertrag (in Kraft getreten am 1. Jan. 1997) deutlich macht.

Das Rundfunkrecht greift dort auf primär wirtschaftskartellrechtliche Systeme zurück. So wird die Marktmacht einer Rundfunkanstalt anhand ihrer Zuschauerreichweite und Einschaltquote bemessen, wobei konzernrechtliche Verknüpfungen zu anderen Rundfunksendern mitberücksichtigt werden.[55]

Die verstärkte Ausrichtung der Rundfunkanstalten an primär wirtschaftliche Zielen lässt sich aus ökonomischer Sicht damit erklären, dass sich der Erfolg einer Rundfunkanstalt nunmehr nach der Anzahl der Zuschauer und der Höhe der Werbeeinnahmen bemessen wird, wobei die Zuschauerquote die Höhe der Werbeeinnahmen bedingt.[56]

Kantzenbach weist zur Recht darauf hin, dass ein publizistischer Ideenwettbewerb unter Ausschaltung des ökonomischen Wettbewerbs nicht möglich und auch nicht sinnvoll ist, da er einseitig zu Lasten der Interessen und Auffassungen des Zuschauers bzw. Lesers oder des Rundfunksveranstalters bzw. des Ver-

[54] *Mast,* Massenkommunikation - quo vadis? Grenzaufhebungen markieren den Weg nach Multimedia, in: *Fünfgeld/Mast* (Hrsg.), Massenkommunikation., S. 213, 218 ff.

[55] Zum Ganzen: *Martinek*: Die Zurechnung von Zuschaueranteilen nach § 25 ff. des Rundfunkstaatsvertrags 1996, 1998; *Kreile/Stumpf,* Das neue „Medienkartellrecht" – Die Sicherung der Meinungsvielfalt im novellierten Rundfunkstaatsvertrag, MMR 1998, 192 ff.

[56] Der Erfolg einer Werbeschaltung berechnet sich üblicherweise folgerichtig am sogen. Tausenderkontaktpreis, d.h. die Geldmenge, die in Werbemaßnahmen investiert werden muss, um Tausend potentielle Kunden des werbetreibenden Unternehmens anzusprechen. Die Einschaltquote stellt damit für den privaten Rundfunk den Gradmesser für den wirtschaftlichen Erfolg und für das öffentlich-rechtliche System in erster Linie den Gradmesser für den Grundversorgungserfolg dar Dieser Grundversorgungserfolg der öffentlich-rechtliche Anstalten ist gleichzeitig ein wichtiger Maßstab für die Werbeindustrie, die anhand der öffentlich-rechtliche Einschaltquote deren Attraktivität sowie den Mißerfolg der privaten Rundfunkanstalten messen kann; *Mahrenholz,* Grundversorgung und Programmfreiheit, in FS-Kübler, 1997, S. 251, 269.

legers gehe. Meinungsfreiheit und marktökonomische Grundlagen der Meinungsbildung wirken daher unabdingbar zusammen.[57]

Publizistischer Wettbewerb könne nach dieser Auffassung nur auf Grundlage des ökonomischen Wettbewerbs unabhängiger Medienunternehmen erfolgen.[58]

Das verdeutlicht auch eine Entscheidung des *OLG Dresden* in der Sache MDR-Sputnik. Das Gericht lässt es für die Annahme einer generellen Wettbewerbsabsicht einer Rundfunkanstalt bereits ausreichen, wenn Programme veranstaltet werden, die Werbung enthalten – und damit auch werbefinanziert sind.

Das Gericht begründet seine Entscheidung mit dem bemerkenswerten Argument, dass bereits die eingeschränkte Zulassung von Werbemöglichkeiten dem öffentlich-rechtlichen Rundfunk die Möglichkeit eröffneten, Programmteile „umzuschichten“: Insbesondere würden Programme, in denen Werbung geschaltet werden darf, stärker auf den Publikumsgeschmack und kaufkräftige Hörer ausgerichtet werden.[59] Im Ergebnis treten öffentlich-rechtliche Rundfunkanstalten mit der Gesamtheit ihrer Programme in einen wirtschaftlichen Wettbewerb mit privaten Rundfunkanbietern.[60]

Das *OLG Dresden* trägt damit der offensichtlich dem Gericht nicht verborgenen Tatsache Rechnung, dass auch öffentlich-rechtliche Rundfunkanstalten ihre Programmgestaltung von der Aussicht auf Werbeeinnahmen abhängig machen.

Diese Rechtsprechung verdient uneingeschränkte Zustimmung.

Die Rundfunkanstalten dürfen und müssen daher ihr Programm nach kommerziellen Gesichtspunkten ausrichten. Zumal aus der Programmausrichtung der

---

[57] *Hoppmann,* Meinungswettbewerb als Entdeckungsverfahren, in: *Mestmäcker*, Offene Rundfunkordnung, 1988, S. 178.

[58] *Kantzenbach,* Publizistischer und ökonomischer Wettbewerb, S. 78, 79.

[59] *OLG Dresden,* Urt. vom 26 Juli 1995 – 12 U 58/95, GRUR 1996, 73, 74 = ZUM 1999, 737, 738 – *MDR Sputnik*; *LG Leipzig,* Urt. vom 15. April 1998 – 5 (O) 8068/97, ZUM 1999, 739, 740 – *MDR Sputnik; Wille/Schneider-Freyermutz,* Die Rechtsprechung zu „MDR Sputnik“ und das Verfassungsrecht, ZUM 1999, 713, 717 f.

[60] *OLG Dresden,* ZUM 1999, 737, 738 – MDR-Sputnik. Ähnlich argumentiert das *OLG München,* Urt. v. 8. Feb. 2001 – 29 U 4292/00 = EWiR § 1 UWG 9/2001, 645 (Römermann) - JUVE-Handbuch. Danach handeln die Verleger eines überwiegend unentgeltlich vertriebenen Buches mit Rangeinstufungen von Anwaltskanzleien bereits dadurch mit Wettbewerbsförderungsabsicht, dass die in dem Ranking auftauchenden Kanzleien zugleich in dem Buch Anzeigen schalten. Insoweit sei es ausreichend, dass der Verlag im ureigensten wirtschaftlichen Interesse größere, zahlungskräftige Anwaltskanzleien in das Ranking aufnehmen wird, weil mit dieser Heraushebung automatisch die Bereitschaft der Anwaltskanzlei verbunden ist, durch eine bezahlte Anzeige den Gewinn des Verlags zu mehren.

Rundfunkanstalten an kommerziellen Interessen alleine keine Rückschlüsse auf die Abhängigkeit der Medien geschlossen werden können.[61].

Es erscheint fraglich, inwieweit dieser Entwicklung durch gesetzgeberische Maßnahmen entgegen gesteuert werden kann.

Denn jeder Eingriff in diesen Prozess setzt voraus, dass die Programmanbieter wissen, welche Informationen und welche Unterhaltung die Bürger fordern.[62] Da die Programmanbieter über solche Kenntnisse nicht verfügen, gilt auch hier das marktwirtschaftliche Prinzip der bestmöglichen Bedürfnisbefriedigung mittels Wettbewerb. Letztlich müssen die ökonomischen Wirkungen der Medien als Teil des Prozesses verstanden werden, in dem sich öffentliche Meinung bildet.[63]

Festzuhalten bleibt damit, dass solange Gesetzgeber und Rechtsprechung an der Werbung als Finanzierungsgrundlage für die Rundfunkanstalten festhalten, es ihnen nicht gelingen wird, die Gefahren des Wettbewerbs vom Rundfunk fern zu halten. Denn der Kampf der Rundfunkanstalten um Werbeeinnahmen setzt einen Prozess in Gang, der zu einer Autonomisierung der Meinungsbildung führt.

II. Die objektive Rundfunkgarantie und die multimediale Entwicklung

1. Konvergenz und Multimedia[64]

Im folgenden soll der Frage nachgegangen werden, inwieweit das Verständnis der Rundfunkfreiheit als dienende Freiheit durch die rasant voranschreitende technische Entwicklung der Kommunikations- und Wiedergabetechniken in den 90er Jahren beeinflusst wurde.[65]

Die Entstehung neuer Programmnutzungsarten und Vertriebswege wie Pay-TV, Teleshopping u.a. multimedialer Techniken, an denen die Rundfunkanstalten

[61] Darauf macht *Baerns*, Redaktionelle Werbung im Wettbewerb von Tageszeitungen, in: *dies./Fischer (Hrsg.)*, S. 122, aufmerksam.

[62] *Mestmäcker*, Neuordnung, S. 530.

[63] *Mestmäcker*, Neuordnung, S. 533.

[64] Multimedia kann definiert werden als die Verschmelzung von Rundfunk, Film, Presse und Datenverarbeitung, vgl.: *Depenhauer*, AfP 1997, S. 670 m.w.N. in Fn. 20.

[65] *Mestmäcker*, Neuordnung, S. 528 f. Vgl. auch das im Auftrag der Generaldirektion XIII der Europäischen Union erstellte Gutachten der Wirtschaftsprüfungsgesellschaft KPMG „Public, Policy Issues Arising from Telecommunication, and Audiovisual Convergence", European Commission, Contract Number 70246, und die gemeinsame Stellungnahme von ARD und ZDF zur KPMG-Studie, April 1997, hierzu: *Knothe,* Konvergenz und Medien, K&R 1998, 95 ff. Vgl. auch *Holznagel*, Rechtsprobleme der Konvergenz von Rundfunk und Telekommunikation, Beilage MMR 9/1999, S. 12 f.

aus Eigeninteresse wesentlich beteiligt sind, erweiterten zum einen die Einkaufs- und Freizeitgestaltungsmöglichkeiten des Rezipienten.[66]

Die Vielzahl von neuen Programmangeboten sowie die gewachsene Bedeutung des Videomarktes führen darüber hinaus auch zur inhaltlichen und zeitlichen Unabhängigkeit des Bürgers vom Programmangebot im Rundfunk.[67]

Während vor der Zulassung privater Werbefinanzierter Rundfunkanstalten die Nachfrage der Zuschauer nach Programmangebote überwog, kämpfen die Rundfunkanstalten nunmehr verstärkt um die Aufmerksamkeit der Zuschauer, die zunächst für die Informationsangebote der Sender gewonnen werden müssen; aus dem Nachfragewettbewerb ist ein Angebotswettbewerb geworden.[68]

Dabei gilt die Prämisse, dass jede technische Weiterentwicklung im Rundfunkbereich zunächst einmal als eine Stärkung der Kommunikationsfreiheit der Bevölkerung zu begrüßen ist.

2. Der Einfluss des Internet auf die Diskussion zur Rundfunkordnung

Besonders einschneidend verändert jedoch das Internet mit seinen unüberschaubaren, weltweiten Informationsangeboten die bisherige Medienlandschaft.

Auch wenn dieser Prozess noch nicht abgeschlossen ist, so lassen sich bereits jetzt drei gravierende Unterschiede im Vergleich zur bisherigen Situation im Rundfunk feststellen, die wohl auch nicht ohne Einfluss auf für den Rundfunk sein werden:

(1) Information wird zunehmend kein knappes Gut mehr.

Denn die neuen Medien ermöglichen den meisten Menschen, zu relativ günstigen Kosten mit jedem anderen Teilnehmer in beliebigen Informationstypen wie Bild, Sprache, Text und Daten zu kommunizieren.[69] Mit der Verselbständigung des Angebotes von Informationen und Unterhaltung in Unternehmen oder Anstalten können die Bürger durch gezielte Programmwahl Einfluss auf das Ange-

---

66 *Mestmäcker*, Neuordnung, S. 539.

67 Vgl. *Ulbrich,*, Konvergenz der Medien auf europäischer Ebene. Das Grünbuch der Europäischen Kommission, K&R 1998, S. 102.

68 Zu den Folgen dieser Entwicklung: *Mast*, Massenkommunikation - quo vadis? Grenzaufhebungen markieren den Weg nach Multimedia, in: *Fünfgeld/Mast* (Hrsg.), 1997, S. 213, 222 ff.

69 *Depenhauer*, AfP 1997, 670.

bot nehmen. Sie werden als Nachfrager aktiv am Prozess der Meinungsbildung beteiligt.[70]

(2) **Die strikte Rollenverteilung zwischen Programmveranstalter und Rezipient kann mittelfristig kaum mehr durchgehalten werden.**

Neue Medien wie das Internet bieten auch ohne Beteiligung des öffentlich-rechtlichen Rundfunks für jede Gruppe die Möglichkeit, sich zu artikulieren.[71]

Mit der Verselbständigung des Angebotes von Informationen und Unterhaltung in Unternehmen oder Anstalten können die Bürger durch gezielte Programmwahl Einfluss auf das Angebot nehmen. Sie werden als Nachfrager aktiv am Prozess der Meinungsbildung beteiligt.[72]

Jeder Internetnutzer kann damit auch Produzent von Nachrichten und Programmveranstalter sein.[73] Damit verlieren Journalisten ihr selbstverständliches Monopol auf die Informationsweitergabe und -vermittlung an Computer, Datenbanken, und Netzwerke.[74] Zugleich verwischen die bekannten Grenzen von Massen- und Individualkommunikation verwischen im Zeitalter der Informatisierung und Computerisierung.[75]

(3) **Das Internet verwischt die Trennlinien zwischen Inhalten und Werbung.**

Die Verknüpfung journalistischer Angebote mit Kaufangeboten (sogen. „Content-related-Links") hat sich mittlerweile im Internet bei vielen auch renommier-

---

[70] *Mestmäcker*, Neuordnung, S. 530.

[71] So auch *Wissenschaftsbeirat*, „Offene Mediengesellschaft", S. 33 (Pkt. 57) **a.A.** *KEK*, epd medien Nr. 92/1999, S. 10.

[72] *Mestmäcker*, Neuordnung, S. 530.

[73] Vgl. *Wissenschaftsbeirat*, „Offene Mediengesellschaft", S. 11 ff. (Pkt. 20); *Mast*, a.a.O., in: *Fünfgeld/Mast* (Hrsg.), S. 213, 214 ff; *Depenhauer*, AfP 1997, 670. **A.A.** *Volpers u.a.*, Werbung und Programm, S. 32: „Wenngleich mittels des Fernsehgerätes ein Zugang zum Internet möglich ist, ein PC zum Empfang von Fernsehbildern genutzt werden kann und Rundfunkveranstalter im Internet aktiv werden, bleiben grundsätzliche Unterschiede zwischen dem Fernsehen als Rezeption eines Rundfunkprogramms und der Online-Nutzung bestehen."

[74] Vgl. *Knothe*, K&R 1998, 101 f; Grünbuch zur Konvergenz der *Europäischen Kommission* der Branchen Telekommunikation, Medien und Informationstechnologien und ihren ordnungspolitischen Auswirkungen, 1997 im Internet unter: http://www.Ispo.cec.be.

[75] *Klaus,* Der Gegensatz von Information ist Desinformation, der Gegensatz von Unterhaltung ist Langweile, RuF 1996, 414. Kritisch hingegen zur „Konvergenzthese": *Weiß, H.J.,* Programmnormen, Programmrealität und Programmforschung, in: *Hömbert/Pürer* (Hrsg.), 1996, S. 227 ff; *Kiefer*, Duale Rundfunksystem 1996, S. 95.

ten Unternehmen etabliert[76] und wird als Serviceleistung an den Internetnutzer verstanden.[77] Der Staat verliert zunehmend die umfassende Kontrolle der Informationsgesellschaft.

Zwar ist für das Medium Fernsehen nach wie vor die einseitige Kommunikation von Rundfunksender zu dem Rezipienten ohne Rückkoppelung kennzeichnend. Außerdem steht dem Rezipienten ein begrenztes Fernsehangebot zur Verfügung, d.h. er kann nicht zu jedem Zeitpunkt frei bestimmen, mit welchen Informationen er versorgt werden will.

Allerdings ermöglicht ihm die Fernsehbedienung die Möglichkeit zwischen bis zu 200 Fernsehprogrammen zu wählen. Damit kann er durch Umschalten (sogen. „Zapping“) weitgehend jede Programmvorgabe von Außen zunichte machen. Sie können entscheiden, welches Programm sie sich zu welchen Bedingungen ansehen möchten. Damit verringert sich die Bedeutung der Rundfunk- und Fernsehangebote zur Sicherung von Kultur und Demokratie im gleichen Maße wie der einzelne Bürger derartige Ansprüche kraft seiner Programmwahlkompetenz unterläuft: Die Fernbedienung wirkt „als verfassungsrechtlich nicht hintergehbare, wirksamste Waffe gegen öffentliche und private Zumutungen einer Zwangsvolkshochschule“[78].

Zwar wird gerade die Entwicklung der Programmqualität privater und vermehrt auch öffentlich-rechtlicher Sender aufgrund der Fokussierung auf Unterhaltungsangebote sowie die Ausrichtung auf die für Werbetreibende interessante Zielgruppe der 14-49 Jährigen kritisch gesehen.[79]

Tatsache ist, dass auch anspruchsvolle, umfassende und werbefreie Informationsangebote nur dann zur Meinungsbildung beitragen können, wenn sie aufgeschlossene Zuschauer erreichen. Bestimmte Zuschauergruppen scheinen nach

[76] Vgl. *Lüke*, Und immer an den Käufer denken, e-marketing 30/00, S. 22, 23 unter Hinweis auf die Praxis von SPIEGEL-Online, direkt unter redaktionellen Beiträgen in gleicher Aufmachung, Angebote zur Bestellung von „CDs“, „Videos“ oder „Büchern“ anzubieten. Weitere Beispiele bei: *Schuster*, TAZ v. 25. Aug. 2000, S. 16. Zur rechtlichen Bewertung der Internetwerbung: *Leupold/Bräutigam/Peiffer*, WRP 2000, 575, 588 ff; *Kniethe*, WRP 2000, 616, 622 f.

[77] Krit. hierzu: DJV-Vorsitzender *Weischenberg*, in e-marketing 30/00, S. 21.

[78] *Depenhauer*, AfP 1997, 672 m.w.N.

[79] *Donges/Jarren*, Redaktionelle Strukturen und publizistische Qualität, MP 1997, S. 198 ff, kommen in ihrer empirischen Studie zu dem Ergebnis, dass die Festlegung der Themen und Berichte im Privatfunk im hohem Maße von den angenommenen Bedürfnissen der Zielgruppe - bzw. den auf diese Zielgruppe bezogenen Interessen der Werbewirtschaft abhängig sind. Bei Rundfunksendern mit geringem redaktionellen Personal und hoher Zielgruppenfixierung besteht ihrer Ansicht nach die Gefahr einer relativ beliebigen Berichterstattung, die zu Lasten der journalistischen Qualität und zu Gunsten wirtschaftlicher Interessensträger geht.

neueren Studien für den öffentlich-rechtlichen Rundfunk kaum noch erreichbar.[80]

Von daher ist diese Wahlfreiheit des Zuschauers grundsätzlich positiv zu bewerten und ein wichtiger Schritt des Zuschauers vom Rezipienten zum Konsumenten. Sie stärkt seine Entscheidungsfreiheit und erschwert die einseitige Einflussnahme von Informationsangeboten auf den Zuschauer.

Zugleich lässt diese Entwicklung die vom *BVerfG* aufgestellte Forderung, wonach die Rundfunksender bei Ihrer Programmgestaltung das Vielfaltsgebot beachten müssen, obsolet werden.

Zusammenfassung und Ergebnis von Abschnitt 4

Die bisherige Auslegung des Trennungsgebotes erfolgte vor dem Hintergrund der bundesverfassungsgerichtlichen Rechtsprechung, welche im Gebot zur Trennung von Werbung und Programm eine Ausgestaltung der objektiven Rundfunkfreiheit ansah, welche die Unabhängigkeit und Neutralität der Berichterstattung und damit die Rundfunkordnung selber sicherte.

An diesem „objektiv-rechtlichen" Verständnis des *BVerfG* ist jedoch nicht länger festzuhalten. Maßstab ist vielmehr die Rundfunkfreiheit als subjektives Abwehrrecht, wie es auch in der Rechtsprechung des *EuGH* und der europäischen Rechtsordnung (Art. 10 EMRK i.V.m. Art. 6 Abs. 2 EGV, Art 11 Abs. 2 Europäische Grundrechtscharta) zum Ausdruck kommt.

Eine verfassungsrechtliche Verpflichtung zu journalistischer Unabhängigkeit und Neutralität besteht insbesondere vor dem Hintergrund einer weitgehend kommerzialisierten Medienlandschaft, deren Informationsvermittlung dem „Diktat einer Ökonomie der Aufmerksamkeit"[81] unterworfen ist, nicht mehr.

In Folge dieses geänderten Verständnisses können die Rundfunkveranstalter Abwehrrechte gegen staatliche Einflussnahme auf den Inhalt ihrer Sendungen gelten machen.

Ein Verbot oder eine Einschränkung des Rechts, Werbung im Programm zu senden, ist daher nur insoweit zulässig, als andere Verfassungsgüter betroffen sind und die Einschränkung der Rundfunkgestaltungsfreiheit der Sendeanstalten im Hinblick auf einen Ausgleich der widerstreitenden verfassungsrechtlichen

---

[80] Vgl. die Untersuchungen von: *Hasebrink/Krotz*, Fernsehnutzung im dualen System: duales Publikums- und duales Nutzungsverhalten, in: *Hömbert/Pürer* (Hrsg.), Medientransformation. Zehn Jahre dualer Rundfunk in Deutschland, 1996, S. 357 ff.

[81] Vgl. Seite 46 ff.

Interessen von Rundfunkanstalt, Fernsehzuschauer und Werbetreibender geeignet, erforderlich und verhältnismäßig ist.

Abschnitt 5: Verfassungsrechtlicher Schutz der Fernsehwerbung

A. Zum rundfunkrechtlichen Werbebegriff

I. Eigenständiger rundfunkrechtlicher Werbebegriff

Die Abwägung zwischen Programm- und werblichen Interessen anhand der verfassungs- und rundfunkrechtlichen Vorgaben setzt zunächst die Klärung des Begriffs der Werbung voraus, bevor im nächsten Schritt die Frage, wann Werbung im Programm gegen das Trennungsgebot verstößt, beantwortet werden kann.

Die bisher erwähnten marketing- und kommunikationswissenschaftlichen Definitionen von Werbung sind für die vorliegende rundfunk- und wettbewerbsrechtliche Beurteilung ebenso unzureichend wie die aus der Betriebswirtschaft bekannte[1] Unterscheidung zwischen Werbung, Verkaufsförderung („sales promotion") und Public Relation.[2] Zum einen knüpfen die tatbestandlichen Voraussetzungen der Werberegelungen in RStV und UWG nicht an diese wissenschaftlichen Kriterien an. Zum anderen sind die einzelnen Abgrenzungen zwischen Werbung und anderen Kommunikationsformen der Marketingwissenschaft fließend, da sie alle im Unternehmensinteresse auf Absatzförderung ausgerichtet sind.[3]

In der juristischen Literatur wird Werbung zu Recht sehr weit verstanden als

„jede an eine andere Person gerichtete geschäftliche Anpreisung von Waren und Leistungen, mag sie sich an einen größeren Personenkreis wenden (öffentliche Werbung) oder sich unter vier Augen abspielen."[4]

Allgemein kann man als charakteristisches Merkmal von Wirtschaftswerbung nach Ansicht von Soziologen, Kommunikationswissenschaftlern, Juristen, Betriebs- und Volkswirtschaftlern sowie Psychologen zwei zentrale Elemente be-

---

[1] *Zentes,* a.a.O., S. 439, *Kroeber-Riel/Weinberg*, Konsumentenverhalten, S. 580 ff.

[2] Vgl. nur *Poth*, Grundlagen des Marketing, 2. Aufl. 1990, Rdnr. 401.

[3] *B/H,* a.a.O., Vor §§ 3-8 UWG, Rn 4. **A.A.**: *Marwitz,* Sind Unternehmenshomepages Werbung?, MMR 1998, S. 188, 189 für Unternehmenshomepages im Internet.

[4] *B/H,* a.a.O., vor §§ 3-8 UWG, Rn 1; besonders weit legt auch die jüngere Rechtsprechung zum Heilmittelwerberecht den Begriff „Werbung" aus, vgl. *BGH,* WRP 1996, 1018 - Herz-Ass; WRP 1993, 469, 470 - Katovit; *KG Berlin,* WRP 1994, 111 - Packungsbeilage.

zeichnen, nämlich das Merkmal der (versuchten) Beeinflussung sowie das der ökonomischen Zielrichtung.[5]

II. Zu den Kriterien im Einzelnen

Da die Bestimmung des Werbebegriffs im Rundfunk voraussetzt, dass dieser der verfassungsrechtlich erforderlichen Ausgestaltung einer positiven Rundfunkordnung Rechnung trägt,[6] können die Werbedefinitionen aus anderen Wissenschaften[7] nur bedingt zur Bestimmung des rundfunkrechtlichen Werbebegriffs als zusätzliche Auslegungskriterien herangezogen werden. Die Bestimmung des verfassungs- und rundfunkrechtlichen Werbebegriffs muss daher eigenständig erfolgen.

Im Folgenden soll deshalb der Frage nachgegangen werden, welche Anforderungen an den rundfunkrechtlichen Werbebegriff zu stellen sind.

1. Nur beabsichtigte Werbung

Werbung im Sinne des RStV betreibt nur derjenige, der zielgerichtet und bewusst handelt. Wann und unter welchen Voraussetzungen der Werbende dann tatsächlich einen Werbeerfolg im Sinne eine Einflussnahme auf den Zuschauer erzielt, kann kaum pauschal beantwortet werden. Die Erforschung neuer Werbetechniken füllt ebenso wie die Frage des Nachweises eines Werbeerfolges ganze Bibliotheken. Grundsätzlich handelt es sich bei diesen Techniken um häufig aufwändige Versuche der Werbetreibenden, mit dem Verbraucher in Kommunikation zu treten, ihm sein Anliegen (z.B. Präsentation eines Markenproduktes) vorzustellen und ihn zu einer in seinem Sinne gewünschten Verhaltensänderung (Kauf des Produktes) zu überzeugen. Auch wenn diese Techniken vor allem aus der Werbung bekannt sind, können sie auch in anderen Bereichen eingesetzt werden. Deshalb muss immer zwischen der werblichen Intention und dem Einsatz von Werbetechniken getrennt werden.

---

[5] Für die Marketingwissenschaft vgl. *Nieschlag* u.a., Marketing, S. 567; für die wettbewerbsrechtliche Lit.: *Scherer, I.,* Verbraucherwerbung, S. 19 ff m.w.N. *de Nanclares,* Die EG-Fernsehrichtlinie, 1995, S. 93 m.w.N. Zum strafrechtlichen Werbebegriff vgl. *Laukemann/Junker*, AfP 2000, S. 254, 256.

[6] Vgl. *Engels*, Fernsehwerbung, S. 211 f, wonach selbst der allein auf die Wirtschaftswerbung bezogene Werbebegriff des Wettbewerbsrechts mangels ausdrücklicher Anordnung durch den Rundfunkgesetzgeber nicht in das Rundfunkrecht übertragen werden könne.

[7] S.S. 71 f.

2. Keine direkte Ansprache

Besondere Bedeutung kommt vor allem der Art und Weise der Beeinflussung zu, also der Beantwortung der Frage, welche Instrumente zwecks Beeinflussung marktrelevanter Meinungen eingesetzt werden.[8] Aus der Systematik des Rundfunkstaatsvertrages lässt sich entnehmen, dass der Werbebegriff des § 2 Abs. 2 Nr. 5 z.B. im Gegensatz zu Teleshoppingsendungen auf die direkte Ansprache des Zuschauers verzichtet (vgl. § 2 Abs. 2 Nr. 8 RStV). Für eine Teleshoppingsendung ist charakteristisch, dass an den Verbraucher direkt Verkaufsangebote gerichtet werden, die er per Telefon oder mit im Fernsehen eingebauten Zusatzfunktionen sogleich annehmen kann.[9] Da der Verbraucher in diesen Fällen einer zeitlich und inhaltlich besonders starken Beeinflussungswirkung ausgesetzt ist, hat ihn der Gesetzgeber als besonders schutzwürdig angesehen und Teleshoppinggeschäfte strengeren Regelungen unterworfen (§§ 7, 18, 44, 45a RStV).[10]

Weiterhin erfolgt die Konsumentenansprache bei der Fernsehwerbung einseitig mittels eines zusätzlichen Werbeträgers, so dass es an der für „Direktwerbung“ (wie z.B. auf der Straße, an der Haustür) typischen Rückkoppelung (so genanntes „Response“) von Werbendem und Zuschauer fehlt.

3. Nur gekennzeichnete Werbung

Es ist problematisch, ob der Werbebegriff auch die Werbung umfasst, die zwar von der Sendeanstalt nicht beabsichtigt ist, jedoch von Personen vorgenommen wird, die mit der Erbringung der Sendung beauftragt sind (Schauspieler, Talkmaster, Kameramann).

Früher wurde zum Teil zwischen so genannter instrumentaler und medialer Werbung unterschieden.[11]

Unter instrumentaler Werbung versteht man die herkömmliche Spotwerbung, die gegen Entgelt zwischen den einzelnen Programmangeboten in Blöcken und als Werbung gekennzeichnet ausgestrahlt wird.

---

[8] So zu recht *Pepels*, Kommunikations-Management, 2. Aufl. 1996, S. 20 ff.

[9] Direkte Angebote an die Öffentlichkeit sind dadurch gekennzeichnet, dass die Produkte, die in den Sendungen gezeigt werden, direkt bestellt werden können, ohne dass ein persönliches Erscheinen notwendig ist, und dass die Produkte anschließend den Fernsehzuschauern nach Hause geliefert werden. Direkte Angebote sind grundsätzlich erheblich länger als Werbespots, und es fehlt ihnen deren starke Suggestivkraft, vgl. *EuGH* Slg 1996 I 6471, 6505 Rdnr. 31 - RTI.

[10] A.A.: *Coerdt-Taxhet*, Irreführende Fernsehwerbung, S. 50 m.w.N., wonach Teleshopping unter den rundfunkrechtlichen Werbebegriff falle.

[11] So explizit *LG Mainz*, BB 1970, 463, 464; *Kühn*, Neue Medien und Werbung, ZUM 1986, 370, 373 f. Vgl. auch die Nachweise bei *Sack*, AfP 1991, 104, 117.

Mit medialer Werbung bezeichnet man diejenige Werbung, die von einem vom Rundfunkveranstalter ausgestrahlten Fernsehprogramm ausgehen kann.[12] Nach einer Ansicht[13] sollte das Kennzeichnungs- und Trennungsgebot (§ 7 Abs. 3 RStV) nur für instrumentale Werbung gelten, mit der Folge, dass alle Formen von Werbung im Programm somit schon begrifflich aus dem Anwendungsbereich des Trennungsgebotes fallen würden.

Dagegen fasst die ganz herrschende Ansicht jede werbewirksame Darstellung des Fernsehveranstalters und der von ihm mit der Produktion beauftragten Personen, unabhängig davon, ob von ihnen ein Werbezweck verfolgt wird, unter den Werbebegriff. Zur Begründung wird angeführt, dass bei einem Ausklammern der medialen Werbung kein Raum mehr für den Anwendungsbereich des Trennungsgebotes bleibe.[14] Jede andere Auffassung fördere nur die naheliegende Versuchung der Fernsehveranstalter, ein Fernsehprogramm in einen Werbespot umzufunktionieren.[15] Schließlich kann sich diese Auffassung auch auf die Regelung über Dauerwerbesendungen in § 7 Abs. 4 RStV 1997 stützen, wodurch der Gesetzgeber eine mediale Werbeform in den Werbebegriff einbezogen habe.[16]

Seit dem 4. Staatsvertragsänderung vom April 2000[17] ist der Werbebegriff in § 2 Abs. 2 Nr. 5 RStV) definiert als

„jede Äußerung bei der Ausübung eines Handels, Gewerbes, Handwerks oder freien Berufs, die im Rundfunk von einem öffentlich-rechtlichen oder privaten Veranstalter entweder gegen Entgelt oder eine ähnliche Gegenleistung oder als Eigenwerbung gesendet wird, mit dem Ziel, den Absatz von Waren oder die Erbringung von Dienstleistungen einschließlich unbeweglicher Sachen, Rechte und Verpflichtungen gegen Entgelt zu fördern."

---

[12] Zu diesem Begriff: *Krause-Ablaß*, RuF 1962, 113, 116 ff; *Sack*, Zur wettbewerbsrechtlichen Problematik des Product Placement im Fernsehen, ZUM 1987, 103, 116 f.

[13] Vgl. Abschnitt 5, Fn. 11.

[14] *Scherer, B.*, Product Placement,, S. 109 m.w.N.; *Henning-Bodewig*, Die Trennung von Werbung und Programm im deutschen und europäischen Rundfunk- und Wettbewerbsrecht, GRUR Int. 1987, 542 ff; *Ricker*, AfP 1997, 593; *Bork*, WiP, S: 82 f; *ders.*, GRUR 1988, S. 270 m.w.N.; *ders.*; Der Sponsorhinweis beim Ereignissponsoring – eine wettbewerbsrechtliche Untersuchung. Zwischenbilanz, ZUM 1988, 322, 326 f; *Sack*, AfP 1991, 704 f; *Bosmann*, ZUM 1990, 545, 548; *Bülow*, Themensponsoring, CR 1999, 105, 108.

[15] *Sack*, AfP 1991, 705.

[16] *Bülow*, CR 1999, 105, 108 u.H.a. die amtl. Begründung zu § 6 Abs. 4 RStV 1991, Dokumentation III/b.

[17] 4. Rundfunkänderungsstaatsvertrag, ein im wesentlichen unveränderter Vorentwurf der Bundesländer ist abgedr. in: *Bauer/Ory*, Recht in Hörfunk und Fernsehen, Bd. 2, 4.1.1. Zu den Änderungen im Einzelnen: *Laukemann*, Hörfunkwerbung, S. 115 ff.

Diese Definition schließt an den europaweit einheitlichen Werbebegriff an, wie er den Vorgaben der EG-Fernsehrichtlinie (Art. 1 b EG-FsRili)[18] und der Richtlinie über irreführende Werbung[19] zugrunde liegt. Er enthält zunächst eine objektive Komponente. Danach muss die vom Programmanbieter gesendete Äußerung geeignet sein, die Ausübung des Gewerbes eines Dritten zu fördern. Für diese Förderung muss weiterhin ein Entgelt oder eine dem Entgelt vergleichbare Gegenleistung erbracht werden.[20] Die subjektive Komponente des Werbebegriffs beinhaltet die Forderung, dass die Handlung mit dem Ziel erfolgt sein muss, das Gewerbe des Dritten zu fördern. Eine Unterscheidung nach Programmbereichen (redaktioneller Teil, Werbeblock) wird gerade nicht vorgenommen.

Weiterhin ist in § 7 Abs. 2 RStV davon die Rede, dass Werbung oder Werbetreibende das „übrige Programm" inhaltlich nicht beeinflussen dürfen. Das Wort „übrige" betont, dass Werbung im Sinne des RStV auch innerhalb des Programms vorkommen kann. Ansonsten wäre dieser Begriff überflüssig.

Da die Unterscheidung zwischen instrumentaler und medialer Werbung folglich nicht trägt, kann umgekehrt der Programmbegriff des RStV nur so zu verstehen sein, dass darunter alles zu fassen ist, was nicht bezahlte und als solche gekennzeichnete Wirtschaftswerbung in Form von Werbespots darstellt.[21]

4. Erkennbare Werbung

Ob Werbung als solche erkennbar oder gekennzeichnet ist, spielt bei der Bestimmung des Werbebegriffs keine Rolle.[22] Die Frage der Erkennbarkeit wird

---

[18] EG-Richtlinie zur Koordinierung bestimmter Rechts- und Verwaltungsvorschriften der Mitgliedstaaten über Ausübung der Fernsehtätigkeit vom 3. Okt. 1989 (89/552/EWG), abgedr. in:. *Bauer/Ory*, a.a.O., 1.3.2.1. Allerdings handelt es sich bei dieser Regelung nur um Mindestanforderungen, vgl. zur Richtlinie: *Henning-Bodewig*, Die EG-Fernsehrichtlinie von 1989, in: *Schwarze*, (Hrsg.) 1998/1999, S. 81 ff.

[19] Art. 2 Abs. 1 der Richtlinie der Europäischen Gemeinschaften zu Angleichung der Rechts- und Verwaltungsvorschriften der Mitgliedstaaten über irreführende Werbung vom 10.Sep. 1984; 84/450/EWG, Abl. EG 1984, Nr. L 250; auch GRUR Int. 1984, 688 ff.

[20] Im Gegensatz zum Werbebegriff in der EG-FsRili sowie in § 2 lit. f EFÜ, die auf die Entgeltlichkeit der Leistung abstellen, wird der Werbebegriff in Art. 1 Abs. 3 der Richtlinie über die Werbung für Arzneimittel (ABl. EG v. 30. April 1992, S. 13) wesentlich weiter gefasst. So fällt nicht nur die Öffentlichkeitswerbung, sondern auch der Besuch von Arzneimittelvertretern bei Ärzten, die Lieferung von Arzneimittelmustern und das Sponsoring wissenschaftlicher Kongresse darunter.

[21] *Hesse*, Rundfunkrecht, 3. Kap. IV Rdnr. 59, *LG Hamburg*, AfP 1993, 664 – Tagesschau-Uhr.

[22] G.h.A.: vgl. nur *Sack*, Neue Werbeformen im Fernsehen - rundfunk- und wettbewerbsrechtliche Grenzen, AfP 1991, 704 f; *Bork*, WiP, 1988, S. 83; *Scherer, B.*, Product Placement, S. 109 f.

erst dann relevant, wenn es um die Prüfung einer möglichen Verbraucherirreführung geht.

In diesem Sinne ist auch eine Äußerung des *OLG Hamburg* zu verstehen, wonach der

„Journalist...eindeutig klar machen [muss], dass die veröffentlichte Äußerung publizistischer Natur ist.“[23]

Wenn er dies nicht klar zum Ausdruck bringt, riskiert er eine (wettbewerbsrechtliche) Einstufung als irreführend, unabhängig von der Frage, ob mit seiner Publikation tatsächlich ein werbliches Interesse verfolgt wird.

Die Irreführung des Zuschauers ist wiederum nur ein Kriterium zur Feststellung verbotener Schleichwerbung (§ 7 Abs. 6 i.V.m. § 2 Abs. 2 Nr. 6 S. 1 RStV 2000) und kann deshalb allenfalls zu Schutzzwecküberlegungen des Trennungsgebotes[24] herangezogen werden.

5. Ausschließlich kommerzieller Werbebegriff

Es ist umstritten, ob unter den rundfunkrechtlichen Werbebegriff nur Wirtschaftswerbung fällt, oder aber weiter zu fassen ist, mit der Folge, dass auch Ideenwerbung (oder sogen. „ideelle Werbung“) darunter fällt.

In der Literatur wird in jüngerer Zeit entgegen der herrschenden Ansicht die Auffassung vertreten, dass auch die Ideenwerbung unter den rundfunkrechtlichen Werbebegriff fallen soll.[25]

Zur Begründung wird unter anderem vorgebracht, dass die Grenze zwischen Werbung und Programm dort getroffen werden muss, wo die Vermittlungsentscheidung von einem Fremdinteresse, ökonomischer und anderer Art, beeinflusst oder gesteuert wird. In diesem Fall werde einseitig auf die Vermittlungsentscheidung des Rundfunkveranstalters eingegriffen, was im Widerspruch zu § 7 Abs. 2 RStV stehe.[26]

---

[23] *OLG Hamburg*, ZUM-RD 1999, 284, 286 = AfP 2000, 89, 91 - Antibaby-Pille.

[24] Hierzu Seite 296 ff.

[25] *BayVGH*, ZUM 1987, 588, 590; ZUM 1990, 536, 537; *Coerdt-Taxhet*, Irreführende Fernsehwerbung, S. 15 ff. Für eine weite Auslegung auch *Schwarz/Eichler*, Der Werbebegriff im RStV AfP 1996, 228; *Engels/Giebels*, ZUM 2000, 268; *Meyer-Harport*, Neue Werbeformen im Fernsehen, S. 36 ff. Umfassend: *Fleischer*, Die Zulässigkeit der Ausstrahlung von Nichtwirtschaftswerbung im Fernsehen, Diss. 2000.

[26] *Engels/Giebels*, ZUM 2000, 268.

Dagegen schränkt die herrschende Meinung den Werbebegriff auf Wirtschaftswerbung mit dem Argument ein, dass § 7 Abs. 7 S. 1 RStV 1997[27] gerade für bestimmten andere Formen als Wirtschaftswerbung, wie politische und religiöse Werbung Ausnahmen zulässt.[28] Zudem ergebe sich die Eingrenzung auf Wirtschaftswerbung aus dem Umkehrschluss aus § 42 RStV.

Mit der Einfügung der Legaldefinition der Werbung in § 2 Abs. 2 Nr. 5 RStV 2000, die sich an den europarechtlichen Vorgaben orientiert, wird diese Auffassung nunmehr auch vom Gesetzgeber explizit bestätigt. Danach fällt unter den Werbebegriff „jede Äußerung... die im Rundfunk entweder gegen Entgelt...oder als Eigenwerbung gesendet wird,..." mit dem Ziel entgeltlicher Absatzförderung.

Damit sieht der RStV einen engen Werbebegriff vor, der eine kommerzielle Äußerung eines Handels, Gewerbes, Handwerks oder freien Berufes voraussetzt.[29] Schließlich wird auch aus dem neuen § 7 Abs. 8 S. 2 RStV 2000 („Unentgeltliche Beiträge im Dienst der Öffentlichkeit einschließlich von Spendenaufrufen zu Wohlfahrtzwecken gelten nicht als Werbung im Sinne von Satz 1.") deutlich, dass alle entgeltlichen Beiträge im Dienste der Öffentlichkeit, worunter alle Formen der Ideenwerbung fallen dürften, grundsätzlich unter die Sondervorschrift des § 7 Abs. 8 Satz 1 RStV fallen.[30] Unentgeltliche Beiträge können somit ohne Beachtung der werberechtlichen Vorschriften (Trennungs- und Kennzeichnungsgebot usw.) auch in Programmen ausgestrahlt werden. Mit dieser Vorschrift scheint sich der Gesetzgeber eine nicht ganz uneigennützige Regelung geschaffen zu haben.[31]

---

[27] = § 7 Abs. 8 S: 1 RStV 2000: „Werbung politischer, weltanschaulicher oder religiöser Art ist unzulässig."

[28] *Wieben*, Die Trennung von Werbung und redaktionellem Programm, S. 37 ff., 45; *Hesse*, Rundfunkrecht, 3. Kap. IV Rdnr. 53; *Ring*, § 7 Rdnr. 5 f; *Beucher/Leiendecker/von Rosenberg*, Mediengesetze, 1999, § 7 RStV Rdnr. 9 m.w.N. Krit. *Fleischer*, a.a.O., S. 60 ff.

[29] **A.A.** ohne nähere Begründung: *Engels/Giebels*, ZUM 2000, 268 in Fn. 19 a.E.

[30] So auch *Castendyk*, a.a.O., S. 156. Krit. zur Herausnahme der ideellen Werbung aus dem Werbebegriff des RStV: *Hackbarth*, ZUM 1998, 979 f. Dagegen überzeugend: *Ring* u.a., § 7 RStV Rdnr.5 f, wonach die Ausdehnung des Werbebegriffs auf ideelle Werbung mit der Systematik des RStV unvereinbar ist.

[31] Vgl. *Castendyk*, a.a.O., in. *Schwarze* (Hrsg.) S. 157.

Zwar verstoßen zahlreiche Bundesministerien, die TV-Projekte zu Zwecken eigener Öffentlichkeitsarbeit finanziell unterstützen, gegen das Verbot des § 7 Abs. 8 Satz 1 RStV 2000 (bekanntestes Beispiel nach *Schalten*, Staatliche Schleichwerbung, in: TV-SPIELFILM, Heft 23/99, S. 22: 1996 förderte das BMZ die ARD-Reihe „Klinik unter Palmen" mit DM 267.000.- um als Gegenleistung die Projekte der Entwicklungshilfe durch einen Darsteller in der Sendung vortragen zu können. Da aber nach Abs. 8 S. 2 RStV bei fehlender Entgeltlichkeit des Öffentlichkeitsbeitrages die Unterstützung zulässig ist, können zahlreiche personelle und sachliche Leistungen der Ministerien für TV-Projekte weiterhin durchgeführt werden. Denn der Gesetzgeber wollte den Begriff der Entgeltlichkeit ganz offensichtlich in Abgrenzung zu „ähnlichen Geldleistungen" (vgl. § 2 Abs. 2 Nr. 5, Nr. 6 Satz 2 a.E.) eng fassen und die Unterstützung durch Sachmittel ermöglichen.

6. Eigenwerbung und Werbebegriff

a) Eigenwerbung als Werbung im Sinne des § 2 Abs. 2 Nr. 5 RStV

Schwieriger zu beantworten ist die Frage, ob mit der gesetzlichen Neuregelung die Eigenwerbung der Fernseh- und Hörfunkanbieter unter den rundfunkrechtlichen Werbebegriff fällt.

Unter Eigenwerbung versteht man auch inhaltlich sehr unterschiedlich gefasste Hinweise der Rundfunksender auf die Güte/oder den genauen Inhalt ihres eigenen Fernsehprogramms.[32]

Wenn Rundfunkanbieter in den verschiedensten Formen auf die Güte/oder den genauen Inhalt ihres eigenen Fernsehprogramms hinweisen, fällt dies ebenso unter Eigenwerbung wie Programmvorschauen („Versäumen Sie nicht...") oder Werbeschaltungen in anderen Medien.[33]

Während das Europäische Fernsehübereinkommen (EFÜ) Eigenwerbung der Sender offensichtlich nicht unter den Werbebegriff erfasst wissen wollte[34] und auch in der Literatur die Auffassung Zustimmung fand, dass Eigenwerbung nicht Werbung im Sinne des Rundfunkstaatsvertrages sei[35], hat der bundesdeutsche Gesetzgeber nunmehr entsprechend den Vorgaben der 1997 novellierten Fernsehrichtlinie die Eigenwerbung der Fernsehsender mit in den rundfunkrechtlichen Werbebegriff aufgenommen (§ 2 Abs. 2 Nr. 5 RStV).

Problematisch ist, dass der Gesetzgeber wohl etwas voreilig Eigenwerbung und Werbung im Rundfunkstaatsvertrag (§ 2 Abs. 2 Nr. 5 S. 2 RStV = Art. 18 der geänderten Fernsehrichtlinie) gleichgestellt hat, ohne dass Klarheit darüber besteht, wie die Abgrenzung zwischen Eigenwerbung zur sonstigen Werbung Dritter und zum übrigen redaktionellen Programm zu erfolgen hat.[36]

---

[32] Vgl. Begründungserwägung 39 der Richtlinie 97/36/EG des Europäischen Parlamentes und des Rates vom 30. Juni 1997 zur Änderung der Richtlinie 89/552/EWG zur Koordinierung bestimmter Rechts- und Verwaltungsvorschriften der Mitgliedsstaaten über die Ausübung der Fernsehtätigkeit, Abl. EG Nr. L 202, 60 ff; *Dörr/Eckel*, Die Entwicklung des Medienrechts, NJW 1999, 1925, 1926,

[33] Vgl. *OLG München*, ZUM 1997, 275 – Musiknutzungen für Trailer. Bekannte Eigenwerbeslogans sind z.B. „Mit dem Zweiten sieht man besser" oder „VOX macht an". Laut Nielsen-Werbeforschung, zit. nach *Plam,* Mit flottem Spruch auf Kundenfang – Massenmedien geben für Eigenwerbung viel Geld aus, FR v. 28. Dez. 1999, lagen die Brutto-Werbe-Investitionen aller Massenmedien 1998 insgesamt bei 2.464.000.000. DM.

[34] Vgl. den erläuternden Bericht zu Art. 2 f in Pkt. 64 des EFÜ, abgedr. bei *Ring*, Medienrecht, Bd. IV, Pkt. E-I 1.2., 54. Ergänzungslieferung, Stand Jan. 1998.

[35] Vgl. *Beucher u.a.*, 1999, § 7 RStV Rdnr. 11 m.w.N.

[36] Vgl. *Laukemann,* Hörfunkwerbung, S. 116 f; *Dörr/Eckl*, NJW 1999, 1926.

Die Landesmedienanstalten sehen Hinweise des Senders auf vom Veranstalter zugelassene Programme („Eigenpromotion") nicht als rundfunkrechtliche Werbung an. Daher sollen für sie auch nicht die allgemeinen Werberegelungen gelten (vgl. Ziff. 1, 15 Abs. 1 S. 2, Abs. 2 der Werberichtlinien der Landesmedienanstalten[37]). In der Literatur wird die Auffassung vertreten, Eigenwerbung falle nicht unter den Bereich der Wirtschaftswerbung, sondern sei vielmehr vom Grundrecht der Rundfunkfreiheit gedeckt.[38] Zur Begründung wird herangeführt, dass Eigenwerbung nichts mit Wirtschaft zu tun habe, weil sie keine Einnahmequelle sei und nicht der direkten Finanzierung diene. Da durch Eigenwerbung keinem anderen Medium Aufträge entzogen werden,[39] fehle es außerdem an einer mit der Rundfunkwerbung vergleichbaren Gefahr der Einflussnahme und damit einer Gefährdung der Unabhängigkeit der Rundfunkanstalten.[40] Dieser Ansatz begreift Rundfunkwerbung als wesensmäßige Überlassung von Sendezeit an Dritte zu Werbezwecken zum Zwecke der Finanzierung (§ 43 Satz 1 RStV).[41]

Auch wenn diese Rechtsauffassung der Landesmedienanstalten den Fernsehanbietern sehr entgegen kommt, dürfen diese sich jedoch nicht der Tatsache verschließen, dass diese Auslegung von Eigenwerbung auf sehr „wackligen Füssen" steht.

Denn man kann mit guten Gründen die Position einnehmen, wonach aus den ausschließlichen Verweisen in den Regelungen zur Werbezeitbeschränkung der §§ 15 Abs. 4 und 45 Abs. 3 RStV („Hinweise des Rundfunkveranstalters auf eigene Programme und auf Begleitmaterialien, die direkt von diesem Programmen abgeleitet sind, sowie unentgeltliche Beiträge im Dienst der Öffentlichkeit einschließlich von Spendenaufrufen zu Wohlfahrtszwecken gelten nicht als Werbung im Sinne der Absätze 1 und 2.")[42] deut-

[37] = Gemeinsamen Richtlinien für die Werbung, zur Durchführung der Trennung von Werbung und Programm und für das Sponsoring im Fernsehen vom 10. Feb. 2000 (abgekürzt: DLM-Richtlinie); unter: http://www.alm.de/bibliothek/satzung.htm = http://www.artikel5.de/ aufsaetze.html#werberili.

[38] *Schröder, J.*, Rechtliche Grenzen von Marketing, Öffentlichkeitsarbeit und Eigenwerbung bei öffentlich-rechtlichen Rundfunkanstalten, ZUM 2000, 6, 9.

[39] *Schröder*, ebd.; *Bork*, Eigenwerbung im Fernsehprogramm, ZUM 1990, 11, 13 f.

[40] *Schröder*, ebd., wonach Eigenwerbung im Interesse der Neutralität nur dem Gebot der Sachlichkeit und Objektivität unterworfen ist. Ob die Forderung nach Sachlichkeit ein geeignetes Abgrenzungskriterium ist, wird an anderer Stelle (s. Seite165 ff) noch erörtert.

[41] *Bornemann*, Ordnungswidrigkeiten, S. 77; *ders.* K&R 2001, 306; *Bork* ZUM 1990, 16; Schröder, ZUM 2000, 9.

[42] So bereits Art 18 Abs. 3 der revidierten EU-Fernsehrichtlinie. Vgl. zum Ganzen: *Coerdt-Taxhet*, Irreführende Fernsehwerbung, S. 36 ff.

lich werde, dass im Umkehrschluss diese Hinweise nach Auffassung des Gesetzgebers unter den Werbebegriff den RStV fallen können.[43]

Zwar ist es richtig und notwendig, dass den Anstalten Eigenwerbekampagnen erlaubt werden, um im Zeitalter der Informationsüberflutung den Zuschauer überhaupt noch für das eigene Programm aufmerksam machen und gewinnen zu können.[44] Zu berücksichtigen ist aber, dass solche Imagekampagnen der Rundfunkanstalten auch mit der Absicht, neue Werbekunden zu gewinnen, vorgenommen werden.[45] Wie das Wort „Eigenwerbung" begrifflich deutlich macht, umwerben die Rundfunkanstalten die Zuschauer. Es fehlt an einem eigenen redaktionellen Element, wie es für den Programmteil typisch ist.

Interessant ist der Vergleich der sehr aufwendigen und kostenintensiven Imagekampagnen von ARD und ZDF oder dem öffentlich-rechtlichen Radiosender SWR 3, die sich teilweise über Werbung finanzieren, mit den sehr bescheidenen bis zurückhaltenden Eigenwerbungen der dritten Fernsehprogramme, die keine kommerzielle Werbung ausstrahlen dürfen. Es ist sicher kein Zufall, dass die zuerst genannten Sender mit ihrer Werbung i.d.R. nicht die Zuschauer insgesamt, sondern nur die aus Sicht der Werbeindustrie relevanten Zielgruppe der 14-49jährigen anzusprechen versuchen.[46] Typisch für diese Werbekampagnen ist der aus der Wirtschaftswerbung bekannte Verzicht auf sachliche Argumente. Statt dessen dominieren emotionale Werbetechniken („Mit dem Zweiten sieht man besser"; „Radio für den wilden Süden"). Inhaltlich soll mittels der Eigenwerbung die Aufmerksamkeit des Zuschauers geweckt sowie seine Bindung an den Sender erhöht werden. In Präsentation und Einsatz orientiert sich die Eigenwerbung an Imagekampagnen. Ihre Vergleichbarkeit mit klassischer Werbung wird auch deutlich, da die Sender in erster Linie auf sehr subjektive und emotional gefärbte Art und Weise ihr Unternehmen darstellen.[47] Charakteristisch für solche Imagekampagnen ist weiterhin die Beschönigung der Realität durch Verkürzen, Neuinterpretation und Veränderung. Von einer unabhängigen und sachlichen Berichterstattung (vgl. § 41 Abs. 3 Satz 2 RStV) sind die Eigenwerbekampagnen der Rundfunksender weit entfernt.

Hier wird deutlich, dass die Funktion, den Zuschauer über Qualität und Meinungsbildungsrelevanz der eigenen Programmangebote zu informieren, erheb-

[43] So im Ergebnis auch *Ring u.a.*, § 7 Rdnrn. 7 und 10; *Wieben*, Die Trennung von Werbung und redaktionellem Programm, S. 239, 242.

[44] Sogen. Zuschauerbindung, vgl. Seite 46 ff. Grundsätzlich ist ein am Grundsatz der Sparsamkeit und Wirtschaftlichkeit orientiertes Marketing auch vom öffentlich-rechtlichen Rundfunkauftrag gedeckt, vgl. *Schröder, J.*, ZUM 2000, 7.

[45] *Plam*, a.a.O., in FR v. 28. Dez. 1999.

[46] *Plam*, ebd.

[47] Vgl. *Rode*, Werbewirkung, S. 23.

lich in den Hintergrund tritt. Sowohl private als auch öffentlich-rechtliche[48] Fernsehveranstalter scheinen eine hohe Einschaltquote über das Interesse, ein interessiertes Fachpublikum zu erreichen, zu stellen. Die Außendarstellung der Anstalten ist daher insgesamt eher mit den Bestrebungen sonstiger Wirtschaftstreibender als mit der typischen Form journalistischer Berichterstattung vergleichbar.[49]

Praktisch würde dies bedeuten, dass diese Hinweise nicht bei der Berechnung der Werbezeit mitberücksichtigt werden müssen. Allerdings ist Eigenwerbung dann nur zulässig, wenn es entsprechend den weiteren Voraussetzungen des RStV den Zuschauer nicht irreführt, als solche gekennzeichnet und vom übrigen Programm getrennt ist.[50]

Eigenwerbung kann daher als Werbung grundsätzlich den Regeln des Rundfunkstaatsvertrages unterfallen.

b) Eigenwerbung und Werbung im Programm

Völlig offen ist, ob und wenn ja in welcher Art und Weise Eigenwerbung innerhalb des Programms denkbar ist. Das setzt voraus, dass man sich über die Reichweite des Eigenwerbebegriffs in § 2 Abs. 2 Nr. 5 RStV im Klaren ist.

Nach Auffassung von *Castendyk* wollte der Gesetzgeber zumindest klassische Programmtrailer aus dem Anwendungsbereich der Rundfunkwerberegelungen nehmen.[51]

In diese Richtung gehen auch *Engels/Giebel*, die den Standpunkt vertreten, dass der Eigenwerbebegriff gerade nicht Hinweise auf das eigene Programm umfasst. Vielmehr stelle die Regelung in § 2 Abs. 2 Nr. 5 RStV klar, dass auch der Rundfunkveranstalter selbst für den Absatz von eigenen Waren oder die Erbringung von Dienstleistungen im eigenen Programm werben könne. Außerdem fehle es

---

[48] Auch die öffentlich-rechtlichen Anstalten verfolgen ein wirtschaftliches Ziel mit Programmankündigungen und positiven Darstellungen, da auch bei ihnen die Werbeeinnahmen eine nicht unerhebliche Rolle spielen; so schon *OLG Hamburg*, GRUR 1991, 599, 600; vgl. *Coerdt-Taxhet*, Irreführende Fernsehwerbung, S. 38 ff.

[49] Nach *Meyer-Harport*, Neue Werbeformen im Fernsehen, S. 38 ff, falle Eigenwerbung nicht unter den Werbebegriff des Rundfunkstaatsvertrages. Gleichwohl verstoße redaktionell aufgemachte Eigenwerbung gegen die allgemeinen Programmgrundsätze der Sachlichkeit und Wahrheitspflicht.

[50] Im Ergebnis auch *Grosskopf*, Station Promotion – Zur Eigenwerbung von ARD und ZDF, WRP 1990, 153, 154. **a.A.** *Engels/Giebel*, ZUM 2000, 279 f sprechen von einer „unglücklichen" und „verwirrenden" Formulierung des § 45 Abs. 3 RStV.

[51] A.a.O., in: *Schwarze* (Hrsg.), 151, 156 u.H.a. Erwägungsgrund 39 der EU-Fernsehrichtlinie.

bei Programmhinweisen am unmittelbaren Absatzinteresse der Rundfunkanstalt.[52]

Für einen weiten Anwendungsbereich der Rundfunkwerberegelungen spricht zunächst die Überlegung, dass sich grundsätzlich alle Äußerungen der Rundfunkanstalt am Trennungs- und Kennzeichnungsgebot messen lassen, unabhängig von der Frage, ob ein Dritter auf die Programmgestaltung Einfluss genommen hat (vgl. § 7 Abs. 1 RStV „Werbung oder Werbetreibende dürfen das übrige Programm inhaltlich und redaktionell nicht beeinflussen"). Insoweit besteht auch im Falle der Eigenwerbung die Gefahr der Irreführung des Zuschauers über den eigentlichen Zweck der Einblendung, wenn die Rundfunkanstalt mit ihrer Darstellung tatsächlich eigene kommerzielle Absichten verfolgt, fort. Hinter den Rundfunkwerberegelungen steht die Überlegung, dass zur Sicherung der Rundfunkfreiheit jegliche Einflussnahme auf das redaktionelle Programm, die nicht durch ein überwiegend redaktionelles Interesse gerechtfertigt ist, sondern aufgrund wirtschaftlicher Überlegungen erfolgt, zu vermeiden ist. Rundfunk darf daher nicht den Rundfunkveranstaltern ausgeliefert werden, da das Publikum nicht durch die Träger der Rundfunkfreiheit durch unsachliche, subjektive oder parteiische Beiträge gelenkt oder manipuliert werden darf.[53]

Die Werberegelungen, die allerdings nur für kommerzielle Absatzförderungsinteressen Grenzen ziehen können,[54] erfassen daher grundsätzlich auch die Fälle der Eigenwerbung des Programms.

In Hinblick auf den europarechtlich weit verstandenen Begriff der Eigenwerbung erscheint es naheliegend, z.B. Fälle der ausführlichen Sportberichterstattung in den Nachrichtensendungen der Sender, die sich zum ganz überwiegenden Teil nur mit Sportthemen beschäftigen, die vom eigenen Sender exklusiv ausgestrahlt werden, als Eigenwerbung im Sinne des Anpreisens eigener Programmangebote zumindest in den Fällen einzustufen, wenn ein Zusammenhang zwischen Bewerbung des Programms und Werbeeinnahmen offensichtlich ist. (Beispiel: In einer Nachrichtensendung wird im Rahmen der Sportberichterstattung auf ein bevorstehendes Fußballsspiel, dass der gleiche Sender später überträgt, hingewiesen und eine Vor-Ort-Schaltung zu dem Fußballreporter vorgenommen. Dort gibt der Kommentator der späteren Berichterstattung eine Voreinschätzung zum Spiel ab und fordert die Zuschauer zum „Dranbleiben" auf. Schließlich wird wieder zum Nachrichtensprecher zurückgeschaltet, der nochmals auf den genauen Termin der Übertragung hinweist und zum Einschalten auffordert.). Insoweit kann man hier auf die Rechtsprechung des *OLG Dresden*

---

[52] *Engels/Giebel*, ZUM 2000, 265, 279.
[53] *Neft*, Rundfunkwerbung, S. 101.
[54] Vgl. Seite 76 ff.

zurückgreifen, die ein Handeln zu Zwecken des Wettbewerbs und damit eine Werbeabsicht bereits dann angenommen hat, wenn eine Rundfunkanstalt ein Programm ausstrahlt, das zwar selbst keine Werbung enthält, durch das aber die Auslagerung von weniger interessanten Beiträgen aus Werbung beinhaltenden Programmen möglich wird.[55] Insoweit ist klargestellt, dass eine Wettbewerbsförderungsabsicht bei jedem mitschwingenden wirtschaftlichen Interesse des Handelnden anzunehmen ist.[56]

Im Umkehrschluss dient die Ausstrahlung attraktiver Programme im werbefinanzierten Umfeld auch der Verbesserung der eigenen Wettbewerbssituation und damit einem kommerziellen Interesse. Insoweit liegt bei jedem werbenden Hinweis auf das eigene Programm Werbung i.S.d. § 2 Abs. 2 Nr. 5 RStV vor.

Zusammenfassung zu A:

Rundfunkrechtliche und wettbewerbsrechtliche Betrachtung stimmen darin überein, dass es bei der Frage des Vorliegens von Werbung entscheidend auf die Zielsetzung der Vermittlungsentscheidung ankommt. Danach ist jede Sendung Werbung, mit der ein Rundfunkveranstalter oder ein die Rundfunkveranstaltung nutzender Dritter einseitig zu Zwecken der kommerziellen Absatzförderung auf den Rezipienten einwirken will. Eigenwerbung, die gegen Entgelt erfolgt, fällt ebenfalls unter den Rundfunkwerbebegriff des § 7 RStV. Inwieweit dieser Begriff der Rundfunkwerbung verfassungsrechtlich geschützt ist, soll im Folgenden untersucht werden.

B. Werbung und Verfassungsrecht

I. Meinungsfreiheit

Nachdem nun der Werbebegriff geklärt ist, stellt sich die Frage, inwieweit die Werbetätigkeit im Rundfunk verfassungsrechtlich geschützt ist. Dieser Punkt ist insoweit bedeutsam, als die Rundfunkwerberegelungen dann wiederum selbst verfassungsrechtlichen Einschränkungen unterworfen wären. Nach der sogen. „Schranken-Schranken"-Rechtsprechung[57] des *BVerfG* müssen die das Grundrecht des Art.5 Abs. 1 GG einschränkende Normen des Art.5 Abs. 2 GG selbst einschränkend im Lichte der Verfassungsnorm ausgelegt werden. So bedarf es stets einer Abwägung der widerstreitenden Interessen im Einzelfall.

---

[55] *OLG Dresden*, ZUM 1999, 737, 738 – *MDR Sputnik*. Vgl. Seite 62 f.

[56] *Coerdt-Taxhet*, Irreführende Fernsehwerbung, S. 127. Das übersehen *Engels/Giebels*, ZUM 2000, 280, wenn sie Eigenwerbung mangels Absatzförderungsinteresse der Rundfunkanstalten niemals unter den Werbebegriff fassen.

[57] *BVerfGE* 7, 198, 211ff. - Lüth; 61, 1, 8 - NPD Europas.

Die Konkretisierung der Schranken erfolgt durch eine Abwägung der konfligierenden Schutzgüter. Dabei sind als Kriterien Motiv, Ziel und Zweck der Meinungsäußerung heranzuziehen. Dabei spielt eine Rolle, ob mit der Äußerung um Belange der Allgemeinheit willen auf die öffentliche Meinung eingewirkt wird und ob die Durchsetzungsmittel im wirtschaftlichen Wettbewerb zu billigen sind. [58]

In der Literatur und insbesondere in der älteren Rechtsprechung werden Werbeäußerungen nicht in den Schutzbereich des Art. 5 Abs. 1 Satz. 1 GG einbezogen, sofern sie außer dem subjektiven Kaufappell auch Tatsachenelemente enthalten. Werbung sollte vielmehr wegen ihres wirtschaftlichen Zielwertes einzig durch Art. 12 Abs. 1 und 2 Satz 1 GG geschützt sein.[59] Art. 5 GG kam nach Auffassung des *BVerfG* für Wirtschaftswerbung allenfalls in Mischfällen in Betracht, wenn eine Ankündigung auch meinungsbildenden Inhalt hatte.[60]

Die heute ganz herrschende Meinung kritisiert dieses Verständnis von Meinungsfreiheit, da es zwischen geistig „wertvoller", also verfassungsrechtlich geschützter Meinung, und geistig wertloser, also auch weitestgehend einschränkbarer Meinungsäußerung unterscheide. Dem Grundgesetz sei eine entsprechend wertorientierte Auslegung im Hinblick auf die Erfüllung qualitativer Wertmaßstäbe fremd.[61]

Menschliche Äußerungen entfalten vielmehr unabhängig von den mit ihnen verfolgten Zwecken stets geistige Wirkung in einer sie wahrnehmenden Öffentlichkeit. Auch Werbung dient direkt der Schaffung des Meinungsmarktes i.S.d. Art 5 Abs. 1 GG, da sie als Teil der Berichterstattung den Rezipienten über verschiedene Produkte und deren Charakteristiken informiert. Weiterhin geht Wer-

[58] BVerfGE 62, 230, 244 - Boykottaufforderung; *Gloy/Ahrens*, a.a.O., § 58, Rn. 30.

[59] *BVerwG* DVBl. 1954, 363; *BVerwGE* 2, 172, 178 ff; BayVGHE 1951 II, 63 ff, 76; aber auch *BVerfGE* 94, 372, 389; *Braun*, Werbung und Meinungsfreiheit nach Art. 5 I S. 1 GG, WRP 1982, 515; *Friauf/Höfling*, AfP 1985, 251, Fn. 36 m.w.N.; *Göpelt*, Das Spannungsfeld zwischen der Meinungsfreiheit und den Vorschriften zum Schutz vor unlauteren Wettbewerb aus nationaler und EG-rechtlicher Sicht, S. 33 ff. Nach Ansicht von *Perau*, a.a.O., S. 270 unter Hinweis auf *EuGH*, Slg. 1986, 2897, 2912 Erwägungsgrund 29, werte der *EuGH* ähnlich wie das *BVerfG* Fragen der irreführenden Werbung ausschließlich als Eingriff in das Grundrecht der Berufsausübung. Dem hält eine starke Ansicht (vgl. die Nachweise bei *Hatje*, a.a.O., S. 76 f) die Entscheidung des *BVerfG* zum Werbeverbot von Ärzten (*BVerfGE* 71, 162, 175; *BVerfG*, MedR 1992, 209, 214 - Redaktionelle Presseberichte unter Mitwirkung von Ärzten) entgegen, woraus sich entnehmen lasse, dass das *BVerfG* die Werbung als Meinung i.S. von Art. 5 GG anerkenne.

[60] *BVerfGE* 71, 162, 175; E 95, 173, 184.

[61] Hierzu *Fuhr/Rudolph/Wasserburg*, a.a.O., 6 Kap.2. S. 376 m.w.N. in Fn. 77-78; *Lerche*, Werbung und Verfassung, 1967, S. 76 ff. Zum Ganzen: *Lerche*, Rechtsprobleme des Werbefernsehens, 1965, S. 18 ff.

bung über die reine Absatzförderung[62] hinaus, und enthält neben Produktinformationen eine subjektive, kommunikative (Werbe)Botschaft, die auf den Adressaten ebenfalls überzeugungsbildend wirken soll.[63] Gerade im Bereich des Sponsorings treten unmittelbare Absatzinteressen des Unternehmens hinter langfristigeren Überlegungen (wie Imagegewinn, hohe Wiedererkennung, Sympathie) zurück. Wirtschaftlich bedingte Werbeaussagen können daher grundsätzlich ebenso wie politische und allgemein ideelle Meinungsäußerungen sowohl intellektuell als auch emotional überzeugend wirken und damit zur Meinungsbildung beitragen.[64]

Da der Schutzbereich des Art. 5 Abs. 1 GG die Meinungs- und Informationsfreiheit umfassend gewährleistet,[65] kann Werbung darunter fallen. Andernfalls könnte der Schutz der Meinungsfreiheit wesentlich verkürzt werden.[66] Die Feststellung, dass Meinungsfreiheit nicht endet, wenn die Meinungsäußerung wirtschaftliche Ziele oder qualitativ mindere Äußerungen verfolgt, ist von zentraler Bedeutung für den Grundrechtsschutz der Werbetreibenden und muss im Folgenden bei der Frage der Sittenwidrigkeit werblichen Handelns immer berücksichtigt werden.[67]

Zwar steht Wirtschaftswerbung in einem stärkeren Außenbezug als individuelle Meinungsäußerung, und ist in erster Linie Handeln auf dem Markt und somit untrennbar mit Wirtschaftstätigkeit verbunden. Damit können Äußerungen im Wirtschaftsleben, denen als Teil des wirtschaftlichen Marktprozesses eine eigene gesellschaftliche Bedeutung zu kommt, mit einer anderen Gewichtung einge-

62 Dieses schon lange überholte Verständnis von Werbung wird immer noch vertreten, vgl. *VG Berlin*, MMR 1998, 162, 163, MMR 1999, 615, 618.

63 *BGH*, GRUR 1995, 595, 597 - Kinderarbeit, *OLG München*, WRP 1994, 413, 416 f m. Anm. *Sosnitza*. S. auch das Grünbuch der EG-Kommission „Kommerzielle Kommunikation im Binnenmarkt“ v. 8. Mai. 1996, KOM (96) 192 endg., S. 12 f; hierzu: *Henning-Bodewig*, Kommerzielle Kommunikation, GRUR Int. 1997, 515; *Gloy/Ahrens*, WbR, § 58, Rn 22, Fn. 74 u. 80 f; *Kübler*, FS-Lerche, S. 657; *Löffler/Ricker*, Handbuch des Presserechts, 1993, Kap. Rdnr. 13, *Ricker*, AfP 1997, 590.

64 *Tschentscher/Dirk*, ZUM 1994, 146 f.

65 *EGMR*, NJW 1995, 857 - Jacubowsky; *BGH*, WRP 1997, 25, 26 - Orangenhaut - m.w.N.

66 *BVerfGE* 61, 1 ff, 9 - Wahlkampf; 71, 162, 175; *BVerfG* NJW 1992, 1153, wonach wirtschaftliche Äußerungen in den Schutzbereich des Art. 5 I GG fallen, da Werbung ebenfalls „wirtschaftliche, politische, soziale und kulturelle Probleme zum Gegenstand habe, denen innerhalb der öffentlichen Auseinandersetzung ein u.U. erheblicher Stellenwert zugemessen wird.“

67 Umfassend zu diesem Problemkreis: *Gärtner*, Zum Einfluß der Meinungsfreiheit auf § 1 UWG am Beispiel der Problemwerbung, 1998, S. 44 ff.

bracht werden, als bei der Einschränkung von Meinungsfreiheiten gesellschaftlicher und politischer Art.[68]

Der *BGH* hat mittlerweile das Recht der Wirtschaftsunternehmen auf freie Meinungsäußerung i.S.d. Art 5 Abs. 1 GG ausdrücklich anerkannt und prüft bei Äußerungen von Unternehmen in den Medien nunmehr bereits in der Schutzbereichsebene die Motive der Äußerung.[69]

In seiner lang erwarteten „Benetton"-Entscheidung hat das *BVerfG* nun endgültig im Einklang mit der europäischen Rechtsprechung[70] festgestellt, dass sich der Schutz des Art. 5 Abs. 1 S. 1 GG

> „auch auf kommerzielle Meinungsäußerungen sowie reine Wirtschaftswerbung erstrecken, die einen wertenden, meinungsbildenen Inhalt hat".[71]

Damit erkennt das *BVerfG* an, dass das Kommerzialisierungsinteresse des Werbenden keine Tatsache ist, die es erlaubt,

> „einer konkreten Werbung als solche den Schutzbereich der Kommunikationsgrundrechte zu entziehen."[72]

---

[68] *Perau*, a.a.O., S. 275. Auch der Supreme Court der U.S.A wendet bei der Wirtschaftswerbung einen anderen, milderen Rechtfertigungstest für staatliche Einschränkungen an; vgl. Nachweise bei *Perau*, ebd. Fn. 285.

[69] *BGH,* Urt. v. 15. Mai 1997, GRUR 1997, 791- Togal = ZiP 1997, 1664 = LM H. 12/97, 2218 m. Anm. *Sack* Bl. 2223; *BayVGH,* ZUM 1996, 173, 175.

[70] Sowohl die Europäische Menschenrechtskommission als auch der Europäische Gerichtshof für Menschenrechte (EGMR), *EGMR*, NJW 1995, 857, 858 – *Jacubowski,* sehen geschäftliche Äußerungen („commercial speech"), die zu Wettbewerbszwecken abgegeben werden, als von Art. 10 EMRK. Auch die Rechtsprechung des *EuGH* zum Verbraucherleitbild legt es nahe, dass das Gericht ausgehend vom ökonomischen Kern der Gemeinschaft die Wirtschaftskommunikationsfreiheit noch stärker betonen wird als der EGMR, vgl. *Hatje,* Wirtschaftswerbung und Meinungsfreiheit, 1993, S. 62; **a.A.**: *Perau*, a.a.O., S. 272 ff. Der Österreichische Verfassungsgerichtshof hat die kommerzielle Werbung in den Schutzbereich des Art. 10 EMRK, der in Österreich wie die gesamte EMRK unmittelbar geltendes Verfassungsrecht ist, einbezogen, in EuGRZ 1986, 481, 483. Ebenso *EKMR*, EuGRZ 1991, 524, 525 – Hempfing. Zum Ganzen vgl.: *Ullmann*, Einige Bemerkungen zur Meinungsfreiheit in der Wirtschaftswerbung, GRUR 1996, 948, 950.

[71] *BVerfG*, Urt. v. 12. Dez. 2000 – 1 BvR 1762/95 u. 1787/95, NJW 2001, S. 591 = WRP 2001, 129 = AfP 2001, 44 = ZUM-RD 2001, 56; vgl. auch *BVerfG*, 1 BvR 1188/92, Urt. v. 1. Aug. 2001, WRP 2001, Heft 10 - Generika.

[72] *Fezer*, Imagewerbung mit gesellschaftskritischen Themen im Schutzbereich der Meinungs- und Pressefreiheit, NJW 2001, 580, 581.

II. Werbung und Rundfunkfreiheit

Wenn Werbung unter den Schutzbereich der Meinungsfreiheit fällt, müssen Werbesendungen folgerichtig wegen ihres kommunikativen Gehaltes auch unter den Schutzbereich der Rundfunkfreiheit gefasst werden.[73]

Zwar kritisiert *Lerche*, dass Wirtschaftswerbung weder ein integrierendes Moment rundfunkeigener Meinungsäußerung oder Berichterstattung sei, noch einen Tatbestand qualitativ-konstitutioneller Meinungsöffentlichkeit enthalte.[74] Allerdings verschließt er sich der Tatsache, dass die Rundfunkfreiheit als „Freiheit der Vermittlung publizistischer Inhalte" bzw. als „Freiheit massenkommunikativer Vermittlung" unabhängig von Inhalt und Qualität die Verbreitung von Werbung mittels Rundfunk schützt, da Werbung ebenfalls kommunikative Inhalte zumindest hinsichtlich der Existenz eines Produktes enthält. Außerdem stellt die Werbung ein (in der Praxis bedeutsames) Finanzierungsmittel dar, und ermöglicht als Bestandteil der Rundfunkfreiheit als Ganzes die pluralistische Ausgestaltung der Rundfunklandschaft.[75]

Vor allem aber kann *Lerche* nicht erklären, wo er die Grenze zwischen Werbung und Meinungsäußerung ziehen will. Damit stellt sich wieder das äußerst schwierige Problem der Eingrenzung von Werbung.

Werbung ist grundsätzlich eine Kommunikationsform, die wie gesprochene oder geschriebene Sprache oder die filmische Darstellung Teil eines typischerweise einseitig verlaufenden Ansprechversuchs ist; d.h. die Grenze zwischen Werbung und Berichterstattung ist fließend. Jede positive Meinungsäußerung, Lob oder Tadel sind grundsätzlich geeignet, eine werbliche Wirkung zu entfalten. So kommt der Werbung vor dem Hintergrund ihrer gewandelten Bedeutung eine wichtige Orientierungs- und Unterhaltungsfunktion zu. Beispielsweise wirkt sich ein Bericht über die Verleihung des Literaturnobelpreises (und nicht die Verleihung selbst) an einen Schriftsteller zweifellos umsatzfördernd für dessen Bücher. Durch die Ehrung des Nobelpreiskomitees drücken die Verleiher ihr Urteil über die Leistung des Schriftstellers aus. Sie äußeren somit eine Meinung. Das gleiche Ziel kann der berichtende Journalist verfolgen. Ihm kann es aber auch einfach darum gehen, Werbung für den Autor zu betreiben, etwa weil er

[73] Vgl. *Engels*, Fernsehwerbung, S. 125. Eine Einschränkung der Werbung durch den RStV bleibt dennoch möglich, vgl.: *Gloy/Ahrens*, WbR, § 58, Rn 26 m.w.N. in Fn. 89 f.

[74] *Lerche*, Werbung und Verfassung, S. 12 ff.

[75] So die herrschende Ansicht, vgl. nur: *BVerfGE* 73, 118, 178 ff - Niedersächsisches Landesrundfunkmodell; *BayVGH*, ZUM 1996, 173, 175; *Kübler*, FS- für *Lerche*, S. 657; *Löffler/Ricker*, Presserecht, 7. Kap. Rdnr. 13, *Ricker*, AfP 1997, 590; *Engels*, Fernsehwerbung, S. 217 m.w.N. in Fn. 11. Allerdings betont das *BVerfGE* 83, 238, 310, dass sich der Finanzierungsschutz nicht auf die einzelne Finanzierungsart erstreckt.

dem Schriftsteller schon lange den Erfolg gewünscht hat, oder weil er ihm persönlich verbunden ist. Ein weiteres Motiv könnte sein, dass das Thema seines Berichtes eine große Anhängerschaft an Lesern des Geehrten und Interessierte dazu bringt, sich für den Bericht zu interessieren und er sein Ansehen und damit die Möglichkeit auf verbessertes Einkommen steigern kann. Schließlich ist es auch möglich, dass der Verlag des Nobelpreisträgers den Journalisten für diesen Bericht bezahlt hat. Allein aus dem inneren Antrieb des Berichterstattenden bzw. bestimmten auf ihn einwirkenden Einflüssen kann sich der Meinungscharakter seiner Äußerung auf jeden Fall nicht verändern.

III. Werbung und Kunstfreiheit

Strittig ist die Frage, wie weit Werbung unter den Schutzbereich der Kunst fällt (Art. 5 Abs. 3 GG), insbesondere wenn die Werbung in ein Kunstwerk (Spielfilm) integriert wurde.

Relativ unproblematisch ist noch die Einordnung eines Spielfilms als Kunst. Wenn eine Filmhandlung (Drehbuch, Vorlage) im Wege freier, schöpferischer Gestaltung wiedergegeben wird, haben beide eine eigenständige, interpretationsfähige Aussage getroffen.[76] Die Rechtsprechung gewährt deshalb zurecht sowohl dem Filmregisseur als auch dem Produzenten des Spielfilms den Schutz des Art. 5 Abs. 3 GG, selbst wenn beide mit dem Werk nicht ausschließlich künstlerische Zwecke verfolgen, sondern auch wirtschaftliche Motive der Absatzförderung eine Rolle spielen.[77] Denn die Darstellung von Markenartikeln in einem Film fällt als Teil des Gesamtkonzepts unter die Kunstfreiheitsgarantie des Art 5 Abs. 3 GG.[78]

Teilweise wird die Auffassung vertreten, dass der Werbung jeder Kunstcharakter fehlt, da der Film allenfalls in der formalen Einfassung der Werbebotschaft, nicht aber in seinem ökonomisch geprägten Charakter, Kunst beinhaltet.[79]

---

[76] *BVerfGE* 83, 130, 139 - Andalusischer Hund; *BVerwGE*, 1, 303, 305; *BGH,* ZUM 1996, 146, 150, ZUM 1996, 152 f; *Henning-Bodewig*, Werbung im Kinofilm - Die Situation nach „Feuer, Eis & Dynamit" -, GRUR 1996, 321, 322 f. Zur Unterscheidung zwischen formaler und inhaltsbezogener Betrachtungsweise: *BVerfGE* 67, 213 ff, 224 f - Anachronistischer Zug.

[77] *BVerfG* NJW 1990, 2541; *Scholz* in *Maunz/Dürig*, Art. 5 Abs. 3, Rdnrn. 32, 35.

[78] Bei einem Spielfilm kann es im Einzelfall am Meinen und Informieren im Sinne von Art. 5 Abs. 1 S. 1 3. Alt. GG fehlen, vgl. *Scheuch,* Product Placement, S. 444, Fn. 24. In jedem Fall ist Art. 5 Abs. 3 GG als speziellere Vorschrift vorrangig.

[79] Vgl. *Lerche,* Werbung und Verfassung, S. 90; *Ridder, H.,* Freiheit der Kunst nach dem Grundgesetz, 1964, S. 4; *Engels*, Fernsehwerbung, S. 181 ff, 186, wonach in aller Regel die Werbung gerade keine vieldeutigen Interpretationsmerkmale anbieten will und deshalb nur unter den Schutz der Meinungsfreiheit fällt.

Kunst muss nicht Selbstzweck sein; auch der Künstler, der mit seinem Werk nicht ausschließlich künstlerische Zwecke verfolgt, genießt den Schutz des Art. 5 Abs. 3 GG, selbst wenn wirtschaftliche Motive der Absatzförderung von Bedeutung sind.[80]

Die Gegenauffassung übersieht, dass sich die Kunst- und Kulturtätigkeit heute ökonomisches Denken unterworfen hat.[81]

Welches Filmprojekt, dessen durchschnittliche Produktionskosten selbst in Deutschland bei mindest. 2 Mio. DM liegt, kann unabhängig von Marktüberlegungen produziert werden? In einer Zeit der knappen öffentlichen Haushalte und der deutlich gestiegenen Ansprüche der Zuschauer an Qualität und Aufwand bei Spielfilmen, bedeutet das Werben der Kulturschaffenden um geeignete Sponsoren aus der Privatwirtschaft einen Schritt in Richtung Lebensrealität.[82] Dieser Entwicklung kann sich kein Künstler mehr entziehen, zumal Kunst- und Kulturtätigkeit immer stärker ein ökonomisches Denken erfordern und herausfordern. Mittlerweile bedingt der künstlerische Erfolg den ökonomischen und umgekehrt.

Der professionelle Kunstbetrieb richtet sein Augenmerk bereits in der Planung auf Fragen der Refinanzierung (Eintrittsgelder, Fernsehübertragungsrechte, Verkäufe durch Merchandising, Zweitverwertung, Sponsoren usw.). Unser Zeitalter ist geprägt von einer weitgehenden Kommerzialisierung aller Lebensbereiche. Davon bleibt auch die Kunst nicht verschont, gerade wenn hinter den Kunstinhalten auch ökonomische Interessen der Künstler stehen.[83] Die Kunstfreiheitsgarantie verbietet es auf Methoden, Inhalte und Tendenzen, (worunter auch außerkünstlerische fallen,) der künstlerischen Tätigkeit einzuwirken und so den künstlerischen Gestaltungsraum einzuengen. Deshalb kann weder eine aus künstlerischen Interessen verfolgte Darstellung ökonomischer Interessen noch eine aus

[80] *BVerfGE* 30, 173, 193, 194 - Mephisto -.; *BVerfG* NJW 1990, 2541; *Scholz* in: *Maunz/Dürig*, Art. 5 Abs. 3, Rdnr. 32, 35; *Bülows*, Product Placement und Freiheit der Kunst, WRP 1991, 9 ff; *Scheuch*, Product Placement , S. 444. A.A. *Henning-Bodewig*, Product Placement im Kino, ZUM 1988, 263, 268, die darauf abstellt, dass die Markenartikelunternehmer mit ihrer Werbung die künstlerische Freiheit unter dem Deckmantel der Kunst bedrohen.

[81] *Loock*, Kunstsponsoring - Eine neue Dimension der künstlerischen Abhängigkeit?, in Hermann (Herg.), S. 179 ff, 182.

[82] *Roth*, Die Angst vor der Wirklichkeit - Zur Krise der Kulturpolitik: Die Unbeweglichkeit der Verwaltung und das Sponsoring, FAZ v. 13. Juni 1996, S. 37. Auf die ständig steigenden Ansprüche der Zuschauer weisen *Brosius/Steger*, RuF 1997, 305 m.w.N. hin.

[83] So ist beispielsweise in der jüngeren Literatur ein neuer Trend zum bewussten Einsatz von Markenartikeln festzustellen, vgl. *Broder*, Schöner Schoppen für Promis, in: DER SPIEGEL 15/2000, S. 128 ff u.H.a. die Bücher von *Christian Kracht* „Faserland“, *Florian Illies*, „Generation Golf“.

ökonomischen Interessen verfolgte künstlerische Gestaltung aus dem Schutzbereich der Kunstfreiheit fallen.[84]

IV. Werbung und Berufsfreiheit

Das Recht auf Werbung unterliegt letztendlich auch dem Schutz aus Art. 12 Abs. 1 *GG*, welcher auch die Freiheit der Berufsausübung umfasst. Zur Berufsausübungsfreiheit gehört das Recht, für Produkte und Dienstleistungen des Berufs zu werben, weil erst der Absatz der erzeugten Produkte und die Inanspruchnahme der angebotenen Dienstleistungen die Ausübung des Berufs auf Dauer gewährleisten.[85] Auf diesen Schutz können sich Werbetreibende, Werbedurchführende und private[86] Rundfunkveranstalter, für die das Senden von Werbung wesentlicher Bestandteil des auf Gewinnerzielung gerichteten Erwerbsvorgangs ist, berufen.[87]

C. Interessenabwägung

Als Folge dieses weiten Verständnisses der Kunstfreiheit ergibt sich, dass in deren Ausübung begangene Verstöße gegen einfache Gesetzesnormen nicht erfasst werden. Eine Verletzung von Werberegeln durch Schleichwerbung, kann also nur dann eine Einschränkung der Kunstfreiheit mit sich führen, wenn diesen Vorschriften Verfassungsrang beizumessen ist.[88]

Mit den einfachgesetzlichen Werbevorschriften im Rundfunk wie dem Trennungsgebot, der Kennzeichnungspflicht von Werbung und dem Verbot der Einflussnahme Werbetreibender ist der Gesetzgeber seiner aus dem Wesentlichkeitsgrundsatz entsprechenden Pflicht, alle wichtigen Grundlinien der Rundfunkordnung selbst verbindlich vorzulegen, insbesondere die Frage der Finan-

---

[84] Vgl. *Weng*, Rechtsprobleme der indirekten Werbung durch Sponsoring und Product Placement im Kinospielfilm, 1999, S. 174. *Scheuch,* Product Placement, S. 443 f. Auch der Markenartikelhersteller, der einen Beitrag zu den Produktionskosten leistet, fällt unter diesen Schutz. Vgl. auch *Bülows*, Product Placement und Freiheit der Kunst, WRP 1991, 9 ff.

[85] *Engels*, Fernsehwerbung, S. 173 f u.H.a. *BVerfGE* 32, 311, 317; *BayVerwGH,* ZUM 1987, 588, 590: Im Einzelnen: *Bruhn/Mehlinger*, Sponsoring, Bd. 1, 2.1.

[86] Für die öffentlich-rechtlichen Anbieter gilt dieser Schutz dementsprechend nur eingeschränkt.

[87] *Engels*, Fernsehwerbung, S. 174, wobei die Berufsfreiheit in dem Fall, in dem zugleich die Rundfunkfreiheit des Art. 5 Abs. 1 Satz 2 GG betroffen ist, wegen dem „über-individuellen Element der Rundfunkfreiheit" als dienende Freiheit zurücktritt (vgl. ebd. S. 176).

[88] *BGH,* ZUM 1996, 152, 153 – Feuer, Eis & Dynamit; *Dörfler,* Product Placement, S. 105 f; *Henning-Bodewig*, ZUM 1988, 267; *dies.*, Die Tarnung von Werbung, GRUR Int. 1991, 858, 868; *Scheuch,* Product Placement, S. 443 ff. *Weng*, Sponsoring und Product Placement, S. 176. Nach Ansicht von *Perau*, a.a.O., S. 277 f, gibt die Kunstsfreiheit kein Recht, die Kunst gezielt zugunsten eines bestimmten Produktes werbewirksam einzusetzen, jedoch soll einer künstlerischen Betätigung auch ein Werbeeffekt für ein bestimmtes Produkt oder eines bestimmten Unternehmens zu eigen sein können.

zierung, die in maßgeblicher Weise zur Effektuierung der Rundfunkfreiheit beitragen[89], nachgekommen.

Daneben zielt das Gesetz gegen den unlauteren Wettbewerb (UWG) durch eine Verhaltenskontrolle der Marktteilnehmer darauf, den Wettbewerb und damit auch die Werbung in den Bahnen des Anstands, der Redlichkeit und der guten kaufmännischen Sitten zu halten.[90] Das UWG schützt in erster Linie die Lauterkeit des Wettbewerbs im Interesse der Allgemeinheit, der Konkurrenten und der Verbraucher.[91] Es dient einem nicht kommunikationsbezogenen, allgemein in der Rechtsordnung geschütztem Rechtsgut und kann insofern als allgemeines Gesetz i.S.d. Art. 5 II GG angesehen und als Schranke wettbewerbswidriger Werbeäußerungen eingesetzt werden.[92]

Da diese Regelungen zu einer Einschränkung der Grundrechte der Werbetreibenden und Rundfunkveranstalter führen, muss ihnen verfassungsrechtliche Relevanz zukommen. Die allgemeinen Gesetze müssen ihrerseits im Lichte der Bedeutung des Grundrechts gesehen werden; sie sind aus der Erkenntnis der wertsetzenden Bedeutung dieses Grundrechts im freiheitlich demokratischen Staat auszulegen und so in ihrer das Grundrecht beschränkenden Wirkung ihrerseits - im Lichte der Verfassungsnorm - zu beschränken.[93]

Widerstreiten zwei grundrechtlich geschützte Interessen, so ist im Wege der praktischen Konkordanz ein Ausgleich herbeizuführen, der nach Möglichkeit jedem Grundrecht seine volle Entfaltung gewährleistet.[94]

Die Konkretisierung der Schranken erfolgt durch eine Abwägung der konfligierenden Schutzgüter im Einzelfall. Als Kriterien sind Motiv, Ziel und Zweck der Meinungsäußerung heranzuziehen. Grundsätzlich sind Rechtsprechung und Staat zur staatlichen Meinungsneutralität verpflichtet; es ist ihnen also verboten, Rechtsfolgen an den konkreten Inhalt, an die Beurteilung des Werts oder Un-

---

[89] Vgl. *BVerfG,* 1 BvR 873/00, Urt. v. 23. Juli 2001 – Implantologie, WRP 2001, 1064 ff – Implantologie; *Ricker*, AfP 1997, 590 m.w.N.

[90] *Hoffmann-Riem*, ZUM 1996, 5.

[91] *B/H,* a.a.O., Einl. UWG Rdnr. 42. Strittig ist die Frage, ob nach der Sittenwidrigkeit nach Fallgruppen (vgl. *Hefermehl*, a.a.O., S. 331 ff) oder nach dem Schutzzweck des UWG (so: *Emmerich*, UWG, S. 34 ff, 54. *Lindacher,* Funktionsfähiger Wettbewerb als Final- und Beschränkungsgrund des lauterkeitsrechtlichen Irreführungsverbots, in FS-Nirk, 1992, S. 587) aufgeteilt wird.

[92] *BVerfGE* 62, 230, 245; *BVerfG,* NJW 1992, 1153, 1154; *BGHZ* 14, 171 ff - Constanze II; *Hoffmann-Riem*, ZUM 1996, 5.

[93] Sogenannte Schranken-Schranken-Theorie vgl.: *BVerfGE* 7, 198, 208 f - Lüth; 61, 1, 8 - NPD Europas; NJW 1992, 1153.

[94] *BVerfGE* 28, 243.

werts einer Äußerung zu knüpfen.[95] Allerdings kann eine Schutzverminderung für private wirtschaftliche Interessenverfolgung und damit für Werbeaussagen in Betracht kommen. Dabei spielt es eine Rolle, ob mit der Äußerung um Belange der Allgemeinheit auf die öffentliche Meinung eingewirkt wird und ob die Durchsetzungsmittel im wirtschaftlichen Wettbewerb zu billigen sind.[96] Im Falle der Kollision des Werbegrundrechts mit anderen Grundrechten sind die wirtschaftlichen Interessen der Mitbewerber, der Schutz der Verbraucher sowie der des benutzten Mediums zu gewichten. Eine eigennützige Zielsetzung der Meinungs- oder Medienäußerung darf deren Grundrechtsschutz nicht von vornherein aufheben.[97] Denn es gibt im *GG* keine Rangordnung zwischen „wichtigen“ und „unwichtigen“ Grundrechten.

Die Kommunikationsfreiheiten müssen erst dann zurücktreten, wenn höherrangige, schutzwürdige Interessen eines Anderen durch die Ausübung der Pressefreiheit übermäßig verletzt werden. Dabei darf der verfassungsrechtliche Schutz der Meinungs-, Rundfunk- und Informationsfreiheit erst dann durch das Trennungsgebot beschränkt werden, wenn diese Sanktion geeignet, erforderlich und angemessen ist, zum Schutz des bedrohten Rechtsgutes beizutragen.[98]

Nach neuer Rechtsprechung des *BVerfG* setzt die wettbewerbsrechtliche Beanstandung einer Werbung zusätzlich voraus, dass

„sich die als beanstandete Werbung von dem als erlaubt bewerteten Verhalten derart abhebt, dass die Funktionsweise des Leistungswettbewerbs unter Berücksichtigung der Besonderheiten des [...Werbemarktes] gefährdet wird.[99]

---

[95] *Hoffmann-Riem*, ZUM 1996, 9 f.

[96] *BVerfGE* 62, 230, 244 - Boykottaufforderung; *Gloy/Ahrens*, WbR, § 58, Rdnr. 30.

[97] Hingegen lehnte die Rechtssprechung in Fällen, in denen es den Beteiligten um die Durchsetzung privatwirtschaftlicher Interessen ging, lange Zeit eine automatische Vorrangregelung zugunsten der Meinungsfreiheit ab und geht von einer umgekehrten Vorrangregelung aus (vgl. *Sevecke*, Die Benetton- Werbung als Problem der Kommunikationsfreiheiten, AfP 1994, 203). Dagegen wird zurecht eingewandt, dass der *BGH* die nur begleitende kommerzielle Absicht in den Mittelpunkt stellt und dahinter stehende nicht-kommerzielle Aspekte vernachlässigt (vgl. *Hoffmann-Riem*, ZUM 1996, 2 ff; unter krit. Hinweis auf die Benetton-Rechtsprechung des *BGH*, in: WRP 1995, 679 ff, 682 ff, 686 ff). Das Gegenteil ist aber richtig: durch den Werbehinweis allein entfällt kein möglicher politisch-sozialer Gehalt. Eine andere Auffassung stünde im Widerspruch zur Rechtsprechung des Bundesverfassungsgerichts, *BVerfGE* 62, 230, 244, wonach die Motive einer Äußerung bereits in der Schutzbereichsebene zu berücksichtigt sind, anstatt sie erst im Rahmen der Abwägung mit anderen Schutzgütern zu würdigen, vgl. *Sevecke* AfP 1994, 200; *Hoffmann-Riem*, ebd.; *Göpelt*, Das Spannungsfeld zwischen der Meinungsfreiheit und den Vorschriften zum Schutz vor unlauteren Wettbewerb aus nationaler und EG-rechtlicher Sicht, S. 163 ff m.w.N.

[98] St. RS, vgl. *BGH*, WRP 1995, 186, 189 - Dubioses Geschäftsgebaren; *Sevecke*, AfP 1994, 203.

[99] *BVerfG*, 1 BvR 1188/92, Urt. v. 1. Aug. 2001, WRP 2001, Heft 10 – Generika.

Davon könne nur ausgegangen werden,

„wenn die angegriffene Äußerung nach den Gegebenheiten des Einzelfalls so schwerwiegend ist, dass sie eine hinreichende Gefährdung des Leistungswettbewerbs bewirkt.“[100]

Mit dieser Rechtsprechung ist der verfassungsrechtliche Schutz der Werbung erheblich gestärkt worden. Dies muss im Rahmen des wettbewerbsrechtlichen Abwägungsprozesses berücksichtigt werden.

ZUSAMMENFASSUNG ZU ABSCHNITT 5:

Das bisherige, vom *BVerfG* geprägte Verständnis einer objektivrechtlich auszugestaltenden Rundfunkfreiheit wirkt im Zeitalter der Informationsflut zunehmend antiquiert. Eine „dienende“ Funktion im Sinn des Meinungsbildungsvermittlungsauftrags setzt eine grundsätzliche Akzeptanz der Angesprochenen voraus. Gerade aber der Fernsehmarkt ist tatsächlich von einem erheblichen Wettbewerbsdruck geprägt. Die Programmangebote orientieren sich zunehmend an den vermeintlichen Zuschauerinteressen.

Die in Folge dieser Entwicklung eingetretene Kommerzialisierung der Programminhalte mag zwar unerwünscht sein. Sie ist jedoch verfassungsrechtlich nicht angreifbar.

Fernsehwerbung kann allgemein als die bewusste, einseitige Beeinflussung zu kommerziellen Zwecken mittels eines Werbeträgers charakterisiert werden. Sie fällt grundsätzlich auch in Form der Werbung im Programm unter den Schutz der Meinungs- Rundfunk- und Kunstfreiheit.

Auf der Grundlage der gewonnenen Erkenntnisse zur Funktion, Wirkungsweise und verfassungsrechtlichen Rahmenbedingungen von Fernsehwerbung werden in den folgenden Kapiteln die einfachgesetzlichen Grenzen von Werbung im Programm untersucht und kritisch hinterfragt.

---

[100] *BVerfG*, ebd.

KAPITEL 3: WERBUNG IM PROGRAMM UND WETTBEWERBSRECHT

Abschnitt 6: Werbung im Programm als Verstoß gegen § 1 UWG

A. Zum Verhältnis von Rundfunk- und Wettbewerbsrecht

Wie für jede andere Werbung muss sich die Rundfunkwerbung am Maßstab des allgemeinen Wettbewerbsrechts messen lassen.

Wettbewerbsrechtlich entspricht ein Zuwiderhandeln gegen die Normen des Rundfunkstaatsvertrages einem Sittenverstoß gemäß § 1 UWG[1]. Im Gegensatz zu den rundfunkrechtlichen Vorschriften, die nur die Verantwortung der Rundfunkveranstalter für die Einhaltung der Werbevorschriften normiert, stellt das UWG darüber hinaus gehende Anforderungen an die Sendung und die Programmbeteiligten auf. So können beispielsweise auch von Product-Placement begünstigte Unternehmen, eingeschaltete Werbeagenturen, oder im Fernsehen auftretende Prominente im Einzelfall dem Anwendungsbereich des UWG unterliegen.[2] Der entscheidende Vorteil des Wettbewerbsrechts liegt in seiner größeren Flexibilität aufgrund der generalklauselartigen Formulierungen in §§ 1, 3 UWG. Vor dem Hintergrund der sich rasant verändernden Fernsehlandschaft ermöglicht es das Wettbewerbsrecht bei der Prüfung der Sittenwidrigkeit auf gewandelte Moralvorstellungen und insbesondere auf die Frage der Irreführung der Zuschauer durch Werbung im Programm einzugehen.

Im Folgenden soll auf Grundlage des Wettbewerbsrechts die Zulässigkeit von Werbung im Programm untersucht werden. Besondere Aufmerksamkeit soll dabei zum einen der Frage der Kongruenz zwischen rundfunk- und wettbewerbsrechtlichen Regelungen zukommen. Zum anderen soll das schwierige Verhältnis der rundfunkrechtlichen Werberegelungen untereinander näher durchleuchtet werden.

B. Wer

Ausgangspunkt für die wettbewerbsrechtliche Prüfung der Zulässigkeit einer Werbemaßnahme im Rundfunk sind die wettbewerbsrechtlichen Normen des §§ 1, 3 UWG.

[1] Vgl. *Dörfler*, Product Placement, S. 183.
[2] Vgl. *Ring* u.a., § 7 RStV Rdnr. 40.

Der persönliche Anwendungsbereich des § 1 UWG umfasst sowohl natürliche als auch juristische Personen. Es ist unstreitig, dass sich diese Vorschrift auch an den Staat und seine öffentlich-rechtlich organisierten Untergliederungen wendet[3].

Soweit es um die wettbewerbsrechtliche Beurteilung der Handlungen von werbenden Unternehmen, Werbeagenturen, spezialisierten Vermittlern redaktioneller Werbeplätze im Fernsehen (v.a. sogen. Product-Placement-Vermittlern), privater Filmhersteller oder Veranstalter von Sportwettkämpfen geht, sind diese uneingeschränkt den Normen des UWG unterworfen. Auch bezüglich eigenmächtiger Werbehandlungen durch Angestellte und freie Mitarbeiter der Sendeanstalten sowie der privaten Sendeanstalten sind die Vorschriften unproblematisch anwendbar.[4]. Nachfolgend wird in erster Linie die wettbewerbsrechtliche Verantwortlichkeit der Rundfunkanstalten für Werbung, welche innerhalb ihres Programmbereichs ausgestrahlt wird, untersucht.

C. Handeln im geschäftlichen Verkehr

Das Tatbestandsmerkmal „Handeln im geschäftlichen Verkehr" stellt den thematischen Bezug zum Wettbewerb als Marktverhalten her und ist als Konkretisierung des unternehmerischen Handelns anzusehen.[5] Handeln im geschäftlichen Verkehr umfasst jede Tätigkeit außerhalb des privaten oder hoheitlichen Bereichs zur Förderung eigener oder fremder Geschäftszwecke.[6]

Nichtkommerzielle Handlungen fallen hingegen nicht unter die Prüfung des § 1 UWG, da dieses Merkmal nur solche Äußerungen erfasst, die in Ausübung eines Handels, Gewerbes, Handwerks oder freien Berufs mit dem Ziel des Absatzes von Waren oder Erbringung von Dienstleistungen erfolgen.[7]

Da das UWG grundsätzlich jede Tätigkeit im Wirtschaftsleben erfassen will und deshalb der Ausnahmebereich des Handelns zu rein privaten Zwecken eng ausgelegt wird[8], fällt die imagefördernde, an die Öffentlichkeit gerichtete werbliche Ansprache z.B. durch die Platzierung von Markenartikeln in Film- und Fernsehbeiträgen immer unter den Tatbestand des Handelns im geschäftlichen Verkehr. Denn schließlich fördert die kommunikative Wirkung des suggestiv werblichen

---

[3] Vgl. *BGHZ* 66, 182 ff, 185; *B/H,* a.a.O., § 1 Rdnr. 929; *Völkel,* ZUM 1992, 62; *Bork,* GRUR 1988, 266.

[4] Vgl. *Völkel*, ZUM 1992, 61; *Sack*, ZUM 87, 108.

[5] *Bruhn/Mehlinger,* Sponsorings, Bd. 1, 6.3., S. 210 ff.

[6] *B/H,* a.a.O., Einl. UWG Rdnr. 208; v. *Gamm,* UWG, § 1 UWG Rdnr. 14.

[7] So auch die Definition von Werbung in der EG-Richtlinie über irreführende Werbung aus dem Jahr 1984, 84/450/EWG.

[8] *BGHZ* 42, 210, 218 - Gewerkschaft ÖTV.

Einsatzinstrumentes stets die Geschäftszwecke des Werbetreibenden sowie die des sie ausstrahlenden Mediums als Anbieter von Werbeschaltungen.[9]

Für die Werbetätigkeit der öffentlich-rechtliche Rundfunkanstalten bedeutet dies, dass das UWG hinsichtlich der Ausstrahlung von Sonderwerbeformen im Programmen Anwendung findet, da die Anstalten auf dem Boden der Gleichberechtigung im Wettbewerb mit privaten Rundfunkanstalten Leistungen in Form von Werbeschaltungen anbieten und um diese mit anderen Medien konkurrieren.[10]

D. Wettbewerbsverhältnis

I. Objektives Wettbewerbsverhältnis

Zu Zwecken des Wettbewerbs erfolgt ein Handeln, das äußerlich geeignet ist, den eigenen oder fremden Absatz oder den Bezug einer Person oder eines Unternehmens zum Nachteil eines anderen Mitbewerbers zu begünstigen.[11] Dies setzt ein Wettbewerbsverhältnis zwischen dem durch die Wettbewerbshandlung Geförderten und dem dadurch Verletzten voraus.

Umstritten ist in diesem Zusammenhang, ob ein konkretes Wettbewerbsverhältnis vorliegen muss, oder ob bereits ein rein abstraktes Wettbewerbsverhältnis ausreicht[12].

Während der *BGH* meint, dass eine Handlung zu Zwecken des Wettbewerbs nur im Falles eines konkreten Wettbewerbsverhältnisses möglich sei, hält die heute herrschende Meinung eine wie auch immer geartete Wettbewerbsbeziehung zu wem auch immer für ausreichend[13]. Da sich gewöhnlich jeder Gewerbetreibende, Anbieter oder Nachfrager in irgendeinem Wettbewerbsverhältnis befindet, ist das Vorliegen dieses Merkmals kein Problem.

---

[9] Für Sponsoring: *Weiand*, Kultur- und Sportsponsoring im deutschen Recht unter besonderer Berücksichtigung urheber-, medien- und wettbewerbsrechtlicher Aspekte, 1993, S. 226; für Product-Placement: *Asche*, Product Placement im Kino, S. 48; *Bruhn/Mehlinger*, Sponsoring, Bd. 1, 6.3., S. 210. Auch Unternehmen der öffentlichen Hand können in Form von Auftrags- oder Koproduktionen im geschäftlichen Verkehr handeln, vgl.: *B/H* a.a.O., § 1 UWG Rdnr. 209; v. *Gamm* a.a.O., § 1, Rdnr. 7, 14.

[10] G.H.M. vgl.: *BGHZ* 82, 375, 382 - Brillen-Selbstabgabestellen; *B/H*, a.a.O., Einl. UWG, Rdnr. 919.

[11] Vgl. *BGHZ* 18, 299, 303 - Staatliche Konkursverwaltung; *BGHZ* 19 392 f; *B/H*, a.a.O., Einl. UWG Rdnr. 232; *v. Gamm* a.a.O., § 1 UWG Rdnrn. 23 f; *Bork*, GRUR 1988, 266 f.

[12] Vgl. *Völkel* ZUM 1992, 63.

[13] Vgl. zum Streitstand: *B/H*, a.a.O., Einleit. zum UWG, Rdnr. 219; *Bork*, GRUR 1988, S. 267.

Vorliegend führt dieser Streit auch zu keinen unterschiedlichen Ergebnissen, da es nach Ansicht des *BGH* ausreicht, dass sich Waren und Leistungen gegenüber stehen, die sich gegenseitig zumindest mittelbar im Absatz behindern können und den gleichen Kundenkreis ansprechen.[14] Der Wettbewerb der Rundfunkveranstalter um die Gunst der Zuschauer, welche Programmnachfrage entscheidend die Werbeschaltungen beeinflusst, genügt auf jedem Fall, um ein konkretes Wettbewerbsverhältnis zu bejahen.[15]

II. Wettbewerbsförderungsabsicht

1. Förderungsabsicht und Gewinnerzielungsabsicht

Subjektiv ist die Absicht erforderlich, eigenen oder fremden Wettbewerb zum Nachteil eines anderen Mitbewerbers zu fördern, sofern diese Absicht nicht völlig hinter anderen Beweggründen zurücktritt.[16]

Grundsätzlich gilt für Wirtschaftsunternehmen, dass bei Vorliegen einer auf den Wettbewerb bezogenen Handlung in der Regel auf eine entsprechende Absicht zur Förderung des Wettbewerbs geschlossen werden kann.[17]

Redaktionelle Darbietungen und Berichte sind, sofern sie sich mit handelbaren Waren und Dienstleistungen beschäftigen, in mehrfacher Hinsicht in der Lage, den eigenen beziehungsweise fremden Wettbewerb zu fördern. Soweit sie in Form von Product-Placement, Produktsponsoring, Cross Marketing, u.a. als Marketinginstrument eines werbetreibenden Unternehmens im Kommunikationsbereich eingesetzt werden und zur Ausstrahlung ins Fernsehprogramm gelangen, liegt eine Förderung zugunsten eigenen Wettbewerbs zweifelsohne vor.

2. Besonderheiten für Rundfunkanstalten

Von den Werbeschaltungen, welche als Beiträge Dritter gekennzeichnet sind, müssen eigene redaktionelle Leistungen (Programmangebote) der Rundfunkanstalten streng unterschieden werden. Auch wenn die Darstellung oder Erwähnung von Requisiten und anderen Waren, Dienstleistungen oder Unternehmen im Programm objektiv werbewirksam erfolgt, ändert das zunächst nichts an der

---

[14] *BGHZ* 93, 96, 97 f - Dimple; 86, 90, 96 f - Rolls Royce; 19, 392, 394; 18, 175 ff, 182; *B/H* a.a.O., Einl. UWG Rdnr. 228 f.; kritisch hierzu: *Emmerich*, UWG, S. 24 f.

[15] *Löffler*, Das Zusammenwirken der Massenmedien, S. 43; *Bork*, WiP, S. 45.

[16] *BGH*, ZIP 90, 600, 603; *BGH*, GRUR 1986, 812, 813 - Gastrokritiker; *B/H*, a.a.O., Einl. UWG Rdnr. 234 *v. Gamm*, a.a.O., § 1 UWG Rdnr. 24.

[17] *BGH*, GRUR 1997, 791 - Togal; GRUR 1993, 761, 762 - Makler-Privatangebot. Umfassend *Gloy*: Zur Wettbewerbsabsicht in Presseäußerungen, FS-Schweizer, 1999, S. 195, 200 ff.

Tatsache, dass redaktionelle Programmangebote eines Medienunternehmens zur öffentlichen Meinungsbildung beitragen und damit unter den Schutz des Grundrechts der Rundfunkfreiheit, deren Träger die Rundfunkanbieter (Art. 5 Abs. 1 S. 2 GG; 10 EMRK) sind.[18]. Jedes Aufgreifen einer vordergründig wettbewerbsfreien Thematik im redaktionellen Teil erweist sich damit mittelbar als Förderung der eigenen Stellung am Zuschauer- und Werbeträgermarkt.[19]

So betont z.B. der *BGH,* dass

„jede redaktionelle funktionsgerechte und erlaubte Berichterstattung eines Presseorgans objektiv auch die Wirkung haben kann, die eigene Wettbewerbslage im Verhältnis zu anderen Medienunternehmen zu verbessern oder zu behaupten".[20]

Die Wettbewerbsförderung stellt somit eine „notwendige Begleiterscheinungen funktionsgerechten Pressehandelns"[21] dar. Denn neben den eigenen wirtschaftlichen Interessen kommt den Medienunternehmen eine für die freiheitlich-demokratische Grundordnung schlechthin konstituierende Bedeutung zu.[22] Presse und Rundfunk[23] haben die besondere Aufgabe, die Öffentlichkeit über Vorgänge von allgemeiner Bedeutung zu informieren und zur öffentlichen Meinungsbildung beizutragen.[24] Sie dürfen nach Auffassung der Rechtsprechung und herrschenden Lehre ebenso wie die Hersteller von Rundfunkinhalten (Filmemacher, Produzenten u.a., die sich auf den Schutz der Art. 5 Abs. 1 S. 1 u. Abs. 3 GG berufen können[25]) nicht durch ein zu weit gefasstes Verständnis des Begriffs der Wettbewerbsabsicht in ihrem Kernbereich der Grundrechtsausübung beeinträchtigt werden.

[18] *BGH,* WRP 1994, 862 f - Biotabletten; GRUR 1986, 812, 813 - Gastrokritiker; hierzu: *Abeltshauser*, Redaktionelle Presseäußerungen im Lichte von § 1 UWG, WRP 1997, 1147.

[19] *BGH,* GRUR 1990, 373, 374 - Schönheitschirurgie; *Piper, H.*, Zur wettbewerbsrechtlichen Beurteilung von Werbeanzeigen und redaktionellen Beiträgen werbenden Inhalts, FS-Vieregge, 1995, S. 715, 718; zust. *Gloy/Ahrens*, WbR, § 58, Rdnr. 44; zur Entwicklung dieser Rechtsprechung: *Abeltshauser*, WRP 1997, 1143, 1144 ff.

[20] *BGH,* RUR 1986, 812 f – Gastrokritiker.

[21] Insoweit bestehen keine Unterschiede zum Rundfunkwesen und seinem Verhältnis zwischen öffentlich-rechtlichen und privaten Veranstaltern.

[22] *BVerfGE* 7, 198, 207 f, 35, 202, 221 f; *Herzog*, in *Maunz/Dürig/*, Art. 5 Abs. I, II Rdnrn. 118 ff.

[23] Früher war umstritten, ob die Wirtschaftsgesetze (vor allem GWB und UWG) überhaupt auf die Tätigkeit der öffentlich-rechtlichen Rundfunkanstalten auf dem Gebiet des Privatrechts anwendbar sind, vgl. die Nachweise bei *Dörfler*, Product Placement, 3. Kap., § 6, S. 73 ff; § 7, S. 76 ff.

[24] St. RS des *BGH,* WRP 1997, 1048, 1049; WRP 1997, 1051, 1053.

[25] *Ullmann,* GRUR 1996, 953.

Der starke verfassungsrechtliche Schutz der Medien verbietet daher nicht nur eine Unterstellung einer subjektiven Wettbewerbsabsicht, sondern begründet umgekehrt solange eine Vermutung für ihr Fehlen, solange sich nicht Umstände erkennen lassen, dass neben der Erfüllung des Programmauftrages auch die Absicht bestand, fremden oder eigenen Wettbewerb zu fördern.[26] Die Generalklausel des § 1 UWG als allgemeines Gesetz i.S.d. Art. 5 Abs. 2 GG stellt insoweit das Einfallstor für das Grundrecht der Rundfunkfreiheit. Dessen Ausstrahlungswirkungen sind demnach bei der Auslegung des § 1 UWG zu beachten.[27]

Wettbewerbsrechtliche relevante Förderung i.S.d. § 1 UWG kommt der Rundfunktätigkeit der Fernsehanstalten deshalb erst dann zu, wenn diese mit ihrer Berichterstattung nachweislich (auch) eigenen oder fremden Wettbewerb zum Nachteil eines anderen Mitbewerbers fördern wollen.[28]

3. Redaktionelle Berichterstattung und Grad der Werbeabsicht

a) Die unterschiedlichen Auffassungen in Rechtsprechung und Literatur

Umstritten ist, welche Anforderungen an den Nachweis der Wettbewerbsförderungsabsicht zu stellen sind.

Teilweise wird auf eine exakte Differenzierung zwischen Wettbewerbsförderungsabsicht und dem Nachweis einer sittenwidrigen Werbeabsicht bei der Prüfung, ob eine redaktionelle Berichterstattung im Einzelfall unzulässige Werbung enthält, verzichtet und die Untersuchung gleich auf die Werbeabsicht konzentriert.[29]

Nach einer Ansicht ist die Vermischung von werblichen Motiven mit redaktionellen oder filmischen Gestaltungselementen im Interesse eines umfassenden

---

[26] *BGH,* NJW 1997, 2679, 2680 m.w.N. - Die Besten 1; NJW 1997, 2681, 2682 - Die Besten 2; JZ 1997, 1010 - Versierter Ansprechpartner, mit Anm. *Hensller,* JZ 1997, 1011; *BGH,* WRP 1995, 186 - Dubioses Geschäftsgebaren; GRUR 1982, 234, 235 - Großbanken-Restquoten; GRUR 1986, 812 - Gastrokritiker; GRUR 1968, 314, 316; *OLG München,* WRP 1976, 393, 394 f; *OLG Köln,* AfP 1996, 387; *B/H* a.a.O., Einl. UWG Rdnrn. 237, 239 *v. Gamm,* a.a.O., § 1, Rdnr. 26; *Henning-Bodewig,* GRUR Int. 1987, 544; *dies.*, Product Placement und andere Formen „absatzfördernden Kommunikation". Die neuen Formen der Schleichwerbung? BB 1986, Beil. 18, 1, 4 f; *Bork,* GRUR 1988, 268; *Sack,* ZUM 1987, 102, 110; *Scheuch,* Product Placement, S. 452.

[27] *B/H,* a.a.O., § 1 UWG Rdnr. 627; *Köhler/Piper,* UWG, 1995, Einl. UWG Rdnr. 186; *Sevecke,* AfP 1994, 196 ff. Grdl. zur sogen. „Drittwirkungslehre": *BVerfGE* 7, 198 ff, 211.

[28] Vgl. *B/H,* a.a.O., Einleit. zu UWG Rdnr. 232; *v. Gamm*, a.a.O., § 1 UWG Rdnr. 23.

[29] So z.B. *OLG München,* ZUM 1998, 842 ff – Zeitungsbeilage; *Ahrens*, Redaktionelle Werbung - Korruption im Journalismus, GRUR 1995, 305 ff.

Rundfunk- und Kunstfreiheitsschutzes solange unschädlich, wie die Wettbewerbsförderungsabsicht nicht überwiegt. Die Medien müssen bei der Erfüllung ihrer journalistischen und künstlerischen Aufgaben mit dem „Damoklesschwert" der wettbewerbsrechtlichen Haftung leben.[30] Deshalb müsse die Vermutung für das Fehlen der Wettbewerbsabsicht und damit für ein Handeln des Grundrechtsträgers der Rundfunk- und Meinungsfreiheit in jedem Einzelfall genau geprüft und widerlegt werden. Geht von Beiträgen im redaktionellen Programm eine objektive Werbewirkung aus, dann greift das Wettbewerbsrecht in den Fällen, in denen die subjektive Absicht aufgrund objektiver Indizien angenommen werden kann.

Köhler untersucht anhand konkreter Indizien die Wettbewerbsabsicht der Rundfunkanstalten. Aus der Tatsache, dass ein redaktioneller Beitrag Werbung für einen Dritten enthält und dies auch beabsichtigt ist, leitet er noch nicht einen Verstoß gegen die guten Sitten ab. Vielmehr seien ein- und dieselben Kriterien sowohl bei der Wettbewerbsförderungsabsicht als auch beim Nachweis sittenwidriger Werbung im redaktionellen Beitrag zu prüfen. Sittenwidrigkeitsbegründend sei zusätzlich erst die Täuschung des Zuschauers durch die Tarnung der Werbung.[31]

Einen anderen Ansatz vertreten *Bruhn/Mehlinger*. Ihrer Ansicht nach gilt zwar auch die Vermutung, dass Beiträge im redaktionellen Programmteil von Sendungen der Rundfunkveranstalter primär zu Zwecken der Information oder der Unterhaltung erfolgen, solange die subjektive Werbeabsicht nicht aufgrund objektiver Indizien nachgewiesen werden kann. Die Wettbewerbsförderungsabsicht wird aber dann unterstellt, wenn die Information oder die Unterhaltung auch ohne die Werbewirkung des Beitrags möglich gewesen wäre.[32] Ausgenommen von dieser Vermutung sollen wiederum Beiträge sein, bei denen eine andere Motivation im Vordergrund steht, insbesondere wenn sie durch wissenschaftliche, politische oder weltanschauliche Gründe veranlasst sind. In diesen Fällen soll auf den Meinungsbildungsprozess nicht aus wirtschaftlichen Gründen eingewirkt werden.[33]

---

[30] *Henning-Bodewig*, Sponsoring, AfP 1991, 487, 490; *dies.*, Product Placement und Sponsoring, GRUR 1988, 867, 869.

[31] *Köhler*, WRP 1998, 349 ff, 353.

[32] *Bruhn/Mehlinger*, Sponsoring, Bd. 1, S. 208 f.

[33] *Bruhn/Mehlinger*, ebd. Ähnlich auch *Engels*, Fernsehwerbung, S. 214, der seine Auffassung auf § 7 Abs. 2 RStV stützt, wonach jede Einflussnahme Dritter auf die Vermittlungsentscheidung der Rundfunkanstalt verboten ist. In diese Richtung geht auch der Vorschlag von *Scheuch*, Product Placement, S. 447, die eine Werbeabsicht auch dann ausreichen lässt, wenn Vermarktungsüberlegungen nicht im Vordergrund stehen. **A.A.:** *Henning-Bodewig*, ZUM 1988, 363, 369 f.

Gegen diesen Ansatz wird hingegen vorgebracht, dass es widersprüchlich sei, die Wettbewerbsabsicht zu bejahen und später beim selben Sachverhalt eine „redaktionelle Veranlassung" anzunehmen. Denn sobald man die Wettbewerbsabsicht bejahe, liegt kein programmliches Interesse vor, das eine Ausnahme vom Schleichwerbegebot rechtfertigen kann.[34]

Der *BGH* ermittelt die Wettbewerbsförderungsabsicht anhand konkreter Umstände des Einzelfalls.[35] Im Ergebnis bejaht er bereits ein Handeln zu Zwecken des Wettbewerbs, wenn eine neben der Erfüllung des Programmauftrags vorliegende „begleitende" Wettbewerbsabsicht „nicht völlig hinter anderen Beweggründen zurücktritt"[36] bzw. „eine größere als nur eine notwendig begleitende Rolle" gespielt hat"[37]

b) Qualitative Gewichtung der Werbeabsicht

Eine Werbeabsicht ist aber entweder vorhanden oder sie fehlt. Die Forderung nach einer quantitativen Gewichtung erfolgt meist ohne eine weitergehende Begründung und verkommt so zu einer inhaltslosen Floskel.[38] Eine irgendwie vorgenommene Abstufung ist insoweit willkürlich. Die Kommerzialisierung und Marktorientierung der Rundfunkanstalten sind immer weiter fortgeschritten. Von daher stellt sich die Frage, warum derjenige, der im geschäftlichen Verkehr tatsächlich in den Wettbewerb eingreift und so den Optimierungsgrad der Marktprozesse negativ beeinträchtigen kann, vor der Anwendbarkeit des Wettbewerbsrechts geschützt sein soll, nur weil ihm eine - wie weitherzig auch immer verstandene - Wettbewerbsabsicht fehlt.[39]

---

[34] *Henning-Bodewig,* AfP 1991, 491. Nach *Schultze,* Product Placement im Spielfilm, S. 157 ff, ist das Wettbewerbsrecht generell nicht als Korrektiv zur Beschränkung der Rundfunkfreiheit geeignet.

[35] *BGH,* WRP 1997, 1048, 1050.

[36] *BGH,* GRUR 1990, 611 - Boro; NJW 1997, 2679, 2680 m.w.N. – Die Besten 1; NJW 1997, 2681, 2682 – Die Besten 2; JZ 1997, 1010 - Versierter Ansprechpartner, mit Anm. *Henssler, BGH,* JZ 1997, 1011; GRUR 1990, 1012 - Presseunternehmen, *BGH,* GRUR 1995, 744, 750; GRUR 1986, 905, 907; GRUR 1986, 812, 813 - Gastrokritiker; *B/H,* a.a.O., Einl. UWG Rdnr. 234; *V. Gamm,* a.a.O., § 1 UWG Rdnr. 24; *Bork,* Möglichkeiten und Schranken des Medienverbundes vor dem Hintergrund einschlägiger medien- und wettbewerbsrechtlicher Betstimmungen sowie des *BGH*-Urteils im Fall „Wer erschoß Boro?", ZUM 1991, (Sonderheft) S. 52. **A.A.:** *Schardt,* ZUM 1991, 64 f, wonach aufgrund des Medienprivilegs in Art. 5 Abs. 1 GG Werbung erkennbar im Vordergrund stehen muss.

[37] *BGH,* GRUR 1990, 373 - Schönheitschirurgie; *BGH,* WRP 1994, 398 – Kosmetikstudio. Vgl.: *Gloy,* Zur Wettbewerbsabsicht in Presseäußerungen, FS-Schweizer, 1999, S. 205 ff. Ähnlich auch das *OLG Hamburg,* ZUM 1996, 416, 418 f m.w.N., wonach es ausreichen soll, dass das Recht auf freie Meinungsäußerung und das Informationsinteresse der Allgemeinheit „lediglich als Mittel zum Zweck der Förderung privater Wettbewerbsinteressen eingesetzt" werden."

[38] *Henning-Bodewig,* GRUR 1997, 185.

[39] So auch *Abeltshauser,* WRP 1997, 1150.

Allerdings ist die Vorstellung, dass Rundfunkanstalten, die mit ihren Sendungen eine überragende Beeinflussungswirkung auf die Zuschauer haben, würden ihre Berichterstattung und Programmgestaltung fernab von wirtschaftlichen Überlegungen treffen, realitätsfern.[40]

Nach Auffassung von *Ring* u.a. dient die Ausstrahlung von Fernsehsendungen privater Veranstalter sowohl dem Wettbewerb innerhalb der privaten Rundfunkanstalten als auch dem Wettbewerb zwischen privaten und öffentlich-rechtlichen Rundfunk. Darüber hinaus bestehe zwischen Presse und Rundfunk insgesamt ein sowohl publizistischer wie ökonomischer Wettbewerb.[41]

Dem ist zuzustimmen. Zumindest bei den privaten Rundfunkveranstaltern handelt es sich um Wirtschaftsunternehmen mit Gewinnerzielungsabsicht, die mit ihren redaktionellen Beiträgen auf den Markterfolg anderer Gewerbetreibender sowie des eigenen Unternehmens einwirken. So steht der Rundfunkveranstalter dem Inhalt von Werbeschaltungen prima facie neutral gegenübersteht. Da er aber damit aber eigene Einnahme erzielen will, ermöglicht er gleichzeitig die Verfolgung fremder Interessen (der Werbetreibenden). In diesem Bereich gilt deshalb zunächst die Vermutung der Wettbewerbsförderungsabsicht des Rundfunkveranstalters.[42]

Aber auch die Wettbewerbsförderungsabsicht der öffentlich-rechtlichen Rundfunkanstalten kann heute nicht mehr streitig sein.

So nimmt das *OLG Dresden* ein Handeln zu Zwecken des Wettbewerbs selbst für den Fall an, dass seitens einer öffentlich-rechtlichen Rundfunkanstalt ein Hörfunkprogramm ausgestrahlt wird, dass zwar selbst keine Werbung enthält, durch dieses Programm aber die Auslagerung von weniger interessanten Beiträgen aus Werbung beinhaltenden Programmen möglich wird.[43] Im Ergebnis treten öffentlich-rechtliche Rundfunkanstalten mit der Gesamtheit ihrer Programme in einen wirtschaftlichen Wettbewerb mit privaten Rundfunkanbietern.[44]

---

[40] Vgl. Seite 13 ff.

[41] *Ring* u.a., § 7 RStV, Rdnr.81 u.H.a. das 5. Hauptgutachten der Monopolkommission, BT-Drucksache 10/1791, S. 187, Ziff. 696. Vgl. Seite 62 ff.

[42] *Henning-Bodewig*, Neue Aufgaben für die Generalklausel des UWG - Von „Benetton" zu „Busengrabscher", GRUR 1997, 180, 185.

[43] *OLG Dresden*, Urt. vom 26 Juli 1995 – 12 U 58/95, GRUR 1996, 73, 74 = ZUM 1999, 737, 738 – MDR Sputnik; *VG Leipzig*, Urt. vom 15. April 1998 – 5 (O) 8068/97, ZUM 1999, 739, 740 – MDR Sputnik; *Wille/Schneider-Freyermutz,* Die Rechtsprechung zu „MDR Sputnik" und das Verfassungsrecht, ZUM 1999, 713, 717 f.

[44] *OLG Dresden*, ZUM 1999, 737, 738 – MDR-Sputnik.

Damit ist klargestellt, dass eine Wettbewerbsförderungsabsicht bei jedem mitschwingenden wirtschaftlichen Interesse des Handelnden anzunehmen ist.[45]

Der *BGH* hat jüngst ein Wettbewerbsverhältnis zwischen zwei streitenden Fernsehsender mit dem Argument angenommen, dass beide Sender im Wettbewerb um Zuschauer stehen, und die streitgegenständliche Sendung auch der Werbung für das eigene – sonst werbefreie – Programm dienen sollte.[46] Damit hat sich der Gerichtshof dem Standpunkt des *OLG Dresden* angenähert, in dem er ein nur irgendwie geartetes Wettbewerbsinteresse der Sender als ausreichend ansieht und die Frage der Wahrnehmung öffentlicher Rundfunkbelange erst im Rahmen der Sittenwidrigkeit des Handelns prüft.[47]

E. Sittenwidrigkeit und absichtliche Werbung im Programm

I. Schutzbereich des § 1 UWG

Die wettbewerbsrechtliche Beurteilung von Werbung im Programm im Fernsehen hängt entscheidend von der Frage ab, ob ein Verstoß gegen die guten Sitten i.S.d. § 1 UWG und damit eine unlautere Beeinträchtigung des Wettbewerbs vorliegt.

Die Ausfüllung des Sittenbegriffs erfordert nicht nur eine Ermittlung der Anschauungen derjenigen Kreise, deren Interessen durch § 1 UWG geschützt werden, und eine Zusammenführung dieser Interessen in Form einer Interessenkonkordanz,[48] sondern auch eine normativ-rechtliche Wertung dieser Interessen. Maßstäbe für die Entfaltung des Sittengebots sind der freie und faire Wettbewerb, wobei für dessen Ausprägung in erster Linie die Ausstrahlungswirkung der Grundrechte und der ihnen innewohnenden Wertvorstellungen der auf Vertragsfreiheit und Privateigentum beruhenden Privatrechtsordnung von Bedeutung sind.[49] Die Generalklausel darf insbesondere nicht als Mittel zur Unterdrückung des nur unerwünschten oder unbequemen Wettbewerbs missbraucht wer-

---

[45] *Coerdt-Taxhet*, Irreführende Fernsehwerbung, S. 127.

[46] *BGH*, Urt. v. 13. April 2000, ZUM-RD 2000, 325, 330 – Mattscheibe.

[47] *BGH*, ebd.

[48] So aber die sittlich-ethische Auffassung der Rechtsprechung, vgl.: *BGHZ* 19, 392, 396 f; 54, 188, 190 ff; 103, 203, 206 - BTX-Werbung; *BGHZ* 110, 156, 162 ff; *BGH*, GRUR 1995 600, 601; *BVerfGE* 7, 198, 206, 215; 32, 311, 316; krit.: *Emmerich*, UWG, S. 38 ff, 54; *B/H*, a.a.O., Einl. UWG, Rdnrn. 71 ff.

[49] *BVerfG* 7, 198, 206 ff; 25, 256, 263; 42, 143, 148; 73, 261, 269; *BGHZ* 19, 392; 51, 236, 246 ff; *Mestmäcker*, Wettbewerb, S. 10 f, 64 f, 92 ff; *Merz*, Die Vorfeldthese, 1988, S. 61, 198, 262 ff; *Hoffmann-Riem*, ZUM 1996, 5; *Nordemann*, Der verständige Durchschnittsgewerbetreibende, GRUR 1975, 625, 629; *Baudenbacher*, a.a.O., S. 134 ff; *Emmerich*, UWG, 1. Kap. § 5 m.w.N.

den, da man diese Wettbewerbsformen dann von vornherein dem Anwendungsbereich des GWB, das nur den lauteren Wettbewerb schützt, entzieht.[50].

Das UWG schützt vor allem die Lauterkeit des Wettbewerbs im Interesse der Allgemeinheit, der Konkurrenten und der Verbraucher.[51]

Von den zu § 1 UWG entwickelten Fallgruppen[52] sind für die Beurteilung von Werbung im Programm im Fernsehen zum einen der Kundenfang durch Irreführung (Verbraucherschutz) und zum anderen der Wettbewerbsvorsprung durch Rechtsbruch (Konkurrentenschutz) von Bedeutung.

II. Irreführungsverbot und Verbraucherschutz

1. Irreführungsschutz und Wahrheitsgrundsatz

Der Verbraucherschutz basiert auf dem Gedanken, dass der Wettbewerb das Marktgeschehen regeln und sich das bessere wirtschaftliche Angebot bzw. die beste wirtschaftliche Leistung durchsetzen soll. In dem der Verbraucher durch Auswahl und Kauf eines Produktes über das beste Angebot entscheidet, nimmt er zugleich eine Rolle als „Schiedsrichter" im Wettbewerb der Anbieter ein.[53] Diese Funktion kann er nur sachgerecht ausüben, wenn seine Auswahlentscheidung auf einer freien Willensentschließung beruht, weshalb dem Schutz dieser Entschließungsfreiheit zentrale verbraucherschutzrechtliche Bedeutung zukommt.[54]

Das Irreführungsverbot stellt dabei eine besonders wichtige wettbewerbsrechtliche Ausprägung des Verbraucherschutzes dar und wird über die § 1, 3 UWG geschützt. Wettbewerbshandlungen, bei denen die Gefahr besteht, dass sie bei einem erheblichen Teil der angesprochenen Verkehrskreise eine falsche, wirklichkeitsfremde Vorstellung hervorrufen und damit das Publikum täuschen, sind daher sittenwidrig[55]

[50] G.h.M. vgl. nur: *BGH*, GRUR 1972, 553 - Statt Blumen Onko-Kaffee; *B/H*, a.a.O., Einl. UWG Rdnrn. 130 f; *Mestmäcker*, Wettbewerb, S. 10 ff; *Emmerich*, UWG, S. 50 m.w.N.

[51] *B/H*, a.a.O., Einl. UWG Rdnr. 42.

[52] *B/H*, a.a.O., Einl. UWG, Rdnr. 160 ff.

[53] *B/H*, a.a.O., Einl. UWG, Rdnr. 98; *Loewenheim* GRUR 1975, 99, 105; *Scherer, I.*, Verbraucherwerbung, S. 34 ff; sehr kritisch zur Auffassung von der Konsumentensouveränität: *Kroeber-Riel*, WiSt 1972, 127 ff; dagegen: *Baudenbacher*, a.a.O., S. 19 ff, 84 ff.

[54] Vgl. *Kisseler*, Unlautere Werbung durch redaktionelle Werbung. In: *Baerns/Fischer* (Hrsg.), S. 92.

[55] Vgl. *B/H*, a.a.O., § 1, Rdnr. 5.

Das Täuschungsverbot ist damit Ausfluss des allgemeinen Wahrheitsgrundsatzes als den beherrschenden Grundsatz sowohl des deutschen wie des europäischen Wettbewerbsrechts. Danach sind alle Wettbewerbshandlungen verboten, bei denen die Gefahr besteht, dass sie bei einem nicht unerheblichen Teil der angesprochenen Verkehrskreise eine falsche, der Wirklichkeit nicht entsprechende Vorstellung hervorrufen.[56] Um den weitläufigen Begriff der Wahrheit nicht durch uferlose Interpretationsversuche konturlos werden zu lassen[57], wird in der vorliegenden Arbeit unter Wahrheit im wettbewerbsrechtlichen Sinne das Gegenteil von (bewusster) Irreführung der Öffentlichkeit im geschäftlichen Verkehr verstanden.

Allein die Tatsache, dass eine Werbung von einem Verbraucher falsch verstanden wird, begründet jedoch noch nicht die Annahme einer Irreführung im wettbewerbsrechtlichen Sinne. Denn Missverständnisse und Fehlinterpretationen sind jeder Kommunikation eigen.

Grundsätzlich ist ein Irreführungstatbestand auch durch (Produkt)Bilder also durch die bildliche Gestaltung möglich. Ausreichend ist ein erkennbarer Realitätsbezug, wie es bereits bei § 5 UWG deutlich wird. Fehlt dieser, so versagt der Mechanismus der Irreführungskontrolle bereits im Ansatz: Der „Geschmack von Freiheit und Abenteuer" entzieht sich erfolgreich einer richterlichen Inhaltskontrolle.[58]

2. Voraussetzungen einer wettbewerbsrechtlichen Irreführung

a) Beeinflussung der freien Willensentschließung

Die Gerichte nehmen eine bewusste Irreführung des Verbrauchers dann an, wenn ihm seine kognitive und voluntative Kontrollmöglichkeit genommen wird und er deshalb einer Irreführung unterliegt.[59] Der *BGH* stellt dabei entscheidend darauf ab, ob die freie, nur durch sachliche Erwägungen gestützte Willensbestimmung des Verbrauchers beeinträchtigt und so eine unzulässige Beschränkung seiner Entschlussfreiheit herbeiführt wird.[60]

---

[56] *B/H,* a.a.O., § 1 UWG, Rdnr. 5; *Gloy*, WbR, § 14, Rdnr. 14.

[57] Den Versuch, den Wahrheitsbegriffs in Zusammenhang mit der Beurteilung irreführender Werbung zu definieren, unternimmt *Bernreuther*, WRP 1999, S. 792, 798 ff.

[58] *Keßler,* VuR 1997, 33, 34.

[59] *BGH,* ZUM 1996, 146, 148.

[60] *BGH,* GRUR 1960, 382; GRUR 1971, 162, 163 GRUR 1965, 315; GRUR 1959, 143; GRUR 1959, 277; *OLG Hamburg*, GRUR 1988, 41; m.w.N. bei *Scherer, I.,* Verbraucherwerbung, S. 39 ff, Fn. 123-150.

Allerdings ist sehr fraglich, inwieweit das Kriterium der Beeinträchtigung der freien Willensentscheidung für sich genommen geeignet ist, die Gefahr einer Irreführung des Verbrauchers durch Werbung entgegen zu wirken.

Denn Werbung ist wie jede andere Form der Kommunikation zunächst nur eine versuchte Beeinflussung und damit zunächst eine legitime Sozialtechnik, da die Beeinflussung von Menschen ein universeller Vorgang ist, ohne den kein soziales System auskommt.[61] Dass Bedürfnisse und Meinungen von Außen mittels Kommunikation beeinflusst oder geformt werden, ist unabänderlich und kann vernünftigerweise nicht kritisiert werden.[62] Entscheidend ist, in welche Richtung die Werbung die Bedürfnisentstehung lenkt.[63]

In der Literatur[64] hat man daneben auf den Schutz der Entscheidungsfreiheit des Verbrauchers als Ausdruck seiner Menschenwürde abgestellt, ohne allerdings genaue Abgrenzungsvorschläge zwischen zulässiger wettbewerbsimmanenter Beeinflussung und unlauterer, die Persönlichkeitsrechte der Verbraucher verletzender Manipulation vorzunehmen.

b) Beherrschbarkeit der Beeinträchtigung

Inge Scherer hat hingegen vorgeschlagen, das Kriterium der Beeinträchtigung der Willensentscheidung, wie es von der Rechtsprechung zur Beurteilung unerlaubter Werbung herangezogen wird, durch das Kriterium der fehlenden Beherrschbarkeit zu ersetzen.

So soll eine Irreführung des Verbrauchers nur dann vorliegen, wenn der werbliche Einfluss für den Verbraucher abstrakt nicht mehr beherrschbar ist, d.h., wenn die werbliche Beeinflussung dem Verbraucher die Möglichkeit nimmt, seinen Willen zu bilden und sich anders zu entschließen, als dies durch die werbliche Beeinflussung seines Willens angestrebt wird.[65] Denn die Wahrung seiner Entscheidungsfreiheit versetzt den Verbraucher in der Lage, seiner zentralen Funktion im Wettbewerb nachzukommen.

---

[61] Vgl. Seite 42 ff; *Kroeber-Riel/Weinberg,* Konsumentenverhalten, S. 581; *Scherer, I.,* Verbraucherwerbung, S. 19 ff, 30 u. 58; *Mylaeus*, a.a.O., S. 90.

[62] *Auer* u.a., Product Placement, S. 57: „Ganz gleichgültig, welche Kommunikation betrieben wird, sie hat ihre Aufgabe erst dann erfüllt, wenn der Empfänger der Botschaft in irgendeiner Weise tatsächlich beeinflusst wurde."; *Nickel*, 1997, S. 18 ff, der zurecht darauf hinweist, dass 60 Mrd. DM/Jahr alleine von politischen Parteien, Gewerkschaften und Kirchen für öffentliche Bewerbung ausgegeben wird.

[63] *Pöchhacker*, a.a.O., S. 73.

[64] Zu den verschiedenen Ansätzen vgl. die Darstellung bei *Scherer, I.,* Verbraucherwerbung, S. 51 ff.

[65] *Scherer, I.,* Verbraucherwerbung, S. 63 ff, 209 ff. Grdl. zuvor schon *Loewenheim*, GRUR 1975, 99 ff.

Dieser Ansatz trägt von der Verhaltenswissenschaft herausgestellten wichtigen Unterscheidung zwischen zulässiger, jeder Kommunikation immanenter Beeinflussung und unerlaubter, fremdgesteuerter Manipulation[66] Rechnung, da er klar zwischen für den Verbraucher kontrollierbarer Einflussnahme und unlauterer Verhaltenssteuerung unterscheidet.

Ausgehend von dieser Unterscheidung endet die wettbewerbsrechtliche Irreführungsabwehr daher dort, wo, wie etwas beim Sponsoring, die werbliche Aktivität für den Mediennutzer erkennbar und der Versuch der werblichen Beeinflussung damit durchschaubar ist.[67] Grundsätzlich erlaubt ist es weiterhin, den Kunden durch Werbemaßnahmen auf sein eigenes Waren- oder Dienstleistungsangebot „hinzustimmen".

Im Einzelfall ist mit *Inge Scherer* zu prüfen, ob die kommerzielle Beeinflussung durch Werbung im Programm für den Zuschauer beherrschbar ist.

ZUSAMMENFASSUNG ZU ABSCHNITT 6:

Fernsehwerbung im Programm ist wettbewerbsrechtlich grundsätzlich angreifbar. Ein Handeln im geschäftlichen Verkehr liegt bei öffentlich-rechtlichen und privaten Rundfunkanstalten grundsätzlich vor, weil jede Programmausstrahlung auch vor dem Hintergrund der Akquirierung von Werbeeinnahmen geplant und durchgeführt wird.

Eine wettbewerbsrechtliche Irreführung liegt vor, wenn eine kommerzielle Beeinflussung durch Fernsehwerbung für den Zuschauer nicht mehr beherrschbar ist.

[66] Vgl. Seite 37.

[67] *BGH,* ZUM 1996, S. 148 m.w.N. - Feuer, Eis & Dynamit; *OLG Hamburg*, WRP 1994, 125, 129; *OLG*, München WRP 1993, 420, 424 f, WRP 1992, 199, 200 f; *OLG Düsseldorf,* NJW-RR 1992, 677; *OGH*, ÖBl. 1996, 120 - Offener Brief; vgl. Ziff. 3 u. 8 der ZAW-Richtlinien für redaktionell gestaltete Anzeigen, abgedr. bei. *B/H* § 3 UWG Anh. X.

Abschnitt 7: Werbung im Programm und Kundenfang des Zuschauers

A. Irreführung des Zuschauers wegen fehlender Erkennbarkeit des Werbecharakters

1. Täuschung über den Werbecharakter

Eine Irreführung durch Werbung im Programm kommt im wesentlichen unter zwei Gesichtspunkten in Betracht. Da diese Werbung in der Praxis vor allem in den Programmteilen auftaucht, in denen eine günstige emotionale Anbindung zwischen Programmthema und Werbeobjekt besteht,[1] kann diese Werbung als unlautere Suggestivwerbung unzulässig sein. In erster Linie ist aber zu prüfen, inwieweit die fehlende Trennung und Kennzeichnung der Werbung vom übrigen Programm den Zuschauer über den werblichen Charakter Werbung im Programm irreführt.

Denn das Einbinden von Werbung in vor allem emotional und positiv bewertete Programmformate wie Spielfilme, Serien, Talkshows und andere Unterhaltungsformaten dient neben der Kostenersparnis, dem Zweck, die kommerzielle Absicht durch Einkleidung eines Produktes oder Marke in ein „unverdächtiges Umfeld" zu verschleiern, und dadurch ein negatives Reaktanzverhalten der Fernsehzuschauer auf erkannte kommerzielle Beeinflussungsversuche zu vermeiden.[2]

Die Einhaltung des wettbewerbsrechtlichen Wahrheitsgebotes (s.o.) verpflichtet die Versender von Werbebotschaften, „mit offenem Visier"[3] anzutreten. Grundsätzlich müssen daher alle zur Täuschung der Verbraucher geeigneten Werbemaßnahmen klar und eindeutig als solche erkennbar und gekennzeichnet sein.[4] Wer hingegen eine Werbemaßnahme in der Weise tarnt, dass sie der Umworbene bei unbefangener Betrachtungsweise nicht sogleich erkennt, und dadurch unter Inanspruchnahme eines erhöhten Vertrauens die natürliche Skepsis des Publikums

---

[1] Vgl. Seite 35 ff 45 ff.

[2] *Nieschlag* u.a., Marketing, § 6, 3.1.3., S. 488. Vgl. auch Seite 45 f.

[3] *Spengler,* Gibt es ein generelles Verbot, Wirtschaftswerbung im Gewande von Unterhaltung oder Information zu betreiben?, UFITA 27 (1959), 169, 175; *Bork,* GRUR 1988, 271 f, spricht in diesem Zusammenhang von einem „Vermummungsverbot" für Werbung.

[4] *BGH,* ZUM 1996, 148 m.w.N. - Feuer, Eis & Dynamit. Vgl. Art. 6a der Richtlinie des Europäischen Parlaments und des Rates über bestimmte rechtliche Aspekte der Dienste der Informationsgesellschaft (E-Commerce-Richtlinie), ABl. EG Nr. L178 v. 17.7.2000, S. 1 ff.

gegenüber Selbstanpreisungen ausschaltet, verstößt gegen die guten Sitten.[5] Zugleich verletzt eine solche auf Täuschung angelegte Tarnung einer Werbemaßnahme das Gebot der Achtung der Persönlichkeitssphäre des Umworbenen.[6]

Das Verbot getarnter Werbung wird heute als Ausdruck einer allgemeinen Rechtsüberzeugung angesehen, wie sie in medienrechtlichen Bestimmungen,[7] in Internationalen Verhaltensregeln für die Werbepraxis der Internationalen Handelskammer von 1987[8], in den Richtlinien des Zentralausschusses der Werbewirtschaft[9], den Richtlinien der Verlegerorganisationen für redaktionelle Hinweise in Zeitungen und Zeitschriften[10] und den Richtlinien für die redaktionelle Arbeit nach den Empfehlungen des Deutschen Presserats[11] Niederschlag gefunden haben.

Unter dem Gesichtspunkt des Verbraucherschutzes sieht die Rechtsprechung und die überwiegende Literatur in Werbung im redaktionellen Programm ein „Trojanisches Pferd"[12], bei dem es sich um nichts anderes als um verbotene getarnte Werbung im journalistischen Gewand handelte.[13] Diese Werbung verstoße deshalb gegen das Schleichwerbegebot des § 7 Abs. 6 RStV und das Irreführungsverbot des § 1 UWG, da auf die wirtschaftliche Entscheidungsfreiheit und damit die persönliche Entscheidungsfreiheit des Zuschauers, ein Produkt zu erwerben, in einer von ihm unerwünschten, nicht erwarteten und als missbilligenswert und anstößig empfundenen Weise Einfluss genommen, und damit seine Konsumauswahl „erschlichen" oder „erkauft" werde.[14]

Vor allem aber werde das Vertrauen der Zuschauer in die Unabhängigkeit der Berichterstattung von wirtschaftlichen Belangen missbraucht.[15] Der Missbrauch

---

[5] *BGHZ* 81, 247, 250 f; *BGH,* GRUR 1986 318, 320; *OLG Karlsruhe*, NJW-RR 1994, 817; *ÖOGH,* GRUR Int. 1993, 593 - Römerquelle II; *B/H* aaO, § 1 UWG Rdnr.27, S. 416; *Hefermehl*, AfP 1971, 111 f.

[6] *OLG Hamburg*, K&R 1999, 328, 329 – Volkswagenpresseanzeige 29.

[7] Vgl. z.B. §§ 9 Bayerisches LPG; 8 Hessisches LPG, 9 Abs. 2 MDStV; vgl. Fußnote 123.

[8] Abgedr. bei *B/H*, Anh. § 3, IX, S. 1229ff., Art.1 Abs. 1 der *Internationalen Verhaltensregeln für die Werbepraxis*.

[9] ZAW-Richtlinien für redaktionell gestaltete Anzeigen, abgedr. bei: *B/H* § 3 UWG Anh. X, S. 1234 ff, Ziff. 1-3, 5, 6.

[10] Abgedr. bei: *B/H* § 3 UWG, XI, S. 1237, ff, Ziff. 3 und 8.

[11] Nrn. 34, 35, abgedr. bei: *Löffler*, Presserecht, 4. Aufl. 1997, Anh. 10 LPG in Ziff III, S. 590 f.

[12] Dieser Ausdruck geht auf *Bente*, a.a.O., S. 11, zurück.

[13] *BGH,* ZUM 1996, 146, 149 f. - Feuer, Eis & Dynamit *I*; *B/H*, a.a.O., § 1 UWG Rdnr. 44; *Johansson*, a.a.O., S. 93 f; *Bork*, GRUR 1988, 264; *Fuchs*, GRUR 1988, 738; *Henning-Bodewig*, ZUM 1988, 268 f; *dies.*, GRUR Int. 1991, 587 ff.

[14] *B/H*, a.a.O., § 1 UWG Rdnrn. 4 ff m.w.N.

[15] *Nickel*, MA 1995, S. 155.

ist nach allgemeiner Ansicht insbesondere darin zu sehen, dass der Verkehr den Information eines am Wettbewerb selbst nicht unmittelbar beteiligten Dritten regelmäßig höhere Bedeutung und Beachtung beimisst als entsprechenden, ohne weiteres als Werbung erkennbaren Angaben des Werbenden selbst.[16]

Ebenso wie derjenige, der sich mit parteiischem wissenschaftlichen Gutachten den Anschein der Neutralität verleiht[17], handelt wettbewerbswidrig, wer Wirtschaftswerbung unter journalistischer Tarnkappe betreibt.[18] Dieses Vertrauen des Zuschauers gegenüber redaktioneller Berichterstattung werde durch die Verschleierung der Werbeabsicht gerade mit dem Ziel ausgeschaltet, die weit verbreitete Abwehrhaltung des Verbrauchers gegenüber werblicher Selbstanpreisung (sogen. Reaktanz)[19] zu umgehen, um eine erhöhte Werbewirkung zu erreichen.[20] Der Rundfunkteilnehmer muss aber in der Lage sein, den Beginn der Werbung zweifelsfrei zu erkennen.

Da ein grundlegender Bestandteil des Verbraucherschutzes die Gewährleistung einer freien und unbeeinflussten Beurteilung von Werbemaßnahmen durch den Verbraucher ist, muss die hohe Glaubwürdigkeit[21] redaktioneller Entscheidungen im Fernsehen, denen ein besonders hoher Beitrag für den Meinungsbildungsprozess der Zuschauer bzw. Leser zukommt, geschützt werden. Indem der Werbecharakter der Einblendung auf die mögliche subjektive und kommerzielle Absicht der Werbebotschaft hinweist, soll das Trennungsgebot zugleich verhindern, dass redaktionelle Entscheidungen zu einer handhabbaren Ware gemacht werden.[22] Hinzu kommt, dass dem Zuschauer die Unterscheidung zwischen redaktioneller Berichterstattung und Werbung bei fehlender eindeutiger Kennzeichnung schwer fällt.[23]

---

[16] *Gierl/Stich/Strohmayr,* MARKETING ZFP 1997, 27 ff; 28, 31 m.w.N.

[17] *BGH,* GRUR 1961, 189, 191 – Rippenstreckmetall.

[18] *BGH,* GRUR 1968, 382, 384 – Favorit II; GRUR 1975, 75, 77 – Wirtschaftsanzeigen; GRUR 1981, 835, 836 – Getarnte Werbung I; *Kohl,* AfP 1984, 208; *Piper*, a.a.O., FS-Vieregge. 1995, S. 724 m.w.N.

[19] Vgl. Seite 15.

[20] *BGH,* GRUR 1986, 318, 320,; ZIP 1987, 1147; *OLG Saarbrücken*, WRP 1987, 507, 508; *v. Gamm*, a.a.O., 29. Kap. Rdnr. 4; *B/H* § 1 UWG, Rdnr. 5; *Fuchs* GRUR 1988, 736, 738; *Henning-Bodewig*, Wettbewerbsrechtliche Probleme der Werbung mit Prominenten, BB 1983, 606, 607; *Bork,* GRUR 1988, 272. **A.A.** nur *Sack*, ZUM 1987, 103, 121 (hierzu Seite 274).

[21] Nach einer Emnid-Untersuchung aus dem Jahr 1979 vertrauen 53% der Bevölkerung bei widersprüchlichen Meldungen in verschiedenen Medien am ehesten dem Fernsehen; vgl. *Auer* u.a., Product Placement, S. 24 m.w.N.

[22] *Bork,* ZUM 1991, 53. ÖOGH, MR 1999, 188.

[23] *Baerns/Lamm,* Erkennbarkeit und Beachtung redaktionell gestalteter Anzeigen. Design und Ergebnisse der ersten Umfrage zum Trennungsgrundsatz, MP 1987, S. 156.

2. Zur Ermittlung der Werbeabsicht

a) Das Rundfunkprivileg des Art. 5 Abs. 1 S. 2 GG

Schwierigkeiten bereitet die Frage, wann eine werbewirksame Darstellung im redaktionellen Programm als Werbung i.S.d. rundfunkrechtlichen Werberegelungen überhaupt eingestuft. Erst wenn feststeht, dass ein Programm Werbung enthält, stellt sich überhaupt die Frage, wie diese Werbung im Einzelfall rechtlich einzustufen ist.

Denn Informationen mit Werbeeffekt sind in redaktionellen Erzeugnissen aber nicht grundsätzlich unzulässig, solange die Rundfunkanstalt nicht nachweislich kommerzielle Werbung betreibt.[24] Besondere Schwierigkeiten bereitet der Praxis der Nachweis, dass im Programm der Rundfunkanstalt Werbung ausgestrahlt werde.

Dabei geht man überwiegend davon aus, dass kommerzielle Werbeeffekte in redaktionellen Berichten nicht ohne weiteres die Vermutung rechtfertigen, dass die ausstrahlende Rundfunkanstalt statt redaktioneller Berichterstattung Werbung für einen Dritten betreibt. Denn das Grundrecht aus Art. 5 Abs. 1 GG darf nicht durch ein zu weit gefasstes Verständnis des Begriffs der Werbeabsicht in seinem Kernbereich eingeschränkt werden.

Da der Rundfunk eine publizistische Informationsaufgabe verfolgt und damit ein Informationsbedürfnis des Fernsehzuschauers befriedigt[25], darf ihm nicht unterstellen werden, er betreibe mit einer Ausstrahlung Werbung statt Programm. Vielmehr besteht umgekehrt eine Vermutung für das Fehlen einer Werbeabsicht, sofern sich nicht Umstände erkennen lassen, dass neben künstlerischen Zwecken auch die Absicht bestand, fremden oder eigenen Wettbewerb zu fördern.[26]

Hier ergeben sich Probleme, da die Feststellung der Grenzen dessen, was noch vom Programmauftrag gedeckt ist und dem, was laut Bestimmungen Staatsverträge unzulässige Werbung ist, fließend verläuft. Bei ihrer Festlegung ist zu beachten, dass die Rundfunkfreiheit (Art. 5 Abs. 1 S. 2 GG) nicht durch ein zu weit gestecktes Verständnis des Begriffs des Trennungsgebotes beeinträchtigt werden darf.[27]

---

[24] Erstmals auch: *BVerfG*, Beschl. V. 29. Nov. 1999, AfP 2000, 75 – Gruppenfoto einer Sozietat.

[25] Vgl. Seite 28 ff.

[26] *BGH*, GRUR 1982, 234, 235 – Großbanken-Restquoten; GRUR 1986, 812 – Gastrokritiker; NJW 1997, 1304, 1305 – Versierter Ansprechpartner; WRP 1995, 186 – Dubioses Geschäftsgebaren; *OLG München*, WRP 1976, 393, 394 f; *OLG Köln*, AfP 1996, 387; *B/H*, a.a.O., § 1 UWG, Rdnr. 35.

[27] *BGH*, NJW 1990, 3199 ff -Boro.

Grundsätzlich ist man sich darüber einig, dass die werbliche Absicht eines Programmbeitrages im Rahmen der Gesamtwürdigung aller relevanten Umstände im Einzelfall positiv festgestellt werden muss.[28] Jede Abstraktion läuft Gefahr, wesentliche Umstände zu Lasten des Zuschauers aus den Augen zu verlieren. Neben der Absicht, das Publikum zu unterrichten müssen konkrete Umstände erkennbar sein, eigenen oder fremden Wettbewerbs zu fördern; dabei ist man sich der Gefahr der Verletzung der Rundfunkfreiheit bewusst. [29]

Nach Ziff. 9 Abs. 1 Satz 3 DLM-Richtlinie ist die Werbeabsicht der Rundfunkanstalt jeweils im Einzelfall an Hand von Indizien (wie Intensität einer objektiv werbewirksamen Darstellung oder alleinige Darstellung nur eines einzigen Unternehmens, Produktes, Marke, Ware oder Dienstleistung) festzustellen. Damit wird in der Neufassung auf das umstrittene[30] Erfordernis, die Werbeabsicht nur aufgrund objektiver Kriterien zu beurteilen, verzichtet.[31]

[28] *BGH,* WRP 1993, 478 - Faltenglätter; *OLG Hamburg,* ZUM 1996, 416, 418; *B/H,* a.a.O., Einl. UWG Rdnrn. 237, 239; *Sack,* ZUM 1987, 110; *Henning-Bodewig,* BB 1986, Beil. 18, 5; *dies.* UFITA 94 (1982), 197, 207.

[29] *OLG Hamburg,* Urt. vom 17. Dez. 1998, ZUM-RD 1999, 284, 286 = AfP 2000, 89, 91 - Antibaby-Pille; Urt. vom 22. Febr. 1996, AfP 1997, 813 f – Kosmetikartikel; *OLG Düsseldorf,* NJW-RR 1992, 677; *OLG Hamm,* GRUR 1991, 856; *B/H,* a.a.O., Einl. UWG Rdnr. 239; *Kohl,* Wettbewerbsrechtliche Schranken für Presseberichterstattung und Pressekritik, AfP 1984, 201, 208.

[30] Nach Auffassung von *Bruhn/Mehlinger,* Sponsoring, Bd. 2, S. 260 ist zweifelhaft, ob diese Regelung rechtlich von den Bestimmungen des RStV gedeckt war, da in § 7 Abs. 5 S. 2 RStV 1995 ausdrücklich auf das subjektive Moment („wenn Sie zu Werbezwecken vorgesehen sind.") abgestellt wurde.

[31] Anders noch Ziff. 7 Abs. 1 S. 3 DLM-Richtlinie vom 26. Jan. 1993 in der Fassung vom 8. Nov. 1994, abgedr. bei *Von Wallenberg,* Werbung und Sponsoring im öffentlich-rechtlichen und privaten Rundfunk, ZUM 1994, S. 293: „Es bestimmt sich nach objektiven Gesichtspunkten, ob die Erwähnung oder Darstellung von Waren, Dienstleistungen, Namen, Marken oder Tätigkeiten eines Herstellers von Waren oder eines Erbringers von Dienstleistungen im Programm zu Werbezwecken vorgesehen ist und die Allgemeinheit hinsichtlich des eigentlichen Zwecks dieser Erwähnung oder Darstellung irreführen kann."

b) Kriterien zum Nachweis der Werbeabsicht

i. Redaktionelle und dramaturgische Gebotenheit und Zuschauerinteresse

(1.) Die Auffassung von Rechtsprechung und Literatur

1.1. Vermeidbarkeit objektiver Werbewirkungen

Ausgehend der verfassungsrechtlichen Funktion des Fernsehens heben die Instanzgerichte die Verpflichtung der Rundfunkanstalten hervor, gemäß ihrem Programmauftrag ein umfassendes Bild der Wirklichkeit zu zeigen.[32] Dieses soll und darf auf Exponate, die es in der Realität gibt, nicht verzichten.[33] Deshalb darf auch die Darstellung von Werbung, sofern sie Bestandteil der realen Umwelt ist, in Berichten und Filmen nicht ausgespart werden. In diesen Fällen fehlt es an der subjektiven Komponente. Die bloße objektive Werbewirkung, die von Abbildungen der Realität ausgeht, gerät erst in Konflikt mit dem Trennungsgebot, wenn die Inszenierung gezielt auf eine Werbewirkung ausgerichtet ist und damit die Schwelle von der bloßen werblichen Wirkung zur Werbung überschritten wird.[34]

Wichtigster Anknüpfungspunkt ist die gesetzliche Verpflichtung der Rundfunkanstalten zur neutralen Berichterstattung (vgl. § 7 Abs. 2 RStV = Art 17 Abs. 3 EFÜ für Werbung und § 8 Abs. 2 RStV für Sponsoring).[35]

Daraus folgert die ganz überwiegende Auffassung das Verbot jeglicher vermeidbarer Werbewirkungen im Programm.[36] Eine verbotene Irreführung durch Schleichwerbung gem. §§ 1, 3 UWG soll dann vorliegen, wenn die Darstellung oder Erwähnung der Erzeugnisse nicht der im redaktionellem Programm gebotenen Objektivität und Neutralität genügt, m.a.W., wenn die Produktpräsentation das für die Erstellung der Sendung notwendige Maß an sachlichen Gründen oder Zuschauerinteresse überschreitet.[37]

---

[32] Vgl. § 5 Abs. 1 ZDF-StV; *BGH,* NJW 1990, 3201 – Boro; *Herlemann,* Die Regelung der Hörfunk- und Fernsehwerbung in den Mitgliedstaaten der Europäischen Union, S. 97 f; *Sack,* AfP 1991, S. 707.

[33] Vgl. Seite 111 f.

[34] *Neft,* Rundfunkwerbung, S. 85 f. Zur Inszenierung von Werbung und ihres Verhältnisses zum Menschen vgl. *Willems/Kautt,* Der Körper in der Werbung: Überlegungen zu den Sinnbezügen und Formen der Inszenierung, RuF 1999, S. 515 ff, 528 f.

[35] *Bork,* WiP, S. 102 f.

[36] *Bork,* WiP, S. 89; *Henning-Bodewig,* BB 1986, Beilage 19, 1, 8; *Neft,* Rundfunkwerbung, S. 102 ff; *Ullmann,* GRUR 1996, 955.

[37] *Beucher* u.a., § 7 RStV Rdnr. 49 f; *Ring* u.a., § 7 RStV Rdnr. 52.

Dahinter steht die Überlegung, dass jede objektiv werbewirksame Darstellung von Produkten im Programm vom Zuschauer zunächst als programmbedingt bzw. programmbezogen angesehen wird.[38] Kommerzielle Werbung als einseitige, gezielt auf wirtschaftliche Interessen eines Unternehmens ausgerichtete Form der Informationsdarbietung im Rundfunk, ist deshalb nur zulässig, soweit sie von der redaktionellen Berichterstattung getrennt wird (§ 7 Abs. 3 RStV). Daher dürfen sich die Rundfunkveranstalter nicht als Werbeträger für die von ihnen informativ vorgestellten Produkte hergeben.[39]

Allerdings sind die Rundfunkanstalten[40] laut Programmauftrag (s. § 3 Abs. 2 Saarl.RundfG, § 5 Abs. 1 ZDF-StV 1961) dazu verpflichtet, in ihren Sendungen ein „umfassende Bild der deutschen Wirklichkeit“ zu vermitteln. Der *BGH* spricht sogar von einer „journalistischen Pflicht zur Berichterstattung“.[41] Die Rundfunkanstalten können daher gar nicht auf Waren und Exponate (z.B. die Werbetafeln in einer Stadt), die es in der Realität gibt, verzichten.[42] Insoweit muss Werbung als Bestandteil der realen Umwelt, sofern sie nicht bei Berichten und Darstellungen ausgespart werden kann, mitübertragen werden.[43]

Bei der Ermittlung der Wettbewerbsförderungsabsicht einer Rundfunkanstalt ist daher zu berücksichtigen, dass auf die Darstellung von Werbung, sofern sie Bestandteil der realen Umwelt ist, nicht verzichtet werden kann. Eine Ausnahme vom generellen Werbeverbot im Programm ist dort gerechtfertigt, wo Werbung sich an redaktionelle Berichterstattung anschließt, sich ihr aufdrängt, ohne vom Vorsatz der Rundfunkanstalten unmittelbar umfasst zu sein.

2.1. Journalistische Gebotenheit

Als ausschlaggebendes Kriterium zur Ermittlung des Werbezwecks einer redaktionellen Berichterstattung wird ganz überwiegend auf das journalistische Interesse an der Aufnahme werbewirksamer Maßnahmen in das redaktionelle Programm („journalistische Gebotenheit“) abgestellt. Geprüft wird, ob die Werbe-

[38] *BGHZ* 110, 278, 291 f - Boro.

[39] *BGHZ* 10, 228, 232; 15, 356, 364 f; 22; 167, 181; 56, 18 ff; 59, 317, 319; vgl. *Sack*, ZUM 1987, 107; *Hauschka*, Product Placement und Wettbewerbsrecht. Ein Lösungsversuch, DB 1988, 165.

[40] Zum früheren Streit, ob und in welchem Umfang werbliche Tätigkeiten der öffentlich-rechtlichen Rundfunkanstalten zulässig sind, vgl. *Bork*, WiP, S. 27 ff; *Weiand*, Sponsoring, S. 201 ff m.w.N. Bereits § 11 RStV 1991 wurde eindeutig klargestellt, dass sich der öffentlich-rechtlichen Rundfunk auch aus „Einnahmen aus Rundfunkwerbung“ finanziert.

[41] *BGH*, GRUR 1986, 812, 813 - Gastrokritiker.

[42] *BGH*, NJW 1990, 3201 – Boro; *OVG Niedersachsen*, ZUM 1999, 347, 351; *Herlemann*, Die Regelung der Hörfunk- und Fernsehwerbung in den Mitgliedstaaten der Europäischen Union, S. 97 f; *Sack*, AfP 1991, S. 707.

[43] *BGH*, ZUM 1990, 291, 295 - Boro; *Herlemann*, a.a.O., S. 97 f; *Sack*, AfP 1991, S. 707.

wirkung nur unvermeidbare Nebenfolge der notwendigen Berichterstattung war, oder ob die Rundfunkanstalt ihre Berichterstattungspflicht verlassen hat und den Wettbewerb eines Dritten fördern wollte.[44] Fehlt es an redaktionellen Gründen für die Werbewirkung liegt ein wichtiges Indiz für die Annahme einer absichtlichen Werbung im Programm vor.[45] Die Nennung von Marken, Firmen und Preisen ist hingegen möglich und kein Indiz für eine Werbeabsicht, wenn ein anerkennenswertes Bedürfnis der Allgemeinheit an sachgerechter Information besteht, das ohne konkrete oder nähere Angabe dieser Art unbefriedigt bliebe.[46] So ist z.B. der Bericht über ein neues Auto oder über drastische Preissenkungen in der Vorweihnachtszeit von Allgemeininteresse, nicht aber ein Bericht, über ein bereits länger am Markt befindliches Unternehmen.[47]

3.1. Dramaturgische und sonstige Gebotenheit

Ebenfalls erlaubt ist danach eine Berichterstattung, in der Produkte oder Dienstleistungen vorgestellt werden, um den Verbraucher über ihren Nutzen aufzuklären.[48] Das Kriterium der journalistischen Gebotenheit kann jedoch nur dort greifen, wo tatsächlich journalistische Leistungen erbracht werden. Auch Hersteller oder Produzenten von unterhaltungsorientierten Beiträgen (Spielfilme, Serien, Gameshows usw.) müssen in der Umsetzung ihres künstlerischen Anliegens frei darin sein, Markenartikel einzubauen, um die Umwelt realitätsnah, d.h. auch mit der üblicherweise vorhandenen Werbung darzustellen.[49]

Die Grenze ist erst überschritten, wenn Art und Ausmaß der Darstellung in Hinblick auf den publizistischen Anlass dramaturgisch nicht gerechtfertigt erscheinen; m.a.W., wenn die Werbewirkung zur Darstellung der Lebenswirklichkeit nicht erforderlich oder aus künstlerischen Gründen nicht vorgesehen war.[50] Ein wichtiges Indiz für ein Handeln ohne jeglichen sachlichen bzw. publizistischen Anlass zur Berichterstattung und damit eine Werbeabsicht stellt bei Werbung im Spielfilm die Konstellation dar, dass einzelne Requisiten auffällig oft und völlig unmotiviert, d.h. ohne in das dramaturgische Gesamtkonzept der Rahmenhand-

---

[44] *VG Hannover*, ZUM-RD 1997, 45, 46 f – Barbie-Puppen. Nichts anderes meinen auch das *OLG Düsseldorf*, WRP 1986, 556, 558, wenn es auf ein „sachliches Informationsbedürfnis" oder das *OLG München*, AfP 1983, 284, 285, wenn es auf einen „Nachrichtenwert" abstellen

[45] *BGH*, WRP 1994, 400, 401 - Beipackzettel; *OLG München*, AfP 1997, 913, 918.

[46] *BGH*, WRP 1994, 862 - Bio-Tabletten.

[47] *OLG Hamburg*, AfP 1997, 806 u. 807.

[48] *OLG Frankfurt*, GRUR 1994, 133 – Hobbythek, *OLG Hamburg*, AfP 1993, 578 – Finanztest.

[49] *Scheuch*, Product Placement, S. 453; *Ullman*, FS-Traub, S. 411, 416; *Sack*, ZUM 1987, 103, 115; *Hartel*, ZUM 1993, 596; *Auer* u.a., Product Placement, S. 245: „Ein werbeneutraler Hintergrund im Spielfilm entspricht nicht der Realität."

[50] *BGH*, GRUR 1982, 234, 236 - Großbanken-Restquoten; *OLG Hamm*, WRP 1991, 56, 57.

lung zu passen, ins Bild geraten.[51] Umgekehrt kann die konkrete Szene in ihrer werbewirksamen Intensität redaktionell und dramaturgisch gerechtfertigt sein[52], wenn die objektive Werbewirkung unvermeidbar oder das Interesse der Allgemeinheit an der Berichterstattung höher einzustufen ist als die mit der Übertragung verbundenen Risiken.[53]

4.1. Redaktionelle Gebotenheit und Fremdproduktionen

Zulässig bleibt die Ausstrahlung von beabsichtigter redaktioneller Werbung in Fremdproduktionen durch die Rundfunkanstalt, wenn der Fernsehsender den Inhalt nicht beeinflussen und auf die Ausstrahlung im Sinne des Programmauftrages nicht verzichtet werden kann.[54] Da Fernsehanbieter mit einem verhältnismäßig hohen Fremdproduktionsanteil i.d.R. weder Kenntnis, Einfluss noch Kontrolle auf die hinter den Kulissen der Produktionsfirmen ablaufenden Geschäfte haben, ist diese Werbewirkung aus Sicht der Rundfunkanstalt unvermeidbar.

Werbeeinblendungen bei Sportübertragungen werden ebenso wie bei Produktplatzierungen in Quizsendungen oder Talkshows, von der herrschenden Auffassung danach beurteilt, ob die werbliche Einblendung im Programm aus journalistischen Gründen geboten, d.h. vermeidbar ist.[55]

---

[51] *Bork*, WiP, S. 47 ff, *Scherer, B.*, Product Placement, S. 64; *Ahrens*, GRUR 1995, 307, 315; *Henning-Bodewig*, GRUR Int. 1987, 538, 544; *Sack*, ZUM 1987, 103, 115 f, *ders.*, AfP 1991, 708; *Meyer-Harport,* Neue Werbeformen im Fernsehen, S. 121 ff.

[52] Als zulässig wurde beispielsweise die Einblendung der Marke BMW in der Kriminalserie „Derrick“ angesehen. Da die Darstellung des Alltags eines Kommissars auch Fahrten in seinem Wagen umfasst, sei die zugleich damit verbundene Darstellung der Automarke (BMW) unvermeidbar. Denn die Marke BMW ist nicht zuletzt aufgrund der Werbung derart in die Alltagswelt eingedrungen, dass sie sich auch in einer realistischen Inszenierung wiederfinden muss. Vgl. *Ladeur,* Neue Werbeformen und der Grundsatz der Trennung von Werbung und Programm, ZUM 1999, 674.

[53] G.h.A.: *OLG München*, AfP 1986, 348, 350; *Bork*, WiP, S. 84 ff; *ders.*, GRUR 1988, 268; *ders.* ZUM 1991, 52 f; *Henning-Bodewig,* GRUR Int. 1987, 542 ff; *Reidt*, Art. 7 Abs. 4 des Rundfunkstaatsvertrages (RStV) - Das Verhältnis von Werbung und Programm in Hörfunk und Fernsehen, AfP 1990, 101, 103; *Johansson*, a.a.O., S. 164 ff; *Wieben*, Die Trennung von Werbung und redaktionellem Programm, S. 183 ff; 194.

[54] *Johansson*, a.a.O., S. 64 ff., 96 f.; *Reidt*, AfP 1990, 103; *Bork*, WiP, S. 84 f; *Neft*, Rundfunkwerbung, S. 102; *Meyer-Harport,* Neue Werbeformen im Fernsehen, S. 117, 119; Zu den Unterpunkten dieses Kritierums vgl. *Schultze*, Product Placement im Spielfilm, S. 166 ff.

[55] *Scherer, I.* Verbraucherwerbung, 1996, S. 196; *Ring* u.a., § 8 RStV Rdnr. 17.

(2.) Kritik

1.1. Zuschauerinteresse contra Werbeinteresse

Die oben genannten, von überwiegender Rechtsprechung und Literatur verwandten Kriterien der journalistischen, redaktionellen und dramaturgischen Gebotenheit zielen im Kern auf ein normatives Zuschauerinteresse an einer bestimmten Ausgestaltung redaktioneller Programmgestaltung, welche sich von den einseitigen wirtschaftlichen Interessen der Unternehmer fundamental unterscheiden. Der Programmvermittlungsauftrag der Rundfunkanstalten wird so als allgemeine Aufgabe verstanden, welche im Interesse des Zuschauers an einer umfassenden informativen Programmgestaltung erfolgt und deshalb nicht einem partikulären Interesse z.B. der werbetreibenden Wirtschaft ausgeliefert werden darf.

Wie bereits an anderer Stelle dargelegt[56] geht dieses Verständnis von Rundfunk von einem längst nicht mehr existierenden Angebotsmarkt nach Fernsehprogrammen aus.

Seit Einführung des Privatfernsehens besteht zumindest zahlenmäßig eine programmliche Angebotsvielfalt. Auf einem solchen Markt lässt sich das Zuschauerinteresse eben nicht mehr nur anhand publizistischer Kriterien ermitteln. Das Zuschauerinteresse wird vielmehr auf diejenigen Beiträge gelenkt, die seine Aufmerksamkeit aus sich lenken.[57] Auf einem solchen Markt können aus Sicht der ausführenden Redaktion vermeintlich zuschauerrelevante Themen von dem tatsächlichen Zuschauerinteresse, wie es sich im Einschaltverhalten ausdrückt, abweichen. Zugleich lässt die zunehmend Fixierung der Rundfunkanbieter auf die eigene Gewinnmaximierung, die klassische Trennung zwischen programmlichen und kommerziellen Interesse zu Gunsten einer Ökonomie der Aufmerksamkeit, welche sowohl auf die aus der Werbung bekannten „Aktivierungstechniken“[58] als auch deren Aktivierungsträger (z.B. bekannte Markennamen oder – Produkte verwischen. Die Berufung auf vermeintliche (redaktionell begründbare) Zuschauerinteressen wird dadurch zur Illusion.

2.1. Das Kriterium der Unvermeidbarkeit am Beispiel der Bandenwerbung im Fernsehen

2.1.1. Bandenwerbung und Zuschauerinteresse

[56] S. Seite 61 ff.

[57] Vgl. Seite 46 ff.

[58] Unter Aktivierung versteht man die innere Erregung oder Spannung, die kurzfristig schwankt und durch Reize ausgelöst wird, hierzu: *Kroeber-Riel*, Wirkung von Werbung- und Aufklärungskampagnen, in. *Schulz* (Hrsg.), 1986, S. 61 ff, 65 und Seite 35ff.

Inwieweit im Zuge einer solchen Entwicklung das Kriterium der Unvermeidbarkeit einer objektiv vorhandenen Werbeeinblendung geeignet ist, Rückschlüsse auf den Werbecharakter einer Einblendung zu ziehen, soll am Beispiel der Bandenwerbung einer kritischen Analyse unterzogen werden.

Übereinstimmend wird die Mitübertragung von Banden- und Trikotwerbung im Fernsehen solange hingenommen, solange der von der Einblendung bezweckte werbliche Effekt unvermeidbar oder zumindest aus überwiegenden Zuschauerinteressen gerechtfertigt ist.[59]

Die Begründungen sind allerdings unterschiedlich.

Nach im Ergebnis übereinstimmender Ansicht stellt die Bandenwerbung einen Bestandteil des abgebildeten Schauplatzes dar und kann deshalb solange nicht als verbotene Werbung im Programm angesehen, solange sie ein vertretbares Maß nicht überschreitet und die Kameraführung neutral bleibt.[60] Begründet wird die Billigung der Bandwerbung mit dem Argument, dass dem Rundfunkveranstaltern die Möglichkeit belassen bleiben müsse, wichtige Sportereignisse zu übertragen, auch wenn die Ereignisse selbst Werbung enthalten. Insoweit besteht die Pflicht der Rundfunkanstalten, dem Zuschauer die Teilhabe an bestimmten Medienereignissen zu ermöglichen.[61] Andernfalls wären die Rundfunkveranstalter in einem wichtigen Bereich aktuellen Geschehens, nämlich den Sportereignissen, weitgehend von der Möglichkeit der aktuellen Berichterstattung abgeschnitten, was wiederum zu Lasten der Informationsbedürfnisse der Zuschauer gehen würde.[62] Im übrigen würde Banden- und Trikotwerbung zur Umwelt von Sportveranstaltungen gehören und ihre Abbildung daher nur Abbild der Realität sein.[63] Außerdem werde der Rundfunkveranstalter in seiner Programmgestaltungsfreiheit durch Bandenwerbung nicht beeinträchtigt.[64]

Ist eine Berichterstattung aus Informationsgründen geboten - was praktisch bei Sportveranstaltungen nie in Frage gestellt wird - so findet die Verpflichtung zur Ausblendung medialer Werbung ihre Grenzen. Die Rundfunkanstalten dürfen sich zwar umgekehrt nicht verpflichten, bei der Übertragung die Sponsoren ext-

[59] Statt vieler: *Bruhn/Mehlinger*, Sponsoring, Bd. 1, S. 162.

[60] Die Banden- und Trikotwerbung ist daher als Bestandteil des abgebildeten Schauplatzes anzusehen, sofern die Einblendung von Marken und Firmennamen nicht gezielt erfolgt, vgl.: *Fuhr/Rudolph/Wasserburg* aaO, 6. Kap., 4 c, S. 381 f; *OLG München* WRP 1976, 393, 396; *v. Gamm,* a.a.O., 29. Kap., Rdnr. 5; *Henning-Bodewig,* BB 1986 Beilage 18, 9; *Bosmann,* ZUM 1990, 552; *Sack*, AfP 1991, S. 708.

[61] *Bosmann,* ZUM 1990, 545, 551.

[62] So überzeugend auch *Neft*, Rundfunkwerbung, 1994, S. 86; grundlegend hierzu: *Bork,* WiP, S. 68 ff; diff. zum Kriterium der Unvermeidbarkeit: *Herkströter*, MP 1998, 110 f.

[63] *Meyer-Harport,* Neue Werbeformen im Fernsehen, S. 120 m.w.N.

[64] *OLG München*, WRP 1976, 393 ff; *Greffenius/Fikentscher*, ZUM 1992, 526, 532 ff.

ra zu erwähnen bzw. ihre Marken einzublenden, da dann die Sendung für sich genommen zu wirtschaftlichen Vorteilen des Sponsors im Verhältnis zu Mitbewerbern führt.[65] Allerdings wird im Rahmen der Abwägung zwischen den programmlichen Interessen einerseits und den Gefahren der Inkaufnahme der werblicher Darstellungen andererseits in aller Regel ein Verzicht auf die Übertragung im Interesse der Zuschauerinformation als nicht erforderlich angesehen.[66] In diesen Fällen soll es an der Absicht des Rundfunkveranstalters, den Absatz der beworbenen Produkte, d.h. zu kommerziellen Zwecken zu fördern, fehlen.[67]

2.1.2. Aufgedrängte Werbung als Problem der Marktmacht

Die Einschränkung des Trennungsgebotes in Fällen der Bandenwerbung mit dem Argument, dass diese Werbung immer unvermeidbar sei, stellt letztlich nichts anderes als das Eingeständnis dar, dass die Bandenwerbung Teil der Wirklichkeit geworden ist.[68] Auch in diesen Fällen ist formal der Grundsatz der Trennung von Werbung und Programm verletzt. Wann die Wirklichkeit der Bandenwerbung in fiktionale Konstruktion umschlägt, ist in einer Zeit, in der alle in einem Stadion vorhandenen Freiflächen vom Veranstalter als Werbefläche nutzbar gemacht werden (so werden z.B. bei Fußballspielen hinter Toren bestimmte Autos positioniert oder neben den Toren „camp carpets", die für die TV-Kamera einen Markennamen dreidimensional produzieren, ausgelegt), kaum ermittelbar.

Die Frage der Unvermeidbarkeit einer Werbeeinblendung wird von der Vorfrage des tatsächlichen Kräfteverhältnisses zwischen verantwortlicher Rundfunkanstalt, ausführenden bzw. umsetzenden Produzenten sowie den an der optimalen kommerziellen Verwertung des Sendebeitrags interessierten werbetreibenden Dritten und Veranstaltern verdrängt.[69] Letztlich erspart sich die Rundfunkanstalt durch den Einkauf von Fremdproduktionen die lästige werberechtliche Kontrolle, da sich an Produktplatzierung interessierte Werbetreibende direkt an die Produktionsfirmen wenden können. Diese können den Rundfunkanstalten aufgrund der enthaltenen Werbung billigere Produktionen anbieten, wovon die Rundfunkanstalt profitiert. Die Rundfunkanstalten können sich dann bequem auf das Informationsinteresse der Zuschauer berufen, ohne für eventuell vorhandene bezahlte Werbung im Programm zur Verantwortung gezogen zu werden.[70]

2.1.3. Faktische Verbilligung der Übertragungsrechte durch Bandenwerbung?

[65] *Ring* u.a., § 8 RStV Rdnr. 17.
[66] *Ring* u.a., § 8 RStV Rdnr. 19.
[67] *Harstein/Ring/Kreile/Dörr/Stettner*, Kommentar zum RStV, 1995, § 6 X, Rdnr. 51.
[68] *Ladeur*, ZUM 1999, 674.
[69] S.S. 117 ff. Ähnlich auch *Schultze*, Product Placement im Spielfilm, S. 178 f.
[70] *Bülow*, CR 1999, 110.

Letztlich stellt sich die Frage, ob die Werbeplatzierungen von den Rundfunkanstalten nicht billigend in Kauf genommen werden. Denn der Veranstalter eines Ereignisses kann seine Übertragungsrechte erheblich billiger verkaufen, wenn er wegen der vorab aus Sponsorengeldern erzielten Einnahmen nicht mehr die Kosten der Veranstaltung in voller Höhe über die Veräußerung der Senderechte abdecken muss.

So braucht beispielsweise eine kleinere Veranstaltung, damit sie an Attraktivität für die teilnehmenden Sportler gewinnt, Sponsoren, welche die Veranstaltung finanziell unterstützten. Die Attraktivität der Veranstaltung hängt aus Sicht der Werbetreibenden entscheidend von der Medienpräsenz ab, da sie an einer hohen Reichweite (d.h. einer hohen Zahl potentieller Kunden) interessiert sind. Je hochkarätiger die Veranstaltung, desto eher nehmen daran Sportler teil, die wiederum Zuschauer anlocken (sogen. „Publikumsmagneten"), und umgekehrt. Je attraktiver die Veranstaltung dann ist, d.h., je mehr Sponsoren sie findet, desto attraktiver ist sie auch für die Fernsehzuschauer. Sendungen, die einen hohen Zuschaueranteil versprechen, sind ihrerseits für die Fernsehveranstalter interessant, die damit attraktive Werbezeiten verkaufen können.

Je größer das Interesse der Rundfunkveranstalter und je höher die finanzielle Unterstützung eines Sponsors für eine Veranstaltung, desto leichter fällt es dem Veranstalter, sein Mitspracherecht gegenüber der Rundfunkanstalt durchsetzen. Zugleich kann der Sponsor über den Veranstalter Druck auf die Vertragsgestaltung zwischen Veranstalter und Rundfunkanstalt nehmen. In gleichem Maße wie die Machtposition des Veranstalters zunimmt, nimmt auch die Gefährdung der Rundfunkanstalten zu.

In der Literatur wird dagegen betont, dass diese faktische Verbilligung der Senderechte aufgrund des Ereignissponsoring nur eine mittelbare, gleichsam reflexartige Finanzierung der Sendung darstellt. Mangels erforderlicher unmittelbarer Beeinflussung würde deshalb keine kennzeichnungspflichtige Finanzierung i.S.d. § 8 Abs. 1 RStV vorliegen.[71] Vielmehr soll sich der Gesponserte sogar verpflichten können, dem Sponsor außerhalb der gesponserten Sendung Werbevorrechte einzuräumen. Dagegen verstoßen weitere Gegenleistungen des Gesponserten, wie etwa die Nennung des Sponsors in der Sendung, die versteckte Werbung für Produkte und Dienstleistungen des Sponsors in der gesponserten Sendung oder in anderen Sendungen[72] regelmäßig gegen das Gebot der Trennung von Redaktion und Werbung.[73]

---

[71] *Weiand*, Der Sponsoringvertrag, 1995, II, § 2, S. 84 f; *ders.* ZUM 1993, 82; *Bork*, ZUM 1988, 325.

[72] *LG Frankfurt*; WRP 1993, 133 - *Mc Donald Gewinnspiel/Ran.*

[73] *Weiand*, Sponsoring, S. 173 ff.

2.1.4. Zum Einflussnameverbot des § 7 Abs. 2 RStV

In der Tat setzt § 7 Abs. 2 RStV der unternehmerischen Einflussnahme auf die Programmgestaltung enge Grenzen. Diese Vorschrift kann aber ebenso wenig wie ein verfassungsrechtliches Neutralitätsgebot die Ausrichtung der Programmgestaltung der Rundfunkanstalten an den Kriterien der Zuschauer- und Programmattraktivität in der Praxis unterbinden.

Der Veranstalter eines zuschauerattraktiven Ereignisses und seine Werbepartner nehmen nur wenig Rücksicht auf die programmlichen Interessen und rechtlichen Bindungen der Rundfunkanstalt. Sie sind als wirtschaftliche Handelnde naturgemäß an einer optimalen Verwertung ihrer Rechte interessiert.

Dabei wird immer deutlicher, dass die scheinbaren gegensätzlichen Interessen von Rundfunkanstalten, „gesponserten" Veranstaltern oder Produzent und dem werbeschaltenden Unternehmer allenfalls im Vorfeld bei der Aushandlung der Vertragsbedingungen tatsächlich bestehen. Später haben alle Beteiligten das gemeinsame Interesse an einer möglichst gewinnbringenden Übertragung, die nur durch eine möglichst hohe Zahl an Fernsehzuschauern erreichbar ist.

Vor diesem Hintergrund haben die Rundfunkanstalten selten ein Interesse daran, gegen mediale Werbung im eigenen Programm energisch vorzugehen; nämlich nur dann, wenn sie ihre eigenen wirtschaftlichen (!) Interessen bedroht sehen.[74]

Die zunehmende Bedeutung ökonomischer Fragen und die damit einhergehende Verschiebung der Machtverhältnisse von auf den Veranstalter („Content is the king") wird bei der Vergabe der äußerst attraktiven Fußballübertragungsrechte besonders deutlich. Der Deutsche Fußball Bund (DFB) machte deren Vergabe u.a. davon abhängig, dass die Medien „die guten Seiten des Fußballs in den Medien" darstellen, der Rechteerwerber vom DFB zu benennende Themen in geeigneter Form redaktionell begleiten und in ein gemeinsam mit dem DFB zu erarbeitendes Rahmenkonzept integrieren soll. Schließlich möchte der Verband die begehrten Sponsorhinweise und Werbeplätze in den Fußballmagazinen der übertragenden Rundfunkanstalt anstelle des Senders selbst vermitteln. Weiterhin soll sich der Sender verpflichten, dem DFB „in geeigneter Weise die Möglichkeit zur werblichen Unterstützung im Bereich des Merchandising zu eröffnen."[75]

---

[74] Unter Hinweis auf den zwischen Deutschem Fußballbund und ARD/ZDF geschlossenen Vertrag, der besagt, dass eine „im Bild sichtbare Werbung zugunsten anderer Rundfunkveranstalter...unzulässig" sei, zwang die ARD den Fußballregionalligisten Hannover 96 im „Lokalderby" gegen Eintracht Braunschweig 1997 die Bandenwerbung von „Antenne. Das Radio" zu entfernen; *Bähr* in: FOCUS 10/1997, S. 218.

[75] Vgl. *Ott, Kl.*, Wer kassiert schafft an. DFB verlangt für Liga-Rechte außer Geld auch Mitsprache, in: SZ v. 22. Dez. 1999.

(3.) Zusammenfassung und Schlussfolgerungen

Die genannten Beispiele verdeutlichen, dass die Frage der Hinnahme werblicher Einblendungen im Programm als Geboten oder Unvermeidbar vor allem eine Frage der Marktmacht ist. Stellt man darauf ab, was geboten oder unvermeidbar ist, dann werden Werbeeinblendungen von zuschauerattraktiven Veranstaltungen, nach denen eine besondere Nachfrage besteht, aus Sicht der Rundfunkanstalten unvermeidbar und damit hinzunehmen sein, während die Rundfunkanstalten bei Randsportarten mit geringen Sponsorengeldern und Zuschaueraufmerksamkeit ihre Marktmacht auch zur Verhinderung über mäßiger Bandenwerbung einsetzen können. Damit schneidet das Kriterium der „Unvermeidbarkeit der Werbeeinblendung" nur Veranstaltungen mit geringerer Marktmacht und damit kleiner Sponsorenunterstützung von der Möglichkeit weitreichender Vermarktungsmöglichkeiten ab, wie sie marktstarke Veranstalter in der Praxis in Anspruch nehmen können.

Festzuhalten bleibt, dass das Kriterium der fehlenden journalistischen und dramaturgischen Gebotenheit keine Aussagen darüber zulässt, ob ein Werbeeffekt im Rahmen einer redaktionellen Berichterstattung zugunsten eines Unternehmens von der Rundfunkanstalt beabsichtigt wurde oder nicht.[76]

Dieses Kriterium kann allenfalls besonders auffällige und damit für den Zuschauer leicht erkennbare Werbung im Programm verhindern. Professionelle Werbung im Programm wird nur dort vorgenommen, wo die Aufmerksamkeitsspanne des Zuschauers am Höchsten und die Präsentation der Markenprodukte am Glaubwürdigsten ist. Der Erfolg mit Product-Placement setzt voraus, dass die Durchführung nicht ungeschickt und die Werbeabsicht nicht bloßstellend ist.[77] Eine für den Werbeerfolg notwendige „stimmige Implementierung" der Produkte der Werbeindustrie dürfte in der Regel dort vorgenommen werden, wo der Einsatz von Product-Placement oder anderen Werbeformen am dramatur-

[76] Ähnlich, aber mit völlig anderer Begründung: *Schultze*, Product Placement im Spielfilm, S. 157 ff, 175 f.

[77] *Bente*, a.a.O., S. 221 ff; 226 ff; *Auer* u.a., Product Placement - Die neue Kunst der geheimen Verführung, S. 189 ff; *Spitzer,* a.a.O., S. 142 ff, 150 ff m.w.N.

gisch sinnvollsten erscheint.[78] Gerade in diesem Fall, wo die beabsichtigte Werbewirkung am größten ist, will die Rechtsprechung den Werbeeffekt als redaktionell bedingt hinnehmen.

ii. ENTGELT

(1.) Entgeltzahlung und Werbeabsicht

Als weiteres, wichtiges, zum Teil unwiderlegbares, Indiz für die Annahme, dass bei der Entscheidung über die Inkaufnahme von Werbewirkungen in das redaktionelle Programm nicht aufgrund vorwiegend journalistischer Erwägungen getroffen wird, wird nach Ansicht von herrschender Rechtsprechung[79] und Literatur[80] im Eingehen einer vertraglichen Verpflichtung sowie in der Empfangnahme eines Entgeltes oder einer geldwerten Leistung gesehen. Gestützt werden kann diese Auffassung bereits auf den Werbebegriff in § 2 Abs. 2 Nr. 5 RStV, welcher eine kommerzielle Äußerung im Rundfunk gegen „Entgelt oder eine ähnliche Gegenleistung" voraussetzt. Die Vermutung eines Handelns zu Werbezwecken soll nach der Legaldefinition zur Schleichwerbung (§ 2 Abs. 2 Nr. 6 RStV) insbesondere dann greifen, wenn „eine Erwähnung oder Darstellung...gegen Entgelt oder entgeltähnliche Gegenleistung" erfolgt.

---

[78] *Auer* u.a., Product Placement, S. 70 ff. Beispielsweise fuhr der Hauptdarsteller des James-Bond-Films „Golden Eye" aus dem Jahre 1998 einen BMW 750i. Die Bayrischen Autobauer schlugen damit ihre Konkurrenten von Jaguar und Aston Martin in einer Ausschreibung (!) und brachten dafür Leistungen im Wert von mehreren Millionen Pfund. Es mag natürlich fraglich sein, ob es dramaturgisch überzeugend ist, dass ein britischer Geheimagent einen deutschen Wagen fährt. Zumindest wird deutlich, dass Produktplatzierungen im internationalen Filmverkehr ein besonders attraktives, selbstverständliches Wirtschaftsgut geworden ist, mit dem die Autofirmen umfangreich werben. Als weiterer Vertragsbestandteil wurde den Autobauern eine dramaturgisch spektakuläre Aktionsszene mit dem Wagen versprochen (und in der Parkhausszene in einem Hamburger Hotel auch realisiert); vgl. SZ v. 25. April 1997. Ein weiteres, berühmtes Beispiel ist der Film ET von 1982, in dem die Kinder (verabredungsgemäß) Reese-Candy benutzen, um ET ins Haus zu locken. Die Verkäufe von Reese schossen nachweislich um über 70% nach oben; vgl. w&v 39/96, S. 22.

[79] St. Rspr.: *BGH,* GRUR 1968, 382; *BGH,* GRUR 1981, 835; vgl. auch *ÖOGH,* GRUR Int. 1993, 503 - Römerquelle; *OLG Wien*, GUR Int. 1993, 179 (Vorinstanz); *VG Berlin*, Urt. vom 27. Jan. 1998, MMR 1998, 162, 163 **a.A.** nun *VG Berlin*, MMR 1999, 177, 179 – Feuer, Eis & Dynamit, wonach zusätzlich zur Entgeltlichkeit auch noch die Irreführung zu treten hat.

[80] *Prinz/Peters*, Medienrecht, 8. Kap. V 1 c) Rdnr. 232; *Gloy/Ahrens*, WbR, § 59, Rdnr. 88 m.w.N.; *Coerdt-Taxhet*, Irreführende Fernsehwerbung, S. 89; *Köhler*, WRP 1998, 349 m.w.N. in Fn. 1-3, *Sack*, ZUM Sonderheft 1987, 110; *Henning-Bodewig*, Neuere Entwicklungen im Sponsoring, ZUM 1997, 633, 637 mwN *Sack*, AfP 1991, 704, 705; *Bosmann*, ZUM 1990, 545, 546; *Engels*, Fernsehwerbung, S. 215; *Johansson*, a.a.O., S. 160 ff; **a.A.** *Schwarz*, Entgeltliches Product Placement in Kinofilmen: Umfang der Hinweispflicht für Produzenten, Verleiher und Kinotheaterbesitzer, AfP 1996, 32.

Hinter dem Verbot entgeltlicher Leistungen zu Werbezwecken im Programm steht die grundsätzliche Überzeugung, dass die Veröffentlichung von werbewirksamen Informationen nicht aufgrund geldwerter Zuwendungen, sondern journalistischer Überzeugung zu erfolgen hat. Ist kein Entgelt für die Einblendung geflossen, besteht auch keine Verpflichtung zur Gegenleistung der Programmveranstalter. Wenn keine Verpflichtung besteht, kann auch - allenfalls abgesehen von persönlichen Motiven Einzelner („journalistische Motivation") - keine Gefahr für eine Fremdbeeinflussung der Meinungsvielfalt bestehen. Damit lässt sich aus der Pflicht zur Einhaltung dieser journalistischen Maßstäbe, welche aus dem Gebot der Unabhängigkeit und Neutralität der Rundfunkanstalten folgt, das Verbot der Entgeltannahme ableiten.[81]

Die Annahme von Geld ist in der Praxis allerdings nur schwer nachzuweisen,[82] zumal die gesamte Schleichwerbung auf dem Gedanken der Geheimhaltung basiert. Deshalb schließt man bei Vorhandensein bestimmter Indizien auf das Vorliegen einer geldwerten Leistung.

Solche zwingenden Indizien sollen vorliegen, wenn die Übertragungsrechte von Veranstaltungen erkennbar verbilligt werden, wenn bereits in der Entstehungsphase eines Werkes dieses bewusst auf die Einbringung von Marken und Produkten geschrieben wird, oder wenn eine vertragliche oder sonstige Verpflichtung für die Einblendung der Werbeembleme oder Produkte besteht.[83]

(2.) Kritik

1.1. Das Kriterium der Entgeltzahlung in Gesetz und Rechtsprechung

1.1.1. Entgeltzahlung im System der BGH-Rechtsprechung

Die herausragende Indizwirkung einer Entgeltzahlung für die Darstellung und Erwähnung kommerzieller Anbieter wird zwar in der wettbewerbs- und rundfunkrechtlichen Literatur unter Hinweis auf zahlreiche entsprechende Regelungen (§§ 2 Abs. 2 Nr. 5, Nr. 6; 7 Abs. 1 RStV; Art. 1 EG-FsRili; Art. 2 f EFÜ) nicht in Frage gestellt.

---

[81] *Coerdt-Taxhet*, Irreführende Fernsehwerbung, S. 91.

[82] Vgl. *Schaar*, ZUM 1998, 871 f. „Seriöse" Unternehmen wie BMW betonen, dass Geld zwischen Produzent und Werbenden grundsätzlich nicht fließt. Selbst beim Bondfilm sollen „nur" mehrere BMW-Prototypen und ein exklusiver Service am Set geleistet worden sein, so *Johannes Schulz* (BMW) zit. nach *Keller, J.*, w&v 34/99, S. 124.

[83] Vgl. *Ring u.a.*, § 7 RStV Rdnr. 48; *Johansson*, a.a.O., S. 163 f.

Der *BGH* betont allerdings in seinen Preisrätselgewinn-Entscheidungen[84], dass die Zahlung eines Entgeltes oder ähnliche Gegenleistung allein nicht ausreicht, um eine verbotene Werbung im Programm zu bejahen. Vielmehr hat er die

> „Abbildung des als Gewinn eines Preisrätsels ausgelobten Produkts und die wiederholte Erwähnung des Produktnamens [...] dann nicht als eine unzulässige getarnte redaktionelle Werbung [...beanstandet...], wenn zugleich darauf hingewiesen wird, dass der Gewinn vom Produzenten unentgeltlich zur Verfügung gestellt worden ist."

Allerdings verlangt er, dass die Darstellung der Produkte das sachlich gebotene Maß nicht überschreitet.[85] Zur Begründung führt er an, dass der Verkehr grundsätzlich mangels gegenteiliger Anhaltspunkte davon ausgehen muss, dass die Preise von der Redaktion ausgewählt und nicht kostenlos vom Hersteller zur Verfügung gestellt worden sind.[86] Deshalb gehört es zu den berechtigten Interessen des Rezipienten, zur Einschätzung des Charakters des Gewinnspiels von der Redaktion die Information zu erhalten, ob die Preise wie üblich aufgrund einer objektiven Auswahlentscheidung nach Urteil der verantwortlichen Redaktion angesetzt worden sind, oder weil der Hersteller sie kostenlos zur Verfügung stellte.[87] Der materielle Vorteil muss dem Leser des „Rätselsponsoring"[88] entsprechend den presserechtlichen Regelungen zur Anzeige kenntlich gemacht werden.[89]

Damit misst der *BGH* der Entgeltzahlung weiterhin eine hohe Bedeutung für die Beurteilung eines redaktionellen Angebotes bei. Zugleich macht das Gericht deutlich, dass der Zuschauer über eine so einschneidende Einflussnahme von Unternehmen, wie sie durch die unentgeltliche Bereitstellung von Gewinnen für ein Preisrätsel erfolgt, ausdrücklich informiert werden muss. Als ausreichende Information sieht es das Gericht an, wenn in der Überschrift oder an anderer Stelle deutlich auf die unentgeltliche Leistung (welche zugleich aus Sicht der Redaktion ein geltwerter Vorteil darstellt) hingewiesen.[90]

---

[84] *BGH,* NJW 1994, 2953 = GRUR 1994, 821 - Preisrätselgewinnauslobung I; *BGH,* NJW 1994, 2954 = GRUR 1994, 823 - Preisrätselgewinnauslobung II; *BGH,* NJW 1996, 3276 = GRUR 1996, 804 = MDR 1997, 54 = NJWE-WettbR 1997, 25 = WM 1996, 1880 - Preisrätselgewinnauslobung III; *BGH,* NJW, 1996, 3278, 3280 = GRUR 1997, 145 = MDR 1997, 56 = NJWE-WettbR 1997, 25 = WM 1996, 2169 - Preisrätselgewinnauslobung IV.

[85] *BGH,* NJW 1996, 3276 - Preisrätselgewinnauslobung III.

[86] *BGH,* JW 1996, 3278, 3280 - Preisrätselgewinnauslobung IV.

[87] *BGH,* JW 1996, 3276, 3278 - Preisrätselgewinnauslobung III.

[88] Diesen Begriff verwendet der *BGH,* erstmals in: NJW 1996, 3276, 3277.

[89] *BGH,* JW, 1996, 3278, 3280; NJW 1994, 2954

[90] *BGH,* NJW 1996, 3276, 3278.

Im Ergebnis billigt der *BGH* gegen Entgelt erfolgte werbewirksame Darstellung, sofern sie für den Zuschauer erkennbar ist.[91]

1.1.2. Die „Feuer, Eis & Dynamit"-Entscheidung des *VG* Berlin

Das *VG Berlin* misst der Zahlung eines Entgeltes hingegen keine besondere Bedeutung zur Ermittlung eines Werbezwecks bei. Wie das Gericht herausstellt, kann ein Fernsehveranstalter über die Zwischenschaltung von Produktionsfirmen sich ohne weiteres von diesem Indiz „freikaufen".[92]

Allerdings ist die Argumentation des *VG* nicht schlüssig. Zuzustimmen ist der Aussage, dass das Kriterium der Entgeltzahlung in der Praxis dadurch entwertet wird, dass es sehr leicht umgegangen werden kann. Liegt eine Entgeltzahlung oder eine „ähnliche Gegenleistung" (vgl. § 2 Abs. 5, Abs. 6 S. 2 RStV) nachweislich vor, wird man daraus zumindest dann eine gewisse Indizwirkung für die Werbeabsicht der Rundfunkanstalt ableiten können, wenn in dem Programmbeitrag das zahlende Unternehmen oder deren Produkten in den Mittelpunkt der Berichterstattung gestellt werden. Eine hohe Wahrscheinlichkeit, dass die publizistische Unabhängigkeit durchbrochen ist,[93] ergibt sich jedoch nicht. Vorrangig ist die Möglichkeit zu berücksichtigen, dass der Berichts zur öffentlichen Meinungsbildung beiträgt. Dieser Charakter kann ihr nicht einmal dann abgesprochen werden, wenn die Äußerung innerhalb einer bezahlten Anzeige erfolgt.[94]

2.1. Entgeltzahlung und Sponsoring

Das Rundfunkrecht verbietet nicht jede Entgeltzahlung oder sonstige finanzielle Leistung eines Unternehmens für eine Sendung, die mit dem Ziel erfolgt, Namen, Marken, das Erscheinungsbild einer Person, ihre Tätigkeit oder Leistung zu fördern.

Nach überwiegender und überzeugender Meinung fällt die Bereitstellung von Produktionsmitteln (z.B. Requisiten, Kleider der Darsteller, Autos) durch Hersteller (sogen. Produktsponsoring) unter die Werberegelungen der §§ 7f. RStV. Gem. § 8 i.V.m. § 2 Abs. 2 Nr. 7 RStV sind solche direkten oder indirekten Finanzierungshilfen als Sponsoring zulässig, wenn sie entsprechend gekennzeich-

[91] So auch explizit Ziff. 3 die ZAW-Richtlinien für redaktionell gestaltete Anzeigen, abgedr. bei *Prinz/Peters*, Medienrecht, Anh, Rz. 994 f, wonach die Entgeltgewährung erst dann unlauter ist, wenn der flüchtige Leser den Anzeigencharakter aufgrund der formalen Gestaltung und Anordnung der Anzeige nicht erkennt <u>und</u> die Veröffentlichung nicht deutlich mit dem Wort „Anzeige" gekennzeichnet ist.

[92] *VG Berlin*, MMR 1999, 177, 178 f – Feuer, Eis & Dynamit, wonach zusätzlich zur Entgeltlichkeit auch noch die Irreführung zu treten hat.

[93] So aber *Engels*, Fernsehwerbung, S. 215.

[94] *Hoffmann-Riem*, ZUM 1996, 3 unter Hinweis auf *BVerfGE* 21, 271, 279.

net (§ 8 Abs. 1 RStV) und die weiteren Voraussetzungen des § 8 Abs. 2-5 RStV eingehalten werden. Zulässig bleibt daher die reale Darstellung der Umwelt gegen Entgelt oder ähnliche Gegenleistungen, sofern Rundfunkveranstalter, Produzent und Kamera diese Produkte nicht in einer auffälligen, zusätzlichen oder dramaturgisch[95] nicht mehr gebotenen Weise einblenden.[96] Gesetzgeber und Rechtsprechung schließen bei der indirekten Zahlung eines Entgelts oder ähnlichen Gegenleistung nicht automatisch auf eine verbotene Werbeabsicht der Rundfunkanstalt, soweit eine Irreführung des Zuschauers unwahrscheinlich ist.

3.1. Die Bedeutung der Entgeltzahlung in der Vermarktungspraxis

Inwieweit das Kriterium des Entgeltes sichere Rückschlüsse auf einen Eingriff in die journalistische Unabhängigkeit zulässt, ist zweifelhaft.[97] Zumindest bei Sendungen, in denen unterhaltsam aufbereitete Filme, Musik, Mode oder Gewinnspiele im Vordergrund stehen, dürften sowohl Motivation der Rundfunkanstalt als auch Interesse der Zuschauer an der Einhaltung journalistischer „Fairnessstandards“ eher gering sein.[98]

Zweifel bestehen deshalb, weil entgeltliche Leistungen und Kooperationen in der modernen Medienlandschaft nicht mehr wegzudenken sind. So dürfte wohl jeder amerikanische und die meisten deutschen Spielfilme, die im Fernsehen ausgestrahlt werden, Produktplatzierungen aufgrund vertraglicher Absprachen beinhalten.[99]

---

[95] Zur Tauglichkeit des Kriteriums der dramaturgischen Gebotenheit siehe S. 113 ff.

[96] *Greffenius/Fikentscher*, ZUM 1992, 526, 529. Nach a. A. (vgl. *Beucher* u.a., § 7 RStV Rdnr. 46, § 8 Rdnr. 6 u.H.a. Ziff. 5.3. der Werberichtlinien von ARD und ZDF; wohl auch *Ring* u.a., § 8 Rdnr. 14.) soll es sich dabei nicht um Finanzierungshilfe nach § 8 Abs. 1 RStV sondern um Ausstatterhinweise handeln, die am Maßstab des § 7 Abs. 5 RStV gemessen werden müssen und solange zulässig seien, solange die Darstellung der Waren und Dienstleistungen aus programmlich-dramaturgischen Gründen oder zur Wahrnehmung von Informationspflichten erfolgen.

[97] Verneinend *Schultze*, Product Placement im Spielfilm, S. 157 ff. Der Deutsche Rat für Public Relation unterscheidet in seinem überarbeiteten Richtlinienentwurf für einen Verhaltenskodex zwischen verbotener Schleichwerbung, für die ein spezifiziertes Entgelt gezahlt wird, ohne dass dies der Leser, Hörer oder Zuschauer erkennt, und erlaubtem Product-Placement, für das nichts gezahlt wird. Vgl. hierzu: *Rediske*: Verstöße gegen das Trennungsgebot. Ein Hearing des Deutschen Presserates zur Vermischung von Werbung und Programm. MMM Nr. 1/2. Jan./Feb. 2000.

[98] Vgl. hierzu die Untersuchung des *Sample Instituts* aus dem Jahre 1989, Nachweis bei *Kaplitzka* in *Meyer-Hentschel* aaO, S. 176 ff, wonach der Zuschauer den Einsatz von Markenartikeln im Film als normal empfindet, gleichzeitig ihm aber egal ist, ob der Hersteller für den Auftritt seiner Marke etwas bezahlt. Dagegen:: *KG Berlin*, AfP 1998, 311 (s. Seite 253).

[99] *Schuster*, Sittenwidrig, unlauter und lukrativ: Alle tun es: Ob im Kino, im Fernsehen, im Internet oder in der Presse, TAZ v. 25. Aug. 2000, S. 16.

Weiterhin ist zu berücksichtigen, dass ein Nachfragemarkt nach Informationen und Programmbeiträgen besteht. Da die Informationsbeschaffung und –Verwertung in einer Sendung meist sehr aufwendig und kostenintensiv ist, handelt derjenige, der Informationen günstig erwerben kann, zugleich aber den Wettbewerb eines Dritten fördert, ökonomisch sinnvoll.[100]

Stellt ein Unternehmen einem Sender beispielsweise Bildinformationen über sich zur Verfügung (z.B. Trailer über einen bevorstehenden Kinofilm, neue Musikvideos, exklusive Interviews), erhält der Sender Leistungen von Dritten, mit denen er sein Sendeprogramm füllen und gestalten kann, ohne dass er eigene Mitarbeiter damit beauftragen muss. Zugleich verbessert sich damit die eigene Wettbewerbssituation der Rundfunkanstalt gegenüber denjenigen, die diesen Vorteil nicht haben.[101] Jede ausgestrahlte Information unabhängig davon, ob sie durch eigene journalistische Arbeit oder durch Produktinformationen erzielt wurden, ist daher grundsätzlich geeignet, die Wettbewerbssituation der Rundfunkanstalt zu verbessern, sofern diese Programmteile vom Zuschauer wahrgenommen werden. Ist ein Unternehmen mangels entsprechendem „Know-how" oder Größe nicht in der Lage, den Fernsehsendern entsprechend aufbereitete Produktinformationen anzubieten, was gemäß den Grundsätzen des *BGH* zur Produktinformation grundsätzlich wettbewerbsrechtlich möglich ist[102], bleibt es auf der Strecke. Das Unternehmen muss aber zumindest die Möglichkeit haben, durch einen finanziellen Zuschuss zu Produktionskosten Anreize zu schaffen, die Rundfunkunternehmen zu einer ansonsten nicht erfolgenden Berichterstattung zu bringen.[103] Allein deshalb kann nicht jede entgeltliche Leistung zugleich als Indiz für eine Werbeabsicht angesehen werden, sondern allenfalls als eine finanzielle Leistung, die in Höhe und Umfang geeignet ist, die redaktionelle un-

[100] *Bork*, ZUM 1991, 52.

[101] Prestigeträchtige Nachrichten (z.B. über bevorstehende Unternehmensfusionen) werden in den U.S.A zunehmend exklusiv als Vorabmeldung unter der Bedingung an die Medien verkauft, dass diese keine anderen als die (positiven) Presseinformationen des Unternehmens veröffentlichen. Selbst die renommiertesten Zeitungen in den U.S.A (New York Times, Washington Post, Wall Street Journal) lassen sich auf diesen Handel in der Hoffnung auf exklusive, werbewirksame Vorabberichte ein, vgl. *Jacobi*, Nachrichtenfieber – Aufschrei in Amerika: Zeitungen paktieren mit der Industrie, SZ v. 31. Mai/1. Juni 2000.

[102] *BGH*, GRUR 1993, 561, 562 = MDR 1993, 632 = NJW-RR 1993, 869 - Produktinformation I, GRUR 1994, 819, 820 = MDR 1994, 820 - Produktinformation II; GRUR 1996, 71, 72 = MDR 1996, 707 = NJW 1996, 1349 = NJW-RR 1996, 162 = NJWE-WettbR 1996, 73 = WM 1996 555 - Produktinformation III: „Ein Unternehmen, das werbend, aber der Sache nach zutreffend über seine Waren und Leistungen informiert, ist wettbewerbsrechtlich grundsätzlich nicht dafür verantwortlich, dass ein Presseorgan bei seine Berichterstattung die erteilten Informationen unter Verletzung des Gebots der sachlichen Berichterstattung verwertet." Vgl. auch: *BGH*, WRP 1997, 25 f – Orangenhaut.

[103] Die Fernsehsender machen mittlerweile die Übertragung von Randgruppensportarten, davon abhängig, dass die Veranstalter und Verbände entsprechende Zuschüsse beisteuern.

abhängige Entscheidungsfreiheit des Senders zu beeinflussen. Wann dies der Fall ist, ist eine Frage des Einzelfalls.[104]

iii. DARSTELLUNG NUR EINES PRODUKTES

(1.) Einseitige Einflussnahme

Als weiteres Indiz zur Ermittlung einer sittenwidrigen Werbeabsicht hat es die Rechtsprechung angesehen, wenn im Rahmen einer journalistischen Berichterstattung nur über ein einziges Produkt berichtet bzw. dargestellt wird, obwohl es tatsächlich eine Vielzahl ähnlicher Produkte oder Verkäufer gibt.[105] Das völlige Unerwähntlassen konkurrierender Produkte stelle ein überschießendes, durch sachlich notwendige Gründe nicht mehr gerechtfertigtes Element inne, dass die Werbeabsicht des Handelnden begründet.[106] Die ungleichmäßige Auswahl von Produkten oder eine unsachliche Darstellung durch Hervorhebung der Vorzüge einer Marke, ließen auf unzulässiges Product-Placement schließen. Insbesondere das Herausstellen eines einzelnen Unternehmens, obwohl es eine Vielzahl anderer gibt, lasse nach Ansicht des *OLG München*[107] nur die Erklärung zu, dass nicht dem Informationsbedürfnis der Öffentlichkeit, sondern in erster Linie dem geschäftlichen Interesse der genannten Wiederverkäufer und daneben dem eigenen Interesse Rechnung getragen werden sollte.[108]

Die Konzentration der Berichterstattung auf lediglich ein Produkt steht im Widerspruch zur journalistischen Recherchepflicht, wonach sich ein Journalist im Rahmen seiner Berichterstattung um Wahrheit bemühen und deshalb ein grundsätzlich vollständiges Bild von der Wirklichkeit abzugeben hat.[109] Mit dieser Pflicht ist die alleinige Darstellung eines einzigen Produktes i.d.R. nich vereinbar, da dem Rezipienten dadurch die Information über die sonstigen

[104] Nach *Meyer-Harport,* Neue Werbeformen im Fernsehen, S. 116, nimmt eine unerlaubte Einflussnahme auf den Veranstalter einer Eigenproduktion an, wenn die kostenlose Überlassung von Requisiten und anderer Produktionsmittel einen erheblichen Umfang erreichen und die Sendung für den Veranstalter ohne diesen geldwerten Vorteil nicht zustande kommen könnte.

[105] *BGH,* GRUR 1993, 565, 566 - Faltenglätter; GRUR 1994, 441, 442 - Kosmetikstudio; GRUR 1994, 445, 446 – Beipackzettel; GRUR 1993, 561, 562 - Produktinformation I; GRUR 1994, 819, 820 - Produktinformation II; NJW 1981, 2573, 2574 – Getarnte Werbung; *OLG München,* AfP 1997, 915, 917 – Weihnachtsschaufenster.

[106] *OVG Niedersachsen,* Urt. vom 15. Dez. 1998, ZUM-RD 1999, 406, 407 – ADAC.

[107] AfP, 1997, 915, 917.

[108] Ähnlich bereits *BGH,* GRUR 1993, 561, 562 - Produktinformation I; GRUR 1993, 565, 566 - Faltenglätter; GRUR 1994, 441, 442 - Kosmetikstudio; *BGH,* GRUR1994, 445, 446 - Beipackzettel, GRUR 1994, 819, 820, Produktinformation II; *OLG München,* AfP 1997, 915.

[109] Allgemein hierzu: *Prinz/Peters,* 8. Kap. V 1 c Rdnr. 233 m.w.N. u. 11. Kap. II Rdnrn. 277 ff. zu den journalistischen Sorgfaltspflichten wie Recherchepflicht und Vollständigkeit.

Marktangebote verborgen bleiben. Diese Informationen sind nur beschränkt geeignet, ihm bei seiner Suche und Auswahl des besten Produktes zu unterstützen.

(2.) Kritik

Das Erfordernis der einseitigen Berichterstattung und Produktdarstellung kann allerdings nur für diejenigen Sendeformate gelten, die auch eine nach journalistischen Grundsätzen ausgerichteten Berichterstattung anbieten. Denn nur in diesem Fällen steht die einzelne Herausstellung eines Produktes im Widerspruch zur pubizistischen Aufgabe von Rundfunk und Presse. Auf keinen Fall darf hingegen das Kriterium des Herauspicken nur eines Produktes allein als generell geeignet angesehen werden, um Rückschlüsse auf die Werbeabsicht zuzulassen.

Auch der *BGH* hat die Erwähnung eines einzelnen Produktes dann nicht als ausreichend angesehen, sofern dieses nicht noch mit einer bildlichen Darstellung oder in sonstiger Weise deutlich hervorgehoben wurde, um von einer besonders werblichen Herausstellung zu sprechen, und die Information des Lesers im Vordergrund steht. Vielmehr hält er es für entscheidend, wie zurückhaltend werbliche Elemente (Namen des Produkts, Preis, Leistungen) dargestellt werden.[110]

Dem ist entgegen zu halten, dass die Kombination von Einzelerwähnung mit einer wenig zurückhaltenden, werbewirksamen Darstellung eines Produktes noch nicht geeignet ist, zuverlässige Rüchschlüsse auf die Werbeabsicht der Berichterstattung zu ziehen. Die Notwendigkeit der Rundfunkanstalten, die Aufmerksamkeit der Zuschauer auf ihr Programm zu lenken, kann im Einzelfall bei bestimmten Sendeformaten eine Reduzierung der Programmgestaltung auf knappe, einseite und leicht eingängige Darstellungen einzelner Produkte oder Dienstleistungen erforderlich machen. Entscheidend ist die konkrete redaktionelle bzw. werbliche Absicht der Rundfunkanstalt, die nur im Einzelfall anhand des jeweiligen Sendeformats und nicht abstrakt an allgemeinen journalistischen Grundsätzen gemessen werden kann. Erforderlich ist zusätzlich, dass die streitgegenständliche Darstellung mit der bisher üblichen und erwarteten Form der Berichterstattung der Sendung kollidiert, m.a.W. die Herausstellung nur eines Produktes ist aus Sicht der Zuschauer völlig untypisch und außergewöhnlich im Vergleich zu den übrigen Berichterstattungen in derselben Sendung oder in gleichen oder vergleichbaren Beiträgen.

[110] *BGH,* WRP 1997, 711, 713 f - Produktinterview; *OLG München,* AfP 1997, 915, 917; *Köhler/Piper,* aaO, § 1 UWG, Rdnr. 10.

iv. PERSONELLE UND WIRTSCHAFTLICHE VERFLECHTUNGEN

Die personelle oder wirtschaftlichen[111] Verflechtung von Hersteller und Redakteur soll in Verbindung mit anderen Indizien, wie vertragliche Vereinbarungen über die Platzierung des Produktes oder Zusagen über entgeltliche Werbeaufträge oder über das Bereitstellen von Markenprodukten, als Requisiten für die Annahme einer Werbeabsicht einer Rundfunkanstalt ausreichen.[112] Bei Kooperationen fehle nach Auffassung von *Bork* ein redaktioneller Anlass bereits dann, wenn bei der Kameraführung, der Standortdurchsage, den Interviews oder den Kurzberichten nicht eine besondere Zurückhaltung an den Tag gelegt werde.[113] Grundsätzlich unzulässig sei die Übernahme fremder Bericht in das redaktionelle Programm, wenn sie von den Unternehmen selbst, ihren Werbeagenturen oder von durch die Unternehmen beauftragten Dritten gedreht worden sind.[114] Bei von Unternehmen vorproduzierten Berichten spreche bereits eine Vermutung für eine beabsichtigte Verbrauchertäuschung und damit für einen Verstoß gegen das Gebot zur Trennung von Werbung und Programm, die selbst durch einen aufklärenden Hinweis nicht beseitigt werden kann.[115]

Problematisch ist der Nachweis solcher vielfältigen, nicht immer gesellschaftsrechtlich transparenten wirtschaftlichen Verflechtungen. Deutlich wird dies auch bei der Sport- und Medienberichterstattung in der Presse.[116] Hier kann man eine z.T. massive Einflussnahmen der mit Rundfunksendern verflochtenen Zeitungen, Magazinen zugunsten ihrer jeweiligen Sender feststellen, die sich dann in sehr einseitigen Berichterstattungen niederschlagen können.[117]

Selbst wenn der Nachweis einer persönlichen oder wirtschaftlichen Verflechtung gelingt, kommt diesem nur begrenzte Indizwirkung zu. Da die Rundfunkanstalt grundsätzlich frei in der Auswahl ihrer Kooperationspartner ist, darf sie

---

[111] Zu den verschiedenen Formen vgl. Seite 23 ff.

[112] Vgl. *BGH*, WRP 1986, 547, 547 – Gastrokritiker; *Köhler*, WRP 1998, 349, 351; *Henning-Bodewig* BB 1986, Beil. 18, 5; *dies.* Fernsehwerbung und unlauterer Wettbewerb, UFITA 94, (1982), 197, 207.

[113] *Bork*, WiP, S. 102.

[114] *Bork*, WiP, S. 102.

[115] *Bork*, WiP, S. 102 f; *Johansson*, a.a.O., S. 166 f, zumindest für Fernsehproduktionen.

[116] Vgl. den nicht mehr ganz aktuellen Überblick zur Gesellschaftsstruktur bei: *Kotteder/Ruge*, Medienmongul. Meinungsmacher. Marktbeherrscher. Wer bestimmt die Medienszene?, 1997, S. 132 ff insbes. Abb. 138 f (Bertelsmann AG), S. 231 ff, Abb. S. 234 (Kirch-Gruppe).

[117] Vgl. die Beispiele bei *Kotteder/Ruge*, Medienmongul, S. 241 ff.

aus marktstrategischen Gründen mit konzerneigenen Unternehmen[118] zusammenarbeiten, ohne dass dies durch die Regelungen zum Rundfunkwerberecht untersagt werden kann.

Die Kooperation von Unternehmen ist in unserer Wirtschaftsordnung nichts Ungewöhnliches sondern Ausdruck ökonomischer Arbeitsteilung. Vor dem Hintergrund des harten Programmwettbewerbs der Rundfunksender untereinander und der tatsächlichen Schwierigkeiten der Programmanbieter, den Zuschauer überhaupt noch zu erreichen, ist es sinnvoll und richtig, dass die Rundfunkanstalten dritten Unternehmen kooperieren und zusammenarbeiten.

Die Entscheidung über den Kooperationspartner ist Ausdruck der grundgesetzlich garantierten wirtschaftlichen Betätigungsfreiheit der Rundfunkanstalt und kann solange nicht beanstandet werden, solange keine Gefahren für die Wettbewerbsfreiheit vorliegen. Kein Rundfunkunternehmen kann gezwungen sein, einem Unternehmen, das in mittelbarer oder unmittelbarem Wettbewerbsverhältnis zur eigenen Konzerngruppe steht, zu unterstützen, solange dies nicht aus Gründen der Wettbewerbs- und Meinungsfreiheit (§§ 19 ff GWB, 25 ff RStV) geboten ist. Dagegen kann nicht vorgebracht werden, mit der Entscheidung einer Redaktion für einen Kooperationspartner „aus dem eigenen Haus“ werde im Interesse des Gesamtkonzerns gehandelt und deshalb der Wettbewerb des Kooperationspartners gefördert. Lediglich die Entscheidung der Redaktion, ob tatsächlich ein Kooperationspartner für die Programmdurchführung benötigt wird, ist in Hinblick auf ihre redaktionelle Gebotenheit justitiabel. Die Festlegung des Kooperationspartners („Wer?“) kann nicht als Indiz für die Werbeabsicht herangezogen werden. Die Grenze zur Werbung im Programm ist erst dort überschritten, wo gegen die rundfunkrechtlichen Regelungen der §§ 7 ff RStV oder anderen gesetzlichen Vorschriften verstoßen wird.

Im übrigen belegen die Regelung zum Sendungssponsoring (§ 8 RStV) sowie zu den Werberichtlinien der Landesmedienanstalten zum Verlags TV (Ziff 20)[119],

---

[118] Als „Kooperation und Koordination“ hat Bertelsmann-Vorstandsvorsitender *Middelhoff* die stärkere Verzahnung der einzelnen Konzerteile, wozu offensichtlich auch das Ausnutzen „publizistischen Synergien“ zwischen konzerneigenen Printblättern und Internetanbietern gehört, umschrieben, vgl.: *Heinzle*, Wenn Boris im Stern für AOL lacht – Macht G+J-Blatt Schleichwerbung für andere Konzernteile?, FR v. 21. Dez. 1999.

[119] Ziff. 20 Abs. 1 S. 1 DLM-Richtlinie (s. Fußnote 37) lautet: „Verlags TV wird in Ziff. 20 Abs. 1 S. 1 DLM-Richtlinie definiert als „Sendungen, die in der Regel als zugelieferte TV-Magazine innerhalb eines Gesamtprogramms eines Rundfunkveranstalters ausgestrahlt werden und die angesichts ihres Namens und ihrer journalistischen Ausrichtung Bezug zu einem publizistischen Werk aus dem Printbereich haben...“

zu Ausstatterhinweisen (Ziff. 19 Abs. 1[120]) sowie zu Quellenangaben (Ziff. 19 Abs. 2)[121], dass eine Kooperation von Rundfunkanstalt und werbetreibenden Dritten grundsätzlich möglich ist, ohne dass damit zugleich eine absichtliche Werbung für Dritte verbunden sein muss. Von daher ist das Merkmal der Kooperation von Rundfunkanstalt und Unternehmen auch dann kein zwingendes Indiz zur Ermittlung der Werbeabsicht, wenn innerhalb einer gemeinsam produzierten Sendung Marken, Waren oder Dienstleistungen des kooperierenden Unternehmens erwähnt oder dargestellt werden.

v. DIE ART UND WEISE DER BERICHTERSTATTUNG

(1.) Positive Darstellung von Marken und Produkten

Eine besondere Bedeutung bei der Ermittlung der Werbeabsicht soll nach überwiegender Ansicht der Art und Weise der Berichterstattung zukommen.

Zentraler Anknüpfungspunkt der Rechtsprechung zur Ermittlung einer Werbeabsicht ist die Abgrenzung zwischen sachlicher Berichterstattung und unsachlicher und werbewirksamer Anpreisung.[122]

Dahinter steht die Vorstellung, dass eine unsachliche Darstellung von Produkten, Marken oder Dienstleistungen den Verbraucher nicht aufklären kann und deshalb der Anspruch meinungsrelevante Informationen zu vermitteln, nicht erfüllt werden kann.[123]

Relativ unproblematisch kann eine Werbeabsicht der Rundfunkanstalt dann angenommen werden, wenn Mitbewerber des dargestellten Produktes ohne nähere Begründung als unseriös hingestellt werden.[124] Angesichts des harten Wettbewerbs dürften die meisten Medienunternehmen, die in mit ihren Veröffentlichungen möglichst viele Zuschauer anzusprechen versuchen, an dieser offen-

[120] Ziff. 19 Abs. 1 lautet: „Ausstatterhinweise sind am Ende von Sendungen zulässig. Sie werden nicht als Werbung behandelt, sofern sie wie Sponsorhinweise gemäß Nr. 12 Abs. 3 Satz 1 gestaltet sind. Darüber hinausgehende Hinweise sind wie Werbung zu behandeln."

[121] Ziff. 19 Abs. 2 S. 1 lautet: „Im Verlauf der Einblendung von Grafiken (Zeiteinblendungen, Spiel- und Messstände etc.) bei Sportberichterstattungen können Firmennamen oder Produktnamen von technischen Dienstleistern abgebildet werden, wenn diese im direkten funktionalen Zusammenhang mit der Einblendung stehen."

[122] Vgl. *BGHZ* 50, 1 - Pelzversand; *BGH*, WRP 1974, 394 - Wirtschaftsanzeigen; GRUR 1981, 835 - Getarnte Werbung I; AfP 1997, 524, *OLG Frankfurt* NJW 1985, 1647; *OLG Köln*, ZUM 1997, 273, 274; *OLG Hamburg*, ZUM 1996, 416, 418 – Büro total/Schnäppchenjagd; *Schaar*, Programmintegriete Fernsehwerbung, 2001, S. 276.

[123] *Prinz/Peters*, Medienrecht, 8. Kap. III 3b, Rdnr. 229.

[124] *BGH*, NJW 1982, 637, 638 – Gastrokritiker; *OLG Hamburg*, AfP 1998, 76, 77 - Hörakustik; *LG Köln*, AfP 1997, 831, 832.

sichtlichen und vom Zuschauer leicht zu erkennenden Form der Wettbewerbsförderung kein Interesse haben.[125]

Schwieriger zu beurteilen sind Sendungen, in denen eine tendenziell freundliche Berichterstattung über Unternehmen, Produkte, Dienstleistungen oder Markten erfolgt, und in denen aus der Werbung bekannte Techniken der Zuschaueraktivierung und Aufmerksamkeitsgewinnung (z.B. schnelle Schnitte, angenehme Bilder, dramatische Musik etc.) verwendet werden.

Die Rechtsprechung stellt für die Beurteilung des Werbezweckes eines Programmteils in diesen Fällen auf die Intensität der tatsächlichen Werbewirkung bzw. ihrer Wahrnehmbarkeit[126] ab. Indizwirkung kommt der Werbeintensität dann zu, wenn sie nicht mit der dramaturgischen Konzeption übereinstimmt (z.B. Zoomtechnik und Großaufnahme auf Markenprodukte),[127] oder wenn einzelne Requisiten auffällig oft und völlig unmotiviert ins Bild geraten[128]. Wird die Werbewirkung zusätzlich durch häufigeres Nennen des Produktnamens sowie durch durchgängige, distanzlos positive Beschreibung, pauschalen Formulierungen oder deutlicher Aufforderung zur Inanspruchnahme der Unternehmensleistung ohne kritische Distanz erhöht, soll es i.d.R. an einem publizistischen Grund fehlen und eine unerlaubte Schleichwerbung vorliegen.[129]

Das gleiche soll bei einer positiven, unkritischen und bisweilen in Superlativen gesteigerte Bewertung einer Spielzeugpuppe im Rahmen einer Fernsehberichterstattung[130] oder bei wiederholter Herausstellung einzelner, bei Existenz einer Vielzahl vergleichbarer, Produkte in einem Bericht gelten, wenn das dort gezeichnete Unternehmerporträt mit der Gestaltung früherer Unternehmenswerbung übereinstimmt und das übliche Niveau (Zuschnitt und Zielrichtung) des Sender verlassen wird.[131] In diesem Fall liegt nach der „ADAC-Entscheidung" des *OVG Niedersachsen* ein Verstoß gegen das Trennungsgebot vor,

[125] *Prinz/Peters*, Medienrecht, 8. Kap. III 3b, Rdnr. 229.

[126] Vgl.: Vgl. z.B. *OLG München*, ZUM 1998, 842, 844 ff -VIAG-Zeitungsbeilage; *OLG Hamburg*, ZUM 1996, 416, 418 ff; *Engels*, Fernsehwerbung, S. 216 jeweils m.w.N.

[127] *VG Hannover*, ZUM-RD 1998, 412, 413 – Gute Zeiten Schlechte Zeiten.

[128] *Ahrens*, GRUR 1995, 315; *Henning-Bodewig*, GRUR Int. 1987, 538, 544; *Sack*, ZUM Sonderheft 1987, 103, 115 f, AfP 1991, 704, 708.

[129] Vgl. *BGH*, WRP 1998, 42 - Unbestimmter Unterlassungsantrag; *OLG Hamburg*, AfP 1997, 806 – Büroausstattung.

[130] *BGHZ* 278, 288 f - Boro; *VG Hannover*, ZUM-RD 1998, 412, 414 – Gute Zeiten Schlechte Zeiten, *Piper, H.*, a.a.O., FS-Vieregge. 1995, S. 730.

[131] *OLG Köln*, AfP 1996, 387, 388; *Köhler*, WRP 1998, 352.

„weil die Darstellung der Dienstleistung des Unternehmens ohne kritische Distanz in Gewand eines redaktionellen Beitrages gekleidet wird...“.[132]

(2.) Kritik

Das Kriterium der „positiven Berichterstattung“ als Merkmal für die Ermittlung der Werbeabsicht geht auf Erkenntnisse der Marketingwissenschaft zurück, wonach die für einen Werbeerfolg notwendige Aufmerksamkeitserregung in Zeiten der Informationsüberflutung am Besten dadurch gelingt, dass der Verbraucher emotional erregt wird.[133] Der Zuschauer wertet die Erregung, die er an als angenehm oder unangenehm empfindet, und gibt ihr somit eine positive oder negative Richtung. Wird nun Werbung eines Unternehmers in ein Handlungsumfeld integriert, welches auf den Zuschauer positiv wirkt, dann kann dies zu einer Verbesserung des Images des Unternehmens (seines Produktes oder Marke) führen.[134] Die Werbetreibenden suchen sich bevorzugt diejenigen Werbeumfelder aus, die vom Verbraucher als besonders angenehm bewertet werden, und in denen er üblicherweise nicht mit werblichen Einflüssen rechnet.[135] Fernsehberichte eignen sich hierzu besonders gut, da von ihnen aufgrund der starken Suggestivwirkung seiner Bilder eine besonders hohe emotionale Erregung erreichen.

Vor diesem Hintergrund liegt die Vermutung einer Wettbewerbsabsicht in dem Fall, in dem ein Produkt in ein äußerst positiv emotional bewertetes Handlungsumfeld integriert wird, nicht fern. Allerdings darf nicht vergessen werden, dass nicht nur das redaktionelle Umfeld die Glaubwürdigkeit und damit die Attraktivität von Konsumgütern und Marken beflügeln, sondern dass auch umgekehrt diese Produkte in Zeiten einer zunehmenden Kommerzialisierung der Gesellschaft zum Wohlbefinden vieler Menschen beitragen. Insoweit können durchaus redaktionelle Gründe hinter einer positiven und unsachlichen Darstellung eines Handlungsrahmens, in dem Konsumgüter auftauchen, stehen. Beispielsweise bietet die Bezugnahme in Sendungen auf Marken und Produkte, die ein bestimmtes Lebensgefühl verkörpern (z.B. Coca Cola für Jugendlichkeit, Porsche für Sportlichkeit, Armani für Eleganz) dem Redakteur die Möglichkeit, leichter eine Identifikation des Zuschauers mit dem Programmangebot zu erzielen.[136] Diese Produktbilder haben den Vorteil, dass sich durch sie eine bestimmte redaktionelle Aussage in gebündelter, bildhafter Form darstellen lässt. Eine Bündelung redaktioneller Aussagen in Bildern erleichtert in Zeiten der Informati-

[132] *OVG Niedersachsen*, ZUM-RD 1999, 406, 407 – ADAC. Fehlende Kritik alleine soll noch kein ausreichendes Kriterium darstellen, vgl. *OVG Niedersachsen*, ZUM 1999, 347, 351 – *Barbie Puppe:* „Erst-Recht-Schluss aus § 26 Abs. 1 RStV.“

[133] *Auer* u.a., Product Placement, S. 63 f.

[134] *Auer* u.a., Product-Placement, S. 57 ff, 63 u.H.a. *Kroeber-Riel.*

[135] *Spitzer*, Sonderwerbeformen, S. 26 m.w.N.

[136] Vgl. *Engel*, Medienordnungsrecht, S. 40.

onsüberflutung die Aufnahme und Verarbeitung der Botschaft durch den Zuschauer.[137] Sie dient der Rundfunkfreiheit, da es die Kommunikation zwischen Medium und Rezipienten verbessert.

Gegen diese Ansicht kann auch nicht vorgebracht, werden, dass die Bedeutung der Bildkommunikation überbewertet werden und zu Lasten der Verpflichtung der Journalisten zu informativer und sachlich-kritischer Berichterstattung im Fernsehen gehen. Denn das Fernsehen ist ein Bildmedium und wird von seinen Zuschauern in erster Linie zur Unterhaltung und Zerstreuung genutzt. „Kopflastige" oder „kritisch-informative" Programmangebote mit einer Vielzahl an Informationen werden von ihm weitaus weniger angenommen als unterhaltungsorientierte.

Dieser Tatsache scheinen auch die Rundfunkgesetzgeber Rechnung getragen zu haben, in dem sie die Verpflichtung zur sachlichen Berichterstattung explizit nur bei Informationssendungen und Berichterstattungen vorschreiben (vgl. § 10 Abs. 1 S. 1 RStV)[138]. Zwar bestehen durchaus weitergehende Sorgfaltspflichten für journalistische Berichte.[139] Weder Gesetzgeber noch Rechtsprechung können jedoch dem Rundfunkanbieter in Einzelheiten der Programmgestaltung hineinreden, da andernfalls von der Programmfreiheit als Kern der Rundfunkfreiheit nicht genug übrig bliebe. Die verfassungsrechtlich notwendigen Programmfreiheit der Anstalten bildet die Grenze der konstituierenden Kompetenz des Gesetzgebers.[140]

Programmangebote konkurrieren mit allen anderen Informationsangeboten um die begrenzte Aufmerksamkeit des Zuschauers, der sich von emotionalen besetzten positiven Bildern leichter ansprechen lässt, als von sachlich zurückhaltenden. Aus diesem Grunde greifen sowohl die Programmmacher als auch die

---

[137] Vgl.: *Mähling*, a.a.O., S. 233 ff; *Kroeber-Riel/Weinberg*, Konsumentenverhalten, 238 ff, 241; *Kroeber-Riel*, 1993, 53, stellt fest: „Bilder sind schnelle Schüsse ins Gehirn. Um ein Bild mittlerer Komplexität aufzunehmen, sind nur eine bis zwei Sekunden erforderlich." Während ca. 75-90% der angebotenen Bildinformationen den Empfänger erreichen, liegt der Anteil der angebotenen sprachlichen Informationen aber nur bei 10-15%. Vgl. auch Seite 35 ff.

[138] § 10 RStV: „(1) Berichterstattung und Informationssendungen haben den anerkannten journalistischen Grundsätzen, auch beim Einsatz virtueller Elemente, zu entsprechen. Sie müssen unabhängig und sachlich sein...".

[139] Vgl. die „Publizistischen Grundsätze des Deutschen Presserates" v. 12. Dez. 1973 i.d.F. v. 21. Sept. 1994 (Pressekodex), abgedr. bei *Prinz/Peters*, Medienrecht, Rdnr. 993. Teilweise enthalten die Rundfunkgesetze der Länder zusätzliche Anforderungen, vgl. z.B. die §§ 3 ff Landesrundfunkgesetz des Saarlandes (LRundfG). Einen Überblick über die einzelnen journalistischen Pflichten findet sich bei *Mütinga,* Die journalistische Wahrheits- und Sorgfaltspflicht und die Möglichkeit ihrer Durchsetzung, Diss. 1999, S. 27 ff sowie bei *Prinz/Peters*, Medienrecht, Rdnrn. 276 ff.

[140] *Lerche*, Gestaltungskompetenz und Programmbereich der Rundfunkanstalten, in FS-Kübler, 1997, S. 239, 241 f.

Werbetreibenden gerne auf positive Bilder aus Sport, Freizeit und dem Konsumbereich zurück, ohne dass damit schon eine Aussage über die Zielsetzung getroffen werden kann. Eine solche Darstellung kommt daher keine besondere Indizwirkung zu.

vi. EIGENES WIRTSCHAFTLICHES INTERESSE UND WERBEABSICHT

Die Abgrenzung zwischen redaktioneller und werblicher Absicht spielt auch bei der Verwendung von Bildern berühmter Personen der Zeitgeschichte eine Rolle.

Der *BGH* hat bereits 1956 festgestellt, dass sich die für Personen der Zeitgeschichte vorgesehene Abbildungsfreiheit nach § 23 Abs. 1 Nr. 1 KUG nicht auf Veröffentlichungen erstrecke, die nicht einem Informationsinteresse der Allgemeinheit, sondern allein im Geschäftsinteresse eines mit der Abbildung für seine Waren werbenden Unternehmen dienen[141]. Ihre Zulässigkeit setzt voraus, dass neben dem Informationsinteresse der Öffentlichkeit eine Informationsabsicht des Bildnisverbreitenden hinzutritt.[142] Ein schutzwürdiges Informationsinteresse fehlt, wenn die Verwertung der Bildnisse eines Dritten zu Werbezwecken allein die Geschäftsinteressen des Verwerters befriedigen will.[143]

Der *BGH* unterscheidet bei der Prüfung der Zulässigkeit der Nutzung von Bildern von Personen der Zeitgeschichte insbesondere auf Büchern, Zeitschriften und Gedenkmünzen, ob die Nutzung dem Informationsinteresse des Rezipienten oder dem wirtschaftlichen Interesse des Verlegers dient.[144]

Zu überlegen ist die Übertragbarkeit dieses Kriteriums auf die Abgrenzung von werblichem und programmlichem Interesse.

Die Prüfung eines wirtschaftlichen Interesses bereitet allerdings in den Fällen Schwierigkeiten, in denen neben einem Informationsinteresse der Rundfunkanstalt starke kommerzielle Interessen eine Rolle spielen, wie z.B. beim Merchandising.[145] Zusätzlich kann man darauf abstellen, dass das Informationsinteresse im Vordergrund steht[146], oder verlangen, dass die Bildinformation eine weitere Sachinformation oder einen weiteren Sachbezug zum Inhalt des Werkes haben

[141] *BGHZ* 20, 345 - Paul Dahlke; *BGH,* GRUR 1961, 138, 139 - Familie Schölermann; *BGH,* GRUR 1979, 732, 734 - Fußballtor; *BGH,* ZUM 2000, 582, 588 – Marlene Dietrich; ZUM 2000, 589, 591 – Der blaue Engel; *OLG Hamburg*, ZUM 1995, 214.

[142] Allg. Ansicht, vgl. nur: *Gerstenberg/Götting,* in: *Schricker*, Urheberrecht, 1999, § 60/§ 23 KUG, Rdnr. 7.

[143] *BGH,* AfP 1992, 149, 150 - Joachim Fuchsberger.

[144] Hierzu: *Schertz*, Merchandising, S. 136 ff Rdnrn. 326 ff.

[145] *Schertz*, ebd. m.w.N. für die RS in Fn. 692.

[146] So der *BGH,* GRUR 1979, 425; AfP 1996, 66, 68 - Willy-Brand-Abschiedsmedaille.

muss.[147] In Hinblick auf werbliche Wirkung redaktioneller Berichterstattung im Fernsehen ist man wieder mit dem Problem konfrontiert, dass in Zeiten der starker Kommerzialisierung aller Lebensbereiche die Feststellung eines Informationsinteresse der Zuschauers durch die Gerichte nur schwer möglich ist. Diese Abgrenzung wird dadurch erschwert, dass es wohl kaum eine Sendung gibt, von der nicht eine Werbewirkung für irgendeine Sache, Gegend, Gegenstände usw. ausgeht.[148] Hier legt der scharfe Rundfunkwettbewerb die Vermutung nahe, dass die weitaus überwiegende Zahl an redaktionellen Einblendungen zumindest auch wirtschaftliche Interessen mitberücksichtigt.

Das Kriterium des wirtschaftlichen Interesses ist nicht selbstklärend und daher zur Ermittlung der Werbeabsicht ungeeignet.

vii. Werbeabsicht, Kompatibilität und Ökonomie der Aufmerksamkeit

(1.) Die Trennbarkeit von Information, Werbung und Unterhaltung

Die Ermittlung der Werbeabsicht erweist sich vor dem Hintergrund der zunehmende Ausrichtung der Programmangebote an kommerziellen Interessen als sehr schwierig. Rundfunkveranstalter und Werbetreibende bündeln zunehmend ihre Interessen mit dem gemeinsamen Ziel, den Zuschauer an das Programm inklusive Werbeausstrahlungen binden. Da es für Rundfunkanbieter als auch Werbetreibenden im Zeitalter der Informationsflut[149] zunehmend schwieriger wird, den Zuschauer mit ihren Botschaften überhaupt noch (dauerhaft) zu erreichen, liegt es in deren gemeinsamen Interesse, dass sowohl Werbung als auch das Programmangebot das Interesse des Zuschauers weckt. Fühlt sich der Zuschauer entweder durch die Werbung oder das Programm nicht angesprochen, droht er sowohl für Rundfunkanbieter als auch Werbekunden verloren zu gehen. Daher liegt es nahe, dass beide Seiten ihre Sendeinhalte (redaktionelles Programm bzw. Werbespots) konzeptionell und dramaturgisch aufeinander abzustimmen, damit der Zuschauer in seiner Programmaufnahme nicht wesentlich gestört wird. Hierin liegt eine der wesentlichen Ursachen dafür, dass sich Werbung und Unterhaltungsprogramme in ihrer Darstellungs- und Aktionsdramaturgie, aber auch bei Bild- und Schnittgeschwindigkeit immer stärker annähern.[150] So wird z.B. bereits bei der Komposition von Filmen und Serien auf die Dramaturgie des Spannungsbogens geachtet, indem ein Film von vornherein in einzelne Sequen-

[147] Vgl. *Schertz*, Merchandising, S. 142 Rdnr. 343.

[148] *Bruhn/Mehlinger*, Sponsoring, Bd. 1, S. 165.

[149] Vgl. Seite 46 f.

[150] Zur Veränderung der Programmverbindungen vgl. *Hickethier*, „Bleiben Sie dran!“ Programmverbindungen und Programm – Zum Entstehen einer neuen Ästhetik des Übergangs im Fernsehen. In: *ders./Bleicher* (Hrsg.) S. 15 ff.

zen aufgelöst wird, die sich jeweils problemlos mit Werbeblöcken verbinden lassen.[151]

Damit unterscheiden sich vordergründig die Techniken der redaktionellen Programmgestaltung in keiner Weise von den werblichen Techniken der emotionalen Konditionierung.[152] Beiden liegt das Ziel zugrunde, den Zuschauer mittels emotionaler Ansprache und Techniken der Unterhaltung an die Programmbotschaften zu binden. Hierin liegt die entscheidende Ursache für die Vielfach beklagte Vermischung von Werbung und Programm.

1.1. Beispiel: Musikvideos

Besonders deutlich wird die zunehmende Einbindung von Werbeinhalten und Werbetechniken im Programm am Beispiel der Musikkanäle, deren Werbespots ohne weiteres als Musikclips auch im Hauptprogrammteil von VIVA laufen könnten. Der Abgrenzung von redaktioneller Werbung und Programm ist in diesem Bereich, in dem die Unterschiede zwischen Werbung und Musikclips kaum mehr auszumachen sind, fast unmöglich.[153]

Der Musikbereich ist derjenige Bereich in dem die Kooperationen zwischen prominenten Musikern, Plattenindustrie, dem Musiksender und einem werbetreibenden Dritten am Weitesten vorangeschritten ist.[154] Es entstehen zunehmend sogenannte „Markenverbände“, wie z.B. die Musikmagazine „Jam„ und „Amica- TV“ auf VIVA, welche in redaktioneller Zusammenarbeit mit Levis-Jeans bzw. der Frauenzeitschrift AMICA ausgestrahlt wird.[155]

Diese Probleme beginnen jedoch nicht erst bei der redaktionellen Programmgestaltung, sondern schon bei der Musikvideoproduktion. Deren Produzenten machen im besonderen Maße von den oben beschriebenen Möglichkeiten der Bildertechniken Gebrauch. Die stark suggestive, äußerst ansprechende Gestaltung der Videos beeinflusst nicht nur die Ästhetik Werbespots (man denke nur an die sehr imageprägende Leviswerbung zwischen 1985 bis 1997), sondern wirkt zugleich auch als Kaufanreiz für den Zuschauer. Insoweit entfaltet ein Musikvi-

---

151 *Ladeur,* ZUM 1999, 676.

152 Vgl. Seite 35 ff sowie in Fußnote 50.

153 *Hoefer,* a.a.O., S. 27.

154 In der Gemeinsamen Erklärung der Deutschen Bischofskonferenz und des Rates der Evangelischen Kirche in Deutschland, Chancen und Risiken der Mediengesellschaft, 1997, S. 54, wird den Musiksendern vorgeworfen, dass ihr Programme praktisch nur aus Werbung für die Musik und die Produkte der Jugendkultur bestehen. Vgl. *Hoefer*, a.a.O., S. 27 f, der diese Programme als „hektisch flimmernden Unterhaltungsbrei“ in Form von Dauerwerbesendungen bezeichnet, die nach seiner Einschätzung in Zukunft verstärkt auftreten werden.

155 Zum Ganzen: *Neumann-Braun/Barth/Schmidt*, Kunst und Supermarkt, Videoclips und Musikfernsehen, RuF 1996, 69, 73 m.w.N.

deo nicht nur werbliche Wirkung, es handelt sich dabei selbst auch Werbung in dem Sinne, dass es zu Zwecken der Absatzförderung die Zuschauer besonders ansprechen und zum Kauf aktivieren soll.

Die Doppelfunktion der Musikvideo als zentraler Programmbestandteil der Musiksender und als Absatzförderungsinstrument der Musikindustrie wirkt sich auch auf die übrige redaktionelle Programmgestaltung der Sender. In der Medienkommunikationswissenschaft sieht man deshalb auch die Vermischung von Werbung und redaktionellen Musikprogramm weniger kritisch. Dabei handelt es sich um erfolgreiche „visuelle Musikverpackungen" analog der klassischen Schallplattenhülle, die als Werbeinstrument zur Umsatzsteigerung von Tonträgern zum unstreitiger Bestandteil moderner Musikvideos gehöre.[156] Zu recht wird darauf aufmerksam gemacht, dass der besondere Vorteil des Musikclips darin besteht, dass sich mit dieser Übertragungsform die vielfältigen Botschaften (werblicher und soziologischer Art) für die angesprochenen Zielgruppen leichter erfassen lässt.[157]

2.1. Beispiel 2: Special-interest-Sendungen

Schwierig einzuordnen sind Fernsehsendungen, die sich mit Spezialthemen an kleinere, interessierte Kreise wenden (so genannten Special-interest-Sendungen). Hier sind die Grenzen zwischen redaktionellen und werbenden Teil häufig nicht mehr auszumachen. In Mode- oder Lifestylemagazinen unterscheiden sich beispielsweise die von der Redaktion gestalteten Hinweise auf aktuelle Modetrends kaum von den geschalteten Werbeseiten.[158] Die Übergänge zwischen einer Modesendung und einem Modewerbespot können fließend sein, so dass von weiten Teilen des Publikums sogar eine Substituierbarkeit beider Angebote bejahrt werden dürfte.[159]

Zusammenfassung und Schlussfolgerung zu vii (1.):

Die vorangegangenen Beispiele haben deutlich gemacht, dass die Vermischung von Werbung und Programm so weit vorangeschritten ist, dass sie in vielen Bereichen eine sinnvolle Unterscheidung zwischen redaktionellen Teil und werblichen Anteil kaum noch sinnvoll vorgenommen werden kann. Im Gegensatz zum ursprünglichen Verständnis von Werbung als kommerzielle Selbstanpreisung

[156] Vgl. hierzu die umfassenden Nachweise bei: *Neumann-Braun/Barth/Schmidt,* RuF 1997, 71 f.

[157] *Neumann-Braun/Barth/Schmidt,* RuF 1996, 71 m.w.N.

[158] Vgl. o.V. TAZ Nr. 5887 v. 16. Juli 1999, S. 14: Schamlose Reklame: Schleichwerbung ist gängig, nun wurde sie mal gerügt.

[159] So *Volpers u.a.,* Werbung und Programm, S. 133 zur Vergleichbarkeit von Modezeitschrift und Modekatalog.

Dritter, welche die Glaubwürdigkeit journalistischer Berichterstattung gefährden, hat Werbung im Zeitalter der Ökonomie der Aufmerksamkeit einen Rollenwechsel vorgenommen. Werbung muss genauso wie alle übrigen Programmangebote den Zuschauer zumindest irgendwie ansprechen, um von ihm überhaupt wahrgenommen zu werden. Gelingt dies, unterscheidet sich Werbung kaum mehr von klassischer redaktioneller Berichterstattung, Werbung ist dann nämlich Programm.

Diese grundlegende Veränderung der Programminhalte wirft die Frage auf, wie die Abgrenzung der Werbung von der redaktionellen Programmen in einer stark an kommerziellen Lebensweisen ausgerichteten Informationsgesellschaft überhaupt noch auf eine tragfähige wettbewerbsrechtliche Grundlage gestellt werden kann.[160]

(2.) Kriterien des § 8 BTX-Staatsvertrag

Der Gesetzgeber hat im Bildschirmtextstaatsvertrag (Btx-StV)[161] versucht, eine Abgrenzung zwischen Werbung und redaktionellen Teil positiv zu bestimmen.

So schrieb § 8 Btx-StV nicht nur eine Kennzeichnungspflicht für Wirtschaftswerbung vor, sondern erläuterte zugleich, was als Information und was als Wirtschaftswerbung einzustufen ist.

Als Information wurden politische Erklärungen, vergleichende Warentest durch unabhängige Institutionen, allgemeine Service-Angebote wie Notdienste, Veranstaltungshinweise, Fahr- u. Flugpläne, Devisen- und Börsenkursz, Öffnungszeiten und vergleichbare allgemeine Hinweise eingestuft.[162]

Allerdings dürfte die Vorstellung der Bundesländer, dass diese Beispiele außerhalb der Wirtschaftswerbung liegen, nicht mehr der Werberealtiät entsprechen.[163] Eine solche Trennung zwischen Information und Werbung ist bei privatwirtschaftlichen Unternehmen kaum möglich[164], da die Kommunikationspolitik dieser Unternehmen i.d.R. darauf ausgerichtet ist, jede Werbung mit Informationzwecken zu verbinden. Aus diesem Grunde schreibt

---

[160] Zweifelnd: *Marwirtz*, MMR 1998, S. 189 f; *Ladeur*, ZUM 1999, 672, 680 ff.

[161] Der BTX-StV wurde später durch den neuen Mediendienststaatsvertrag 1997 der Bundesländer außer Kraft gesetzt, vgl. z.B. Art. 3 Abs. 1 des nordrheinwestfälischen Gesetzes zum Staatsvertrag über Mediendienste v. 27. Juni 1997.

[162] Amtl. Begründung zum Btx-Staatsvertrag vom 18. März 1983, abgedr. bei *Ring/Hartstein*, Bildschirmtext heute, 1983, S. 98.

[163] Zweifelnd auch *Laachmann*, GRUR 1988, 617, 619, der diese Aufzählung insbesondere in Hinblick auf den Wettbewerbscharakter von Veranstaltungen nur als beispielhaft ansieht.

[164] Nach *Hoeren*, WRP 1997, 993, 995, ist die gesamte Unternehmens-Homepage als Werbung einzustufen, eine Unterscheidung zwischen Werbung und Inhalt sei nicht mehr möglich.

das Teledienstegesetz (TDG)[165], das bei individuellen Online-Leistungsangebote Anwendung findet (§ 2 Abs. 1 Nr. 2 TGG), im Gegensatz zum Mediendienstestaatsvertrag (§ 9 Abs. 2 S. 1 MDStV)[166] nicht die Trennung von Werbung und redaktionellem Inhalt vor. Letztlich ist jede Information eines im Wettbewerb stehenden Unternehmens geeignet, Einfluss auf das Verbraucherverhalten zu nehmen und entfaltet somit werbliche Wirkung. Eine Unterscheidung zwischen Angebot und Werbung, wie sie etwa § 1 Abs. 1 PAngVO vornimmt, lässt sich hier nicht durchführen.[167]

(3.) Kompatibilität und Werbeabsicht

1.1. Zuschaueraktivierung und Werbung im Programm

Vor dem Hintergrund der verschiedenen, rasant voranschreitenden Sendeformate und Trends unter dem „Diktat“[168] einer Ökonomie der Aufmerksamkeit[169] sind die oben genannten Kriterien zur Ermittlung der Werbeabsicht der Rundfunkanstalt nur eingeschränkt anwendbar. Gerade im Unterhaltungssektor ist die Vermischung von Werbung und Programm bereits soweit fortgeschritten, dass Kriterien wie die redaktionelle Gebotenheit oder einseitige positive Darstellung untauglich sind.

Eine werberechtliche relevante Parteinahme der Rundfunkanstalt muss in jedem Einzelfall anhand konkreter Indizien nachgewiesen werden.[170] Aus der Informationsvermittlungsaufgabe des Rundfunks folgt die Vermutung, dass jede Darstellung, Erwähnung und Präsentation von Marken, Produkten und Dienstleistungen in Wahrnehmung des Rundfunkauftrags erfolgt. Diese Vermutung gilt für jede Sendung unabhängig von der Intensität der objektiv von ihr ausgehenden Werbewirkung. Auch ein Höchstmaß objektiver Werbewirkung kann aus redaktionellen Gründen, worunter auch die Aktivierung des Rezipienten gehört, geboten sein.[171] Die Entscheidung, in welcher Form, Art und Weise dies jeweils im Einzelfall zu geschehen hat, fällt somit zunächst unter die Rundfunkausgestaltungsfreiheit des Senders. Den Gerichten ist es außer in Fällen krassen Missbrauchs verwehrt, das redaktionelle Sendekonzept in Frage

[165] Gesetz vom 1. August 1997, BGBl. I, 1870, abgedr. in: *Bauer/Ory*, a.a.O., 2.9.1.

[166] Gesetz v. 20 Jan./12. Feb. 1997 abgedr. in: *Bauer/Ory*, a.a.O., 4.6.

[167] So auch *Gloy/Jacobs/Schulte-Beckhausen*, WbR, § 27, Rdnr. 17, für die Frage der Trennung in § 8 Btx-StV. Allerdings ziehen sie daraus den Schluss, dass Informationen von privaten Unternehmen immer mit Werbung gekennzeichnet sein müssen. Diese Schlussfolgerung ist damit auf die Rundfunkwerbung nicht übertragbar, denn damit würden die meisten Sendungen privater Rundfunkanstalten oder dritter Programmanbieter (z.B. FOCUS TV) nicht an einer Kennzeichnungspflicht vorbeikommen.

[168] So *Ladeur*, Persönlichkeitsschutz und „Comedy“, NJW 2000, 1977, 1979.

[169] Vgl. Seite 46 ff.

[170] Statt vieler: *BGH*, WRP 1993, 478, 479 – Faltenglätter.

[171] Vgl. Seite 135 ff.

brauchs verwehrt, das redaktionelle Sendekonzept in Frage zu stellen (Art. 5 Abs. 1 GG). Auswahl und Gestaltung des redaktionellen Programms obliegen zunächst einmal den Sendern.

Auch wenn der Nachweis einer Werbeabsicht vor dem Hintergrund der zunehmenden Kommerzialisierung und inhaltlicher und formaler Anpassung von Werbung und Programm schwer zu führen ist, bleiben die Medien verpflichtet ihrem Programmauftrag gemäß das „kommunikative Vertrauen" der Zuschauer zu erfüllen.[172]

Statt wie bisher nach der redaktionellen Gebotenheit einer objektiv werbewirksamen Erwähnung oder Darstellung von Marken, Waren und Dienstleistungen zu fragen, empfiehlt sich auf die subjektive, d.h. einzelfallbezogene Kompatibilität der Einblendung mit dem Konzept, Struktur und der sonst üblichen oder vergleichbaren Form der Berichterstattung der Sendung abzustellen.[173] Insoweit gilt, dass die Rundfunkanstalt in der Ausgestaltung und inhaltlichen Zielrichtung ihres „Programms" frei sind. Haben sie aber eine Sendung mit einem bestimmten Sendekonzept etabliert oder wollen sie etablieren und in der Öffentlichkeit bekannt machen, werden sie bei der Beurteilung der Werbeabsicht der Rundfunkanstalt daran gemessen. Der wettbewerbs- und rundfunkrechtliche Maßstab bestimmt sich danach, ob sich die werbewirksame Darstellung von Marken, Produkten oder Dienstleistungen in einem Sendebeitrag, von der Präsentation wie sie üblicherweise in diesen oder vergleichbaren Sendungen kommuniziert wird, abhebt oder nicht. Indizwirkung können daneben der Herausstellung eines einzelnen Produktes (bzw. Unternehmen, Marke oder Dienstleistung) zukommen, wenn diese Darstellung zugleich die für die Sendung charakteristische Form der Berichterstattung überschreitet.[174]

Gegen diesen Ansatz wendet das *OLG Hamburg* ein, auch eine typischerweise und vom journalistischen Konzept getragene, bestimmte werbewirksame Berichterstattung stehe der Annahme einer Werbeabsicht nicht entgegen. Dadurch sei nur die Einkleidung des werblichen Inhalts betroffen, was eine Veröffentlichung aber noch nicht zulässig mache.[175] Vielmehr sei der Zuschauer mindestens ebenso schutzbedürftig, denn hierbei werde mit subtileren Mitteln Werbung „inszeniert".[176] Außerdem müsse auch zur Überprüfung der Kompatibilität von

[172] *Engels*, RuF 1997, 218; *Hoffmann-Riem* in: *Benda/Maihofer/Vogel* (Hrsg.) 2. Aufl. 1994, § 7 Kommunikations- und Medienfreiheit, Rdnr. 8 m.w.N.; *Hunziker*, Medien, Kommunikation und Gesellschaft, 1988, S. 72 ff.

[173] Ähnlich auch *Hormuth*, Placement, S. 71.

[174] Vgl. Seite 130.

[175] *OLG Hamburg*, ZUM 1996, 416, 419 – Büro total/Schnäppchenjagd. Die Entscheidung erging allerdings zu redaktioneller Werbung in Tageszeitungen.

[176] *Meyer-Harport*, Neue Werbeformen im Fernsehen, S. 125.

Objekt und Umfeld eine gestalterische Beurteilung des Programms vorgenommen werden, womit die gleichen Schwierigkeiten wie bei der Feststellung der dramaturgischen Notwendigkeit verbunden seien.[177]

Der Vorwurf der Inszenierung von Werbung kann schon deshalb nicht greifen, weil im Zeitalter der Informationsüberflutung die Rundfunkanstalten genauso wie die Werbetreibenden gezwungen sind, vor der Verbreitung von Informationen die Aufmerksamkeit der Zuschauer zu erzielen. Diese Aktivierungstechniken verwischen die Unterschiede zwischen Werbespot und redaktionellem Programm.[178] Ein klares, vom Zuschauer leicht wiedererkennbares Informationsmuster oder Sendekonzept erhöht z.B. seine Aufnahmebereitschaft ebenso wie der Einsatz bestimmter Bilder, Marken oder Produkte, die für eine bestimmte Lebenseinstellung stehen.[179] Mit der Entscheidung über Art und Form der Präsentation verbinden sich weiterhin bestimmte Erwartungen der Zuschauer bezüglich der formalen und inhaltlichen Gestaltung (Themenauswahl und -präsentation etc.) einer Sendung. Erst wenn diese Erwartungen in dem Sinne konterkariert werden, dass ein werblicher Effekt für Marken, Waren und Dienstleistungen erzielt wird, ohne dass der Zuschauer damit rechnen konnte und musste, ist die Grenze eigenverantwortlicher Programmgestaltung überschritten. Werden z.B. in einer Verbraucherratgebersendung regelmäßig unabhängige Experten für die Bewertung von Konsumprodukten herangezogen, dann handelt die Rundfunkanstalt in Werbeabsicht i.S.d. §§ 1, 3 UWG, 7 f. RStV, wenn als Experten auf einmal Vertreter des bewerteten Herstellers zu Wort kommen, ohne dass der Zuschauer in ausreichendem Maße auf diesen Umstand hingewiesen wurde. Die Abgrenzung zulässiger von nichtzulässiger Werbung mittels der Kriterien der „Erforderlichkeit" bzw. der „Gebotenheit" einer Einblendung bereitet den Gerichten erhebliche Auslegungsschwierigkeiten, da die ständig neue Sendekonzepte und –formen entwickelt werden, welche die kommerziellen und redaktionellen Interessen der Rundfunksender in einer Art und Weise kombinieren. Vor dem Hintergrund der Rundfunkfreiheit und dem Anspruch der Rundfunkveranstalter auf ausreichende Rechtssicherheit ist es sinnvoller statt eines nur schwer bestimmbaren objektiven Programminhalten auf die Vereinbarkeit von Anspruch und Durchführung der Programmgestaltung abzustellen. Dem Schutz des Zuschauers vor Täuschungen über den Werbecharakter von Einblendungen wird in jedem Fall Rechnung getragen.

---

[177] *Meyer-Harport,* ebd.

[178] Vgl. S. 117 f.

[179] Vgl. z.B.: *Bleicher*, Programmmodelle und Programmentwicklung des Fernsehens von 1984 bis 1993, in: *Hömbert/Pürer* (Hrsg.), S. 137. 148 ff; *Walliser*, Über den Zusammenhang zwischen Markenbekanntheit und Wiedererkennung bei der Bandenwerbung, MARKETING ZFP 1997, 43 m.w.N.

2.1. Zusammenfassung und Schlussfolgerungen zur Ermittlung der Werbeabsicht

Bei der Untersuchung der Werbeabsicht der Rundfunkanstalten muss in jedem Einzelfall genau geprüft werden, inwieweit die objektiv feststellbare Werbewirkung mit der übrigen Charakteristik der Sendung (Sendekonzept, Art der Berichterstattung u.a.) kompatibel und damit redaktionell gerechtfertigt ist. Grundsätzlich ist dabei im ersten Schritt zu fragen, inwieweit eine werbewirksame Darstellung oder Erwähnung von Marken, Waren oder Dienstleistungen eines Unternehmens in Sendungen dieses redaktionellen Formats allgemein üblich und gewöhnlich ist. Im zweiten Schritt muss dann geprüft werden, inwieweit die konkrete Werbemaßnahme mit dem redaktionellen Konzept der Sendung vereinbar ist. Solange die Werbewirkung nur Folge einer bestimmten redaktionellen Berichterstattung ist, und nicht dessen Hauptzweck, kann eine Werbeabsicht nicht vermutet werden.

In diesem Zusammenhang kommt der ausnahmsweisen Darstellung einer einzelnen Ware, Marke oder Dienstleistung[180] sowie der bewussten Kooperation mit Dritten[181] besondere Indizwirkung zu. Den übrigen Kriterien von Rechtsprechung und herrschender Lehre lassen nur begrenzt Rückschlüsse auf die Werbeabsicht der Rundfunkunternehmen zu und sollten deshalb nicht verwendet werden.

3. Erwartungshaltung und Vorwissen des Fernsehzuschauer

a) Kommerzieller Charakter und Zuschauererwartungen

Fraglich ist, ob die Feststellung, dass ein redaktionelles Programm entgegen den Erwartungen des Zuschauers Werbung enthält, ohne weiteres eine Irreführung i.S.d. § 1 UWG begründet.

Ob tatsächlich eine Irreführung über den Werbecharakter vorliegt, wird von einer Mindermeinung mit dem Argument bestritten, dass der Verkehr weiß, dass die Werbung in alle Bereiche Eingang gefunden hat und der Zuschauer z.B. in einem Spielfilm damit rechnet, dass Namen oder Marken zu Wettbewerbszwecken in bestimmter Weise verwendet werden, bzw. für Product-Placement Entgelte bezahlt werden.[182]

---

[180] S. SEITE 129 ff.

[181] S. SEITE 131 f.

[182] *OLG München*, WRP 1993, 420, 424 f; *Ullmann*, Spenden. Sponsern. Werben, in: FS für Traub 1994 , S. 418.

Dagegen wendet die herrschende Meinung ein, dass der Zuschauer trotz allen möglichen Wissens über die Kommerzialisierung des Unterhaltungsbereichs zumindest in den Fällen, in denen in besonders geschickter Weise absichtliche Werbung in den Handlungsablauf der Sendung eingebaut ist, nicht in der Lage sei, die Werbung zu erkennen.[183] Der Zuschauer werde insoweit über die künstlerische und dramaturgischen Notwendigkeit der Produkteinblendung getäuscht.[184] Aber selbst wenn er diese erkennen sollte, sei eine wettbewerbsrechtlich relevante Irreführung über den Charakter der Sendung zumindest in den Vorankündigungen der Sendungen zu erblicken.[185]

Die Einstufung einer Werbung im Programm als irreführend muss von der tatsächlichen Schutzbedürftigkeit der Zuschauer abhängig gemacht werden. Zu berücksichtigen ist, welche Erwartungen der Zuschauer vom Programmangebot hat, insbesondere, ob er mit einem (auch) kommerziellen Charakter einer Sendung rechnet. Die Beantwortung dieser Frage hängt entscheidend von der Vorfrage ab, welche Anforderungen an die Aufmerksamkeit und das Vorwissen der Fernsehzuschauer zu stellen sind.

b) Verbraucherschutz zwischen deutscher und europäischer Irreführungsrechtsprechung

Eine Irreführung durch getarnte Werbung kann immer nur anhand aller Umstände des Einzelfalls nachgewiesen werden. Die Beantwortung der Frage, ob dem Verkehr bekannt ist, dass die Werbung in alle Bereiche Eingang gefunden hat und der Zuschauer z.B. in einem Spielfilm damit rechnen muss, dass Namen oder Marken zu Wettbewerbszwecken in bestimmter Weise (gegen Entgelt) verwendet werden, hängt davon ab, welche Anforderungen an die Aufmerksamkeitsspanne des Zuschauers gestellt werden kann.

Hierbei besteht ein heftiger Streit in Rechtsprechung und Literatur, der sich in erster Linie um die Frage dreht, ob ein europäisches Verbraucherleitbild mit erhöhten Anforderungen an den Verbraucher die bisher als zu streng angesehene deutsche Irreführungsrechtsprechung abzulösen geeignet ist.[186]

---

[183] *Scheuch,* Product Placement, S. 449; *Henning-Bodewig,* ZUM 1988, 270; im Ergebnis auch *Scherer, I.,* Verbraucherwerbung, S. 196.

[184] *Sack,* ZUM 1987, 121; *Henning-Bodewig,* ZUM 1988, 269.

[185] *BGH,* ZUM 1996, 146 ff; *Dörfler,* Product Placement, S. 113 ff m.w.N.; *Bork,* GRUR 1988, 272; *Henning-Bodewig*, ZUM 1988, 270; *Scherer, B.*, a.a.O., S. 136; *Sack*, AfP 1991, 713 f.

[186] Vgl. die Nachweise bei: *Doepner,* Verbraucherleitbilder zur Auslegung des wettbewerbsrechtlichen Irreführungsverbots, WRP 1997, 999 ff, Fn. 8; *Sack*, Die Präzisierung des Verbraucherleitbildes durch den *EuGH*, WRP 1999, 399 in Fn. 2-12 und bei *Knops*, Verbraucherleitbild und situationsgebundene Unterlegenheit, VuR 1998, S. 363 in Fn. 1 ff.

Im Folgenden soll nur noch kurz auf die ausufernde Diskussion über das richtige Verbraucherleitbild bei der Beurteilung irreführender Werbung eingegangen werden. Denn die wesentlichen Argumente der jeweiligen Auffassungen[187] sind hinreichend bekannt. Im übrigen scheint sich die europäische Linie langsam auch in der Rechtsprechung des *BGH* niederzuschlagen.[188]

i. Die Irreführungsrechtsprechung zwischen flüchtig wahrnehmenden und sich informierenden Verbraucher

Anknüpfend an die sogen. „Pragmatische Verbraucherforschung"[189] stellt die deutsche Irreführungsrechtsprechung i.d.R. auf einen flüchtigen Verbraucher ab und beurteilt suggestive Werbeformen grundsätzlich streng.[190] Nach der Rechtsprechung des *BGH* liegt eine Irreführung dann vor, wenn ein nicht unerheblicher Teil der angesprochenen Verbraucher, wobei er zwischen 10-15% der angesprochenen ausreichen lässt,[191] die Äußerung in einem Sinne verstanden haben, die den tatsächlichen Verhältnissen nicht entspricht. Dabei greifen die deutschen Gerichte für den Nachweis der Irreführung auf demoskopische Gutachten zurück.[192]

---

187 Vgl. die Argumente gegen eine Lockerung der deutschen Irreführungsrechtsprechung im Interesse eines effektiven Verbraucherschutzes bei: *Kisseler*, Das deutsche Wettbewerbsrecht im Binnenmarkt, WRP 1994, 1, 5; *Steinbeck*, Zur europarechtskonformen Auslegung des Irreführungsverbots nach § 3 UWG, EWS 1996, 237 m.w.N.; *von Hippel*, Verbraucherschutz, 3. Aufl. 1987, S. 10, *Reuthal*, WRP 1997, 1160. Dagegen: *Emmerich*, UWG, S. 186 ff; *Dreher, M.*, Der Verbraucher - Das Phantom in den opera des europäischen und deutschen Rechts?, JZ 1997, 167, 173 ff, *Köhler, H.*, JuS 1993, 447, 449; *Ackermann*, WRP 1996, 502, 513; *Niederleithinger*, GRUR Int. 1996, 467, 471.

188 Vgl. Seite 152.

189 Zu den verschiedenen Theorien vgl. die Untersuchung bei: *Mylaeus*, a.a.O., S. 151 ff; S. 189 ff. Diese Forschungsrichtung knüpft an das Leitbildes des hilfsbedürftigen Konsumenten, der sich gegen die manipulativen Techniken des Marketing nicht wehren kann und daher geschützt werden muss, vgl. *Mylaeus*, ebd., S. 187 f, 221 ff, 236.

190 Vgl. Seite 162 f.

191 *BGH*, GRUR 1955, 38, 40 - Cuprosa-Kunstseide; *BGH*, GRUR 1987, 171, 172 - Schlußverkaufswerbung; *BGH*, GRUR 1993, 920, 921 - Emilio Adani II; *BGH*, GRUR 181, 71, 72 - Lübecker Marzipan; GRUR 1979, 716, 718 - Kontinent-Möbel; GRUR 1992, 66, 68 - Königlich-Bayrische Weiße; auch *Büttner*, GRUR 1996, 533.

192 *BGH*, GRUR 1985, 140 - Größtes Teppichhaus der Welt; dazu *Fezer*, Das wettbewerbsrechtliche Irreführungsverbot als ein normatives Modell des verständigen Verbrauchers im Europäischen Unionsrecht, WRP 1995, 671, 672. Allerdings bleibt der Rückgriff auf die Demoskopie die Ausnahme. Gehört nämlich der Richter selbst zu den angesprochenen Verkehrskreisen, z.B. bei der Werbung für Erzeugnisse und Dienstleistungen des täglichen Bedarfs, so kann er das Vorliegen einer Irreführung nach herrschender Ansicht (vgl. *BGH*, GRUR 1990, 1024, 1025 - Lohnsteuerhilfeverein IV; GRUR 1992, 406, 407 - Beschädigte Verpackung I; GRUR 1992, 450, 452 - Beitragsrechnung; *Köhler/Piper*, a.a.O., § 3 Rdnr. 91) regelmäßig aus „eigener Sachkunde" bejahen.

Der *EuGH* stellt auf den verständigen, informierten oder zumindest zur Information verpflichteten Verbraucher[193] ab und legt dieses Leitbild auch bei der Auslegung der Richtlinie gegen irreführende Werbung[194] zugrunde. Das Gericht hebt hervor, dass der Verbraucher nicht nur ein Recht auf Information, sondern auch eine „Informationsbeschaffungslast" hat.[195] Anstelle einer demoskopischen Ermittlung der Irreführung ist i.d.R.[196] vielmehr auf die Vorstellungen eines vernünftigen Verbrauchers, die dieser aufgrund einer Werbeaussage haben darf, abzustellen. Nur bei einem Abweichen des beworbenen Produkts von diesen „berechtigten Vorstellungen", liegt nach Auffassung des *EuGH* eine Irreführung vor.[197]

Hinter dieser Rechtsprechung steht der auch von der EU-Kommission[198] hervorgehobene Gedanke, dass zwischen dem Schutz und der Unterrichtung der Verbraucher ein enger Zusammenhang besteht.[199] Eine abstrakte Eignung von im Kern wahren Informationen sei daher zur Irreführung nicht ausreichend, da den Verbraucher bei minder gravierenden Irreführungsgefahren eine Informationslast treffe.[200]

---

[193] *EuGH,* Slg. 1995, I-1923 = EuZW 1995, 611 = WRP 1995, 677 - Mars. Der *EuGH* verneinte dabei eine Irreführung mit folgender Begründung (*EuGH,* ebd. Rdnr. 24): „Von verständigen Verbrauchern kann erwartet werden, dass sie wissen, dass zwischen der Größe von Werbeaufdrucken, die auf eine Erhöhung der Menge des Erzeugnisses hinweisen, und dem Ausmaß dieser Erhöhung nicht notwendigerweise ein Zusammenhang besteht." Zuvor bereits: *EuGH,* WRP 1993, 233 f - Nissan. Vgl. auch *Krüger*, Die Zulässigkeit vergleichender Werbung aufgrund gemeinschaftsrechtlicher Vorgaben - Das Leitbild des mündigen Verbrauchers und die Öffnung der nationalen Märkte, 1996, S. 98 ff.

[194] Richtlinie Nr. 84/450 des Rates der Europäischen Gemeinschaften zur Angleichung der Rechts- und Verwaltungsvorschriften der Mitgliedstaaten über irreführende Werbung, Abl. EG 1984, 250, 17 ff. v. 19. Sept. 1984.

[195] *Fezer*, WRP 1995, 671, 673 ff.

[196] Im Einzelfall erkennt auch der *EuGH,* WRP 1998, 848 = EuZW 1998, 526 Rdnr. 35 f - Gut Springheide; Urt. v. 13 Jan. 2000 – C-220/98, vgl. FAZ v. 19.1.2000, Nr. 15, S. 25 - Lifting, die Möglichkeit, Sachverständigengutachten heranzuziehen, an.

[197] *Fezer,* WRP 1995, 673.

[198] Vgl. die Programme der EU zur Verbraucherpolitik, Dokumentation der Kommission: Verbraucherpolitische Prioritäten; Dok. KOM (95) 519 vom 31. Okt. 1995; Dreijährige Verbraucherpolitische Aktionspläne der EG-Kommission von 1990 und 1993, KOM (90) 98 endg. und KOM (93) 378 endg. In eine andere, äußerst strenge und die Schutzbedürftigkeit des Verbrauchers herausstellende Richtung geht die EG-Richtlinie 91/321 über Säuglingsanfangsnahrung und -folgenahrung vom 14. Mai 1991, ABl. EG Nr. L 175/35. Die europäische Verbraucherpolitik stellt nicht einheitlich auf den informierten Verbraucher ab, sie variiert je nach Adressat, Medium und Produkt; vgl. auch *Doepner*, WRP 1997, 1005 f.

[199] Vgl.: *EuGH*, Slg. 1986, 3879, 3807 (10) - Pétillant de Raisin, wonach auf dem gemeinsamen Markt der Verbraucherschutz in den Mitgliedstaaten der Europäischen Gemeinschaften „unter allseitiger Achtung lauterer Praktiken und herkömmlicher Übungen in den Mitgliedstaaten gewährleistet" ist.

[200] *Doepner,* WRP 1997, 999.

ii. Kritik

(1.) Informationsmodell und Sozialempirie

Unabhängig von der umstrittenen Frage, inwieweit die nationalen Gerichte verpflichtet sind, den europäischen Lauterkeitsmaßstab zu berücksichtigen[201], kann festgehalten werden, dass sich Werbung im Fernsehprogramm deutscher Rundfunkanbieter am Irreführungsmaßstab nationaler Wettbewerbsgerichte zu orientieren hat.[202] Eine Anpassung an die europäische Rechtslage durch eine großzügigere Auslegung des weit gefassten Wortlauts der §§ 1, 3 UWG bleibt jedoch möglich.[203]

Ob dies auch für den Irreführungsmaßstab bei Fernsehwerbung im Programm geboten ist, soll im Folgenden untersucht werden.

Dem Informationsmodell des *EuGH* ist vorgehalten worden, es fuße auf dem Verständnis eines Verbrauchers als „homo oeconomicus", der die Werbeinformationen kritisch wahrnimmt, verarbeitet, selektiert, ihre Bedeutungsmöglichkeiten durchdenkt und daraus rationale Marktentscheidungen ableitet.[204] Dieses Modell widerspreche aber der Realität der Verbraucherentscheidungen, da es zusätzlich zur Beschreibung der Realität eine normative Bewertung anstelle, die nicht mehr Rechtssicherheit, sondern willkürliche Ergebnisse zulasse. Damit kehre der *EuGH* die in den Art. 3 a lit. s, 100 a III und 129 a EGV a.F. normierten gesetzgeberische Absicht eines verbesserten Verbraucherschutzes in sein Gegenteil um, in dem er ein „Verbraucherphantom" schaffe, das sich unter hohem und kostenintensivem Zeitaufwand ständig und umfassend informieren muss.[205]

Die Verbraucherforschung hat belegt, dass der Zuschauer Fernsehwerbung nur oberflächlich und flüchtig wahrnimmt.[206] Infolge der Informationsflut einerseits und dem oberflächlichen Wahrnehmungsverhalten andererseits schaltet der Zuschauer innerlich immer öfter ab, was wiederum die rationale Wahrnehmung

---

[201] Vgl. nur: *Köhler, H.*, JuS 1993, 449; *Reuthal*, WRP 1997, 1158 ff.

[202] Allgemein zu diesem Problemkreis: *Piper*, Zu den Auswirkungen des EG-Binnenmarktes auf das deutsche Recht gegen den unlauteren Wettbewerb, WRP 1992, 685 f, 691.

[203] *Steinbeck*, EWS 1996, 237.

[204] Vgl. *Dick*, Das Verbraucherleitbild in der Rechtsprechung 1995, S. 19.

[205] Vgl. *Sack*, WRP 1998, 264 ff; GRUR 1998, 871 ff; Die Präzisierung des Verbraucherleitbildes durch den *EuGH*, WRP 1999, 399, 403; *Mähling*, a.a.O., S. 48 ff, 190 ff; *Doepner*, WRP 1997, 1005 f m.w.N.; der das Leitbild der Konsumentensouveränität als ein „Minderheitenschutzprogramm zugunsten des informationssuchenden, cleveren und intellektuell versierten Teils der Verbraucherschaft" ansieht; ähnlich *Reuthal*, WRP 1997, 1160; *Schricker*, Entwicklungstendenzen im Recht des unlauteren Wettbewerbs, GRUR 1974, 579. **A.A.:** *ders.*, Deregulierung im Recht des unlauteren Wettbewerbs?, GRUR Int. 1994, 586 ff.

[206] Siehe unter S. 11 ff.

von Programmangeboten behindert.[207] Unter diesen Voraussetzungen biete die weit verbreitete Methode der Verknüpfung stark emotionaler und bildhafter Handlungszusammenhänge mit gezielten Markeneinblendungen eine deutlich höhere Chance, vom Verbraucher überhaupt wahrgenommen zu werden, als die rein sachliche Information.[208]

Zugleich erhöht sich nach Auffassung der Rechtsprechung[209] auch die Beeinflussungsgefahr, da das breite Publikum mangels Zeit und Lust die angebotenen Werbebehauptungen weder genau noch vollständig und kritisch würdigen kann.

Kroeber-Riel/Weinberg warnen deshalb vor dem Irrglauben, man könne durch die Konstruktion einer Verbraucherinformationspflicht eine Rationalisierung des Entscheidungsverhaltens der Verbraucher erzielen.[210] Einer solchen Sollvorstellung über eine „berechtigte Verbrauchererwartung" hafte vielmehr das unbefriedigende Gefühl der Unsicherheit und Unklarheit an.[211] Von daher wird vorgeschlagen, dem Weg des *BGH* zu folgen, und auf Grundlage von Meinungsumfragen die jeweilige Wahrnehmungswirkung der werblichen Maßnahme festzustellen und daraus den Irreführungsmaßstab abzuleiten. Diese Vorgehensweise könne für sich in Anspruch nehmen, dem rechtstaatlichen Gebot der Tatsachenfeststellung und der Verifizierung der Fakten zu entsprechen.[212]

---

[207] Vgl.: *Kroeber-Riel/Weinberg*, a.a.O., S. 653 ff, 655 f; *Kuzlmann*, Verbraucherpolitik, S. 44 ff, 85. Zu den Gründen für diese Entwicklung: vgl. Seite 13 ff.

[208] Vgl. *Kroeber-Riel*, Bildkommunikation, S. 81 ff.

[209] *BGH,* GRUR 1970, 425, 426 - Melitta Kaffee; GRUR 1968, 702, 703 - Hamburger Volksbank; GRUR 1959; 365, 366 - Englisch-Lavendel; GRUR 1957, 128, 130 - Westfälische Steinhäger; *OLG München*, AfP 1997, 801, 802.

[210] *Kroeber-Riel/Weinberg,* Konsumentenverhalten, S. 246 ff, 613 ff., warnen davor, den Konsumenten zum Informationssucher erzielen zu wollen, da es sich bei Informationen nicht um einen Selbstzweck handelt. Die Informationssuche kostet den Konsumenten Zeit, die ihm sonst als Freizeit, und damit zur Befriedigung anderer Bedürfnisse zur Verfügung steht, weshalb geringe Informationssuche höhere Suchkosten mit sich bringen.

[211] *Doepner,* WRP 1997, 1007 m.w.N. in Fn. 68 f; *Tilmann*, Der verständige Verbraucher, in: FS-Piper, 1996, S. 481, 491 f.

[212] Hierzu: *Doepner*, WRP 1997, 1000 ff.

(2.) Der mündige Fernsehzuschauer

Der Vorwurf, dass das europäische Verbraucherleitbild den Erkenntnissen der Sozialempirie nicht ausreichend Rechnung trägt, ist unbegründet.[213]

Der *EuGH* unterscheidet sehr genau zwischen dem empirisch nachgewiesenen flüchtigen Wahrnehmungsverhalten der Verbraucher einerseits und der aufmerksamen Verarbeitung dieser Informationen andererseits.[214]

So zielt der *EuGH* mit seiner Forderung, der Verbraucher solle vor dem Kauf eines Produktes die Verpackungsbeilage „flüchtiges"[215] Durchlesen[216], auf den Zeitpunkt der Bedarfsdeckung ab. Die Informationsbeschaffungslast verpflichtet den Verbraucher in zumutbarer Weise, sich diejenigen wesentlichen Produktinformationen selbst zu beschaffen, die ihm problemlos zugänglich sind.

Davon zu unterscheiden ist jedoch die einseitige werbliche Konsumentenansprache im Fernsehen. Diese zielt vielmehr auf eine Beeinflussung der Einstellung des Rezipienten zum Produkt ab. Ob dieser dann auch tatsächlich sein Verhalten im gewünschten Sinne ändert, hängt von einer Vielzahl von Verhaltensbedingungen (Einkaufssituation, finanzielle Möglichkeiten, Angebote, Einfluss von Freunden usw.) ab.[217]

Der Unterscheidung zwischen dem Moment der Bedarfsdeckung (dem Einkauf im Supermarkt) und dem der Bedarfsbildung (Fassen eines Kaufentschlusses) kommt aus wettbewerbsrechtlicher Sicht zentrale Bedeutung zu. Während der Einfluss der Werbung auf die Bedarfsdeckung gering ist, kann der direkte Kontakt des Verbrauchers mit Produkten und Dienstleistungen seine inneren Firmen- und Markenbilder erheblich beeinflussen.[218] Vorrangige Quelle innerer

---

[213] So auch *Leisner*, Der mündige Verbraucher in der Rechtsprechung des *EuGH*, EuZW 1991, 498, 504, welcher der deutschen Rechtspraxis die wohl weitestgehenden Relikte des alten Wohlfahrtsstaates, freiheitsabschottend, und umsorgend attestiert und deshalb die Frage stellt, wann das Recht des unlauteren Wettbewerbs in Deutschland dem Bürger sagt, dass er die Freiheit vorziehen soll, auch wenn sie gefährlich ist. Ähnlich auch: *Sosnitza*, Wettbewerbsbeschränkungen durch die Rechtsprechung, 1995, S. 201 m.w.N.; *Bernet*, Die wettbewerbsrechtliche Beurteilung der gefühlsbetonten Werbung, 1978, S. 116 ff m.w.N.

[214] So zu recht: *Sack*, WRP 1998, 565 f.

[215] An die Informationsbeschaffungslast dürfen keine zu hohen Anforderungen gestellt werden. Ein genaueres Lesen vor einer Kaufentscheidung wird dem Verbraucher bei Waren und Dienstleistungen des täglichen Bedarfs mit Blick auf die Suchkosten nicht zugemutet werden.

[216] *EuGH* EuZW 1996, 245- Kommission/BRD; Kritisch zum Informationsmodell: *E. von Hippel*, Verbraucherschutz, 3. Aufl. 1987, S. 10, wonach diese Informationspflicht den Verbraucher überfordere.

[217] *Kroeber-Riel*, Bildkommunikation, S. 84 m.w.N. in Fn. 31.

[218] Vgl. *Wilhelm*, Werbung als wirtschaftstheoretisches Problem, 1961, S. 32 ff; *Kroeber-Riel*, 1993, S. 84, S. 252 f.

Markenbilder des Rezipienten sind die visuellen Eindrücke von Design und Verpackung.[219] Bei einem unmittelbaren Kontakt mit Produkten ist daher der Grad der werblichen Beeinflussung ein anderer. Aktivität und Aufmerksamkeit des angesprochenen Verbrauchers sind i.d.R. höher, da er nicht einfach nur passiv Fernsehen konsumiert, sondern aktiv selbst Handlungen vornimmt, die von ihm ein Mindestmaß an rationaler Kontrolle erfordern.

Zweifelsohne geht von medialen Beeinflussungsversuchen durch Fernsehwerbung aufgrund der multisensorischen Ansprache eine beachtliche Beeinflussungswirkung aus.[220] Sie ist aber deutlich schwächer als die Beeinflussungswirkung durch die Ansprache im Individualverkehr. Eine Situation, bei welcher der Rundfunkveranstalter und das mit ihm kooperierende Unternehmen den Zuschauer in einen psychischen Kaufzwangslage[221] versetzen, liegt beim Fernsehen nicht vor, da es keine unmittelbare Kaufverpflichtung gibt und die werbliche Ansprache einseitig erfolgt. Neben den Informationsrechten bleibt der Verbraucher durch zahlreiche Rücktrittsrechte (§§ 361a, 361b, 13a UWG, VerbrKrG, HaustürWiG, FernAbG)[222] vor der Gefahr der Überrumpelung oder des unüberlegten Einkaufs geschützt. Übertragen auf den Fernsehzuschauer steht der Berücksichtigung eines flüchtigen Wahrnehmungsverhalten im Fernsehen mit der europäischen Rechtsprechung nicht im Widerspruch.

iii. Deutsche Irreführungsrechtsprechung und europäisches Verbraucherleitbild

Das normative Verbraucherleitbild eignet sich besser zur sachgerechten Irreführungsbewertung als die zu strenge Rechtsprechung des *BGH,* die vor allem im Ergebnis und weniger in der dogmatischen Herleitung abzulehnen ist.

---

[219] *Kroeber-Riel*, 1993, S. 253 f.

[220] S. unter 28 f.

[221] Der *BGH* geht in ständiger Rechtsprechung (vgl. *BGH,* WRP 1989, 799; NJW 1977, 2075; NJW 1970, 2245) davon aus, dass ein sittenwidriger psychischer Kaufzwang vorliegt, wenn der Werbende auf die Willensentschließung des Umworbenen mit außerhalb der Sache liegenden Mitteln, Umständen und Auswirkungen in einem solchen Maße Einfluss nimmt, dass der Umworbene auf Grund dessen zumindest anstandshalber nicht anders kann, als auf das Angebot einzugehen.

[222] In der Stärkung der Informations- und Widerrufsrechte liegen die wichtigsten verbraucherschützenden Instrumente, vgl. *Martinek*, Verbraucherschutz im Fernabsatz, NJW 1998, 207; *ders.* NJW 1997, 1393. Zur schwierigen Suche nach einem angemessenen Verbraucherschutz am Beispiel des VerbrKrG vgl.: *Laukemann*, WRP 2000, 624.

Die Frage, ob das Abstellen der deutschen Rechtspraxis auf den flüchtigen Zuschauer gemeinschaftsrechtswidrig ist[223], braucht hingegen nicht mehr erörtert zu werden.

Denn der *BGH* hat sich in jüngerer Zeit sehr stark der Rechtsprechung des *EuGH* angenähert und aufgrund der fortschreitenden Europäisierung des Verbraucherverhaltens in Deutschland die Bedeutung von Meinungsumfragen zu Gunsten einer normativen Wertung herabgestuft.[224]

In seiner „Testpreis-Angebot"-Entscheidung[225] hat der *BGH* vergleichende Werbung mit Blick auf eine entsprechende Änderung der EU-Richtlinie zur irreführenden Werbung[226] eine richtlinienkonforme Auslegung des § 1 UWG in Deutschland bereits vor Umsetzungsfristablauf als zulässig angesehen. Die Neuinterpretation der Irreführungsvorschriften im Lichte des europäischen Verbraucherleitbildes wäre ein wichtiger Schritt zur vielfach geforderten Reform des deutschen Wettbewerbsrechts,[227] den sich die deutschen Gerichte über kurz oder lang nicht verschließen können.[228]

---

[223] So aber *Coerdt-Taxhet*, Irreführende Fernsehwerbung S. 60 ff, 76, 81, mit der Begründung, die EG-Richtlinie schreibe ebenso wie § 7 Abs. 3 RStV die normativen Kriterien der „klaren" und „eindeutigen" Erkennbarkeit der Trennung von Werbung und Programm vor. Deshalb muss die Ermittlung einer Irreführung im Sinne des § 7 Abs. 3 S. 1 RStV entsprechend der *EuGH*-Rechtsprechung ebenfalls am normativen Irreführungsmaßstab erfolgen. **A.A.:** *OLG Hamburg*, K&R 1999, 328 ff -Volkswagenwerbung, das unter Hinweis auf Ziff. 4 der ZAW-Richtlinie am Leitbild des durchschnittlichen Verbrauchers festhält und die Frage der Verwechslungsfähigkeit von Werbung und Anzeige vom Standpunkt des flüchtigen Lesers und dessen Eindrucks bei ungezwungener Auffassung aus beurteilt.

[224] *BGH,* NJW 1996, 2161- Der Meistverkaufte Rasierer Europas (Abkehr von *BGH,* NJW 1972, 104 - *Der Meistverkaufte II*); hierzu: *Martinek,* Der deutsche Konsument als europäischer Verbraucher, NJW 1996, S. 3136 m.w.N. zur Rechtsprechung.

[225] *BGH,* NJW 1998, 2208 - Testpreis; *Bernreuther*, Werbefreiheit und Ökonomisierung des Rechtsbegriffs, WRP 1999, S. 792, 793 f.

[226] Richtlinie 97/55/EG des Europäischen Parlaments und des Rates v. 6. Okt. 1997 zur Änderung der Richtlinie 84/450/EWG über irreführende Werbung zwecks Einbeziehung der vergleichenden Werbung; ABl. EG Nr. L 290 v. 23. Okt. 1997, S. 18.

[227] Vgl.: *Fezer*, Modernisierung des deutschen Rechts gegen den unlauteren Wettbewerb auf der Grundlage einer Europäisierung des Wettbewerbsrechts, WRP 2001, 989; *Leible/Sosnitza*; Richtlinienkonforme Auslegung vor Ablauf der Umsetzungsfrist und vergleichende Werbung, NJW 1998, 2507, 2509; *Emmerich*, UWG, S. 180 ff; *Köhler*, JuS 1993, 447 ff. **A.A.:** *Tilmann*, a.a.O., S. 481, 488 ff.

[228] *Voigt,* Die Entwicklung des Wettbewerbsrechts in den Jahren 1995-1997, NJW 1997, 2558, 2562. Auch für den *BGH* stellt jetzt auf die Aufmerksamkeit des durchschnittlichen Verbrauchers ab, vgl. *BGH*, Urt. v. 20. Okt. 1999, MDR 2000, 1087.

Zusammenfassung zu b)

Maßstab für die Beurteilung einer Irreführung des Fernsehzuschauers durch Werbung im Programm ist der verständige und sich informierende Verbraucher.

c) Die Zuschauererwartungen des informierten Zuschauer

i. GLAUBWÜRDIGKEIT UND ZUSCHAUERERWARTUNGEN

Für die Einstufung einer redaktionellen Werbung im Programm gilt folgendes:

Es gilt zunächst der Satz des BVerfG, wonach „sich die als beanstandete Werbung von dem als erlaubt bewerteten Verhalten derart abhebt, dass die Funktionsweise des Leistungswettbewerbs unter Berücksichtigung der Besonderheiten des [...Werbemarktes] gefährdet wird.[229]

Zahlreiche Formen der alltäglichen Fernsehwerbung in Programmangeboten der öffentlich-rechtlichen und privaten Rundfunkanbieter wie eigene Programmhinweise und Produktvorstellungen in Magazinen dürften sich heute kaum noch als eine Gefährdung des Leistungswettbewerbs darstellen.

Vom Zuschauer kann grundsätzlich erwartet werden, dass er einen bestimmten Sender (Nachrichten- oder Musiksender) bewusst einschaltet und sich beim Anschauen des Programms zumindest über das Sendeformat (Gameshows oder Verbrauchersendungen) Gedanken macht.[230]

Eine Irreführung liegt daher nicht bereits dann vor, wenn die Rundfunkanstalt im Zuge des Sendekonzepts bzw. dessen Umsetzung auf Kooperationen mit werbetreibenden Dritten setzt, die dafür als Gegenleistung eine Erwähnung oder Darstellung ihrer Marken, Produkte oder Dienstleistungen in der Sendung verlangen. Dies gilt solange die Rundfunkanstalt nicht durch zusätzliche Äußerungen den Eindruck erweckt, die werbliche Einblendung erfolge aus redaktionellen Gründen, sondern die Werbeeinblendung als Bestandteil redaktioneller Konzepte und Vorgaben glaubwürdig vertritt, und der Zuschauer sich darauf verlassen kann, dass der Charakter der einzelnen Sendung nicht zugunsten werblicher Effekte verändert wird.

Umgekehrt muss sich die Rundfunkanstalt an ihren eigenen Maßstäben messen lassen. Jeder objektive Wettbewerbsbeitrag, welcher aus Sicht der Zuschauer im Widerspruch zu Sendekonzept und Sendedurchführung steht, stellt daher verbotene irreführende Werbung dar.

[229] *BVerfG*, 1 BvR 1188/92, Urt. v. 1. Aug. 2001, WRP 2001, Heft 10 – Generika.
[230] *Schaar*, Programmintegrierte Fernsehwerbung, S. 279.

Maßstab wird insoweit die eigene Glaubwürdigkeit des Senders und der Sendung. Der Zuschauer kann nicht mehr erwarten, dass er von Werbung im Programm gänzlich verschont bleibt. Er hat aber ein Recht darauf, dass Werbung und Programm nicht in einer Art und Weise vermischt werden, die seinen berechtigten Erwartungen widerspricht.

Eine relevante Verletzung der Glaubwürdigkeit des Senders liegt vor, wenn das Vertrauen des Zuschauers in die jeweilige Sendung oder den jeweiligen Sendebeitrag missbraucht wird. Davon ist dann auszugehen, wenn entgegen der gerechtfertigten Erwartungshaltungen des Zuschauers, Marken, Dienstleistungen und Waren dargestellt werden.

Hinter diesem Ansatz steht die Überlegung, dass das Vertrauen der Zuschauer in die Glaubwürdigkeit der Äußerungen der Rundfunkanstalt entscheidend für die Überzeugungskraft einer Aussage ist.

Die Bedeutung der Glaubwürdigkeit wird von der Verhaltensforschung immer wieder hervorgehoben. So steigt mit zunehmender Glaubwürdigkeit des Kommunikators die Wahrscheinlichkeit einer im Sinne der Zielsetzung positiv wirksamen Kommunikation. Unter Glaubwürdigkeit versteht man Komponenten wie z.B. Vertrauenswürdigkeit, Ansehen, Sachkundigkeit und sozialer Status.[231], also die Summe aller Einstellungen des Kommunikationsempfängers gegenüber dem Kommunikator.[232]

Die Wahrung der Glaubwürdigkeit ist zentrale Herausforderung aller im Wettbewerb tätigen Unternehmen. Sie muss im Rahmen der Kommunikation zwischen Rundfunkanstalt und Zuschauer individuell und immer aufs Neue erarbeitet werden.[233] Zugleich kann sie als entscheidungsrelevantes Kriterium zur Ermittlung einer irreführenden Handlung zu Werbezwecken herangezogen werden. Wer durch Verletzung des vorhandenen Vertrauens in eine bestimmte Sendung oder die Glaubwürdigkeit der Berichterstattung die werbewirksame Erwähnung oder Darstellung von Marken, Produkten oder Dienstleistungen billigt, der han-

[231] *Köhler*, WRP 1998, 355, stellt als einer der wenigen deutlich heraus, dass auch der politische, wirtschaftliche und weltanschauliche Zuschnitt eines redaktionellen Berichts zu berücksichtigen sind.

[232] *Auer*, u.a., Product Placement, S. 70 ff.

[233] Welche verheerenden Folgen eine Verletzung selbst gesetzter journalistischer Standards mit sich bringt wird am Fall der angesehenen Los Angeles Times deutlich, deren neue Verlagsführung 1995 die Parole ausgab, die „Mauer zwischen Redaktion und Anzeigenteil" müsse überwunden werden, alsbald durch verdeckte Kooperationsformen mit Anzeigenkunden in die Tat umsetzte. Nachdem ein weltweiter Sturm der Entrüstung losbrach, versuchte die Zeitung öffentlich diesen Skandal aufzuarbeiten. (Vgl. *Brill*, Miss Downing und der Müslimann. Die „Los Angeles Times" - Durch den Deal mit einem Anzeigenkunden ruinierten die Verleger den Ruf ihres Weltblattes, SZ v. 15. Nov. 1999.

delt entgegen seinem journalistischen Interesse. Insoweit wird der Zuschauer über den Charakter der Werbung getäuscht.

ii. EINZELNE FÄLLE IRREFÜHRENDER WERBUNG IM PROGRAMM

Zumindest bei Nachrichtensendungen und Berichterstattungen i.S.d. § 10 Abs. 1 RStV rechnet der Zuschauer nicht mit werblichen Einblendungen, so dass allenfalls deutlich sichtbare Werbeeinblendungen den Zuschauer nicht über den Werbezweck der Einblendung irreführen.

In Hinblick auf Werbung im übrigen Programm ist es dem informierten Zuschauer zuzumuten, sich zur Vermeidung von Täuschungen über den grundsätzlichen Charakter der von ihm ausgewählten Sendung zu informieren.

So kann vom informierten Zuschauer vorausgesetzt werden, dass er weiß, dass in amerikanischen Hollywoodfilmen und zunehmend auch in vielen deutschen Spielfilmen und Unterhaltungsserien bezahlte Werbung gang und gäbe ist.[234] Überwiegen die werbewirksamen Darstellungen in einer Art und Weise, mit welcher der Zuschauer nicht rechnen musste und wird dieser zuvor nicht darauf hingewiesen, liegt eine Irreführung unzweifelhaft vor.

Zulässig ist jedoch die gezielte, werbewirksame Darstellung von Produkten, Marken, Waren oder Dienstleistungen in einer Sendung, sofern dies Teil des redaktionellen Gesamtkonzepts ist und der Zuschauer den Werbecharakter in Art und Weise der Präsentation deutlich erkennen kann.

Damit ist selbst die Eigenpromotion im Nachrichtenprogramm eines Senders zulässig (etwa durch wiederholten Hinweis auf später ausgestrahlte Sportsendungen), sofern der Zuschauer damit rechnen kann und er durch diese Form nicht belästigt wird. Plump oder schlecht platzierte Werbung im Programm, die vom Zuschauer gleich erkannt wird, fällt somit nicht darunter, da dann der Zuschauer nicht schutzwürdig ist, da er in diesen Fällen eher seine Reaktanz aufbaut. In einem solchen Fall schadet die Einblendung sowohl dem Filmemacher, dem die Zuschauer die Störung des Filmgenusses zuschreiben, als auch dem Werbenden, der für den Inhalt des Werbeversuchs verantwortlich ist. Hier kommt ein Verstoß durch Belästigung in Betracht.[235]

---

[234] Vgl. hierzu: *Dieckhof*, w&v 41/96, S. 92 f: „Bezahlte Werbebotschaften".
[235] S. hierzu S. 172 ff.

Zusammenfassung zu 4:

Sofern von der Darstellung oder Erwähnung einer Ware, Marke oder Dienstleistung eine objektive Werbewirkung ausgeht, muss im Einzelfall geprüft werden, inwieweit der Zuschauer durch die Integration der Werbung über eine Werbeabsicht im Unklaren gelassen wird. Für die Beantwortung dieser Frage ist nach richtiger Ansicht[236] entscheidend darauf abzustellen, inwieweit die objektiv werbliche Wirkung mit dem Sendeumfeld und Sendekonzept kompatibel ist. Konkret ist also zu prüfen, ob die objektive Werbewirkung glaubwürdiger Bestandteil des redaktionellen Konzepts ist und nicht im Widerspruch zu den berechtigten Erwartungen des Zuschauers steht. Zumindest bei Fremdproduktionen und allen Sendungen, die nicht unter § 10 Abs. 1 RStV fallen, kann der Zuschauer nicht auf das Fehlen von Werbung im Programm, insbesondere in Form von Product-Placement, Produktsponsoring und Merchandisinghinweise, vertrauen.[237]

4. Irreführung durch unterschwellige Wahrnehmung nicht erkennbarer Werbung

Packards Vorwurf der Werbung als „geheimer Verführer"[238] betraf vor allem den Einsatz so genannter subliminaler Werbung. Darunter versteht man das kurzzeitige Einblenden von Werbetexten, Slogans, Marken und Produkten, das nicht mehr bewusst wahrnehmbar ist und das dazu dient, auf das Unterbewusstsein des Fernsehzuschauers einzuwirken.[239]

Eine solche Form der Werbung im Fernsehen oder im Kino wird fast einhellig als ein Verstoß gegen § 1 UWG angesehen, da das bewusste Erkennen der Werbemaßnahme für den Verbraucher nicht möglich ist[240] und damit eine Beein-

[236] Vgl. Seite 103 ff.

[237] Im Ergebnis auch *Johansson*, a.a.O., S. 243 f.

[238] Vgl. Seite 33f.

[239] *B/H,* a.a.O., § 1 UWG Rdnr. 166; *Ahlert/Schröder*, Marketing, S. 328. *Sack*, AfP 1991, 709. Am 10 Juni 1956 berichtete die Sunday Times auf der Titelseite von folgendem Experiment: Man hatte extrem kurzzeitige (1/3000 Sekunde), für die Kinobesucher nicht mehr nachweisbare Einblendungen „unterschwelliger Werbung" für Speiseeis während der Filmvorführung in einem amerikanischen Kino eingesetzt, wodurch der Absatz angeblich erheblich gesteigert wurde; vgl. den Nachweis bei *Mylaeus*, a.a.O., S. 62 Fn. 151; zweifelnd, ob der Versuch überhaupt stattgefunden hat: *Nieschlag* u.a., Marketing, 4.2.2.2., S. 554.

[240] Damit fällt subliminale Werbung nicht einmal in den Schutzbereich des Art. 5 I GG, da eine geistige Auseinandersetzung mit der enthaltenen Werbebotschaft für den Verbraucher nicht möglich ist, und von einer geäußerten Meinung nicht die Rede sein kann, *Dörfler,* Product Placement, S. 47.

trächtigung seiner Willens- und seiner Entscheidungsfreiheit, ob er überhaupt mit Werbung konfrontiert werden will, verletzt wird.[241]

Medienrechtlich übereinstimmend schreiben bereits der Staatsvertrag über den Rundfunk im vereinten Deutschland vom 31. Aug. 1991 (§ 6 Abs. 1 S. 3 RStV a.F. = § 7 Abs. 1 S. 3 RStV), die EG-FsRili[242] (Art. 10 Abs. 3), sowie das EFÜ (Art. 13 Abs. 2)[243] das Verbot unterschwelliger Werbung vor.

Allerdings ist die Kausalität zwischen Reizdarbietung und Wirkung der Einblendung wissenschaftlich noch nicht erwiesen.[244] Die Kürze der visuellen Reize macht es zweifelhaft, ob sie überhaupt zu erzeugen sind und für den Rezipienten als Ereignis identifizier- und erkennbar sind. Zumindest gibt es noch keinen Beweis dafür, ob unterschwellig wahrgenommene Reize das Verhalten stärker beeinflussen können als überschwellig aufgenommene.[245] Theoretisch besteht allerdings die physiologische Möglichkeit der Aktivierung des vegetativen Nervensystems durch subliminale Wahrnehmung, so dass im Interesse des Verbraucherschutzes ein Verbot wegen der Gefahr der Missachtung der Verbraucherpersönlichkeit erforderlich ist.[246] Wer dagegen den Schutz subliminaler Werbung höher bewertet als die Möglichkeit persönlichkeitsverletzender Werbewirkungen, der setzt sich dem Verdacht aus, dass er von dieser Werbemethode doch Werbewirkungen erhofft, da eine wirkungslose Werbemethode sonst kaum eingesetzt werden würde.[247]

---

[241] *B/H,* a.a.O., § 1, Rdnr. 193.; *Baudenbacher*, a.a.O., S. 89 ff m.w.N.; *Sack* AfP 1991, 709, 714 f. **A.A.** nur *Kresse*, WRP 1988, 575 ff, 578 f; dagegen überzeugend *Scherer, I.,* Verbraucherwerbung, S. 210.

[242] S. Fußnote 18.

[243] Europäisches Übereinkommen über grenzüberschreitendes Fernsehen vom 5. Mai 1989, abgedr. in: *Bauer/Ory,* a.a.O., 1.4.2.

[244] *Ahlert/Schröder*, Marketing, S. 328 ff; *Brand*, a.a.O., S. 9 ff, 219 f; *Wokl; L.*, You Won't Know It When You See It. An Essay on Subliminal Communication and First Amendment Theory; in: Columbia JL Social Problems 23, 1990, 523, 524 ff. Dagegen: *Kroeber-Riel*, Bildkommunikation, 1993, S. 88 f.

[245] *Kroeber-Riel*, Bildkommunikation, 1993, S. 89, 96, wonach unterschwellige Werbung keine Geheimwaffe der Werbung sondern alltägliches Beeinflussungsinstrument in allen gesellschaftlichen Bereichen von Kirche bis Politik sei.

[246] *Rost*, Wer Werbung als Manipulation versteht, hat ein gestörtes Verhältnis zur Wirklichkeit, in MedienDialog 12/1993, S. 15 f; *ders.*, a.a.O., 1993; *Reifenrath*, Sven, Einstellungen zur Fernsehwerbung, S. 223 ff, *Baudenbacher*, a.a.O., S. 89 ff; die Studie der Universität Washington kommt zu dem Ergebnis, dass subliminale Werbung zur Umsatzsteigerung untauglich ist, da die Einblendung zu kurz sind, um wahrgenommen zu werden, Science 2/1997, S. 1079 ff. Damit stützt diese Untersuchung die Vermutungen von *Nickel*, MA 1987, 342 und *Kresse*, WRP 1988, 575, 578 f, die in einem Verbot subliminaler Werbung mangels wahrnehmbarer Botschaft einen ungerechtfertigten Eingriff in Art. 10 EMRK sehen.

[247] *Sack*, AfP 1991, 714.

In diesem Zusammenhang wurde für Product-Placement die Auffassung vertreten, dass das kurze Einblenden von Markennamen nahe an die subliminale Werbung herankommt und deswegen einen besonderen Sittenwidrigkeitsgrund darstellt.[248] Allerdings besteht der entscheidende Unterschied zwischen subliminaler Werbung und Product-Placement darin, dass das platzierte Produkt zu einem Teil der bewusst wahrnehmbaren Handlung wird, und nicht willkürlich aus der Handlung herausgenommen werden kann. Subliminale Werbung verschleiert die Darstellung des Produkts, Schleichwerbung lediglich die Werbeabsicht.[249]

Daher ist der Einsatz subliminaler Techniken grundsätzlich sittenwidrig und, sofern die übrigen Voraussetzungen des § 1 UWG vorliegen, auch unlauter.

B. Verbrauchersteuerung durch Suggestivwerbung

Soweit der Zuschauer Werbung im Programm als solche erkennt, kann er zwar über den Werbecharakter der Einblendung nicht mehr irregeführt werden. Eine wettbewerbsrechtlich relevante Täuschung im Sinne des § 1 UWG, Fallgruppe Kundenfang, kann aber unter dem Gesichtspunkt der „gefühlsbetonten Werbung“ in Betracht kommen. Wie der Blick auf die Konzepte der Werbestrategie der Unternehmen für Fernsehwerbung[250] deutlich gemacht hat, sind die Werbetreibenden mit Hilfe sehr emotionaler und suggestiver Werbung bemüht, das Unterbewusstsein des Verbraucher anzusprechen und so Kaufimpulse zu aktivieren. Vor dem Hintergrund der Tatsache, dass der Zuschauer redaktionellen Beiträgen eine höhere Glaubwürdigkeit zuspricht als kommerziellen Werbeanpreisungen[251], ist die Beeinflussungswirkung von suggestiver Werbung im Programm besonders groß.

Aus diesem Grunde werden in Rechtsprechung und Literatur verschiedene Ansätze bei der Einordnung der wettbewerbsrechtlichen Zulässigkeit vertreten, welche nachfolgend einer kritischen Analyse unterzogen werden.

---

248 *Fette*, FuR 1969, 261.

249 *Asche*, Product Placement im Kino, S. 56 f. Allerdings können bewusst wahrgenommene Handlungen und Bilder unterschwellig verarbeitet werden und das Verhalten erheblich beeinflussen, hierzu: *Kroeber-Riel*, Bildkommunikation, 1993, S. 89 ff.

250 S. Seite 40 ff.

251 Vgl. Seite 45 f.

I. Das Ausnutzen einer emotionalen Gefühlslage zu kommerziellen Zwecken als Irreführungsmaßstab?

Die Rechtsprechung zum Wettbewerbsrecht nimmt bisher aufgrund der unterschiedlichen Wirkungsweise eine kritische Haltung gegenüber jeder Form emotionaler Werbung ein.[252]

Sie stuft diese Werbung bereits dann als unlauter ein, wenn sie „aus wirtschaftlichen Zwecken" eine Gefühlslage beim Angesprochenen zu erzeugen versucht und dadurch einer unerwünschten Kommerzialisierung Vorschub leistet.[253]

Allein der kommerzielle Charakter und die fehlende demokratische Legitimation einer Meinungsäußerung können jedoch kein Maßstab für die strengere Beurteilung einer Verhaltensbeeinflussung sein.

Das Grundrecht der Meinungsäußerung knüpft keine unterschiedlichen Rechtsfolgen an kommerzielle und nicht Äußerungen, so dass es von diesem Standpunkt heraus nicht möglich ist, die Meinungsäußerung allein wegen ihres kommerziellen Charakters stärker einzuschränken als die nichtkommerzielle.[254]

Diese Rechtsprechung ist daher spätestens mit der „Generika"-Entscheidung des *BVerfG* überholt.[255] Vielmehr kommt es danach darauf an, ob „sich die als beanstandete Werbung von dem als erlaubt bewerteten Verhalten derart abhebt, dass die Funktionsweise des Leistungswettbewerbs unter Berücksichtigung der Besonderheiten des [...Werbemarktes] gefährdet" wird.[256] Davon könne nur ausgegangen werden, „wenn

---

[252] Vgl. *OLG Hamburg*, WRP 1998, 180 – Breitensport. Zur Abgrenzung zwischen emotionaler, rationaler und gefühlsbetonter Werbung ausführlich: *Bernet*, a.a.O., S. 3 ff, 23 ff, 32 ff.

[253] Insbesondere: *BGHZ* 130, 196 = NJW 1995, 2488 - Ölverschmutzte Ente; ebenfalls: *OLG Frankfurt* GRUR 1993, 130 - Benetton-Werbung; *OLG Düsseldorf*, WRP 1994, 69 f - Benetton-Werbung; *Reichardt*, WRP 1995, 796, 797; *Henning-Bodewig*, Schockierende Werbung, WRP 1992, 533, 536. *Ahrens*, Benetton und Busengrabscher - Ein Test für die wettbewerbsrechtliche Sittenwidrigkeitsklausel und die Meinungsfreiheit, JZ 1996, 1096, 1097. Nach *BGH*, GRUR 1997, 791 - Togal, ist eine Imagewerbung dann als sittenwidriger Verstoß gegen § 1 UWG einzustufen, wenn sie einen tiefgehenden emotionalen Appell an die Verbraucher enthält, der zu kommerziellen Zwecken ausgenutzt werde. Ähnlich *Mylaeus*, a.a.O., S. 259, 282, der zusätzlich eine Interessenabwägung verlangt, bei der die wirtschaftlichen und sozialen Folgen des Kaufes je nach Produktkategorie und Schichtzugehörigkeit des Konsumenten berücksichtigt werden müssen.

[254] Vgl. Seite 72 f. **A.A.** offenbar *Calliess*, AfP 2000, 251 u.H.a. die Rechtsprechung des *EMRK* zu Art. 10 EMRK.

[255]

[256] *BVerfG*, 1 BvR 1188/92, Urt. v. 1. Aug. 2001, WRP 2001, Heft 10 – Generika.

die angegriffene Äußerung so schwer wiegt, dass die Funktionsfähigkeit des Leistungswettbewerbs hinreichend gefährdet ist[257]

Suggestive Werbung ist daher grundsätzlich zulässig, da sie sich nicht von anderen kommunikativen Handlungen wie eine private oder politische Rede, die ebenfalls eine Einstellungsänderung des Botschaftsempfängers mittels emotionaler Ansprache bezweckt, unterscheidet. Eine den Verbraucher beeinflussende Wirkung geht auch von öffentlichen oder nicht kommerziellen Institutionen aus, die nicht weniger fragwürdig ist, als die der Unternehmen.

Aber auch die Verbindung von kommerzieller Beeinflussung und emotionaler Bindung wird in vielen Bereichen gesellschaftlich praktiziert und ist insoweit akzeptiert und teilweise sogar normiert[258]. So nimmt sich der filmschaffende Künstler unbeanstandet das Recht die Erwartungen Illusionen, Wünsche des Publikums aufzubauen, zu zerstören zu enttäuschen oder in eine falsche Richtung zu lenken. Ebenso häufig kommt es vor, dass die Redaktion einer Fernsehsendung durch die Gestaltung ihrer Programmbeiträge versucht, in einer bestimmten Richtung Einfluss auf die Meinungsbildung ihrer Zuschauer zu nehmen.[259] Diese Einflussnahmen sind umfassender und intensiver als die, die durch jeweils meist nur kurzzeitige Werbeinblendungen stattfinden.

Ökonomische Überlegungen haben in den letzten Jahren weit über die eigentliche Wirtschaftstätigkeit hinaus Einzug in weite Bereich des Alltagslebens und der Freizeitgestaltung (Sport, Kultur, Fernsehen) gewonnen. Dabei findet die Werbung eine verstärkte Beachtung und Bedeutung und wird zum Spiegelbild und Motor gesellschaftlicher Entwicklungen und Trends. Werbung ist auch ein Katalysator der Meinungsmache in der Gesellschaft. Anders als beim politischen Meinungskampf ist die Wirtschaftswerbung allerdings immer mit durch ihren kommerziellen Hintergrund interessenorientiert.[260]

Dies allein begründet noch nicht die Sittenwidrigkeit einer Handlung. Vielmehr verkennt der *BGH,* dass ein Abstellen auf ein Handeln zu kommerziellen Zwecken generell nur die Anwendbarkeit des UWG[261] nicht jedoch die streng davon zu trennende Frage der Sittenwidrigkeit einer Handlung begründen kann.

---

[257] *BVerfG*, ebd.

[258] *Hollerbach/Kapp,* in: Fehlentwicklungen der wettbewerbsrechtlichen Rechtsprechung zum Social Sponsoring, DB 1998, 1501, 1503, weisen zu Recht darauf hin, dass ein Unternehmer nichts zu verschenken hat, und gesellschaftsrechtlich sogar verpflichtet ist, stets den Vorteil des Unternehmens zu wahren und das Wohl des Unternehmens im Auge zu haben.

[259] In diesem Zusammenhang sei nur an die Berichterstattung der ARD-Magazine „Report" des konservativen bayrischen Rundfunks und „Kontraste" des „linken" WDR erinnert.

[260] So auch *Sevenke*, AfP 1994, 204.

[261] Vgl. Seite 95.

Das *BVerfG* hat in seiner wegweisenden „Benetton"-Entscheidung festgestellt, dass ein „Großteil der heutigen Werbung...durch das Bestreben gekennzeichnet [ist], durch gefühlsbetonte Werbung Aufmerksamkeit zu erregen und Sympathie zu gewinnen. Kommerzielle Werbung mit Bildern, die mit suggestiver Kraft libidinöse Wünsche wecken, den Drang nach Freiheit und Ungebundenheit beschwören oder den Glanz gesellschaftlicher Prominenz verheißen, ist allgegenwärtig."[262]

Damit wendet sich das *BVerfG* nachdrücklich gegen die Rechtserheblichkeit des Unlauterkeitskriteriums der „gefühlsbetonten Werbung". Die Fallgruppe der „gefühlsbetonten Werbung wird künftig keine „wettbewerbsrechtliche Relevanz mehr zukommen."[263]

II. Suggestive Werbung contra Markttransparenz

1. Die Auffassung des BGH

Suggestive Werbung ist ebenfalls grundsätzlich zulässig. Die Verbindung zwischen emotional ansprechenden Handlungsabläufen, Personen, Sendeformaten mit einem Produkt eines Werbetreibenden wie sie für Werbung im Programm charakteristisch ist, kann im Einzelfall unter dem Gesichtspunkt der unzulässigen gefühlsbetonten Werbung sittenwidrig sein.

Das Ansprechen edler Gefühle wie Mitleid, Hilfsbereitschaft und Mildtätigkeit bei den Umworbenen mittels gefühlsbetonter Werbung ist nach Ansicht des *BGH* geeignet, diese in unsachlicher wettbewerbswidriger Weise von dem im Leistungswettbewerb für die Willensentschließung des Käufers wesentlichen Umständen abzulenken.[264] Sie drohe damit im besonderen Maße, die freie Willensentschließung des Verbrauchers in der Art und Weise ein zu schränken und zu behindern. Damit werde aber er aber auch an der Ausübung seiner Rolle als Schiedsrichter im Wettbewerb[265] gefährdet.

Daher komme der informativen Werbung nach Ansicht der Rechtsprechung und der sie tragenden Literatur dem Ideal des funktionierenden Leistungswettbewerbs[266] am Nächsten, da sie sich an den rationalen Teil der Verbraucherpersön-

262 *BVerfG*, NJW 2001, 593.
263 So zurecht *Fezer*, NJW 2001, 482.
264 *BGH*, GRUR 1976, 308, 309 f; *BGH*, GRUR 1997, 791, 793 - Togal.
265 Vgl. Seite 10.
266 Zum Begriff Leistungswettbewerbs vgl.: *Baudenbacher*, a.a.O., S. 153; *B/H*, Einl. UWG, Rdnrn. 96 ff; krit. *Emmerich*, UWG, S. 44 f m.w.N.

lichkeit wendet, und ihr günstige gesamtwirtschaftliche Auswirkungen zugeschrieben werden.[267]

2. Kritik

a) Suggestivwerbung als Mittel zur Aktivierung der Aufmerksamkeit

Die Rechtsprechung verschließt ihre Augen für die praktische Notwendigkeit und die positiven Wirkungen suggestiver Werbung. Unsachliche Werbeelemente dienen nämlich in Zeiten der Informationsüberflutung der Aktivierung der Verbraucher, helfen die Hürden der selektiven Wahrnehmung zu überwinden und sind damit ein notwendiges Instrument der Informationsvermittlung.[268] Eine teure, wirkungslose, weil von den Verbrauchern nicht wahr genommene Werbung, ist eine Fehlinvestition und hat auch keinen Nutzen für den Wettbewerb. Mittlerweile spielt informierende Werbung mit nur noch 5% der werblichen Aussagen gemessen am Gesamtwerbemarkt nur noch eine geringe Rolle. Da der Zuschauer beim Fernsehen eine passive Haltung einnimmt, ist seine Aufmerksamkeit ist eingeschränkt. Die Wahrnehmung von Botschaften besonders in den Werbepausen ist meist flüchtig, da er diesen Botschaften i.d.R. wenig Interesse entgegenbringt.[269] Da eine gewisse Aktivierungshöhe des Rezipienten aber unerlässlich ist, um überhaupt die Aufmerksamkeit des Empfängers für die Übermittlung, Aufnahme und Verarbeitung von Informationen wecken und unterhalten zu können, ist der Werbetreibende faktisch gezwungen, suggestive Werbeelemente einzusetzen.[270] Zumal die strenge Irreführungsrechtsprechung des *BGH,* eine sachlich informierende Werbung fast unmöglich macht.[271]

b) Das Argument der Marktintransparenz

Als weiterer Gesichtspunkt wurde gegen die Suggestivwerbung ins Feld geführt, dass sie künstliche Meinungsmonopole aufbaut und dem Verbraucher durch Schaffung einer Marktintransparenz die Möglichkeit nimmt, rationale Kaufentscheidungen zu treffen.[272] Im Gegensatz zur informierenden Werbung, die über Preise und Produkteigenschaften Auskunft gibt und dadurch die Markttranspa-

[267] *Henning-Bodewig,* GRUR 1988, 873; vgl. *Lange,* Verhindern die Zivilgerichte das soziale Engagement von Unternehmen?, WRP 1999, 893 ff. m.w.N. in Fn. 29.

[268] *Teichmann/v. Krüchten,* Kriterien gefühlsbetonter Werbung, WRP 1994, 704, 705 f; *Menke,* Zur Fallgruppe der „Gefühlsbetonten Werbung" - Bemerkungen aus Anlaß der Arbeitsplätze bei uns"-Entscheidung des *BGH,* GRUR 1995, 536 m.w.N. in Fn. 37 f.

[269] Vgl. Seite 11 ff.

[270] Vgl. *Schenk/Donnerberg/Höflich,* Wirkungen der Werbekommunikation, 1990, 220 f.

[271] *Emmerich,* UWG, S. 153 ff.

[272] *Baudenbacher,* a.a.O., S. 164 ff; *Loewenheim,* GRUR 1975, 107 ff; *Emmerich,* Wettbewerbsrecht, 4. Aufl. 1995, S. 197; diff.: *Pöchhacker,* a.a.O., S. 108 ff u. 238 f.

renz hinsichtlich neuer und schon am Markt etablierter Produkte erhöht, nehme Suggestivwerbung unbewusst Einfluss auf die Präferenzstrukturen der Nachfrager und versucht hierdurch eine zusätzliche, nicht auf objektive Kriterien beruhende Produktdifferenzierung zu erreichen.[273] Außerdem fördere Suggestivwerbung wegen der hohen Kosten für Bildmedien die Marktkonzentration und stelle eine beachtliche Marktzutrittschranke dar.[274]

Dem ist aber entgegengehalten worden, dass gefühlsbetonte Werbung grundsätzlich positiv zu beurteilen sei, da auch sie Informationen beinhalte, die eine Produktdifferenzierung aus Sicht unterschiedlicher Verkäuferpräferenzen ermögliche, die kognitive Dissonanz vermindert und die Nachfrage hebt.[275] Anders wäre der Siegeszug suggestiver Werbung parallel zum sich rasant entwickelnden Medienmarkt nicht erklärbar. Rund 850 Firmen konkurrierten im Jahr 1991 mit 382.000 Werbespots im Fernsehen um die Aufmerksamkeit der Fernsehzuschauer.[276] Sofern gerade vor der Gefahr einer markttransparenzverzerrenden Beeinflussung der Verbraucher durch Fernsehwerbung gewarnt wird, so ist dem entgegenzuhalten, dass die zunehmende Vielfalt der Rundfunkanstalten und anderer Kommunikationsangebote auch eine Vielfalt an Werbeangeboten und damit eine Fülle unterschiedliche Meinungsbilder schafft. Emotionale Werbung ist insoweit als Ausdruck unseres Zeitalters ansehen,[277] einer Zeit, in der die „Informationsgesellschaft" der Fülle von verfügbaren und einprasselnden Informationen zunehmend überdrüssig ist. Diese Zeit ist gerade auch von einer veränderten Wahrnehmung von Werbung geprägt; so orientieren und definieren sich weite gesellschaftliche Bereiche über den Konsum und damit über das Image von Marken.[278] Suggestive Werbung ermöglicht es auch länger im Handel etablierten Produkten, vermeintliche Differenzierungsmerkmale zu kommunizieren und ist deshalb gleichzeitig das letzte Mittel zur Erhaltung des Wettbewerbs innerhalb von Märkten mit hoher Konzentrationsdichte sowie Mittel des vorstoßenden Wettbewerbs.[279]

---

[273] *Monopolkommission*, Wettbewerbsprobleme bei der Einführung von privaten Hörfunk und Fernsehen (Sondergutachten 11), 1981, Tz. 33. *B/H*, a.a.O., Einl. UWG, Rdnr. 98, § 1 UWG Rdnr. 5; *Loewenheim*; GRUR 1975, 99 ff, 105; *Scherer, I.*, Verbraucherwerbung, S. 34 ff.

[274] *Pöchhacker*, a.a.O., S. 94 ff, S. 102 ff m.w.N.

[275] *Streissler, E.* und. *M.* (Hrsg.), Konsum und Nachfrage, 1966, S. 107; *Bernet*, a.a.O., S. 128 f. Die Bedeutung von Werbung ist auch in der Nationalökonomie umstritten. Vgl. die Darstellung von: *Scherer, F.M./Ross, D.*, Industrial Market Structure and Economic Performance, 1990, 571 ff.

[276] Nachweise bei *Kroeber-Riel,* a.a.O. 1990, S. 11. Daneben wird in den nächsten 8-10 Jahren wird die Zahl der TV-Sender auf mindestens 50 bis 100 oder mehr ansteigen; vgl. *Deutscher Kommunikationsverband* BDW 1993, S. 156.

[277] *Bergler*, a.a.O., S. 206.

[278] *Henning-Bodewig,* GRUR 1997, 183.

[279] *Schmidt, I.*, a.a.O., S. 20 f und 60 f.

III. Suggestivwerbung und unsachliche Beeinflussung

1. Die Rechtsprechung und das Kriterium des Sachbezugs

In der wettbewerbsrechtlichen Diskussion werden immer wieder zwei Kriterien zur Unterscheidung zwischen zulässiger und unzulässiger suggestiver Werbung diskutiert, nämlich das Kriterium des „sachlichen Zusammenhangs" sowie das Merkmal des Zusatznutzens. So wird von der Rechtsprechung und weiten Teilen der Literatur eine unlautere Willensbeeinflussung durch Werbung in den Fällen angenommen, in denen die Werbebotschaft weniger durch die Güte und Preiswürdigkeit der Leistung oder Ware, als durch sogen. „sachfremde" oder „unsachliche Momente erreicht werden soll.[280]

Ausgehend von dem Gedanken, dass UWG die Marktfreiheit nur gewährleisten kann, wenn die Verbraucher ihre Kaufentschlüsse im Wege eines Preis-Leistungs-Vergleich selbständig und frei treffen können, leitet diese Ansicht das Gebot zur sachlichen Werbung ab.[281] Zwar soll allein der fehlende sachliche Zusammenhang zwischen der werblichen Aussage und der geschäftlichen Tätigkeit des werbetreibenden Unternehmens die Wettbewerbswidrigkeit einer Werbung nicht begründen können. So bleibt es einem Unternehmen, dem es in seiner Werbung lediglich darum geht, seine namentliche Bekanntheit im Verkehr zu steigern, unbenommen, sich auch solcher Werbemethoden zu bedienen, die keinerlei Bezug zum Gegenstand des Unternehmens oder zu seiner Leistungsfähigkeit haben.[282]

Eine unsachliche Beeinträchtigung soll allerdings dann vorliegen, wenn die von der Suggestivwerbung ausgehende Beeinflussung so stark ist, dass die Verbraucher ihre Entscheidung nicht mehr nach sachlichen Erwägungen, also den im Leistungswettbewerb maßgeblichen Gesichtspunkten wie Preiswürdigkeit und Qualität der angebotenen Waren, treffen.[283] Dahinter steht die grundsätzliche, Überlegung, dass die Gefühlsansprache geeignet ist, die Kaufentscheidung des

---

[280] *BGH,* GRUR 1995, 595 - Kinderarbeit; GRUR 1995, 598 - Ölverschmutzte Ente, GRUR 1995, 600 - H.I.V. Positive; *OLG Stuttgart,* WRP 1996, 628 ff - Optik-Binder.

[281] Vgl. *OLG München*, AfP 1997, 915, 919; *Köhler/Piper*, a.a.O. Einf. Rdnr. 176. Erstmals stellt das *LG München I* in einem Urteil v. 20. März 1953 – Künstlerkarten zit. nach *Bußmann,* NJW 1952, 684, 687, auf den Sachlichkeitsbezug ab.

[282] *BGH,* GRUR 1997, 791, 792 - Togal; *BGH,* GRUR 1995, 595, 596 - Kinderarbeit; ***A.A.:*** *LG München*, GRUR 1993, 985, 986 - Togal.

[283] *BGHZ* 112, 311, 314 f - Biowerbung; *BGH,* NJW 1991, 1228 - Tageseinnahme für Mitarbeiter; *BGH,* GRUR 1959, 277 - Künstlerpostkarten; *BGH,* GRUR 1965, 485 - Versehrtenbetrieb; *BGH,* GRUR 1968, 44 - Schwerbehindertenbetrieb; *BGH,* GRUR 1973, 81, *BGH,* GRUR 1976, 308 - UNICEF-Grußkarten; *BGH,* GRUR, 1976, 699 - Die 10 Gebote heute; *OLG Karlsruhe,* WRP 1982, 542; *B/H,* a.a.O., § 1 Rdnr. 4; *Gloy*, WbR, § 14, Rdnr. 16. Ausführlich zur Rechsprechung: *Bernet*, a.a.O., S. 32 ff.

Verbrauchers aus unsachlichen Erwägungen so zu beeinflussen, dass dieser von den für den Kauf einer Ware wesentlichen Leistungsparameter, wie Güte und Preiswürdigkeit des Angebots, abgelenkt und so in seiner Entschließungsfreiheit beeinträchtigt wird.[284]

Die Zulässigkeit emotionaler Werbung widerspreche darüber hinaus der normativ ordnungspolitischen Forderung nach mehr Konsumentensouveränität durch bessere, sachlichere Verbraucherinformationen, wie sie das Informationsmodell fordert. Deshalb soll der Verbraucher mit „objektiven" und „neutralen" Informationen beeinflusst werden, um ihm kluge Kaufentscheidungen zu ermöglichen. Denn der Verbraucher soll seine Kaufentscheidung an sachlichen Kriterien ausrichten. Mit dem Leistungswettbewerb vereinbare Werbung setzt deshalb voraus, dass die Werbung auf ein Werbeobjekt bezogen ist, und mit der Werbebotschaft in so engem Zusammenhang stehen, dass die thematische Information die unthematische überwiegt.[285] Insoweit gehe die Willensentschließungsfreiheit als das „besseren Recht" im Interesse der Allgemeinheit und der Verbraucher zur Aufrechterhaltung des Leistungswettbewerbs der Werbefreiheit der Unternehmer vor.[286]

Vor diesem Hintergrund werden die Parallelen zwischen dem Kriterium des Sachbezugs einerseits und dem Kriterium der sachlichen Veranlassung bei der Frage des Vorliegens unlauterer Werbung im Programm[287] augenfällig. Die Besonderheit des Merkmals der sachlichen Veranlassung liegt im rundfunkspezifischen Hintergrund, nämlich der Wahrnehmung verfassungsrechtlicher Pflichten der Medienunternehmer.

2. Die Auffassung in der Literatur

a) Sachlichkeitsgebot und Leistungswettbewerb

Die Handhabung des Kriteriums des sachlichen Zusammenhangs ist nach Meinung von Kritikern in der praktischen Anwendung unsicher und wird in der wettbewerbsrechtlichen Beurteilung nicht einheitlich verwendet.[288] Da der Verbraucher häufig sog. „impulsive", also stark reizgesteuerte (z.B. nach Ge-

[284] *BGH,* GRUR 1959, 546 - Modenschau; *BGH,* GRUR 1972, 163 - Diagnose-Zentrum; *BGH,* GRUR 1959, 31 - Feuerzeug; vgl. *Lehmann,* Die „neue Sachlichkeit" des *BGH,* im Wettbewerbsrecht, GRUR 1975, 239, 242 m.w.N.

[285] *BGH,* GRUR 1972, 82 - Gewinnübermittlung; *B/H,* a.a.O., § 1 UWG, Rdnrn. 185 ff, *Ahlert/Schröder,* Marketing, S. 326 ff.

[286] *Lehmann,* Die Werbung mit Geschenken, 1974, S. 192; *Mylaeus,* a.a.O., S. 280 f.

[287] Vgl. Seite 133 f.

[288] Vgl.: *Menke,* GRUR 1995, 536; *Sosnitza,* Werbung mit der Realität - Anmerkungen zum Benetton-Beschluß des *OLG Frankfurt,* GRUR 1993, 540, 542.

ruch, Aussehen usw.) bzw. sog. „habituelle“ (nach verfestigten Verhaltensplänen) Kaufentscheidungen fällt[289], bei denen die Orientierung der Kaufentscheidung an Qualität und Preiswürdigkeit keine Rolle spielt, wäre die Herstellung eines sachlichen Zusammenhangs wirkungslos.[290]

Doch selbst wenn die Suggestivwerbung dem Ideal des Leistungswettbewerb widerspricht, so ist sie nach Ansicht von *Loewenheim* mit diesem vereinbar, da sie dem Konsumenten die kognitive und voluntative Kontrollmöglichkeit und damit die Freiheit und Souveränität seiner Entscheidung letztlich belasse.[291] Zumindest dann, wenn der Verbraucher wisse, dass es sich um Werbung handelt und er sich darauf einstellen kann, soll keine Irreführung vorliegen.[292]

b) Kritik

c) Sachlicher Zusammenhang und moderne Vermarktungstätigkeit

Es ist zweifelhaft, ob die Trennung von Informations- und Suggestivwerbung für die Beurteilung der Funktionsfähigkeit des Wettbewerbs relevant und in der Praxis überhaupt möglich ist, ohne die die Werbung insgesamt in Frage zu stellen.[293] *Hoppmann*[294] weist zurecht darauf hin, dass beide Elemente miteinander verbunden, und dass der Wettbewerb als Entdeckungsverfahren die optimale Kombination des Anteils emotionaler und kognitiver Werbeelemente herausfinden werde. Emotionale Werbeansprachen, die auf die besondere Kreativität einzelner Werber zurückgehen, sind durchaus geeignet, Differenzierungsmerkmale (z.B. Humor, eigene Unternehmenswerte, Lebenseinstellung) beim Verbraucher zu erzielen, was wiederum dem Unternehmen eine Abgrenzung von der Konkurrenz ermöglicht. Bleibt die subjektive Einstellung des Verbrauchers unberücksichtigt, dann verliert der Anbieter, der dies zuerst erkennt und entsprechend sein Produkt umstellt, eine wichtige Motivation zur Qualitätssteigerung. Jede richterliche Festlegung eines lauteren Zusatznutzens führt nur zu einer Ein-

---

289 Zu den Ergebnissen der Motivforschung und der werbepsychologischen und konsumsoziologischen Literatur s. bereits: *Bernet*, a.a.O., S. 59 m.w.N. in Fn. 302; zum Entscheidungsverhalten: *Kroeber-Riel/Weinberg*, Konsumentenverhalten, S: 359 ff, zur habitualisierten Verhaltensweisen: ebd., S. 389 ff.

290 *Scherer, I.*, Verbraucherwerbung, S. 43 ff.

291 *Loewenheim* GRUR 1975, 99, ein Verstoß liegt aber dann vor, wenn durch Suggestivwerbung künstliche Meinungsmonopole aufgebaut werden oder dem Verbraucher ein fiktiver Zusatznutzen, Schuldgefühle oder Angstzustände suggeriert wird, sollte er sich nicht für das beworbene Produkt entscheiden; *Emmerich*, UWG, S. 197; *Baudenbacher* aaO, S. 60 ff; 164 ff.

292 *Henning-Bodewig*, GRUR 1988, 872.

293 *B/H*, a.a.O., § 1 UWG Rdnr. 26; *Gloy*, WbR, § 14, Rdnr. 14; *Lange*, WRP 1999, 893, 897; *Kort*, WRP 1997, 526, 530; *Sosnitza*, GRUR 1993, 540, 541. *Bernet*, a.a.O., S. 66 ff.

294 Wettbewerb und Werbung, WuW 1982, 776, 778 f.

schränkung der Verbraucherpräferenzen.[295] Trotzdem hält die Rechtsprechung weiter an dieser ökonomisch unsinnigen Forderung fest, mit der Folge, dass der Verbraucher seiner ihm nach der geltenden Wettbewerbsordnung zugedachten Lenkungs- und Schiedsrichterfunktion nicht nachkommen kann.[296]

Das Kriterium des sachlichen Zusammenhangs entspricht vor dem Hintergrund der umfangreichen Merchandising-Vermarktung von Film- und Fernsehtiteln, ohne dass es immer einen konkreten Bezug zur Handlung gibt, ohnehin nicht mehr der Markt- und Vermarktungssituation.[297] Vielmehr hat sich produktunabhängige Imagewerbung eingebürgert, ohne dass der Leistungswettbewerb darunter erkennbar gelitten hat.[298]

d) Informationsvermittlung und Sachlichkeitsgebot

Die Werbung an die Kette des Sachlichkeitsgrundsatzes zu legen, stellt zugleich die unerfüllbare Forderung an den Konsumenten, sein Kaufverhalten nur noch rational zu steuern.[299] Der rein oder überwiegend rational entscheidende Käufer ist jedoch größtenteils ein Trugbild; da der Mensch seine Kaufentscheidung von einer Vielzahl von Motiven, die nur bei Vorhandensein bestimmter innerer oder äußerer Bedingungen wirksam werden, fällt.[300] Im Zeitalter des Massenkonsums und der Wohlstandsgesellschaft, deren Kennzeichen gesättigte Märkten und in Hinblick auf Qualität und Güte austauschbare Angebote und eine hohe Reaktanz des Verbrauchers gegenüber Werbeinformationen sind, werden Informationen nur noch wahrgenommen, deren Inhalte richtig vermittelt werden.[301] Suggestive Werbung appelliert an das „Unterbewusste", dient der Aktivierung der Verbrau-

[295] Ähnl. *Hartwig*, WRP 1997, 830.

[296] *Sosnitza,* a.a.O., S. 98.

[297] *Schertz*, Merchandising, S. 102, Rdnr. 246.

[298] So nun ausdrücklich das *BVerfG*, NJW 2001, 593 – Benetton; zust. *Fezer*, NJW 2001, 582.

[299] *Kroeber-Riel/Weinberg,* Konsumentenverhalten, S. 584. Zu welch widersinnigen Begründungen das Abstellen auf einen sachlichen Zusammenhang führt, wird auch in der Guldenburg-Entscheidung des *BGH,* (s. Seite234 ff). deutlich. Die Richter haben dem ZDF einen lauterkeitsrechtlichen Titelschutz unter anderem mit dem Hinweis abgelehnt, dass in Hinblick auf die Flüchtigkeit, mit der das Publikum Kennzeichnungen im täglichen Geschäftsleben in der Regel zu begegnen pflege, ein hier fehlender, gewisser sachlicher Zusammenhang zwischen den bezeichneten Waren und der in Frage stehenden Fernseh- und Rundfunksendung erforderlich sei (*BGH,* GRUR 1993, 852, 854; *Ahrens* GRUR 1995, 314. **A.A.:** *OLG Hamburg*, AfP 1991, 443, 445 (Vorinstanz). Gerade vor dem Hintergrund der umfangreichen Merchandising-Vermarktung von Film- und Fernsehtiteln, die oftmals ohne einen konkreten Bezug zur Handlung erfolgen, entspricht das Kriterium des sachlichen Zusammenhangs nicht mehr der Markt- und Vermarktungsrealität. Vgl. auch *Schertz*, Merchandising, Rechtsgrundlagen und Rechtspraxis, Diss. Berlin, 1997, S. 102, Rdnr. 246.

[300] *Müller, T.W.,* a.a.O., S. 199 f, *Ott,* Die Angst des Einzelhändlers vor dem Kaufmarkt, 1983, S. 264.

[301] Vgl. hierzu: *Kroeber-Riel/Weinberg,* Konsumentenverhalten, S. 595 ff., s. Seite 11 f.

cher, hilft die Hürden der selektiven Wahrnehmung zu überwinden und ist damit ein notwendiges Instrument der Informationsvermittlung.[302] Leistungsfremde Motive wie das durch Werbung übertragen Image der Produkte und andere suggestive Werbeelemente können in diesen Fällen den Verbraucher über das psychologische Umfeld der Waren informieren oder über die Konsumalternative hinaus verschiedene Lebens- und Bewertungsalternativen anbieten und sie dadurch unterscheidbar machen.[303]

Eine teure, aber wirkungslose, weil von den Verbrauchern nicht wahr genommene informationshaltige Werbung stellt umgekehrt eine Fehlinvestition dar und hat damit auch keinen Nutzen für den Wettbewerb.[304]

Letztlich steht hinter der Kritik an suggestiver Werbung nur der unbewiesene Vorwurf, dass die Werbung mehr verspricht, als sie hält. Wettbewerbsrechtlich relevant sind jedoch nur Fälle der Irreführung des Zuschauers; im Übrigen ist es eine Frage der Rationalität der Kaufentscheidung, und keine Frage des Bewusstseins.[305]

Die unterschiedliche wettbewerbsrechtliche Behandlung informativer und suggestiver Werbung ist im Allgemeinen nicht gerechtfertigt.

3. Sonderfälle

a) Rundfunkrecht und Sachlichkeitsgebot

Die generelle Forderung nach einem sachlichen Zusammenhang würde in letzter Konsequenz auf ein weitreichendes Verbot der Imagewerbung hinauslaufen.[306] Dem steht jedoch der erkennbar entgegengesetzte Wille des Landesgesetzgebers gegenüber, der das Instrument der Imagewerbung gesetzlich[307] in Form der Sponsoringvorschriften des RStV gebilligt hat.[308] § 8 Abs. 2 RStV und Art. 17 Abs. 1 der EG-FsRili schreiben explizit vor, dass das Sponsoring in Form der

---

[302] *Teichmann/v. Krüchten*, Kriterien gefühlsbetonter Werbung, WRP 1994, 704, 705 f; *Menke*, GRUR 1995, 536 m.w.N. in Fn. 37 f.

[303] *Bernet*, a.a.O., S. 71; *Brückner*, a.a.O., S. 54 spricht von „Produktpersönlichkeiten"; dagegen Römer, a.a.O., 1974, S. 220. *Scherer, I.*, Verbraucherwerbung, S. 43 ff; *Honig*, WRP 1997, 808, vgl. *Brückner, P.* Die informierende Wirkung der Wirtschaftswerbung, 1967, S. 42.

[304] *Kroeber-Riel/Weinberg*, Konsumentenverhalten, S. 597.

[305] *Hartwig*, WRP 1997, 831 ff.

[306] So auch *Lange*, WRP 1999, 893, 900 zur Rechtsprechung zum Socialsponsoring.

[307] So ist bereits im Markenrecht, Gesetz über den Schutz von Marken- und sonstigen Kennzeichen (MarkenG) v. 25. Okt. 1994, BGBl. 1994, 3082, ber. BGBl. 1995, 156, die Tendenz erkennbar, dem Aufbau einer eigenständigen und verkehrsfähigen Marken, losgelöst vom Bezugsobjekt Ware oder Dienstleistung zuzulassen.

[308] Im Ergebnis auch *Lange*, WRP 1999, 898.

Erwähnung von Marken, Produkten zulässig ist, sofern sie keinen Einfluss auf den (redaktionellen) Teil einer Sendung nehmen[309]. Die Wirkungsweise von Programmsponsoring i.S.d. RStV vollzieht sich in der Form, dass die positive Bewertung eines redaktionellen Beitrags durch die Zuschauer auf den direkt am Anfang und/oder am Ende der Sendung eingeblendeten Markennamen (zusammen mit kurzen Hinweis: „Die nachfolgende Sendung wird ihnen präsentiert...") übergeleitet wird. Bei dieser Form handelt es somit um Imagewerbung und damit um suggestive Werbung. Nach der Definition des § 2 Abs. 2 Nr. 7 RStV ist Sponsoring jeder „Betrag einer...Person..., die an Rundfunktätigkeit...nicht beteiligt ist". Zwischen dem Sponsorhinweis (Werbebotschaft) und der nachfolgenden Sendung (Werbeobjekt) besteht kein sachlicher Zusammenhang.[310] Wie bei klassischer Suggestivwerbung wird auch beim Sponsoring ein vom Fernsehzuschauer i.d.R. positiv bewertetes, emotionales Bild/Titel/Sendung[311] in einen inhaltlich beziehungslosen Zusammenhang mit der werblichen Einblendung der Marke gesetzt. Auch wenn der Gesetzgeber bei der Einführung des Sponsoring verhindern wollte, dass gesponserte Sendungen Werbezwecken dienen[312], so konnte sich diese Zielsetzung in der Praxis niemals durchsetzen lassen, da das Sponsoring in seiner marketingstrategischen Ausrichtung gerade auf die Übertragung der positiven Vorstellungen und Anmutungen der Zuschauer von der Sendung auf den Sponsor beabsichtigt. Dabei spielt es keine Rolle, ob von der Sendung selbst beabsichtigte Werbung für den Sponsor ausgeht. Allein der von der Sendung ausgehende Werbeeffekt ist geeignet, positive Vorstellungen auf den Sponsor zu übertragen und umgekehrt.[313] Zwischen dem Sponsorhinweis und der gesponserten Sendung soll somit ein Zusammenhang hergestellt werden, der nicht auf sachlichen, inhaltlich, oder rationalen Gründen beruht - das ist gem. § 8 Abs. 2 RStV verboten -, sondern allein auf den emotionalen Vorstellungen der Zuschauer. Deshalb lässt sich aus den Sponsoringregelungen das allgemeine für Werberegel gültige Prinzip entnehmen, dass ein sachlicher Zusammenhang zwischen Werbebotschaft und Werbeobjekt nicht erforderlich ist.

[309] Vgl. im Einzelnen *Meyer-Harport,* Neue Werbeformen im Fernsehen, S. 261 ff.

[310] Davon zu unterscheiden ist die Tatsache, dass der Sponsorhinweis einen eindeutigen Bezug zur gesponserten Sendung herstellen muss (vgl. Ziff. 12 Nr. 4 DLM-Werberichtlinie). Dieser eindeutige Bezug dient nur der Abgrenzung des Sponsoring vom normalen Werbespot, hat aber nichts mit dem Sachlichkeitsbezug als Kriterium der Rechtsprechung zu tun.

[311] Es spielt keine Rolle, dass Sendungen nicht nur aus Bildern sondern auch aus Inhalten bestehen. Die Bilder vermitteln viel wirksamer als Inhalte abstrakte Informationen, die vom Fernsehzuschauer besser, aber auch in vereinfachter Form, aufgenommen werden. Zum Ganzen: *Kroeber-Riel*, Bildkommunikation, 1993, S. 13 ff, 53 ff.

[312] Vgl. die amtliche Begründung zum Rundfunkstaatsvertrag 1992, abgedruckt in. *Bauer/Ory*, a.a.O., 5.1.1.

[313] In den USA ist Sponsoring mittlerweile längst ein Qualitätssignal und Zeichen für die Unabhängigkeit von politischen Einflüssen. Teilweise wird schon ein Imagetransfer vom Sender über den Sponsor gesehen. Krit.: *Asche*, Product Placement im Kino, S. 127 f m.w.N.

b) Werbung der freien Berufe /Vergleichende Werbung

Die Möglichkeit, Werbung auf bestimmte Form Informationsvermittlung zu beschränken kann grundsätzlich nur dort verlangt werde, wo es das Gesetz wie in den Fällen des Verbotes unsachlicher Werbung von Steuerberatern (s. § 57 a StBerG) und Rechtsanwälten (§ 43 b BRAO[314]) ausdrücklich vorschreibt[315], oder wo es dringende verfassungsrechtliche Gründe rechtfertigen. Hier ist das Sachlichkeitsgebot vor dem Hintergrund der konkreten Interessen der Betroffenen zu sehen.

Sofern die deutsche Umsetzung der EU-Richtlinie zur vergleichenden Werbung[316] deren Zulässigkeit ausdrücklich[317] davon abhängig macht, dass der Wettbewerbsvergleich sachlich ist und den Mitbewerber nicht herabsetzt (vgl. Art. 3 a EU-Richtlinie, § 2 UWG n.F.), so handelt es sich ebenfalls um die gesetzliche Regelung eines Sonderfalls. Da jeder Vergleich mit einem Mitbewerber erheblich die Stellung des Verglichenen (i.d.R. eher negativ) beeinträchtigt, setzt er der Wirksamkeit der Werbung durch die Postulierung des Sachlichkeitsgebotes Schranken. Aus der Verpflichtung zur Sachlichkeit vergleichender Werbung kann aber nicht die generelle Forderung, Werbung müsse sachlich er-

---

[314] § 43 b BRAO, neugefasst durch Gesetz v. 2. Sept. 1994; BGBl. 1994, 2278 ff. Die Vorschrift greift insoweit die Kernformel der bisherigen Rechtsprechung auf; vgl. *B/H,* a.a.O., § 1 UWG Rdnr. 682 a.; *Köhler/Piper,* a.a.O., § 1 UWG Rdnr. 366. Danach darf der Rechtsanwalt nur werben, wenn er über die berufliche Tätigkeit in Form und Inhalt sachlich unterrichtet und die Werbung nicht auf Erteilung einzes Auftrags im Einzelfall gerichtet ist (vgl. zu diesem Merkmal: *Eylmann,* in: *Henssler/Prütting,* BRAO, 3 43 b, Rdnr. 37; *AnwGH Baden-Württemberg,* NJW 1997, 1315, 1316). Sie dürfen auf Tätigkeitsschwerpunkte hinweisen und in Zeitungen ohne Anlass Anzeigen schalten, sofern die Grenzen der anwaltlichen Werbung eingehalten werden (vgl. *BGH,* NJW 1997, 2522; *Eylmann,* in: *Henssler/Prütting,* BRAO, § 43b, Rdnr. 37), da ein legitimes Interesse der Rechtssuchenden, sich über besondere Fähigkeiten und Kenntnisse der potentiellen Rechtsvertreter zu informieren, höher bewertet wird, als die Gefahr, dass einzelne Rechtsanwälte in diesem Zusammenhang unlauter oder unwahr werben (vgl. *BVerfGE,* NJW 1995, 712; NJW 1995, 775; *BGH,* GRUR 1995, 422 - Anwaltswerbung; *BGH,* GRUR 1996, 365 - Tätigkeitsschwerpunkte; *BGH,* NJW 1997, 2682, 2683 - Anwaltswerbung mit rechtsgebietübergreifender Aufgabe).

[315] Hinter dem Sachlichkeitsgebot steht der gesetzgeberische Zweck, im Interesse der Gemeinschaft auf einen Wettbewerb von Steuerberatern und Rechtsanwälten um Mandate mit den Mitteln aggressiver Werbemethoden der gewerblichen Wirtschaft zu verzichten und stattdessen dem suchenden Publikum nur mit verläßlichen, überprüfbaren Informationen gegenüberzutreten. Vgl. zu § 43 b BRAO: BT-Dr. 12//4993, S. 28; *OLG Frankfurt* a.M., NJW 1996, 1065; zu § 57 a StGB: *BVerfGE,* NJW-RR 1996, 439 u. 440.

[316] Richtlinie 97/55/EG des Europäischen Parlaments und des Rates vom 6. Okt. 1997 zur Änderung der Richtlinie 84/450/EWG über irreführende Werbung zwecks Einbeziehung der vergleichenden Werbung, Abl. EG Nr. L 290 v. 23. Okt. 1997, S. 18. Zu deutschen Umsetzung vgl. *Plaß,* Die gesetzliche Neuregelung zur vergleichenden Werbung, NJW 2000, 3161.

[317] Vgl. den Gesetzentwurf zur vergleichenden Werbung und zur Änderung wettbewerbsrechtlicher Vorschriften am 23. Feb. 2000 vom Bundeskabinett beschlossen unter: www.bmj.de/misc/2000/m_10_20_htm

folgen, begründet werden. Vielmehr hat der Gesetzgeber durch die Regelung dieses Einzelfalls deutlich gemacht, dass Werbung im Grundsatz keine Sachlichkeitsgrenzen einhalten muss.

Zusammenfassung zu B.

Fernsehwerbung im Programm stellt i.d.R. keinen Fall irreführender Suggestivwerbung i.S.d. § 1 UWG dar.

C. Werbung im Programm als Verstoß gegen § 3 UWG

Umstritten war, ob Werbung im Programm als sittenwidrige Irreführung unter den Anwendungsbereich des § 3 UWG fällt. Gegen die Anwendung auf Fälle dieser Art spricht der Wortlaut, der die Irreführung durch Werbung, nicht aber über den Werbecharakter erfasst und deshalb nach einer Ansicht nicht anwendbar sein soll.[318] Die frühere Rechtsprechung ordnete irreführende Werbung mittels getarnter Anzeigen im redaktionellen Teil von Presseerzeugnissen als „irreführende Angaben über die geschäftlichen Verhältnisse" bei § 3 UWG an.[319] In letzter Zeit stützte der *BGH* das Verbot getarnter Werbung ausschließlich auf § 1 UWG.[320] Die praktische Relevanz dieses Streits ist aber gering. Wenn die Voraussetzungen des Irreführungstatbestands nach § 3 UWG gegeben sind, wird kumulativ stets die Fallgruppe Verbrauchertäuschung i.S.d. § 1 UWG vorliegen, da suggestive Werbeaussagen als Meinungsäußerung auf jeden Fall eine dementsprechende Handlung darstellen.

ZUSAMMENFASSUNG ZU ABSCHNITT 7:

Werbung im Programm kann als irreführende getarnte Werbung gegen § 1 UWG verstoßen. Eine Irreführung kann nicht allein auf den suggestiven Werbecharakters gestützt werden. Aus dem grundsätzlichen Verbot getarnter Werbung folgt die Pflicht der Rundfunkanstalten, diejenige Werbung, die ein durchschnittlich informierter Zuschauer nicht gleich als solche erkennen kann, zu kennzeichnen oder sie ganz zu unterlassen. Die Frage, ob Werbung im Programm für den Zuschauer erkennbar ist, muss in jedem Einzelfall genau geprüft werden. Unterschwellige Werbung ist grundsätzlich verboten. Dabei ist davon auszugehen, dass der Zuschauer bei Informationssendungen und Berichterstattungen im Sinne des § 10 Abs. 1 RStV eher darauf vertraut, dass eine werbewirksame Einblendung zu Informationszwecken erfolgt, als in anderen Sendun-

---

[318] *Henning-Bodewig*, GRUR Int. 1987, 546; so z.B. auch das *LG Frankfurt*, ZUM 1988, 302 ff.

[319] Vgl. Nachweise bei *Dörfler*, Product Placement, 3. Kap., § 8, S. 121, Fn. 204.

[320] *BGH*, ZUM 1996, 146 ff -Feuer, Eis & Dynamit; *BGH*, GRUR 1990, 611 - Boro; differenziert *Asche*, Product Placement im Kino, S. 87 ff.

gen. Eine Täuschung über den Werbecharakter wird deshalb um so schwerer für ihn zu erkennen sein, je näher eine Sendung sich in Konzeption, Aufmachung und Anspruch an „klassischen" journalistischen Form der Berichterstattung orientiert.

Abschnitt 8: Werbung im Programm als Fall der Belästigung

A. Belästigung durch Eingriff in die freie Lebensgestaltung

I. Belästigungsschutz und negative Informationsfreiheit

Die Einordnung eines Werbeverhaltens zu den guten Sitten im Wettbewerb ist objektiven und subjektiven Wertungen unterworfen, wobei gerade in die Entscheidungen der Gerichte auch Empfindungen, Zeitströme, Tendenzen, Meinungen und eigenes (Akzeptanz-)Verhalten der Richter miteinfließen.[1]

Im Folgenden soll der Frage nachgegangen werden, inwieweit der intensive, gezielte Einsatz von Sonderwerbeformen im Fernsehprogramm eine unlautere Belästigung im Sinne des §§ 1 UWG, derjenigen Zuschauers darstellt, die in ihrer Freizeit fernsehen und von gezielten werblichen Einblendungen verschont bleiben möchten.

Der Belästigungsschutz ist Ausdruck des verfassungsrechtlich verankerten Rechts des Bürgers auf private Lebensgestaltung ohne Eingriffe durch die Werbewirtschaft (sogen. negative Informationsfreiheit i.S.d. Art. 2 Abs. 1 i.V.m. Art. 1 Abs. 1 GG). Danach steht dem Bürger ein Recht auf private Lebensgestaltung ohne Eingriffe durch die Werbewirtschaft und somit das Recht zu, sich aufgedrängten Meinungen zu verschließen, bzw. sich nicht zu informieren.2 Zwar gibt es ein Grundrecht auf Privatheit zum Schutz vor gesellschaftlicher Kommunikation ersichtlich nicht.[3] Die Rundfunkwerberegelungen müssen ebenso wie das UWG als Schrankenregelung i.S.d. Art. 5 Abs. 2 GG ihrerseits den Wertungen der Meinungsfreiheit im Einzelfall unter sittlich-moralischer Abwägung der widerstreitenden Grundrechte unterworfen werden.[4] Dem Bürger steht das Recht zu, sich aufgedrängten Meinungen zu verschließen, bzw. sich nicht zu informieren.[5] Die höchstrichterliche Rechtsprechung hat deshalb zahlreiche

---

[1] *Scheuch,* Product Placement, S. 451.

[2] Hierzu: *Fikentscher/Möllers*, Die (negative) Informationsfreiheit als Grenze von Werbung und Kunstdarbietung, NJW 1998,1337, insbes. 1340 m.w.N. Auf den *Supreme Court*, Frisby v. Schultz, 487 US 474, 101 L Ed 3 d 420 (1988) sogen. „captive audience"; d.h. dem Zuschauer darf nicht gegen seinen Willen quasi als Gefangener das Zusehen aufgedrängt werden.

[3] Vgl. *AG Kiel*, MMR 2000, 51, 53 – Unerwünschte Email-Werbung; *Sosznitza,* GRUR 1993, 541 ff. wonach zumindest bei Anzeigen mit sogen. „Schockwerbemotiven" keine besonders verbotswürdige Belästigung der Verbraucher zu erblicken sei.

[4] *Löffler, Christ.*, Verstößt die "Benetton-Werbung" gegen die guten Sitten i.S. des § 1 UWG?, AfP 1993, 537; *Reichhold,* Unlautere Werbung mit der "Realität"?, WRP 1994, 219, 334; *Sevecke*, AfP 1994, 197.

[5] Hierzu: *Fikentscher/Möllers*, NJW 1998, 1340; *AG Kiel*, MMR 2000, 53.

Formen der aufgedrängten Werbung als Verletzung des allgemeinen Persönlichkeitsrecht des Bürgers eingestuft.[6]

Allerdings hat das BVerfG in seiner „Benetton"-Entscheidung deutlich gemacht, dass eine Werbung nicht bereits deshalb als belästigend und sittenwidrig i.S.d. § 1 UWG eingestuft werden darf, weil der Zuschauer „auch außerhalb des redaktionellen Teils der Medien durch Bilder" mit unerwünschter gefühlsbetonter Werbung ohne sachlichen Zusammenhang konfrontiert wird.[7] Aus dieser Entscheidung lässt sich zumindest im Umkehrschluss folgern, dass vom Zuschauer als unangenehm empfundene Werbung im redaktionellen Teil eines Mediums durchaus als belästigend eingestuft werden kann.

Von daher ist jede Werbung im Programm, die sich der Zuschauer ansehen muss, will er die Sendung im übrigen weiterverfolgen, geeignet, den Genuss am Film empfindlich zu stören und sein Recht auf private Lebensgestaltung ohne Eingriffe durch die Werbewirtschaft zu verletzen. Demnach könnte sich Werbung im Programm als ein unzulässiger Eingriff in den verfassungsrechtlich geschützten Individualbereich des Zuschauers darstellen, der im Rahmen seiner Freizeitgestaltung fernsieht und sich programmlicher Werbung nicht ohne weiteres entziehen kann.[8]

II. Übertragbarkeit der Telefonrechtsprechung des BGH auf Werbung im Programm?

Die Rechtsprechung begründet ihre allgemein strenge wettbewerbsrechtliche Beurteilung in ihren wegweisenden Entscheidungen zur Telefonwerbung vor allem mit dem Argument, dass der Schutz der Individualsphäre über dem wirtschaftlichen Gewinnstreben von Wettbewerbern stehe und dass es die berechtigten Interessen der gewerblichen Wirtschaft, ihre Produkte werbemäßig anzupreisen, angesichts der Vielfalt der Werbemethoden nicht erfordern, mit der Werbung auch in den privaten Bereich des umworbenen Verbrauchers einzudringen.[9]

---

[6] *BVerfGE* NJW 1991, 910, 911 - Politische Werbung; *BGH,* NJW 1973, 42 - Telex-Werbung; *BGH, NJW*-RR 1990, 359; NJW 1991, 2087, 2088; NJW-RR 1995, 613; BB 2000, 1540, 1541 (Telefonwerbung III-VI); *EuGH,* NJW 1995, 2541 - Alpine; *B/H,* a.a.O., § 1 UWG, Rdnrn. 57 ff, 67 ff.

[7] *BVerfG,* NJW 2001, 592 f - Benetton.

[8] Vgl. *Bork,* WiP, S. 97 f; ähnlich auch die Rechtsprechung des *BGH,* zur BTX-Werbung, in: GRUR 1988, 614, 616, die diesen Ansatz allerdings nur aus § 1 UWG herleiten.

[9] Vgl. zuletzt: *BGH,* BB 2000, 1540, 1541 m.w.N. – Telefonwerbung VI; m. zust. Anm. *Schmittmann.*

Gegen die Telefon-, und die vergleichbaren Fälle der Telefax- und Emailwerbung wurde zu Recht ins Feld geführt, dass dem Beworbenen auch materielle Verletzungen zugefügt werden. Während bei der Telefaxwerbung das Eigentum des Empfängers an Papier und Toner betroffen wird,[10] verlängert jeder Empfang von Werbeemails die Übertragungszeit und daher die Telekommunikationskosten.[11]

Bei Fernsehwerbung im Programm fehlt es an einer entsprechenden Verletzung. Allein durch die Ausstrahlung von Werbung im Programm entstehen für den Zuschauer keine persönlichen Kosten. Der durch Werbung im Programm verursachte Zeit- oder Arbeitsaufwand des Zuschauers unterfällt nicht dem Vermögensbegriff.[12]

Im Unterschied zur unaufgeforderten Zusendung von Telefon-, Telefax-, und Emailwerbung kann der Zuschauer beim Fernsehen genauso wenig wie der Radiohörer oder der Empfänger von Push-Diensten[13] erwarten, von Produktwerbung in den übermittelten Inhalten verschont zu werden. Durch Einschalten des Fernsehzuschauer kann der Zuschauer selbst bestimmen selbst bestimmen, wann er mit werbenden Informationen überschüttet wird. Vor allem kennt der (rundfunkgebührenpflichtigen) Zuschauer die Bedeutung der Werbung als ausschließliche Finanzierungsgrundlage für den privaten Rundfunk bzw. als Teilfinanzierungsinstrument für den öffentlich-rechtlichen Rundfunk. Von daher gilt grundsätzlich, dass der Zuschauer die Wirtschaftswerbung im Rahmen der wettbewerbs- und rundfunkrechtlichen Grenzen hinzunehmen hat. Denn ohne umfangreiche Werbung kommt eine freie Marktwirtschaft, die Wettbewerb zu ihrem Ordnungsprinzip gemacht hat, nicht aus.[14]

Es stellt sich die Frage, ob diese Prämisse nur für das als solches gekennzeichnete Programmsponsoring und die Spotwerbung zu gelten hat, oder ob mehr oder weniger erkennbare redaktionelle Werbeformen im Programm ebenfalls vom Zuschauer hinzunehmen ist.

---

[10] Vgl. vgl. *BGH,* GRUR 1996, 208 – Telefaxwerbung.

[11] Vgl. *LG Berlin*, MMR 1999, 43 m. Anm. *Westerwelle; LG Traunstein,* B v. 18. Dez. 1997, MMR 1998, 53 m. Anm. *Schmittmann,* MMR 1998, 53 **a.A.** *LG Braunschweig*, MMR 2000, 50, 51.

[12] Vgl. hierzu *Schmittmann*, CR 1998, 499. *B/H,* a.a.O., § 1 Rdnr. 70 a.

[13] Unter Push-Diensten versteht man ein Verfahren, bei dem Informationen vom Informationsanbieter auf den an das Internet angeschlossenen Rechner des Nutzers geschoben (to push, engl. für schieben) werden. Bekanntestes Beispiel sind so genannte „Newsletter" im Internet. Neben den angeforderten redaktionellen Beiträgen auf seinem Desktop erhält der Nutzer zugleich regelmäßig einen nicht unerheblichen Teil an Produktwerbung; vgl.: *Sieber/Klimek*, Werbung in Push-Diensten: Zulässige unaufgeforderte kommerzielle Kommunikation?, K&R 1999, 305 ff.

[14] Vgl. *Sieber/Klimek*, K&R 1999, 307; *B/H,* a.a.O., vor §§ 3-8 UWG Rdnr. 1 ff m.w.N.

Dagegen spricht die Tatsache, dass der Zuschauer, auch wenn er die Werbung als solche erkennt, gezwungen wird, sich zumindest kurzzeitig mit ihr zu beschäftigen. Ein Ausweichen der Werbung ist nur unter Verzicht auf die weiterlaufende Rahmenhandlung möglich. Vielfach wird der Zuschauer mit einer konkreten Werbeeinblendung nicht rechnen. Insoweit stellt diese Form eine aufgedrängte Werbung dar, da sie vom Fernsehzuschauer, der sich für ein bestimmtes Programmangebot entscheidet, nicht gezielt ausgewählt sondern zwangsweise mitgewählt werden muss.[15]

Sofern behauptet wird, dass die werbliche Berührung für den Zuschauer nicht unausweichlich i.S. einer physischen Gefangenschaft[16] sei, da dieser es in der Hand hat, mit Hilfe der Fernsehbedienung oder anderer technischer Geräte[17] jederzeit dieser Beeinflussung auszuweichen könne, so überzeugt das nicht. Diese Auffassung übersieht vielmehr, dass der Zuschauer im Gegensatz zur normaler Unterbrecherwerbung gerade keine Möglichkeit hat, der integrierten Werbung auszuweichen.[18] Sein Interesse an weiteren werblichen Anpreisungen dürfte daher vor dem Hintergrund von jährlich 1.074.175 TV-Werbespots[19] bzw. täglich 36 Stunden, 10 Minuten, 27 Sekunden Produktanpreisung[20] gering sein. Diesem Interesse muss der Belästigungsschutz Rechnung tragen.

---

[15] So im Ergebnis auch *Weng*, Sponsoring und Product Placement, S. 175.

[16] Zur Bedeutung dieses Kriteriums: *Fikentscher/Möller*, NJW 1998, 1341 f.

[17] Aufsehen erregte ein Zusatzgerät eines Unternehmens, dass einen sogen. TV-Werbeblocker enthält. Hat der Zuschauer ein Programm gewählt, schaltet sein Fernsehgerät, sobald die laufende Sendung durch Werbung unterbrochen wird, automatisch auf einen anderen, werbefreien Sender und wieder zurück, sobald die Werbeunterbrechung beendet ist. Der Hersteller dieses Gerätes greift damit in nicht mehr zu vereinbarender Art und Weise in die Rundfunkfreiheit der werbefinanzierten Fernsehsender ein, da deren wirtschaftliche Lebensgrundlage gefährdet wird (so zu recht *LG Berlin*, Urt. vom 25. Mai 1999, MMR 1999, 610, 611 – *Fernsehfee*). Die Umschaltfunktion des Gerätes automatisiert nicht nur die freie und auf keiner vertraglichen Verpflichtung beruhende Entscheidung des Zuschauers, Werbung auszublenden (so aber *OLG Frankfurt*, Urt. vom 23. Sept. 1999, MMR 1999, 720, 721; *LG Frankfurt*, Urt. vom 8. April 1999, MMR 1999, 613, 614). Die moderne Spotwerbung sucht gerade mittels Techniken emotionaler Konditionierung (vgl. Seite 35 ff) anfängliche Widerstände und Vorurteile des Zuschauers gegen die Werbeeinblendung abzubauen und sein Interesse derart zu wecken, dass er auf ein Umschalten verzichtet. Allein die Aussicht, die Aufmerksamkeit des Zuschauer zu erreichen, macht die Rundfunkwerbung für den Werbetreibenden erst interessant. Wird ihm diese Finanzierungsgrundlage erschwert oder unmöglich gemacht, dann wird die Wertentscheidung des Gesetzgebers, die Existenz des privaten Rundfunks durch Werbefinanzierung sicher zu stellen, in Frage gestellt.

[18] In diese Richtung auch *Bork*, WiP, S. 97 f; vgl. auch *BGH*: GRUR 1988, 614, 616 - Btx.

[19] So die Angaben der Nielsen Werbeforschung, zit. nach FOCUS 7/1997, S. 165. Bereits 1993 sind in Deutschland 1.800 Werbespots pro Tag ausgestrahlt worden; vgl. *Spitzer*, Sonderwerbeformen, S. 81.

[20] So *Gustedt/Ruzas*, Preisdiktat bis an die Schmerzgrenze, in: FOCUS 34/2000.

III. Erwartungen der Zuschauer

Die Situation des Fernsehzuschauers, der sich mit Werbung im Programm konfrontiert sieht, scheint vergleichbar mit der des Empfängers von sogen. „Junk-Emails“[21] zu sein, der sich ebenfalls zumindest die nicht als Werbung gekennzeichneten Nachrichten ansehen muss, bevor er sie als Werbung einordnen kann.

Im Unterschied zu den Fällen der Junk-Emails erwartetet der Zuschauer keine individuelle, d.h. an ihn gerichtete Information. Die Telefon-, Telefax- und E-mailwerbung erreicht den Verbraucher während seiner privaten Lebensgestaltung, in der er mit geschäftlichen Kontakten nicht rechnet und deshalb besonders schutzbedürftig ist.

Außerdem ist zu berücksichtigen, dass der Fernsehzuschauer bewusst ein Kommunikationsangebot durch Einschalten eines bestimmten Programms erwartet, und nicht grundsätzlich von öffentlicher Kommunikation verschont werden will.

Daher gilt zunächst, dass von jeder Art der an die Allgemeinheit gerichteten Berichterstattung eine unerwünschte werbliche Wirkung ausgehen kann. Im Gegensatz zu privater, individuell bezogener Kommunikation kann sich der Zuschauer vom Inhalt von Sendungen und allgemeinen Nachrichten als unerwünscht empfinden und sich belästigt fühlen. Eine Unterscheidung nach dem kommerziellen Charakter einer einmal als störend empfundenen Sendung dürfte hingegen keine große Rolle spielen.

Wie die Reaktionen befragter Zuschauer zu belegen scheint, haben diese als Verbraucher auch kein ausgeprägtes Interesse daran, versteckte Werbung aus dem Programm zu verbannen. Eine Haltung, die sich auch die für Verbraucherschutz zuständigen Wettbewerbszentralen zu eigen machen.[22]

Schließlich fehlt es bei dieser Werbung an einem persönlichen Kontakt, da die werbliche Fernsehansprache einseitig vom Werbenden ausgeht.[23] Im Gegensatz zu Werbetechniken des Direktmarketings stellt die Werbung im Fernsehen, die meist nur im Form einer produktbezogenen Imagewerbung erfolgt, kein Druckmittel zur Verkaufsförderung dar, da es i.d.R. an unmittelbarer Absatzförderung fehlt. Die Einwirkung und damit die Beeinflussungswirkung auf den Zuschauer ist dadurch deutlich geringer, da die im Programm integrierten Nennungen oder

[21] Dabei handelt es sich um unaufgeforderte Werbesendungen per Email (auch "Spamming" genannt), hierzu: *Schrey/Westerwelle*, „Junk-Emails“ im Internet, K&R, Beilage 2 zu RIW, Heft 12/1997; *Schmittmann*, MMR 1998, 53 ff.

[22] Vgl. die Nachweise bei *Dörfler*, Product Placement, 4. Kap., § 11 S. 130 ff.

[23] Zur gefühlsbetonten Werbung bei persönlichem Kontakt: *Bernet*, a.a.O., S. 108, ff, 115 ff.

Einblendungen von Markennamen oder Dienstleistungsprodukten i.d.R. nur kurz erscheinen dürfen.

Die unter starken Konkurrenzdruck stehenden Rundfunkanstalten sowie Zulieferer der Programmware (wie z.B. Filmproduzenten) haben ein großes eigenwirtschaftliches Interesse daran, den Zuschauer nicht mit Werbung im Übermaß zu belästigen oder zu vergraulen.[24]

IV. Fehlende Ausweichmöglichkeit des Zuschauers

Das Vertrauen auf die Heilungskräfte des Fernseh- und Werbemarktes in dem Sinne, dass bei übermäßiger Werbung auch Zuschauerverluste eintreten und die Sender gezwungen sind, auf diese Verluste zu reagieren[25], schützt den Zuschauer nicht vor Auswüchsen. Selbst wenn der Zuschauers in Folge der Überflutung mit werblichen Reizen abstumpft, ist fraglich, ob die ständige Ausweitung der Werbung in weite Programmbereiche aus dem Verbotsbereich des § 1 UWG herausfällt.[26]

Der *BGH* hat in einer Entscheidung den reinen Einwurf von Werbesendungen in den Briefkasten dann nicht als eine unlautere Belästigung angesehen, wenn das Werbematerial unschwer als solches erkannt werden konnte und der Beseitigungsaufwand nicht erheblich war.[27] Eine Werbung hingegen, die nicht besonders gekennzeichnet und nur unter erschwerten Bedingungen aussortierbar wie im Falle der Werbung auf Bildschirmtextseiten, wurde von der Rechtsprechung als sittenwidrig angesehen.[28]

Übertragen auf die vorliegende Konstellation müssten all diejenigen Werbeeinblendungen im Programm nicht als Belästigung eingestuft werden, die für den Zuschauer leicht erkennbar sind. In diesem Fall könnte er sich entweder durch Umschalten, Wegschauen oder einfach durch Aufbauen einer inneren Abwehrhaltung leicht gegen diese Form der Beeinflussung wehren, ohne dass der Werbetreibenden wie in Fällen der zweiseitigen Kommunikation weiteren emotionalen Druck aufbauen könnte.

---

[24] Vgl. *Zysk* (Sat.1), zit. nach *Gangloff*, FR v. 31. März 2000, wonach der Zuschauer das Korrektiv sei, „dass wir noch mehr fürchten als die Landesmedienanstalten; wenn wir ihn verärgern, sägen wir den Ast ab, auf dem wir sitzen."

[25] So aber der ehemalige PRO 7-Geschäftsführer *Koffler* in Mediendialog 6/7 1994, S. 8.

[26] Dafür: *Voigt*, Die Entwicklung des Wettbewerbsrechts in den Jahren 1995-1997, NJW 1997, 2566.

[27] *BGH*, NJW 1992, 1109 - Postwurfsendung.

[28] *BGH*, NJW 1998, 1670 – BTX-Werbung; WRP 1992, 757 – BTX-Werbung 2.

V. Der Ansatz von Bork

Nach Ansicht von *Bork* stellt jede vermeidbare Werbung im Fernsehprogramm dann eine sittenwidrige Belästigung dar, wenn ihre Intensität das Maß des Zumutbaren überschreitet. Der Fernsehzuschauer, der sich der programmlichen Werbung entziehen will, muss auf die ganze Sendung verzichten, da anders als bei der Presselektüre eine selektive Wahrnehmung nicht möglich ist, er die Werbung also nicht ausblenden kann.[29] Sittenwidrigkeitsbegründend soll nicht die Dauer der Einblendung[30], sondern die Nachahmungsgefahr sein.[31] Dahinter steht die grundsätzliche Überlegung, dass das UWG die Allgemeinheit auch vor den Auswüchsen des Wettbewerbs bewahren soll.[32]

Beispielsweise wäre nach dieser Ansicht bezogen auf Product-Placement in Kinospielfilmen die Tatsache, dass sich der Kinozuschauer, der Eintrittsgeld für den Besuch des Spielfilms ausgegeben hat, nicht ohne weiteres der Werbung entziehen kann, ein wichtiges Indiz für die Belästigung. Sogen. „vermeidbare" Werbung greift in unzulässiger Weise in den verfassungsrechtlich geschützten Individualbereich des Zuschauers, der sich zum Zweck der Freizeitgestaltung ins Kino begeben hat, ein.[33]

Dem ist entgegen zu halten, dass nunmehr mit der Zulassung virtueller Werbung im neuen RStV selbst der Gesetzgeber nicht mehr jede Form der vermeidbaren Werbung als verwerflich ansieht.[34] Von einer Gefahr der Verwilderung der Sitten durch Werbung im Programm kann in Hinblick auf die Fernseh- und Werberealität kaum noch gesprochen werden, da Werbung im Programm in vielen Sendungsformaten bereits zum Alltag gehört. Bei neuen Sonderwerbeformen handelt es sich vor allem um Imagewerbung, die im Gegensatz zu den typischen Formen der wettbewerbswidrigen Belästigung bzw. Nötigung (z.B.: Ansprechen von Passanten oder Telefonwerbung)[35] auf eine positive Resonanz angewiesen ist. Werbeeinblendungen, die vom Zuschauer als belästigend empfunden werden, verfehlen ihr Werbeziel, da sie nur zu dem ungewünschtem Reaktanzverhalten führen.[36]

---

[29] *Bork*, WiP, S. 97 f.

[30] So aber *LG Berlin*, NJW 1984, 2423 f.

[31] *Bork*, WiP, S. 98.

[32] *BGHZ* 59, 317, 319; 56, 18 ff; 54, 188, 190 f; *Scheuch*, Product Placement, S. 451.

[33] Vgl. *BGH*, GRUR 1988, 614, 616 – BTX; *Bork* WiP, S. 97, 98, für Product-Placement im Kino. Diese Bewertung lässt sich zumindest auf Werbung in Pay-TV-Angeboten übertragen.

[34] Vgl. Seite 217 f.

[35] Die Einteilung ist nicht immer einheitlich, vgl.: *B/H*, a.a.O., § 1 UWG, Rdnrn. 57 ff.

[36] *Dörfler*, Product Placement, S. 117 f; *LG Berlin*, NJW 1984 2423 - Unverlangte Werbung über Bildschirmtext.

B. Kritik

I. Belästigung durch emotionalen Druck

Wie dargelegt, kann eine sittenwidrige Belästigung durch Fernsehwerbung im Programm i.d.R. nicht mit dem Argument der fehlenden Ausweichmöglichkeit gestützt werden. Der von einer werblichen Ansprache im Fernsehen ausgehende psychische Druck ist eher gering und aufgrund der Einseitigkeit der kommunikativen Ausrichtung für den Zuschauer leicht zu beherrschen. Im übrigen zielt Werbung im Programm auf Imagegewinn ab und dürfte daher in aller Regel vom Zuschauer nicht als unangenehm empfunden werden.

Eine sittenwidrige Belästigung wird man richtigerweise aber dann annehmen können, wenn die Aufdringlichkeit einen solchen Grand angenommen hat, dass dem Adressaten eine ruhige Prüfung unmöglich gemacht wird.[37]

In diesem Zusammenhang kann die Frage des sittenwidrigen Ausnutzens des besonders hohen Informations- oder Unterhaltungsinteresse des Zuschauers an exklusiven Programmangeboten (z.B. wichtige Fußballeuropameister- und Weltmeisterschaft, Olympiade, Formel-Eins) eine Rolle spielen. Hier ist die Versuchung des Programmanbieters besonders hoch, sein „begehrtes" Programmgut mit umfangreicher Werbung zu vermarkten, da er aufgrund der Exklusivität der Übertragung davon ausgehen kann, dass die Zuschauer das Programm weiterverfolgen. Allerdings dürfte auch das Reaktanzverhalten durch diesen als störend empfundenen Beeinflussung besonders ausgeprägt sein, was den Werbeerfolg gefährdet, und zu Lasten des Senderimages gehen könnte.

II. Werbung im Programm und Erwartungshaltung des Zuschauers

Der Schutz des Fernsehzuschauers vor ungebetener und schwer erkennbarer Werbung im Programm muss der Tatsache Rechnung tragen, dass der Zuschauer das Fernsehen i.d.R. in erster Linie zur Freizeitgestaltung oder zur politischen Information einschaltet.

Ob Werbung im Programm den Zuschauer belästigt, hängt vom Charakter der Sendung und der Frage ab, ob und wenn ja in welchem Umfang der Zuschauer üblicherweise mit Werbung im Programm rechnen muss.

An bestimmte Werbeformen im Programm wie Bandenwerbung oder Trikotsponsoring dürfte er sich schon gewöhnt haben.[38]

---

[37] Vgl. *Lange,* WRP 1999, 900, allerdings für Socialsponsoring.

[38] Vgl.: Seite 291 f.

Eine wichtige gesetzgeberische Wertentscheidung findet sich dabei in den Rundfunkwerberegeln. Eine belästigende Werbung kann nur von Programmangeboten ausgehen, bei denen der werbliche Charakter der Sendung nicht im Vordergrund steht. Für diesen Fall greift die Vorschrift des § 7 Abs. 5 RStV 2000 ein, wonach die Sendung als Dauerwerbesendung anzukündigen und als solche während der gesamten Ausstrahlung zu kennzeichnen ist. Eine als Dauerwerbesendung gekennzeichnete und damit rundfunkrechtlich zulässige Sendung kann aber nicht mehr wegen übermäßiger Werbung im Programm unzulässig sein. Auch wenn Dauerwerbesendungen aufgrund ihrer redaktionellen Aufmachung durchaus unterhaltende Funktion haben können, nimmt der Rezipient die Sendung weniger als Zuschauer im Rahmen seiner Freizeitgestaltung auf, sondern in seiner Rolle als Verbraucher, der mit dem Weiterverfolgen der Sendung konkludent seine Zustimmung zur werblichen Ausstrahlung ausdrückt.

Eine Belästigung durch die Ausstrahlung der Sendung kann nur dann vorliegen, wenn eine nicht als Werbung gekennzeichnete Sendung ein übermäßige Werbung enthält. Die genaue Feststellung der Grenzen kann nur im Einzelfall von den Gerichten ermittelt werden. Diese haben zu beachten, dass die heutige Fernsehlandschaft von einer starken Ausweitung der Werbung in allen Lebensbereiche geprägt ist. Insoweit gilt die Abstufung, dass die Anforderungen des Belästigungsverbotes in Sendungen, die im besonderen Maße zur politischen Meinungsbildung beitragen, aufgrund deren besonderer Bedeutung für die Meinungsbildung, am Höchsten sind, hingegen bei Talkshows und Spielfilmen tendenziell niedriger anzusetzen sind. Auch die Frage, ob die Sendung in einem öffentlich-rechtlichem Sender oder einem werbefinanzierten Privatsender ausgestrahlt wird, kann relevant sein, da die in der Regel älteren Zuschauer der öffentlich-rechtlichen Sender gegenüber Werbung weitaus weniger aufgeschlossen sind als die jüngeren.

Schließlich muss auch berücksichtigt werden, dass die Verbreitung von Werbung im Programm in den verschiedenen Sendeformaten unterschiedlich ausgeprägt und bekannt ist. Fest steht, dass für den Zuschauer Werbung im Fernsehprogramm in einer Zeit, in der Product-Placement in weiten Bereichen (Spielfilm, Serie, Sportsendungen) gang und gäbe ist, kaum jemals völlig unerwartet sein kann. Eine andere Bewertung kann nur für Nachrichtensendungen und Sendungen zum politischen Zeitgeschehen gelten, da diese Sendungen im besonderen Maße der politischen Meinungsbildung dienen. An ihre inhaltliche Ausgestaltung und den Schutz der Glaubwürdigkeit der dort getroffenen Aussagen werden deshalb auch besondere Anforderungen gestellt (vgl. §§ 8 Abs. 6, 10 Abs. 1 RStV). Hier gilt unabhängig davon, ob der Zuschauer die Werbung im Einzelfall erkennen kann, dass jede Vermischung von Werbung im redaktionellen Bereich geeignet ist, die Aufmerksamkeit des Zuschauers vom übrigen Programm abzulenken und deshalb unter diesem Gesichtspunkt gegen das Trennungsgebot verstößt.

ZUSAMMENFASSUNG ZU ABSCHNITT 8

Fernsehwerbung im Programm kann unter dem Gesichtspunkt der sittenwidrigen Belästigung gegen § 1 UWG verstoßen.

Das Risiko, dass Werbung vom Verbraucher als störend empfunden wird, dürfte schon im Eigeninteresse von Rundfunkanstalt und Werbetreibenden i.d.R. als ausreichende Motivation angesehen werden, belästigende Wirkungen durch Werbung zu vermeiden. Bei besonders exklusiven und attraktiven Programmangeboten mit einem hohen Werbeanteil im Programm oder fehlenden Hinweisen auf Art und Umfang des Werbeanteils des Programms kommt ein Verstoß gegen §§ 1 UWG unter dem Gesichtspunkt der belästigenden Werbeflut in Betracht.

KAPITEL 4: WERBUNG IM PROGRAMM UND SPEZIALGESETZLICHE WERBEREGELUNGEN

Abschnitt 9: Vorsprung durch Rechtsbruch

A. Zur Fallgruppe „Vorsprung durch Rechtsbruch“

Gegen Fernsehwerbung im Programm bestehen nicht nur unter dem Aspekt des sittenwidrigen Kundenfangs wettbewerbsrechtliche Bedenken. Werden die Werberegelungen im RStV oder sonstige spezialgesetzliche Normen, welche der Fernsehwerbung enge Schranken setzen, missachtet, ist zugleich ein Verstoß unter dem wettbewerbsrechtlichen Gesichtspunkt des Vorsprungs durch Rechtsbruch denkbar.

Voraussetzung ist eine Verletzung von wertbezogener Normen, denen eine dem Schutzzweck des UWG entsprechende „sittlich-rechtliche Wertung“ zugrunde liegt[1] oder von Normen, welche die Ordnung des Wettbewerbs bezwecken[2]. Bei wettbewerbsneutralen Normen gilt die Generalklausel lediglich bei bewusstem und planmäßigem Hinwegsetzen über die fragliche Norm, um sich dadurch einen Vorsprung vor seinen gesetzestreuen Konkurrenten zu verschaffen.[3] Dahinter steht die Überlegung, dass derjenige, der sich unter Verletzung einer Rechtsnorm im Rahmen einer Wettbewerbshandlung einen Vorteil verschafft, weil er sich im Gegensatz zu seinen Konkurrenten nicht an bestimmte Verbote oder Gebote hält, rechtswidrig besser gestellt würde als sein rechtstreuer Mitbewerber. Ein solches Verhalten ist mit dem Grundsatz des freien und lauteren Leistungswettbewerbs nicht vereinbar.[4]

---

[1] *BGH,* WRP 1978, 371, 373 - Vier zum Preis von Drei; *B/H,* a.a.O., § 1 UWG Rdnr. 626.

[2] Hierzu: *BGHZ* 98, 330, 336; *B/H,* a.a.O., § 1 Rdnr. 665.

[3] *BGHZ* 110, 278, 289 ff; *BGHZ* 117, 353, 361 - Agfa.; *BGH,* NJW 1994, 53, 54 - PS-Werbung; *BGHZ* 79, 390; 44, 208, 209 ff; 22, 167, 180 f; 23, 184, 185 ff; RGZ 117, 16, 22, wonach die Beurteilung der Sittenwidrigkeit aus der Gesamtwürdigung des wettbewerbsrechtlichen Verhaltens unter Berücksichtigung der Rechtswidrigkeit und des dadurch erzielten Vorsprungs abzuleiten ist. Vgl. *Eichmann*, Der Vorsprung durch eigenen Rechtsbruch, GRUR 1967, 564 ff; krit. zur Verbindung des Wettbewerbsbezuges der verletzten Norm mit dem Vorsprungsgedanken und der damit einhergehenden lauterkeitsrechtlichen Förderung wettbewerbsbeschränkender Verträge: *Schricker*, Gesetzesverletzung und Sittenverstoß 1970, 259; *Mestmäcker*, Wettbewerb, S. 85 ff.

[4] Vgl. die Nachweise in Fußnote: 3.

Auf subjektiver Seite reicht es zur Bejahung der Sittenwidrigkeit aus, wenn der Handelnde die relevanten Tatumstände kannte bzw. kennen musste, das Bewusstsein der Rechtswidrigkeit ist bei einem Unterlassungsanspruch im Gegensatz zum verschuldensabhängigen Schadensersatzanspruch nicht erforderlich.[5] Derjenige Mitbewerber, der in Kenntnis bzw. fahrlässiger Unkenntnis der die Sittenwidrigkeit begründenden Tatsachen handelt, wird allerdings vom Vorwurf des Verschuldens i.d.R. nicht freizusprechen sein.[6]

Der *BGH* hat in seiner „Boro“-Entscheidung die Werberegelungen des Rundfunks als wertbezogene Wettbewerbsregeln angesehen, welche die Unabhängigkeit der Programmgestaltung sichern und sachfremde Einflüsse Dritter auf die Programmgestaltung abwehren sollen, angesehen. Ein Verstoß gegen die Regelungen des Trennungs- Kennzeichnungs- Beeinflussungsverbots[7] führt deshalb unmittelbar zur Sittenwidrigkeit.[8]

Sittenwidrig handelt auch, wer fremden, gesetzeswidrigen Wettbewerb fördert, der gegen § 1 UWG verstößt. Damit handelt auch das werbetreibende Unternehmen, das nicht Adressat des rundfunkrechtlichen Trennungsgebotes ist, sittenwidrig, wenn es durch sein Verhalten zu einem Verstoß des Rundfunkunternehmens gegen den Trennungsgrundsatz beiträgt.[9]

B. Verletzungen des HWG

Für bestimmte Produkte bestehen gesetzliche Werbeverbote.

Spezielle Vorschriften zur Fernsehwerbung bestimmter Produkte beziehungsweise Produktgattungen, finden sich in den § 8 Abs. 5 RStV, Art. 13, 14, 17 Abs. 2 EG-FsRili sowie im Waffengesetz (§ 34 Abs. 8 WaffG), im Lebensmittel- und Bedarfsgegenständegesetz (LMBG)[10], und im Heilmittelwerbegesetz (HWG)[11].

---

[5] *BGH,* GRUR 1969, 292.

[6] *BGH,* ebd.

[7] Ob der *BGH,* daneben auch noch das Blockwerbegebot und die zeitlichen Beschränkungen dazu zählen wollte, lässt sich nicht eindeutig feststellen, wäre allerdings wegen ihrer nur begrenzten Sicherungsfunktion der Rundfunkfreiheit abzulehnen. Im einzelnen: *Sack,* AfP 1991, 712; *ders.*, WRP 1990, 800; *Scherer, B.*, Product Placement, S. 116.

[8] *BGH,* WRP 1990, 626, 631. *Johansson*, Product Placement in Film und Fernsehen, Diss. 2000. S. 90 f.

[9] *BGH,* WRP 1990, 626, 632; *Henning-Bodewig*, GRUR Int. 1987, 545; *Sack*, AfP 1991, 713; *ders.*, WRP 1990, 804.

[10] Gesetz v. 15. Aug. 1974, BGBl. I, 2172 und BGBl. I, 2445, 2481.

[11] Gesetz v. 18. Okt. 1978, BGBl. I, 1677 ff.

Bei den Vorschriften des HWG und des LMBG handelt es sich um sittlich fundierte Normen und allgemeine Gesetze im Sinne des Art. 5 Abs. 2 GG, die im Interesse des überragenden Gemeinwohls der Volksgesundheit den Verbraucher vor irreführender oder als schädlich anzusehender Werbung schützen sollen.[12] Von daher wurden Wettbewerbshandlungen, die gegen Vorschriften des HWG oder LMBG verstoßen, von der Rechtsprechung schon wegen der Gefährdung der Volksgesundheit als unlauter i.S.d. § 1 UWG angesehen.[13]

Bis zur Neuregelung des RStV 2000 war umstritten, ob das in § 8 Abs. 5 RStV a.F. enthaltene Totalverbot für reine Firmen- und Erinnerungswerbung, die ohne Bezugnahme auf bestimmte Präparate dem Ansehen und der Leistungsfähigkeit des Unternehmens allgemein dient.[14], verhältnismäßig war. Grundsätzlich liegt eine Erinnerungswerbung dann vor, wenn ausschließlich mit der Bezeichnung eines Arzneimittels oder zusätzlich mit dem Namen, der Firma oder der Marke des pharmazeutischen Unternehmens geworben wird.[15] Nach Art. 17 Abs. 2 i.V.m. Art. 14 EG-FsRili war es Herstellern von Arzneimitteln untersagt, Fernsehsendungen zu sponsern.

Im Gegensatz zu dieser Regelung hat § 1 Abs. 1 HWG die Erinnerungswerbung vom Werbeverbot des § 4 HWG ausgenommen.[16]

Vereinzelt wurde der Regelung im RStV entgegengehalten, dass mit ihr ein zu schwerer Eingriff in das Recht der Meinungs-, Handlungs- und Berufsfreiheit der Pharmaindustrie, deren Medikamente in zahlreichen Fällen lebensrettend sind, vorliegt, wenn sie im Gegensatz zu anderen Unternehmen von bestimmten Werbeformen ausgeschlossen werde und es sich ausschließlich um Image- und nicht um Produktwerbung handele.[17]

In der Tat hat der *BGH* reine Firmen- und Erinnerungswerbung nicht als Verstoß gegen § 12 HWG i.V.m. § 1 UWG angesehen[18], so dass man, geht man zurecht von der grundsätzlichen Zulässigkeit von Werbung im Programm außerhalb des

---

[12] *BGH,* GRUR 1980, 119; GRUR 1958, 86, 88; *RGZ* 170, 156; *Dörfler*, Product Placement S, 106.

[13] *BGH,* GRUR 1980, 299; GRUR 1972, 561, 562; GRUR 1963, 536, 538.

[14] § 4 Abs. 4 HWG. Vgl. auch: *BGH,* NJW 1995, 1617 - Pharma-Hörfunkwerbung; NJW 1983, 2636 - Knapp Pflanzensaft; NJW 1992 2967 - Femovan, wonach eine Firmen- und Erinnerungswerbung nicht gegen § 12 HWG i.V.m. § 1 UWG verstößt.

[15] *BGH,* LM H 12/97, § 1 UWG, B. 2218, 2222 - Togal; zust. *Sack.* LM H 12/97 § 1 UWG, Bl. 2223.

[16] Produktbezogene Werbeaussagen müssen hingegen von den sonstigen Pflichtangaben deutlich abgegrenzt und gut lesbar sein (vgl. § 4 Abs. 4 S. 2 HWG). Zur Anwendung bei Werbeaussagen in den Medien vgl. *Ring* u.a.: § 7 Rdnr.75 m.w.N.

[17] *Bruhn/Mehlinger*, Sponsoring, Bd. 1, S. 220 f.

[18] *BGH,* NJW 1983, 2634, 2636 – Knapp Pflanzensaft; NJW 1992, 2967 – Femovan.

Bereichs des § 10 RStV aus, die Sittenwidrigkeit im grundrechtsrelevanten Bereich verneinen muss, sofern keine weiteren Unwertsmerkmale hinzutreten.

Bei Imagewerbung liegt noch keine konkrete Gefährdung der Gesundheit der Fernsehzuschauer vor.[19] Handelt es sich allerdings um eine produktspezifische Werbung, die gegen § 12 HWG verstößt und wegen ihrer Länge und Wirkung sachlich relevant ist, so besteht die Pflicht des ausstrahlenden Rundfunksenders, im Vorspann seines Films auf mögliche Gesundheitsgefahren des Medikaments hinzuweisen. Dieser Argumentation wurde nun im reformierten § 8 Abs. 5 RStV 2000 Rechnung getragen.

C. Verletzungen des LMBG

§ 22 Abs. 1 LMBG enthält ein generelles Werbeverbot für Tabakerzeugnisse in Rundfunk und Fernsehen (vgl. auch Art. 13 EG-FsRili, Art. 15 Abs. 1 EFÜ). Der Schutzzweck der Vorschrift ist weit zu verstehen und bezieht sich zunächst einmal auf alle durch Sonderwerbeformen hervorgerufene Werbung im Programm. Auch Sponsoring ist gem. § 8 Abs. 4 RStV Unternehmen verboten, deren Haupttätigkeit die Herstellung von Zigaretten und anderen Tabakerzeugnissen ist.

Zwar ist davon auszugehen, dass Rundfunkanstalten bereits aus Sorge um ihr eigenes Senderimage, Tabakwerbung wenig Raum zur werblichen Darstellung einräumen. Problematisch sind bis jetzt[20] diejenigen Fälle, bei denen Produktionsbeiträge in ihrer inhaltlichen Gestaltung nicht der Kontrolle der Sendeanstalten (z.B. Übertragung von Formel1-Veranstaltungen; Ausstrahlung erfolgreicher Kinofilme mit Product-Placement für eine Zigarettenmarke wie z.B. im Wim-Wenders-Film „Paris-Texas") unterliegen.

---

[19] **A.A.** offenbar: *Johansson*, a.a.O., S. 92.

[20] Ob sich die vorliegende Problematik mit der Umsetzung der Richtlinie 98/43/EG des Europäischen Parlaments und des Rates vom 6. Juli 1998 zur Angleichung der Rechts- und Verwaltungsvorschriften der Mitgliedstaaten über Werbung und Sponsoring zugunsten von Tabakerzeugnissen, abgedr. in: GRUR Int. 1998, S. 787, welche Tabakwerbung und Sponsoring grundsätzlich verbietet, erledigt, erscheint fraglich. Die Richtlinie ist Gegenstand mehrerer Verfahren vor dem EuGH, vgl. AfP 2000, 55. Ihre Rechtmäßigkeit ist sehr zweifelhaft, vgl. statt vieler: *Stein,* Ohne Rechtsgrundlage: Die Tabakwerbeverbotsrichtlinie der EG, ZLR 1998, S. 209. Der *EuGH,* hat mit Urt. vom 5. Okt. 2000, BB 2000, 2117 die Richtlinie zwar für nichtig erklärt. Allerdings hat die E-Kommission bereits einen überarbeiteten Entwurf zum Tabakwerbeverbot vorgelegt. Danach sollen Tabakwerbung unionsweit in Printmedien, im Rundfunk, im Internet sowie in der Form des Sponsorings auf internationalen Großveranstaltungen wie Musikfestivals oder Sportereignissen verboten werden; vgl. *o.V.,* Brüssel verschärft Entwurf für Tabak-Werbeverbot. Neufassung schließt auch Zeitungen mit nur nationaler Reichweite ein / Massive Kritik von Verlegern und Agenturen, in: FR vom 31. Mai 2001.

Aus den oben genannten Gründen kann kein grundsätzliches wettbewerbsrechtliches Verbot der Zigarettenwerbung im Fernsehspielfilm über den klaren Wortlaut des § 22 Abs. 1 LMBG hinaus abgeleitet werden. Denn solch weitreichende Grundrechtsbeschränkungen der Unternehmen der Tabakindustrie erfordern klare gesetzliche Regelungen.

Es muss die Grenze des § 22 Abs. 2 LMBG beachtet werden. Wenn z.B. eine bestimmte Zigarettenmarke in einer Großaufnahme zeigt oder sonst auffällig in Erscheinung tritt, liegt in diesem Verstoß nach herrschender Meinung unmittelbar eine sittenwidrige Handlung im Sinne von § 1 UWG i.V.m. § 22 Abs. 1 HWG, der auch bei einem deutlichen Hinweis im Vorspann einen Unterlassungsanspruch nicht entfalle.[21] Entscheidend sei die emotionale Einbindung des Rauchens, die sich in vielen Fällen als Steigerung des Wohlbefindens i.S.d. § 22 Abs. 2 Nr. 1 LMBG[22] darstelle und die Verschleierung der Gefahren des Rauchens durch Ausschalten der kognitiven Kontrolle. Der Gesundheitsschutz des Verbrauchers habe Vorzug vor dem Interesse des Filmproduzenten an einer freien Gestaltung seiner Spielfilme.[23]

Die Gefahr, dass solche Szenen eine Leitbildwirkung haben, welche in erhöhtem Maße die Gesundheit der Zuschauer zu gefährden geeignet ist, ist kaum von der Hand zu weisen. Gerade von Spielfilmen gehen zahlreiche Identifikationsmöglichkeiten der Zuschauer aus, die - würde der Zuschauer sie im realen Lebern umzusetzen gedenken - vielfach gesundheitsgefährdend sind (z.B. Spielfilme über Autorennen, Gangsterfilme usw.). Letztlich muss die von Spielfilmen und vergleichbaren Unterhaltungsformen ausgehende werbliche oder emotionale Wirkung als weitaus weniger gefährlich angesehen werden, als Werbung im Programm in Form von journalistischen Berichten. Da der Zuschauer die Fiktionalität und Irrealität von Aussagen kennt, bzw. sie ihm zumindest bewusst sind, können diese nur als Anregungen, niemals jedoch als Täuschungsversuche ausgelegt werden.

Hinzu kommt, dass ein generelles Verbot von Tabakwerbung im Fernsehen nicht zu deren Eindämmung führen würde, sondern nur die Verhandlungsposition der Rundfunkanstalten schwächen würde. Diese sind nämlich gezwungen,

---

[21] Vgl.: *Völkel*, ZUM 1992, 66; *Asche*, Product Placement im Kino, S. 143 ff; *Henning-Bodewig*, ZUM 1988, 265 f; *dies.*, GRUR 1988, 870.

[22] § 22 Abs. 2 Nr. 1a) LMBG lautet:

„Es ist verboten, im Verkehr mit Tabakerzeugnissen oder in der Werbung für Tabakerzeugnisse allgemein oder im Einzelfall, Bezeichnungen, Angaben, Aufmachungen, Darstellungen oder sonstige Aussagen zu verwenden, durch die der Eindruck erweckt wird, dass der Genuß der die bestimmungsgemäße Verwendung von Tabakerzeugnissen gesundheitlich unbedenklich oder geeignet ist, die Funktion des Körpers, die Leistungsfähigkeit oder das Wohlbefinden günstig zu beeinflussen."

[23] *Asche*, Product Placement im Kino, S. 66 ff, 143 ff; *Henning-Bodewig*, GRUR 1996, 330.

die Rechte für erfolgreiche Spielfilme und wichtige Sportveranstaltungen im Zuschauer- und damit im programmlichen Interesse zu erwerben und in ihrem Programm auszustrahlen. Je rigoroser die Rundfunkanstalten versuchen Tabakwerbung aus ihren Programmen zu verbannen, desto stärker verlagern sich Werbeaktivitäten in die Produktion. Die Tabakindustrie wird dann bereits mit den Spielfilmproduzenten oder den Sportveranstalter die Platzierung ihrer Produkte aushandeln und über die Produzenten Druck auf die Rundfunkanstalten ausüben.[24] Die Produzenten dann bereits im Vorfeld von den erweiterten Finanzierungsmöglichkeiten und können ihre Produktionen oder Veranstaltungen noch attraktiver gestalten (z.B. noch mehr teure Special Effekts, oder noch mehr eingeladene Stars). Damit verbessern sie ihre Verhandlungsposition gegenüber den Rundfunkanstalten.

Auch die Europäische Union hat erkannt, dass man der Tabakwerbung mit einem Fernsehverbot alleine nicht nachkommt, sondern dass dieses Verbot jede Form der Werbung, insbesondere diejenige der Stadionwerbung, verbieten muss.[25] Für Tabakwerbung in Spielfilmen stellt sich dann die Frage, ob der Rundfunkveranstalter nicht verpflichtet ist, mittels digitaler Techniken jegliche Einblendung von Produkten oder Nennungen von Markennamen eines Tabakkonzerns durch virtuelle Billboards[26] zu ersetzen. Ob aber ein so massiver Eingriff in die Grundrechtsausübung von Filmemachern (Art. 5 Abs. 3 GG) und Werbeindustrie (Art. 5 Abs. 1 S. 1, 12 GG) verhältnismäßig ist, erscheint fraglich.

Ist die Werbewirkung von einiger Dauer und Intensität, dann gebietet der Verbraucherschutz zumindest durch entsprechende Warnhinweise im Vorspann und in extremen Fällen während der Sendung eine Kennzeichnung in Form klassischer Warnhinweise, um die Beeinflussungswirkung für diese unerwünschten Produkte so gering wie möglich zu halten.

D. Bestechung (§ 299 StGB)

Die sittenwidrige Täuschung des Fernsehzuschauers durch die Kooperation von Rundfunkanstalt, Produzent und werbetreibender Industrie könnte auch als

[24] Vgl. auch *VG Berlin*, MMR 1999, 177, 178 f – Feuer, Eis & Dynamit; Seite 126.

[25] Vgl. EG-Tabakwerberichtlinie Abschnitt 9, Fn. 20). Zur ganzen Problematik: *Grünwald*, SCHALL UND RAUCH? Zur Vereinbarkeit der so genannten Tabakrichtlinie mit den Grundrechten des Europäischen Gemeinschaftsrechts, 1999.

[26] Virtuelle Billboards stellen zunächst nichts anderes als die digitale Verlängerung der aus der Übertragung von Sportereignissen bekannten Bandenwerbung dar. Bei dieser Technik wird vom Rundfunkveranstalter eine virtuelle Projektionsfläche erzeugt, die es ermöglicht, über einen Videoprozessor computergenerierte Logos auf Billbords zu bringen und dann in das Lifeprogramm einzufügen, vgl. zur rechtlichen Beurteilung: *Herkströter*, MP 1998, S. 110 ff.

strafbarer Wettbewerbsverstoß gegen § 299 StGB[27] (= § 12 UWG a.F.) verstoßen.

Handeln im geschäftlichen Verkehr zu Zwecken des Wettbewerbs liegt in diesen Fällen unzweifelhaft vor.[28] Die Begriffe des „Angestellten“ und des „Beauftragten“ i.S.v. § 299 StGB) sind sehr weit auszulegen und erfassen alle, die berechtigt oder verpflichtet sind, für den betreffenden Filmproduzenten tätig zu werden. Die Unterbringung von werbewirksamen Darstellungen durch Mitarbeiter und Beauftragte ist eine gewerbliche Leistung. Die Entgeltlichkeit dieser Leistung erlaubt den Schluss, dass damit eine Bevorzugung erreicht werden soll. Eine derartige Bevorzugung gegen Entgelt an Angestellte oder Beauftragte ist grundsätzlich unlauter, selbst wenn diese dem Geschäftsherrn (dem Rundfunkveranstalter) bekannt ist.

Adressat des § 299 Abs. 2 StGB (= § 12 Abs. 1 UWG a.F.) sind werbende Unternehmen, Werbeagenturen und Werbemittler, die auf Mitarbeiter und Beauftragte von Sendeanstalten durch Zuwendung Einfluss nehmen bzw. zu nehmen versuchen. Ein Verstoß gegen § 299 StGB ist nicht nur strafbar, daneben bestehen auch zivilrechtliche Unterlassungsansprüche gem. § 13 Abs. 3 i.V.m. Abs. 2 Nr. 1, 2 UWG sowie Schadensersatzansprüche gem. § 13 Abs. 6 UWG, die von den Mitarbeitern des Bestechenden, bzw. u.U. auch von branchengleichen und branchenverwandten Gewerbetreibenden sowie von Verbänden zu Förderung gewerblicher Interessen geltend gemacht werden können. Nach § 299 Abs. 1 StGB machen sich auch Angestellte und Beauftragte strafbar, die sich gegen Entgelt am Product-Placement beteiligen. Nach § 13 Abs. 3 i.V.m. Abs. 2 Nr. 1, 2 und § 13 Abs. 6 UWG können sie von konkurrierenden Sendeanstalten und anderen Werbeträgern auf Schadensersatz und Unterlassung sowie von klagebefugten Verbänden auf Unterlassung in Anspruch genommen werden. Bei Werbung im Programm ohne Wissen der Sendeanstalten und Programmmacher haben diese gegen ihre bestochenen Arbeitnehmer Schadenersatz- und Unterlassungsansprüche aus dem UWG. Nach § 13 Abs. 4 UWG haften schließlich auch die Sendeanstalten selbst, wenn ihre Angestellten und Beauftragten gegen § 299 Abs. 1 StGB verstoßen[29].

Vor dem Hintergrund der zunehmenden Liberalisierung der Werbereglungen und der gleichzeitig weitgehenden gesellschaftlichen und politischen Duldung der Vermischung von Werbung und Programm wird man wohl den Tatbestand der Bestechung in Zusammenhang mit Werbung im Programm sehr restriktiv auslegen müssen. Das Verhalten des ZDF-Moderators Thomas Gottschalk, des-

[27] Vgl. Gesetz zur Bekämpfung der Korruption v. 13. Aug. 1997, BGBl. I, S. 2038.

[28] An dieses Merkmal sind die gleichen Anforderungen wie bei § 1 UWG zu stellen, vgl. *Tröndle/Fischer*, StGB, § 299 Rdnrn. 9 bzw. 13 m.w.N.

[29] *Ring* u.a., § 7 RStV Rdnr. 88; *Sack* ZUM 1987, 127.

sen Werbevertrag mit einem Gummibärchenhersteller auch auf seine Erfolgssendung „Wetten dass...???“ unverkennbar Schatten wirft[30], wird wohl auch weiterhin ungeahndet bleiben.

ZUSAMMENFASSUNG ZU ABSCHNITT 9:

Neben den allgemeinen lauterkeits- und rundfunkrechtlichen Werbevorschriften muss Fernsehwerbung im Programm auch die Werberegelungen des LMBG, HWG und StGB beachten.

[30] Während in der Sendung dem Gästen und dem Moderator gut sichtbar Gummibärchen zur Verfügung angeboten werden, fungiert zu Beginn und am Ende der Sendung der Hersteller als Sponsor. Mittlerweile wird in der Sendung relativ unverhohlen z.B. für Schraubenzieher; Duschgels u.a. geworben. Vgl. Frankfurter Neue Presse v. 19. Juli 1999, Schleichwerber.

Abschnitt 10: VERSTOß GEGEN RUNDFUNKRECHT

A. Das Beeinflussungsverbot des § 7 Abs. 2 RStV

Entscheidende Bedeutung für das Werberecht im Fernsehen kommt den Regelung im Rundfunkstaatsvertrag zu.

Hintergrund dieser spezialgesetzlichen Regelungen sind die medienkommunikationswissenschaftlichen und verfassungsrechtlichen Erkenntnisse[1], wonach jede Werbung einen Eingriff in die Programmhoheit der Rundfunkanstalt dar, welche einseitig zu Lasten vielfältiger und meinungsbildungsrelevanter Informationen geht. Um der naheliegenden Gefahr vorzubeugen, dass der Inhalt von Sendungen nicht mehr primär durch journalistische oder künstlerische Überlegungen, sondern durch den Gesichtspunkt der Maximierung von Werbehinweisen und Werbeeinnahmen bestimmt wird, regelt § 7 Abs. 2 RStV, dass weder Werbende noch Werbung das übrige Programm inhaltlich oder redaktionell beeinflussen dürfen.[2]

Im Mittelpunkt dieses Beeinflussungsverbots steht die Sicherung der Unabhängigkeit der Programmgestaltung. Es soll verhindert werden, dass die Programmfestsetzung sich letztlich nach den Wünschen eines Werbetreibenden richtet[3]. Diese Regelungen ist ebenso wie der für das Sponsoring vergleichbare § 8 Abs. 3 RStV grundlegender Bestandteil der Rundfunkfreiheit und solange erforderlich, wie die Gefahr des Missbrauchs zum Zwecke einseitiger Einflussnahme auf die öffentliche Meinung und Konzentration von Meinungsmacht überwiegt.[4]

Unterschieden wird zwischen unmittelbarer inhaltlicher und mittelbarer redaktioneller Beeinflussung. Ein mittelbarer Einfluss der Werbung auf die Programmgestaltung (wie die Akquirierung von Werbung entsprechend der Thematik des Programms) ist grundsätzlich nicht zu beanstanden. Denn eine gewisse Beeinflussungswirkung ist insbesondere im Privatfunk aufgrund der Abhängigkeit von Werbeinnahmen aus dem Verkauf von Werbezeiten nicht gänzlich auszuschließen.[5] Sie bleibt jedoch unbedenklich, solange die Entscheidung der Rundfunk-

---

[1] Vgl. Seite 51 ff.

[2] *Sack*, AfP 1991, 707. Allerdings kann diese Vorschrift die mit der Werbung unvermeidlich verbundenen inhaltlichen Abhängigkeiten nicht beseitigen, vgl. *Herkströter*, ZUM 1992, 395, 398.

[3] *Ring* u.a., § 7 Rdnr. 23.

[4] *BVerfGE* 57, 295, 323; krit. *Mestmäcker*, Neuordnung der Rundfunks, S. 526, wonach die verfassungsgerichtlichen Zulassungsvoraussetzungen für Rundfunkanbieter nahe an der Zensur seien.

[5] *Hochstein*, AfP 1991, 696, 697; *Meyer-Harport,* Neue Werbeformen im Fernsehen, S. 196 f im Zusammenhang mit Barteringgeschäften.

anstalt, eine Sendung zu einem bestimmten Termin auszustrahlen, bereits gefallen ist und eine inhaltliche oder redaktionelle Beeinflussung nicht mehr möglich ist.[6]

In der Praxis scheint allerdings Kontrolle und Durchsetzung dieser Norm kaum zu gelingen. Der Grund dafür ist vor allem darin zu suchen, dass der rechtliche Gehalt der Norm nur „schwer zu operationalisieren ist".[7]

B. Weitere Werberegelungen im RStV

Das Blockwerbegebot in den §§ 14 Abs. 2; 44 Abs. 2 RStV verlangt im Grundsatz[8], dass Fernsehwerbung und Teleshoppingsendungen in Blöcken zwischen den einzelnen Sendungen eingefügt werden. Es unterstützt damit die Trennung von Werbung und Programm (§ 7 Abs. 3 S. 2 RStV) und soll dem Zuschauer die Unterscheidung zwischen Werbespot und redaktionellem Beitrag erleichtern.

Ein ausdrückliches Irreführungsverbot ist medienrechtlich in § 7 Abs. 1 RStV verankert. Es entspricht nach bisheriger Auffassung im Wesentlichen dem Täuschungsverbot im Wettbewerbsrecht.[9] Bisher wird davon ausgegangen, dass dieser Regelung keine eigenständige Bedeutung zukommt.[10]

Dabei wird allerdings übersehen, dass das Schleichwerbegebot des § 7 Abs. 6 RStV nur für Werbung im Programm gilt. Wird eine Sendung, die überwiegend werbliche Zwecke verfolgt, als redaktioneller Programmteil ausgestrahlt, dann liegt eine Irreführung über den Sendecharakter vor, welche nach § 7 Abs. 1 RStV unzulässig ist. Sie ist damit auch als wettbewerbsrechtliche Irreführung gem. § 1, 3 UWG einzustufen.

Die Verpflichtung, Fernsehwerbung für den Zuschauer erkennbar zu machen, ist in § 7 Abs. 3 S. 1 RStV (Art. 3 Abs. 1 EG-FsRili) normiert und entspricht dem Erkennbarkeitsgebot des § 7 Abs. 6 i.V.m. § 2 Abs. 2 Nr. 6 RStV. Zur Absicherung des Trennungsgebotes enthält der Rundfunkstaatsvertrag außerdem das Verbot des Einsatzes unterschwelliger Werbetechniken (§ 7 Abs. 3 S. 3 RStV),

[6] So *Beucher* u.a., 1999, § 7 RStV Rdnr. 25.

[7] *Engels/Giebels*, ZUM 2000, 270; *Meyer-Harport*, Neue Werbeformen im Fernsehen, S. 80.

[8] Nach der Neuregelung des § 44 Abs. 2 RStV sind nunmehr einzelne Werbe- und Teleshoppingspots zulässig, vgl. Seite 213 f.

[9] Zu den Gemeinsamkeiten und Unterschieden: *Sack*, AfP 1991, 706.

[10] Zumal die Regelung auch noch zu unbestimmt ist, um aus ihr einen eigenen Regelungsgehalt herzuleiten (vgl. *Hesse*, Rundfunkrecht, 3. Kap. IV 2, Rdnr. 54). Nach *Herkströter*, ZUM 1992, 395, 407, handelt es sich bei § 7 Abs. 1 S. 1 RStV um eine „löbliche Absichtserklärung". Etwas anderes gilt unstreitig für § 7 Abs. 1 Satz 2 RStV, der bestimmte Anforderungen an die Fernsehwerbung für Kinder stellt. Grundlegend zur Kinderwerbung im Fernsehen: *Engels*, Fernsehwerbung, 1997, S. 283 ff.

das Verbot der Schleichwerbung (§ 7 Abs. 6 RStV), der Regelung zur Dauerwerbesendungen (§ 7 Abs. 5 RStV) und Teleshoppingsendungen (§§ 7 Abs. 1-3; 2 Abs. 2 Nr. 8 RStV).

C. Werbung im Programm als Verstoß gegen das Schleichwerbeverbot des § 7 Abs. 6 RStV

I. Werbezweck und Werbebegriff

Von großer verbraucherschützender Bedeutung ist die Regelung des § 7 Abs. 6 RStV, welche das Verbot absichtlich irreführender Werbung in Sendungen festschreibt.

Nach der Legaldefinition des § 2 Abs. 2 Nr. 6 RStV (§ 7 Abs. 5 S. 2 RStV a.F.) fallen unter Schleichwerbung

> „die Erwähnung oder Darstellung von Waren, Dienstleistungen, Namen, Marken oder Tätigkeiten eines Herstellers von Waren oder eines Erbringers von Dienstleistungen in Programmen..., wenn sie vom Veranstalter zu Werbezwecken vorgesehen ist und die Allgemeinheit hinsichtlich des eigentlichen Zwecks dieser Erwähnung oder Darstellung irreführen kann."

Für die Prüfung des Handels zu Werbezwecken kann auf die wettbewerbsrechtlichen Kriterien zur Ermittlung der Wettbewerbsförderungsabsicht der Rundfunkanstalten zurückgegriffen werden.[11] Wie bereits dargelegt,[12] erfolgt der Nachweis des Handelns zu Werbezwecken und damit die Annahme einer versuchten Verhaltensbeeinflussung zwecks einseitiger Kommunikation, anhand verschiedener Indizien, wobei entscheidend darauf abzustellen ist, inwieweit die objektive, werbewirksame Erwähnung oder Darstellung mit dem redaktionellen Konzept und der üblichen Gestaltung der fraglichen Sendung kompatibel ist.

Entscheidendes Kriterium wird somit die Frage, ob die Rundfunkanstalt oder die Programmmacher unter Verletzung ihrer eigenen Glaubwürdigkeit, wie sie ein durchschnittlich informierter Zuschauer billigerweise verstehen darf, eine werbliche Wirkung in Kauf nehmen. Abzustellen ist auf das Sendekonzept (z.B.: inwieweit werden Kooperationspartner aus der Wirtschaft in den Handlungsrahmen üblicherweise integriert?), den Präsentationsrahmen (inwieweit sind Markennamen- und Emblemeinblendung, Sponsorennennung üblich?), Art und Weise der Berichterstattung (welchen Maßstab journalistischer Berichterstattung nimmt die Sendung für sich in Anspruch?). Werbung i.S.d. § 2 Abs. 2 Nr. 5 und

[11] So letztlich ohne nähere Begründung: *Herkströter*, ZUM 1992, 401; *Kreile*, ZUM 2000, 198.

[12] Vgl. Seite 138 ff.

Schleichwerbung i.S.d. § 2 Abs. 2 Nr. 6 RStV liegen dann vor, wenn der Rundfunksender bzw. die Programmmacher von ihren eigenen Sendekonzept abweichen. Ist dies der Fall, dann kann zugleich auch angenommen werden, dass der Sender nicht in Wahrnehmung des Programmauftrages gehandelt hat.[13]

II. Werbeabsicht nur bei gezielter Einflussnahme Dritter

Festzuhalten bleibt, dass das Schleichwerbeverbot nicht die gezielte Einflussnahme Dritter auf das Programm voraussetzt. Wie das *OVG Niedersachsen* nunmehr erfreulicherweise betont, folgt aus dem Verbot jeglicher, d.h. auch vom Programm ausgehender (medialer) Wirtschaftswerbung, dass jegliche Form der Werbung im Programm und nicht nur Fremdwerbung durch Dritte gegen das Schleichwerbeverbot verstoßen kann.[14]

Diese Auffassung trägt dem Verbraucherschutz ausreichend Rechnung. Denn der durchschnittlich informierte Verbraucher muss vor einer in Wahrheit werbenden Darstellung oder Erwähnung von Waren und Dienstleistungen dann geschützt werden, wenn sie ihm einen falschen Eindruck über den Anlass der Berichterstattung vermittelt. Dabei spielt es keine Rolle, ob das beworbene Unternehmen selbst den Anstoß für diesen Bericht gegeben hat (was in der Regel wohl der Fall sein dürfte, jedoch nur schwer nachzuweisen ist) oder ob der Rundfunksender aus eigenmächtigen Gründen (z.B. weil er Aktien von dieser Gesellschaft hat oder weil er sich künftige Werbeaufträge verspricht) den Wettbewerb des im Beitrag behandelten Unternehmens fördern wollte. Das Schleichwerbeverbot will verhindern, dass sich der Rundfunksender entgegen den berechtigten Erwartungen, die sein Programmbeitrag beim Zuschauer geweckt hat, tätig wird und darüber hinaus versteckte Absichten eine Rolle spielen. Die Gefahr einer einseitigen Einflussnahme seitens werbetreibender Dritter auf das Programm wird hingegen in erster Linie durch § 7 Abs. 2 RStV gebannt.

III. Nur absichtliche Irreführung

Im 4. Rundfunkänderungsstaatsvertrag wurde in Übereinstimmung mit der EG-Fernsehrichtlinie in § 2 Abs. 2 Nr. 6 klargestellt, dass Schleichwerbung nur dann vorliegt, wenn die Erwähnung oder Darstellung von Waren vom Veranstalter absichtlich zu Werbezwecken vorgesehen ist. Tatbestandsmerkmale der Schleichwerbung sind also eine absichtliche, m.a.W., eine final und zielgerichtete, Erwähnung zu Werbezwecken, die Irreführung des Zuschauers sowie die feh-

[13] Nach herrschender Ansicht, vgl. z.B. *Kreile*, ZUM 2000, 198 f, ist zusätzlich das Fehlen einer Rechtfertigung für die Wahrnehmung des Programmauftrages erforderlich. Steht aber ein Werbeeffekt im Widerspruch zur sonstigen Berichterstattung und zur Glaubwürdigkeit des Senders/Sendung, dann fehlt es auch an der Wahrnehmung des Programmauftrages.

[14] *OVG Niedersachsen*, Urt. v. 15. Dez. 1998, ZUM 1999, 347, 350 = MMR 2000, 120.

lende Rechtfertigung durch den verfassungsrechtlich geschützten Programmauftrag in Kauf nimmt.[15] Im Grundsatz wird Schleichwerbung dann bejaht, wenn der Rundfunkveranstalter oder der Produzent der Sendung mit der Platzierung einen Werbezweck verfolgt oder nicht der Rundfunkaufgabe dient.[16]

Von *Kreile* wurde die These aufgestellt, dass das neue Erfordernis der „Absichtlichkeit" faktisch dazu führen werde, dass Schleichwerbung nicht mehr geahndet werde, da eine erforderliche Irreführung des Verbrauchers in der Praxis nicht mehr nachweisbar sein werde[17]. Nach Auffassung des Direktors der Niedersächsischen Landesmedienanstalt für privaten Rundfunk (NLM) *Albert* könne der Rundfunkveranstalter mit hoher Erfolgsaussicht auf die Produzenten als Urheber der Schleichwerbung verweisen.

Dem ist jedoch entgegen zu halten, dass der Gesetzgeber an der materiellen Regelung zur Schleichwerbung offensichtlich nichts ändern wollte.[18] Außerdem sind die Rundfunkanstalten im Rahmen der Prüfung der Werbeabsicht durch das Rundfunkprivileg des Art. 5 Abs. 1 S. 2 RStV dahingehend ausreichend geschützt, dass die Ermittlung der Werbeabsicht einen Nachweis anhand aller Umstände des Einzelfalls erforderlich macht. Letztlich wird man den Nachweis der Werbeabsicht als gegeben annehmen müssen, wenn die Rundfunkanstalt die Grenze der für ihre Berichterstattung der notwendigen und insoweit redaktionell gerechtfertigten Produktdarstellung überschreitet.[19] Das setzt allerdings ein zurechenbares Verhalten der Rundfunkanstalt voraus. Hierfür ist nach richtiger Ansicht darauf abzustellen, inwieweit die Werbewirkung objektiv mit der journalistischen Berichterstattung kompatibel ist.

Zusammenfassung und Ergebnis zu C:

Für die rundfunkrechtliche Beurteilung von Werbung im Programm als verbotene Schleichwerbung sind die gleichen Maßstäbe wie zur die Beurteilung wettbewerbswidriger getarnter Werbung anzusetzen. Denn die werbewirksame Er-

[15] *Kreile*, ZUM 2000, 198; *Laukemann*, Hörfunkwerbung, S. 118 f.

[16] *OLG Hamburg*, AfP 1993, 578, 579 f; *Bork*, GRUR 1998, 264 ff; *Henning-Bodewig*, GRUR 1998, 867 ff; *Beucher* u.a., § 7 RStV Rdnr. 45.

[17] So aber *Kreile*, auf einer Fachtagung des Instituts für Urheber- und Medienrecht, zit. nach FAZ v. 22. Dez. 1999, Der neue Rundfunkstaatsvertrag lässt viele Fragen offen; *Albert* in: epd medien 11/00 v. 12. Feb. 2000; *Ring u.a.*, § 7 Rdnr. 50.

[18] Vgl. *Laukemann*, Hörfunkwerbung, S. 119. Nach *Platho*, Werbung, nichts als Werbung – und wo bleibt der Trennungsgrundsatz? – Eine Erwiderung auf *Ladeur*, ZUM 199, 672 -, ZUM 2000, 48 Fn. 35, stellt das Element der Absichtlichkeit neben dem Kriterium des „Werbezwecks" eine „Tautologie" dar, da es eine „fahrlässige Schleichwerbung" gar nicht gebe. Ähnlich auch *Bornemann*, Ordnungswidrigkeiten, S. 80 f.

[19] Ähnlich nun auch *Kreile*, ZUM 2000, 199 und *Bornemann*, ebd., wonach Absicht dann vorliegt, wenn die für zulässig erachtete mediale Produktdarstellung überschritten wird.

wähnung zu Werbezwecken im Programm, die den Zuschauer über den eigentlichen Zweck der Darstellung und Erwähnung irreführt, verstößt nicht nur gegen § 7 Abs. 6 S. 1 RStV, sondern ist auch als getarnte Werbung wegen Beeinträchtigung der Entscheidungsfreiheit der Abnehmer wettbewerbswidrig.

D. Das rundfunkrechtliche Gebot zur Trennung von Werbung und Programm

I. Regelungsinhalt und Regelungszweck des Trennungsgebotes

Als Zentralnorm des deutschen Rundfunkwerberechts ist das Gebot zur Trennung von Werbung und Programm zu sehen.

Das Trennungsgebot verlangt im Grundsatz, dass Werbung und Programm keinerlei Verbindung zueinander aufweisen dürfen (§ 7 Abs. 3 Satz 2 RStV, § 22 Abs. 3 ZDF-StV[1]). Zugleich muss Werbung im Zuschauerinteresse nach herrschender Auffassung deutlich erkennbar sein.[2] Mit dieser Vorschrift werden die Art. 10 Abs. 1 EG-FsRili und Art. 13 Abs. 1 EFÜ umgesetzt. Die gesetzliche Bestimmung dieses „Vermischungsverbotes durch Gesetz“[3] ist Ausdruck einer in Deutschland und Europa[4] gewachsenen Grundauffassung, die zur Sicherung eines freien Rundfunks und der Lauterkeit des Wettbewerbs als unerlässlich angesehen wird.[5]

Das Trennungs- und Kennzeichnungsgebot dient nach bisher übereinstimmender Auffassung[6] dem Schutz der Unabhängigkeit und Neutralität der Programmgestaltung vor Einflussnahmen der werblichen Wirtschaft und damit dem Schutz des publizistischen Prozesses.[7] Zugleich soll es den Zuschauer vor einer Täuschung über die Absicht werblicher Beeinflussung bewahren und die unter-

---

1 Abgedr. in: *Bauer/Ory*, a.a.O., 4.3.

2 S. nur *Bosmann,* ZUM 1990, 545, 548; *Coerdt-Taxhet*, Irreführende Fernsehwerbung, S. 82.

3 So *Schneider*, Statement zur LfR-Studie „Trennung von Werbung und Programm im Fernsehen“. Kabel & Satellit Nr. 6 v. 2. Feb. 1998, S. 10.

4 Zur abweichenden Werbepraxis in Amerika und anderen Ländern: vgl. *Volpers u.a.*, Werbung und Programm.

5 *LG München*, ZUM 1985, 517; *Castendyk*, Werbung nach der Fernsehrichtlinie, in. *Schwarze* (Hrsg.) 1999, S. 151, 159.

6 *BGH,* GRUR 1990, 611, 615 - Boro; *BGHZ* 81, 247, 251 f; *OLG Hamburg*, K&R 1999, 328, 329 – Volkswagenpresseanzeige; *OLG Frankfurt*, GRUR 1994, 131, 132 – Fürst von Metternich; *Ring u.a.*, § 7 Rdnr. 27;*Ricker/Schiwy*, Rundfunkverfassungsrecht 1997, F. Rdnr. 87, S. 409 f; *Löffler/Ricker*, Presserecht, 14. Kap. Rdnr. 3; *Hesse,* 3. Kap. IV Rdnr. 57; *B/H,* a.a.O., § 1 UWG, Rdnrn. 40 ff; *Bork,* WiP, S. 94; *Coerdt-Taxhet*, Irreführende Fernsehwerbung, S. 85; *Fuchs*, Die wettbewerbsrechtliche Beurteilung redaktioneller Werbung in Presseerzeugnissen unter besonderer Berücksichtigung der Koppelung von entgeltlicher Anzeige und redaktioneller Berichterstattung, GRUR 1988, 738 f; *Henning-Bodewig*, GRUR Int. 1987, 543; *Bosmann*, ZUM 1990, 548; *Sack,* AfP 1991, 713, *Ahrens,* GRUR 1995, 307; *Platho*, ZUM 200, 46, 47; *Meyer-Harport,* Neue Werbeformen im Fernsehen, S. 81 ff.

7 *Engels*, Fernsehwerbung, S. 128 ff; *ders./Giebels*, ZUM 2000, 269; *Ricker/Schiwy*, a.a.O., 408 ff.

schiedliche personelle Verantwortlichkeit für den Inhalt des Ausgestrahlten deutlich machen.[8]

Ergänzt durch das Kennzeichnungsgebot (§ 7 Abs. 3 S. 2 RStV) für Werbung[9] wird damit dem Verbraucher, der in das Medium Fernsehen großes Vertrauen setzt, die Möglichkeit erhalten, Botschaften, die nicht den zur Neutralität verpflichteten Redaktionen zuzurechnen sind, mit der gleichen Kritikfähigkeit entgegen zu treten wie anderen Werbeaussagen.[10]

Diese stellen aus der Sicht des Rezipienten eine „kategorial andere Leistung als das Programm" dar, was sich insbesondere bei der Beurteilung der Glaubwürdigkeit von Werbekommunikation und im Nutzungsverhalten von Werbespots niederschlage.[11] So hege der Zuschauer für das redaktionell gehaltene Programm die selbstverständliche Erwartung, dass diese Berichte entsprechend dem journalistischen Berufsethos frei von inhaltlichen Einflussnahmen Dritter verfasst werden. Redaktionelle Beiträge wirkten inhaltlich glaubwürdiger[12] als Werbespots und ihr Informationsgehalt werde vom Verkehr höher eingeschätzt. Da der Verkehr Beiträgen aus dem redaktionellen Teil als Berichterstattung einer neutralen Redaktion größere Bedeutung beimisst und ihr unkritischer und unbefangener gegenübersteht als Werbeplatzierungen, die entsprechend gekennzeichnet sind,[13] trägt das Trennungsgebot auch der Erhaltung des publizistischen Prozesses (im Sinne eines funktionierenden Meinungsmarktes) und damit der Sicherung der

---

[8] Statt vieler: *Hesse,* Rundfunkrecht, 3. Kap. IV Rdnr. 57.

[9] Die Kennzeichnung kann entweder durch optische oder auch akustische Mittel erfolgen (vgl. Ziff. 6 Nr. 1 DLM-Richtlinie). Beispiele hierfür sind Werbelogen mit dem Schriftzug „Werbung", aber auch Figuren oder Embleme, die ausschließlich als Werbetrenner Einsatz finden. Im Einzelnen vgl. *Ring* u.a., § 7 RStV Rdnr. 30..

[10] *BGH,* GRUR 1975, 75, 77 - Wirtschaftsanzeigen; GRUR 90, 611, 515 - Boro; GRUR 94, 441, 442 - Kosmetikstudios; *Köhler/Piper,* a.a.O., § 1 UWG Rdnr. 9; *Dörfler*, Product Placement, 3. Kap., § 7, S. 96. Im Einzelnen: *Hesse,* 3. Kap. IV Rdnr. 57.

[11] *Engels*, Fernsehwerbung, S. 128 f.

[12] Vgl. *Ahrens*, GRUR 1995, 307; *Coerdt-Taxhet*, Irreführende Fernsehwerbung, S. 82.

[13] *BGH,* GRUR 1994, 441 – Kosmetikstudio; WRP 1998, 169 – Auto'94; *OLG Hamburg*, ZUM-RD 2000, 169, 173 – Golfzeitung; *Henning-Bodewig*, GRUR Int. 1987, 538, 546 f; *Prinz/Peters*, Medienrecht, 8. Kap. V 1 a) Rdnr. 231; *Köhler/Piper*, a.a.O., § 1 Rdnr. 9 m.w.N.

Rundfunkfreiheit bei[14], weshalb ihm sogar unmittelbarem Verfassungsrang zukommen soll.[15]

II. Das wörtliche Verständnis des Trennungsgebotes

1. Zum Begriff des Programms

Das Gebot der Trennung von Werbung und Programm setzt voraus, dass man sich über die Bedeutung der Begriffe Werbung und Programm bewusst wird.

Der Begriff des Programms ist weit zu verstehen und umfasst alle Bereiche der Programmgestaltung, die nicht explizit als Werbung gekennzeichnet sind.

Abweichend hiervon hat das *OVG Niedersachsen* in einer Entscheidung danach differenziert, ob bei einer umstrittenen Einblendung ein Fall der Einfügung von Werbung im Programm wie z.B. im Falle von Product-Placement gegeben ist, oder ob ein Fall redaktionell aufgemachter Werbung, bei der eine Werbesendung die Gestalt eines regulären Programms annimmt, vorliegt.[16]

Diese Differenzierung ist bereits aus der Rechtsprechung zu redaktioneller Werbung in Presseerzeugnissen bekannt, wo zunächst geprüft wird, ob der beanstandete Artikel nach dem ersten Eindruck als Werbung in Form der Berichterstattung (und damit als redaktioneller Beitrag) oder als werbende Berichterstattung (und damit als Werbeanzeige) erscheint. Als Indizien werden dabei in erster Linie die (fehlende) Kennzeichnung des Artikels und die Verwendung redaktioneller Überschriften herangezogen.[17]

Für den Rundfunk ist diese Unterscheidung nur eingeschränkt anwendbar. Denn hier droht die schwierige Abgrenzung der einzelnen rundfunkrechtlichen Rege-

---

[14] *Ricker/Schiwy*, a.a.O., 408 ff; *Ricker*, AfP 1997, 593 m.w.N.; *Engels*, Fernsehwerbung, 1997, S. 128 ff.

[15] Vgl. *BGH*, GRUR 1992, 518 – Agfa; GRUR 1990, 611, 614 – Boro = *BGHZ* 110, 278, 290; *VG Hannover*, ZUM-RD 1998, 412, 414 – Gute Zeiten Schlechte Zeiten; *Köhler/Piper*, a.a.O., § 1 UWG Rdnr. 11; *Bosmann*, ZUM 1990, 545, 548; *Weiand*, Rechtliche Aspekte des Sponsoring, NJW 1994, 227, 232; *Scheuch*, Product Placement, S. 455; *Bork*, ZUM 1990, 545, 548; *Engels*, Der Trennungsgrundsatz in der dualen Rundfunkordnung, RuF 1997, 214, der die Trennung von Werbung und Programm zu den Fundamentalprinzipien des deutschen Rundfunkrechts zählt. **A.A.** offenbar *BGH*, Urt. v. 14. Mai 1998 1ZR 10/96, AfP 1998, 401, 403 - Co-Verlagsvereinbarung, wonach der für das Wettbewerbsrecht bedeutsame Grundsatz der Trennung von Werbung und Programm der Medien nicht zu den grundlegenden Wertmaßstäben (i.S.d. § 138 BGB) der Rechts- und Sittenordnung des gesellschaftlichen Zusammenlebens zu rechnen ist.

[16] *OVG Niedersachsen*, ZUM 1999, 347, 350.

[17] Aus jüngerer Zeit: *OLG Hamburg*, ZUM-RD 1999, 284, 286 - Antibaby-Pille.

lungen zueinander weiter zu verwischen. Rundfunkrechtlich gibt es neben den Kategorien „redaktionelles Programm“ und „Werbspot“, die spezifischen rundfunkrechtlichen Werbeformen, zu denen auch das Sponsoring gehört, Teleshoppingspot, Teleshopping- und Dauerwerbesendung.[18] Deshalb ist zunächst davon auszugehen, dass jede Einblendung, die nicht als eine dieser Werbeformen gekennzeichnet ist, zum redaktionellen Programm eines Senders gehört. Als zusätzliche Indizien kann die Ankündigung einer Sendung im Videotext des Sender oder in Programmzeitschriften, die ihre Informationen wiederum direkt von den Sendern erhalten, herangezogen werden. Insoweit gilt der Grundsatz, dass die Nutzung von Sendezeit grundsätzlich den Programmverantwortlichen vorbehalten ist, sofern sie nicht ausnahmsweise Dritten zu Werbezwecken (oder im Rahmen des § 26 Abs. 5 RStV) zugewiesen wird. Jede nicht redaktionelle Programmeinräumung muss klar erkennbar und optisch gekennzeichnet sein (vgl. § 7 Abs. 3 RStV). Es gilt der Grundsatz, dass der starke verfassungsrechtliche Schutz der Medien die Unterstellung einer werblichen Absicht verbietet, sondern umgekehrt solange eine Vermutung für ihr Fehlen begründet, solange sich nicht Umstände erkennen lassen, dass neben der Erfüllung des Programmauftrages der Medien auch die Absicht bestand, fremden oder eigenen Wettbewerb zu fördern.[19]

2. Zum Werbebegriff des § 7 Abs. 3 RStV

Steht somit der Programmcharakter einer Sendung fest, stellt sich wiederum die Frage, wann ein Verstoß gegen das Gebot zur Trennung von Werbung und Programm vorliegt. Von Werbung kann man sprechen, wenn ein Rundfunkveranstalter oder ein die Rundfunkveranstaltung nutzender Dritter einseitig zu Zwecken der kommerziellen Absatzförderung auf den Rezipienten einwirken will[20], wobei das praktische Problem im Nachweis der Werbeabsicht besteht.[21]

Sind die Voraussetzungen erfüllt, d.h., lässt sich eine Werbeabsicht des Rundfunkveranstalters im Programm nachweisen, erscheint ein Verstoß gegen das

---

[18] Vgl. hierzu *Laukemann*, Hörfunkwerbung, S. 117 ff.

[19] *BGH*, NJW 1997, 2679, 2680 m.w.N. - Die Besten 1= LH H 12/1997, § 1 UWG, Bl. 2211; *BGH*, NJW 1997, 2681, 2682 - Die Besten 2 = LH H 12/1997, § 1 UWG, Bl. 2214 m. Anm. *Ulrich, G.A.*; *BGH*, JZ 1997, 1010 - Versierter Ansprechpartner, mit Anm. *Henslle*r, JZ 1997, 1011; *BGH*, WRP 1995, 186 - Dubioses Geschäftsgebaren; GRUR 1982, 234, 235 - Großbanken-Restquoten; GRUR 1986, 812 - Gastrokritiker; GRUR 1968, 314, 316; *OLG München*, WRP 1976, 393, 394 f; *OLG Köln*, AfP 1996, 387; *B/H*, aaO, Einl. UWG Rdnr. 237; *v. Gamm*, a.a.O., § 1, Rdnr. 26; *Henning-Bodewig*, GRUR Int. 1987, 544; *dies.*, BB 1986, Beil. 18, 4 f; *Bork*, GRUR 1988, 268; *Sack*, ZUM 1987, 110; *Scheuch*, Product Placement, S. 452.

[20] Vgl. Seite 71 ff.

[21] Hierzu : Seite 111 ff.

Medienrecht naheliegend. Dieses Ergebnis findet seine Stütze im Zweck der Rundfunkversorgungsaufgabe, die von Verfassung wegen eine publizistische, aber keine ökonomische Tätigkeit berücksichtigt.[22] Umgekehrt kann das Ausnutzen einer medienrechtlich zulässigen Verwendung eines Requisits die Sittenwidrigkeit nicht begründen, selbst wenn dies zu Wettbewerbszwecken geschieht. Was medienrechtlich zulässig ist, kann wettbewerbsrechtlich nicht unzulässig sein. Die Frage der Zulässigkeit einer Werbewirkung ist also nach Medienrecht zu beurteilen.

Im Folgenden ist zunächst zu prüfen, wann Werbung im Programm gegen die rundfunkwerberechtlichen Vorschriften verstößt, bevor der Frage nachgegangen werden soll, ob und wenn ja inwieweit die rundfunkrechtlichen Regelungen in Übereinstimmung die bisherigen wettbewerbsrechtlichen Erkenntnisse (Kap. 3) stützen.

III. Die Niederlegung des Trennungsgebotes in Gesetzen und Richtlinien

Für das Verständnis von Inhalt und Reichweite des Trennungsgebotes ist es hilfreich, wenn man einen Blick auf die historischen Ursprünge dieser Vorschrift wirft. Denn die Absicht des Gesetzgebers und die von ihm in Verfolgung dieser Absicht erkennbar getroffenen Wertentscheidungen bleiben für den Richter verbindliche Richtschnur; auch wenn er das Gesetz im Wege teleologischer Auslegung anpasst oder ergänzt.[23]

Die Ursprünge des Trennungsgebotes liegen weit zurück. Bereits um das Jahr 1790 findet sich erstmals ein Nachweis dafür, dass Verleger zwischen dem Zeitungsstoff, der „Nutzen fürs Allgemeine" hat und folglich unentgeltlich ist, und dem Teil, der „den Vorteil des Einsenders betrifft" und gegen Gebühr abgedruckt wird, unterschieden haben.[24] Zu Beginn des 19. Jh. entwickelte sich das eigentliche Anzeigengeschäft, wobei die Unterscheidung zwischen Reklame (Selbstempfehlung) und bezahlter Anzeige, die im 19. Jh. zunehmend gekoppelt wurden, erst zu Beginn des 20. Jh. durch die Einstellung von Berufsjournalisten als Problem angesehen wurde. Zu dieser Zeit bildete sich in Zeitungsunternehmen die Redaktion als selbständige organisatorische Einheit neben dem Verlag.

---

[22] *Dörfler*, Product Placement, 3. Kap., § 7, S. 104 f.

[23] *Larenz*, Methodenlehre, 1991, S. 328.

[24] Zur Geschichte ausführlich: *Baerns,* Schleichwerbung, 1996, S. 9 ff; *dies.*: Redaktionelle Werbung im Wettbewerb von Tageszeitungen. In: *dies./Fischer (Hrsg.),* S. 100, 103 jeweils m.w.H.

Zuvor wurde Werbung im Programm zwar gebrandmarkt, ihre Einordnung aber nicht als so großes Problem angesehen.[25]

Den Wert redaktioneller Werbung wusste sich bereits *Bismarck* zu Nutze zu machen, indem er der Norddeutschen Allgemeinen Zeitung bevorzugt amtliche Informationen und einen jährlichen Druckkostenzuschuss in Höhe von DM 30.000.- verschaffte und dafür als Gegenleistung der Zeitung in einer Kolumne anonym seine Meinung äußern konnte.[26]

Es war der *Verein Deutscher Zeitungsverleger (VDZV)*, ggr. 1894 in Leipzig, der die Vermengung von redaktionellem und Anzeigenteil sowie der Gratisreklame in seinem Programm von 1901 als Problem aufgriff. Seine Forderung nach einer einheitlichen Regelung zielte jedoch in erster Linie darauf, den Einfluss der zunehmend erfolgreicheren Anzeigenblätter („Generalanzeiger" und „Anzeigenexpedition" von *R. Mosse*) zurückzudrängen.[27]

Die Bekämpfung redaktioneller Werbung setzte nach 1904 ein, wobei der Grund dafür weniger eine Ächtung redaktioneller Werbung durch den VDZV im selben Jahr war, als vielmehr die Angst vieler lokal konkurrierender Tageszeitungen vor Einnahmeverlusten im Anzeigengeschäft sowie die zunehmende Papierknappheit. Da sich die Zeitungen nun überwiegend aus dem Anzeigengeschäft und nicht mehr aus dem Vertriebserlös finanzierten, trafen sie immer häufiger aus eigenem wirtschaftlichen Interesse untereinander Absprachen, die ein Verbot redaktioneller Werbung vorsahen.[28] Ausgangspunkt für die Kritik an Schleichwerbung war also nicht die Sorge um eine Irreführung der Verbraucher oder die Angst vor einer Beeinflussung der redaktionellen Unabhängigkeit. Die Kritik war zunächst eine Folge der wirtschaftlichen Abhängigkeit der Zeitungsverleger vom Anzeigengeschäft, das durch Werbung im Programm in Mitleidenschaft gezogen zu werden drohte.

Die steigende Abhängigkeit der Zeitungsverleger vom Anzeigengeschäft wurde erst Mitte der Zwanziger Jahre problematisiert und entfachte eine erneute Diskussion über die Verflechtung von Anzeige und redaktionellem Teil.[29]

Für den Rundfunk legte erstmals ein Mantelvertrag zwischen der Dachorganisation der Rundfunkgesellschaften, der Reichsrundfunkgesellschaft und der Postreklame GmbH 1926 äußerst strenge Richtlinien für die Ausstrahlung von

[25] *Baerns*, ebd.
[26] Nach *Rodekamp*, Redaktionelle Werbung, S. 22 f. m.w.N.
[27] *Baerns*, Schleichwerbung, S. 10 f.
[28] *Baerns*, ebd.
[29] Vgl. hierzu die Nachweise bei *Baerns*, ebd.

Funkwerbung hinsichtlich Umfang, Dauer und Erkennbarkeit fest.[30] Die zahlreiche Kritik von Zeitungsverlegern und Kulturkritikern, die Rundfunk als ein mit werbefreien Konzert- und Unterhaltungsveranstaltungen vergleichbares Medium ansahen, führte 1926 zu einer Einschränkung der Rundfunkwerbung. Bedingung war, dass Werbung ausdrücklich im Programm als solche bezeichnet und vom Hauptprogramm getrennt sein musste, und darüber hinaus die kulturelle Bedeutung des Rundfunks nicht beeinträchtigen durfte.[31]

Es waren die Nationalsozialisten, welche die endgültige Trennung zwischen Werbung und redaktionellem Teil durch mehrere Gesetze, die unter dem Zeichen der vom NS-Staat angestrebten „übersichtlicheren Einheitlichkeit" standen, durchsetzten.[32] Hierbei konnten sie auf die Vorarbeiten des VDZV und des Reichsverbandes aus den Jahren 1926 und 1927 zurückgreifen.

Mit der *Dritten Bekanntmachung des Werberats der deutschen Wirtschaft*[33] wurde die rechtliche Grundlage für das Verbot von Kopplungsbeiträgen geschaffen.[34] Ziel der Verschärfung der Anforderungen war es, die Kontrolle über die Zeitungsverleger zu verschärfen, für den Leser klareres Bild zu schaffen, weiterhin spielte die Sicherung der Finanzgrundlage der Verlage eine Rolle. 1938 wurden diese Richtlinien zugunsten des Verlegerschutzes verschärft; damit einher ging eine straffere politische Haltung gegenüber den Schriftleitern.[35] Erst in den Kriegsjahren setzten sich die Richtlinien aufgrund der Papierknappheit weitestgehend durch, da kein Raum mehr für Werbung im Programm bestand. Allerdings wurden auch damals bereits Ausnahmen vom Trennungsgrundsatz zugelassen, sofern die Berichterstattung die übliche Form nicht überschritt oder ein besonderes Gemeinschaftsinteresse an der Berichterstattung vorlag. Diese Ausnahmen wurden aber vor allen Dingen von politischen und behördlichen Stellen genutzt[36] und wiesen deutliche Parallelen zu den heute anerkannten Ausnahmegründen vom Trennungsgebot bei redaktioneller und dramaturgischer

---

[30] *Lerg,* Rundfunkpolitik in der Weimarer Republik, 1980, S. 139; vor allem die Zeitungsverleger kritisierten die Werbeerlaubnis für den Rundfunk, lehnten es aber aufgrund des finanziellen Risikos ab, sich am Rundfunk zu beteiligen. Diese Beteiligung wurde bei ähnlicher Kritik erst 60 Jahre später erreicht; *Ricker/Schiwy,* a.a.O., A, Rdnr. 15, S. 9 f. m.w.N.

[31] *Ricker/Schiwy,* a.a.O., A Rdnr. 16, S. 10.

[32] § 14 Schriftleitergesetz vom 4. Okt. 1933 das bestimmte, dass von den Zeitungen alles fernzuhalten sei, „was eigennützige Zwecke mit gemeinnützigen in einer die Öffentlichkeit irreführenden Weise vermengt"; vgl. *Baerns,* Schleichwerbung, S. 12 ff m.w.N.

[33] Reichsanzeiger vom 23. Nov. 1933, Nr. 274.

[34] Vgl. hierzu die Fassung der 5. Bekanntmachung des Werberats vom 6. Dez. 1933 Reichsanzeiger Nr. 286, Punkt 14 III. Preistreue, S. 2: „Über die Preisliste hinausgehende Vergünstigungen dürfen in keiner Form weder beansprucht noch gewährt werden." Hierzu auch: *Rodekamp*, Redaktionelle Werbung, S. 28.

[35] *Rodekamp*, Redaktionelle Werbung, S. 28 ff.

[36] *Rodekamp*, ebd.

Gebotenheit der Berichterstattung oder überwiegendem Gemeinschaftsinteresse[37] auf.

Nach 1945 nahm unter dem Einfluss der amerikanischen Besatzungsmacht die Notwendigkeit des Trennungsgrundsatzes für ein freies, sauberes Pressewesen zu, und man versuchte erneut, das Gebot zur Trennung von Werbung und Programm schriftlich niederzulegen und auszuformulieren. 1949 nahmen die Länder Hessen und Bayern unter dem Einfluss der Richtlinien des neu gegründeten Zentralausschusses für die Werbewirtschaft (ZAW) eine Kennzeichnungspflicht entgeltlicher Veröffentlichungen in ihre Landespressegesetze auf. Die anderen Länder folgten dem später.[38] Auch die Richtlinien der Berufsverbände und des Bundesverbandes Deutscher Zeitungsverleger enthielten nunmehr den Trennungsgrundsatz in ihren Satzungen.[39]

In den 50er und 60er Jahren stieg unter Einfluss der Arbeiten des Deutschen Presserates und des ZAW das Bewusstsein für eine strikte Trennung von Anzeige und redaktionellem Teil.[40]

Heute ist das Gebot zur Trennung von Werbung und Programm in den meisten europäischen Ländern[41], im Europäischen Fernsehübereinkommen[42], in der EG-Fernsehrichtlinie[43] und den Rundfunkgesetzen der Bundesländer enthalten.[44]

IV. Zusammenfassung und Schlussfolgerungen aus III.

Das Trennungsgebot geht in erster Linie auf die Zeitungsverleger zurück, denen man unterstellen kann, dass sie aufgrund erheblicher Eigeninteressen eine strikte Trennung zwischen den für sie wichtigen Werbeeinnahmen und den von ihnen vertretenen, in erster Linie politischen Äußerungen für geboten ansahen. Denn einerseits ist eine politische Einflussnahme nur dann möglich, wenn die Zuschauer diese Äußerungen eindeutig einer bestimmten Person oder Richtung

---

[37] Siehe S. 111 ff. Grundlegend: *Bork,* WiP, S. 47 ff, 84 ff. Vgl. auch *Henning-Bodewig,* GRUR Int. 1987, 542 ff; *Reidt*, AfP 1990, 101, 103. *Scherer, B.*, a.a.O., S. 64; *Ahrens*, GRUR 1995, 307, 315; *Sack*, ZUM 1987, 103, 115 f; *ders.,* AfP 1991, 708.

[38] *Baerns,* Schleichwerbung, S. 16; im Einzelnen: *Rodekamp*, Redaktionelle Werbung, S. 33 ff m.w.N. Hierzu auch: *ZAW*, Schleichwerbung, S. 239 f.

[39] Abgedr. bei *Baerns,* Schleichwerbung, S: 54 ff. Zur Phase des Wiederaufbaus des Rundfunks vgl: *Ricker/Schiwy,* a.a.O., A, S. 20 ff.

[40] *Baerns*, a.a.O., in: *dies./Fischer* (Hrsg.), S. 109 ff.

[41] Vgl. für Großbritannien: Rule 5 (a) ITC-Code of Advertising Standards and Practise 1997, zu finden unter: http://ww.itx.org.uk.

[42] Vgl. 13 Abs. 1 EFÜ.

[43] Art. 10 ff Richtlinie 97/36/EG des Europäischen Parlamentes und des Rates zur Änderung der EG-Fernsehrichtlinie 89/552/EWG; abgedr. in: GRUR Int. 1997, 658.

[44] Vgl. *Bauer/Ory*, Recht in Hörfunk und Fernsehen, Bd. 2. 1999.

zuweisen können. Auch dies dient der Leserbindung. Zum anderen fällt es den damals oft staatlich oder in Verbänden organisierten Werbetreibenden erheblich schwerer, auf die politische Meinung und auf die Anzeigenpreise des Zeitungsverlegers zu verzichten, wenn Anzeigenteil und redaktioneller Teil getrennt sind.

Der wesentliche Unterschied zur heutigen Medienlandschaft ist darin zu sehen, dass Werbung und redaktioneller Teil zwei völlig verschiedene Formen der Kommunikation darstellten und sich damit an unterschiedliche Interessen der Zuschauer wendeten. Heutzutage haben sich diese Unterschiede vor dem Hintergrund des Wandels informatorischer Werbung zu Imagewerbung einerseits, aber auch aufgrund der zunehmenden Entpolitisierung und Unterhaltungsausrichtung der Medien sowie deren qualitative Zunahme andererseits, erheblich verringert.

V. Die Einschränkungen des Trennungsgebotes in Rechtsprechung und Gesetz

1. Die Schwächung des Trennungsgebotes durch den Gesetzgeber

a) Einschränkung durch den Programmauftrag

Das Verständnis des Trennungsgebotes erschöpft sich nicht in der Feststellung der Werbeabsicht. Vielmehr muss das Trennungsgebot im Bedeutungszusammenhang mit den übrigen Rundfunkwerberegelungen gesehen werden. Im Grundsatz soll jede Werbung im redaktionell gestalteten Programm verboten sein.[45]

Jedoch verstößt nicht jede Darstellung von kommerziell vertriebenen Produkten und Dienstleistungen, von denen aufgrund der Darstellung eine werbliche Wirkung ausgeht, gegen das Trennungsgebot. Die bloße objektive Werbewirkung, die von Abbildungen der Realität[46] ausgeht, gerät erst dann in Konflikt mit dem rundfunkrechtlichen Trennungsgebot, wenn mit der Inszenierung gezielt Werbezwecke verfolgt werden, und damit die Schwelle von der bloßen werblichen Wirkung zur Werbung im Sinne des § 7 Abs. 3 S. 2 RStV überschritten wird.[47]

Besondere Schwierigkeiten bereitet die Abgrenzung zwischen „realer", „inszenierter" und in sonstiger Weise eingesetzten Werbung, da der Gesetzgeber in den letzten Jahren den Bereich „realer Werbung" in immer weiterem Ausmaß

[45] *BGHZ* 110, 278 - Boro.
[46] Vgl. Seite 111 f.
[47] *Neft,* Rundfunkwerbung, S. 85 f. Zum Ganzen vgl.: Seite 111 f, 111 f.

zuließ. Allein zwischen 1987 und 2000/2001 ist der Rundfunkstaatsvertrag fünf mal geändert[48] und das bislang restriktive TV-Umfeld aufgelockert worden. Nachfolgend sollen die wichtigsten Änderungen der Rundfunkwerberegelungen vorgestellt und ihre Auswirkungen auf das gesamte Rundfunkwerberecht kritisch untersucht werden.

b) Einschränkung des Trennungsgebotes durch die Sponsoringregelungen

i. Sponsoring und Rundfunkrecht

Mit der erstmaligen Zulassung von Sponsoring im zweiten Rundfunkänderungsstaatsvertrag 1992 wurde das bisherige Rundfunkwerberecht einschneidenden Änderungen unterworfen.

§ 8 RStV regelt das „Sendungssponsoring", nicht jedoch die Problematik, die sich in Zusammenhang mit „Sponsoring" von Ereignissen, Veranstaltungen und Produktionen ergibt.[49] Diese Regelung hatte ursprünglich das Ziel, den Einfluss der Werbung auf das Programm zu begrenzen (§ 8 Abs. 3, 5, 6 RStV), das Offenlegen der Sponsoren im Interesse der Zuschauer durchzusetzen (§ 8 Abs. 2 RStV) und Grenzen für verbotene Werbeformen wie Product-Placement zu setzen (§ 8 Abs. 4 RStV)[50].

Auch wenn der Gesetzgeber bei der Einführung des Sponsoring verhindern wollte, dass gesponserte Sendungen Werbezwecken dienen,[51] so konnte sich diese Zielsetzung in der Praxis niemals durchsetzen lassen, da das Sponsoring in seiner marketingstrategischen Ausrichtung gerade auf die Übertragung positiver Vorstellungen und Anmutungen von der Sendung auf den Sponsor beabsich-

---

[48] Erstmals enthielt der RStV 1987, der alle grundlegenden technischen sowie programmlichen Fragen der Rundfunkveranstaltung regelte, einen gemeinsamen Ordnungsrahmen für ein einheitliches duales Rundfunksystem in Deutschland. Er wurde zunächst durch den am 1. Jan. 1992 in Kraft getretenen Staatsvertrag über den Rundfunk im vereinigten Deutschland für das gesamte Gebiet der BRD vom 31. Aug. 1991 vereinheitlicht. Zugleich enthielt er die gesetzliche Grundlage für Rundfunksponsoring. Der 3. Rundfunkänderungsstaatsvertrag vom 19. Aug. 1996, gültig ab dem 1. Jan. 1997 sollte sowohl dem europäischen Wettbewerb durch Schaffung konzentrationsrechtlicher Regelungen Rechnung tragen, als auch eine bundeseinheitliche Fortentwicklung des Rundfunkrechts der Länder erreichen. Auslöser für die 4. Staatsvertragsreform, die zum 1. April 2000 in Kraft trat, war die Umsetzung der novellierten EG-FSRiLi (vgl. Fußnote 18). Mittlerweile steht bereits der fünfte Rundfunkänderungsstaatsvertrag vom 6. Juni 2000 (unter: http://www.artikel5.de/gesetze.html), der aber nur unwesentliche Änderungen mit sich bringt, vor der Verabschiedung durch die Landesparlamente.

[49] *Ring* u.a., § 8 RStV Rdnr. 14.

[50] Im Einzelnen dazu: *Ring* u.a., § 8 RStV Rdnr. 13.

[51] Vgl. amtliche Begründung zum Rundfunkstaatsvertrag 1992 abgedr. in: *Bruhn/Mehlinger*, Sponsoring, Bd. 1, Anhang 7, S. 260 f.

tigt.[52] Zwar dürfen gesponserte Sendungen nicht zum Kauf, zur Miete oder zur Pacht von Erzeugnissen oder Dienstleistungen des Sponsors oder eines Dritten, vor allem durch entsprechende Hinweise, anregen (§ 7 Abs. 4 RStV). Allein aus dem Fehlen eines bestimmten Werbeobjektes (im Sinne eines konkret angebotenen Produktes) kann jedoch nicht der werbliche Charakter des Sponsoring in Frage gestellt werden.

Auch wenn der Gesetzgeber bei der Einführung des Sponsoring verhindern wollte, dass gesponserte Sendungen Werbezwecken dienen,[53] so konnte sich diese Zielsetzung in der Praxis niemals durchsetzen lassen, da das Sponsoring in seiner marketingstrategischen Ausrichtung gerade auf die Übertragung positiver Vorstellungen und Anmutungen von der Sendung auf den Sponsor beabsichtigt.[54] Zwar dürfen gesponserte Sendungen nicht zum Kauf, zur Miete oder zur Pacht von Erzeugnissen oder Dienstleistungen des Sponsors oder eines Dritten, vor allem durch entsprechende Hinweise, anregen (§ 7 Abs. 4 RStV). Allein aus dem Fehlen eines bestimmten Werbeobjektes (im Sinne eines konkret angebotenen Produktes) kann jedoch nicht der werbliche Charakter des Sponsoring in Frage gestellt werden.

Während Werbung durch Bekanntmachung des Produkts und Produktinformationen die Kaufhandlung auslösen soll, wird beim Sponsoring zum selben Zweck das Image des Hersteller positiv gefördert.[55] Entscheidend ist dabei nicht der kurze sprachliche Hinweis auf den Sponsor, sondern die Wirkung, die vom eingeblendeten Sponsorbild ausgeht. Wie andere moderne Imagekampagnen wird auch beim Sponsoring auf die Bezugnahme zum konkreten Produkt verzichtet. Stattdessen wird ein von den Fernsehzuschauern grundsätzlich positiv bewertetes, emotionales Bild[56] in einen inhaltlich beziehungslosen Zusammenhang zu der werblichen Einblendung der Marke gesetzt. Letztlich ersetzt die Sendung aus Sicht des Sponsors nur das klassische Werbeobjekt.

Der Sponsoringhinweis dient in erster Linie nicht der Aufklärung der Zuschauer; er ist aufgrund seiner animierten Form und der von ihm ausgehenden, beabsich-

[52] Vgl. *Wirtz*, Rechtliche Probleme des Sponsoring, in: *Hermanns* (Hrsg.), S. 251.)

[53] Vgl. amtliche Begründung zum Rundfunkstaatsvertrag 1992 abgedr. in: *Bruhn/Mehlinger*, Sponsoring, Bd. 1, Anhang 7, S. 260 f.

[54] Vgl. *Wirtz*, Rechtliche Probleme des Sponsoring, in: *Hermanns* (Hrsg.), S. 251.)

[55] *Kroeber-Riel*, Marketing ZFP 1998, 182; *Bruhn/Mehlinger*, Sponsoring Bd. 1, S. 1 ff.

[56] Dabei spielt es keine Rolle, dass Sendungen nicht nur aus Bildern, sondern auch aus Inhalten bestehen. Bilder vermitteln viel wirksamer als Inhalte abstrakte Informationen, die vom flüchtig wahrnehmenden Durchschnittsfernsehzuschauer in vereinfachter Form besser aufgenommen werden. Zum Ganzen: *Kroeber-Riel*, Bildkommunikation, 1993, S. 13 ff, 53 ff.

tigten werblichen Wirkung selbst Grundlage für Werbeeffekte.[57] Damit schränken die Sponsoringregelungen in § 8 RStV das Trennungsgebot in § 7 Abs. 3 RStV insoweit ein, als dem Sponsor durch den Sponsorenhinweis Imagewerbung gestattet ist.[58]

ii. SPONSORING UND PROGRAMMEINFLUSS

Sponsoring verbietet nicht jede werbliche Einflussnahme auf das Programm. Nach § 8 Abs. 6 RStV ist in Übereinstimmung mit europäischen Regelungen nur das Sponsern von Nachrichtensendungen und von Sendungen zum politischen Zeitgeschehen unzulässig. Nach der amtlichen Begründung soll bei diesen für die Öffentlichkeit wichtigen Sendungen von vornherein der Eindruck vermieden werden, Unabhängigkeit und Objektivität könnten durch Sponsoren beeinträchtigt werden.[59] Damit unterstellt die Bestimmung, dass bei gesponserten Sendungen zumindest in manchen Fällen ein gewisser Einfluss des Sponsors auf das Programm trotz des gesetzlichen Verbots in § 8 Abs. 3 RStV (Art. 17 Abs. 1 EG-FsRili) nicht völlig ausgeschlossen werden kann.[60] Vielmehr ist nur diejeni-

[57] Vgl.: *OLG Schleswig*, OLGR Bremen/Hamburg/Schleswig 2001, 227 – Fernsehwerbung für Telefonauskunft; *Ricker/Schiwy*, a.a.O., F Rdnr. 94, S. 415; *Sack* AfP 1991, 710; *Weiand*, ZUM 1993, 82; *Henning-Bodewig*, ZUM 1997, 638. **A.A.**: *BVerwG*, K&R 1998, 68, 69 – Anpfiff Extra.; *Bork*, ZUM 1988, 325; *OLG Frankfurt*, ZUM 1995, 800, 801, wonach der Zuschauer durch den Hinweis über Hintergründe und Zustandekommen der Sendung aufgeklärt werde. Diese Auffassung berücksichtigt nicht ausreichend die Erkenntnisse der Marketingwissenschaft (vgl. nur *Zollinger*, Sponsoring- mit außergewöhnlichen Mitteln Sympathie schaffen, in: io Management Zeitschrift, 61, (1992) Nr. 5, S. 90), wonach die Öffentlichkeit Sponsoring in erster Linie sehr subjektiv und emotional wahrnimmt und beurteilt. Dahinter tritt die Aufklärungswirkung deutlich zurück. Diff. *Schultze*, Product Placement im Spielfilm, S. 73 f.

[58] So überzeugend *BVerwG*, K&R 1998, 68, 69 – Anpfiff Extra; *OLG Frankfurt*, WRP 1995, 643, 645 f - Isostar unter Hinweis auf die Legaldefinition des § 7 Abs. 1 RStV; den Gesetzesmaterialien, Art. 17 Abs. 1b EG-FsRili sowie den Sinn und Zweck der Regelung; vgl. *Weiand*, Der Sponsoringvertrag, 1995, II, § 2, S. 86 f, III Fn. 211, S. 161 f m.w.N.

[59] Amtliche Begründung abgedr. in: *Bauer/Ory*, a.a.O., 5.1.10.

[60] Vgl. *Ring* u.a., § 8 RStV Rdnr. 13; *Wallraf*; Sponsoring redaktioneller Seiten in der Zeitungs- und Zeitschriftenpresse, FS-Heldrich, 1999, S. 271, 278 f, wonach § 8 Abs. 3 RStV eine redaktionelle Einflussnahme des Sponsors auf Inhalt und Programmplatz der gesponserten Sendung nicht generell, sondern nur in den Fällen verbietet, in denen die redaktionelle Unabhängigkeit des Rundfunkveranstalters beeinträchtigt wird.

ge Einflussnahme unzulässig, welche die Verantwortung und die redaktionelle Unabhängigkeit des Rundfunkveranstalters beeinträchtigt.[61]

Mit dieser Regelung wollte der Gesetzgeber der Tatsache Rechnung tragen, dass derjenige, der eine Sendung finanziell fördert, auch auf den Inhalt der Sendung Einfluss nehmen könnte.[62] Die Sender sind daher verpflichtet, auf die Finanzierung durch Sponsoren nach § 8 Abs. 2 RStV hinzuweisen.

Gerade die Zulässigkeit von Sponsoring für die öffentlich-rechtlichen Anstalten ist Gegenstand einer heftigen rechtspolitischen Debatte.[63]

So hat *Knickenberg* davor gewarnt, dass bei jedem in der deutschen Fernsehlandschaft anzufindenden Sponsoringform erhebliche Einflussnahmen auf Programminhalte und Programmgestaltung drohen.[64] Seiner Auffassung nach ist die Regelung des § 8 RStV im Gegensatz zu den klassischen Werberegelungen des § 7 RStV nicht geeignet, gesponsertes Programm hinsichtlich seiner inhaltlichen und allgemeinen Ausgestaltung vor einer möglichen Beeinflussung durch den Sponsor zu schützen. Deshalb verstoßen die rundfunkrechtlichen Sponsorregelungen zumindest in Hinblick auf die Sponsoraktivitäten des öffentlich-rechtliche nRundfunks, dem das Sponsoring im Gegensatz zur Spotwerbung nach 20.00 Uhr nicht verboten ist, gegen den in Art. 5 Abs. 1 S. 2 GG verankerten Grundsatz der Rundfunkfreiheit.[65]

Demgegenüber scheinen die Sponsoringregelung des RStV zumindest die Billigung des *BVerfG* gefunden zu haben[66], auch wenn das Gericht die mit Sponsoring verbundene Gefahr der Einflussnahme kommerzieller Interessen auf das

---

[61] Vgl. *Schaar*, Programmintegrierte Fernsehwerbung, 2001, S. 141; *Beucher* u.a., § 8 RStV Rdnr. 19, wonach aber der praktische Unterschied zu § 7 Abs. 2 RStV gering sei. Der Wortlaut des § 8 RStV wird von *Bruhn/Mehlinger,* in: Sponsoring, Bd. 2, S. 248, dahingehend gedeutet, dass der Inhalt der Sendungen unter keinen Umständen beeinflusst werden darf, weil inhaltliche Beeinflussung immer die Verantwortlichkeit des Rundfunkveranstalters tangiert, dies aber explizit verboten ist. Dieser Grundsatz gelte auch hinsichtlich der Frage der Platzierung einer Sendung. Allerdings liegt ein solcher Eingriff in die Unabhängigkeit der Rundfunkveranstalter dann nicht mehr vor, sollte diesem der Zeitpunkt der Senderausstrahlung gleichgültig sein.

[62] *BVerwG*, K&R 1998, 68, 69 – Anpfiff Extra.

[63] Vgl. zur rechtspolitischen Diskussion in: *o.V.*: Horizont v. 20. Feb. 1997, 8/97, S. 41. Die Forderung eines Sponsoringverbotes wird allerdings wie üblich, wenn es um Verteilungskämpfe geht, von den Vertretern der privaten Rundfunkanstalten erhoben, die öffentlich-rechtlichen Anstalten umgekehrt fordern eine Freigabe der Werbezeit nach 20.00 Uhr. Vgl. *Jung,* (damaliger Chef der hessischen Staatskanzlei) in: FOCUS 44/1999, S. 292.

[64] Programmfreiheit contra Sponsoring, 1999, S. 92 ff.

[65] *Knickenberg,* a.a.O., S. 108 ff, 129 ff, 150 f. stuft das Sponsoring im Privatfernsehen zumindest als verfassungsrechtlich „bedenklich" ein.

[66] *BVerfGE* 73, 118; im Einzelnen: *Dörfler*, Product Placement, 4. Kap., § 12 B, S. 133 f.

Programm nicht verkennt.[67] Die Forderung nach einem allgemeinen Sponsoringverbot dürfte in Hinblick auf die starke Lobby der Rundfunkveranstalter auf absehbare Zeit nicht zu realisieren sein.

Selbst wenn man die vielfaltsichernde Funktion der Werbeform Sponsoring durchaus in Frage stellen kann[68], so erscheint *Knickenbergs* Behauptung, die klassischen Werberegelungen der §§ 7, 14f., 44 RStV würden demgegenüber einen effektiven Schutz vor Einflussnahmen auf Programminhalte gewähren[69], fraglich. Wie im Folgenden näher zu untersuchen sein wird, hat der Gesetzgeber durch zahlreiche Liberalisierungen der Werberegeln einerseits und fehlende rundfunkrechtliche Sanktionierung andererseits den Einfluss der Werbetreibenden auf das Programm nicht gerade erschwert. Wer die Sponsorregelungen für zu weitgehend hält, der wird sich auch der Frage der Zulässigkeit der übrigen Werberegelungen kritisch stellen müssen.

c) Die Regelung zur Dauerwerbesendung

i. Dauerwerbesendung und Trennungsgebot

Werbung als Programm ist mittlerweile nicht mehr generell unzulässig, sondern darf als Dauerwerbesendung gem. § 7 Abs. 5 RStV ausgestrahlt werden Weder der RStV noch die Werberichtlinien von ARD[70] und ZDF[71] enthalten eine genaue Definition der Dauerwerbesendung. Einzig die Gemeinsamen Richtlinien der Landesmedienanstalten beschreiben Dauerwerbesendungen als

„Sendungen von mindestens 90 Sekunden Dauer, in denen Werbung redaktionell gestaltet ist, der Werbecharakter erkennbar im Vordergrund steht und die Werbung einen wesentlichen Bestandteil der Sendung darstellt“ (Ziff. 8 Nr. 1 DLM-Richtlinie).

---

[67] *BVerfG*, Urt. v. 5. Feb. 1991; *BVerfG*E 83, 238 = NJW 1991, 899 ff, 903: "Welche Finanzierungsart der Gesetzgeber wählt, ist grundsätzlich Sache seiner politischen Entscheidung. [Die Gestaltungsfreiheit] endet erst dort, wo die Funktion des Rundfunks, der freien, individuellen und öffentlichen Meinungsbildung zu dienen, gefährdet wird. Die einzelnen Finanzierungsarten sind allerdings von solcher Gefahren nicht frei. Während die Finanzierung durch Gebühren oder Haushaltsmittel Möglichkeiten der politischen Einflussnahme auf das Programm eröffnet, verschafft die Werbefinanzierung kommerziellen Interessen Einfluss auf das Programm.“ Der Gesetzgeber kann deshalb Wirtschaftswerbung im Rundfunk als Finanzierungsform beschränken, gegebenenfalls völlig ausschließen, wenn der Finanzierungsbedarf des Rundfunks anderweitig gesichert ist, vgl.: *BVerfGE* 74, 297 ff.

[68] Vgl.: *Ricker/Schiwy*, a.a.O.„ F VII., Rdnr. 96, S. 417, wonach von Sponsoring eine Gefahr für die Vielfaltsicherung ausgeht und deshalb den Vielfaltanforderungen des öffentlich-rechtlichen Rundfunks nicht gerecht wird.

[69] *Knickenberg*, a.a.O., S. 120 ff, 128.

[70] Abgedruckt in: *Bauer/Ory*, a.a.O., 4.2.4.

[71] Abgedruckt in: *Bauer/Ory*, a.a.O., 4.3.1.

Dauerwerbesendungen vermischen nicht Werbung und Programm, sondern sind insgesamt Werbesendungen.[72] Denn auch die redaktionellen Teile dienen dazu, den Zuschauer auf die anzupreisenden Produkte und Produktmarken einzustimmen, so dass ein Herausrechnen der redaktionellen Teile aus der Gesamtdauer nicht zulässig ist.[73] Die gesamte Ausstrahlungsdauer ist als Werbung anzusehen (§§ 15 Abs. 1, 45 Abs. 1, 7 Abs. 4 RStV).

Wesentliches Abgrenzungsmerkmal der Dauerwerbesendung vom Werbespot ist neben der Länge die redaktionelle Gestaltung. Typisch für Dauerwerbesendungen ist, dass Werbeelemente und Programmbestandteile eng miteinander verbunden sind, wobei die Werbung dominiert.[74]

ii. Infomercials als Dauerwerbesendung oder als Verstoß gegen das Trennungsgebot

In der Praxis stellt die Regelung zur Dauerwerbesendung die Betroffenen vor nicht unerhebliche Schwierigkeiten.

Sack hat schon früh die gesetzliche Regelung zur Dauerwerbesendung aufgrund grundsätzlicher rechtspolitischer Bedenken als zu „voreilig" kritisiert. Damit werden seiner Ansicht nach Sendungen, bei denen der Werbecharakter im Vordergrund steht und die als solche gekennzeichnet sind (also Dauerwerbesendungen im Sinne des § 7 Abs. 4 RStV) gegenüber solchen Sendungen privilegiert, bei denen der Werbecharakter nicht im Vordergrund steht und die deshalb nach geltendem Recht strengeren Regeln über die Trennung von Werbung und Programm und vor allem auch dem Verbot der Schleichwerbung (§ 7 Abs. 6 RStV = Art. 10 Abs. 4 EG-FsRili) unterliegen.[75]

Es sind diejenigen Sendeformate, die aus unterschiedlichen Gründen zu einem erheblichen, aber nicht unbedingt überwiegenden Teil aus Werbung bestehen, welche die Gerichte vor schwierige Abgrenzungsfragen stellen und das ohnehin in der Praxis häufigen Verstößen ausgesetzte Gebot zur Trennung von Werbung und Programm weiter in Frage stellen. Den Werbetreibenden wird es leicht ge-

---

[72] *Sack*, AfP 1991, 709.

[73] *Ring* u.a., § 7 RStV Rdnr. 38.

[74] Vgl.: *OVG Rheinland-Pfalz,* ZUM 1992, 382, 384 - Glücksrad; *Beucher* u.a. § 7 RStV Rdnr. 35; ähnl. *Ring* u.a., § 7 RStV Rdnrn. 33 ff; *Hochstein*, AfP 1991, 696, 700.

[75] *VG Berlin*, MMR 1999, 619, 623 – Feuer, Eis & Dynamit 2; *Sack*, AfP 1991, 709. Nach *Beucher* u.a., § 7 RStV Rdnr. 36; *Hochstein*, AfP 1991, 701; *Sack*, AfP 1991, 709; soll deshalb eine Kennzeichnung als Dauerwerbesendung unzulässig sein, wenn es sich eigentlich um eine redaktionelle Sendung handelt und die Kennzeichnung als Dauerwerbesendung nur dazu dient, ansonsten unzulässige Schleichwerbung zu rechtfertigen.

macht, kreative Schlupflöcher zu finden und den Gesetzgeber von dieser Entwicklung abzukoppeln.

Besonders deutlich zeigt sich diese Entwicklung in Zusammenhang mit den zunehmend anzutreffenden „Infomercials" im Fernsehen. Unter Infomercials versteht man langformatige (10-60 Minuten) Werbefilme, die sich in Inhalt und Form an verschiedene andere Programme anlehnen und von den Werbetreibenden selbst produziert werden.[76] Obwohl der ganze Film unstreitig Werbezwecken dient, kann der typische werbliche Anteil der Sendung (sogen. Verkaufsförderungsmaßnahmen) gegen Null tendieren. Der Charakter der Sendung fällt aufgrund der fehlenden Erkennbarkeit nicht unter den Begriff der Dauerwerbesendung.[77]

Zusammenfassend lässt sich sagen, dass die Abgrenzung zwischen programmlich gerechtfertigter Werbung, unzulässiger Werbung im Programm und kennzeichnungspflichtiger Dauerwerbung die Gerichte vor erhebliche Abgrenzungsschwierigkeiten stellt und weiterhin stellen wird.[78]

d) Einschränkung des Trennungsgebotes durch die Neuregelung zur Eigenwerbung

Schwierigkeiten bereitet auch die rundfunkrechtliche Einordnung von Eigenwerbung von Rundfunkanstalten. Eigenwerbung unterfällt zunächst dem Werbebegriff des § 2 Abs. 2 Nr. 5 RStV, unabhängig von der Frage, ob die Werbung als Programmtrailer oder innerhalb des Programms selber erfolgt.[79] Zusätzlich ist es erforderlich, dass die Eigenwerbung zum Zwecke der Absatzförderung von Dienstleistungen gegen Entgelt erfolgt.

Damit hängt die Anwendung der Werberegelungen von der Beantwortung der Frage ab, ob das eigene Programm gegen Entgelt gefördert werden kann. Von der Regelung werden zumindest die Fälle erfasst, in denen rundfunkeigene Werbung im Außenbereich (Plakat, Kinowerbung usw.) geschaltet wird, über

[76] Hierzu: *Volpers u.a.*, Werbung und Programm, S. 88 ff.

[77] Hierzu: *Volpers u.a.*, Werbung und Programm, S. 154 ff.

[78] Vgl. *OVG Niedersachen*, ZUM 1999, 347 – Barbie Puppe; *VG Hannover* (Vorinstanz), ZUM-RD 1997, 45, 46 f (vgl. hierzu: Seite 257 f), *OVG Niedersachsen*, ZUM-RD 1999, 406, 407 – ADAC (vgl. hierzu: Seite. 134); *VG Berlin*, MMR 1998, 162 ff und MMR 1999, 615 – ars vivendi (vgl. hierzu Seite 268 f); *VG Berlin*, MMR 1999, 619, 623 – Feuer, Eis & Dynamit 2 (vgl. hierzu: Seite 264 f).

[79] Vgl. Seite 78 ff.

die der beworbene Rundfunksender in seinem eigenen Programm berichtet.[80] Entgeltliche Eigenwerbung im Programm des Senders erscheint aber i.d.R. ausgeschlossen.

In erster Linie ist an Konstellationen im Bereich des Bezahlfernsehens oder des video-on-demand zu denken. Da in diesem Bereich einzelne Dienstleistungen gegen Entgelt erbracht werden können (der Zugang zu Fernsehangeboten gegen Teilnahmegebühr), ist auch eine Eigenwerbung im Programm, die dann am Maßstab des § 7 RStV zu messen ist, möglich.[81] In allen übrigen Fällen erscheint ein Verstoß gegen die Rundfunkwerberegelungen eher unwahrscheinlich, da Konstellationen entgeltlicher Leistungen kaum vorstellbar sind.

Mit dieser Regelung hat der Gesetzgeber Eigenwerbung der Rundfunkanstalten gegenüber Werbung von Dritter Seite privilegiert. Damit hat er zwar der verstärkten Wettbewerbssituation der Rundfunkanstalten Rechnung getragen, ihnen zugleich aber den Weg hin zu einer verstärkten kommerziellen Ausrichtung gewiesen. Die Eigenwerberegelung erleichtert den Rundfunkanstalten die kommerzielle Ausrichtung am vermeintlichen Zuschauergeschmack und damit eine weitgehende Angleichung von Programm- und Werbeästhetik, welche es für den Zuschauer noch schwerer macht, Werbung vom übrigen Programm zu trennen.

Festzuhalten bleibt zunächst, dass die gesetzgeberische Neuregelung zur Eigenwerbung eine Einschränkung des Trennungsgebotes darstellt. Anstatt grundsätzlich alle Fälle der Eigenwerbung an Rundfunkwerberegeln zu messen, werden nur diejenigen Formen erfasst, die gegen Entgelt erfolgen. Da der Begriff der Eigenwerbung noch nicht abschließend geklärt ist, hat der Gesetzgeber durch diese Regelung mehr Fragen aufgeworfen als beantwortet.

e) Die Einschränkung des Blockwerbegebotes

Aus dem Trennungsgebot wurde bis zum 4. Rundfunkänderungsstaatsvertrag die Pflicht abgeleitet, dass Werbung in Blöcken und zwischen einzelnen Sendungen ausgestrahlt werden soll, um eine Wechselwirkung zwischen Werbung und Pro-

[80] Beliebt ist nach Beobachtungen des Verfassers die Werbemethode, Kinofilme, an deren Produktion der Rundfunksender beteiligt ist, bei ihrer Kinopremiere in Nachrichtensendungen und Magazinen auf geradezu „euphorische" Art und Weise zu präsentieren und damit den redaktionellen Anlass für die Berichterstattung selbst zu schaffen. Unrühmlicher Höhepunkt dieser Entwicklung war der Film „Late Show" von *Helmut Dietl*, dessen Hauptakteure gemeinsam eine volle Stunde in der ARD-Talkshow „Sabine Christiansen" zu aktuellen „gesellschaftspolitischen" Fragen Stellung nehmen durften.

[81] So nun auch *Engels/Giebels*, ZUM 2000, 279.

gramm zu vermeiden (Blockwerbegebot).[82] § 14 Abs. 2 RStV a.F. und § 44 Abs. 2 RStV a.F.[83], die vor allem der Informationsklarheit dienen sollten,[84] unterstützten damit die Ziele des Trennungsgebotes. Programmverantwortliche waren dadurch verpflichtet, Vorkehrungen zu treffen, um dem Fernsehzuschauer Werbung erkennbar zu machen.

Nach der Neuregelung des RStV, welche auf Druck der privaten Rundfunkveranstalter und Werbetreibenden erfolgte, ist nun ausnahmsweise die Unterbrechung des Programms zulässig, auch wenn nur ein einziger Werbespot ausgestrahlt wird (vgl. § 44 Abs. 2 RStV, Ziff. 13. Abs. 3 DLM-Richtlinie). Diese erhebliche Schwächung[85] des Blockwerbegebotes stellt die Wirksamkeit des Trennungsgebotes weiter in Frage, ohne dass davon die Werbepraxis in einem entscheidungserheblichen Maße profitieren kann.[86]

Das Blockwerbegebot alter Fassung verlieh zusammen mit den Regelungen zur Unterbrecherwerbung aufgrund der zeitlich unbestimmten Limitierung jedem Werbespot einen störenden, irritierenden Charakter zu, der es den Zuschauern erleichterte, Werbung als Fremdkörper im eigenen Programm zu erkennen.[87] Kann die Werbung indes an jeder beliebigen Stelle zu jeder beliebigen Zeit ins Programm wandern, droht eine Entdifferenzierung von Werbung und Programm zum Nachteil des Trennungsgebotes und damit eine Verzerrung der Informationsklarheit des Rezipienten.[88]

---

[82] *Bork*, WiP, S. 82 f; *ders.*, ZUM 1991, S. 53; *Henning-Bodewig*, GRUR Int. 1987, 538, 543; *Sack*, ZUM 1987, 103, 117; *Scherer, B.*, a.a.O., S. 108 ff. **A.A.**: *KG Berlin*, AfP 1987, 712, 713; *LG Mainz*, BB 1970, 463, 464; *Fuhr*, ZDF Staatsvertrag § 22 III.1./5 (*Konrad*) und § 23 III.1. (*Fromm*).

[83] § 14 Abs. 2 RStV 1997 lautete: „Fernsehwerbung ist in Blöcken und zwischen einzelnen Sendungen einzufügen;..."

[84] Vgl.: *Scherer, B.*, a.a.O., S. 122. Eine eigenständige rechtliche Bedeutung kann Verstößen gegen das Blockwerbegebot, Unterbrecherwerbeverbot sowie den zeitlichen Werbebeschränkungen nicht zugemessen werden, da letztlich jede Handlung, die mit dem Trennungsgebot unvereinbar ist, quasi automatisch auch zu einer Verletzung der Detailregelungen führt.

[85] *Kreile*, ZUM 2000, 202, spricht nur von einer „Lockerung" des Blockwerbegebots. *Engels/Giebels*, ZUM 2000, 275 halten diese Neuregelung im Interesse einer funktionsgerechten Finanzierung für „sachgerecht".

[86] So wird die bislang verbotene Einzelspotschaltung nur in Ausnahmefällen (z.B. Sendungen im Mitternachtsprogramm bei wenigen Werbekunden) genutzt. Da sich die Anzahl der Werbeblöcke nicht erhöhen darf – der Sender soll zwischen zwei Werbeblöcken 20 Minuten verstreichen lassen – müsse ein Werbekunde faktisch den zehn- bis fünfzehnfachen Preis zahlen. Vgl. *Gangloff*, in FR v. 31. März 2000.

[87] Nach *Herkströter*, MP 1998, 106 hat das Blockwerbegebot die Flucht der Zuschauer vor Werbung zu Lasten der Werbetreibenden und damit der (privaten) Rundfunkanbieter beschleunigt.

[88] *Volpers u.a.*, Werbung und Programm, S. 135 f; *Neft*, Rundfunkwerbung, S. 83 f; *Bork*, WiP, S. 19 f.

Diejenigen Zuschauer, die sich neu oder erneut in eine Sendung einschalten, können bei einem einzelnen Werbespot, der an die Thematik des Programms angenähert ist, den Unterschied zwischen beiden Inhalten bereits dann nicht mehr ausmachen, wenn sie den Werbebanner zu Beginn der Werbeunterbrechung nicht wahrgenommen haben. Zugleich nimmt die Anzahl derjenigen Programmangebote mit hohem Eigenwerbeanteil (wie Product-Placement) zu, was wiederum zu Lasten der Unterscheidung von Werbung und Programm geht.

Insoweit verliert die Frage, in wessen Verantwortungsbereich eine werbliche Ausstrahlung erfolgt ist, immer mehr an Bedeutung. Nicht die Tarnung von Werbung im Programm wird zum Problem, sondern der Verlust inhaltlich eigenständiger Programmprofile der Rundfunkanstalten, die über bloße Zielgruppenansprache und harmonisch konzeptionierte „Corporate Identity" hinausgehen und sich so von industrieller Werbung abheben würden.

f) Virtuelle Werbung

i. Die Zulassung virtueller Werbung im neuen RStV 2000

Unter virtueller Werbung versteht man Formen digitaler Bildbearbeitung, bei denen Produkte, Logos, Marken- und Firmennamen sowie 3D-Animationen in einer Sendung abgebildet werden, die in der filmisch abgebildeten Realität nicht vorhanden sind bzw. beim Filmen des Ursprungsmaterials nicht vorhanden waren.[89]

Virtuelle Werbung spielt bisher vor allem bei Sportübertragungen eine Rolle, wo im Stadion vorhandene Bandenwerbung[90] durch künstlich erzeugte Werbung „überschrieben" oder ergänzt wird. Gerade bei internationalen Sportveranstaltungen ist es dadurch möglich, entsprechend den Zuschauergruppen unterschiedliche Bandenangebote zu platzieren.[91]

Unzweifelhaft verletzte die Implementierung virtueller Billboards in ein redaktionelles Programm das Trennungsgebot, da der Rundfunkveranstalter wissentlich Marken und Dienstleistungen von Werbetreibenden einblendet.[92] Trotzdem wurde die Übertragung nicht als Verstoß gegen das Trennungsgebot gewertet,

[89] Vgl. *Volpers u.a.*, Werbung und Programm, S. 93; *Herkströter*, MP 1998, 106.

[90] Vgl. zum Begriff S. 17.

[91] *Volpers u.a.*, Werbung und Programm, S. 93. Nach Branchenschätzungen werden im Jahr 2002 weltweit 800 Millionen Dollar Umsatz mit virtueller Werbung erzielt, vgl. *Langer*, Reklame mitten auf dem Fußballrasen? Bald ist virtuelle Fernseh-Werbung erlaubt - doch kaum ein Sender zeigt daran Interesse. FR v. 29. Feb. 2000.

[92] *Herkströter*, MP 1998, 110 f; der von „Schleichwerbung allerersten Ranges" spricht.

wenn die Werbewirkung einen unvermeidbarer Nebeneffekt bei der Erfüllung des Programmauftrages darstellt.[93]

Mit der Zulassung der bereits seit einiger Zeit praktizierten virtuellen Werbung[94] im neuen Rundfunkstaatsvertrag ist es nunmehr erlaubt, Aufnahmen nachzubearbeiten und damit auch bisher für unvermeidbar gehaltene Werbung des Ereignisveranstalters durch Werbung des Rundfunksenders nachträglich zu ersetzen.[95]

Ladeur weist zurecht darauf hin, dass die Werbung dann nicht mehr ein „unvermeidbares Faktum" ist, sondern akzeptiert wird. Gerade die Digitalisierung macht nicht nur virtuelle Werbung, sondern auch Antiwerbung möglich, indem aufdringliche Werbung elektronisch unleserlich gemacht werden könnte.[96]

ii. RECHTFERTIGUNG VIRTUELLER WERBUNG UND SCHLEICHWERBUNGSVERBOT

Wenn man in der Vergangenheit zwischen Schleichwerbung und Abbildung der Realität unterschieden und verbotene Werbung im Programm als Eingriff in die Pflicht der Rundfunkveranstalter zur Darstellung der Realität begriffen hat[97], so ist diese Form der Abgrenzung in einer digitalisierten Fernsehwelt durch die Einsatzmöglichkeiten virtueller Werbung kaum mehr sinnvoll.[98] Für den Zuschauer bedeutet es zunächst keinen Unterschied, ob Werbung im Stadion real vorhanden ist oder durch digitale Technik in das Übertragungsfeld „gemischt" wird.[99]

Es stellt sich die Frage, warum das Kriterium „einer am Ort der Übertragung ohnehin bestehenden Werbung" (§ 7 Abs. 6 S. 2 Nr. 2 RStV) die Einfügung virtueller Werbung durch den Rundfunkveranstalter nach Auffassung des Gesetz-

[93] Vgl. hierzu: Seite 111 ff.

[94] Bereits vor ihrer gesetzlichen Zulassung hatte der Sender DSF in einem spektakulären Fall eine Fußballübertragung mit virtueller Werbung ausgestaltet (vgl. hierzu: *Langer*, Reklame mitten auf dem Fußballrasen? Bald ist virtuelle Fernseh-Werbung erlaubt - doch kaum ein Sender zeigt daran Interesse. FR v. 29. Feb. 2000). Nach Branchenexperten (vgl. w&v 34/99, S. 12) wurde der Verstoß zwar geahndet, blieb aber ohne Geldstrafe.

[95] Zu den Voraussetzungen im Einzelnen: *Ring u.a.*, § 7 Rdnr. 7 Rdrn. 60.

[96] *Ladeur*, SpuRt 2000, 47 f; *ders.*, ZUM 1999, 677 f, der einräumt, dass den Rundfunkanstalten der daraus folgende Dauerstreit über die Verpflichtung zur „Nachbearbeitung" absichtlicher Werbung nur schwer zuzumuten wäre. Zust. *Wieben*, Die Trennung von Werbung und redaktionellem Programm, S. 269, 274. **A.A.**: *Platho*, ZUM 2000, 46, 50.

[97] Vgl. Seite 114 f, 206 f.

[98] *Kreile*, ZUM 2000, 199, sieht virtuelle Werbung als ein Unterfall zulässiger Schleichwerbung an.

[99] *Bornemann*, Ordnungswidrigkeiten, S. 82; *Ladeur*, ZUM 1999, 675; *Meyer-Harport*, Neue Werbeformen im Fernsehen, S. 86 f.

gebers rechtfertigt. Denn ebenso wäre es denkbar (jedoch in Hinblick auf die finanzielle Bedeutung der Sponsoren undurchführbar) gewesen, dass z.B. Banden- und Trikotwerbung eines Sportveranstalters mittels digitaler Nachbearbeitung gelöscht werden. Die Unterscheidung zwischen zulässiger, da unvermeidbarer Werbung, die vom Veranstalter oder von ihn beauftragten Dritten im Stadion platziert und vom Fernsehveranstalter eingeblendet wird, und unzulässiger, gegen das Trennungs- und Schleichwerbeverbot verstoßender Werbung im Programm stellt nach Auffassung von *Ladeur* einen Verstoß gegen den Gleichheitssatz zu Lasten der Fernsehveranstalter dar und ist nicht geeignet, eine Irreführung des Zuschauers zu verhindern.[100]

Die Regelung des § 7 Abs. 6 S. 2 RStV kann nicht mit dem Ziel des Gesetzgebers gerechtfertigt werden, den Realitätsgehalt der Fernsehübertragung zu erhalten, und gleichzeitig erlauben, dass im Stadion wirklich existierende Bandenwerbung digital verändert werden darf. *Ladeur* weist zutreffend darauf hin, dass es dem Veranstalter, der die Übertragungsrechte verkaufen will und kein Interesse an einer Überblendung seiner Bandenwerbung haben wird[101], überlassen bleiben muss, sein Ereignis zu inszenieren bzw. zu vermarkten. Eingriffe in den Realitätsgehalt einer Veranstaltung, wie sie durch virtuelle Werbung vorgenommen werden, verletzten daher die Rechte des Veranstalters. Sportveranstalter, Stadion- und Rundfunkwerbetreibende werden sich daher im Vorfeld mit dem Rundfunkveranstalter über die Form und das Ausmaß der virtuellen Werbung einigen müssen. Ohne eine solche Einigung wird sich kein Sportveranstalter, dessen Werbeeinnahmen entscheidend von der Übertragung im Fernsehen abhängen, auf einen Verkauf seiner Übertragungsrechte einlassen. Die Erlaubnis digitaler Nachbearbeitung der Werbeflächen im Stadion erweitert damit nur die Möglichkeiten differenzierter Zielgruppenansprachen (z.B. z.B. durch landessprachliche Werbung bei internationalen Veranstaltungen). Die Verantwortlichen werden auch bei der virtuellen Nachbearbeitung von Product-Placement in Spielfilmen dem Interesse der Werbetreibenden Rechung tragen, und darauf achten, dass die Vermischung von Werbung und Programm unauffällig erfolgt. Andernfalls ist zu befürchten, dass der Zuschauer ärgerlich reagiert, wenn er merkt, dass der Filmheld „aus der Rolle fällt“ und eine Werbebotschaft verkündet.[102] Das in Spielfilmhandlungen eingebaute Product-Placement soll die Assoziation mit der Alltagswelt herbeiführen, in der „man“ eben XY-Bier trinkt. Der Zuschauer, der i.d.R. keine Kenntnisse über die real vorhandenen Werbemaßnahmen im Stadion bzw. über die im Spielfilm eingesetzten Waren, Marken und

---

[100] *Ladeur*, ZUM 1999, 678 f. Zur Rechtslage in Europa: *ders.*: Virtuelle Werbung in Sportübertragungen (2). SpuRt 2000, 101.

[101] Vgl. *Gangloff*, Der Rasen wird nicht lila. Ab April haben Fernsehsender in der Werbung mehr Freiheit, in: FR v. 31. März 2000.

[102] Vgl. Seite 44 f.

Dienstleistungen hat, kann über die Zulässigkeit einer digital bearbeiteten Werbung in Hinblick auf die reale Situation nicht entscheidungsrelevant irregeführt werden.[103]

Obwohl der Erfolg virtueller Werbung grundsätzlich fraglich ist und sowohl Rundfunkanstalten als auch Werbeindustrie bisher nur wenig Interesse an der Anwendung dieser Werbeform gezeigt haben,[104] nahm der Gesetzgeber mit der Zulassung dieser Werbeform eine erhebliche, mit dem bisherigen System des Rundfunkwerberechts kaum vereinbare Einschränkung des Trennungsgebotes in Kauf.

g) Split Screening und Trennungsgebot

Auf der Suche nach geeigneten Werbepausen bei Liveübertragungen von Sportveranstaltungen, kamen die Rundfunkanstalten auf die Idee, an Stelle der ungeliebten Einblendung von Werbeblöcken, die Technik des Split Screening einzusetzen. Unter Split Screening versteht man die parallele Ausstrahlung redaktioneller und werblicher Inhalte durch graphische Teilung des Bildschirms in Werbung und Programm.[105]

Nach heftigem Druck der privaten Rundfunkanbieter hat sich der Gesetzgeber entschlossen, diese Werbeform unter bestimmten Voraussetzungen im neuen RStV 2000 für zulässig zu erklären[106] und ist damit über die bisher weitgehend identische Formulierung des Kennzeichnungs- und Trennungsgebots der EG-FsRiLi (Art. 10 Abs. 1) zulässigerweise hinausgegangen.[107]

Mit dieser Entscheidung wurde ein drohender Konflikt in der Praxis[108], welcher durch zwei Gerichtsentscheidungen verschärft wurde, über die Zulassung von

---

[103] *Ladeur,* ZUM 1999, 679; krit. auch *Morhart,* Sollte wegfallen: Zum ersten Entwurf eines Rundfunkstaatsvertrags-Novelle, epd medien Nr. 7 v. 31. Jan. 1998, S. 3, der von einer Täuschung über die „Verfremdung der Wirklichkeit" spricht, die der Zuschauer nicht will. Nach *Herkströter*, MP 1998, 111, gefährdet die Zulassung virtueller Werbung zusätzlich auch die Wahrheitspflicht im Sinne des § 41 Abs. 3 Satz 1 RStV und damit die journalistischen Grundsätze.

[104] Vgl. *Isenbart* (RTL-Werbezeitenvermarkter) zit. nach *Gangloff*, in: FR v. 31. März 2000, wonach virtuelle Bandenwerbung nur von 3% der Zuschauer wahrgenommen werde.

[105] *Volpers u.a.*, Werbung und Programm, S. 91.

[106] So heißt es im neuen § 7 Abs. 4 RStV 2000: „Eine Teilbelegung des ausgestrahlten Bildes mit Werbung ist zulässig, wenn die Werbung vom übrigen Programm eindeutig optisch getrennt und als solche gekennzeichnet ist. Diese Werbung wird auf die Dauer der Spotwerbung...angerechnet...".

[107] Hierzu *Kreile*, ZUM 2000, 195; *Ring u.a.*, § 7 Rdnr. 32 a.

[108] Die Privatsender wendeten schon vor In-Kraft-Treten des 4. Rundfunkänderungsstaatsvertrages die großzügigeren Werberegelungen an und nahmen dabei einen Konflikt mit den Aufsichtsbehörden bewusst in Kauf. Vgl. *o.V.:* FAZ v. 19. Jan. 2000, Nr. 15, S. 25.

Split Screening-Techniken beendet. Konkret blieb der Versuch der Landesmedienanstalten, den Sender NTV wegen Verstoßes gegen das Trennungsgebot abzumahnen, erfolglos. Der Nachrichtensender hatte am unteren Bildschirmrand auf einem Laufband, das vertikal durch einen roten Balken vom Rundfunkprogramm abgetrennt war, parallel zum laufenden Programm aktuelle Börsendaten und gekennzeichnete Werbung ausgestrahlt. Sowohl das *VG Berlin*[109] als auch das *OVG Berlin*[110] verneinten unter Hinweis auf die optisch erkennbare Trennung der Laufbandwerbung vom Rundfunkprogramm (roter Balken, Anzeige „Werbung") eine Zuschauertäuschung.[111] Im übrigen sei diese Laufbandwerbung, solange darin vorwiegend aktuelle Börsenkurse mitteilt werden, als ein Verteildienst im Sinne des MDStV einzustufen und die Werbung über das Laufband deshalb nur an mediendienstrechtlichen Spezialvorschriften (§§ 2 Abs. 1 S. 3 RStV, 2 Abs. 2 Nr. 3 MDStV) zu messen.[112]

Auch wenn diese Rechtsprechung bei einer schutzzweckorientierten Auslegung des Trennungsgebotes mit überzeugenden Gründen eine Irreführung des Zuschauers verneint, werden jedoch nicht die Bedenken gegenüber einer Gefährdung der Unabhängigkeit und Neutralität der Rundfunkanstalten durch Split Screening ausgeräumt. Bemerkenswert ist die Tatsache, dass die Frage der Irreführung des Zuschauers nicht in Zusammenhang mit dem Trennungsgebot, sondern mit dem Schleichwerbeverbot gemessen wird. Das Trennungsgebot fällt damit in seiner Bedeutung zurück.

Vor der Neuregelung wurde Split Screening überwiegend als unzulässige Werbeform eingestuft. Eine systematische Auslegung der §§ 14f., 44f. RStV a.F. müsse zwingend zur Unzulässigkeit dieser Werbeform führen, da das in diesen Vorschriften enthaltene Verbot der Unterbrechung von Nachrichtensendungen sowie die Limitierung von Werbung ad absurdum geführt werde und die Anzahl zulässiger Werbeunterbrechungen in Spielfilmen gänzlich unterlaufen werden könne.[113] Da nach der Neuregelung der §§ 14 Abs. 1, 44 Abs. 1 RStV 2000 Split

[109] *VG Berlin*, Urt. vom 17. Dez. 1998, MMR 1999, 175 ff – Laufbandwerbung.

[110] *OVG Berlin*, Urt. vom 1. April 1999, MMR 1999, 493 ff – Laufbandwerbung.

[111] Vgl. auch: *Beucher* u.a., § 7 RStV Rdnr. 28.

[112] *VG Berlin*, MMR 1999, 175 ff; *OVG Berlin*, MMR 1999, 493 ff. So bereits die Rechtsauffassung der Hessischen Landesanstalt für den privaten Rundfunk in Zusammenhang mit der Genehmigung der vergleichbaren Werbepraxis des Informationskanals Bloomberg TV, vgl. IRIS 8/1998, S. 13 = MMR 12/1998, X. Der Gesetzgeber hat auf diese Rechtsprechung reagiert, indem er beim 4. Rundfunkänderungsstaatsvertrag in § 7 Abs. 4 Satz 2 die Werbung im teilbelegten Bild in jedem Fall anrechnet, hierzu: *Kreile*, ZUM 2000, 195 f.

[113] *Volpers u.a.*, Werbung und Programm, S. 156 f.

Screening nun explizit bei Nachrichtensendungen erlaubt ist,[114] ist diese Argumentation nicht mehr stichhaltig.

Problematisch bleibt, dass die Werberegelungen zum Rundfunkstaatsvertrag bisher (stillschweigend) vom Prinzip der zeitlichen und optischen Trennung von Werbung und Programm ausgingen; Werbeeinblendungen[115] sollten niemals zugleich ausgestrahlte Programme beeinträchtigen können. So wird die Aufmerksamkeitsspanne des Zuschauers unmittelbar beeinträchtigt. Ziel der zeitgleichen Werbeeinblendung kann nur sein, die erhöhte Aufmerksamkeit des Zuschauers, die er dem Programm entgegenbringt, für die werbliche Einblendung zu nutzen. Da aber der Zuschauer bei seiner Informationsaufnahme durch die gleichzeitig ausgestrahlten Werbeeinblendungen abgelenkt oder beeinträchtigt werden kann, gefährdet die Regelung den verfassungsrechtlich gewünschten Meinungsbildungsprozess zwischen Rundfunkanstalt und Rezipienten. Der Druck der Werbetreibenden auf die Programmausrichtung der Rundfunkanstalten wird im Zuge dieser Entwicklung zunehmen.[116] Denn die Werbetreibenden werden daran interessiert sein, dass die Programminhalte beim Split Screening, die Aufmerksamkeit des Zuschauers nicht über Gebühr beanspruchen.[117] Diese Tendenz wird noch verstärkt, da die Rundfunkanstalt während der werblichen Laufbandeinblendung praktisch (und in Hinblick auf die Interessen der Werbetreibenden wohl auch vertraglich) angehalten sein dürfte, bestimmte Informationen, die für die durch die Laufbandwerbung potentiell angesprochene Zielgruppe (z.B. die positive Kommentierung der Jahresbilanz eines aktiennotierten Konkurrenzunternehmens des Laufbandwerbenden) interessant sein könnten, auszustrahlen. Auf diese Weise wird die Verpflichtung der Rundfunkanstalten zur Neutralität kaum wirksam unterstützt.

h) Trennungsgebot und bußgeldbewehrte Sanktionierung

Im neuen RStV hat der Gesetzgeber weiterhin Verstöße gegen das Schleichwerbeverbot (§ 7 Abs. 6 RStV) mit Geldbußen sanktioniert (§ 49 Abs. 1 Nr. 20 RStV). Diese grundsätzlich sinnvolle Regelung dürfte dazu führen, dass der Anwendungsbereich des Trennungsgebotes in der Praxis weiter zurückgedrängt wird.

---

[114] Vgl. *Kreile*, ZUM 2000, 196. Hingegen gehen die Vorschriften zum Schutz vor der Unterbrechung von Kinderfernsehsendungen als speziellere Regelungen für einen einzelnen Sachverhalt den allgemeineren Regelungen vor (vgl. § 7 Abs. 4 S. 3 RStV).

[115] *Castendyk*, a.a.O., S. 160 **A.A.** sind die privaten Rundfunkanstalten, vgl.: o.V., Die Zeit des geteilten Fernsehbildes beginnt am kommenden Sonntag, FAZ. v. 24. März 2000, S. 13 f.

[116] Da bei Split Screening nur die eine Hälfte des Bildschirms mit Werbung belegt ist, fordern die Rundfunkanstalten, die zulässige Werbehöchstzeit zu verdoppeln, vgl. o.V. FAZ v. 24. März 2000, S. 14.

[117] Vgl. auch w&v 13/2000, S. 152 – Geteilter Bildschirm.

Die bisher einzige Möglichkeit der Landesmedienanstalten, Verstöße von Rundfunkveranstaltern gegen das Schleichwerbeverbot mit spürbaren finanziellen Strafen zu ahnden, setzte den Nachweis eines Verstoßes gegen das mit Bußgeld belegte Trennungsgebot (§ 49 Abs. 11 RStV a.F.) voraus[118]. Da die Gerichte allerdings die Auffassung vertreten, dass eine Konkretisierung des Schleichwerbeverbotes aus § 7 Abs. 6 RStV hinsichtlich künftiger Verstöße angesichts der vielfältigen Erscheinungsformen nahezu unmöglich sei[119], wird die praktische Durchsetzung der Werberegelungen durch diese Änderung kaum merklich verbessert werden.[120]

Letztlich bleibt die Frage offen, welche Bedeutung dem Trennungsgebot als Zentralnorm der rundfunk- und wettbewerbsrechtlichen Regelungsvorschriften für Fernsehwerbung überhaupt noch zukommt.

Zusammenfassung von Abschnitt V. 1.

Der Gesetzgeber hat in den letzten Jahren die Rundfunkwerberegeln immer weiter liberalisiert. Insbesondere die 1992 neu geschaffene Möglichkeit zum Programmsponsoring hat den Vormarsch der Werbung in weite Teile des Programms zu Lasten des Trennungsgebotes weiter beschleunigt.

Mit der Zulassung von virtueller Werbung und Split Screening im neuen Rundfunkstaatsvertrag wird das Trennungsgebot weiter eingeschränkt.[121] Zugleich werden „Grundprinzipien der bisherigen Werbespielregeln über Bord geworfen".[122] Entgegen dem bisher üblichen und praktizierten Verständnis des § 7 Abs. 3 RStV ist nunmehr das gleichzeitige Ausstrahlen von Werbung und Programm möglich. Schließlich wird die Lockerung des Blockwerbegebotes zu-

---

[118] Vgl. *Hackbarth,* ZUM 1998, 974; 982; *Beucher* u.a., § 7 RStV Rdnr. 6. Eine erweiterte Auslegung des § 49 Abs. 1 Nr. 11 RStV, mit der Folge, dass allein ein Verstoß gegen das Schleichwerbeverbot bußgeldbewehrt anzusehen ist, verstößt gegen das Bestimmtheitsgebot des § 3 OWiG; vgl. *Deuschle,* Anmerkung zum Beschluß des BayVGH vom 18. Dez. 1998 zur Untersagung künftiger Schleichwerbung, ZUM 1999, 614, 617 m.w.N. in Fn. 17.

[119] *BayVGH,* ZUM-RD 1999, 150 ff.

[120] Krit. hierzu: *Deuschle,* ZUM 1999, 614, 617, wonach Schleichwerbung derzeit nicht verhinderbar und durch die Rechtsprechung des *BayVGH* ausgehebelt sei. Auch wenn der Begriff der Schleichwerbung vieldeutig sei, so zeige der Vergleich zur Praxis der Strafgerichte, Verstöße gegen das Pornografieverbot erfolgreich zu ahnden, dass die Rechtsprechung auch mit konturlosen Begriffen den Rahmen der verfassungsrechtlichen Bestimmtheitsanforderungen einhalten könne.

[121] So auch: *Ladeur,* ZUM 1999, 678; *Ring u.a.,* § 7 Rdnr. 27.

[122] *Ring,* Der Vierte Rundfunkänderungsstaatsvertrag – Rechtsfolgen für die Praxis, ZUM 2000, 177.

sammen mit der Zulassung von Bildschirmteilung die Vermischung von Werbung und Programm weiter vorantreiben.[123]

Die Systematik der Rundfunkwerberegelungen lässt insgesamt eine dogmatisch saubere Abgrenzung von Werbung und Programm im Fernsehen nicht zu. Gerade die zahlreichen Reformen des Rundfunkwerberechts erschweren die Ermittlung unzulässiger Werbung im Programm. Deutlich wird, dass dem Gesetzgeber eine überzeugende Lösung für das Verhältnis des Trennungsgebotes zum Schleichwerbe- und Irreführungsverbot (§ 7 Abs. 6, 1 RStV) und zur Dauerwerbesendung bisher nicht gelungen ist.

2. Die zunehmende Vermischung von Werbung und Programm

a) Das fehlende Unrechtsbewusstsein der Beteiligten

Die dargestellten gesetzlichen Neuregelungen des Rundfunkwerberechts in den letzten Jahren haben die Einhaltung des Trennungsgebotes im Fernsehen nicht gerade gefördert.

Zwar ist ein gegen das Gebot der Trennung von Werbung und redaktionellem Teil zustande gekommener Werbevertrag (z.B. Product-Placement-Verträge) als Verstoß gegen die guten Sitten i.d.R. auch gem. § 138 Abs. 1 BGB nichtig und somit vor Gericht nicht durchsetzbar.[124]

Dieser „unbefriedigende Zustand" in einer rechtlichen „Grauzone"[125] lässt viele Unternehmen jedoch nicht vor zweifelhaften Werbemaßnahmen im Fernsehen

[123] Beispielsweise setzen die privaten Rundfunkveranstalter eine lediglich 7 Sekunden lange Teilung des Bildschirms bei Fußballübertragungen ein, wenn der Ball im Aus landet.Vgl. FAZ v. 26./27. März 2000, S. 14.

[124] *OLG München* ZUM 1995, 888 f; *LG München*, ZUM 1985, 517; *Harstein u.a.*, a.a.O., § 6 VII, Rdnr. 27. Der Missbrauch von Fernsehübertragungen zu Werbezwecken seitens werbetreibender Unternehmen oder ihrer Werbemittler in Gestalt der erschlichenen Werbung kann im Einzelfall auch den Tatbestand der ungerechtfertigten Bereicherung (§ 812 BGB) gegenüber der Rundfunkanstalt erfüllen Geleistete Zahlungen können allerdings gem. § 817 S. 2 BGB nicht zurückgefordert werden; hierzu: *Harstein* u.a., a.a.O., § 6 VII, Rdnr. 24; *Fuhr*, ZDF Staatsvertrag, § 22 II 5. Allerdings stellt der *BGH*, in AfP 1998, 401, 403 - Co-Verlagsvereinbarung klar, dass die Absprache zwischen einem Musikverlag und einer Sendeanstalt über die Sendung von Musiktiteln, welche ein i.S.d. § 1 UWG sittenwidriges Werbeverhalten einschließt, nicht ohne weiteres sittenwidrig sei. Zum Bereicherungsanspruch wegen erschlichener Bandenwerbung vgl.: *Pilger/Preusche* NJW 1974, 2308 ff.

[125] Vgl. *Bente*, Produkt Placement, 1990, S. 103 f., u.H.a. zahlreiche Beispiele für internationale Kooperationen von Markenartiklern mit Filmproduktionsfirmen. So gestaltete z.B. Philips seine Werbekampagne im James-Bond-Stil und wies gleichzeitig auf den parallel laufenden Agentenfilm und die in diesem platzierten Philips-Produkte hin. Marktstrategisches Ziel solcher Konzeptionen ist die Ausnutzung der Schnittstellen zwischen Imagewerbung und handels- und konsumentengerichtetes Verkaufsförderung.

zurückschrecken.[126] Denn die Vertragsrisiken und das Risiko, dass Schleichwerbung auf gerichtlichem Wege von der Konkurrenz aufgegriffen wird, scheinen weitgehend kalkulierbar zu sein[127], wie die geringe Anzahl von Verfahren wegen Schleichwerbung im Fernsehen vor den Wettbewerbsgerichten deutlich macht.

Der Werbebranche gelingt scheinbar problemlos der direkte Zugang in die redaktionelle Programme; die wirksame Verbannung der sogen. Schleichwerbung aus dem „exklusiven Hoheitsbereich" der Rundfunkanstalten findet nur noch auf dem Papier statt. Dies hängt z.T. auch damit zusammen, dass die Initiative von den Medienbetreibern selbst ausgeht, die ihren Werbekunden diese Form der redaktionelle Zugeständnisse anbieten, um sie an sich zu binden. Auch erschließen sich einigen Journalisten zusätzliche Geldquellen durch Absprachen.[128]

Mitverantwortlich für diese Entwicklung ist die Tatsache, dass die verschiedenen gesetzlichen Regelungen zur Rundfunkwerbung kompliziert und nicht immer aufeinander abgestimmt sind. Hierin könnte ein Grund dafür liegen, dass die Durchsetzung der elementaren werberechtlichen Grundsätze im Fernsehen rundfunkrechtlich nicht mehr zu gelingen scheint. [129]

Eine Rolle spielt weiterhin, dass im Gegensatz zum Wettbewerbsrecht, wo die Lauterkeit des Wettbewerbs in die Hände von Verbänden, Verbraucherschutzverbänden und Konkurrenten im Bezug auf Werbung im Programm leider nur sehr unvollkommen überwacht wird (§ 13 UWG)[130], die Einhaltung des Rundfunkstaatsvertrages bei den öffentlich-rechtlichen Anstalten dem Rundfunkgesetzgeber und bei den privaten von den jeweilig zuständigen Landesmedienanstalten als Aufsichtsbehörden der einzelnen Bundesländer obliegt. Aufgrund des äußerst scharfen Standortwettbewerbs zwischen den einzelnen Ländern, wird die

[126] Bundesweite Aufmerksamkeit erlangten die Werbepraktiken im Bayernjournal, das bei RTL und Sat.1 ausgestrahlt wurde und dessen Macher bereits seit Anfang der neunziger Jahre der Schleichwerbung verdächtigt sind. Nachdem in Presse- und Fernsehberichten zur Jahreswende 1996/1997 umfassend über die fragwürdigen Werbepraktiken berichtet wurde, leitete die zuständige Landesmedienanstalt auf politischen Druck hin ein Prüfungsverfahren ein und stellte allein innerhalb von 4 Monaten 39 Verstöße gegen das Schleichwerbeverbot fest. Vgl. *Ott, Kl.*, Die Affäre Melissengeist – Medienwächter rügen Schleichwerbung im „Bayernjournal", SZ v. 7. Nov. 1997, S. 19.

[127] *Bente*, Produkt Placement, 101 ff. Vgl. zur aktuellen Diskussion: *Redmann*, Trennungsgebot in Gefahr. Experten warnen vor zunehmender Vermischung von Anzeigen und redaktionellen Beiträgen. FR v. 26.11.1999.

[128] *Nickel*, MA 1995, S. 155.

[129] *Engels*, RuF 1997, 214.

[130] Insoweit hat sich die von *Kisseler*, in: Unlautere Werbung durch redaktionelle Werbung, in: *Baerns/Fischer* (Hrsg.), S. 98, geäußerte Hoffnung, die konsequente Durchsetzung des geltenden Wettbewerbsrechtes könne die Einhaltung des Trennungsgebotes erzwingen, nicht erfüllt.

wirksame Kontrolle und Sanktionierung[131] unzulässiger Werbung durch die zuständigen Landesmedienanstalten von medienpolitischen Überlegungen überlagert.[132] Außerdem scheint sich in der Rundfunkpraxis ähnlich wie in der Presse[133] die Erkenntnis durchzusetzen, dass verschärfte Kontrollen nicht zu einem Wegfall unzulässiger medialer Werbung führen, sondern vielmehr die Phantasie der Protagonisten dahingehend anregen, neue Schleichwege zu finden, wie es ihnen z.B. mit dem Cross Marketing oder Themensponsoring[134] gelungen ist.

Die privaten Rundfunkveranstalter bekennen sich seit längerer Zeit zur „kreativen" Zusammenarbeit mit der Werbewirtschaft bzw. „zur Vermählung von Business und TV"[135], und fordern in schöner Regelmäßigkeit die Aufgabe des „medienrechtlichen Werbekorsetts".[136] Zumindest aber wollen sie einen weitergehenden Spielraum neue kostendämpfende Werbeformen, die sie seit längerer Zeit ohne Rechtsgrundlage praktizieren, erreichen.[137]

Die Erosion des Trennungsgebotes hat in Deutschland aufgrund immer neuer Sonderwerbeformen so erhebliche Ausmaße angenommen, dass bezweifelt wird, ob mit den zur Verfügung stehenden Instrumentarien ausreichende Gegenmaß-

---

[131] Nach § 32 Abs. 1 Nr. 12 und 13 können die Landesmedienanstalten bei Verstößen gegen das Rundfunkrecht Geldbußen verhängen; nicht darunter fallen Verstöße gegen die Vorschriften des § 7 Abs. 1, 3, 4, ebenso bei Verstößen gegen § 6 Abs. 3 S. 2 und § 6 Abs. 4 S. 2, so § 32 Abs. 1 Nr. 2, 3; hierzu: *Harstein u.a.*, § 6 RStV, Rdnr. 99., § 7 VIII, Rdnr. 42 u. § 6 XIV, Rdnr. 92.

[132] Vgl. *Scherer, B.*, Product Placement, S. 153 u. *Dörfler*, Product Placement, 4. Kap., § 11 S. 128.

[133] Vgl. *Heller*, Anzeige. Anzeige. Anzeige, FS-Schweizer 1999, S. 297, 301, wonach das Spiel an der Grenze zwischen unabhängiger und käuflicher Meinung im Schutz des Wettbewerbsrechts so gang und gäbe ist, dass selbst die Fachleute Schleichwerbung nur schwer beweisen können und bei Nachweis nur gering sanktionieren.

[134] Vgl. Seite 24 ff, 19.

[135] So *Diekhof*, Bezahlte Werbebotschaften, w&v Nr. 41 1996, S. 92. Besonders weit vorangeschritten scheint diese Entwicklung bei der Pro7-Sendung BIZZ-TV, einem Ableger der Wirtschaftszeitschrift BIZZ. Die aufsichtsführende Landesmedienanstalt Berlin-Brandenburg prüft inwieweit dort Programm mit Werbung und Teleshopping (!), d.h. direkten Angeboten an die Öffentlichkeit, vermengt und damit gegen die Werbevorschriften des RStV verstoßen wurde, vgl. *Graw*, Schwarze Socken zum BMW: Vorwürfe gegen „Bizz TV". Magazin soll Werbung und Programm vermengen, Die Welt v. 12. Sept. 2000.

[136] So der Präsident des Verbandes Privater Rundfunk- und Elektronikunternehmen (VPRT) *Doetz* in: Horizont v. 20.2.1007, 8/97, S. 41.

[137] *Dörfler*, Product Placement, 4. Kap., § 11 S. 128. Beispielsweise sah das Konzept „Werbung 2000" der RTL-Vermarktungsgesellschaft IP bei Sportübertragungen eine Drittelung des Bildschirms, eine flexiblere Verteilung der Werbeinseln und die Durchführung virtueller Bandenwerbung vor, lange Zeit, bevor diese Formen vom Gesetzgeber im RStV 2000 aufgenommen wurden. Vgl. Horizont v. 5. Juni 1997, Nr. 23/97, S. 76, 78.

nahmen ergriffen werden können.[138] So stellte der ehemalige Bundespräsidenten *Roman Herzog* fest:

„Da fehlt nicht mehr viel, bis Sendungen nur noch als ästhetische Dekoration für Konsumprodukte im Werbeblock behandelt werden."[139]

Im internationalen Vergleich belegt eine rechtsvergleichende Studie, dass die Missachtung des Trennungsgebotes nur noch in den USA[140] ausgeprägter, in Großbritannien und Frankreich dagegen deutlich weniger verbreitet ist.[141]

Der letzte Punkt rückt immer stärker in den Mittelpunkt der Diskussion, denn die Reaktionen befragter Zuschauer scheinen zu beweisen, dass sie als Verbraucher kein ausgeprägtes Interesse daran haben, versteckte Werbung aus dem Programm zu verbannen. Eine Haltung, die sich auch die für Verbraucherschutz zuständigen Wettbewerbsverbände zu eigen machen.[142]

b) Die Gefährdung des klassischen Rundfunkmodells durch die Werbung

Die öffentlich-rechtlichen Anstalten, die aufgrund ständiger Gebührendiskussionen und Forderungen nach einem völligen Sponsoringverbot für den öffentlich-rechtlichen Rundfunk[143] keinen leichten Stand haben, begründen ihre verstärkte Zusammenarbeit mit der Wirtschaft mit finanziellen Engpässen aufgrund angeblich zu niedriger Gebühren. So fällt es auch Ihnen relativ leicht, durch Schleich-

---

[138] Hierzu: *Volpers u.a.*, Werbung und Programm, S. 53 ff, S. 145; *Esposito;* Interaktion, Interaktivität und die Personalisierung der Massenmedien, Soziale Systeme 1995, 225, 240.

[139] Zitiert nach FOCUS, Heft 21/98, v. 18. Mai 1998; S. 260.

[140] Ein unglaublicher Fall staatlicher Schleichwerbung gegen Entgelt wurde aus Amerika gemeldet. Nach *Deul*, Drehbuch von Uncle Sam – Aufregung in den USA: Regierung schrieb an TV-Serien mit, in SZ v. 15./16. Jan. 2000, Nr. 11, S. 21, hat der amerikanische Kongress gegen Zahlung von 1 Milliarde Dollar alleine 1997 sechs führende Sender des Landes dazu gebracht, sich als Vehikel für ihre Drogenkampagne zur Verfügung zu stellen. In mindestens zwei Dutzend Fällen wurden im Gegenzug in Skripte und Videos der erfolgreichsten Fernsehserien des Landes (u.a. die OP-Serie Emergency Room (E.R.), Chicago Hope, die Bill-Cosby-Show) auf Druck der Drogenpolizei „sozial korrekte Botschaften" eingefügt.

[141] Vgl. hierzu: *Volpers u.a.*, Werbung und Programm, S. 169 ff; diff. *Schaar*, Programmintegrierte Werbung, Kap. 3, S. 142 ff, 266 , wonach das Trennungsgebot in den meisten Mitgliedstaaten der EU weitreichend preisgegeben sei.

[142] Nachweise bei *Dörfler*, Product Placement, 4. Kap., § 11 S. 130 ff. Auf Anfrage des Verfassers 1997 hat die Zentrale zur Bekämpfung des unlauteren Wettbewerbs bestätigt, dass bei ihr kaum Beschwerden wegen Schleichwerbung im Fernsehen eingehen.

[143] Vgl. *Neft*, Rundfunkwerbung, S. 110 ff.

werbung[144] mitfinanzierte Sendematerialien als angenehmes Kostendämpfungsinstrument zur Überbrückung ihrer Finanzierungsengpässe anzusehen.[145]

Diese Entwicklung bedroht die Existenz des öffentlich-rechtlichen Rundfunks, wenn sich dieser entgegen seinem verfassungsrechtlichen Postulat der Grundversorgungsauftrages immer mehr zu einem erwerbswirtschaftlichen, ökonomischen Privatgut entwickelt.[146] Immer mehr stellt sich die Frage, inwieweit der durch öffentlich-rechtliche Mischfinanzierung aus Gebühren und Werbung entstehende Eingriff in die Wettbewerbsfreiheit der privaten Rundfunkanstalten noch gerechtfertigt ist. Die Auffassung[147], dass der Staat, der sich selbst oder durch seine Untergliederungen in Konkurrenz zu privaten Unternehmen wirtschaftlich betätigt, für diese Betätigung eine Kompetenznorm benötigt, ist weitgehend unbestritten. Die öffentlich-rechtliche Rundfunkanstalten, die auf dem Werbemarkt mit den privaten Anbietern konkurrieren[148] und damit wirtschaftlich tätig sind, greifen in diese Grundrechte (Art.2 Abs. 1 GG[149]) ein. Jede privatwirtschaftliche Betätigung der öffentlichen Hand, die von Gesetzes wegen im Interesse der privaten Mitbewerber nicht erlaubt ist, verstößt gegen § 1 UWG.[150] Solange der Rundfunkstaatsvertrag aber die Werbetätigkeit der öffentlichen Hand in den §§ 14ff. RStV zulässt, solange ist dem Gesetzesvorbehalt als auch dem Verhältnismäßigkeitsprinzip genüge getan.[151] Es stellt sich allerdings die (hier nicht weiter zu vertiefende) Frage, ob es nicht aus rechtspolitischen oder

---

[144] Gerade die öffentlich-rechtlichen Anstalten sind auf dem Gebiet der Schleichwerbung große Sünder, vgl. *Kühn*, in: w&v 16/1997, S. 75.

[145] *Dörfler*, Product Placement, 4. Kap., § 11 S. 128.

[146] *Kiefer*, epd 63 v. 13. Aug. 1994; *Zuleeg*, ZUM 1997, 781 m.w.N. in Fn. 18.

[147] Grundlegend *Emmerich*, AG 1985, 293 ff m.w.N. Allgemein zur wirtschaftlichen Betätigung der öffentlichen Hand unter dem Grundgesetz: *Grupp*, ZHR 140 (1976), S. 367.

[148] Zur Frage des wettbewerbswidrigen Ausnutzens von Wettbewerbsvorteilen durch die öffentliche Hand zu Lasten privater Konkurrenz ohne ausreichende gesetzliche Legitimation vgl. *BGHZ* 82, 375 - Augenoptiker; zur kontroversen Diskussion: *Bork*, WiP, S. 32 f m.w.N.

[149] Der Schutz der Wettbewerbsfreiheit fällt unter Art. 2 GG; vgl. *Dürig*, in *Maunz/Dürig*, Art. 2 Abs. 1, Rdnr. 48 ff; *von Münch*, GG, 1992, Art. 2, Rdnr. 19; *Mestmäcker*, Wettbewerb, S. 81 f.

[150] Grdl. *OLG Hamm*, Urt. vom 23. Sept. 1997 – 4 U 99/97, NJW 1998, 3504 – Gartenbaubetrieb = JZ 1998, 576 m. Anm. *Müller*, JZ 1999, 578 = NWB 1998, 256 = BB 1999, 493 mit Anmerk. *Ennuschat*, BB 1999, 494 f. = JuS 1999, 191 *(Emmerich)*; krit. *Tettinger*, Rechtsschutz gegen kommunale Wettbewerbsteilnahme, NJW 1998, 3473, 3474; *Schliesky*, Anm. zu OLG Hamm, JA 1998, 930.

[151] Zur Frage der Zulässigkeit der Werbetätigkeit der öffentlichen Hand: *Bork*, WiP, § 4, S. 25 ff m.w.N.

verfassungsrechtlichen[152] Gründen sinnvoll und erforderlich wäre, zur Sicherung eines vielfältigen, auch Minderheiten- und Randgruppeninteressen berücksichtigenden Programmangebotes ein generelles Werbe- und Sponsoringverbot (im Gegenzug für höhere Gebühren) für den öffentlich-rechtlichen Rundfunk durchzusetzen[153], um ein Gegengewicht zu von ökonomischem Denken beeinflussten Programmangeboten zu setzen. Alternativ böte sich auch die Umstellung des werbefinanzierten Privatfernsehens auf Bezahlfernsehen an.

Solange sich die zuständigen Bundesländer auf einen solchen Schritt nicht einigen können, muss sich die Praxis mit dem vorhandenen Instrumentarium (UWG und §§ 2, 7 ff RStV) begnügen.

3. Die Auslegung des Trennungsgebotes in der Rechtsprechung

a) Trennungsgebot und Rundfunkfreiheit

Vor dem Hintergrund der dargelegten Schwierigkeiten einer streng am Wortsinn oder an der Systematik des Rundfunkgesetzes orientierten Auslegung des Trennungsgebots in § 7 Abs. 3 RStV, ist die objektiv –teleologische Auslegung des Gesetzes zu versuchen und nach der Ratio des Gesetzes zu fragen.[154]

Der Regelungszweck des Trennungsgebotes wird heute nach übereinstimmender Auffassung[155] in der Sicherung der Unabhängigkeit und Neutralität der Programmgestaltung gegenüber Einflussnahmen der werblichen Wirtschaft und damit im Schutze des publizistischen Prozesses gesehen.[156] Der Zuschauer soll weiterhin vor Täuschungen über die Werbeabsicht einer Rundfunkanstalt durch

---

[152] Die rundfunkrechtlichen Sponsoringmöglichkeiten für den öffentlich-rechtlichen Rundfunk werden von *Ricker/Schiwy*, a.a.O., F Rdnrn. 97, 419, als verfassungsrechtlich bedenklich eingestuft, da von Sponsoring eine Gefahr für den Grundversorgungsauftrag i.S.d. Vielfaltsicherung ausgehe (vgl. auch Seite 209 f). Diese bestehe darin, aus Gesichtspunkten der Massenattraktivität des Programmangebots und in Hinblick auf die wirtschaftlichen Interessen der Werbetreibenden die Vielfaltsanforderungen zurückdrängen.

[153] Vgl. die Diskussion in Horizont v. 20. Feb. 1997, 8/97, S. 41.

[154] *Koch/Rüßmann*, Juristische Begründungslehre, 1982, S. 221 ff.

[155] *BGH*, GRUR 1990, 611, 615 = WRP 1990, 626, 630 - Werbung im Programm; *BGHZ* 81, 247, 251 f; *OLG Hamburg*, K&R 1999, 328, 329 – Volkswagenpresseanzeige; *OLG Frankfurt*, GRUR 1994, 131, 132 – Fürst von Metternich; *Ricker/Schiwy*, a.a.O., F. Rdnr. 87, S. 409 f; *Löffler/Ricker*, Presserecht, 14. Kap. Rdnr. 3; *B/H*, a.a.O., § 1 UWG, Rdnrn. 40 ff; *Coerdt-Taxhet*, Irreführende Fernsehwerbung, S. 85; *Hesse*, Rundfunkrecht, 3. Kap. IV Rdnr. 57; *Bork*, WiP, S. 94; *Henning-Bodewig*, GRUR Int. 1987, S. 543; *Bosmann*, ZUM 1990, S. 548; *Fuchs*, GRUR 1988, 738 f; *Sack*, AfP 1991, S. 713, *Ahrens*, GRUR 1995, 307; *Platho*, ZUM 200, 46, 47.

[156] *Engels*, Fernsehwerbung, S. 128 ff; *Ricker/Schiwy*, aaO, 408 ff; *Volpers u.a.*, Werbung und Programm im Fernsehen.

die vorgeschriebene Trennung von redaktionellem und werblichem Teil bewahrt werden.[157]

Wie sich dieses Verständnis des Trennungsgebotes im Einzelfall niederschlägt und auswirkt, soll im Folgenden anhand der grundlegenden Entscheidungen der Rechtsprechung, die wiederum umkehrt erheblichen Einfluss auf die Ausgestaltung des Trennungsgebotes genommen haben, einer eingehenden Untersuchung unterzogen werden.

b) Die Trennung von Werbung und Programm im Lichte der Rechtsprechung des *BGH*

i. Die Zulässigkeit von Kooperationen der Medien (Medienverbund)

(1.) Der Fall „Boro"

Schon relativ bald nach Ausbreitung neuer Sonderwerbeformen Mitte der 80er Jahre musste sich der *BGH* mit der Frage befassen, ob vor dem Hintergrund des Prinzips, dass Wirtschaftswerbung deutlich vom übrigen Programm zu trennen und zu kennzeichnen ist, Hinweise auf Materialien von Medienunternehmen, die mit der Rundfunkanstalt kooperieren (sogen. Medienverbund[158]), zulässig sind.

Der bisher einzigen Entscheidung zu dieser Frage[159] - das Urteil schien auf seine Weise[160] eine „rechtsbefriedende Wirkung" zu haben - lag folgender Sachverhalt zu Grunde:

---

[157] Statt vieler: *Hesse,* Rundfunkrecht, 2. Aufl. 1999, 3. Kap. IV Rdnr. 57.

[158] Der Begriff des Medienverbundes bezeichnet verschiedene Phänomene der Kooperation oder Koordination mindestens zweier Medien in einer Weise, dass diese gezielt wechselseitig aufeinander, zu einem gemeinsamen wirtschaftlichen Zweck, insbesondere der gemeinsamen Rechteverwertung, Bezug nehmen. Bekannte Fälle solcher Kooperationen sind Begleitbücher, (wie das Buch zum Film) oder der Soundtrack. Die gemeinsame Interessenlage der Verbundpartner ergibt sich dabei regelmäßig daraus, dass die Publizität einer Sendung die Absatzchancen der Begleitpublikation erhöht und der Rundfunkveranstalter den Zuschauer über die Sendung hinaus medienübergreifend informieren, bilden unterhalten oder an sein Programm binden kann. Vgl. zum Medienverbund: *Becker/Bork/Eberle/Schardt/Niwiarra/Schöfer* in ZUM 1991, 47 ff.

[159] *BGH,* Urt. vom 22. Feb. 1990 - I ZR 78/88; *BGHZ* 110, 278 = NJW 1990, 3199 = GRUR 1990, 611 = MDR 1990, 1093 = NJW-RR 1991, 160 = WM 1990, 1085 - Boro.

Am 13. Februar 1987 sendete das ZDF im Abendprogramm den Kriminalfilm „Wer erschoß Boro?“, wobei die Täterfrage als Gewinnspiel ausgeschrieben wurde. In einer Reihe von Sendungen und Programmvorschauen, in denen das ZDF auf den Krimi aufmerksam machte, wurde auf das gleichnamige Buch eines Verlages mit den Worten hingewiesen:

„Bei der Aufklärung der Tat kann Ihnen dieses Buch helfen, das jetzt überall erhältlich ist.“

In dem Buch des Verlages, der sich an den Produktionskosten des Fernsehspiels mit DM 100.000,- beteiligt und dem ZDF umsatzabhängige Produktionskostenbeiträge zugesagt hatte, wurde der Gang der Handlung geschildert, so dass der Zuschauer an die Lösung des Falls heran geführt wurde. Die Zuschauer wurden aufgefordert, ihre Lösung des Falles bis zu einem bestimmten Termin beim ZDF einzusenden. Als Gewinne wurden 10 Preise a DM 10.000.- verlost. Ein Hersteller von Gesellschafts- und Kriminalspielen, der in den Hinweisen des Senders auf das Buch des privaten Verlags eine unerlaubte Werbung sah und deshalb auf Unterlassung und Schadensersatz klagte, scheiterte zunächst vor dem *OLG Stuttgart*[161], welches die Kombination von Fernsehsendung und Verlagserzeugnis als legitimes Angebot an die Zuschauer ansah, das aus Gründen der Wettbewerbsfreiheit grundsätzlich zulässig war. Auch wenn durch die Hinweise des ZDF die rundfunkrechtlichen Grenzen überschritten wurden, lag nach Auffassung des Gerichts das Interesse des Publikums an der Erhaltung und Ausweitung der Vielfalt der Medienerzeugnisse höher als das Interesse des Klägers und Wettbewerbers an gleichen Chancen und Risiken.

Vor dem *BGH* hatte diese Entscheidung keinen Bestand. Er sah das Engagement des ZDF als absichtliche Beeinflussung der Zuschauer zu kommerziellen Zwecken und damit als Werbung im Programm an, welche gegen das Trennungsgebot verstößt. Bei der Prüfung der Zulässigkeit von Kooperationen im Medienverbund stehe das Verhältnis zwischen programmlich redaktionellem Anlass[162] und der damit verbundenen Intensität der Werbewirkung im Vordergrund. Insoweit setzte ein zulässiger Hinweis des Rundfunkveranstalters auf Begleitmaterial zur Sendung einen redaktionellen Anlass voraus. Liegt dieser vor, dann fehlt es

[160] Zwar sind nach dem *BGH*-Urteil fast keine Klagen mehr gegen die Vermarktungspraktiken der Medienunternehmer bekannt geworden. Der Hauptgrund für das geringe Interesse der Medienunternehmen, gegen fragwürdige Kooperationen der Konkurrenten vorzugehen, dürfte aber weniger in einer veränderten Vermarktungspraxis der Rundfunkanstalten zu suchen sein. Der Grund scheint nach übereinstimmendem Tenor zahlreicher Gespräche des Verfassers mit Vertretern aus dem Medien- und Vermarktungsbereich in der Sorge zu liegen, die rasante Entwicklung des Fernsehwerbemarktes durch juristische Auseinandersetzungen zum Nachteil aller Beteiligten zu schädigen. Vgl.: *Hackbarth,* ZUM 1998, 974, 983.

[161] *OLG Stuttgart*, AfP 1988, S. 76.

[162] Ziff. 14 DLM-Werberichtlinie; Ziff. 9 ARD- bzw. ZDF-Werberichtlinien.

an der Absicht des Rundfunkveranstalters, den Verkauf des Begleitmaterials zu fördern und damit am Vorsatz der werblichen Beeinflussung.[163]

(2.) Begleitmaterialien und Programmbezug

Als Ausgangspunkt für die Frage der Abgrenzung zwischen zulässigen, redaktionellen Hinweisen und unzulässigen, kommerziellen Eigeninteressen verfolgender Werbung im Programm greift der *BGH* auf das Kriterium des Programmbezugs zurück.[164] Danach sollen Hinweise auf programmbegleitende Produkte, Dienstleistungen (z.B. das Buch zum Film usw.) keine Werbung im Sinne des RStV darstellen, wenn nur ein Fall der Kooperation von zwei Medien (Buch, Zeitschrift usw.) vorliegt und die werbliche Wirkung des Programmhinweises durch ein programmlich redaktionelles Interesse gerechtfertigt ist.

Ein erforderlicher Programmbezug zwischen Sendung und Produkthinweis wird überwiegend dann angenommen, wenn die mit der Sendung verfolgte Programmaufgabe über den zeitlich beschränkten Wirkungsrahmen der Sendung hinaus weiterverfolgt werden soll und dadurch die Information und Bildungsfunktion der Sendung medienübergreifend fortgesetzt wird.[165] In diesen Fällen verdrängt der informierende Charakter der Programminformation die unvermeidlich damit verbundene werbliche Wirkung.

Ein Verstoß gegen das Gebot der Trennung von Werbung und Programm soll hingegen bei Hinweisen auf Begleitmaterial vorliegen, die in keinem unmittelbaren Zusammenhang mit der ausgestrahlten Sendung stehen.[166]

Im Ausgangsfall hätte man allein den Hinweis auf das Buch zum Film noch als vom Programmauftrag gedeckt und daher aus redaktionellen Gründen gerechtfertigt ansehen können. Als entscheidendes, die Sittenwidrigkeit begründendes Element hat der *BGH* jedoch die Zahlungsverpflichtung des Kooperationspartners an das ZDF sowie das zusätzlich durchgeführte Gewinnspiel gewertet, und diese als einen gezielten, nicht aus journalistischen Gründen gerechtfertigten Werbeeffekt zugunsten des Kooperationspartners angesehen. Aus diesem Grunde sei der Hinweis auf das Begleitmaterial als verbotene Werbung im Programm unzulässig.[167] Mit der Förderung fremden Wettbewerbs würde die Unabhängig-

---

[163] *BGHZ*, 110, 278, 287 f.

[164] Vgl. auch Seite 113 ff.

[165] Das soll z.B. bei Hinweisen auf Ergänzungs- oder Lehrmaterial von Sprachkursen oder Sendungen des Telekolleg vorliegen; im Einzelnen: *Bork*, ZUM 1991, 51, 54; *Bosmann*, ZUM 1990, 553; *Reidt*, AfP 1990, 103; *Kühn*, ZUM 1986, 370, 373. *Eberle*, ZUM 1991, 56, 58; *Schardt*, ZUM 1991, 61.

[166] *Bork*, WiP, S. 104 ff; *Bosmann*, ZUM 1990, 545, 553; *Neft*, Rundfunkwerbung, S. 89 f.

[167] *BGH*, ZUM 1990, 291 ff; zust. *Bork*, ZUM 1991, 51 ff, krit. *Schardt*, ZUM 1991, 61 ff.

keit der Rundfunkanstalt, welche von Verfassung wegen zu schützen sei, in sittenwidriger Art und Weise verletzt.[168]

Die überwiegende Meinung[169] sowie die Landesmedienanstalten (Ziff. 15 Nr. 4 u. 5 DLM-Richtlinie) folgern aus der *BGH*-Rechtsprechung, dass z.B. Hinweise des Rundfunksenders auf Bücher, Schallplatten oder andere Publikationen nach überwiegender Meinung zulässig sei, wenn sie dem besseren Verständnis der Sendung und der Information des Zuschauers dienen. Dabei soll es unerheblich sein, ob das Buch bzw. die Schallplatte aus dem Unternehmen des Rundfunkveranstalters oder eines Dritten stammt.[170] Entscheidend sei, dass z.B. ein Buch helfe, den mit der Fernsehausstrahlung verbundenen Verflüchtigungseffekt zu verhindern. Insoweit trete der Werbeeffekt hinter dem redaktionellen Informationsinteresse zurück.[171]

(3.) Programmbezug und Werbeabsicht

Ob der *BGH* tatsächlich mit der „Boro"-Entscheidung die Weichen für eine sinnvolle Abgrenzung zwischen programmlicher Werbung und noch zulässigen redaktionellen Hinweisen erfolgreich gestellt hat, erscheint zweifelhaft.

Dem *BGH* hält *Neft* zu Recht entgegen, dass die von Rundfunksendungen abgeleiteten Produkte grundsätzlich nicht von größerem Interesse seien als andere vergleichbare Produkte. Denn auch Hinweise auf gewisse Sporthöhepunkte eines Jahres, welche der vertieften Betrachtung einer Sportberichterstattung dienen, zielen in erster Linie darauf ab, den Rezipienten zum Erwerb dieser Produkte zu veranlassen. Ein weitergehendes redaktionell begründetes Interesse an solchen Hinweisen liegt in kaum größerem Maße vor, als bei sonstigen Drittprodukten, auf denen nicht der Name des Rundfunksenders steht. Die (auch)[172] kommerziellen Interessen der Rundfunkanstalt werde bereits daran deutlich, dass diese Hinweise in zeitlicher und inhaltlicher Hinsicht mit dem Handel abgestimmt sind und die Themenauswahl sich fast ausschließlich auf besonders populäre Sportarten oder Sportler konzentriert.

Ob die Schlussfolgerung von *Neft*, wonach auch diese Hinweise gegen das Trennungsgebot verstoßen, zwingend ist, erscheint zweifelhaft.[173]

---

[168] Vgl. auch *Ahrens*, GRUR 1995, 309.

[169] Vgl. zum Meinungsstand: *Beucher* u.a., § 7 RStV Rdnr. 13.

[170] *Ring* u.a., § 7 RStV Rdnr. 57.

[171] Ebd. Fn. Abschnitt 10 Fn. 169.

[172] Daneben geht es der Rundfunkanstalt um eine Aktivierung der Aufmerksamkeit der Zuschauer, welche sich mit einprägsamen Marken und Bildern besser erreichen lässt. Vgl. Seite 46 ff.

[173] *Neft*, Rundfunkwerbung, S. 89 f; ähnlich *Hochstein*, AfP 1991, 696, 702.

Denn letztlich wird die Frage des Programmbezugs von der Rundfunkanstalt nicht unter dem Gesichtspunkt, ob ein Hinweis dem besseren Verständnis des Zuschauers dient, beantwortet, sondern in erster Linie danach, ob der Hinweis den Zuschauer interessieren könnte. Die Rundfunkanstalten, die sich aufgrund der Medienvielfalt und Informationsflut einem starken Wahrnehmungswettbewerb ausgesetzt sehen, müssen sich an diesen Interessen des Zuschauers ausrichten. Maßstab für die Beurteilung dieser Interessen ist in erster Linie das Einschaltverhalten und damit die Programmauswahl der Zuschauer. Da Fernsehen primär zur Unterhaltung und Entspannung eingeschaltet wird, lässt sich sagen, dass das Fernsehen weniger Informations- als ein Unterhaltungsmedium ist.[174] Insoweit enthalten Hinweise des Senders im Anschluss einer Sendung, dass z.B. die Hauptdarsteller als Spielfiguren im Handel erhältlich sind, ebenfalls Informationen über das Kaufprodukt selbst. Denn dieser Hinweis interessiert einen erheblichen Anteil der Zuschauer nicht weniger als die Möglichkeit weitergehender Informationen zum Hintergrund der Sendung.
Tatsächlich sind Hinweise auf Begleitmaterial ein wichtiges Beispiel dafür, dass jede aus Sicht des Zuschauers interessante Sendung bei ihm den Wunsch nach weiterer Beschäftigung mit darin enthaltenen Themen wecken kann. Ob es sich dabei um Begleitmaterialien oder um andere Merchandisingprodukte handelt,[175] ist für den Zuschauer unerheblich.

Das Kriterium des Programmbezugs ist spätestens nach der Neuregelung des RStV nicht mehr zur Abgrenzung redaktioneller und werblicher Programmhinweise geeignet. Zur Abgrenzung der Wettbewerbsförderungsabsicht von programmlicher Berichterstattung kommt der gesetzgeberischen Entscheidung in den neuen §§ 15 Abs. 4, 45 Abs. 3 RStV besondere Bedeutung zu. Hinweise der Rundfunkanstalten auf eigene Programme und Begleitmaterialien, die direkt vom Programm abgeleitet sind, gelten danach „nicht als Werbung im Sinne des § 45 Abs. 1-3 RStV“. Diese Einschränkung lässt nur den Schluss zu, dass Hinweise auf unmittelbar mit dem Programm zusammenhängende Produkte (z.B. weiterbildendes Lern- oder Begleitmaterial) ohne weiteres dem Werbebegriff

[174] Vgl. Seite 28 f; differenziert: *Blödorn/Gehrhards/Klingler*, Fernsehen im neuen Jahrtausend – ein Informationsmedium, MP 2000, 171, 180, die aufgrund einer empirischen Untersuchung zu dem Schluss kommen, dass die Zuschauer das Fernsehen gleichermaßen für Information und Unterhaltung nutzen. Deren Ergebnis geht jedoch stillschweigend von der falschen Prämisse der Gleichwertigkeit von Information und Informationssendung bzw. von Unterhaltung und Unterhaltungssendung aus, ohne auf die Besonderheiten der „Informationsvermittlung“ mittels unterhaltsamer Kommunikationstechniken einzugehen (hierzu vgl. Seite 278 ff).

[175] *Volpers* u.a., Werbung und Programm, S. 120 grenzen zulässige redaktionelle Hinweise auf Begleitmaterialien von unzulässigen Hinweisen auf Merchandisingprodukte danach ab, ob ein urheberrechtlicher Tatbestand der Verwertung eines Merchandisingrechtes vorliegt. In diesem Fall läge rundfunkrechtlich der Tatbestand der Werbung vor.

des § 2 Abs. 2 Nr. 5 RStV 2000 unterfallen können, ohne dass allerdings die gesetzlichen Werbezeitbeschränkungen Anwendung finden.[176] Ob solche Hinweise Werbung darstellen, für die die Vorschriften der §§ 7 Abs. 3 S. 2, Abs. 5, 2 Abs. 2 Nr. 5 RStV einzuhalten sind, muss anhand der allgemeinen Kriterien[177] ermittelt werden.

Das Kriterium des Programmbezugs oder des redaktionellen Anlasses ist kaum zu einer Klärung dieses Problemkreises geeignet, da die aufgeworfene Frage, wie das Zuschauerinteresse zu bestimmen ist, nicht beantwortet werden kann. Die Schwierigkeit der Trennung von Werbung und Programm wurde damit auch nach der ersten *BGH*-Entscheidung nicht ausgeräumt.

ii. DER FALL „GULDENBURG"

(1.) Die Entscheidung des BGH

Der *BGH* hat in seiner Guldenburg-Entscheidung[178] das Gebot der Trennung von Werbung und Programm zu stärken versucht.

Zwar stuft er die kommerzielle Randnutzung von Sendungen als generell zulässig ein. Zugleich aber sieht das Gericht Gefahren für die Unabhängigkeit der Programmgestaltung, wenn Figuren missbräuchlich allein mit dem Ziel der

---

[176] **A.A.** sind die Landesmedienanstalten, wonach derartige Hinweise aus dem Anwendungsbereich der Werberegelungen herausfallen (s. Ziff. 15 Nr. 4 u. 5. DLM-Richtlinie).

[177] Vgl. Seite 111 ff, insbesondere 138 ff.

[178] *BGH,* Urt. v. 19. Nov. 1992, *BGHZ* 120, 228 = NJW 1993, 857 = AfP 1993, 485 = = JuS 1993, 696 Nr. 11 (*Emmerich*). Der Entscheidung lag folgender Sachverhalt zugrunde: 1987 strahlte das ZDF die Fernsehserie „Das Erbe der Guldenburgs" aus. Schauplatz war unter anderem ein Schloß in Schleswig-Holstein. Noch vor Abschluss der Dreharbeiten ließ der Schlosseigentümer das Warenzeichen „Guldenburg" für verschiedene Produkte, u. a. Getränke, Nahrungsmittel und Schmuck, beim deutschen Patentamt eintragen. Hiergegen wendete sich das ZDF. Das *LG Hamburg* und das *OLG Hamburg* (abgedruckt in AfP 1991, 443) gaben ihm recht. Auf die Revision des Schlosseigentümers hob der *BGH,* diese Urteile auf. Die Verfassungsbeschwerde des ZDF, mit welcher der Sender die Beschränkung von Maßnahmen der aktiven Zuschauerbindung als Verletzung der Rundfunkfreiheit rügte, hat das *BVerfG*, Beschl. vom 28. Okt. 1998 - 1 BvR 341/93, AfP 1998, 618, nicht zur Entscheidung angenommen. Die vom ZDF befürchtete Beeinträchtigung seiner Programmfreiheit durch Nutzung von Sendetiteln durch Dritte, die den journalistischen Ruf der Rundfunkanstalten gefährdet, werde durch die Rechtsprechung des *BGH,* zur Verwechslungsgefahr (§ 1 UWG, §§ 5, 15 MarkenG) ausreichend geschützt. Jedenfalls ist die wirtschaftliche Betätigung von öffentlich-rechtlichen Rundfunkanstalten nach Auffassung des *BVerfG* stets durch den Rundfunkauftrag bedingt und begrenzt. Die grundsätzlich zulässige und von der Rundfunkfreiheit geschützte Randnutzung komme aber nur in Betracht, wenn diese in Zusammenhang mit der Rundfunkfreiheit steht. Für fernliegende Warenbereiche wie im vorliegenden Fall fehle dem ZDF eine schützenswerte Rechtsposition.

Vermarktung eingeführt werden.[179] Das Gebot der Neutralität gegenüber Werbung und die Bewahrung der Unabhängigkeit der Anstalten insbesondere in die Abwehr aller sachfremden Einflüsse Dritter auf die Programmgestaltung setzen der wirtschaftlichen Betätigung der öffentlich-rechtlichen Rundfunkanstalten Schranken.[180] Der *BGH* befürchtet, dass die Zulassung uneingeschränkter Vermarktungsmöglichkeiten für Rundfunkanstalten dazu führen kann, dass wirtschaftliche Überlegungen den Programmauftrag überlagern und schon Planung und Gestaltung von Sendungen in Absprache mit interessierten Wirtschaftskreisen auf die Zweitverwertung ausgerichtet werden.[181] Damit nähert sich das Merchandising in bedenklicher Weise der Schleichwerbung an.[182]

Dieser Tendenz bestehe laut *BGH* insbesondere bei Praktiken des Merchandising[183], da hier ein Lizenznehmer bestrebt sein könnte, auf Rundfunkanstalten Druck auszuüben, erfolgreiche Serien inhaltlich den Interessen der Werbewirtschaft anzupassen, die Ausstrahlungen zu verlängern und zu wiederholen, damit sich die Lizenzvergabe rentiere.[184] Umgekehrt sei die Verführung für den Rundfunksender groß, durch entsprechende Programmgestaltung oder redaktionelle Hinweise die Produkte des Kooperationspartners zu fördern. Erfolgen solche Hinweise außerhalb der Werbeblöcke, liegt ein Verstoß gegen das Trennungs- und Kennzeichnungsgebot des § 7 Abs. 3 RStV vor.[185] Von daher bestehen keine Abweichungen zu anderen Werbeformen.[186]

(2.) Kritik

1.1. Einflussnahme auf Programmgestaltung und Programmhoheit

Ob die Befürchtung der Rechtsprechung, durch Merchandisingaktivitäten der Rundfunkanstalten könne Druck auf die Programmgestaltung in Hinblick auf häufigere Wiederholung bestimmter Sendungen ausgeübt und damit ihre Unabhängigkeit gefährdet werden, begründet ist, erscheint zweifelhaft. *Ruijsennaarss* hat zurecht eingewandt, dass sich die Gefahr der Wiederholung bestimmter Sen-

---

[179] *BGHZ* 120, 228, 236 - Guldenburg; *Ehlgen*, ZUM 1996, 1008 ff.

[180] *BGH*, ebd.

[181] *BGH*, NJW 1993, 852, 855 - Guldenburgs.

[182] So auch *BVerfG*, AfP 1998, 618, 621; zust. *Dörr/Eckl*, NJW 1999, 1925, 1935 f.

[183] Vgl. zum Begriff und Formen des Merchandising: Seite: 23.

[184] *BGH*, NJW 1993, 852, 855.

[185] *Herkströter*, ZUM 1992, 395, 406 f; *Hochstein*, AfP 1991, 696, 703; *Hesse*, Rundfunkrecht, 3. Kap. IV 3b S. 108; *Neft*, Rundfunkwerbung, S. 89 f. Zur Frage des parallelen Verstoßes gegen das Schleichwerbeverbot (§ 7 Abs. 6 RStV), vgl. *Beucher* u.a., § 7 RStV Rdnr. 15 u.H.a. *LG München*, ZUM 1985, 517. m.w.N.

[186] **A.A.:** *Auer*, Werbung, S. 122 ff, wonach Merchandisingaktivitäten eine unternehmerische Leistung darstellen, die auch mit Gewährleistung eines wettbewerbsrechtlichen Schutzes zu honorieren sei.

dungen in der Praxis nicht realisieren dürfte, da diese in erster Linie vom Publikumszuspruch abhängt.[187]

Hingegen ist die Gefahr der missbräuchlichen Einführung von Figuren in eine Sendung mit dem Ziel der Vermarktung nicht von der Hand zu weisen, wie die zunehmend intensivere und professionellere Verwertung von Nebenrechten in Film und Fernsehen deutlich macht.[188]

Wenn die Bekanntheit bestimmter Serien, Figuren oder Formate gezielt zur wirtschaftlichen Weiterverwertung genutzt wird, dann handelt es sich zunächst um ein ökonomisch vernünftiges Verhalten, denn es dient der Zuschauerbindung und ist damit ein wichtiges Instrument im medienweiten Kampf um die begrenzte Aufmerksamkeit des Zuschauers, zumal sich konkurrierende Medien (z.B. Zeitschriften, Internet) ebenfalls dieser Vermarktungsstrategien bedienen.

Gleichzeitig fördert der Sender durch die Ausstrahlung von Sendeformaten, für die Merchandisingvereinbarungen mit Dritten bestehen, den Bekanntheitsgrad der dargestellten Marken und Produkte (Figuren, Lieder usw.).

Das alleinige Ausrichten des Programmangebotes privater Rundfunkveranstalter an Vermarktungsinteressen ist solange unbedenklich, solange der Zuschauer durch die Hinweise auf weiterführende Produkte nicht irregeführt wird und der Rundfunksender jederzeit frei über seine Programmangebote entscheiden kann.[189] Dann ist die Unabhängigkeit der Sender nicht eingeschränkt. Die öffent-

---

[187] *Ruijsennaars,* Zur Vermarktung der Titel von Fernsehprogrammen, ZUM 1993, 353, 356; *Hesse,* Rundfunkrecht, 3. Kap. IV 3b S. 108.

[188] Vgl. *Böll*, Merchandising.

[189] *Meyer-Harport,* Neue Werbeformen im Fernsehen, S. 202. Das *Finnisches Marktgericht,* in: GRUR Int. 1992, 297, 300 - G.I.Joe m. Anm. *Kur,* hat versucht, dieser Entwicklung Einhalt zu gebieten und deshalb die Unterbrecherwerbung für Spielfiguren, die in Bezeichnung und Aussehen den Trickfilmfiguren aus dem zuvor gesendeten (Satelliten-) Programm glichen, für unlauter erklärt. Es sah in der Verstärkerwirkung des Merchandising ein Mittel, das die Wirkung optischer Trennung bei bestimmten Altersgruppen entscheidend schwächt (vgl. auch: *Gloy/Ahrens*, WbR, § 59, Rdnr. 84). Aber auch ein Verbot der Unterbrecherwerbung für Kindersendungen (in Deutschland in § 44 Abs. 1 RStV geregelt) verhindert professionell gestaltete, gezielt werbewirksame Darstellung von Akteuren in Zeichentrickfilmen kaum. Diese Darstellungen werden regelmäßig bereits im Produktionsstadium mit den Kinderspielzeugherstellern abgesprochen. Besonders professionell erfolgt diese Gestaltung bei Disney und *Steven Spielberg*. Wichtigste verkaufsstrategische Fragen sind dabei: Eignet sich der Held des Films als Sympathieträger für die Werbung? Sind die Hauptfiguren so einfach gebaut, dass die Spielzeugindustrie sie billig nachbauen kann? (Vgl. *TV-Movie* 16/1997, S. 6 ff) Auch ist es fraglich, ob diese Form der Werbung Kinder nicht spätestens im Spielzeuggeschäft oder in Kinderzeitschriften einholt, wenn die jungen Zuschauer den werbewirksam dargestellten Figuren wiedertreffen. Konsequenterweise hätte die Kooperation der Produzenten mit dem Hersteller ganz verboten und letztendlich die Ausstrahlung der Serie komplett untersagt werden müssen.

lich-rechtlichen Rundfunkanstalten hingegen, die gemäß ihrem Programmauftrag zu einem vielfältigen Programmangebot verpflichtet sind, vernachlässigen im Falle der Ausrichtung an primär ökonomischen Interessen nichtkommerzielle Programmangebote für gesellschaftliche (Rand)-Gruppen, die für das Privatwerbefernsehen weniger interessant sind.

Würden die öffentlich-rechtlichen Anstalten dementsprechend handeln, so würden sie ihren Grundversorgungsauftrag verletzen. Deshalb ist der *BGH*-Entscheidung im Fall „Guldenburg" zuzustimmen, dass den öffentlich-rechtlichen Sendeanstalten eine zu weitgehende Programmvermarktung verboten sein muss. Lizenzverträge zwischen Rundfunkanstalten, Rechteinhabern und Herstellern, die eine Verpflichtung der Rundfunkanstalt auf redaktionelle Hinweise außerhalb des Werbeprogramms vorsehen, dürfen die Rundfunkanstalt in Art, Ausmaß und Dauer nicht übermäßig binden.

2.1. Schlussfolgerung aus den *BGH*-Entscheidungen „Boro" und „Guldenburg"

Die beiden Entscheidungen des *BGH* sind unter drei Gesichtspunkten bedeutsam.

Erstens hat das Gericht redaktionelle Hinweise dann als gegen das Trennungsgebot verstoßende, unzulässige Werbung im Programm eingeordnet, wenn aufgrund der konkreten Anhaltspunkte im Einzelfall die Vermutung nahe liegt, der Rundfunkveranstalter verfolge primär kommerzielle Absichten anstelle programmlich redaktioneller Informationsinteressen.

Zweitens wurde die Kooperation der Rundfunkanstalten mit Dritten im Grundsatz nach für zulässig erklärt, auch wenn bei öffentlich-rechtlichen Anstalten Bedenken bleiben.

Drittens wurde der Schutz der Unabhängigkeit der Rundfunkanstalt vor Einflussnahmen Dritter hervorgehoben und damit die Durchsetzung des Trennungsgebotes weitgehend gestärkt, auch wenn das Kriterium des Programmbezugs zur Abgrenzung zwischen Werbung und Programm wenig geeignet ist.

Der *BGH* setzt sich in seinen Entscheidungen allerdings nicht weiter mit der Frage nach der grundsätzlichen Abgrenzbarkeit zwischen kommerziellen und redaktionellen Programminteressen auseinander.

Für den Zuschauer dürfte in den seltensten Fällen ersichtlich sein, ob die Verwendung bestimmter Produkte in Rundfunksendungen in Absprache mit dem

Lizenzgeber erfolgt und damit faktisch Merchandising darstellt und ob redaktionelle Gründe für die Auswahl ausschlaggebend waren.[190] Die Beantwortung dieser Frage ist schwierig; es findet eine Metamorphose der Sendeinhalte zu Kaufprodukten statt. Die Inhalte der Sendung selber, insbesondere Figuren und Zeichen der Sendung können so als Werbeträger genutzt werden, um mit ihnen verbundene Produkte und Dienstleistungen zu verkaufen.

Vor diesem Hintergrund ist es fraglich, ob das Trennungsgebot überhaupt noch geeignet ist, den Werbeaktivitäten Einhalt zu gebieten. Denn die Primärnutzung von Figuren, Charakteren und anderen Artikeln stehen in Zusammenhang mit einer Unterhaltungs- und Werbefunktion der ausgestrahlten Sendung.[191] Die Sekundärnutzung im Rahmen des Merchandising baut auf der durch die Primärnutzung erlangten Popularität der Merchandisingobjekte auf. Wenn es diesen gelingt, ein Produkt (mehr oder weniger) untrennbar in das positive Umfeld einer Handlung, eines Beitrages, oder eines Bildes zu integrieren (z.B.: einen BMW oder eine Markenuhr in den dramaturgischen Ablauf eines James-Bond-Films, Ray Ban-Sonnenbrillen als wichtigen Lichtschutz für die Geheimagenten in dem US-Erfolgskinofilm „Man in Black“) kann dies die Werbewirkung deutlich erhöhen. In diesem Fall scheidet ein Verstoß gegen das Trennungsgebot aus, da die Platzierung programmlich redaktionell gerechtfertigt sein kann. Selbst wenn man die Integration von Figuren in einen Spielfilm noch als irreführende Schleichwerbung ansehen sollte, was zweifelhaft ist, da die Figuren in erster Linie Teil der Handlungsverlaufs sein müssen, um vom Zuschauer akzeptiert zu werden, dann bliebe diese Einblendung zumindest für den Spielfilm nach der *BGH*-Rechtsprechung folgenlos, da allenfalls Hinweise im Vorspann des Films auf den werblichen Charakter als Sanktion in Frage kämen.

Umgekehrt erfährt eine über die Darstellung des realen Lebens hinausgehende Produktplatzierung zwar einen höheren Aufmerksamkeitswert der Zuschauer, die Werbeabsicht wird dann aber um so leichter von den Zuschauern erkannt und unterscheidet sich dann nicht von den üblichen Wirkungen der klassischen Werbung.

Wenn die Technik des Merchandising gezielt die Figuren und Personen der Spielfilmhandlung in einer Weise in Spielfilmen auftreten lässt, die geeignet ist, diese Figuren als Sympathieträger für angebotene Produkte, in Zeitschriften oder Werbung einzusetzen, dann geht von jedem Film, jeder Serie eine Werbewir-

---

[190] Vgl. *Meyer-Harport,* Neue Werbeformen im Fernsehen, S. 202 ff.
[191] *Schertz*, Merchandising, Rdnr. 13.

kung für Merchandisingprodukte aus und umgekehrt.[192] Es spielt dabei keine Rolle, ob sich die von der Marke ausgehende Signalfunktion beim Verbraucher auf ein Merchandisingprodukt überträgt, oder auf den Gesponserten bzw. das gesponserte Produkt. Im Ergebnis werden alle Beteiligte aus Sicht der Verbraucher mit der jeweiligen Marke in Verbindung gebracht. Gerade bei besonders sympathischen Charakteren eines Films, die den Zuschauer emotional berühren, besteht der Wunsch, das erlebte „Filmereignis" nochmals nachzuempfinden. Diesem Wunsch kommen Merchandisingprodukte nach. Von ihnen geht wiederum eine positive Wirkung auf den Zuschauer aus, der mit Sendung und damit zusammenhängenden Produkten positive Emotionen empfindet. Dies ist wichtigste Voraussetzung für die Programmbindung des Zuschauers, erhöht die Chancen auf hohe Einschaltquoten (und damit vermehrte Werbeschaltungen), weswegen es nicht verwundern kann, dass diese Mechanismen zunehmend auch von Fernsehanstalten professionell ausgenutzt werden.[193]

Die Entscheidungen des *BGH* zum Merchandising haben weder die voranschreitende Merchandisingpraxis der Rundfunkanstalten aufhalten können, noch zur Klärung der schwierigen Abgrenzung zwischen kommerzieller Werbeabsicht und Programminteresse beitragen können.

iii. DIE ZULÄSSIGKEIT VON EREIGNISSPONSORING: DER FALL „AGFA"

(1.) Ereignis- und Sendesponsoring

Während der *BGH* in seinen Entscheidungen „Guldenburg" und „Boro" zu ermitteln hatte, ob die Handlung der Rundfunkanstalt als Werbung einzustufen war, bot sich dem Gericht in der Entscheidung „Agfa" die Möglichkeit, die Frage zu klären, wann einer Rundfunkanstalt ein erfolgter werbewirksamer Hinweis zuzurechnen ist.

Ausgangspunkt war folgender Sachverhalt:

---

[192] *Auer*, Werbung, 1993, S. 128.; *Scherer, B.*, a.a.O., S. 34; DER SPIEGEL 37/97, S. 94 ff, Neue Herren in Hollywood - Spielzeugfirmen und Fast Food-Ketten mit Macht ins amerikanische Filmgeschäft. Sie zahlen Hunderte von Millionen für Lizenzen und Marketingallianzen und reden dafür überall mit: Industriemanager diktieren mittlerweile Premierentermine und redigieren Drehbücher. Zum jeweiligen aktuellen Walt-Disney-Film erscheinen bei McDonald genau auf die Zielgruppen abgestimmte Merchandisingartikel, die zum Kauf oder zu speziellen Kinderessen („Juniortüten") angeboten werden.

[193] In diesem Zusammenhang haben sich in den letzten Jahren auf Sonderwerbeformen spezialisierte Werbeagenturen entwickelt, die speziell das für die beworbene Marken entsprechende programmliche Umfeld suchen bzw. entwickeln; hierzu: *Böll,* Merchandising, S. 124 ff, 164 ff.

Anlässlich der Liveübertragung eines Fußballspiels, das von der Firma Agfa gesponsert wurde, blendete die ARD vor und nach der Übertragung insgesamt 15 Sekunden einen Hinweis auf einen Sponsorein, bei dem außer dem Wort „Agfa" auch das Firmenlogo sowie folgender Text zu sehen war:

„Agfa sponserte das Fußballänderspiel Deutschland - Italien im Müngersdorfer Stadion in Köln."

Der daraufhin von SAT 1 erhobenen Unterlassungsklage hat das *LG Frankfurt*[194] stattgegeben. Zur Begründung hat es im Wesentlichen ausgeführt, dass die zu Wettbewerbszwecken erfolgende Ausstrahlung des Sponsorhinweises von Art. 7 Abs. 3 RStV a.F. nicht gedeckt sei, da es sich weder um die Übertragung eines von Dritten gesponserten Ereignisses noch um eine in der bisherigen Weise gestattete Form des Sponsoring handele und schon gar nicht um eine solche, die nicht den wirtschaftlichen Interessen des Sponsors diene. Vielmehr stelle der Sponsorhinweis Werbung dar, die gegen das Trennungs- und Kennzeichnungsgebot in Art. 6 Abs. 2 RStV a.F. verstoße und damit § 1 UWG verletze. Zudem würden die Zuschauer über Sinn und Zweck der Einblendung irregeführt (§ 3 UWG). Das von der ARD angerufene *OLG Frankfurt*[195] vertrat demgegenüber die Auffassung, dass die ARD-Richtlinien von 1988, die die Sponsornennung bei der Übertragung gesponserter Ereignisse aus programmlichen Gründen vorsehen, den Sponsorhinweis im konkreten Fall erlaubten. Die ARD habe bei der Entscheidung über die Nennung des Sponsors das ihr eingeräumte Ermessen nicht missbräuchlich ausgeübt. Auch ein Verstoß gegen das Gebot der Trennung von Werbung und Programm liege nicht vor. Nach dem Rundfunkstaatsvertrag und den ARD-Richtlinien stünde das Sponsoring gleichberechtigt neben den allgemeinen Grundsätzen der Trennung von Werbung und Programm, so dass eine Spezialregelung für das Sponsoring vorgehe. Im Übrigen würde auch das Publikum nicht unsachlich beeinflusst oder irregeführt, so dass selbst dann, wenn man den Trennungsgrundsatz für anwendbar hielte, diesem Genüge getan sei.

Nach Ansicht des *BGH*[196] verstieß die Nennung und Einblendung des Sponsors gegen das Verbot von Wirtschaftswerbung im Programm und war deshalb wegen Verletzung des rundfunkrechtlichen Kennzeichnungs- und Trennungsgebots sittenwidrig im Sinne des § 1 UWG.

Ausgangspunkt für diese Überlegung war die Unterscheidung zwischen Ereignis- und Sendungssponsoring. Beim letzteren, sogen. aktiven Sponsoring, geht

194 ZUM 1988, 302 ff.
195 ZUM 1990, 482 ff.
196 *BGH,* Urt. vom 19. März 1992 - I ZR 64/90; *BGHZ,* 117, 353 = NJW 1992, 2089 = EWiR § 1 UWG 14/92, 915 (*Sack*) = GRUR 1992, 518 = JZ 1992, 874 m. Anm. *Bork,* 876 = JuS 1993, 165 (*Emmerich*) = MDR 1992, 759 = NJW-RR 1992, 1131 = ZIP 1992, 2089.

es darum, dass Dritte finanziell die Gestaltung von Sendungen des Fernsehens unterstützen, während man von Ereignissponsoring spricht, wenn das Fernsehen lediglich eine von Dritten finanziell unterstützte Veranstaltung überträgt. Letztlich handelt es sich bei alledem um Werbung im Sinne medialer, d.h. redaktioneller Werbung.[197]

Jedoch hat die Nennung des Sponsorennamens beim aktiven Sponsoring nach Ansicht des *BGH* den Zweck, das Publikum darauf hinzuweisen, dass der Sponsor hier möglicherweise Einfluss auf Gestaltung der Sendung genommen hat, so dass besondere Vorsicht bei der Beurteilung der Sendung geboten sei. Sendungssponsoring ist im Rahmen des § 8 RStV (§ 7 RStV a.F.) zulässig. Bei passiven Ereignissponsoring bestehe diese Gefahr nicht, da die Entscheidung über Ausstrahlung und Kommentierung des Beitrages immer noch der Unabhängigkeit des Rundfunkveranstalters vorbehalten bleiben, so dass hier die Namensnennung entbehrlich sei.[198]

Im 2. Fall geht die werbliche Wirkung wie auch bei Bandenwerbung ausschließlich von dem Sponsor des Ereignisses aus und muss als unvermeidbare Werbung hingenommen werden.[199] Für Ereignissponsoring gelten nach Ansicht des *BGH* die allgemeinen Regelungen über die Trennung von Werbung und Programm und damit der Grundsatz, dass jede Werbung im redaktionell gestalteten Programm grundsätzlich verboten ist.[200]

Vorliegend hat die Rundfunkanstalt dadurch, dass sie den Namen des Sponsors einer Sportveranstaltung in Kenntnis der großen wirtschaftlichen Bedeutung dieses Handeln für den Sponsor oder gar auf dessen Druck hin in eine Übertragung eingeblendet, hat den Wettbewerb dieses Unternehmens (sogen. „mehr an Werbung") gefördert.[201] Mit ihrem Verhalten hat die Sendeanstalt den Zweck verfolgt, ihre eigene Position im Wettbewerb mit privaten Anstalten durch Erwerb der Senderechte zu verbessern.[202]

---

[197] *Emmerich,* JuS 1993, 165.

[198] *Coerdt-Taxhet,* Irreführende Fernsehwerbung, S. 52 ff.

[199] Vgl. *Bork,* ZUM 1988, 322, 325; *Weiand,* ZUM 1993, 81, 82; *Beucher u.a.*, § 8 RStV Rdnr. 6 m.w.N.

[200] *BGHZ* 110, 278 – Boro; *Greffenius/Fikentscher*, ZUM 1992, 526, 537 f; *Ring* u.a., § 8 RStV Rdnr. 14; hingegen für eine entsprechende Anwendung der Sponsorregelungen auf Ereignissponsoring: *KG Berlin*, AfP 1987, 713; *Ladeur*, ZUM 1987, 500.

[201] Zum Ganzen: *Bruhn/Mehlinger*, Sponsoring, Bd. 1, S. 210.

[202] *BGH,* NW 1992, 2089, 2091 – Agfa.

(2.) Gegenvorstellungen in der Literatur

Bruhn/Mehlinger halten dem *BGH* entgegen, dass die Verpflichtung der Rundfunkanstalten, entsprechend ihrem Programmauftrag ein realistisches Bild der Wirklichkeit darzustellen[203], auch einen Hinweis auf tatsächlich vorhandene Sponsoren mitumfasst.[204] Es mache keinen Unterschied, ob der Sponsor die Veranstaltung selbst fördere und dafür bestimmte Gegenleistungen erhalte („Vorspannnennung") oder ob er Zuschüsse zu den Übertragungskosten leiste, also die Sendung fördere und dann genannt werden muss. Denn in beiden Fällen werde entgegen der Auffassung des *BGH* zugleich auf die Veranstaltung und auf die Übertragung der Veranstaltung durch die Rundfunkanstalt Einfluss genommen. Die davon ausgehenden Gefahren sollen in beiden Fällen durch eine Kennzeichnung gem. § 7 Abs. 2 RStV a.F. (bzw. § 8 Abs. 1 RStV 2000) verhindert werden.[205]

(3.) Kritik

Es ist zu beachten, dass der Programmauftrag der Sender nur die wahrheitsgemäße Berichterstattung und damit die Darstellung der Realität vorsieht, nicht jedoch deren Interpretation. Sofern die Rundfunkanstalt aus eigenem Antrieb mit der Erwähnung des Sponsors eine werbliche Wirkung in Kauf nimmt, gewichtet sie das tatsächliche Verhältnis zwischen Sponsor und Veranstalter zu Gunsten des Sponsors, verfälscht die Realität und führt somit den Zuschauer irre. Wenn man in der Nennung des Sponsors zu Beginn einer Sendung auch den Zweck sieht, den Zuschauer über Gefahren einer möglichen Einflussnahme auf das Programm hinzuweisen, dann hat die Nennung im Fall „Agfa" einen Sinn. Tatsächlich hat die Rundfunkanstalt dem Druck von Sponsor und Veranstalter nachgegeben und den Sponsoringhinweis ausgestrahlt. Insoweit hat der Hinweis gerade nicht die Realität, sondern die vorhandene Einflussnahme auf die Sendung abgebildet.

Der *BGH* stützt seine Einschätzung der Agfa-Einblendung als Verstoß gegen das Trennungsgebot entscheidend auf das Kriterium der Vermeidbarkeit und Gebotenheit. Wie bereits an anderer Stelle dargelegt,[206] ist dieses Kriterium nicht geeignet, eine Trennung von zulässigen Werbeeffekten und absichtlichen Werbe-

---

[203] Vgl. Seite 111 f.

[204] *Bruhn/Mehlinger*, Sponsoring, Bd. 1, S. 211, wonach es ein legitimes und erhebliches Interesse von Veranstalter und Öffentlichkeit darstelle, über die Teilnahme des Sponsors der Veranstaltung zu berichten. Wenn Künstler, Politiker und Kommentatoren auf den Zuschauer Einfluss nehmen könnten, sei ein Verbot des Sponsoringhinweises auf einen objektiv richtigen Sachverhalt nicht einzusehen.

[205] *Mehlinger*, Sportsponsoring - Erscheinungsformen und Grenzen, SpuRT 1996, 165.

[206] Vgl. Seite 117 f.

beiträgen zu gewährleisten. Die Beurteilung dessen, was verboten und was unvermeidbar ist, hängt im Ergebnis von der Marktmacht der Werbetreibenden und Veranstalter ab, die ohne Rücksicht auf das Trennungsgebot ihren wirtschaftlichen Vorteil suchen. Zumindest mit der Zulassung virtueller Werbung im Programm ist dieses Kriterium hinfällig.[207]

iv. PRODUCT-PLACEMENT IM SPIELFILM: DER FALL: „FEUER, EIS UND DYNAMIT"

(1.) Der Ansatz des BGH

Ausgangspunkt zur der bisher einzigen Entscheidung des *BGH* zur Frage der Zulässigkeit bezahlter Werbung im Spielfilm[208] war die Ausstrahlung des Films „Feuer, Eis und Dynamit" im Kino (!), der bekanntermaßen zum wesentlichen Teil durch Product-Placement finanziert wurde, und der ein Skirennen zwischen verschiedenen Markenartikelherstellern zum Gegenstand hatte.

Nach Auffassung des *BGH* soll auch im Kinofilm das Gebot zur Trennung von Werbung und Programm gelten.[209] Wenngleich es an einer entsprechenden spezialgesetzlichen Verbotsnorm fehle, führe die Verletzung der wettbewerbsbezogenen und branchenspezifischen[210] Regelung zur Trennung von Werbung und Programm unmittelbar zur Sittenwidrigkeit, ohne dass es auf ein planmäßiges Handeln ankommt.[211]

---

[207] Vgl. Seite 216 f.

[208] *BGH*, Urt. v. 6. Juli 1995 1 ZR 59/93, ZUM 1996, 146 = ZIP 1995, 1544 = NJW 1995, 3177 = GRUR 1995, 744 = DB 1995, 2418 = NVwZ1996, 205 = *BGHZ* 130, 205 = MDR 1996, 382 – Feuer, Eis & Dynamit I; *BGH*, Urt. v. 6. Juli 1995 I ZR 2/94 = DB 1995, 2419 = GRUR 1995, 750 = MDR 1996, 383 = NJW 1995, 3182 = NJWE-WettbR 1996, 2 = NVwZ 1996, 206 = ZIP 1995, 1551 = ZUM 1996, 152 - Feuer, Eis & Dynamit 2.

[209] Auch ohne drittschützenden Charakter kann ein Verstoß gegen das Trennungsgebot in § 7 Abs. 3 RStV nach allgemeiner Meinung über § 1 UWG sanktioniert werden, vgl. *Ring* u.a., § 7 RStV Rdnrn. 27, 80 m.w.N.

[210] So *Sack*, AfP 1991, 713. Nach *Mann*, Werbung auf CD-Rom-Produkten mit redaktionellem Inhalt, NJW 1996, 1241 ff, gilt das Trennungsgebot auch für CD-Roms als Druckwerke i.S.d. Pressegesetzes.

[211] *BGH*, ZUM 1996, 146, 149; GRUR 1990, 611, 615 - Boro; *Sack*, ZUM 1987, 113; *ders.*, AfP 1991, 707, 713; *Henning-Bodewig*, GRUR 1996, 325; *dies.*, GRUR Int. 1991, 858, 867 ff; *dies.*, ZUM 1988, 267 f; *B/H*, a.a.O., § 1 UWG, Rdnrn. 40, 43 f; *Bork*, GRUR 1988, 264, 271 f; *ders.*, a.a.O., S. 88; *Scherer, B.*, a.a.O., S. 110; *Asche*, Product Placement im Kino, S. 55.; *Bruhn/Mehlinger*, Sponsoring, Bd. 1, S. 190. **A.A.:** *OLG Hamburg* WRP 1994, 125, 128; *Ullmann*, a.a.O., FS-Traub, S. 418; *Scheuch*, Product Placement, S. 455 m.w.N. in Fn. 80, wonach ein Verbot der Einflussnahme über § 1 UWG nur für Rundfunk und Presse verallgemeinert werden kann; das Kulturgut Buch entferne sich genauso wie der Kinofilm, von dem keine mit einer neutralen Stelle vergleichbare objektive Unterrichtung erwartet wird, von den rundfunkrechtlichen Regelungen.

Daraus folgt die grundsätzliche Kennzeichnungspflicht von Werbung im Programm zum Schutz des Adressaten und das Verbot, eine Werbeabsicht im Spielfilm durch Tarnen einer Werbemaßnahme, wie es durch die Platzierung von Markenartikeln gegen Geldleistungen erfolgt, zu verschleiern.[212]

Insoweit kann der Einwand der zunehmenden Vermischung publizistischer und kommerzieller Interessen insbesondere bei der Filmproduktion, wo dieser Sachverhalt auch dem Zuschauer bekannt sein sollte, keinen anderen Schluss rechtfertigen. Der Zuschauer ist nicht in der Lage, das in Wettbewerbsabsicht eingebaute Product-Placement trotz allem Wissen über Kommerzialisierung des Unterhaltungsbereichs, gerade in den Fällen, in denen Product-Placement in besonders geschickter Weise in die Spielfilmhandlung eingebaut oder zuweilen sogar das Verkaufsmotiv der Produktion ist, zu erkennen.[213] Eine Verbrauchertäuschung über den Werbecharakter der Produktplatzierung in Spielfilmen ist deshalb in der Irreführung über die künstlerische und dramaturgische Notwendigkeit der Produkteinblendung zu sehen.[214] Ein solches Verhalten hat der *BGH* als einen Verstoß gegen den Wahrheitsgrundsatz eingestuft.[215]

Rundfunkrechtlich bedeutsam ist diese auf § 1 UWG gestützten Entscheidung vor allem deshalb, weil der *BGH* trotz eindeutiger Vermischung von Werbung und Spielfilm nicht auf die Unzulässigkeit der Ausstrahlung des Films schließt. Vielmehr schränkt er den Zuschauerschutz in Hinblick auf die von einem Schlechthinverbot des Filmes betroffene Kunstfreiheit des Filmemachers (Art. 5 Abs. 3 GG) ein und hält einen Hinweis im Vorspann auf den besonderen Werbecharakter des Films für ausreichend und verhältnismäßig.[216] Dabei lässt er sich entscheidend von dem Gedanken leiten, dass den Aussagen und Angaben in (Kino-)Spielfilmen vom Verkehr ein weitaus geringerer Grad an Objektivität beigemessen wird, als den Beiträgen von neutral angesehenen Redaktionen von Presse, Hörfunk und Fernsehen. Folglich sei auch die von der Werbung im Spielfilm ausgehende Beeinflussungswirkung eine geringere.[217]

[212] St. Österreichische Rechtsprechung, vgl. nur *ÖOGH*, MR 1999, 188 - Zementindustrie.

[213] *Scheuch*, Product Placement, S. 449; *Henning-Bodewig*, ZUM 1988, 270; im Ergebnis auch *Scherer, I.*, Verbraucherwerbung, S. 196, 198.

[214] *Platho*, ZUM 2000, 46, 48; *Sack*, ZUM 1987, 103, 121; *Henning-Bodewig*, ZUM 1988, 269.

[215] *BGH*, ZUM 1996, S. 148 m.w.N.

[216] Ebd.

[217] *BGH*, ZUM 1996, 146, 149 m.w.N. - Feuer, Eis & Dynamit.

(2.) Besteht eine allgemeine Verpflichtung Werbung erkennbar zu machen?

Ein Teil der jüngeren Literatur[218] lehnt die Übertragung des Trennungsprinzips außerhalb des Geltungsbereichs der rundfunkrechtlichen Vorschriften z.B. auf den Kinofilm ab, da das Trennungsprinzip dem Grundsatz, dass der Spielfilm als Gesamtkunstwerk den Schutz der Kunstfreiheit genießt, widerspricht.[219]

Zuzustimmen ist dieser Ansicht darin, dass der Trennungsgrundsatz keine Anwendung auf Kinospielfilme finden kann. Eine allgemeine Verpflichtung, Werbung erkennbar zu machen, besteht im Gegensatz zu anderen Rechtsordnungen, wie z.B. dem italienischen Wettbewerbsrecht, das generell eine klare Erkennbarkeit von Werbung vorschreibt[220], in Deutschland nicht.[221]

Werbung im wettbewerbsrechtlichen Sinne als bewusste Beeinflussung zwecks Kommunikation[222] ist in ihren Erscheinungsformen vielfältig und kaum von anderen Kommunikationsformen zu trennen. Gerade in der Werbewirtschaft wird zunehmend auf eine integrierte Kommunikation geachtet. Hauptmerkmal dieses Konzeptes ist die Vernetzung sämtlicher Marketingmaßnahmen von Öffentlichkeitsarbeit über klassische Werbung bis zu Kundenservice und Multimedia zu einem einheitlichen Gesamtauftritt. Ziel ist, dass das Unternehmen in allen Bereichen, in denen es tätig wird, sofort und einheitlich wahrgenommen wird. Damit stellt jede Außendarstellung zugleich eine Eigenbewerbung dar.[223] Die Forderung nach Erkennbarkeit der Werbung wird vor diesem Hintergrund „fast wertlos".[224] Zumal die Kennzeichnungsvorschriften nur wenige Medien (z.B. § 9 Abs. 2 MDStV, § 10 SaarlPrG) betreffen. Sie können deshalb nicht als allgemeiner Grundsatz auf alle Kommunikationsformen übertragen werden.

Als entscheidendes Argument wird von Gegnern des *BGH* vorgetragen, dass eine Irreführung der Zuschauer nicht vorliege, wenn der Werbecharakter z.B.

---

218 *Scheuch*, Product Placement, S. 455; *Ahrens*, GRUR 1995, 307, 309; *Hartel*, ZUM 1993, 592, 596 f; *ders.*, ZUM 1996, 129, 131 f; *Ullmann*, a.a.O., S. 411.

219 *Scheuch*, Product Placement, S. 456; *Ahrens*, GRUR 1995, 307 f; *Sack*, AfP 1991, 714; **a.A.**: *Henning-Bodewig*, ZUM 1988, 269 f; *Ullmann*, a.a.O., S. 418.

220 Art. 4 Abs. 1 der Gesetzesverordnung Nr. 74 v. 25.1.1992, GRUR Int. 1992, 825.

221 So auch *Hartel*, ZUM 1993, 596 ff; *Ahrens*, GRUR 1995, 307, 309. Nach Auffassung von Asche, Product Placement, S. 119 besteht zumindest kein Anspruch auf ungestörten, d.h. werbefreien Filmgenuss.

222 Vgl. Seite 71.

223 Nach *Tritschler*, w&v 13/2000, S. 114 ff, funktioniert integrierte Kommunikation nach dem Motto „all message ist corporate".

224 Vgl. *Reifenrath* (FR-Chefredakteur), zit. nach *Rediske*, Verstöße gegen das Trennungsgebot. Ein Hearing des Deutschen Presserates zur Vermischung von Werbung und Programm, MMM Nr. 1/2. Jan./Feb. 2000 = http://www.igmedien.de/publikationen/m/.

bei US-Kinofilmen, in denen gerade Product-Placement gang und gäbe ist[225], auf der Hand liege.[226] So sei Product-Placement in Spielfilmen nicht irreführend i.S.d. § 3 UWG, da sich der Zuschauer keine konkreten Vorstellungen darüber mache, ob die im Film gezeigten Gegenstände in Wettbewerbsabsicht oder gegen Entgelt ausgewählt worden sind und es zusätzlich an der wettbewerbsrechtlichen Relevanz der Vorträge fehlt.[227]

Dem wird entgegengehalten, dass es nicht um die Art der Darstellung gehe, sondern um die Tatsache, dass der Film auch werblichen Interessen dient, ohne dass der Zuschauer davon Kenntnis hat. Selbst wenn der Zuschauer die einzelne Einblendung als Werbung erkennen sollte, so erwartet er beim Spielfilm traditionell *Unterhaltung*, nicht Werbung, auch wenn viele Filme nicht mehr unterhalten oder informieren wollen, sondern vielmehr das Verkaufsmotiv der Produktion sind.[228] Der Zuschauer wird deshalb davon ausgehen, dass die Verwendung des Markenprodukts ausschließlich dramaturgischen Zwecken dient, nicht aber Ergebnis eines Zusammenwirkens von Spielfilmhersteller und Werbenden und damit der Förderung fremden Wettbewerbs ist. Eine Irreführung über den Charakter des Films besteht demnach zumindest in den Vorankündigungen.[229]

(3.) Kritik

1.1. Falsche Prämissen des *BGH*

Die Entscheidung des *BGH* kann aus mehreren Gesichtspunkten nicht überzeugen.

Zunächst hat der *BGH* seine Annahme, der Verkehr mache sich über den Wercharakter überhaupt Gedanken[230], empirisch nicht belegt. Vielmehr hätte der

---

225 Vgl. *Schuster*, Sittenwidrig, unlauter und lukrativ. TAZ v. 25. Aug. 2000, S. 16. Besonders professionell werden Kooperationen und Merchandising von Disney betrieben (z.B. mit McDonalds, da viele Kinobesucher nachweislich Fastfood-Esser sind). Seit einiger Zeit hat Disney exakte Abstufungen für Platzierungsmöglichkeiten von Produkten und Dienstleistungen in ihren Filmen. Je nach Länge und dramaturgischem Wert eines Product-Placement kosteten diese Anfang der 90er bereits zwischen 20.000 und 60.000 $, hierzu: *Baacke/Schäfer/Vollbrecht*, Treffpunkt Kino: Daten und Materialien zum Verhältnis von Jugend und Kino, 1994, S. 106; *Asche*, Product Placement im Kino, S. 29 m.w.N.

226 *Gloy/Helm*, WbR, § 49, Rdnr. 50 u.H.a. *OLG Frankfurt*, ZUM 1990, 482, 485.

227 *Paschke-Reuter*, DZWir 1996, 45, 47; *Hartel*, ZUM 1993, 592, 596, *ders.* ZUM 1996, 129, 131; *Gloy/Helm*, WbR, § 49, Rdnr. 50 m.w.N.

228 *Scheuch*, Product Placement, S. 449; *Scherer, I.*, Verbraucherwerbung, S. 198.

229 *BGH*, ZUM 1996, 146 f; *Dörfler*, Product Placement, S. 113 ff m.w.N.; *Bork*, GRUR 1988, 272; *Henning-Bodewig*, ZUM 1988, 270; *Scherer, B.*, a.a.O., S. 136; *Sack*, AfP 1991, 713 f.

230 So auch *Gloy/Ahrens*, WbR, § 59 Rdnr. 54; *Gröning*, Hintertüren für redaktionelle Werbung?, WRP 1993, 685, 687; *Schultze*, Product Placement im Spielfilm, S. 23, 77 f.

BGH prüfen müssen, wie stark die Beeinflussungswirkung im Kino tatsächlich ist. Wie die Sozialwissenschaft nachgewiesen hat, unterscheidet sich das medienspezifische Wahrnehmungsverhalten von Kinobesuchern durchaus von dem der Fernsehzuschauer.[231] Die fehlende Auseinandersetzung mit dieser Frage bedeutet eine überzogene Inanspruchnahme richterlicher Sachkunde.

Zweitens ist das Kriterium der dramaturgischen Gebotenheit nicht geeignet, tatsächlich erfolgte Werbeplatzierungen von aus künstlerischen Gründen bedingten Darstellungen von Marken und Produkten abzugrenzen.[232] Die Entscheidung über die künstlerische Gestaltung eines Handlungsablaufs verbleibt beim ausführenden Regisseur oder Produzenten und kann nicht von Gerichten ersetzt werden.[233]

Professionelle Werbung im Programm erfolgt heutzutage nur noch dort, wo die Aufmerksamkeitsspanne des Zuschauers am höchsten und der Einbau von Markenprodukten am Glaubwürdigsten ist, d.h. dort, wo eine „stimmige Implementierung der Produkte“ dramaturgisch sinnvoll erscheint.[234] Diese Entwicklung kommt den Zuschauerinteressen grundsätzlich entgegen, da sie offensichtlich Produkte des Alltags in Filmen wiedererkennen wollen, ohne dadurch in ihrem Unterhaltungsgefühl gestört zu werden.[235] Ein dramaturgisch nicht gebotener Werbeeffekt, der vom Zuschauer als störend empfunden wird, stellt zugleich eine wirkungslose Werbeeinblendung dar, da der Versuch des Werbetreibenden, den Zuschauer mittels einseitiger Fernsehkommunikation zu beeinflussen, negativ beeinträchtigt wird.

Drittens muss sich der *BGH* auch den Vorwurf gefallen lassen, dass er die künstlerische Gestaltungsfreiheit von Werbung im Spielfilm auch dann vor technisch

---

[231] In Lichtspieltheatern ist die Aufnahmebereitschaft des Zuschauers i.d.R. stärker als bei der Fernsehnutzung. Zum einen sind die psychischen Einwirkungsmöglichkeiten größer, weil die Umgebung in viel größerem Umfang ausgeblendet wird als beim Fernsehen, zum anderen konzentriert sich der Zuschauer beim Besuch eines Films seiner Wahl in der Regel stärker als beim häuslichen Fernsehen, wo oft nebenbei „konsumiert“ wird; vgl.: *Baacke/Schäfer/Vollbrecht*, a.a.O., S. 113, S. 87 ff, 143 ff; *Bruhn/Mehlinger*, Sponsoring, Bd. 1, S. 190 f. Hieraus leitet *Schultze*, Product Placement im Spielfilm, S. 284, 286, einen Erst-Recht-Schluss ab. Das, was dem Zuschauer im Rahmen der Kinovorführung zugemutet werden kann, kann ihm erst recht beim Wahrnehmungssystem Fernsehbildschirm zugemutet werden, weil sich der Zuschauer leichter der Fernsehwerbung entziehen kann und diese auch eine geringere Autorität hat. **A.A.** offenbar *Ladeur*, ZUM 1999, 676 f, wonach die Filmästhetik mit der Ästhetik der Werbung bei modernen Product-Placement-Formen schon soweit fortgeschritten ist, dass es kaum einleuchtet, warum für den Zuschauer im Rundfunkbereich eine andere rechtliche Einordnung als für den Kinozuschauer erforderlich ist.

[232] Vgl. hierzu Seite 113 ff.

[233] Vgl. auch *Hartel*, ZUM 1993, 599.

[234] *Auer* u.a., Product Placement, S. 70 ff. Vgl. Fußnote 78.

[235] So *Forlenza* im Interview mit w&v 39/96, S. 22.

möglichem Schnitt oder der digitalen Schere schützt, wenn der Zuschauer im Einzelfall über den Zweck der Einblendung irregeführt wird. Zwar verlangt der *BGH* eine Kennzeichnung des Spielfilms vor Beginn der Ausstrahlung, indem der Zuschauer auf den besonderen Werbecharakter hingewiesen wird. Auch ist es richtig, dass infolge des weiten Verständnisses von Kunstfreiheit die in deren Ausübung begangenen Verstöße gegen einfache Gesetzesnormen nicht erfasst werden.

Die Kunstfreiheit wird durch die Verletzung der Schleichwerberegelungen eingeschränkt, da diese Vorschriften den Schutz des Verbrauchers auf die freie, von Manipulation unbeeinflusste Entfaltung der Persönlichkeit sicherstellen sollen und somit Verfassungsrang haben.[236]

Ob aber ein Hinweis zu Beginn der Sendung den Zuschauerinteressen ausreichend Rechnung trägt, ist zweifelhaft, wenn man in einem vollständigen Verbot von Product-Placement im Spielfilm eine unverhältnismäßige „Zensur" sieht.[237]

Wenn man annimmt, dass der Hinweis geeignet sei, das Reaktanzverhalten des Zuschauers zu erhöhen und im Verlauf des Films auftauchende Produkteinblendungen leichter als Werbung kenntlich zu machen, ist damit noch nicht sichergestellt, ob eine gegen das Trennungsgebot verstoßende Werbung nicht im Einzelfall doch den Zuschauer irreführt.[238] Vielmehr wird dieses Risiko in Kauf genommen.

2.1. Übertragbarkeit der *BGH*-Rechtsprechung auf bezahlte Werbung im Fernsehen

Offen bleibt die Einordnung der *BGH*-Entscheidung in das System der Rundfunkwerberegelungen. So ist das Verhältnis von durchgehend kennzeichnungspflichtiger Dauerwerbesendung im Sinne des § 7 Abs. 5 RStV 2000 und zu Beginn kennzeichnungspflichtiger Spielfilmsendungen mit „besonderem Werbecharakter" im Sinne der *BGH*-Rechtsprechung[239] ungeklärt.

---

[236] *BGH,* ZUM 1996, 152, 153 – Feuer und Eis II; *Dörfler,* Product Placement, S. 105 f; *Henning-Bodewig*, ZUM 1988, 263 ff; *dies.*, GRUR Int. 1991, 858, 868; *Scheuch,* Product Placement, S. 443 ff; differenz.: *Johansson*, a.a.O., S. 142 ff.

[237] So *Auer* u.a., Product Placement, S. 244 ff.

[238] Nach der *Scheuch*, Product Placement, S. 448, werde der Zuschauer durch die Filmhandlung so stark in Anspruch genommen, dass er keine große bewusstseinsmäßige Kontrolle aufbauen kann. Inwieweit diese These mit den Erkenntnissen der Verhaltensforschung übereinstimmt: vgl. unter S. 33 ff.

[239] Der Ausdruck findet sich in *BGH,* ZUM 1996, 146.

Ebenso ist das Verhältnis zwischen Trennungsgebot und Schleichwerbeverbot offen. Wettbewerbsrechtlich macht diese Unterscheidung wenig Sinn; rundfunkrechtlich muss sie jedoch beachtet werden. Zwar kann mit dem Argument der fehlenden Irreführung des Product-Placements die Anwendbarkeit des Trennungsgebotes auf bezahlte Werbung im Fernsehfilm auf der bisherigen Grundlage begründet werden. Selbst wenn man unterstellt, dass der Zuschauer durch die Markenplatzierung nicht irregeführt wird, weil er sie sogleich als Versuch der werblichen Beeinflussung erkennt, so begründet das noch nicht zugleich die Zulässigkeit. Denn die fehlende Irreführung lässt nur einen Verstoß gegen die Schleichwerbung des § 7 Abs. 6 RStV, nicht aber gegen das Trennungsgebot in § 7 Abs. 3 S. 2 RStV entfallen. Das Trennungsgebot soll die Unabhängigkeit und Neutralität der Rundfunkanstalt schützen. Selbst wenn man dem Kriterium der Unabhängigkeit bei künstlerisch gestalteten Fremdproduktionen keine entscheidende Bedeutung beimessen würde, so missachtet eine Rundfunkanstalt, die wissentlich und ohne entsprechenden Hinweis einen Spielfilm mit bezahlter Werbung in ihrem Programm ausstrahlt, ihre Neutralitätspflicht, da sie einseitig zu Gunsten der beworbenen Unternehmer zu Lasten Dritter tätig wird.

v. Unterschiedliche Werbeabsicht bei Informations- und Unterhaltungssendungen

(1.) Die Preisrätselgewinnauslobungsentscheidungen des BGH

Bis zur Feuer, Eis & Dynamit-Entscheidung hat der *BGH* in redaktionell gestalteten Herausstellungen mit werblicher Zielrichtung einen Verstoß gegen § 1 und § 3 UWG sowie das rundfunkrechtliche Trennungsgebot erkannt, ohne zwischen unterschiedlichen Medienangeboten zu unterscheiden.[240] Nunmehr hat er (außerhalb der Rundfunkwerberegelungen) eine unterschiedliche Gewichtung von Verstößen in Informations- und Unterhaltungssendungen zugelassen. So stellt das Gericht heraus, dass der Zuschauer Unterhaltungssendungen, zu denen typischerweise auch Spielfilme gehören, ein geringeres Vertrauen in Hinblick auf Objektivität und Neutralität der Berichterstattung entgegenbringt als Nachrichten- oder Informationssendungen.[241] Die mögliche Gefährdung der Unabhängigkeit der Filmgestaltung infolge von Vermarktungsinteressen hat das Gericht dabei nicht einmal angesprochen (s.o.). Dies lässt nur den Schluss zu, dass das Gericht eine solche Gefahr für den Unterhaltungsbereich, in dem auf dem ein starker Wettbewerb besteht, und der für die konstitutive Meinungsbildung der Verbraucher weniger bedeutsam ist, wohl nicht sieht. Er trägt somit der Lebens-

[240] S. Seite 108 f. Vgl. *BGH,* GRUR 1962, 461; *OLG Celle,* GRUR 1959, 191; *OLG München,* WRP 1983, 175; *OLG Frankfurt,* NJW 1985, 1647 u. *Fuhr/Rudolph/Wasserburg,* a.a.O., 6. Kap., 4 c, S. 381 ff.

[241] Ähnlich *Schultze*, Product Placement im Spielfilm, S. 86 ff.

realität Rechnung, da eine Unterscheidung zwischen künstlerischer und kommerziellen Interessen nicht mehr zeitgemäß ist.[242]

Auch in weiteren Entscheidungen zum Themenkomplex „getarnte Werbung“[243] differenziert der *BGH* zwischen einem „engerem, redaktionellen Bereich“, dem Meinungen, Berichte, Leitartikel, etc. zuzuordnen sind, und einem „zu verantwortenden Bereich im weiteren Sinne“, der in erster Linie spielerische Unterhaltung (z.B. Veranstaltung von Preisrätseln mit Gewinnchancen) umfasst. Für den zweiten Bereich sollen nicht so strenge wettbewerbsrechtliche Maßstäbe gelten als für den engeren ersten.[244] So soll trotz vorhandener Werbeabsichten[245] im Unterhaltungsbereich eine relevante Täuschung des Zuschauers nur angenommen werden, wenn der Eindruck erweckt wird, die positive Darstellung des Wirtschaftsgutes sei aus sachlichen, journalistischen oder künstlerischen Gesichtspunkten[246] erfolgt, obschon dem tatsächlich nicht so ist.[247]

(2.) Meinungsbildungsrelevanz von Unterhaltungssendungen?

Bereits vor dieser Rechtsprechungsentwicklung hat das *LG Stuttgart* die Auffassung vertreten, dass ein eventuelles Vertrauen des Verbrauchers in die Glaubwürdigkeit und die Unabhängigkeit der Filmpräsentation nicht schutzwürdig ist, da Unterhaltungssendungen im Gegensatz zu Informationssendungen keine wichtige Aufgabe für den Meinungsbildungsprozess zukommt.[248]

Dagegen wird jedoch eingewandt, dass Unterhaltungssendungen ebenfalls der Meinungsfreiheit dienen, d.h. ihre Unterwanderung durch Werbung den Zuschauer irreführen kann.[249]

---

[242] Der Film-Regisseur *Wim Wenders* stellt in w&v 34/99, fest: „Überhaupt gibt es keine direkte Grenze zwischen Kunst und Kommerz: Es gibt lange und kurze Filme, gute und schlechte Filme. Auf beiden Seiten. Die Werber wollen Markenartikel verkaufen, und viel anders ist das im Kino auch nicht. Die Markenartikel sind da die Verleihnamen , oder die Schauspieler und manchmal der Regisseur.“

[243] Vgl. zuletzt: *BGH,* NJW 1996, 3276 – Preisrätselgewinnauslobung III; NJW 1996, 3278– Preisrätselgewinnauslobung IV. Vgl. auch Seite 254 f, 124f.

[244] BGH, ebd.

[245] Der *BGH,* NJW 1996, 3278, 3279 – Preisrätselgewinnauslobung IV, stuft Preisrätsel unter anderem als „Werbung“ (!) für die Zeitschrift ein. Vgl. auch *BGH*, ZUM-RD 2000, 325, 330 – Mattscheibe.

[246] Zur Untauglichkeit dieser Kriterien siehe unter: Seite 113 ff.

[247] Hierzu: *Coerdt-Taxhet*, Irreführende Fernsehwerbung, S. 93.

[248] *LG Stuttgart*, GRUR 1987, 739 = AfP 1987, 637, 638; in diese Richtung wohl auch: *Ahlert/Schröder,* Marketing, S. 336, wonach eine Irreführung des Zuschauers durch Product-Placement um so wahrscheinlicher ist, je objektiver und neutraler sich die vermittelte Information darstellt.

[249] Vgl. *Fuhr/Rudolph/Wasserburg*, a.a.O., 6. Kap., 4 c, S. 381 ff u.H.a. *BVerfGE* 74, 297, 325 f.

Ob der Zuschauer von Unterhaltungssendungen im Fernsehen heutzutage tatsächlich noch annimmt, dass redaktionelle bzw. journalistische Leistungen von Werbebeiträgen für Dritte getrennt werden und deshalb z.B. auch Spielfilme werbefrei seien[250], ist zweifelhaft. Im Zeitalter der Ökonomie, in der weite Teile der Lebensführung kommerzialisiert sind, kann mit guten Gründen argumentiert werden, dass der Zuschauer den Marktwert des TV-Programms kennt, weshalb auch aus Gründen der Gleichbehandlung bezahlte Werbung erlaubt sein muss.

(3.) Erwartungshaltung des Zuschauers bei Spielfilmen

In der Tat lehnt eine Mindermeinung denn auch eine Irreführung über den Werbecharakter mit dem Argument ab, dem Verkehr sei bekannt, dass die Werbung in alle Bereiche Eingang gefunden hat. Insoweit rechne der Zuschauer eines Spielfilms damit, dass Namen oder Marken zu Wettbewerbszwecken in bestimmter Weise verwendet werden, bzw. für Product-Placements Entgelte bezahlt werden.[251]

Die Gegenansicht weist auf die besondere Gefährlichkeit redaktioneller Werbeformen hin. So sei z.B. Product-Placement geeignet, das Kaufverhalten zu beeinflussen, wenn der Zuschauer hierüber nicht aufgeklärt werde.[252] Der Zuschauer sei nicht in der Lage, das in Wettbewerbsabsicht geschickt in die Spielfilmhandlung eingebaute Product-Placement trotz allen möglichen Wissens über die Kommerzialisierung des Unterhaltungsbereichs zu erkennen.[253] Er werde in diesem Fall über den Werbecharakter der Produktplatzierung in Spielfilmen getäuscht, da er von der fehlenden künstlerische und dramaturgischen Notwendigkeit der Produkteinblendung nicht informiert ist.[254]

Bei der Frage der Irreführung durch getarnte Werbung muss berücksichtigt werden, dass die Wahrnehmung der Zuschauer von Programmen und Sendungen sich gewandelt hat. Bei vielen Formen des Sponsoring (z.B. Fußball- u, Tennisübertragungen) ist es dem Rezipienten in der Regel bewusst, das bei den Sportereignissen Werbung betrieben wird. Diese Werbung wird heute von den Zuschauern weitgehend erkannt und „geduldet“. Es liegt daher keine Täuschung oder unterschwellige Werbung vor.

Durch zunehmende Aufklärung und Auseinandersetzung mit den verschiedenen Medien wurde der Verbraucher kritischer und erkennt meist ohne wesentliche

---

[250] *Henning-Bodewig*, GRUR Int. 1987 538, 546 f; *Scheuch*, Product Placement, S. 449.

[251] *OLG München*, WRP 1993, 420, 424 f; *Ullmann*, a.a.O., S. 418.

[252] *Scheuch*, Product Placement, S. 451.

[253] *Scheuch*, Product Placement, S. 449; *Henning-Bodewig*, ZUM 1988, 270; im Ergebnis auch *Scherer, I.*, Verbraucherwerbung, S. 196.

[254] *Sack*, ZUM 1987, 121; *Henning-Bodewig*, ZUM 1988, 269.

Anstrengung, wo der redaktionelle Teil aufhört und die kommerzielle Werbung beginnt. Weiterhin sind viele Verbraucher gegen Werbung weitgehend resistent geworden.[255] So zeigen auch die wenigen veröffentlichten Untersuchungen, dass der von Werbung im Programm angesprochene deutsche Verbraucher viel häufiger den Werbezweck durchschaut als die aus eigener Sachkunde handelnde Wettbewerbsrechtsprechung annimmt.[256]

Letztlich nehmen beide Auffassungen für sich in Anspruch, die Zuschauererwartungen beim Fernsehkonsum ohne empirische Grundlagen richtig einschätzen zu können. Hinzu kommt, dass der Bedeutungswandel der Werbung in den letzten Jahren und die zunehmende Vermischung von Werbung und Programm im Fernsehen die Rechtswissenschaft mit einer neuen „Werberealität“ konfrontiert.

c) Schlussfolgerung zu V. 3 b)

Die Ermittlung eines Verstoßes der Rundfunkanstalt gegen das Trennungsgebot bereitet der Rechtsprechung erhebliche Schwierigkeiten. Es zeigt sich, dass trotz Heranziehung zahlreicher Indizien bisher kaum befriedigende Lösungen zur Unterscheidung zulässiger von verbotener, getarnter Werbung wurden. Die Beantwortung der Frage, ob eine werbliche Einblendung im Fernsehen als Teil der Abbildung der Realität hinzunehmen ist, scheint sich vielmehr nach der Marktmacht der Beteiligten zu richten. Zumindest für den Zuschauer sind diese Hintergründe kaum durchschaubar.

Während der *BGH* in seinen Entscheidungen „Boro“, „Agfa“ und „Guldenburg“ eine im Wesentlichen strenge Durchsetzung des Trennungsgebotes vorgenommen hat, relativiert er diese Rechtsprechung in seinen „Feuer, Eis und Dynamit“-Entscheidungen zu Gunsten der Kunstfreiheit von Regisseur und Produzent. Dennoch stuft er Werbung im Kinospielfilm wegen der damit verbundenen Täuschung als einen Verstoß gegen das Trennungsgebot ein.

Werbung im Spielfilm, auch wenn sie den Zuschauer im Einzelfall über den tatsächlichen Werbecharakter einer Einblendung täuscht, wird nicht mehr als Verstoß gegen das Trennungsgebot sanktioniert, wenn zu Beginn der Ausstrahlung auf den werblichen Charakter des Films hingewiesen wird. Im Ergebnis reduziert der *BGH* den Irreführungsschutz. Überträgt man diese Rechtsprechung auf die Ausstrahlung von Spielfilmen im Fernsehen, dann würde ein Verstoß gegen das rundfunkrechtliche Trennungsgebot nicht mehr automatisch zur Unzulässigkeit der Ausstrahlung führen.

---

[255] *V. Benningsen-Foerder*, MA 1988, 334 ff, 337.

[256] Hierzu: *Gröning*, WRP 1993, 685, wonach das Publikum über ein wirklichkeitsnahes Urteilsvermögen verfügt und dadurch den Umgang mit Werbung in den Medien erlernt habe.

Ob der *BGH* mit dieser Rechtsprechung der bereits weit vorangeschrittenen Vermischung von Werbung und Programm gerade in Sendungen mit „geringerem Beitrag an objektiver Berichterstattung" Einhalt gebieten konnte und wollte, ist mehr als zweifelhaft. Zumindest liegt die Vermutung nicht fern, dass er bei Werbung im fiktionalen Programmteil einer Rundfunkanstalt einen großzügigeren Maßstab anzulegen gewillt ist.

d) Neue Ansätze der Instanzgerichte

In der jüngeren Zeit haben mehrere Entscheidungen der zivil- und verwaltungsrechtlichen Instanzgerichte die Diskussion über Zulässigkeit und Grenzen von Werbung im Programm neu belebt. Diese Rechtsprechung soll insbesondere in Hinblick auf die Frage nach Systematik und Auslegung der rundfunkrechtlichen Regelungen zu Schleichwerbung, Trennungsgebot und Dauerwerbesendung kritisch untersucht werden.

i. OLG München: Werbung im Programm und Gewöhnungseffekt?

Einen interessanten Ansatz hat das *OLG München* bereits 1976 in Zusammenhang mit der Zulässigkeit der Mitübertragung von Bandenwerbung im Fernsehen gewählt.

Während die heute herrschende Meinung immer noch die Auffassung vertritt, eine Irreführung des Zuschauers über den Werbezweck der Markeneinblendung bei Bandenwerbung liege solange nicht vor, solange der durch die Mitübertragung der Bandenwerbung entstehende Werbeeffekt aus Sicht der Rundfunkanstalten unvermeidbar bzw. sportjournalistisch geboten sei[257], hat das *OLG München* eine Irreführung der Verbraucher als ausgeschlossen angesehen, weil sich das Publikum an die Banden- und Reiterwerbung gewöhnt habe.[258]

Diese im Ergebnis für Bandenwerbung richtige Lösung könnte zwar auch auf die übrige Werbung im Programm mit dem Argument herangezogen werden, dass Gewöhnung wissentliche Hinnahme, also Kenntnis voraussetzt. Das grundsätzliche Wissen über den Einsatz von Product-Placement alleine kann allerdings eine konkrete Irreführung im Einzelfall und damit eine verbotene Schleichwerbung im Sinne des § 7 Abs. 6 RStV nicht ausschließen. Die Bandenwerbung wird im Einzelfall vom Zuschauer als nicht redaktionelle Leistung angesehen, weshalb eine Irreführung über die Art und Weise der redaktionellen

[257] Vgl. Seite 117 f.

[258] *OLG München*, WRP 1976, 393, 396, ähnlich auch *Kränzle*, ZUM Sonderheft 1996, S. 1007; *Fette*, FuR 1969, 259 ff; *Sack* ZUM 1987, 103, 104 ff; *ders.* AfP 1991, 704; *Hackforth*, Zwischen Bandenwerbung und Bandenwirkung, in: *ders.* (Hrsg.), 1989, S. 100 ff.

Berichterstattung ohne weitere Anhaltspunkte (z.B. auffällige Kamerafahrten) zu verneinen ist.

Selbst wenn man eine Irreführung des Fernsehzuschauers im Einzelfall ablehnt, bleibt die Frage offen, ob diese Tatsache zugleich auch einen Verstoß gegen das Trennungsgebot obsolet werden lässt[259], oder ob nicht den Fragen nach einer Gefährdung der Unabhängigkeit und Neutralität der Rundfunkanstalt in jedem Einzelfall nachzugehen ist.

Zu überlegen ist, ob nicht bei bestimmten Sendeformaten die Vermischung von Werbung und Programm soweit fortgeschritten ist, dass ein Gewöhnungseffekt beim Zuschauer eingetreten ist und daher kein Verstoß gegen das Trennungsgebot vorliegt.

Mangels Verbrauchertäuschung bliebe nur noch das Argument, dass diejenigen Unternehmen, die gegen das Trennungsgebot verstoßen, die Unabhängigkeit und Neutralität der Rundfunkanstalten gefährden und sich damit einen ungerechtfertigten Vorsprung vor den gesetzestreuen Unternehmen sichern.[260]

Letztlich wird deutlich, dass eine Neuinterpretation des Trennungsgebotes auch den bisher unbestrittenen Schutzzweck der Regelung in Frage stellen muss.

ii. *KG Berlin*: Radiomoderator als „Wohnungssuchmaschine“

(1.) Der Ansatz des KG

Der Kammergerichtentscheidung lag folgender Sachverhalt zu Grunde:

Ein Radiosender veranstaltete gemeinsam mit einer Zeitung ein Gewinnspiel dergestalt, dass die Zuhörer, die eine Wohnung in Berlin suchten, beim Radiomoderator jeweils Montag morgens anrufen und ihren Wohnungswunsch mitteilen konnten. Der Moderator musste dann in möglichst kurzer Zeit in einem

[259] Nach *Ladeur*, ZUM 1999, 678, werde selbst bei Fußballspielen strategisch platzierte Werbung zum Zwecke der Fernsehübertragung von allen Beteiligen akzeptiert, weshalb die Werbeform nicht mehr als sittenwidrig angesehen werden kann.

[260] Allerdings kann die Sittenwidrigkeit gem. § 1 UWG im Falle des Vorsprungs durch Rechtsbruch nur angenommen werden, wenn sich wenigstens ein nennenswerter Teil der anderen Gewerbetreibenden ihrerseits an das fragliche Gesetz hält. Missachten es hingegen alle anderen Gewerbetreibenden gleichfalls, so kann sich kein Unternehmen mehr durch eine Verletzung dieses Gesetzes einen Vorsprung vor den anderen verschaffen, womit die Voraussetzungen des § 1 UWG entfallen. Vgl. *OLG Köln*, NJW 1980, 2652; *OLG Celle*, GRUR 1984, 289; *OLG Frankfurt*, NJW-RR 1986, 1166; *OLG Hamm*, NJW-RR 1994, 623. Vor dem Hintergrund der vielfältigen „kreativen“ Werbetätigkeiten der öffentlich-rechtlichen wie privaten Rundfunkanstalten (vgl. Seite 226 f) ließe sich dieser Standpunkt mit guten Gründen vertreten.

Wohnungsspiegel der kooperierenden Zeitung eine entsprechende Wohnungsanzeige suchen und finden, welche den Angaben und Wünschen des Hörers entsprach. Für jede Sekunde, die er dazu brauchte, erhielt der Hörer DM 100.-, höchstens jedoch DM 1000.-. Radiosender und Zeitung warben jeweils in ihrem Medium unter Hinweis auf die Kooperation für „Die schnellste Wohnungssuchmaschine Berlins".

Das *KG*[261] hat in der Durchführung dieses Gewinnspiels einen Verstoß gegen § 1 UWG und gegen das Gebot zur Trennung von Werbung und Programm gesehen, da der überwiegend werbliche Charakter durch den Einbau dieses Gewinnspiels in das laufende Programm vom flüchtigen Zuhörer nur mit größter Aufmerksamkeit erkennbar war. Das legitime Interesse eines Rundfunksenders, Gewinnspiele mit Kooperationspartnern auch zur Eigenwerbung zu veranstalten, rechtfertige es nach Ansicht des Gerichtes nicht, bei der Einhaltung des Gebotes zur Trennung von Werbung und Programm geringere Anforderungen als sonst zu stellen. Trotz der geringen Relevanz von Gewinnspielen für die Meinungsbildung hat das *KG Berlin* deren Ankündigung unter Nennung der Kooperationspartner als nicht ausreichende Kennzeichnung angesehen. Vielmehr hat es das Gewinnspiel aufgrund den dahinter stehenden, offensichtlichen Absatzinteressen der Zeitung, die auf dem hart umkämpften Berliner Anzeigenmarkt, „neue Kompetenz" vermitteln wollte, insgesamt als Werbung des Rundfunksenders für die Vorzüge der Zeitung eingestuft. Das Gewinnspiel wäre daher nur als entsprechend gekennzeichnete Werbesendung zulässig gewesen.[262]

(2.) Kritik

Mit dieser Beurteilung hat das Gericht Einschränkungen in Hinblick auf die Geltung des Trennungsgebotes auf den Werbecharakter des Beitrages abgestellt, ohne der Frage nachzugehen, ob eine Irreführung der Zuhörer überhaupt besteht. Im Gegensatz dazu hat der *BGH* in seiner Entscheidung „Feuer, Eis und Dynamit"[263] eine Differenzierung bei der Beurteilung der Irreführungsgefahr durch werbewirksame Äußerungen im Programm nach dem jeweiligen Maß der Beachtung und Bedeutung, die der Verkehr den Angaben eines Dritten beimisst, für zulässig erachtet. Gemessen an diesen Maßstäben erscheint es durchaus naheliegend, im obigen Fall das Gewinnspiel als eine noch zulässige, spielerische und zugleich hilfreiche Unterhaltung, bei der die Zeitung als Sponsor beteiligt

[261] Urt. vom 27. Mai. 1997, AFP 1998, 311 = ZUM-RD 19998, 140 = MMR 1998, 224 – Radiomoderator als Mitwohnsuchgerät.
[262] *KG Berlin*, AfP 1998, 311, 312.
[263] *BGH*, ZUM 1996, 146, 149.

ist, einzustufen, zumal die davon ausgehende werbliche Wirkung für den Zuhörer offensichtlich und damit nicht kennzeichnungspflichtig ist.[264].

Gestützt werden kann diese Auffassung auf die zu Gewinnspielen in der Presse ergangenen Preisrätselgewinnspiel-Entscheidungen[265] des *BGH*. Die wettbewerbsrechtliche Beurteilung redaktioneller Preisrätsel erlaube es nach Auffassung des höchsten deutschen Zivilgerichts, einen großzügigeren Maßstab anzulegen als im Fall der Unterrichtung eines der Meinungsbildung dienenden, engeren redaktionellen Kreises.[266] Voraussetzung ist, dass der Werbezweck sowie die Gefahr des Eingriffs in die redaktionelle Unabhängigkeit für den Zuschauer erkennbar sind und die Präsentation des Gewinns sachlich und ohne Übertreibung erfolgt.[267]

Folgt man dem *BGH* in seiner Einschätzung des Gewinnspiels, dann hätte das Berliner Gericht die Klage mangels Irreführung abweisen können. Die Nennung des Zeitungsverlages zu Beginn der Sendung dürfte ausreichend sein, um die Zuhörer auf eine mögliche Einflussnahme des Kooperationspartners auf das redaktionelle Programm hinzuweisen. Von dem in erster Linie unterhaltungsorientierten und kurzzeitigen Gewinnspiel dürfte aufgrund der radiobedingten Flüchtigkeit der Informationswahrnehmung zudem nur eine geringe Beeinflussungswirkung ausgehen.[268]

Mit dem Festhalten an einer weitreichenden Trennungs- und Kennzeichnungspflicht für Werbung im Programm deckt die KG-Entscheidung die Widersprüche zur *BGH*-Rechtsprechung, wonach bereits bei fehlender Irreführung des Zuschauers ein Verstoß gegen das Trennungsgebot entfällt. Die KG-Entscheidung ist näher am bisherigen Schutzzweck des Trennungsgebotes,[269] wonach auch die Neutralität und Unabhängigkeit der Programmgestaltung durch Werbemaßnahmen nicht beeinträchtigt werden dürfen.

---

[264] *Laukemann,* Hörfunkwerbung, S. 123 f.

[265] *BGH,* NJW 1994, 2953 - Preisrätselgewinnauslobung I; NJW 1994, 2954 - Preisrätselgewinnauslobung II; NJW 1996, 3276 - Preisrätselgewinnauslobung III; NJW, 1996, 3278, 3280 - Preisrätselgewinnauslobung IV.

[266] Wörtlich spricht der *BGH,* in: NJW, 1996, 3278, 3279 f - Preisrätselgewinnauslobung IV davon, dass „...Preisrätsel dem redaktionell gestalteten und zu verantwortenden Bereich einer Zeitschrift im weiteren Sinne zuzuordnen [sind]. Zugleich...„stellen [Sie] für den Verkehr auch eine Form der Werbung für die Zeitschrift dar und werden als solche regelmäßig mit anderen Augen gesehen und in ihrem Aussagegehalt anders beurteilt als ein redaktioneller Beitrag zu Tagesthemen." Vgl. auch *KG Berlin*, AfP 2001, 77, 78.

[267] *BGH,* ebd. m.w.N.

[268] *Laukemann,* Hörfunkwerbung, S. 119..

[269] S. SEITE 184 f.

iii. *OVG* NIEDERSACHSEN „BARBIE-PUPPE“

(1.) Die Linie des OVG

In einer jüngeren Entscheidung beschäftigte sich das *OVG Niedersachsen* mit der Frage der werberechtlichen Einordnung einer Fernsehsendung.

Die Parteien stritten um die Rechtmäßigkeit der Ausstrahlung einer Folge der Kinderserie der klagenden Rundfunkanstalt, die sich in einem halbstündigen Beitrag aus Anlass des 30sten Geburtstags der Barbie-Puppe ausschließlich mit diesem Produkt der Firma Mattel beschäftigte.

Das *OVG Niedersachsen* hat darin das Ausstrahlungsverbot der aufsichtführenden Landesmedienanstalt wegen verbotener Schleichwerbung bestätigt.[270]

Bemerkenswert an der Entscheidung ist die Schlussfolgerung des Gerichts, dass, da die Darstellung der Barbie-Puppe zu Werbezwecken erfolgte, eine Irreführung der Zuschauer gem. § 7 Abs. 6 RStV (§ 6 Abs. 5 S. 2 RStV a.F.) vorlag, da die Darstellung nicht nur im sondern als Programm erfolgte.[271]

(2.) Kritik

1.1. Kennzeichnungspflicht im Fall „Barbie-Puppe“

In diesem Fall ist zu beachten, dass eine redaktionelle Einflussnahme Dritter auf die Programmgestaltung des Senders offensichtlich nicht vorlag, bzw. nicht nachgewiesen werden konnte.

Grundsätzlich gilt, dass dem Rundfunksender zunächst nicht die Wahrnehmung redaktioneller Interessen abgesprochen werden darf, wenn er entsprechend seinem Programmauftrag über einen Ausschnitt der realen Umwelt berichtet.[272]

Insoweit stellt die halbstündige Beschäftigung mit der Barbie-Puppe im redaktionellen Rahmenprogramm eine Themenauswahl dar, die entgegen der Auffassung des *OVG* grundsätzlich und nicht nur „ausnahmsweise“[273] zulässig ist, auch

[270] *OVG Niedersachsen*, ZUM 1999, 347 – Barbie Puppe. Das vom Kläger vorgetragene Argument, die Darstellung der Puppe beruhe auf einem pädagogischen Konzept des jetzigen Moderators und früheren Lehrers, und diene dem Ziel, auf die Kritikfähigkeit der Kinder einzuwirken, in dem sie lernen, sich mit alltäglichen Fragen zu beschäftigen und herkömmliche Klischees in Zweifel zu ziehen, ließ das Gericht nicht gelten. Vgl. auch: die Vorinstanz: *VG Hannover*, ZUM-RD 1997, 45, 46 f

[271] *OVG Niedersachsen*, ZUM 1999, 347, 351. Zum Nachweis der Werbeabsicht vgl. Seite 200 ff.

[272] Vgl. Seite 111 f.

[273] *OVG Niedersachsen*, ZUM 1999, 347, 351.

wenn außer dem 30-jährigen Bestehen der Barbie-Puppe kein weiterer redaktioneller Anlass gegeben war. Allein die Tatsache, dass der reale Teil, über den berichtet wird, zugleich ein kommerziell erwerbbares Gut ist, ändert nichts an diesem Befund. Die Kommerzialisierung vieler Lebensbereiche ist Teil der Lebensrealität, sodass alleine von der Berichterstattung ausgehende Werbeeffekte die Annahme einer relevanten Werbeabsicht der Rundfunkanstalt nicht rechtfertigen kann. Im Interesse der Sicherung der Rundfunkfreiheit ist grundsätzlich kein Sender verpflichtet, seine Auswahlentscheidung für ein bestimmtes Thema gegenüber Gerichten zu begründen und damit sein redaktionelles Interesse darzulegen. Die Themenauswahl ist ureigenster Teil der Programmgestaltungsfreiheit, und damit einer richterlichen Kontrolle weitgehend entzogen.

Dem Gericht bleibt nur die Möglichkeit, anhand aller konkreten Umstände des Einzelfalls Indizien für den Nachweis einer Werbeabsicht der Rundfunkanstalt zu erbringen. Dass die vom *OVG* eingesetzten Kriterien dabei nicht überzeugen können, ist bereits an anderer Stelle[274] dargelegt worden. Das Gericht hätte vielmehr prüfen müssen, ob die von der Berichterstattung ausgehenden Werbeeffekte für eine Kindersendung dieser Art üblich und gewöhnlich sind. Im zweiten Schritt wäre danach zu fragen, inwieweit die konkrete werbliche Wirkung einer Einblendung oder Produktpräsentation mit der restlichen Sendung kompatibel ist.

2.1. Werbesendungen als Verstoß gegen das Trennungs- und Kennzeichnungsgebot

Selbst wenn man zu dem Ergebnis kommt, dass die Darstellung der Barbie-Puppe zu Werbezwecken erfolgte, ist die Annahme einer irreführenden Schleichwerbung gem. § 7 Abs. 6 S. 1 RStV nicht zwingend. Das Gericht setzt sich eindeutig über den Wortlaut des § 2 Abs. 2 Nr. 6 RStV hinweg, der von der Irreführung der Allgemeinheit hinsichtlich des eigentlichen Zwecks der Erwähnung oder Darstellung <u>in</u> Programmen spricht. Diese Vorschrift umfasst damit die Integration von Werbung in Programmteile, die unter redaktioneller Verantwortung stehen, sofern der Zuschauer über den tatsächlichen Zweck der Erwähnung irregeführt wird. Eine weitergehende Interpretation dieser Regelung als Verbot von Werbung <u>als</u> Programm lässt sich aus dem Wortlaut nicht entnehmen. Eine erweiterte Auslegung erfordert eine Regelungslücke, an der es aber fehlt.

In erster Line verbietet das Trennungs- und Kennzeichnungsgebot die Vermischung von Werbung und Programm. Insoweit verstößt bereits jede Einblendung zu Werbezwecken innerhalb des Programms nach bisheriger Auffassung gegen

274 S. Seite 113 ff.

§ 7 Abs. 3 S. 2 RStV, der eine eindeutige Trennung beider Bereiche verlangt („...müssen...getrennt sein."). Ein als redaktionelle Berichterstattung getarnter Werbespot ist wegen fehlender Kennzeichnung nicht mit § 7 Abs. 3 S. 1 (und eventuell auch des § 7 Abs. 1 S. 1) RStV vereinbar, wobei der Wortlaut der Vorschrift keine Irreführung des Zuschauers über den Charakter der Sendung voraussetzt.

Die Unterscheidung zwischen Verstößen gegen das Trennungsgebot und solchen gegen das Schleichwerbeverbot ist nicht nur akademischer Natur. Bis zur Reform des Rundfunkstaatsvertrages war nur ein Verstoß gegen das Trennungsgebot, nicht aber eine Verletzung des Schleichwerbeverbotes bußgeldbewehrt.[275]

Das *OVG* hätte sich daher mit dem Verhältnis von Schleichwerbe- zu Trennungsgebot auseinandersetzen müssen.

3.1. Dauerwerbesendung und Trennungsgebot

Fraglich ist, inwieweit im Barbie-Fall nicht eine Dauerwerbesendung und damit ein Verstoß gegen die dauerhafte Kennzeichnungsverpflichtung gem. § 7 Abs. 5 RStV vorlag.

Als Dauerwerbesendungen werden Sendungen von mindestens 90 Sekunden Länge bezeichnet, in denen Werbung redaktionell gestaltet ist, der Werbecharakter erkennbar im Vordergrund steht und Werbung wesentlicher Bestandteil der Sendung ist.[276]

Der Bericht über den 30sten Geburtstag der Barbie-Puppe erfolgte im Rahmen eines Sendebeitrages. Wie das *OVG* feststellte, ging von dem Bericht, der sich ausschließlich mit dieser Figur beschäftigte, durchgehend eine hohe, anpreisende Werbewirkung aus, auch wenn die Sendung durchaus redaktionelle Elemente enthielt. Die Vermutung liegt nahe, dass es sich bei diesem Bericht um eine geschickte Vermischung redaktioneller und werblicher Bestandteile handelte.

Dieser Frage ist das Gericht nicht nachgegangen. Insoweit mag die Behauptung des Klägers, ein Dritter habe auf die Sendung keinen Einfluss genommen, das Gericht in der Annahme bestärkt zu haben, ein Werbebeitrag und damit eine Einflussnahme durch außenstehende Dritte sei nicht beabsichtigt gewesen. Allerdings ist nicht ersichtlich, warum ein Rundfunkveranstalter Dauerwerbesendungen nicht zu eigenen Werbezwecken oder wirtschaftlich-strategischen Überlegungen nutzen könnte.

---

[275] Zu dieser Problematik vgl. *Deuschle*, ZUM 1999, 614 ff.

[276] Vgl. Ziff. 8 Nr. 1 DLM-Richtlinie.

Hätte eine Prüfung der Sendung ergeben, dass der werbliche Anteil an der Sendung nicht überwiegt, dann würde die Sendung nach bisherigem Verständnis bereits gegen das Trennungs- und Kennzeichnungsverbot und nur bei (hier unstreitig) nachgewiesener Irreführung auch gegen das Schleichwerbeverbot verstoßen.[277]

(3.) Die Sendung „Barbie-Puppe" als Beispiel für Themensponsoring

Wegen der unbestrittenen Anhaltspunkte als wahr unterstellte Behauptungen des Klägers, die Herstellung der Sendung sei weder von Dritten finanziert noch in anderer Form beeinflusst worden, blieb dem *OVG* die Auseinandersetzung mit den Fragen der Zulässigkeit des sogen. „Themensponsorings" erspart.

1.1. Themensponsoring und der Einfluss auf die inhaltliche Gestaltung der Sendung

Unter Themensponsoring ist die im Interesse und Auftrag eines Dritten gegen eine Gegenleistung erfolgende, zielgerichtete Implementierung von handlungsbestimmenden Themen in den dramaturgischen Verlauf eines Fernsehprogramms zu verstehen[278].

Themensponsoring ist nicht generell unzulässig. Nimmt ein werbetreibendes Unternehmen auf die Themenauswahl der Redaktion Einfluss, dann liegt eine besondere Form des Sendungssponsorings vor, die allerdings entsprechend § 8 Abs. 1 RStV gekennzeichnet sein muss.[279] Das gleiche soll nach Auffassung der Landesmedienanstalten dann gelten, wenn das werbetreibende Unternehmen nur auf den Titel der Sendung Einfluss nimmt, und wenn bei der Erwähnung des Namens, des Firmenemblems oder der Marke im Titel der Sendung keine werblichen Effekte in den Vordergrund rücken (vgl. Ziff. 12 Nr. 8 DLM-Richtlinie).[280]

---

[277] Vgl. *Meyer-Harport,* Neue Werbeformen im Fernsehen, S. 134.

[278] Vgl. Seite 19.

[279] *Bülow*, CR 1999, 107 f.

[280] Weitergehend *Volpers u.a., Werbung und Programm* S. 142 f; *Kreile*, ZUM 2000, 199. **A.A.** *Hackbarth*, ZUM 1998, 977 ff, wonach das Trennungsgebot durch den Einsatz von Titelsponsoring, meist in Verbindung mit einer durchgehenden Markenpräsentation im Programm, bewusst unterlaufen werde. Ausgehend von allgemeinen Werbegrundsätzen seien ihrer Meinung nach alle Formen der bewussten Vermischung von Werbung und Programm zu Wettbewerbszwecken unzulässig. Eine Ausnahme gelte für Printtitel im Fernsehformat mit einer eigenen unabhängigen Redaktion (wie z.B. FOCUS-TV, Stern-TV) und für Sendungen von nicht wirtschaftlichen Vereinen (z.B. Greenpeace TV), die sich auf Art. 5 Abs. 1 S. 2 bzw. Art. 9 GG berufen könnten.

Schwieriger zu beurteilen ist die Situation, wenn das werbetreibende Unternehmen neben dem Inhalt auch auf die redaktionelle Gestaltung der Sendung Einfluss nimmt. Beispielsweise nutzen Magazinsendungen wie „Handelsblatt TV“ oder „Telebörse“ nicht nur erlaubterweise den guten Ruf des Printmediums, sondern auch deren journalistisches Konzept. Bis zu 90% der redaktionellen TV-Inhalte kommen unmittelbar aus der Zeitungsredaktion[281]. Dies wird durch indirekte Bezugnahme in der Sendung auf Beiträge der Zeitschrift verstärkt.[282]

Werden journalistische Konzepte von Zeitschriften in Magazinsendungen wie z.B. Bravo TV oder Amica TV übernommen, entstehen aus rundfunkwerberechtlicher Sicht Regelungslücken.[283] Ihre Zulässigkeit hängt davon ab, inwieweit auf die geförderte Sendung inhaltlich Einfluss genommen wird.[284]

In den neu gefassten DLM-Werberichtlinien wird Verlags TV[285] als zulässig angesehen, wenn es durch Inhalt und Gestaltung nicht direkte Hinweise auf die nächste bzw. aktuelle Ausgabe des Printprodukts enthält und auch sonst keine werblichen Effekte in den Vordergrund rückt (Ziff. 20 Abs. 2).

Der beabsichtigte Werbeeffekt, der von der TV-Präsenz ausgehen soll, bleibt damit genauso erhalten wie die Möglichkeit der redaktionellen Übernahme von Themen in Print und Fernsehen. Gerade dem TV-Auftritt kommt aus Sicht der Zeitschriftenverleger eine zentrale Rolle bei der Etablierung der eigenen Marke und der Gewinnung neuer Leser zu.[286] Auch wenn der Sender keinen direkten Hinweis auf die Printausgabe machen darf, so wird die Verschränkung von Print und TV umgekehrt durch Hinweise der Zeitschrift auf das Sendeformat kommuniziert, ohne dass dadurch die Gefahr der Einflussnahme auf die Programmgestaltung ausgeräumt wird.[287]

---

[281] *Wolf*, Telegener Seitensprung, w&v 13/2000, S. 226.

[282] Vgl. hierzu: *Volpers u.a., Werbung und Programm* S. 75 ff.

[283] Das räumen auch *Volpers u.a.*, a.a.O. S. 150, ein und fordern deshalb eine gesetzliche Regelung.

[284] *Bülow*, CR 1999, 105 ff.

[285] Als Beispiele für Verlags TV gem. Ziff. 20 DLM-Richtlinie sind „Spiegel TV“, „FOCUS TV“ und „Cinema TV“) zu nennen. Vgl. *Laukemann*, Hörfunkwerbung, S. 121. Warum diese Regelung nur für Printprodukte, nicht aber für reine Onlinezeitschriften (wie z.B. das Internetmagazin „Börse Online“, welches auf dem Nachrichtensender N24 täglich mehrfach ausgestrahlt wird) gelten soll, ist nicht ersichtlich. Die Regelung ist deshalb entsprechend auf diese Anbieter anzuwenden.

[286] Vgl. *Wolf*, w&v 13/2000, S. 228.

[287] Der Kooperationssender NTV ist in der Zeitschrift TELEBÖRSE nicht nur mit einer Programmvorschau versehen, zwei NTV-Moderatoren sind darüber hinaus Kolumnisten der Zeitschrift, ein Preisrätsel verspricht als Gewinn ein Wochenende in Berlin mit NTV und von Zeit zu Zeit werden Themen über bestimmte NTV-Formate im Heft aufgegriffen, vgl. *Wolf*, ebd.

Da das Presseunternehmen auch als Wirtschaftsunternehmen und (aus Sicht der Rundfunkanstalt) als werbetreibender Dritter auftritt, wird damit entgegen den Regelungen der §§ 7 Abs. 2, 8 Abs. 2 RStV auf die redaktionelle Gestaltung Einfluss genommen, ohne dass ein Ausnahmefall (vgl. §§ 25 f RStV) vorliegt.

(4.) Kennzeichnungspflicht für themengesponserte Sendungen?

Themensponsoring durch Nicht-Presseunternehmen ist solange unbedenklich, solange Objektivität und Neutralität der Sendung gewahrt werden. Zulässig dürfte es demnach sein, wenn nur die Auffassung oder das Produkt des Sponsors in den Mittelpunkt der Sendung gerückt wird.[288]

Fraglich ist allerdings, wie der Zuschauer durch diese einseitige Themenbezogenheit des Programmbeitrages geschützt werden kann.

Nach Auffassung von *Volper u.a.* handelt es sich bei diesen Kooperationsformen um moderne Sponsoringformen, bei denen das werbetreibende Unternehmen den Rundfunkveranstaltern (z.T. gegen Entgelt) das Recht überlässt, den Namen seiner Produkte in der Sendung zu benennen. Diese Sendungen sollen nur unter den Voraussetzungen des § 8 Abs. 1 und Abs. 2 RStV zulässig sein.[289]

Bülow nimmt in diesem Fall einen Verstoß gegen das Schleichwerbe- und Trennungsgebot an.[290] Zugleich hält er unter Verweis auf die *BGH*-Rechtsprechung zu „Feuer, Eis und Dynamit“[291] die Ausstrahlung einer auf diese Weise zustande gekommenen Sendung für zulässig, wenn sie zu Beginn und am Ende aufklärende Hinweise auf die Einflussnahme Dritter enthält. Insoweit würde der vernünftige und sich ausreichend informierende Zuschauer ausreichend vor einer Irreführung über den Werbecharakter der Sendung geschützt.[292]

Gegen *Bülows* Auffassung spricht, dass es nicht einsichtig ist, warum Programmsponsoring, bei dem der Sponsor keinen direkten Einfluss auf die redaktionelle Gestaltung nimmt, gem. § 8 Abs. 1 RStV gekennzeichnet sein muss, während Sendungen, die unter Verstoß gegen § 8 Abs. 2 RStV hergestellt werden, bereits zwei Hinweise zu Beginn und am Ende der Sendung tragen sollen.

---

[288] In diesem Fall kaum eine kritische Berichterstattung über den Themensponsor erwartet werden, da dieser i.d.R. darauf achten wird, dass das von ihm gesponserte Thema nicht in einer seinen Interessen zuwider laufenden Weise behandelt wird, so auch *Bülow*, Themensponsoring, S. 38 ff; *ders.* CR 1999, 107 f. Auf diesen Umstand wird der Zuschauer jedoch beim Sponsoring durch die Kennzeichnung hingewiesen.

[289] So aber *Volpers u.a.*, a.a.O. S. 149.

[290] *Bülow*, CR 1999, 108 f.

[291] Vgl. Seite 243 ff.

[292] *Bülow*, Themensponsoring, S. 81 ff; *ders.*, CR 1999, 110 ff u.H.a. das europäische Verbraucherleitbild.

Ein einmaliger Hinweis im Vorspann macht es für den Zuschauer faktisch unmöglich, wirtschaftliche Abhängigkeiten und konkrete redaktionelle Einflussnahmen zu erkennen, insbesondere dann, wenn er erst während der Sendung einschaltet, den Titel der Sendung nicht kennt oder einfach aufgrund der Länge der Beiträge den einzelnen Hinweis nicht wahrnimmt.[293]

Themensponsoring ist daher allenfalls als Dauerwerbesendung zulässig, was voraussetzt, dass der überwiegende Teil der Sendung und des Sendebeitrags auf eine werbliche Zielsetzung des Sponsors zurückzuführen ist.

Bülows Einwand, dass eine dauerhafte Kennzeichnung solcher Sendungen gem. § 7 Abs. 4 RStV selbst eine Irreführung darstelle, da dann auch der unterhaltende, nicht werbliche Teil der Dauerwerbesendung unzutreffend als Werbung gekennzeichnet wird[294], überzeugt nicht.

Aus der Tatsache, dass eine Sendung als Dauerwerbesendung gekennzeichnet wird, folgt gerade nicht, dass sie nur ein in die Länge gezogener Werbespot ist. Nach der Definition des RStV versteht man unter einer Dauerwerbesendung eine Sendung mit überwiegend werblichem, aber auch redaktionellem Anteil, welcher als Gestaltungselement die Werbewirkung verstärken soll. Eine längere Sendung unter Leitung werbetreibender Dritter soll nach dem Willen des Gesetzgebers dauerhaft gekennzeichnet werden, da der Zuschauer sonst davon ausgehen muss, dass die Sendung in der redaktionellen Verantwortlichkeit der Rundfunkanstalt liegt.

Beim Themensponsoring wird mit einer Kennzeichnung als Dauerwerbesendung der Tatsache Rechnung getragen, dass Teile dieser Sendung aufgrund ihres redaktionellen Anteils keine Werbung darstellen, während die sonstige Kennzeichnung von Programmteilen nur zu Beginn der Fernsehsendung für mindestens 3 Sekunden als „Werbung" angekündigt werden muss (Ziff. 5 Abs. 1-4 DLM-Richtlinie).

---

293 So bereits *Hauschka*, DB 1988, 165, 168; *Henning-Bodewig*, GRUR 1988, 871; *dies.*, BB Beilage 19, 7 f; *Scherer, B.*, Product Placement, S. 137 f; *Völkel*, ZUM 1992, 55, 71; *Hackbarth*, ZUM 1998, 974, 981 u.H.a. die *BGH*-Entscheidung „Auto'94", in: WRP 1998, 169, 172, wo das Gericht die grundsätzliche Erkennbarkeit des Werbecharakters einer Anzeigenbeilage verneint hat.

294 *Bülow*, CR 1999, 109.

iv. *VG Berlin*: Feuer, Eis und *Dynamit*

(1.) Die Entscheidung des VG Berlin

Mit den Fragen, welche Schlüsse aus der *BGH*-Entscheidung „Feuer, Eis und Dynamit“[295] für den Fall bezahlter Werbung im Fernsehspielfilm zu ziehen sind, und wann ein vorangestellter Hinweis auf den werblichen Charakter der Sendung eine Irreführung des Zuschauers über die Werbeabsicht der Rundfunkanstalt ausräumen kann, hatte sich das *VG Berlin* auseinander zu setzen.

Dabei ging es um die Zulässigkeit der Ausstrahlung des Films „Feuer, Eis & Dynamit“ im Fernsehen, der bekanntermaßen zum wesentlichen Teil durch Product-Placement finanziert wurde und bereits Gegenstand zweier Verfahren vor dem *BGH*[296] war.

Das *VG* hat sich nicht der Auffassung der beklagten Landesmedienanstalt angeschlossen, wonach der Film als Dauerwerbesendung im Sinne des § 7 Abs. 4 a.F. (= § 7 Abs. 5 RStV) anzusehen und deshalb durchgängig zu kennzeichnen sei, da der Werbecharakter nicht erkennbar im Vordergrund stehe. Vielmehr handele es sich um einen klassischen Spielfilm mit klarer Handlung, der auf neuartige Weise werbliche Elemente integriere und der Unterhaltung des Zuschauers diene.[297]

Im Ergebnis stellte das *VG Berlin* maßgeblich auf das Schleichwerbeverbot ab und leitete aus dem weiten Werbebegriff in § 7 Abs. 6 RStV („Erwähnung und Darstellung von...“) den Grundsatz ab, dass die Regelungen des RStV Teil eines Systems zur Sicherung der Rundfunkfreiheit seien, welches dem einzelnen Werbetreibenden (!) die Möglichkeit belassen wolle, seine Meinung solange im Rundfunk unbelassen zu äußern, wie der Verbraucher hierdurch keinen Schaden nimmt.[298]

Bezüglich des Trennungsgebotes stellte das Gericht (noch ganz auf der Linie des *BGH*) fest, dass dessen Grenzen fließend sind, und eine genaue Festlegung von der Abwägung des staatsvertraglichen Zwecks des Trennungsgebotes mit den grundrechtlichen Gewährleistungen im Einzelfall abhänge. Da sich die Beklag-

[295] Vgl. Seite 243 ff.

[296] *BGH*, ZUM 1996, 146, 150, ZUM 1996, 152 f.

[297] *VG Berlin*, MMR 1999, 619, 623 – Feuer, Eis & Dynamit 2; zust.: *Hartel*, ZUM 1999, 751. Dagegen ist allerdings einzuwenden, dass das Gefühl des Unterhaltenseins kein geeignetes Kriterium zur Abgrenzung von Dauerwerbesendung und Spielfilm darstellt, da jede Form einseitiger Kommunikation im Zeitalter der Informationsüberflutung die Aufmerksamkeit des Rezipienten mittels aktivierender Techniken und Unterhaltungselemente erreichen muss (vgl. Seite 46).

[298] *Coerdt-Taxhet*, Irreführende Fernsehwerbung, S. 14.

ten vorliegend auf die Rundfunk- und Kunstfreiheit berufen konnten,[299] prüfte das Gericht, ob die Grundrechtspositionen von Produzent, Sender, bzw. werbetreibender Industrie hinter dem vom Trennungsgebot gewährleisteten Schutz des Einzelnen auf freie, d.h. auch vor „Manipulation unbeeinflusste Entfaltung der eigenen Persönlichkeit" (Art. 2 Abs. 1 i.V.m. Art. 1 Abs. 1 GG), zurückzutreten haben.[300] Grundsätzlich wird der Schutz der Individualsphäre höher bewertet als das wirtschaftliche Gewinnstreben Einzelner.[301]

Diese Abwägung führt nach Auffassung des *VG Berlin* zu einer engen Auslegung des § 7 Abs. 3 RStV. Ein Verstoß gegen das Trennungsgebot wird mit dem Argument ablehnt, dass die Rundfunk- und Kunstfreiheit von Rundfunkanstalt und Produzent eine vollständige Unterbindung der unbestreitbar vorhandenen werblichen Elemente des Films als nicht gerechtfertigt verbieten.[302] Außerdem sei dies aus Gesichtspunkten des Zuschauerschutzes nicht erforderlich, da die Werbeelemente nicht in einer aufdringlichen Weise präsentiert werden und die werbliche Absicht für den Zuschauer deutlich erkennbar sei.[303] Insoweit reiche eine vorangegangene Kennzeichnung des Spielfilms aus.[304]

Auch ein Verstoß gegen das Schleichwerbegebot scheidet wegen fehlender Irreführung aus. Da die Produkte in dem Spielfilm durchgehend anpreisend positiv und künstlerisch persiflierend dargestellt werden, ohne dass Elemente einer unterschwelligen Werbepräsentation verwendet werden, sei jedem Zuschauer die werbliche Wirkung bewusst, weshalb der Tatbestand der Schleichwerbung nicht gegeben sei.[305]

---

[299] S. Seite 88 f.

[300] *BGH,* ZUM 1996, 146, 151; *Scheuch,* Product Placement, S. 444; *Asche,* Product Placement, S. 103.

[301] *BGH,* GRUR 1965, 315, 316 - Werbewagen; GRUR 1970, 523, 524 - Grabsteinwerbung II; GRUR 1971, 317, 318; GRUR 1989, 753,754; GRUR 1990, 280, 281 (Telephonwerbung I-III). Hingegen reichen weder ein fairer Wettbewerb noch eine kapitalistische Wirtschaftsordnung als Rechtsgüter mit Verfassungsrang aus; vgl. *Sevecke*, AfP 1994, 203.

[302] Als Möglichkeiten zur Unterbindung von Product-Placement kämen das Herausschneiden einzelner Szenen, das „Überkleben" einzelner Marken bzw. nunmehr die digitale Nachbearbeitung in Betracht.

[303] *VG Berlin*, Beschl. v. 15. Okt. 1998, MMR 1999, 177; Urt. v. 15. April 1999, MMR 1999, 619 = ZUM 1999, 742 (Feuer, Eis & Dynamit 1 u. 2), mit zust. Anm. von *Hartel*, ZUM 1999, 750, 751.

[304] *VG Berlin*, MMR 1999, 177, 179 f – Feuer, Eis & Dynamit; **a.A.** *Hartel*, ZUM 1999, 751, *ders.*, w&v 34/99, 124, wonach selbst eine Kennzeichnung bei einem „aufgeklärten" Verbraucher nicht nötig sei.

[305] *VG Berlin*, MMR 1999, 177, 179 – Feuer, Eis & Dynamit; MMR 1999, 619, 623 – Feuer, Eis & Dynamit *2;* zust.: *Hartel*, ZUM 1999, 751.

Nach Auffassung von *Platho* hat das *VG* damit einen offensichtlich falschen Ansatz gewählt. Die Entscheidung führe faktisch zu einem völlig untragbaren Ergebnis:

„Je mehr an unzulässiger Werbung im Programm platziert würde, um so geringer wäre das rechtliche Risiko, bei maximaler Schleichwerbung bis Dauerwerbesendung gar die komplette Absolution.“[306]

Auch wenn die Übertragung von Sendungen mit Werbung mehr die Regel als die Ausnahme ist, müsse nach Ansicht von *Meyer-Harport* der Zuschauer vor Manipulationen durch getarnte Werbung geschützt werden. Der Rundfunkveranstalter sei verpflichtet, bereits in der jeweiligen Sequenz auf deren werbenden Charakter hinzuweisen, da entsprechende zu Beginn der Sendung abgegebene Hinweise den Zuschauern, anders als im Kino, nicht erreichen.[307]

(2.) Kritik

Das Urteil des *VG Berlin* scheint in der Tat mit der Regelung zum rundfunkrechtlichen Trennungsgebot nur schwer vereinbar zu sein[308], da es im Ergebnis die Ausstrahlung von Fernsehfilmen, die bezahlte Werbung enthalten, grundsätzlich erlaubt.[309]

Allerdings ist die Schlussfolgerung des Gerichts überzeugend, dass bei Filmen, die sich bekanntermaßen zu einem nicht unerheblichen Teil über Product-Placement finanzieren, eine Täuschung des Zuschauers über den Werbecharakter eines eingeblendeten Produktes zumindest im Grundsatz nicht mehr möglich ist.

In diesem Fall besteht kein schutzwürdiges Vertrauen des Zuschauers in den fehlenden Werbecharakter der Einblendung. Seine Situation ist vielmehr mit der eines Zuschauers im Fußballstadion vergleichbar, der zwar weiß, dass er dort an zahlreichen Stellen (Sitzplatz, Bande, Trikot, Stadionleinwand, Stadionsprecher) mit Werbung konfrontiert wird, der aber die genaue werbliche Ansprache nicht kennt.[310]

Die Situation des Zuschauers, der einen Film mit einem erheblichen Anteil bezahlter Werbung anschaut, ähnelt auch dem freiwilligen Anschauen von Dauerwerbesendungen. Im Gegensatz zu dieser dauerhaft kennzeichnungspflichtigen

---

[306] *Platho,* ZUM 2000, 46, 48 f.

[307] *Meyer-Harport,* Neue Werbeformen im Fernsehen, S. 116 ff, 138 f, 289.

[308] Vgl. Seite 266 ff.

[309] So auch *Keller,* Freiraum für Werbehelden, w&v 34/99, S. 124.

[310] Vgl. Seite 117ff, 291f.

Werbeform steht der Werbecharakter für die eingebauten Product-Placements im obigen Fall des *VG Berlin* nicht so weit im Vordergrund, dass eine § 7 Abs. 5 RStV entsprechende Kennzeichnungspflicht verhältnismäßig wäre. Insoweit scheint die durch Rechtsfortbildung gefundene Lösung des *BGH*[311], einen Hinweis zu Beginn der Ausstrahlung auf den Werbecharakter ausreichen zu lassen, den divergierenden Interessen von Rundfunkanstalt, Produzent und Verbraucher ausreichend Rechnung zu tragen.

Es bleibt fraglich, inwieweit die *BGH*-Entscheidung, die zum Kinofilm ergangen ist, in Hinblick auf die speziellen rundfunkwerberechtlichen Sanktionsmechanismen übertragbar ist.[312] Auf diese Problematik ist das *VG* nicht eingegangen.

Das Gericht hätte weiterhin die unterschiedlichen Formen des Wahrnehmungsverhaltens von Kino- und Fernsehzuschauer untersuchen müssen. Der Hinweis auf den werblichen Charakter, zu dessen Ausstrahlung der Rundfunksender nach Auffassung des Gerichts verpflichtet ist, mag sicherlich geeignet sein, das Reaktanzverhalten des Zuschauers zu erhöhen. Damit steigt die Wahrscheinlichkeit, dass er die im Verlauf des Films auftauchenden Produkteinblendungen leichter als Werbung erkennen kann. Ein nur einmaliger, kurzer Hinweis zu Beginn der Fernsehsendung stellt aber nicht in jedem Fall sicher, dass der Zuschauer dessen Inhalt überhaupt wahrnimmt. Vielmehr besteht die Gefahr, dass eine hohe Zahl der Zuschauer, die das Programm nur nebenbei verfolgen, den Hinweis gänzlich übersehen. Das gleiche gilt in Hinblick auf die hohe Anzahl von Programmwechslern.

Im Einzelfall bleibt daher eine Irreführung des Zuschauers weiterhin möglich.[313]

Schließlich lässt die Entscheidung des *VG* das Verhältnis der unterschiedlichen Regelungen von Schleichwerbungs-, Trennungs- und Kennzeichnungsgebot und Dauerwerbesendung untereinander weiter offen. Denn selbst wenn im vorliegenden Fall eine Irreführung i.S.d. § 7 Abs. 6 RStV verneint wird, bleibt die Frage nach der Vereinbarkeit mit dem Trennungsgebot. Die Antwort hierauf bemisst sich nicht allein am Kriterium der Irreführung des Zuschauers. Vom Schutzzweck des Trennungsgebotes wird nach herrschender Meinung ebenfalls die Sicherung der Unabhängigkeit und der Neutralität der Rundfunkanstalt umfasst.[314] Insoweit hätte das *VG Berlin* zumindest auf die offensichtlich entgegen-

---

[311] Grdl. *BGH,* AfP 1995, 966, AfP 1996, 63 = ZUM 1996, 146, ZUM 1996, 152 – Feuer, Eis & Dynamit I u. II.

[312] Hierzu ausführlich: *Schultze*, Product Placement im Spielfilm, S. 75 ff.

[313] So auch *Platho,* ZUM 2000, 46, 48.

[314] Vgl. Seite 198 f.; *Laukemann,* Hörfunkwerbung, S. 119.

stehenden Auffassung des *BGH* eingehen müssen, der an etwas versteckter Stelle festgestellt hat:

„...[Die] Toleranzgrenze [ist] nicht erst...bei einem Film...überschritten, der entweder in seiner Tendenz auf Werbung ausgerichtet ist und/oder...ein Übermaß an Werbung enthält, sondern schon dann, wenn überhaupt Werbung in den Film aufgenommen wird, für die der Interessierte Zahlungen oder über bloße Zurverfügungstellung von Filmrequisiten hinausgehende geldwerte Leistungen von einigem Gewicht erbringt.“ [315]

v. „ARS VIVENDI“-ENTSCHEIDUNG DES *VG BERLIN*

(1.) Werbesendung und Werbung im Programm

Dem *VG Berlin* bot sich ein zweites Mal die Gelegenheit, sich mit dem schwierigen Verhältnis von Trennungs- und Schleichwerbeverbot einerseits und Dauerwerbesendung andererseits zu beschäftigen.

In jeder Folge der Feinschmeckersendung „ars vivendi“ wurden vier bis fünf in Berlin und Umland gelegene Hotels bzw. Restaurants vorgestellt. Die Präsentationen hatten durchweg empfehlenden Charakter (Vorstellung der Angebote sowie Einblendung von Telefonnummer, Anschrift am Ende der Sendung). Die meisten redaktionellen Filmbeiträge wurden gegen Entgelt (zwischen DM 6.000.- und DM 7.000.-) von der P-GmbH hergestellt. Deren Gesellschafter kam dadurch seiner Verpflichtung als Mitgesellschafter der ausstrahlenden Rundfunkanstalt nach.

Das *VG* ist der Einschätzung der beklagten Landesmedienbehörde nicht gefolgt, wonach es sich bei den Sendungen aufgrund der ausschließlich positiven Darstellungen der vorgestellten Unternehmen ohne erforderliche Sachlichkeit um kennzeichnungspflichtige Dauerwerbesendungen handelt.

Nach Auffassung des Gerichts bezwecken die Darstellungen in erster Linie eine Empfehlung über die Restaurants in Berlin und Umgebung, welche von einem Informationsbedürfnis des Zuschauers gedeckt werde.[316] Trotz positiver Berichterstattung enthalten die Sendebeiträge einen redaktionellen und informativen Charakter, welcher sich „gegenüber distanzlos anpreisender Werbung, die lediglich auf den bedingungslosen Absatz von Waren und Dienstleistungen“ zielt, deutlich unterscheide. Deshalb müsse der in der Natur der Sache liegende Werbecharakter hinge-

[315] *BGH,* ZUM 1996, 146, 151 f; krit. zum Kriterium Leistungen „von einigem Gewicht“: *Schultze*, Product Placement im Spielfilm, S. 25.

[316] *VG Berlin*, MMR 1999, 615 = ZUM-RD 1998, 411 – ars vivendi.

nommen werden.[317] Entscheidend und für den vorliegenden Fall ausreichend sei die Tatsache, dass der informative Charakter der Sendung gegenüber dem werblichen überwiege.[318]

Im Rahmen der erforderlichen Grundrechtsabwägung kam das *VG Berlin* zu dem Ergebnis, dass eine Kennzeichnung der Sendung als Dauerwerbesendung einen erheblichen Eingriff in das Sendekonzept darstellen würde, wodurch die Sendung „wirtschaftlich" und „ästhetisch auf anderen Füssen" stehen würde. Weiter führte es aus:

„Für die Auslegung des Begriffs der Dauerwerbesendung folgt, dass nicht jede irgendwie werbende Sendung als Dauerwerbesendung zu kennzeichnen ist, sondern nur eine solche, bei der die Werbung redaktionelles Konzept ist und im Vordergrund steht, wie etwa bei dem Klassiker „Glücksrad"."[319]

(2.) Kritik

1.1. Informative Berichterstattung contra distanzlos anpreisende Werbung

Das *VG Berlin* hat mit der Differenzierung zwischen „distanzlos anpreisender Werbung", die lediglich auf den bedingungslosen Absatz eines Produktes gerichtet ist, und Werbung mit „redaktionellem, informativen Charakter" ein äußerst ungeeignetes Kriterium zur Unterscheidung zwischen redaktioneller Sendung und Dauerwerbesendung gewählt.

Es impliziert ein negatives Werturteil von Werbung im Sinne des rücksichtslosen Anpreisens der eigenen Leistungskraft, welches durch die Werberealität des Fernsehalltags längst widerlegt ist. Werbetreibende und Rundfunkveranstalter sind von vornherein darauf angewiesen, dass der Zuschauer den Werbeeinblendungen nicht ablehnend oder kritisch gegenübersteht.[320] Im Gegensatz zu anderen Formen der Werbung (wie Bandenwerbung oder Direktwerbung) wird jede Werbeunterbrechung und -einblendung zugleich mit der damit verbundenen Sendung oder dem Sender in Zusammenhang gebracht. An einer vom Zuschauer als penetrant oder aufdringlich empfundenen Darstellung eigener kommerzieller Absatzinteressen haben Werbetreibende auch im Rahmen von Dauerwerbesendungen kein Interesse. Vielmehr soll die Vermischung redaktioneller und werblicher Interessen den Zuschauer motivieren, sich neben der Information und Unterhaltung intensiver mit den angebotenen Produkten zu beschäftigen.

[317] So bereits das *VG Berlin* im einstweiligen Rechtsschutzverfahren in: MMR 1998, 162, 163.
[318] *VG Berlin*, MMR 1999, 618 f – ars vivendi.
[319] *VG Berlin*, ebd.
[320] Vgl. Seite 11 ff, 48 f.

Die besondere Beeinflussungsgefahr, die von diesen Sendungen für den Zuschauer ausgeht, liegt vielmehr in der länger andauernden Koppelung zwischen redaktionellen Elementen und Produktdarstellung. Diese Gefahr wird durch eine verschärfte Kennzeichnungspflicht für Dauerwerbesendungen ausgeglichen. Damit soll auch die Einhaltung des Trennungsgrundsatzes bei Dauerwerbesendungen gewährleistet werden.[321]

2.1. Nicht überwiegend werblicher Charakter und Kennzeichnungspflicht

Stehen der informative Charakter und das redaktionelle Konzept aus Sicht der Zuschauer im Vordergrund, soll keine Dauerwerbung vorliegen.[322] Alleine das Fehlen eines überwiegend werblichen Charakters verringert aber nicht die von der Sendung ausgehende werbliche Wirkung. Im Gegenteil, mangels Kennzeichnung der Sendung dürfte diese eher noch zunehmen. Denn der Zuschauer steht erkennbarer und damit gekennzeichneter Werbung grundsätzlich kritischer gegenüber. Außerdem erhöht sich die Werbewirkung, wenn es dem Werbetreibenden gelingt, Produkte mit einer nichtkommerziellen Idee/Person/Ereignis zu verbinden, ohne dass der Zuschauer auf die werbliche Beeinflussungsabsicht hingewiesen wird.

Vorliegend wurde zweifelsohne das Interesse der Zuschauer an Restaurantangeboten in Berlin und Umland mit den Absatzinteressen der einzelnen Restaurantbetreiber gekoppelt. Das *VG Berlin* zieht aus der nicht selbstverständlichen[323] Feststellung, dass die Sendung „ars vivendi" keinen überwiegend werblichen Charakter hat, den Umkehrschluss, dass eine redaktionell gestaltete Sendung mit nicht übermäßigem werblichen Anteil weder verboten ist noch als Dauerwerbesendung gekennzeichnet werden muss.[324]

Damit hebelt das Gericht das Verbot von Werbung im Programm gänzlich aus. Denn an der Absicht der Produzenten, keine den kommerziellen Interessen der Restaurantbesitzern widersprechende Berichterstattung zu betreiben, kann kaum Zweifel bestehen. Damit verstößt jede einzelne werbliche Herausstellung nach

[321] Vgl. *Beucher u.a.*, § 7 RStV Rdnr. 37.

[322] So *VG Berlin*, MMR 1999, 615, 618.

[323] Da das Restaurantportrait sowohl mit den Produzenten als auch den Restaurantbesuchern abgestimmt war, lag die Annahme einer durchgehenden redaktionellen Einflussnahme nicht fern.

[324] Als Handlungsanweisung für Werbetreibende zur Umgehung der Kennzeichnungspflicht des § 7 Abs. 4 RStV kann das Urteil des *VG Berlin*, MMR 1999, 615, 618, insoweit verstanden werden, als es heißt (Hervorhebung durch Verfasser): „Für die Auslegung des Begriffs der Dauerwerbesendung folgt daraus, dass nicht jede **irgendwie werbende** Sendung als Dauerwerbesendung zu kennzeichnen ist, sondern nur eine solche, bei der die Werbung redaktionelles Konzept ist und im Vordergrund steht,...".

dem überwiegenden Verständnis gegen das Gebot zur Trennung von Werbung und Programm.

Letztlich offenbart das Kriterium des „überwiegend werblichen Charakters" einer Sendung als Abgrenzungsmerkmal für Zulassung und Einordnung als Dauerwerbesendung (§ 7 Abs. 4 RStV) einen erheblichen gesetzessystematischen Wertungswiderspruch zum Trennungsgebot.

3.1. Verhältnis von Schleichwerbeverbot zur Kennzeichnungspflicht von Dauerwerbesendungen

Erschwert wird die Auseinandersetzung mit dem Urteil zusätzlich dadurch, dass das Gericht Fragen der Schleichwerbung mit denen der Dauerwerbung vermengt. Es macht seine Entscheidung, ob das zulässige Maß an Werbung im Programm überschritten worden ist, davon abhängig, ob die Werbung in der Sendung für den Zuschauer erkennbar ist und – falls nicht - gegen das Schleichwerbeverbot des § 7 Abs. 6 RStV verstößt.

Dabei verkennt das Gericht, dass die fehlende Erkennbarkeit die Werbeeigenschaft weder entfallen lässt noch begründet, sondern nur für die Frage der Beurteilung verbotener Schleichwerbung eine Rolle spielen kann.

Sofern das *VG Berlin* eine Irreführung des Zuschauers mit dem lapidaren Hinweis kommentiert, dieser bliebe über Sendekonzept (Hotelempfehlungen) nicht im Unklaren und wisse im Übrigen von der werblichen Wirkung dieser Form informativer Sendungen, so liegt darin nur eine ungeprüft gebliebene Unterstellung. Insbesondere hat sich das *VG Berlin* nicht mit der Frage auseinandergesetzt, ob der Zuschauer nicht aufgrund der redaktionellen Aufmachung der Sendung von einer journalistischen Grundsätzen entsprechenden kritischen Berichterstattung ausgeht, mit der Folge, dass er die positive Berichterstattung über die einzelnen Restaurants auf deren vermeintlich vorhandene besondere Qualität zurückführt.

Statt die Einordnung der Sendung vom überwiegend werblichen Charakter abhängig zu machen, hätte das Gericht besser das Sendekonzept sowie die durchschnittliche Sendegestaltung daraufhin überprüft, inwieweit der Anspruch der Programmgestalter mit den Erwartungshaltungen der Zuschauer an das Programm übereinstimmt.[325] Stellt sich heraus, dass die Sendegestaltung und – Präsentation üblich und von den Zuschauer so erkannt wird, bestehen gegen die grundsätzliche Zulässigkeit der Ausstrahlung keine Bedenken.

[325] Vgl. Seite 145 f, 154.

vi. Die N24-Entscheidung des *VG Berlin*

Die beklagte Medienanstalt Berlin Brandenburg hatte in einem Bescheid die damalige ProSieben Media AG u.a. aufgefordert, zukünftig bei einer Werbung für ihre hundertprozentige Tochtergesellschaft, den Nachrichtensender N24, das Kennzeichnungs- und Trennungsgebot zu beachten weiterhin die Werbedauer auf die Gesamtzeit der Werbemitteilungen anzurechnen.

Im Programm von Pro7 wurden Hinweise auf das Programm von N24 ausgestrahlt (sogen. „cross promotion").[326] Gegen den sofort vollziehbaren Bescheid stellte die Fernsehanstalt im vorläufigen Rechtsschutzverfahren einen Antrag auf Herstellung der aufschiebenden Wirkung der eingelegten Klage und berief sich unter anderem auf eine Mitteilung des Arbeitskreises Werbung der Landesmedienanstalten, welche die in Frage stehende Praxis als Eigenwerbung qualifiziert hatte.[327]

Da das Gericht eine offensichtliche Rechtmäßigkeit des Bescheides nicht feststellen konnte, gab es dem Antrag der Antragstellerin statt, ohne die angesprochenen Rechtsfragen im einstweiligen Rechtsschutz abschließend zu beantworten.[328] Das Gericht deutete aber an, dass es eine Subsumtion von Cross Promotion unter § 45 Abs. 3 RStV (= Art. 18 Abs. 3 der EG-FsRili 97/36/EG) erwägt. Danach sind Hinweise auf das eigene Programm nicht als Werbung i.S.d. Abs. 1 und 2 zu fassen. Für diesen Fall neigt das Gericht auch zu der Auffassung, die rundfunkrechtlichen Werberestriktionen der §§ 7 ff RStV nicht anzuwenden.

Nach Auffassung von *Bornemann* rechtfertige nur der Zweck, Werbung und Programm zu trennen, die Kennzeichnungspflicht, mit dem dann ein höherrangiges Interesse verfolgt wird. Denn die Werbekennzeichnung von Programmbestandteilen, die nicht auf die Werbezeit angerechnet würden, eine Irritation des Publikums zur Folge haben, das kein Zuschauer zwischen gekennzeichneten anrechenbaren und anrechnungsfreien Programmbestandteilen unterscheiden könne.[329] Aus diesem Grunde sei im Ergebnis dem *VG Berlin* zu folgen.

Überzeugende Gründe für sein mit dem Wortlaut des RStV nicht vereinbares Ergebnis kann *Bornemann* nicht liefern.

Vielmehr ist ein schützenwertes Interesse des Zuschauers an der Kennzeichnung von Programmauszügen nicht von der Hand zu weisen. Der Einsatz von Programmtrailern (z.B. für Kinofilme, VHS, Computerspiele) unterscheidet sich in

---

[326] *Bornemann*, K&R 2001, 302, 306.
[327] *VG* Berlin, ZUM-RD 2001, S. 48.
[328] *VG* Berlin, ZUM-RD 2001, S. 48.
[329] K&R 2001, 310.

der Aufmachung kaum von anderen Fernsehspots und erfolgt in erster Linie mit dem Ziel die (werbegruppenrelevante) Zuschauerreichweiten für die Werbevermarktung zu erhöhen. Dahinter treten redaktionelle Programminteressen eindeutig zurück. Sieht man die Werbevorschriften der §§ 7 ff. RStV als für nicht anwendbar an, wird zugleich die bisherige Praxis legitimiert, in Nachrichtensendungen, Talkshows und sonstigen Unterhaltungsformaten vermehrt eigene Programmbeiträge werbend darzustellen, ohne dass dies für den Zuschauer unmittelbar erkennbar ist.

Ergebnisse zu V.

Die Untersuchung neuerer Urteile der Instanzgerichte zu Fragen von Werbung im Fernsehprogramm hat deutlich gemacht, dass die Gerichte bei der Auslegung der rundfunkrechtlichen Werberegelungen von unterschiedlichen Wertungsmaßstäben ausgehen. Insbesondere fehlt es an einer rechtsdogmatisch überzeugenden Auseinandersetzung mit dem Trennungsgebot.[330]

Völlig offen und ungelöst bleibt hier das Verhältnis zwischen Trennungs- und Schleichwerbegebot. Es wird deutlich, dass die gesetzliche Regelung zur Dauerwerbesendung rechtssystematisch nur schwer mit den übrigen Rundfunkregelungen zu vereinbaren ist.

Zusammenfassung von Abschnitt 10

Die Rechtsprechung des *BGH* zum Rundfunkwerberecht wird in der Praxis mittlerweile kaum noch beachtet. Dies mag seine Ursache in der dogmatisch wenig überzeugenden und nicht einheitlichen Bewertung neuer Werbeformen haben. Hinzu kommt, dass gerade die Instanzgerichte z.T. völlig konträre Rechtsmeinungen vertreten, ohne dass dieser Konflikt bisher aufgelöst wurde. Es ist deutlich geworden, dass das System des Rundfunkwerberechts vor einer Neubewertung steht. Im folgenden soll daher untersucht werden, ob und inwieweit die Literatur überzeugende Ansätze aufzeigt.

[330] So auch *Castendyk*, a.a.O., S. 162.

KAPITEL 5: NEUE ANSÄTZE ZUM UMGANG MIT WERBUNG IM PROGRAMM

Abschnitt 11: Die Auffassungen in der Literatur

Nachdem die Rechtsprechung keine überzeugende Lösung zu Umfang und Reichweite des Trennungsgebotes gefunden hat, fällt der Blick auf die Stellungnahmen in der Literatur, wo insbesondere in Zusammenhang mit dem 4. Rundfunkänderungsstaatsvertrag diese Fragen wieder verstärkt diskutiert werden.

A. Ansatz von *Sack*

I. Marktrelevanz und Unterhaltungssendungen

Unstreitig werden die Sanktionsmechanismen des Wettbewerbsrechts nur dann in Gang gesetzt, wenn die Werbung geeignet erscheint, den Entscheidungsprozeß der Marktgegenseite zu beeinflussen.[1] Dabei ist es ausreichend, wenn die werbliche Äußerung in irgend einer Weise das Marktverhalten des Betroffenen bestimmt; die Information muss nicht das zentrale Motiv zur Handlung des Umworbenen darstellen.[2] Eine Täuschung durch Werbung gewinnt dann die erforderliche Relevanz, wenn die angesprochenen Verkehrskreise mit der Produktaussage eine generelle Wertschätzung verbinden[3] oder motiviert werden, sich intensiver mit dem Angebot zu beschäftigen. Dabei spielt es keine Rolle, wenn der Umworbene nachträglich seinen Irrtum erkennt.[4]

Ausgehend von diesen Grundsätzen lehnt *Sack* eine Irreführung durch Werbung im Programm dann ab, wenn auch bei Kenntnis des werblichen Charakters die Produktplatzierung zu keiner erhöhten Anlockwirkung für das beworbene Produkt führen würde. In diesem Fall würde eine die Sittenwidrigkeit begründende

---

[1] Großkommentar *Lindacher*, a.a.O., § 3 Rdnr. 118 f; *Keßler*, Anm. zum Urteil des OLG Karlsruhe, vom 8. Mai 1996, 6 U 226/95, VuR 1997, 33, 35. Auch die Rechtsprechung berücksichtigt immer öfter eine funktionale Betrachtung mit, vgl.: *BGH,* GRUR 182, 564, 564 - Betonklinker; GRUR 1970, 467, 468 - Vertragswerkstatt. Zum Ganzen: *Müller*, T.; Die demoskopische Ermittlung der Verkehrsauffassung im Rahmen des § 3 UWG, 1987, S: 201 ff.

[2] RGZ 96, 242, 244; *BGH,* GRUR 1960, 563, 565 - Sektwerbung.

[3] *BGH,* GRUR 1981, 71, 73 - Lübecker Marzipan; *BGH,* GRUR 1982, 566 - Elsässer Nudeln.

[4] *BGH,* GRUR 1955, 251, 252 - Silberal; *BGH,* GRUR 1989, 855 - Teilzahlungskauf; *BGH,* NJW-RR 1990, 678, 679 - Buchführungshelfer; Großkommentar *Lindacher*, a.a.O., § 3 Rn 124; *Köhler/Piper,* a.a.O., § 3 Rdnr. 137.

sachliche Relevanz des Product-Placement zumindest bei Unterhaltungssendungen i.d.R. nicht vorliegen.[5]

II. Kritik

Wie *Sack* seinen rein wettbewerbsrechtlichen Ansatz auf das Rundfunkwerberecht übertragen will, bleibt offen.

Die ganz herrschende Meinung hat seine Überlegungen mit dem Hinweis abgelehnt, dass die Geldzahlungen der Industrie nur in Hinblick auf ein geändertes Verbraucherverhalten erfolgen und eine Täuschung über den Werbecharakter der Einblendung die Sittenwidrigkeit begründet.[6] Daher soll grundsätzlich bereits die Möglichkeit und nicht erst der Nachweis der tatsächlichen Beeinflussung ausreichen.[7]

Ob ein liberaleres Verständnis bei der Auslegung der Sanktionswirkungen des Trennungsgebotes zu einer Ausweitung unrichtiger Werbeaussagen zu Lasten des Verbraucherschutzes führt,[8] erscheint zweifelhaft.

Denn die Frage, ob der Zuschauer vom zielgerichteten Einsatz von Sonderwerbeformen im Programm weiß oder nicht, verliert für ihn in vielen Fällen an Bedeutung, da die von der Einblendung ausgehende werbliche Wirkung zufällig oder gezielt eingesetzt sein kann. Vor allem bei professionell durchgeführten Werbekooperationen[9] ist der Nachweis kaum möglich.[10]

B. Der Ansatz von *Niewiarra*

Niewiarra (Chefjustiziar von Bertelsmann!) fordert unter Hinweis auf die zunehmende Abkehr des Fernsehens von der klassischen Informationsvermittlung

---

[5] *Sack* ZUM 1987, 121 f; *ders.* AfP 1991, 713.

[6] *Bork,* GRUR 1988, 264 f; *B/H,* a.a.O., § 1, Rdnrn. 27, 44; *Hauschka*, DB 1988, 165, 168; *Dörfler,* Product Placement, S. 114 f.

[7] Statt vieler: *Köhler/Piper*, a.a.O., Einführung zum UWG, Rdnr. 164, § 3 UWG, Rdnr. 133.

[8] Vgl. die Diskussion in der Arbeitsgruppe „Überprüfung des Wettbewerbsrechts" abgedr. in WRP 1997, 169 f.

[9] Vgl. Seite 23 ff., 279 ff.

[10] In vielen Fällen erfolgt die Einblendung, Darstellung und Hervorhebung von Produkten, Personen, Handlungen, Ereignissen, in Abstimmung mit Dritten und damit letztendlich auch mit dem Ziel der Nutzung der Werbewirkung, z.B. für Zweitverwertungsrechte und Merchandisingartikel. Eine neue Entwicklung in der Werbung geht dahin, in den Mittelpunkt von Filmen nur noch Personen zu stellen, die bereits einen Merchandisingwert haben, vgl. *TV-Movie* 16/1997, S. 5.

hin zu überwiegend unterhaltungsorientierten Programmangeboten die Zulässigkeit bezahlter Werbung im Programm für private Rundfunkanstalten. Der sich in erster Linie aus Gebühren finanzierende öffentlich-rechtliche Rundfunk müsse hingegen das Trennungsgebot strikt beachten.[11] Allerdings müsse im Vor- oder Abspann der Sendung auf die Förderung durch Dritte hingewiesen werden. Weiterhin seien die Regelungen zum Minderjährigenschutz, zu Werbeverboten bzw. -beschränkungen für Alkohol und Tabak einzuhalten. Als Begründung seiner Forderungen führt er an, dass das unmündige Verbraucherleitbild mit Blick auf Europa angepasst werden müsse und der verbleibende Schutz ausreichend sei, um Verletzungen der Zuschauerrechte Rechnung zu tragen.[12]

Die Ansicht von *Niewiarra* ist letztlich eher als rechtspolitische Forderung denn als praktikabler Vorschlag zum Umgang mit den Rundfunkwerberegelungen zu verstehen. Einer unterschiedlichen Anwendung des Trennungsgebotes auf öffentlich-rechtliche und private Rundfunkanbieter steht der klare gesetzgeberische Wortlaut und Wille entgegen. Außerdem ist nicht einleuchtend, wieso ein Zuschauer von Privatfernsehen generell weniger schutzwürdig sein soll, als derjenige, der öffentlich-rechtliche Programme verfolgt.[13]

C. Der Ansatz von *Ladeur*

I. Trennungsgebot und Ökonomie der Aufmerksamkeit

Ladeur hat als einer der ersten Juristen die gewandelte Bedeutung der Werbung[14] erkannt und nach neuen Antworten gesucht. Unter zutreffendem Hinweis auf Erkenntnisse von Soziologie und Marketing legt er dar, dass die Integration von Botschaften und Signalen in die Alltagswelt der Konsumenten derart weit fortgeschritten ist, dass bestimmte Personen und Logos nicht mehr der werblichen Information dienen, sondern mit einem Lebensstil gleichgesetzt werden.[15] Diese Entwicklung begünstigt die zunehmende Integration von Kunst, Information, Unterhaltung und Werbung in einem Maße, dass die Festlegung von Werbung und Programm auf jeweils einander ausschließende, einheitliche Botschaften nicht mehr zeitgemäß erscheint.[16]

---

[11] *Niewiarra*, ZUM 1991, 70.

[12] Krit. *Johansson*, a.a.O., S. 242.

[13] So auch *Johansson*, a.a.O., S. 243 u.H. a. das 4. Rundfunkurteil, *BVerfGE* 73, 118, 152, wonach auch Unterhaltungssendungen zur Meinungsfreiheit beitragen.

[14] Vgl. Seite 12,45, 46 ff, 138 ff, 167 ff.

[15] *Ladeur,* ZUM 1999, 673; SpuRt 2000, 45 ff.

[16] ZUM 1999, 677.

Gerade die Ausrichtung der heutigen Medienlandschaft auf eine „Ökonomie der Aufmerksamkeit“[17] im Sinne, dass Medienangebote den Zuschauer primär durch Bilder in ihren Bann ziehen, führt nach Auffassung von *Ladeur* dazu, den Grundsatz der Trennung von Werbung und Programm in einem von politischen Anforderungen abgekoppelten Mediensystem insgesamt in Frage zu stellen. So erscheint in bestimmten Sendeformaten (Unterhaltungssendungen wie Comedies, Talkshows, Sportveranstaltungen und Sportdiskussionen) eine Unterscheidung der Verantwortungsbereiche durch die vielfältigen Mischformen neuer Werbung nicht möglich und erforderlich, solange der Zuschauer über die Form der Werbung deutlich informiert wird. Daher hält er eine Lockerung des Trennungsgebotes für Sendeformate, die nicht primär eine Informationsfunktion haben, sondern der neuen „Kultur der Oberfläche“ folgen, für zulässig.[18]

Grundsätzlich will *Ladeur* Werbung im Programm für einzelne Sendeformate als „unmittelbare Werbefinanzierung“ erlauben, sofern diese strikt auf Imagewerbung reduziert bleibt und Informationssendungen davon ausgenommen werden.[19]

II. Kritik

1. Fehlende rechtliche Grundlage

Ladeur ist in seiner Darstellung der Veränderungen im Fernseh- und Werbemarkt uneingeschränkt zuzustimmen.[20]

Festzuhalten bleibt jedoch, dass eine Ausnahmeregelung vom Trennungsgebot für Sendeformate mit „geringer Informationsfunktion“ klar gegen Wortlaut und Zielsetzung von europäischem und Landesgesetzgeber verstößt, die eine deutliche und erkennbare Trennung von Werbung und Programm verlangen.[21] Diese Ausnahmeregelung kann auch nicht pauschal mit dem Argument der Freiheit des Künstlers, kommerzielle und künstlerische Aspekte in einem Werk zu verbinden, gerechtfertigt werden.[22] Denn weder Kunst- noch Rundfunk- oder Programmfreiheit können nachweisliche Verletzungen der Persönlichkeitsrechte rechtfertigen.

Eine einschränkende Auslegung des Trennungsgrundsatzes nur auf Sendungen mit Informationscharakter setzt voraus, dass die unterschiedslose Anwendung

[17] Vgl. Seite 46 ff.

[18] *Ladeur*, ZUM 1999, 679 f.

[19] ZUM 1999, 680 f.

[20] Diesbezüglich zustimmend auch *Platho*, ZUM 2000, 46, 50 f.

[21] Ebenso: *Platho*, ZUM 2000, 54.

[22] **A.A.**: *Hartel* ZUM 1993, 592, 598 f.

der rundfunk- und wettbewerbsrechtlichen Werbevorschriften auf Sendungen, die sowohl Informations- als auch Unterhaltungscharakter haben, dem Gebot der Gerechtigkeit, gleichartige Fälle gleich und Ungleiche ungleich zu behandeln, widerspricht.[23] Bedingung für eine solche teleologische Reduktion ist daher, dass die Prämissen von denen *Ladeur,* in ähnlicher Form auch das *LG Stuttgart* und später in Ansätzen auch der *BGH* ausgehen, einer kritischen Analyse standhalten.

Dazu muss eine Trennung bzw. Kategorisierung von Information und Unterhaltung einerseits überhaupt möglich sein und diese Unterteilung auf Sendeformate medien- und wettbewerbsrechtlich sinnvoll erscheinen.

2. Zur Trennbarkeit von Information und Unterhaltung

Zunächst stellt sich hier das Problem, ob eine Abgrenzung zwischen Informations- und Unterhaltungssendungen überhaupt möglich ist.

a) Die Kategorien Information und Unterhaltung

Seit der Aufklärung wird Information als Bürgerpflicht und Grundbedingung demokratischer Teilhabe angesehen, während Unterhaltungsangebote insbesondere in Form der Massenunterhaltung seit Anfang des 19 Jh. mit „Seichtigkeit, Oberflächigkeit, Sinnestaumel" abgewertet wurden.[24]

Auch heute noch wird der Nutzen von Unterhaltungssendungen kritisch gesehen, da sie angeblich die Realität zu sehr vereinfachen und dabei die Vorstellung suggerieren, dass das ganze Leben auf einen einfachen Nenner reduziert werden kann. Es wird kritisiert, dass Unterhaltungsformate auf theoretische Diskussionen und politische Hintergründe verzichten.[25]

Die Trennung von Information und Unterhaltung findet bis heute auf allen Ebenen journalistischer Produktion statt, sie durchzieht das Denken über die Massenmedien, ihre Produktion und Rezeption. Auch in zahlreichen kommunikationswissenschaftlichen Studien wird zwischen Unterhaltungs- und Informations-

[23] Vgl. *Larenz,* a.a.O., S. 391 f.

[24] So das *Börsenblatt des deutschen Buchhandels* 1834 über Unterhaltungsliteratur, zit. nach *Basinger,* Ist der Ruf erst ruiniert...Zur Karriere der Unterhaltung, in: *Bosshart/Hoffmann-Riem* (Hrsg.), 1994, S. 15, 24; krit. ebenso: *Postman,* Wir amüsieren uns zu Tode. Urteilsbildung im Zeitalter der Unterhaltungsindustrie. 1985.

[25] Im Journalismus wird dieser angebliche Dualismus von Information und Unterhaltung immer wieder, meist in Zusammenhang mit einer generellen Medien- u. Kulturkritik, herausgestellt, so z.B. von: *Leicht, R,* Von neuen Herausforderungen für den Journalismus, in: DIE ZEIT, 51 Jg., 1996, Nr. 9, S. 1.: „Die explodierende Quantität des Kunterbunten droht die Qualität der Information zu verschütten."

programm sowie zwischen unterhaltungs- und informationsorientiertem Publikum unterschieden.[26]

Der Gesetzgeber greift diese Unterscheidung auf und knüpft z.T. unterschiedliche Rechtsfolgen an Rundfunksendungen mit überwiegend informationsorientiertem (Nachrichten, Reportagen, Berichterstattungen) bzw. mit unterhaltungsorientiertem (Spielfilm, Serien, Talk-Shows usw.) Charakter. Insbesondere für Informationssendungen und Berichterstattungen gelten strengere Regelungen (vgl. §§ 10 Abs. 1; 7 Abs. 8, 8 Abs. 6 RStV).

Dahinter steht offenbar das Ziel, Sendungen, die für die politische Meinungsbildung besonders relevant und an die deshalb besonders hohe Anforderungen in Hinblick auf Vielfaltsgebot und Beeinflussungsverbot zu stellen sind, stärker zu schützen. Das setzt neben der eindeutigen Abgrenzbarkeit auch eine unterschiedliche Wertigkeit dieser Formate voraus.

b) Die Verwischung von Unterhaltungs- und Informationscharakter

i. Zum Unterhaltungsbegriff

Die Schwierigkeit besteht darin festzustellen, welche Reaktionen und Prozesse auf Seiten der Rezipienten gegeben sein müssen, damit der Tatbestand des Unterhaltenseins erfüllt ist.[27]

Vom Effekt des Unterhaltenseins kann man nach Auffassung von *Wittwen* dann sprechen, wenn beim Zuschauer mittels bestimmter Unterhaltungsfaktoren Gefühle aktiviert werden; er sich also emotional beteiligt.[28] Unterhaltung stellt insoweit eine physiologische Erregung dar, die vom Rezipienten als positive Empfindung wahrgenommen wird. Dieses Gefühl des Rezipienten, gut unterhalten zu werden, liegt insbesondere dann vor, wenn er das Gesehene für sich selbst als nützlich empfindet und es ihm gelingt, Bezüge zu seinem Alltagsleben herzustellen. Es hängt weiterhin davon ab, inwieweit der Rezipient zwischen den Inhalten der Sendung eine nachvollziehbare Nähe zum eigenen Leben ziehen kann und somit eine Balance zwischen physiologischer Anregung und emotionalem Wohlbefinden besteht. Unterhaltung stellt daher eine Aktivität des Rezipienten dar, ein Prozess während des Anschauens fernsehvermittelter Inhalte.

---

[26] Hierzu: *Rühl,* Zwischen Information und Unterhaltung. Funktionen der Medienkommunikation. In: Deutsches Institut für Fernstudien (Hrsg.): Seite 11, 23 ff; vgl. *Klaus,* RuF 1996, 407, Abb. 1 m.w.N.

[27] *Gleich,* MP 1997, S. 103.

[28] Vgl. hierzu: *Wittwen,* Infotainment: Fernsehnachrichten zwischen Information und Unterhaltung, Diss., 1995, S. 24 f.

ii. ZUR INFORMATIONSPFLICHT DES RUNDFUNKS

Ausgangspunkt vieler Überlegungen ist immer noch die verfassungsrechtliche Rundfunkaufgabe, dem Rezipienten für seine Meinungsbildung relevantes Wissen (z.B. über Produkte, politische Auffassungen) zu vermitteln und ihn zum Widerspruch zu befähigen.[29] Um die Meinungen der einzelnen Anbieter richtig zu bewerten und dann eine Kaufentscheidung zu treffen, benötigt der Rezipient ein für ihn transparentes Leistungsangebot, welches ein Höchstmaß an rational wahrnehmbaren Informationen erfordert, die der Rezipient zur subjektiven Problemlösung einsetzen kann.[30] Dem Redakteur oder Journalisten kommt die Aufgabe zu, dem Rezipienten eine Hilfestellung zu leisten, damit dieser die für ihn interessante Information findet und sinnvoll verwerten kann. Dabei wird akzeptiert, dass die Informationsvermittlung auch in Kombination mit unterhaltsamen Elementen erfolgt, sofern dadurch dem Zuschauer eine zusätzliche Motivation geschaffen wird, sich Wissen anzueignen.[31]

iii. DIE VERWISCHUNG DER FERNSEHFORMATE DURCH „INFOTAINMENT"

(1.) Beispiel 1: Nachrichtensendungen

Im Zuge der neueren Entwicklungen der Fernsehlandschaft wird die Einteilung in Informations- und Unterhaltungssendung immer schwerer.

Dazu trägt die zunehmende Tendenz im Fernsehen zu sogenannten „Unterhaltungsinfotainment"-Angeboten bei. Selbst bei Nachrichtensendungen kann das Zusammengehen von Information und Unterhaltung nicht mehr geleugnet werden, wie *Wittwen* in seiner grundlegenden Arbeit zum Thema „Infotainment bei Nachrichtensendungen" belegt.[32]

[29] Statt vieler vgl. *Schneider/Raue*, Journalismus, Kap. 44, S. 242 ff.

[30] *Neuberger*, a.a.O., 1997, 178 f m.w.N., nennt diesen Fall einen einem „rationalen Gebrauch der Medien."

[31] Vgl. *Neuberger*, a.a.O., 1997, S. 180 f. Er beurteilt eine Berichterstattung danach, ob sie dazu dient, die Betroffenheit oder Verantwortlichkeit des Rezipienten für das entstandene Problem zu klären, ob sie deutlich macht, welchen Grad an Relevanz das Problem für ihn hat, ob sie Auskunft über die (womöglich eigene) Zuständigkeit für die Problemlösung gibt, ob sie Problemlösungshilfen aufzeigt, ob sie hilft, das Risiko der Betroffenheit von einem Ereignis desselben Typs abzuschätzen, und ob sie genutzt werden kann, um Vorsorge zu treffen oder Maßnahmen zur Vermeidung zu ergreifen.

[32] *Wittwen,* Infotainment, S. 208 f.

Unter Infotainment werden in diesem Sinne alle Möglichkeiten zur unterhaltsamen Aufbereitung von Informationen, ob durch thematische Auswahl, optische Gestaltung oder sprachliche Realisierung, verstanden.[33]

Wittwen legt dar, dass selbst bei Nachrichten gefühlsanregende, handlungsreiche Bilder, die Atmosphäre vermitteln und den Zuschauer an Ereignissen teilnehmen lassen, als Gestaltungsmittel eine entscheidende Rolle spielen. Der Text der Berichterstattung wird in Produktion und Rezeption nur untergeordnet wahrgenommen.[34] Meldungen, die sich nicht oder nur ungenügend bebildern lassen, werden nachweislich aus dem Sendeplan gestrichen.[35] Die besondere Herausstellung bildhafter Berichterstattung geht sowohl bei privaten als auch bei öffentlich-rechtlichen Fernsehnachrichten zu Lasten sprachliche Erläuterungen.[36] An die Stilmittel der Werbung erinnern die häufig verwendeten phraseologischen Wortverbindungen und Metaphern sowie ein affektischer, superlativer Wortschatz und eine schnoddrige, bisweilen vulgäre Umgangssprache.[37]

Für die Nachrichten ist also eine Verkürzung ihrer Beitragslänge und eine Annäherung an die Ästhetik der Werbung zu beobachten.[38] Damit stimulieren Nachrichtensendungen verschiedene imaginative Vergnügungen und ermöglichen das Eintauchen in eine fiktive Welt. Unterhaltung entwickelt sich zunehmend zum „natürlichen Rahmen jeglicher Darstellung von Erfahrung".[39] Auch der tägliche Nachrichtenkonsum dient zum allergrößten Anteil der puren Unterhaltung im Sinne emotionaler Stimulierung des Zuschauers und trägt der geringen Bereitschaft zu einer längeren Aufmerksamkeitsspanne Rechnung.

---

[33] Vgl. *Wittwen*, Infotainment, S. 22 f, 24.

[34] *Wittwen*, Infotainment, S. 207.

[35] Vgl. *Wittwen*, Infotainment, S. 101 ff, 103 m.w.N.

[36] In amerikanischen Lehrbüchern wird z.B. immer wieder darauf hingewiesen, dass eine zwanzigminütige Nachrichtensendung ca. 3500 Wörter enthält, was einer Seite der New York Times entspricht (vgl. *Wittwen*, Infotainment, S. 54 ff m.w.N.). Die Sprache von Nachrichtensendungen zeichnet sich laut *Wittwen*, ebd., durch eine komprimierte, schnörkellose Syntax mit gewisser Tendenz zur Pointierung durch expressive Wortstellungen, Doppelpunktkonstruktionen sowie Aufforderungs,- Ausrufe- oder Fragesätze aus.

[37] *Wittwen*, Infotainment, S. 89 ff, 104, 121 ff. mit umfangreichen Beispielen aus dem Fernsehalltag.

[38] Vgl. *Wittwen*, Infotainment, S. 33 ff, 40 u.H.a. eine Äußerung des RTL aktuell – Chefredakteurs: „(...) wir machen keine ellenlangen Filme, keine Drei- oder Vier-Minutenfilme über irgendwas, weil die Leute maximal eine Minute konzentriert zuhören, und dann schalten sich die ersten geistig aus. Und wenn ein Thema sie nicht interessiert, schalten sie auch weg ins nächste Programm, mit der Fernbedienung ist das überhaupt kein Problem. So dass wir gesagt haben: Leute, die alle Hintergründe wissen wollen, die holen sich bei uns die Erstinformationen und lesen dann Zeitung oder gucken auch von mir aus die Öffentlich-Rechtlichen, um den Vier-Minuten-Hintergrund wirklich zu bekommen."

[39] *Postman*, a.a.O., S. 110. Vgl. auch *BVerfG* ZUM 2000, 149, 157.

Mittlerweile ist in zunehmendem Maße die Anpassung der Programmangebote der Rundfunkanstalten an die oben genannten Erkenntnisse zu beobachten.

So hat der Berliner Medienforscher *Hans-Jürgen Weiß* im Auftrag der Landesmedienanstalten die Programme der öffentlich-rechtlichen und privaten Fernsehanbieter analysiert. Zwischen 1997 und 1999 untersuchte er eine Woche lang die Programme der Sender ARD, ZDF, RTL, RTL 2, Vox, Sat.1, ProSieben und Kabel.1 danach, ob sie dem Zuschauer mehr „privat wichtige" oder „gesellschaftlich wichtige" Themen anbieten. Dabei kam er zu dem Ergebnis, dass die Grenzen zwischen Information und Unterhaltung zunehmend verwischen und dass bei allen Sendern „seichte Themen wie Sex und Verbrechen" die klassischen Informationen zurückdrängen.[40]

Hervorstechendes Beispiel sind seit einiger Zeit die Nachrichtensendungen auf RTL2, die (in Kooperation mit RTL) von sechs eigenen Redakteuren bewusst in Kontrast zu den bisherigen Nachrichtensendungen gestaltet werden und sich an die Zielgruppe der 14-29jährigen wenden. Auf politische Meldungen wird in komprimierter Form[41] und nur kurz eingegangen, den Hauptteil der Nachrichtenzeit nehmen Berichte über Prominente, Tratsch, Mode und Musik ein.

Auch wenn diese stark mit Unterhaltung vermischten Nachrichtensendungen medienpolitisch nicht unbedenklich sind[42], ist festzuhalten, dass die dominanten Unterhaltungsanteile den Bedürfnissen der Zuschauer entsprechen.[43] So hat RTL2 mit diesem Nachrichtenkonzept innerhalb von drei Monaten den Marktanteil seiner in erster Linie anvisierten Zielgruppe der 14-29jährigen Zuschauer im Vergleich zum Vorjahr vervierfacht.[44] Hingegen ist die Tatsache, dass allzu ambitioniertes, kopflastiges Qualitätsfernsehen meist unter Ausschluss der Öffentlichkeit stattfindet, ein starkes Indiz dafür, dass auch das

[40] Vgl. SbZ v. 19. Okt. 1999. Anders noch die Untersuchung von *Krüger,* Kontinuität und Wandel im Programmangebot, in: MP 1993, 246, wonach sich das informationsorientierte Programmangebot der öffentlich-rechtlichen Sender zwischen 1986 und 1992 durch den Programmeintritt der Privaten nicht grundlegend verändert habe.

[41] So vertritt RTL2-Nachrichtenchef *Jürgen Ohls* die Auffassung, da es der Bericht über den Länderfinanzausgleich auch in 1½ Minuten nicht erklärbar sei, und man dieses Thema in den Nachrichten mit einem Satz abhandeln könne, in SZ v. 16. Nov. 1999 „DJ Bobo oder wie RTL2 die Welt sieht".

[42] RTL2 ist als Vollprogramm zur Ausstrahlung von Nachrichten und anderen, für die öffentliche Meinungsbildung relevanten, Informationen verpflichtet (vgl. §§ 25 Abs. 2; 41 Abs. 2 u. 3 RStV).

[43] *Krüger,* Kontinuität und Wandel im Programmangebot, in: MP 1993, 246 ff, 258.

[44] Vgl. SZ v. 16. Nov. 1999.

fentlichkeit stattfindet, ein starkes Indiz dafür, dass auch das Publikum die neuen Formen der Fernsehgestaltung goutiert.[45]

(2.) Beispiel 2: Sportberichterstattungen

Die Ambivalenz des Unterhaltungsbegriffs wurde von *Klaus* in Zusammenhang mit der Sportberichterstattung im Fernsehen dargelegt, welche gerade für Männer einen starken Unterhaltungswert besitzt (emotionale Ansprache, Offenheit der Texte, melodramatische Elemente, Art und Weise der Charakterisierung der Handelnden usw.). Interessanterweise wird bei Sportübertragungen immer wieder der Informationscharakter betont.[46] Fernsehberichte über die Europameisterschaften 1996 in England zeigten, dass die Berichterstattung in ihrem Kern realitätsorientiert (Berichte über sportliche Wettkämpfe und Spiele) erfolgte. Zugleich erfüllt der Sport für seine Zielgruppe dieselben Funktionen wie andere fiktionale Programme und kann daher mit einer Seifenoper verglichen werden.[47]

iv. Gefährdung des Rundfunkauftrages durch Unterhaltungsausrichtung der Programmangebote?

Die dargelegte Entwicklung der Programminhalte wird in der Medienwissenschaft überwiegend negativ beurteilt. Bei Reportagen und Berichterstattungen wird die „Verflachung redaktioneller Inhalte" sowie die Betonung des Ereignis- und Showcharakters von Liveübertragungen kritisiert; bei Spiel- und Unterhaltungsfilmen wird die „künstlerische Verarmung der Bilder“ sowie die einseitige, auf Ästhetik und vermeintliche Publikumsinteressen ausgerichtete, filmische Gestaltung beklagt.[48]

Der Direktor der Landesmedienanstalt Nordrhein-Westfalen *Schneider* stellt im Rundfunkwesen einen überall einsetzenden Bedeutungsverlust von Rundfunkbegriffen (Voll- und Spartenprogramm, Werbung und Programm, Eigen- und

[45] *Wittwen*, Infotainment, S. 209. Nach RTL-Informationsdirekter *Hans Mahr*, sehen gerade die 14-29-Jährigen keine Tagesschau oder andere klassische Nachrichtensendungen mehr und stellen deshalb einen „ungeborgenen Schatz“ für neue Informationsangebote dar.

[46] *Klaus*, RuF 1996, 410 f m.w.N. Insbesondere in Zusammenhang mit der drohenden Übertragung der Fußball-Weltmeisterschaft im Jahre 2002 durch Pay-TV-Anbieter wurde von zahlreichen Stellen der Informationsanspruch der Bevölkerung immer wieder betont, vgl. nur: SZ v. 21. Okt. 1997.

[47] *Klaus*, RuF 1996, 411 f.

[48] Vgl. *Ott*, in: SZ vom 31. März 2000, Journalismus war nicht vorgesehen – RTL droht ARD und ZDF mit der Vertragsauflösung wegen zu kritischer Skisportberichterstattung; *Voß*, in: Wirtschaft im Fernsehen, Infomedia-Stiftung, 1996, S. 4, wonach die zunehmende Emotionalisierung von Fernsehsendungen dazu führe, dass Zielkonflikte im Fernsehen immer seltener sachlich durchleuchtet und durchschaut werden können.

Auftragsproduktionen, Kultur und Kommerz[49], Informations- und Unterhaltungssendung u.ä.) fest. Gerade die Grenze zwischen Werbung und Programm werde seiner Auffassung nach trotz bestehender Richtlinien immer weiter verwischt.

Diese Entwicklung droht nach Ansicht des Medienwissenschaftlers *Bolz* dazu zu führen, dass sich Werbung, Unterhaltung und Information kaum mehr unterscheiden. Dies habe zur Folge, dass insbesondere die Konsumentengeneration der 10-18jährigen die Medienwirklichkeit nur noch in diesen Mischformen fiktiver Fakten und faktengestützter Fiktionen knnen lernen wird.[50]

Dieser pauschalen Kritik an der starken Unterhaltungsausrichtung der Rundfunkprogramme hält *Klaus* zu Recht entgegen, dass sie sich auf Versäumnisse und Defizite bezieht, die die Allgemeinheit insgesamt und nicht die Unterhaltungsindustrie betreffen.[51] Zunächst einmal handele es sich dabei um systemimmanente formale Einflüsse auf das Programm, die grundsätzlich als zulässig angesehen werden müssen.[52] Die Kritiker würden übersehen, dass die Unterhaltungsorientierung des Fernsehens letztlich eine Folge des bestehenden Wettbewerbs zwischen den einzelnen Rundfunkanstalten um die Aufmerksamkeit der Zuschauer darstelle. Keine noch so für die Meinungsbildung relevante Informationssendung könne diese Tatsache unberücksichtigt lassen und auf Techniken der Aktivierung des Zuschauerinteresses verzichten. Die Unterhaltungswirkung, die von Medien ausgeht, beeinflusse die Menschen zwar in verschiedene Weise, sie spiegele soziale Normen wieder und verändern sie.

Allerdings üben die Medien selbst offensichtlich keinen direkten Einfluss auf Einstellungen derjenigen Personen aus, die bereits einen Standpunkt haben.[53] Damit unterscheide sich die Unterhaltungsaussichtung der Rundfunkprogramme zunächst nicht von der Werbung, deren Beeinflussungswirkung nur bei denjenigen Menschen überhaupt Erfolg im Sinne einer Verhaltensänderung verspricht, die noch keine feste Meinung haben.[54]

---

[49] Ausführlich hierzu: *Weng*, Sponsoring und Product Placement, Diss. 1999.
[50] In: w&v 16/1997, S. 74.
[51] *Klaus,* RuF 1996, 405.
[52] *Ladeur,* ZUM 1999, 676.
[53] *Bachmann,* Massenmedien in biblischer Sicht, in: *Wunden* (Hrsg.), 1989, S. 71, 74 m.w.N. Nach *Luhmann*, Massenmedien, S. 10, hilft Unterhaltung vorhandenes Wissen zu „verstärken"; hingegen fehlt es ihr an einem Wissensvermittlungs- und Belehrungseffekt.
[54] ARD-Forschungsdienst, *Gleich*, MP 1997, S. 103 ff.

Insoweit wird die Grenze erst überschritten, wenn auf die Programmgestaltung von außenstehenden Dritten Einfluss genommen wird. Dies ist deshalb gem. § 7 Abs. 2 RStV verboten.[55]

v. ERGEBNIS UND SCHLUSSFOLGERUNGEN ZU IV.

Die vorliegenden Beispiele haben deutlich gemacht, dass eine unterhaltende emotionale Ansprache auch bei Informationsendungen erforderlich ist, da viele Zuschauer bei rein rationaler Vermittlung die Informationsaufnahme aufgrund der zunehmenden Informationsflut[56] verweigern. Einen Informationswert von Unterhaltung kann man nur dann ablehnen, wenn eine Trennung von „purer Fiktion“ und „reiner Information“ und von realitätsfremder und realitätsnaher Verarbeitung solcher medialen Angebote unterstellt wird, was kaum möglich ist.[57]

Richtigerweise wird man Unterhaltung nur als eine besondere Form der Informationsvermittlung einstufen können, welche die Informationsaufnahme erleichtert, weil sie eine Brücke zu den Emotionen, persönlichen Werten, und individuellen Lebensproblemen des Rezipienten schafft.[58] Unterhaltende Programmangebote bilden daher den Gegensatz zu nüchtern gestalteten und „informationslastigen“ Sendungen.

Hier stellt sich die Frage, ob die Medien nicht sogar verpflichtet sind, mittels bestimmter Techniken ihr Programm auf unterhaltsame Weise anzubieten.[59]

Denn Rundfunkanstalten können ihrer publizistischen Rundfunkaufgabe nur nachkommen, wenn ihre Inhalte von den Zuschauern wahrgenommen werden. Die Erzielung von Aufmerksamkeit und die Vermittlung der eigenen Programmangebote stellten die Rundfunkanstalten im Zeitalter der Informationsüberflutung vor eine große Herausforderung.[60] Aufgrund des enormen Informationsangebotes muss der Verbraucher seine Auswahl auf diejenigen

[55] Hierzu im Einzelnen: *Ring* u.a. § 7 Rdnrn.23 ff.

[56] Vgl. Seite 13 f.

[57] Vgl. *Klaus,* RuF 1996, 403, 408, *dies./Lüneborg*, M&K 2000, 190 ff.

[58] Als Code für seine (komplizierte und hier nicht weiter darstellbare) Systemtheorie unterscheidet *Luhmann*, in: Massenmedien, 36 ff, Information und Nichtinformation als Arbeitsgrundlage. Da die Massenmedien ständig unter Druck stehen, die Sendezeiten zu füllen, wird der Informationswert marginalisiert, da man eigentlich nichts zu sagen hat. Als Kriterium für Information sieht er das Verhältnis zur Zeit. Informationen lassen sich nicht wiederholen, sie werden, sobald sie Ereignis werden, zur Nichtinformation. Eine Nachricht, die ein zweites Mal gebracht wird, behält zwar ihren Sinn, verliert aber ihren Informationswert (S. 46 f). Fernsehen verwandelt nach *Luhmann* dadurch ständig Information in Nichtinformation. Krit. *Wehmeier*, Ökonomisierung des Fernsehens, M&K 2001, 306, 311 ff.

[59] *Klaus,* RuF 1996, 404.

[60] Vgl. Seite 46 ff.

Informationen beschränken, die ihm nützlich sind oder ihn ansprechen.[61] Ihm kommt es nicht darauf an, ob objektiv eine Botschaft mit hohem Informationsgehalt oder mit großem Unterhaltungswert vermittelt wird, sondern nur darauf, ob das Programm von ihm als langweilig oder interessant empfunden wird.

Bei langweiliger Darstellung ist die Bereitschaft des Zuschauers, sich mit dem Programm näher zu beschäftigen und damit seine Aufnahmebereitschaft für publizistische oder kommerzielle Informationen gering. Im schlimmsten Fall droht dem Rundfunkveranstalter das Umschalten des Zuschauers verbunden mit einem Imageverlust. Wenn hingegen das Interesse des Zuschauers an dem Programmangebot geweckt ist, ist das erste Ziel erreicht und die Bereitschaft zur Informationsaufnahme ist gegeben.

Im Wettbewerb um die begrenzte Aufmerksamkeit der Zuschauer hat das Fernsehen gegenüber anderen Medien aufgrund seiner Bildhaftigkeit einen erheblichen Wettbewerbsvorteil.[62] Allerdings muss auch hier differenziert werden. So können Unterhaltungsserien wegen ihrer Verbindung zwischen Vertrautheit mit dem Charakter und Überraschung des Ereignisses eine Botschaft effektiver verbreiten als vergleichbare Berichte in klassischen Nachrichtensendungen.[63] Aus Sicht der Zuschauer ist das Gegenteil von Unterhaltung Langweile (also eintöniges, Trauriges, Gedankenloses).[64]

Eine Unterscheidung nach Sendungen mit überwiegendem Unterhaltungs- oder Informationscharakter ist im Ergebnis wenig erfolgversprechend und deshalb abzulehnen.

c) Die These von der unterschiedlichen Wertigkeit (Beeinflussungswirkung) von Unterhaltungs- und Informationssendungen

Selbst wenn man mit der bisher überwiegenden Meinung an der Unterscheidung zwischen Informations- und Unterhaltungssendungen festhält, stellt sich die Frage, ob von beiden Formen eine so unterschiedliche Beeinflussungswirkung ausgeht, dass sich eine unterschiedliche Anwendung des Trennungsgebotes rechtfertigen lässt.

---

[61] *Kinnebrock*, Integriertes Eventmarketing, 1993, S. 27 f.

[62] Vgl. Seite 28.

[63] *Klaus,* RuF 1996, 409 unter Hinweis auf die Untersuchungen von *Hobson.*

[64] So auch das Ergebnis der Studie von *Dehm*, Fernseh-Unterhaltung. Zeitvertreib, Flucht oder Zwang? Eine sozialpsychologische Studie zum Fernseherleben, , 1984, S. 223 f; ebenso *Lübbe*, Unterhaltung sucht jeder - auch der Informationsorientierte, in: Bertelsmann Briefe, 1992, Heft 128, S. 4, 6; grdl.: *Klaus,* RuF 1996, 409 ff, Abb. 2 u. 3.

Allen Überlegungen, das Trennungsgebot nur noch auf Sendungen mit überwiegendem Informationscharakter, die für die Meinungsbildung der Zuschauer von besonderer Bedeutung sind, anzuwenden, ist gemein, dass sie die Beeinflussungswirkung von Unterhaltungssendungen als für den Zuschauer leichter durchschaubar und damit weniger gefährlich ansehen, als in informationsorientierten Sendungen, wo eine Wissensvermittlung im Vordergrund zu stehen scheint. Während sich die Nutzer von Informationsangeboten mit den gesellschaftlichen Problemen realitätsgewandt auseinandersetzen und damit offen für die Zukunft zeigen, würden die Unterhaltungsnutzer der Realität aus dem Weg gehen und sich in eine fiktionale, althergebrachte Ordnung und Sicherheit flüchten.[65]

Ob diese Unterscheidung von Information und Unterhaltung am Maßstab der wirklichkeitsgetreuen Abbildung der Realität (z.B. in den Nachrichten, politischen Reportagen usw.) bzw. fiktionaler Darstellung (Spielfilmen, Gameshows) tatsächlich trägt, erscheint nach den bisherigen Ausführungen zweifelhaft.

D. Der Ansatz von *Platho*

I. Unterhaltungselemente im Kommunikationsprozess

Platho greift explizit auf die oben dargelegte Unterscheidung zurück, wonach das Trennungsgebot so zu verstehen ist, dass die Wiederspiegelung der Lebensrealität in Fiktion oder in der journalistischen Berichterstattung nicht behindert werden darf. Auch bei einer durchaus werbegeprägten Lebenswirklichkeit bleibe für das Trennungsgebot solange Raum, solange es sich tatsächlich um Lebenswirklichkeit handelt. Die Lebenswirklichkeit, mag in ihr auch die medienwirksame Platzierung von Produkten, Dienstleistungen und Marken (z.B. Firmenaufkleber auf dem Hemdkragen von Fußballtrainern) zum Alltag werden, sei damit die Sollbruchstelle zwischen zulässiger und unzulässiger Präsentation.[66]

II. Kritik

Ob das Kriterium der lebenswirklichen bzw. lebenswirklichkeitsnahen Darstellung geeignet ist, gezielte Werbung im Programm von unvermeidbarer Werbung abzugrenzen, erscheint fraglich.

So wurde dargelegt,[67] dass gerade durch fiktionale und wirklichkeitsfremde Unterhaltungssendungen erhebliche „Kommunikationsanstöße“ vermittelt werden

[65] Nachweise bei: *Klaus,* RuF 1996, 405.
[66] *Platho*, ZUM 2000, 46, 50.
[67] Vgl. Seite 286 ff.

können. Die Inszenierung von Ereignissen, welche im klassischen Unterhaltungsbereich und insbesondere im Fernsehen weit verbreitet ist, verstärkt eine Entwicklung, welche die Grenzen zwischen Realität und Fiktion einerseits, aber auch zwischen Unterhaltungs-, Nachrichten- und Werbeformaten vermischt.[68]

Unbeantwortet lässt *Platho* die Frage, warum der Zuschauer weniger schutzwürdig ist, wenn eine gezielt platzierte, werbliche Wirkung in eine nicht wirklichkeitsgetreue Darstellung eingefügt wird.

Begründen ließe sich dies vielleicht mit dem Argument, dass die Vermittlung unterhaltender Inhalte bei der Wissensvermittlung keine oder nur eine geringe Rolle spielt. Entsprechende Programmangebote würden daher die Meinungsbildungsfunktion des Rundfunks kaum berühren.

Menschliche Kommunikation ist jedoch keine Signalübertragung, sondern immer mit Bedeutung und Sinn unterlegt, mit Beziehungsaspekten und Gefühlen angereichert. Jüngere empirische Studien haben belegt, dass Rezipienten von sogen. „trivialen" Produkten (Unterhaltungsliteratur, Soap Operas) neben ihrem Vergnügen an der Fantasie auch ein Interesse an Weiterbildung (über ferne Länder, Zeiten usw.) sowie an der Auseinandersetzung mit der eigenen Lebenswirklichkeit (Verarbeitung von Lebensproblemen, Formung von Gesellschaftsbildern) haben.[69]

Eine Unterscheidung zwischen nützlichen Sendungen mit überwiegend Wissen vermittelnden Inhalten und einfachen, „sinnfreien" Unterhaltungssendungen berücksichtigt weiterhin nicht, dass das Unterhaltungsgefühl unter anderem davon abhängt, inwieweit das Gesehene für den Zuschauer persönlich nützlich ist (z.B. Anregungen zum Mitspielen, Verbrauchertipps) oder inwieweit es den in der Sendung auftretenden Moderatoren gelingt, einen überzeugenden Bezug zwischen dem Gezeigten und dem persönlich Erlebten herzustellen.[70] Denn eine vermeintliche Unterhaltungssendung kann den Zuschauer langweilen, eine Nachrichtensendung kann unterhaltsam und spannend sein - allein aus dem An-

---

[68] Vgl. ausführlich hierzu: (DJV-Vorsitzender) *Weischenberger,* Neues vom Tage. Die Schreinermakerisierung der Medien, 1997. *Klaus/Lüneborg*, M&K 2000, 188 f, weisen zurecht darauf hin, dass immer neue Fernsehgenre wie z.B. „Polit-Soap" (z.B. Bundeskanzler Gerhard Schröder in der Fernsehserie Gute Zeiten, Schlechte Zeiten) die wohl vertraute Einteilung der Medienproduktionen in fiktional und nicht fiktionale Inhalte sprengen, da die Scheidelinie zwischen (inszenierter) Politik, Unterhaltung und Information verwischt werde.

[69] Vgl. die Nachweise bei *Klaus,* RuF 1996, 407 ff.

[70] *Vorderer,* Rezeptionsmotivation: Warum nutzen Rezipienten mediale Unterhaltungsangebote? Publizistik 41, 1996, S. 310 ff; *Gehrau*, Rezeption von Fernsehunterhaltung. Eine experimentelle Studie zu dem Einfluss persönlich relevanter Zeitbezüge auf das Unterhaltungsgefühl, Medienpsychologie 8, 1996, S. 117 ff; *Berhaus, M./Staab, J.F.,* Fernsehshows auf deutschen Bildschirmen. Eine Inhaltsanalyse aus Zuschauersicht, 1995.

gebot oder der Analyse der unterhaltenden oder informierenden Inhalte lässt sich dies noch nicht schließen.[71] Auch das *BVerfG* erkennt seit kurzem an, dass Unterhaltungssendungen die Meinungsbildung u.U. sogar nachhaltiger anregen oder beeinflussen können als ausschließlich sachbezogene Informationen.[72]

Zwar mag es richtig sein, dass in vielen Fällen das Vertrauen des Zuschauers in die Objektivität und Unabhängigkeit der Berichterstattung bei Informationssendungen, d.h., bei Sendungen, welche die Abbildung der Wirklichkeit zum Thema haben, größer ist, als bei Unterhaltungssendungen, bei denen die Aufnahmebereitschaft des Zuschauers auf den ersten Blick eher gering ist.

Die Beeinflussungsgefahr des Zuschauers durch redaktionelle Berichterstattung hängt aber nicht in erster Linie vom Sendeformat ab, sondern von der Frage, inwieweit der Zuschauer die dargebotenen Informationen als für sich nützlich empfindet. Entscheidend ist daher, dass man – wie es *Klaus* vor einigen Jahren überzeugend darlegte - Information und Unterhaltung nicht als Inhalts- sondern als Nutzenkategorien ansieht.[73]

Denn sowohl Nachrichten- als auch Unterhaltungssendungen können für den Rezipienten eine „therapeutische Funktion i.S.v. Orientierungs- und Vergleichsmöglichkeiten für den eigenen Alltag“ darstellen. Auch von Unterhaltungssendungen können Kommunikationsanstöße ausgehen, die wiederum Impulse für die soziale Auseinandersetzung des Menschen mit seiner Umwelt (Gedankenaustausch, Miteinanderreden, Nachdenken) geben.[74] Beispielsweise nutzen viele Zuschauer Gameshows, um ihr eigenes Können und Wissen abzufragen und mit dem der Kandidaten zu vergleichen. So glauben die Hälfte der deutschen Fernsehzuschauer ab 14 Jahren einer repräsentativen Untersuchung des Markt- und Medienforschungsinstituts Skopos zufolge, dass sie durch Zuschauen dazulernen können.[75]

Mittel wie Personalisierung, Identifikationsangebote und lebenspraktische Relevanz von Informationssendungen, welche den Zuschauer emotional berühren und daher unterhalten, helfen dabei, die Wissensaufnahme insbesondere bei Zuschauern ohne weiterführende Bildung zu erhöhen und verringern so die Distanz

---

[71] *Klaus,* RuF 1996, 402 ff; zust.: *Gleich,* Unterhaltungsangebote im Fernsehen und ihre Rezeption durch die Zuschauer - Ergebnisse qualitativ-empirischer Studien 1993 und 1995, MP 1997, S. 103, 104.

[72] *BVerfG,* Urt. v. 15. Dez. 1999, ZUM 2000, 149, 157 – Caroline von Monaco.

[73] RuF 1996, 402 ff.

[74] *BVerfG,* ZUM 2000, 149, 157 m.w.N.; *Klaus,* RuF 1996, 412 m.w.N.

[75] FAZ v. 28. Sept. 1998, S. 32.

zwischen unterschiedlichen Bildungsschichten.[76] Unterhaltungsangeboten kommt in diesem Zusammenhang eine direkte Problemlösungsfunktion zu, denn sie erreichen den Zuschauer unmittelbar und erfüllen damit einen Selbstzweck.[77]

Ergebnis zu D:

Eine grundsätzlich unterschiedliche Einstufung von Unterhaltungs- und Informationssendungen lässt sich im Hinblick darauf, dass auch Unterhaltungssendungen gesellschaftlich nützliche Informationen vermitteln können, nicht rechtfertigen.

E. Ansatz von *Bruhn/Mehlinger*

Bruhn/Mehlinger schlagen offensichtlich für alle Fälle von Werbung im Programm zur Abgrenzung zwischen erlaubter und nichterlaubter Werbung eine einschränkende Anwendung des Trennungsgebotes vor.[78] Nach ihrer Auffassung soll dort, wo der Zuschauer auf den ersten Blick erkennen kann, dass geworben wird, ein Verstoß gegen das Trennungsgebot toleriert werden. Da das Trennungsgebot in erster Linie dem Zuschauerschutz diene, bedürfe es hier keines Schutzes.[79]

Auch wenn mit diesem Ansatz das wesentliche Ziel des Trennungsgebotes, den Zuschauer vor Irreführungen über den Werbecharakter einer Einblendung oder eines Programmbeitrages zu schützen, grundsätzlich noch erreicht werden kann, ist doch festzuhalten, dass dieses Verständnis des Trennungsgebotes zu seiner faktischen Abschaffung führt. Der Gesetzgeber wollte ursprünglich mit dem Trennungsgebot der Vermischung von Werbung und Programm entgegenwirken und dem Zuschauer die Schwierigkeit der Unterscheidung von werblichen und redaktionellen Beiträgen innerhalb eines Programms ersparen.[80] Publizistischer und ökonomischer Wettbewerb sollten getrennt werden.

Folgt man dem Ansatz von *Bruhn/Mehlinger*, dann geht diese Prämisse verloren. Es stellt sich wie bereits in den Urteilen des *VG Berlin*[81] die Frage, welche Funktion der Regelung des § 7 Abs. 3 RStV zukommt, da der Schutz des

[76] *Lübbe,* Unterhaltung sucht jeder - auch der Informationsorientierte, in Bertelsmann Briefe, 1992, Heft 128, S. 4 ff m.w.N.; *Gleich/Groebel*, ARD-Forschungsdienst. Die emotionale Qualität von (Fernseh-) Nachrichten Zuschauerinteresse und Wirkung, MP 1993, S. 445 ff m.w.N.; *Klaus,* RuF 1996, 412 m.w.N.

[77] Nachweise bei *Neuberger*, a.a.O., 1997, S. 177.

[78] *Bruhn/Mehlinger*, Sponsoring, Bd. 2, S. 256.

[79] Ebd.

[80] Zur historischen Entwicklung des Trennungsgebotes ab S. 223 ff.

[81] Vgl. Seite 266 f, 271.

Verbrauchers vor getarnter Werbung im Programm bereits vom Schleichwerbeverbot des § 7 Abs. 6 RStV erfasst ist und die Sicherheit der Unabhängigkeit der Rundfunkanstalten von werblichen Beeinflussungen durch § 7 Abs. 2 RStV gewährt wird.

Letztlich erscheint das Ergebnis von *Bruhn/Mehlinger* dennoch naheliegend, da die weitreichende Vermischung von Unterhaltung, Werbung und Information der Werbe- und Rundfunkpraxis eine, von der Frage der Irreführung des Zuschauers losgelöste, sinnvolle Abgrenzung von Werbung und Programm kaum mehr möglich macht.

F. Der Ansatz von *Schaar*

Schaar schlägt vor, vor dem Hintergrund des von ihm zu recht festgestellten irreversiblen Dammbruchs von Werbung und Programm, das Trennungsgebot bei Eigenproduktionen nur noch beschränkt anzuwenden und den Zuschauer im übrigen dort über den Werbecharakter aufzuklären, wo er mit redaktionell gestalteten Werbebotschaften nicht rechnet.[82]

Die Anforderungen an die Intensität der Zuschauerwarnungen richten sich dabei nach dem Grad der Irreführungsgefahr, welche wiederum abhängig sein soll von dem Maß der redaktionellen Tarnung der Werbebotschaft, der Art des werbefiltrierten Programms sowie der Medienkompetenz der durch die Sendung angesprochenen Zuschauer.[83] Bei Fremdproduktionen bestehe hingegen die Pflicht der Fernsehveranstalter weiter, Werbekommunikation im Rahmen des Zumutbaren zu unterbinden. Zugleich müsse der Zuschauer vor nicht zumutbarer Werbung gewarnt werden; das könne im Einzelfall bis hin zur Überblendung des Werbehinweises gehen.

Dogmatisch stützt *Schaar* seinen Ansatz auf das Schleichwerbegebot (Art. 10 Abs. 4 EG-FsRili).[84]

Im Ergebnis lehnt *Schaar* typisierende Betrachtungsweise ab und schlägt eine Einzelfallprüfung jeder Werbung im Programm vor. Diese Einzelfallprüfung wird aber letztlich die rundfunkrechtlichen Werbevorschriften endgültig außer Kraft setzen. Anstelle der rundfunkrechtlichen Abgrenzung von Werbung und Programm setzt *Schaar* eine rein wettbewerbsrechtliche Überprüfung der Lauterkeit einer Werbemaßnahme ohne Berücksichtigung rundfunkspezifischer Besonderheiten. Diesen Paradigmawechsel nimmt *Schaar* vor, ohne sich mit den

[82] *Schaar*, Programmintegrierte Fernsehwerbung, S. 284 ff.
[83] Ebd. , S. 285.
[84] Ebd.

verfassungsrechtlichen Vorgaben der deutschen Rechtsordnung sowie den medienkommunikationswissenschaftlichen Erkenntnissen auseinander zu setzen.

Im Ergebnis wird die Abgrenzung zwischen zulässiger und unzulässiger Werbung im Programm nicht einfacher. Die rechtliche Sanktionierung von unerlaubter Werbung durch die Landesmedienanstalten wird damit (bewusst) schwieriger durchzusetzen sein, da die zahlreichen zu klärenden Wertungsfragen bis zur „gerichtsfesten" Feststellung programmintegrierter Werbung die Durchsetzung des Rundfunkwerberechts weiter erschweren werden.

Schließlich bleibt nach *Schaars* Ansatz völlig unklar, wie sich seine Interpretation des Trennungs- und Schleichwerbegebots in das System der übrigen Rundfunkwerberegelungen eingliedern lässt.

G. Der Ansatz von *Schultze*

I. Keine Anwendbarkeit des Trennungsgebotes auf Spielfilme

Nach Auffassung von *Schultze* ist die Fernsehausstrahlung entgeltlicher Produktwerbung in Spielfilmen unbedenklich, da die Schutzgüter des Trennungsgebotes in aller Regel nicht berührt werden. Insbesondere eine Verbrauchertäuschung scheide aus, weil der Zuschauer im fiktionalen Bereich (Spielfilme, Serien) nur mit den Anschauungen und Vorlieben einer fiktiven Autorität (Schauspieler, Filmheld, Drehbuchautor) konfrontiert werde, nicht aber mit der Autorität eines objektiv-neutralen Dritten.[185] Damit werde kein spezifisches Vertrauen in Anspruch genommen, dass die Annahme rechtfertigt, die Rundfunkanstalt berichte auf objektiv- unabhängige Weise, während sie in Wahrheit Werbeinteressen verfolgt.[86] Eine weitergehende Gefahr der Beeinflussungsgefahr würde sich beim Spielfilm auf die Auswahl eines konkreten Produkts beschränken, was im Hinblick auf die vielfach qualitative Austauschbarkeit dieser Produkte hinnehmbar sei.[87] Demgegenüber stünden zahlreiche Vorteile (wie z.B. Kostenersparnisse für die Rundfunkveranstalter, Beseitigung der Wettbewerbsnachteile deutscher gegenüber US-Produzenten, Hinzugewinne von Gestaltungsspielräumen, höhere Akzeptanz verbliebener Werbeverbote) im Falle einer „Öffnung" des

[85] Die großzügigere Regelung für Spielfilmen gegenüber den strengeren Werberegelungen für reale Dokumentarfilme begründet *Schultze,* Product Placement im Spielfilm, S. 114, 117, mit der Unterhaltungsfunktion fiktionaler Filme. Abgrenzungskriterium zwischen Dokumentarfilm und Spielfilm sei das Element des „vor-filmisch Realen", d.h. das durch Widergabe im Dokumentarfilm in Erinnerung gerufene Ereignis leitet seine Legitimation aus sich selber her. Im Einzelfall kann, was *Schultze* einräumt, die Abgrenzung allerdings Schwierigkeiten bereiten.

[86] *Schultze*, Product Placement im Spielfilm, S. 103 ff.

[87] Ebd., S. 126 ff.

Trennungsgebotes.[88] Die Grenze der Zulässigkeit von Product-Placement ist dort erreicht, wo die Bandbreite der am Markt erhältlichen Produkte einseitig abgebildet werden oder der Spielfilm zum Werbefilm kommerzialisiert wird. Das sei dann der Fall, wenn die „Funktionalisierung der dramaturgischen Klimax zugunsten des Produktes ausgemacht" werde, d.h. ereignisauslösende und ereignistilgende Funktion eines Produktes würden fehlen.[89] Schließlich sei eine Aufklärung des Zuschauers im Vor- und Abspann des Films erforderlich, soweit dieser Product-Placement-Leistungen 1-2% der Gesamtherstellungskosten überschreiten.[90]

II. Kritik

Der Ansatz von *Schultze* entfernt sich sehr weit von der gesetzgeberischen Zielsetzung und ist ersichtlich von dem Bemühen getragen, den grauen Markt der verbotenen, aber weitgehend geduldeten Schleichwerbung im Fernsehen zu reduzieren.

Dieses Ziel lässt sich aber nicht erreichen, indem man - wie *Schultze* - das Lauterkeitsrechts (UWG) so weit wie möglich für unanwendbar erklärt und stattdessen die Prüfung etwaiger Verstöße gegen Fernsehwerberegelungen ausschließlich als ein den Programmauftrag kennzeichnendes Spannungsverhältnis ansieht, das innerhalb einer Güterabwägung rundfunkrechtlicher Normen stattfindet.[91] Vielmehr verschließt er sich den zentralen wettbewerbsrechtlichen Fragestellungen, welche durch den zunehmenden Wettbewerb der Rundfunkanstalten um Werbeeinnahmen sowie um die begrenzte Aufmerksamkeitsspanne der Zuschauer bedingt sind. Die weit vorangeschrittene Kommerzialisierung der Programmbereiche erfordert klare Maßstäbe zur Sicherung der Lauterkeit des Wettbewerbs, dem Schutz der Konkurrenten, der Verbraucher sowie der Allgemeinheit.

Weiterhin fehlt es *Schultze* an einer überzeugenden Begründung, warum Product-Placement in Spielfilmen zulässig sein soll, nicht jedoch in anderen Sendeformaten wie Talkshows, Sportübertragungen oder Fernsehserien.

Sein Merkmal der fiktionalen Berichterstattung trägt dem Verbraucherschutz nicht ausreichend Rechnung, da auch fiktionale Sendungen erhebliche Leitbildfunktion für den Zuschauer haben, so dass im Einzelfall eine Täuschung über den Werbecharakter einer Produkteinblendung möglich bleibt. Zusätzlich wird die Abgrenzung zwischen realen und fiktionalen Sendeformaten durch die zunehmende Inszenierung der Realität und neuer Sendeformen wie Infomercials

[88] *Schultze*, Product Placement im Spielfilm, S. 186.
[89] *Schultze*, Product Placement im Spielfilm, S. 143 ff., 147.
[90] *Schultze*, Product Placement im Spielfilm, S. 186 ff.
[91] So aber *Schultze*, Product Placement im Spielfilm, S. 162.

sehr erschwert. Vorausschauende Werbung im Programm, insbesondere submixübergreifende Cross-Marketing-Maßnahmenkombinationen[92] von Produzent, Rundfunkveranstalter und Werbetreibenden machen eine Abgrenzung zulässiger von nichtzulässiger Fernsehwerbung anhand dem Kriterium der „ereignisauslösenden" und „ereignistilgenden Funktionen eines Produktes", welches sich kaum von dem Kriterium der dramaturgischen Gebotenheit unterscheidet, bereits heute unmöglich.[93]

Das Korrektiv einer Kennzeichnungspflicht im Vor- und Abspann von Spielfilmen, welche Product-Placement von einigem Gewicht enthalten, ist völlig unpraktikabel. Kein Produzent wird einer Rundfunkanstalt wahrheitsgemäß den tatsächlichen Anteil an Produktwerbung mitteilen. Vielfach ist dieser Anteil in Fällen, in denen neben oder statt Geldleistungen wertvolle Gegenstände teils als Requisiten, teils als Werbegeschenke für die private Nutzung zur Verfügung gestellt werden, nicht aufschlüsselbar.

ZUSAMMENFASSUNG ZU ABSCHNITT 11:

Die besondere Bedeutung des Trennungsgebotes, die in der Beurteilung der überwiegenden Meinung als wichtigsten Werbegrundsatz mit Verfassungsrang liegt[94], konnte in der bisherigen Untersuchung nicht bestätigt werden.

Weder der Gesetzgeber noch die Rechtsprechung und Literatur haben sich um eine konsequente Durchsetzung der Trennung von Werbung und Programm bemüht. Im Gegenteil, so scheint die Vermischung von Werbung und Programm in der täglichen Praxis immer weiter zuzunehmen, so dass erhebliche Zweifel bestehen, ob eine sinnvolle Trennung überhaupt noch möglich ist.[95] Gerade der Gesetzgeber trägt im erheblichen Umfang die Mitverantwortung daran, dass das Trennungsgebot durch immer neue Liberalisierungen und Ausnahmeregelungen entscheidend geschwächt wurde.

Schließlich ist fraglich, wie eine Trennung von Werbung und Programm in Zeiten der zunehmenden Kommerzialisierung aller Lebensbereiche aufrecht erhalten werden kann.

---

[92] Vgl. Seite 24, 131.

[93] Vgl. nur die Verwendung des BMW 750i. in dem James-Bond Films „Golden Eye", wo sich der bayerische Autohersteller vom Filmproduzenten vertraglich eine „tragende Aktionsszene" zusichern lies.

[94] Vgl. die Nachweise auf S. 184.

[95] So wird beispielsweise dem Musiksender Viva und dem Disney-Sender-Super-RTL selbst von Medienwächtern bescheinigt, dass ihre Programme eine „einzige Sonderwerbeformen", seien (so der Präsident der Landesanstalt für Kommunikation Baden Württemberg, *Volz*, in w&v 16/1997, S. 74).

Eine Trennung zwischen Unterhaltungs- und Informationsangeboten, wie sie von Teilen der Literatur zur Lösung des Problems des fließenden Übergangs von Werbung und Programm vorgeschlagen wird, erscheint illusorisch. Denn mit *Klaus* ist davon auszugehen, dass die Kategorien Information und Unterhaltung nicht als Inhalts- sondern als Nutzenkategorien einzustufen sind. Dass das Trennungsgebot selbst aber eine Inhaltskategorie ist, d.h. an den Inhalt der Programmangebote unterschiedliche Anforderungen stellt, lässt eine einschränkende Interpretation des Trennungsgebotes anhand inhaltlicher Kategorien nicht entnehmen.

Aufgrund der starken Suggestivwirkung des Fernsehens kann die Informationsübermittlung auf Techniken, wie sie in Werbung und Unterhaltungssendungen eingesetzt werden, nicht verzichten. Eine eindeutige Trennung von Informations- und Unterhaltungssendungen ist daher nicht möglich.[96] Infolgedessen lässt sich aus der Einordnung einer Sendung als informations- oder unterhaltungsorientiert kein Rückschluss auf ihre Beeinflussungswirkung herleiten.

Da die Aufgabe des Trennungsgebotes in fester Übereinstimmung mit dem Willen des Rundfunkgesetzgebers steht, der wiederum an europarechtliche Vorgaben gebunden ist, soll im folgenden Kapitel der Versuch unternommen werden, die Koordinaten des Trennungsgebots als Zentralnorm des Rundfunkwerberechts auf die veränderten Rahmenbedingungen neu auszurichten.

[96] Zweifelnd auch *Platho,* ZUM 2000, 46, 54 u.H.a. *BVerfGE* 59, 231, 258, das nicht zwischen unterhaltenden und anderen Formaten differenziert. Dagegen unterscheidet das *BVerfG*, MMR 1998, 202, 206 – Kurzberichterstattung im Fernsehen, zwischen politischen und unterhaltenden Informationen, wobei das Gericht auch letzteren eine wichtige gesellschaftliche Funktion zubilligt.

Abschnitt 12: EIGENER ANSATZ

A. Werbung und Programm keine strikten Gegensätze

Die vorangegangenen Ausführungen haben deutlich gemacht, dass eine strikte Trennung von Werbung und Programm bereits deshalb nicht möglich ist, weil sie keine Dipole darstellen, sondern durch mannigfaltige gemeinsame Elemente verbunden sind.[1]

Festzuhalten bleibt, dass das Trennungsgebot einer Auslegung entgegen steht, wonach jede Form der werblichen Platzierung im Programm als unzulässig einzustufen ist. Die Forderung, der Zuschauer müsse die Freiheit haben, Programm oder Werbung zu sehen und nicht Programm und Werbung[2], hilft nicht weiter. Denn Werbung und Programm sind Kommunikationsformen, die nicht mehr allein durch die kommerzielle Zielrichtung unterschieden werden können. Vielmehr muss gesehen werden, dass insbesondere im Unterhaltungsbereich eine strikte Abgrenzung zwischen Werbung und Programm nicht mehr gelingt.

Vor dem Hintergrund der dargestellten rechtlich und praktisch unbefriedigenden Entwicklung stellt sich die Frage, inwieweit das bisherige Verständnis des Trennungsgebotes zur Lösung des verfassungsrechtlich relevanten Zielkonflikts zwischen Werbetreibenden, Rundfunkveranstaltern und Zuschauern beiträgt. Im Folgenden sollen die verschiedenen Schutzziele des Trennungsgebotes einer kritischen Analyse unterzogen werden.

B. Schutz der Neutralität der Berichterstattung

Nach allgemeiner Auffassung verfolgt das Trennungsgebot das Ziel, die Unabhängigkeit der Programmgestaltung zu erhalten und den Verbraucher vor einer Irreführung und Täuschung hinsichtlich des Werbezwecks zu schützen, indem es die unterschiedliche personelle Verantwortlichkeit für den Inhalt des Ausgestrahlten deutlich macht, sachfremde Einflüsse Dritter auf die Programmgestaltung abwehrt und somit das Vertrauen der Rezipienten in die Neutralität und Unabhängigkeit redaktioneller Äußerungen absichert.[3]

---

[1] Vgl. Seite 138 ff.

[2] So aber LfR-Direktor *Schneider*, in: SZ v. 28. Jan. 1998.

[3] *BGH,* WRP 1990, 626, 630; *BGHZ* 81, 247, 251 f; *OLG Hamburg*, K&R 1999, 328, 329 – Volkswagenpresseanzeige; *OLG Frankfurt*, GRUR 1994, 131, 132 – Fürst von Metternich; *Ricker/Schiwy*, a.a.O., F. Rdnr. 87, S. 409 f; *Löffler/Ricker*, Presserecht, 14. Kap. Rdnr. 3; *Coerdt-Taxhet*, Irreführende Fernsehwerbung, S. 85; *Hesse,* Rundfunkrecht, 3. Kap. IV Rdnr. 57; *Bork,* WiP, S. 94; *Henning-Bodewig*, GRUR Int. 1987, S. 543; *Bosmann*, ZUM 1990, S. 548; *Fuchs*, GRUR 1988, 738 f; *B/H,* a.a.O., § 1 UWG, Rdnrn. 40 ff; *Sack*, AfP 1991, S. 713, *Ahrens,* GRUR 1995, 307.

Die Verpflichtung der Rundfunkanstalt zur Neutralität greift die Rechtsprechung des *BVerfG* auf, wonach redaktionelle Programme ungeachtet der zunehmenden Verbreitung neuer Programm- und Informationsangebote wegen ihrer besonderen Eignung, auf die öffentliche, aber auch die private Meinungsbildung in der Bevölkerung Einfluss zu nehmen[4], dem publizistischen Vielfaltsgebot entsprechen müssen.[5]

Die Fragwürdigkeit dieser Rechtsprechung des *BVerfG* ist bereits an anderer Stelle ausführlich behandelt worden.[6]

Im Zusammenhang mit der Ausstrahlung von Fremdproduktionen (insbesondere von Spielfilmen) wird nunmehr die Auffassung vertreten, dass ein spezifisches Vertrauen des Zuschauers in die Neutralität der Programmträger mangels Beeinflussungsmöglichkeiten bei der Fremdproduktion nicht zu rechtfertigen ist.[7] Vor dem Hintergrund der dargestellten Wettbewerbssituation in den Medien und der damit verbundenen Schwierigkeiten der Trennung von redaktionellen und kommerziellen Interessen[8] wird deutlich, dass die generelle Verpflichtung zur inhaltlichen Neutralität den im Wettbewerb zueinander stehenden Rundfunkanstalten - realistisch betrachtet – auch bei den anderen Sendeproduktionen mehr möglich ist.

Die Verpflichtung der Rundfunkanstalten zu sogenannten „neutralen“ oder „vielfältigen“ Meinungs- und Programmangeboten scheitert daran, dass, wie *Böll* überzeugend nachgewiesen hat[9], die Verflechtung zwischen Industrie und Medien irreversibel vollzogen und eine Differenzierung zwischen künstlerischen, programmlichen und werblichen Überlegungen in vielen Fällen nicht mehr nachvollziehbar ist. So investieren zunehmend branchenfremde Unternehmen Kapital in die Medien, da deren Zukunft in der „Informationsgesellschaft“ hohe Profitraten verspricht. Letztlich unterliegt auch der publizistische Wettbewerbs wie der gesamte Kulturbetrieb ökonomischen Regeln.[10] Wenngleich der Marktmechanismus im Rundfunk manchmal etwas schwerfällig wird,

---

[4] *BVerfGE* 20, 97 ff.

[5] *BVerfGE* 47, 46, 79; 57, 295, 321; 73, 118, 152; 74, 297; 87, 181, 201; 90, 69, 87 m.w.N.; *BGH*, WRP 1990, 626, 630 – Boro; *Sack*, AfP 1991, 704, 707; *Bork*, WiP, S. 84.

[6] S. Seite 60 ff.

[7] *Schultze*, Product Placement im Spielfilm, S. 89 f.

[8] Vgl. Seite 58 ff.

[9] Vgl. *Böll*, Merchandising, 1996, S. 16 ff.

[10] Krit. *Wefing*, Spesen für den genossenen Liebesdienst – Schönwettersponsoring, in: FAZ v. 27/28. April 1996, S. 35, wonach die größte Gefahr für Kultursponsoring durch private Geldgeber darin besteht, dass bei Ausbleiben erwarteter Gewinne des gesponserten Ereignisses auch die großzügige Unterstützung eingeschränkt wird; differenzierender: *Berg*, Sponsoring - Zauberwort für leere Kassen?, Medienkritik Nr. 15 vom 11. April 1994, die von einer „Ehe aus Geist und Geld“ spricht.

bedeutet dies, dass die entscheidende Lenkungsfunktion dem Zuschauer und Konsumenten zukommt.[11]

Die Programmangebote müssen daher als Ausdruck einer (von vielen so nicht erwünschten) Meinungs- und Geschmacksvielfalt verstanden werden, welche einen Teilaspekt der allgemeinen Differenzierung darstellt, die sich wiederum an den Präferenzen der Nachfrager orientiert.[12]

Die mit dieser Entwicklung verbundenen Gefahren werden durch das Kartellrecht (GWB, Art. 81ff. EU), durch spezielle rundfunkrechtliche Regelungen zur Konzentrationskontrolle (§§ 26ff. RStV 1997)[13] und zum Fensterprogramm (§§ 26 Abs. 5, 31 RStV)[14] ein vielfältiges und abwechslungsreiches Programm. Darüber hinausgehende inhaltliche Anforderungen an die privaten Rundfunkanstalten wie ein generelles Neutralitäts- oder Kommerzialisierungsverbot[15] sind entbehrlich und führen allenfalls dazu, dass der Zuschauer kraft seiner ihm gegebenen Programmwahlkompetenz nicht gewünschten Programmen ausweichen kann.[16]

C. Gefährdung der redaktionellen Unabhängigkeit

I. Der Schutz der Unabhängigkeit der Programmgestaltung und das Trennungsgebot

Neben dem Schutz der Neutralität der Rundfunkanstalten dient das Trennungsgebot nach bisheriger Auffassung neben dem Verbraucherschutz dem Schutz der

[11] *Dörfler*, Product Placement, 1.Kap., § 3, S. 35.

[12] *Kantzenbach*, Zum Verhältnis von publizistischem und ökonomischem Wettbewerb aus ökonomischer Sicht, in: *Hoffmann-Riem* (Hrsg.), 1988, S. 81 f.

[13] Zu den aktuellen Maßnahmen zum Schutz vor zu starker Konzentration im Rundfunk vgl. *Hess*, Medienkartellrecht, AfP 2000, S. 61 ff, 67 f.

[14] In Fensterprogrammen werden unabhängigen dritten Programmmachern Sendezeiten im Rahmen des Hauptprogramms von marktstarken privaten Fernsehsendern eingeräumt Vgl. hierzu: *Schlette,* Die Einrichtung eines Fensterprogramms gem. §§ 26 Abs. 5, 31 RStV, ZUM 1999, 802 ff.

[15] Nach dem 4. Rundfunkänderungsstaatsvertrag werden sowohl der öffentlich-rechtlichen als auch die privaten Rundfunkveranstalter in einem neuen § 2 a verpflichtet, in ihren Sendungen die Würde des Menschen zu achten und zu schützen. Nach Auffassung von *Ring,* in ZUM 2000, 177, wendet sich diese neue Vorschrift gegen die Gefahr einer rücksichtslosen Kommerzialisierung von Menschen.

[16] Vgl. auch *Mestmäcker,* Mediendialog 12/1993, S. 2 f: „Es ist nicht gerechtfertigt, die Kommerzialisierung im Rundfunk mit den Gefahren wirtschaftlicher Macht gleichzusetzen....Es gilt auch Abschied zu nehmen von der Vorstellung, Märkte und Wettbewerb seien eine Gefahr für Meinungsvielfalt und Meinungsfreiheit. Das Gegenteil ist der Fall. Je mehr Möglichkeiten die Verbraucher haben, einer dekretierten Grundversorgung auszuweichen, desto besser für die Meinungsvielfalt. Von der in Deutschland beliebten Vorstellung eines Erziehungsfernsehens sollte man sich endlich verabschieden."

Unabhängigkeit der Programmgestaltung als einem wesentlichen Element der Informationsfreiheit.[17]

Der Schutz der Unabhängigkeit der Programmgestaltung ist, wettbewerbsrechtlich betrachtet, ein spezifischer, rundfunkrechtlicher Sonderschutz, welcher in Art. 5 Abs. 1 S. 2 GG seinen Ursprung hat. Da den Medien für die Meinungsbildung und den Kommunikationsprozess der Bevölkerung eine schlechthin konstituierende Bedeutung zukommt, bedürfen diese eines besonderen Schutzes.[18]

Rundfunkrechtlich trägt neben dem Trennungsgebot bereits das Beeinflussungsverbot in § 7 Abs. 2 RStV dem Unabhängigkeitsschutz Rechnung, sodass ein zusätzlicher Schutz des § 7 Abs. 3 RStV nicht zwingend erforderlich wäre.[19] Sofern die Vorschriften des Wettbewerbsrechts Anwendung finden, wird eine den § 7 Abs. 2 RStV verletzende Handlung als Verletzung einer drittschützenden Norm über § 1 UWG sanktioniert.[20]

Bemerkenswert bleibt insoweit die schon mehrfach angesprochene *BGH*-Entscheidung zum Product-Placement im Spielfilm[21], wo er den Schutz des unabhängigen Journalismus im Fernsehen vor werblichen Einflussnahmen als rechtspolitische Aufgabe betrachtet und deren Missachtung von vornherein als sittenwidrig gewertet hat.[22] Trotzdem hat er dem Schutz der künstlerischen Unabhängigkeit keine entscheidende Bedeutung bei der Bewertung von Werbung im Spielfilm beigemessen, obwohl sich das Problem der Einflussnahme der Werbeindustrie auf die Filmgestaltung in den letzten Jahren eher noch verschärft haben dürfte.[23]

Dahinter dürfte die richtige Erkenntnis stehen, dass von Regisseuren und Produzenten keine vergleichbare an der Realität orientierte Berichterstattung wie von

[17] G.h.M.: vgl. *Ahrens,* GRUR 1995, 307 Fn. 1.
[18] *BVerfGE* 57, 295, 319.
[19] *Ring* u.a., § 7 RStV, Rdnr.23.
[20] *Ring* u.a., § 7 RStV, Rdnr. 25. Vgl. auch Seite 94.
[21] *BGH,* ZUM 1996, 146 ff, 150, vgl. Seite 243 ff.
[22] Vgl. Seite 243 ff, 249 ff. *BGH,* ZUM 1996, 146, 149; zust. *Henning-Bodewig*, GRUR 1996, 325; *Asche*, Product Placement im Kino, S. 55; *Scherer, B.*, a.a.O., S. 110; *B/H*, § 1 UWG, Rdnr. 40, 43 f. **A.A.**: *Hartel*, ZUM 1993, 552, 596 f; *ders.* ZUM 1996, 129, 131 f; *Ahrens*, GRUR 1995, 307, 309; *Scheuch*, Product Placement, S. 455, die die Übertragung des Trennungsprinzips auf den Kinofilm ablehnen.
[23] Vgl. Seite 249. Ein Grund mag darin gelegen haben, dass im konkreten Fall eine einseitige Einflussnahme der Werbeindustrie auf die künstlerische Gestaltung der Produzenten, Regisseure oder Autoren offensichtlich nicht vorlag.

redaktionellen Fernsehberichten erwartet werden kann.[24] Kommerzielle Interessen sind von Beginn an mit dem Kino verknüpft und waren für die rasche Entwicklung dieses Mediums ausschlaggebend.[25] Insoweit kann die Trennung zwischen künstlerischen und kommerziellen Interessen zur Ermittlung der Unabhängigkeit des Künstlers von Begehrlichkeiten der Werbeindustrie nie erfolgreich gelingen. Zumal mit der zunehmenden Verflechtung zwischen Werbewirtschaft und Filmindustrie auch eine Differenzierung zwischen künstlerischen und werblichen Überlegungen in vielen Fällen nicht mehr nachvollziehbar ist.[26]

Letztlich wird man die Unabhängigkeit des Künstlers erst dann als gefährdet ansehen, wenn dieser über die Offerten der werbetreibenden Industrie nicht mehr frei entscheiden kann, sondern ein einseitiges und womöglich dauerhaftes Abhängigkeitsverhältnis zugunsten eines werbetreibenden Unternehmens besteht. Von einer solchen Situation kann wohl zur Zeit noch nicht gesprochen werden.[27]

---

[24] Stritt. *OLG Hamburg,* WRP 1994, 125, 128 *Ullmann*, a.a.O., S. 418. **A.A.**: *Henning-Bodewig,* GRUR Int. 1991, 858; *dies.*, ZUM 1988, 283, 268; *Bruhn/Mehlinger*, Sponsoring, Bd. 1, S. 190, wonach die Kinozuschauer gleich schutzbedürftig seien..

[25] *Baacke/Schäfer/Vollbrecht*, a.a.O., S. 14.

[26] *Böll,* Merchandising, 1.3, S. 16. Krit. gegenüber dieser Entwicklung: *Bork,* WiP, S. 102. Insoweit sind alle Versuche, diese Verflechtungstendenzen zwischen Medien und Wirtschaft zu unterbinden, indem man die Anwendbarkeit des Trennungsgrundsatzes mit dem Argument bejaht (so aber *Henning-Bodewig*, ZUM 1988, 269; *Bruhn/Mehlinger*, Sponsoring, Bd. 1, S. 190), der Gefahr der künstlerischen Abhängigkeit vor Vermarktungsüberlegungen vorzubeugen, zum Scheitern verurteilt.

[27] Deshalb verstoßen sogen. „Promotional-Tie-In"-Verträge (vgl. Seite 23f.) solange nicht gegen § 1 UWG, solange der Filmschaffende sich aus eigenem Antrieb und freier Auswahl zu Zugeständnissen gegenüber Dritten hinsichtlich der Filmgestaltung bereit erklärt. Etwas anderes gilt hinsichtlich längerfristigen Verträgen wie sie z.B. zwischen Disney, dem Spielzeugkonzern Mattel und McDonald bestehen (vgl. hierzu: DER SPIEGEL 37/97, S. 96.). Diese haben eine Laufzeit von zehn Jahren und geben McDonalds das Recht, auf den Inhalt der Manuskripte einzuwirken, z.B. Produktplatzierungen vorzuschlagen und die Einhaltung der inhaltlichen Kompatibilität des Drehbuchs mit dem eigenen Markenimage zu überprüfen. Zur Vereinbarung gehören Absprachen mit dem Sponsor über die Verwendung seiner Produkte in Schlüsselszenen. Von der geballten Marktmacht von Disney und ihren Kooperationspartnern, deren Filme die gleiche minderjährige Zielgruppe mit einer aufeinander abgestimmten Marketingstrategie ansprechen, geht zweifelsohne eine erhebliche Beeinflussungswirkung aus. Die auf zehn Jahre angelegten Kooperation von Disney, McDonald und Mattel hat daher im schnelllebigen Filmbereich als bedeutenste Kinderunterhaltungsunternehmen eine hohe Abschreckungswirkung, und kann dazu führen, den Filmrechtemarkt vor konkurrierenden Spielzeugunternehmen abzuschirmen. Nicht zufällig warnte der ehemalige Disney-Chef *Kantzenberg* deshalb: „Nicht die neuen Technologien bedrohen die Unabhängigkeit der Studios. Die Gefahr für den Film lauert in Form zweier goldener Bögen." (Gemeint war das große Logo von McDonalds, in TV-Movie 22/97, S. 31 f.

II. Unabhängigkeitsschutz als allgemeine wettbewerbsrechtliche Aufgabe

Grundsätzlich kann nicht bestritten werden, dass der zunehmende Einfluss der Werbeindustrie und die voranschreitende Vermischung kommerzieller und programmlicher Interessen eine erhebliche Gefahr für den Rundfunk und die Glaubwürdigkeit seiner Berichterstattung darstellt und insoweit auch den journalistischen Berufsstand insgesamt bedroht.[28]

Eine totale Vereinnahmung auf die redaktionelle Programmgestaltung des „Leitmediums Fernsehen“ kann und darf deshalb im Interesse des Schutzes von Informations-, Meinungs- und Rundfunkfreiheit nicht hingenommen werden. Es gilt der Satz des Bundesverfassungsgerichts, dass der Rundfunk nicht einer gesellschaftlichen Gruppe alleine ausgesetzt bzw. von ihr allein beherrscht werden darf.[29]

Mit der Zulassung werbefinanzierten Rundfunks verschmelzen die scheinbaren Gegensätze von publizistischer und ökonomischer Zielrichtung, da alle Programmbeiträge vor dem Hintergrund marktwirtschaftlicher Überlegungen erfolgen müssen. Den Werbetreibenden bleibt es zwar grundsätzlich verboten, auf die redaktionelle Programmgestaltung des Senders Einfluss zu nehmen.[30] Allerdings besteht nur eine relative Unabhängigkeit vor unlauterer Einflussnahme auf das Programm, da die Rundfunkveranstalter grundsätzlich offen für eine ökonomisch vorteilhafte Programmgestaltung sind.

Da die privaten Rundfunkanstalten nach richtiger Ansicht nicht an eine umfassende, vielfältige Programmgestaltung gebunden sind[31] und sich daran auch nicht binden lassen, ist ihre Position als Teilnehmer im Wettbewerb um Zuschauer und Werbekunden nicht neutral sondern subjektiv wettbewerbsbezogen. Jeder Programmbeitrag erfolgt auf der Grundlage ökonomischer Überlegungen. Vor dem Hintergrund der komplizierten gesellschafts- und konzernrechtlichen Verflechtungen der Eigentümer der Rundfunkanstalten kann eine genaue Zuordnung programmlicher Äußerungen in unabhängige oder wettbewerbsbezogene Beiträge im Einzelfall kaum gelingen.

---

[28] Vgl. hierzu ausführlich: *Ahrens*, GRUR 1995, 305 ff.

[29] Vgl. *BVerfGE* 90, 60, 88.

[30] Vgl. *Ring* u.a., § 7 RStV Rdnr. 25.

[31] Vgl. Seite 62 ff.

Dem werblichen Einfluss können sich auch die öffentlich-rechtlichen Rundfunkanstalten nicht entziehen, solange sie einen Teil ihrer Einnahmen durch Werbung erzielen[32].

Letztlich wird man die verfassungsrechtliche Verpflichtung des Staates zur Schaffung einer Rundfunkordnung, welche den Rundfunkanstalten eine ausreichende Unabhängigkeit vor einseitigen Einflussnahmen Dritter garantiert, als ein Verbot konkreter programmlicher Beeinflussung zurückstufen müssen. Dieses Verbot findet sich als eigenständiges, verfassungskräftiges Postulat bereits in § 7 Abs. 2 RStV wieder.[33] Die Vorschrift verbietet ebenso wie die noch großzügigere Regelung des § 8 Abs. 3 RStV nicht jede Einflussnahme der Werbeindustrie, sondern nur die unmittelbaren.

Solange die Frage nach der grundsätzlichen Zulässigkeit von Werbung im Rundfunk nicht neu gestellt wird, wird man flankierend darauf achten müssen, den Wettbewerb zwischen Presse und Rundfunk zu sichern.[34] Denn wer Medienvielfalt sichert, schafft bereits Meinungsvielfalt, die für ein demokratisches Gemeinwesen unerlässlich und damit grundsätzlich positiv zu bewerten ist, solange keine Irreführung der Fernsehzuschauer erfolgt.

D. Das Trennungsgebot als Irreführungsschutz

I. Besondere Bedeutung des Schutzes des Bürgers vor Irreführung

Als wichtigsten Grund für die Aufrechterhaltung des Trennungsgebotes wird der Schutz der Zuschauer vor irreführender Werbung im Programm angesehen.[35]

Diese Einstufung geht auf die Erkenntnis zurück, dass der Kommunikationsprozess freier, umfassender und wahrheitsgemäßer Meinungsbildung nicht unerheblich gefährdet, wenn nicht sogar beeinträchtigt würde, wenn der angesprochene Zuschauer die Herkunft und den publizistischen Hintergrund der im Rundfunk gemachten Aussagen kennt.[36] Denn es macht für den Zuschauer bei der Einordnung der Qualität und Vertrauenswürdigkeit einer Aussage einen Unterschied, ob ein Produkt von einer nach journalistischen Grundsätzen handelnden Redaktion im Rahmen einer Ratgebers empfohlen oder in einem vom Hersteller finan-

---

[32] Vgl. Seite 66 ff.

[33] *Bork*, WiP, S. 88 ff; *Neft*, Rundfunkwerbung, S. 97.

[34] Vgl. auch 11. Sondergutachten der Monopolkommission, Wettbewerbsprobleme bei der Einführung des privaten Hörfunk und Fernsehen, S. 8.4.

[35] Statt vieler: *Ring* u.a., § 7 RStV, Rdnr. 27.

[36] *Becker*, Existenzgrundlagen öffentlich-rechtlicher und privater Rundfunkanstalten nach dem Rundfunkstaatsvertrag, 1992, S. 143 ff; *Engels*, Fernsehwerbung, S. 263; *Ricker*, AfP 1997, 593 m.w.N.

zierten Werbebeitrag angepriesen wird.[37] Gelingt es dem Werbenden, sich gegenüber dem Zuschauer als unabhängige, selbständig prüfende und urteilende Institution darzustellen, dann erhält die Werbung einen Einfluss, die dem Werbenden im Verhältnis zum Mitbewerber einen erheblichen Wettbewerbsvorsprung bringt.[38]

Aus der besonderen Bedeutung des Fernsehens als „Leitmedium der Massenkommunikation", das nicht einzelnen gesellschaftlichen Gruppe alleine ausgeliefert werden darf, folgt nach bisher herrschender Meinung die Verpflichtung des Rundfunks zu einer wahrheitsgemäßen und umfassenden Information des Zuschauers.[39]

Eine Werbung, die gegen das Gebot zur Trennung von Werbung und Programm verstößt, stellt daher in der Regel eine auf Täuschung angelegte, getarnte Werbemaßnahme dar und verstößt als solche gegen den Wahrheitsgrundsatz und Gebot der Achtung der Persönlichkeitssphäre.[40] Die im RStV geregelte Verpflichtung der Rundfunkanstalt zur Trennung und Kennzeichnung von Werbung gewährleistet diesen verfassungsrechtlichen Schutz unmittelbar.[41]

II. Erkennbarkeit werblicher Äußerungen

a) Vertrauen des Zuschauers in die Unabhängigkeit der Berichterstattung

Im Zeitalter der Informationsüberflutung verliert aber die einzelne Äußerung zunehmend an Bedeutung. Die Motive einer Erwähnung oder Darstellung von Unternehmen, Marken, Waren oder Dienstleistungen im Programm sind so vielfältig und undurchschaubar, dass eine eindeutige Zuordnung als Werbung oder Programmteil selten gelingt.[42] Vom Schutzumfang des Trennungsgebotes umfasst kann damit nicht jede im Rundfunk gemachte Aussage sein, auch wenn sie der Rundfunkanstalt zugerechnet werden kann, sondern diejenige Aussage, die beim Rezipienten eine bestimmte Erwartungshaltung bzw. besonderes Vertrauen weckt, welche von der Rundfunkanstalt bewusst zweckwidrig ausgenutzt wird.

Plump oder schlecht platzierte Werbung, die vom Zuschauer gleich erkannt wird, kann den Verbraucher über die kommerzielle Absicht einer scheinbar auf journalistischen Grundsätzen beruhender Berichterstattung des Rundfunksenders nicht irre führen, da dann der Zuschauer den Werbecharakter und damit den

---

[37] *Ricker/Schiwy*, a.a.O., F Rdnr. 87, S. 409 f.

[38] *Rodekamp*, Redaktionelle Werbung, S. 3 f.

[39] Vgl. Seite. 51 ff.

[40] Vgl. Fußnote 300 f m.w.N.

[41] *Scheuch*, Product Placement, S. 444.

[42] Vgl. Seite 138 ff; 223.

Versuch der Einblendung, ihn zu kommerziellen Zwecken zu beeinflussen, erkennt.

Festzuhalten ist insoweit, dass nicht jede im Rundfunk gemachte Aussage das gleiche Vertrauen beim Zuschauer weckt.

b) Besonderes Vertrauen des Zuschauers in das redaktionelle Angebot?

Die Schutzwürdigkeit des Fernsehzuschauers vor Werbung im Programm wird von der herrschenden Meinung entscheidend auf die Tatsache gestützt, dass der Zuschauer werbliche Aussagen im Fernsehen grundsätzlich als Äußerungen von scheinbar am Marktgeschehen unbeteiligten und somit besonders glaubwürdigen Dritten bewertet. Sieht der Zuschauer z.B. im Film eine Requisite, weiß er nicht, dass diese gezielt zu Werbezwecken eingebaut wurde, so dass in seinen Meinungsbildungsprozess in unlauterer Weise eingegriffen wird.[43]

Inwieweit aus diesen Erkenntnissen die Verpflichtung des Rundfunkveranstalters abgeleitet werden kann, seine Werbung als solche erkennbar zu machen[44], erscheint unklar.

Denn die Vermischung zwischen redaktionellen und kommerziellen Interessen ist in vielen Bereichen der Fernsehproduktion so weit vorangeschritten, dass eine eindeutige Zuordnung einer Sendung oder eines Sendebeitrages als Werbung kaum mehr möglich ist. Diese Aussge soll durch die folgenden Beispiele belegt werden:

(1) Kooperation in den Medien

Strahlt z.B. eine Rundfunkanstalt die Fernsehserie zu einem parallel laufenden Kinofilm aus, dann profitiert die Rundfunkanstalt von der Bewerbung des Kinofilms und von dadurch erhöhten Aufmerksamkeit, den das Publikum der Serie in anderen Medien zuwendet. Die gleiche Wirkung tritt aber auch umgekehrt zugunsten des Kinoproduzenten ein. Diesen Wirkungszusammenhang machen sich die Beteiligten in der Praxis vermehrt zu Nutze.[45]

---

[43] Vgl. zur herrschenden Ansicht: Seite 113 f.

[44] So z.B. für Presseartikel: *OLG Hamburg*, K&R 1999, 328, 329 – Volkswagenpresseanzeige. Vgl. zum Ganzen S. 245 f.

[45] Beispielsweise wurde die Zeichentrickserie „Ottifanten" trotz Produktionskosten von DM 650.000.-/pro Folge von den Herstellern an RTL für je DM 500.000.- verkauft. Diese Serie versprach wegen ihrer spezifisch deutschen Thematik im Ausland keine Abnehmer zu finden und dadurch drohte dem Hersteller ein Finanzierungsdefizit von DM 140.000 pro Folge (insges. 13 Folgen), nach *Böll*, Merchandising, S. 109. Dieses Finanzierungsdefizit hat die Produktionsfirma in Hinblick auf die durch die absatzfördernde Wirkung der Sendungsausstrahlung höheren Merchandisingeinnahmen in Kauf genommen.

Letztlich führen solche Kooperationen im Medienbereich unweigerlich zu einer weitgehenden Überschneidung von werblichen und programmlichen Interessen.[46]

(2) Merchandising

In den Serien, Reportagen und Magazinen des Fernsehalltags sind Anleihen bei Sendeinhalten, Figuren, Rahmenhandlungen oder musikalische Untermalungen anderer Künstler an der Tagesordnung. Das „Buch zum Film" und das sog. „Soundtrackalbum" erfolgreicher Kinospielfilme (= Tonträger, welche die Musik zu einem Film enthalten) nehmen längst einen festen Platz in den Bestsellerlisten ein. Diese Vermarktung von Film und Fernsehsendung ist untrennbar verbunden mit den vielfältigen Erscheinungsformen der Produktwerbung in diesem Bereich.[47] Vermarktungsinteressen spielen eine immer größere Rolle.[48] Ausgehend von der Erkenntnis, dass der Erfolg einer Lizenz fast immer von Umfang und Dauer der Medienunterstützung abhängt[49], nutzen z.B. die Produzenten von Kinofilmen intensiv das Merchandising und die Kooperation mit Rundfunkanstalten[50] für ihre Unternehmenskommunikation.

3) Moderne Bandenwerbung im Stadion

Moderne Formen der Bandenwerbung machen es für den Zuschauer schwer, die Werbeabsicht der Rundfunkanstalter zu durchschauen. Auch die Kameraführung bildet kein geeignetes Kriterium mehr zur Unterscheidung von Werbung und Programm. Denn eine besonders intensive Präsenz der Bandenwerbung während der Fernsehübertragung, lässt nicht den Rückschluss auf eine gezielte Werbeabsicht der Rundfunkanstalt zu.[51] Ursächlich dafür könnte genauso gut die Tatsache sein, dass der Veranstalter als Hausherr die Übertragung selbst vorgenommen hat (wie z.B. in bei Formel-Eins-Übertragungen in Übersee) oder dass dem

[46] Vgl. Seite 296 f.

[47] *Kränzle*, ZUM Sonderheft 1996, S. 1007.

[48] Beispielsweise entwickeln sich Soundtracks (= Tonträger, welche die Musik zu einem Film enthalten) zunehmend zum „Promotion-Werkzeug der Plattenindustrie". Viele Regisseure werden gezwungen, bestimmte Bands, die bei mit dem Filmstudio kooperierenden Plattenfirmen bisher erfolglos unter Vertrag stehen, in ihrem Film zu präsentieren. Dabei kommt es zunehmend vor, dass auf Soundtracks Bands auftauchen, die im Film gar nicht zu hören sind (sogen. „Music from and inspired by..."). So enthielt die Musik-CD zum Film „Mission: Impossible" Bands wie Pulp oder Salt, deren Musik zwar in keinen direkten Zusammenhang mit dem Film steht, die aber bei dem den Soundtrack zusammenstellenden Island Records unter Vertrag waren. Vgl. *Brugger*, Mogelpackung - Soundtracks: Nicht immer ist drin was draufsteht, in MAX 8/1997, S. 25.

[49] *Böll*, Merchandising, S. 265, 270.

[50] S. SEITE 23 ff.

[51] Darauf stellen aber *Rüggeberg*, GRUR 1988, 878, Fn. 37 u. *Scherer, I.*, 1996, S. 196, ab.

Rundfunksender nur eingeschränkte Übertragungsmöglichkeiten zur Verfügung stehen.[52] Letztlich macht es keinen Unterschied, ob sich der Sponsor vom Rundfunkveranstalter die Nennung im Rahmen der Sendeübertragung Zusicherung zusichern lässt oder ob er den Veranstalter zur Einräumung günstiger Werbeflächen im Stadion bewegt, denen sich die Kamera nicht entziehen kann.[53]

Unter solchen Rahmenbedingungen ist die Kennzeichnung eines Beitrages als redaktioneller Bericht oder gezielte Werbeplatzierung nur begrenzt geeignet, beim Zuschauer eine Irreführung über den Werbecharakter zu verhindern, da es oftmals vom Zufall abhängt, ob die kommerzielle Ausrichtung eines Beitrages die Grenzen des „journalistisch Gebotenen" überschreitet.[54]. Für den Zuschauer wird es immer undurchschaubarer, ob eine werbliche Einblendung aufgrund der besonderen Exklusivität der Übertragungsrechte (z.B. die Übertragungsrechte zur Champions League, oder sogen. „Blockbuster" wie aktuelle James Bond-Filme) hingenommen werden muss oder ob ein gezielter Marketingeinsatz der übertragenden Rundfunkanstalt aufgrund geheimer Absprachen mit Dritten erfolgt.[55]

Damit erhöht sich die Gefahr einer Irreführung des Zuschauers im Falle des unzumutbaren Verzichts einer Übertragung. Denn besteht an der Berichterstattung über ein Ereignis ein so erhebliches Zuschauerinteresse (z.B. das entscheidende Rennen in der Formel Eins), dass ein Verzicht für die Rundfunkanstalt unzumutbar wäre, dann ist die Abhängigkeit des Fernsehsenders vom Rechteinhaber besonderes groß. Gerade in diesem Fall müsste der Zuschauer auf die Abhängigkeit der Rundfunkanstalt von Dritten hingewiesen werden. Denn es ist kaum anzunehmen, dass sich der Zuschauer ohne weiteres mit den komplexen Fragen des Verhältnisses von Rundfunkanstalt und Ereignisveranstalter auseinander setzen kann und möchte.

---

[52] Dies kann z.B. in einer Weise erfolgen, dass dem Rundfunksender unter Berufung auf „technische" oder „sicherheitsrelevante" Gründe Auflagen bzgl. der Kamerapositionierung, Durchführung von Interviews in Sponsorenräumen etc. gemacht werden.

[53] *Mehlinger*, Sportsponsoring - Erscheinungsformen und Grenzen, SpuRt 1996, 165.

[54] Vgl. Seite 113 ff.

[55] Vgl. *Ott., Kl.*, Journalismus war nicht vorgesehen – RTL droht ARD und ZDF mit Vertragsauflösung wegen zu kritischer Berichterstattung, in: SZ v. 31.3. 2000, wonach der Deutsche Skiverband über den Privatsender RTL massiv auf die redaktionellen Inhalte Einfluss nehmen wollte. Insbesondere sollten die Misserfolge der deutschen Skifahrer nicht so offen angesprochen werden.

III. Unterscheidung zwischen journalistischer Berichterstattung und sonstigen Sendungen

1. Das kommunikative Vertrauen und Fernsehberichterstattung

Eine Bestimmung der Grenzen des Trennungsgebotes setzt am Besten an dessen historischen Ursprüngen an, wo sich mit der Heranbildung einer freiheitlichen Presse im 19 Jh. erstmals das Bewusstsein zwischen privater und öffentlicher Meinungsbildung etablierte.[56]

Das Trennungsgebot ist ein für journalistische Berichterstattung typisches kennzeichnendes Element aus einer Zeit, in der die Unterhaltung des Lesers nicht in das Selbstverständnis der Verleger fiel.

In der heutigen Medienlandschaft hat sich die Rolle des Fernsehens auch in der Nutzung, dramatisch verändert. Immer weniger Zuschauer dürften heutzutage von den Rundfunksendern Objektivität erwarten. Außerdem ist anzunehmen, dass die Zuschauer ihre Erwartungshaltung im Hinblick auf Werbung vom kommerziellen Medium Kino auf das Fernsehen übertragen.[57] Das Fernsehen dient primär zur Unterhaltung und Entspannung und in geringerem Umfang zur Information über die politische, soziale oder wirtschaftliche Wirklichkeit.[58]

Diesen Veränderungen tragen die Rundfunkveranstalter durch ein stark am Unterhaltungsnutzen ausgerichtetes Programmangebot Rechnung. Bei den meisten Sendern überwiegen Spielfilme, Serien, Gameshows, Sportübertragungen und Reportagen. Kennzeichnend für diese Programmangebote ist dabei weniger der Unterhaltungscharakter als das Fehlen einer an klassischen journalistischen Maßstäben orientierten Berichterstattung.[59]

Auch diese Formen dienender Meinungsbildungsfreiheit, da sie Identifikationsmöglichkeiten bieten und damit Anknüpfungspunkt für eine breite gesellschaftliche Kommunikation sind.[60] Diese soziale Kommunikation ist wesentlicher Be-

---

[56] Vgl. Seite 202 ff.

[57] So auch *Johansson*, a.a.O., S. 243, die allerdings die Kennzeichungspflicht im Vor- und Abspann von Filmen mit Product-Placement weiterhin für erforderlich hält.

[58] Vgl. Seite 28 f.

[59] Vgl. Seite 280 ff. Vgl. auch *Ladeur,* Rechtliche Möglichkeiten der Qualitätssicherung im Journalismus. Publizistik 45 (2000), S. 442 ff.

[60] *BVerfG*, MMR 1998, 202, 206 – Kurzberichterstattung im Fernsehen.

standteil des gemeinschaftlichen Zusammenlebens und der Demokratie.[61] Ihr kommt eine entscheidende Bedeutung als Orientierungshilfe bei der Konstruktion der gesellschaftlichen Wirklichkeit zu. Wenn nicht jeder einzelne Bürger in der Öffentlichkeit selbst zu Wort kommen kann, dann ist es entscheidend, dass er zum einem grundsätzlich gleiche Chancen auf Teilnahme erhält und andererseits repräsentiert wird.[62]

Wenn nun, wie in Abschnitt 11 dargelegt, der Unterhaltungscharakter eines Programmbeitrages allein kein Indiz für den Werbecharakter einer Sendung ist, stellt sich die Frage, ob umgekehrt nicht der journalistische Charakter einer Beitrages als Anknüpfungspunkt für den Programmcharakter einer Sendung herangezogen werden kann.

Ist dies der Fall, ist Werbung im Programm in Zusammenhang mit journalistischer Berichterstattung als besonders problematisch anzusehen werden. Denn diese Werbeform ist im besonderen Maße geeignet, dem Umworbenen den Eindruck zu vermitteln, es handelt sich um eine Äußerung einer nach journalistischen Grundsätzen arbeitenden Redaktion oder der Redaktion des ausstrahlenden Senders.[63] Dieser Frage soll im folgenden nachgegangen werden.

2. Die Aufgabe des Journalisten im Kommunikationsprozess

a) Das Trennungsgebot und der Schutz journalistische Grundsätze

Das Trennungsgebot will nach überwiegender Auffassung im Interesse eines unabhängigen Journalismus eine Vermischung journalistischer und redaktioneller Interessen verhindern.[64]

Diese Regelungen ist insoweit als Ausdruck der Rundfunkfreiheit anzusehen und setzt zugleich der wirtschaftlichen Tätigkeit der Rundfunkanstalten und insbesondere der journalistischen Berichterstattung Schranken.

Denn die (einseitige) Kommunikation zwischen Rundfunkanstalt und Zuschauer setzt Vertrauen voraus.[65] Wird das Vertrauen der Zuschauer in die Einhaltung

[61] Vgl. allgemein zum Verhältnis von Kommunikation und Sprache: *Kirchhof:* Grundgesetz beim Wort genommen: Die Verfassung wahrt Rechterinnerung und Nachdenklichkeit. FAZ vom 12. Febr. 2000 Nr. 36 S. 8: „Die Macht des Verfassungsstaates ist die Macht der Sprache." [Die Gewaltunterworfenen sollen nicht angegriffen sondern angesprochen werden. Die] „Demokratie ist...eine Gemeinschaft des Verstehens, die Recht grundsätzlich in Sprache setzt und durchsetzt, die ihre Gewalt aus dem Willen des Volkes herleitet und sich dem Bürger begreifbar machen muss."

[62] *Schönhagen,* Der Journalist als unbeteiligter Beobachter, Publizistik 1999, 271, 278.

[63] *Rodekamp*, Redaktionelle Werbung, S. 2 f.

[64] Statt vieler: BGH, GRUR 1990, 611, 615 – Boro.

[65] *Rode,* Werbewirkung, S. 94, 96 ff.

journalistischer Maßstäbe von Programminhalten zu Werbezwecken missbraucht, kann der gesamte Kommunikationsprozess zwischen Medien und Rezipienten Schaden nehmen.

Den Journalisten kommt in diesem Prozess die Rolle des Vermittlers von Gesprächen zu; sie dürfen diese Aufgabe nicht durch einseitige thematische oder parteiische Berichterstattung gefährden. Der Zuschauer muss sich darauf verlassen können, dass ein redaktioneller Beitrag das Maß an Unabhängigkeit von werblichen Einflüssen bietet, welches für eine vorurteilsfreie Berichterstattung erforderlich ist. Der Prozess der Kommunikation in den Medien ist Grundlage für die freie Meinungsbildung als Voraussetzung der Persönlichkeitsentfaltung. Zugleich ist die freie Kommunikation in den Medien Garant der demokratischen Ordnung.[66]

Die journalistische Berichterstattung muss sich deshalb überall dort, wo sie aufgrund journalistischer Maßstäbe berichtet, an die Gebote der Unabhängigkeit und Neutralität, so wie sie vom Trennungsgebot postuliert werden halten, und darf sich nicht einseitig in den Dienst bestimmter Kommunikationsinteressen stellen.[67] Verletzt sie diese Grundsätze, indem sie kommerzielle Werbung zu Gunsten Dritter betreibt oder in Kauf nimmt, dann verstößt sie gegen das Gebot der Trennung von Werbung und Programm.

b) Der Journalist als Interpret der „Lebensrealität"

Es stellt sich damit die entscheidende Frage, wass die journalistische Berichterstattung, welche von der werblichen Bericherstattung zu trenn ist, kennzeichnet.

Die Aufgabe, die dem Journalisten in diesem Zusammenhang zukommt, liegt in der Herstellung einer Transparenz über gesellschaftliche oder kommerzielle Leistungsangebote (z.B. die Interessenvertretung durch eine Partei, das Angebot eines Produktes). Nur so ist eine Bewertung der Leistungen bzw. der Qualität der Meinung einzelner Anbieter möglich und damit eine Abwanderung zu einem Konkurrenten oder die Revision des Urteils. Weiterhin soll der Journalist den Bürger durch Informationen zum Widerspruch befähigen, ihn aber auch „anwaltschaftlich" artikulieren, damit er als öffentlicher Druck auf die Leistungserbringer wirksam werden kann.[68]

---

[66] *BVerfGE* 90, 60, 87.

[67] Ziff. 7 Pressekodex (s. Fußnote 139) „Die Verantwortung der Presse gegenüber der Öffentlichkeit gebietet, als redaktionelle Veröffentlichungen nicht durch private oder geschäftliche Interessen Dritter beeinflußt werden. Verleger und Redakteure wehren derartige Versuche ab und achten auf eine klare Trennung zwischen redaktionellem Text und Veröffentlichungen zu werblichen Zwecken." Vgl. *Wagner*, Der Journalismus I: Auftrag, 1995, S. 242 ff; *Schönhagen,* Publizistik 1999, 278 f.

[68] *Neuberger*, a.a.O., S. 177 f.

Journalisten haben gerade im Gegensatz zu Kommentatoren damit die Aufgabe die Lebenswirklichkeit zu interpretieren – die Lebenswirklichkeit selbst kann der Journalist als Handelnder niemals objektiv darstellen -, sie zu beobachten, allgemein zugänglich zu machen und weiterzuvermitteln. Diese Tätigkeit ist Grundlage für eine „kommunikative" Auseinandersetzung der Gesellschaft..[69]

Die Aufgabe des Journalisten beinhaltet auch die Offenlegung hinter bestimmten Meinungen stehenden Menschen, ihren Motiven und Interessen, nicht aber deren Interpretation.[70] Denn jede Interpretation gefährdet die unbeeinflusste Erfassung und damit die umfassende Orientierung.[71]

Daraus folgt die Verpflichtung des Journalisten, dass alle unterschiedlichen, in der Gesellschaft ständig hervorgebrachten Handlungen, Handlungsmöglichkeiten, ihre jeweiligen Folgen und Begleitumstände vermittelt werden. Auf dieser Grundlage beruht das journalistische Berufsethos der Sachlichkeit, d.h. die Verpflichtung nur über die „Natur der Sache" oder, wenn diese nicht eindeutig ist, über die Vielzahl der sie erfassenden Gesichtspunkte und Zusammenhänge in Kenntnis zu setzen.[72]

Wenn bestimmte Interessen bevorzugt die Möglichkeit erhalten, innerhalb der kommunikativen Umwelt präsent zu sein, so vergrößert sich die Chance ihrer Durchsetzung.[73] Unvereinbar mit dem journalistischen Ethos ist daher z.B. auch die einseitige Ausrichtung auf kommerzielle Interessen.

Die Anwendung des Trennungsgebotes muss die Tatsache berücksichtigen, dass die Einhaltung journalistischer Grundsätze nur dort erfolgen kann, wo Programmangebote für den Zuschauer erkennbar nach den Grundsätzen journalistischer Berichterstattung erbracht werden.

---

[69] Vgl. *Schönhagen,* Publizistik 1999, 278 ff m.w.N.

[70] Vgl. z.B.: Ziff. 2 Pressekodex (vgl. Fußnote 139): „Zur Veröffentlichung bestimmte Nachrichten und Informationen in Wort und Bild sind mit der nach den Umständen gebotenen Sorgfalt auf ihren Wahrheitsgehalt zu prüfen. Ihr Sinn darf durch Bearbeitung, Überschrift oder Bildbeschriftung weder entstellt noch verfälscht werden. Dokumente müssen sinngetreu wiedergegeben werden. Unbestätigte Meldungen, Gerüchte und Vermutungen sind als solche erkennbar zu machen. Bei Wiedergabe von symbolischen Fotos muß aus der Unterschrift hervorgehen, daß es sich nicht um dokumentarische Bilder handelt."

[71] Vgl. *Schönhagen,* Publizistik 1999, 279 f.

[72] Vgl. *Wagner*, Medientabus und Kommunikationsverbote. Die manipulierte Wirklichkeit 1991, S. 59 f; *Schönhagen,* Publizistik 1999, 283.

[73] *Schönhagen,* ebd.

3. Anwendbarkeit des Trennungsgrundsatzes nur auf journalistische Berichterstattung

a) Trennungsgrundsatz und journalistische Berichterstattung

Eine strenge Beurteilung von Werbung im Programm erscheint daher dort gerechtfertigt, wo eine besondere Pflicht der Rundfunkanstalten zur sachlichen und unabhängigen Berichterstattung normiert ist. Um der drohenden Gefahr, dass der Zuschauer die Vermischung werblicher und programmlicher Interessen nicht erkennt,[74] vorzubeugen, muss in diesem Bereich jede Werbung als Verstoß gegen das Trennungsgebot angesehen werden.

Überlegenswert erscheint in diesem Zusammenhang der Ansatz von *Platho*, wonach für das Trennungsgebot solange Raum bleibt, solange es sich tatsächlich um Lebenswirklichkeit handelt.[75] Zwar wurde an anderer Stelle bereits darauf hingewiesen, dass eine sinnvolle Abgrenzung zwischen rationaler und fiktionaler Wirklichkeit genauso wenig möglich ist wie Unterscheidung zwischen Informations- und Unterhaltungsfilmen.[76] Sein Vorschlag kann aber dahingehend interpretiert werden, dass das Trennungsgebot auf die Fälle Anwendung findet, wo ein Journalist als Beobachter und Interpret der „Lebenswirklichkeit", auftritt. Dabei spielt es keine Rolle, ob die Berichterstattung die Grenze zur Irrealität überschritten hat oder nicht. Nimmt ein Beitrag für sich in Anspruch auf Grundlage journalistischer Maßstäbe zu berichten, dann gelten dementsprechend die strengen journalistischen Regelungen. Werden in einem solchen Bericht entgegen diesen journalistischen Gepflogenheiten Marken, Waren, Unternehmen oder Dienstleistungen erwähnt oder dargestellt, dann liegt eine gegen § 1 UWG bzw. § 7 Abs. 3 RStV verstoßende, unzulässige Werbung im Programmteil vor.

b) Maßstäbe journalistischer Berichterstattung

Fraglich ist, welcher Maßstab an die Verpflichtung zur Einhaltung journalistischer Grundsätze anzulegen ist und welche Anforderungen an Infotainmentangebote[77] zu stellen sind.

Aufgrund der weitreichenden Kommerzialisierung aller Lebensbereiche einerseits und der grundgesetzlich garantierten Rundfunkfreiheit der Rundfunkanstalten, zu der auch die Programmgestaltungsfreiheit gehört, andererseits, wird man

[74] Zu der Frage, wann der Zuschauer im Einzelfall redaktionelle Werbung (in Zeitungen) erkennt, vergleiche die empirische Studie von: *Baerns/Lamm*, MP 1987, S. 149 ff.

[75] Vgl. Seite 287 f.

[76] Vgl. Seite 285, 287.

[77] Zum Begriff: s. Seite 280; zu den Formen: vgl. *Schneider/Raue*, Journalismus, S. 51 ff.

die strengen Anforderungen an journalistische Berichterstattung sehr eng fassen müssen.

In der Kommunikationswissenschaft hat man sich vor dem Hintergrund des Zielkonfliktes zwischen den verfassungsrechtlichen Aufgaben und Funktionen des Rundfunks und der real vorzufindenden Vermischung informativer, unterhaltungsorientierter und kommerzieller Elemente zu neuen programmlichen Mischformen, bemüht, sogenannte „objektive Qualitätskriterien" zur Beurteilung von Medieninhalten zu entwickeln.[78] Als wichtigste Qualitätskriterien meinungsbildungsrelevanter Programme werden dabei Aktualität, Relevanz[79], Richtigkeit und Vermittlung, z.T. noch Vollständigkeit, Neutralität, und Akzeptanz betrachtet.[80]

Das Vielfaltsgebot wird man hingegen nach richtiger Auffassung nicht zu diesen Qualitätsmerkmalen zählen können. Unabhängig von den bereits geäußerten Einwenden[81]Verzichtet werden sollte in jedemFall auf die Einhaltung eines sogenannten, welches zumindest nach ökonomischen Maßstäben nicht messbar sei.[82]

Einen weiterhin wichtigen Ansatzpunkt bietet § 10 Abs. 1 RStV, wonach die Rundfunkanstalt bei Berichterstattungen und Informationssendungen und beim Einsatz virtueller Elemente den anerkannten journalistischen Grundsätzen entsprechen muss. Zu den journalistischen Grundsätzen gehören neben dem in § 10 Abs. 1 S. 2 RStV genannten Sachlichkeits- und Unabhängigkeitsgebot, der Sorgfaltspflicht sowie dem Gebot zur Trennung von Kommentar und Berichter-

[78] Vgl. *Hagen,* Informationsqualität von Nachrichten, 1995, 48 ff; *Neuberger*, a.a.O., S. 89 ff m.w.N.

[79] Unter Relevanz versteht man den Stellenwert, den eine Redaktion einem Ereignis, das als Medieninhalt zum Tragen kommen soll, beimisst. Als – wenn auch subjektive Kriterien – werden hierfür Aktualität, regionale oder soziale Besonderheit eines Ereignisses oder das Konfliktpotential für die Redaktion und ihre Leser sowie Bekanntheit und Interesse der betroffenen Personen bei den Lesern oder Zuschauern herangezogen, vgl. *Elitz*, Drei Kategorien der Programmqualität im Fernsehen, in: *Hömberg/Pürer* (Hrsg.), S. 60, 93. Wie unterschiedlich dabei ein Nachrichtenwert von verschieden Blickwinkel aus beurteilt werden kann wird besonders bei *Taber,* a.a.O., S. 112 ff deutlich. Einen umfassenden Überblick zur Rolle der Journalisten vermittelt *Pürer,* Zwischen Tradition und Wandel: Zum Stand der Kommunikatorforschung in Deutschland, in: *Fünfgeld/Mast,* 1997, S. 89 ff.

[80] *Schatz/Schulz*, Qualität von Fernsehprogrammen. MP 1992, S. 690, 692 f; *Hagen*, a.a.O. , S. 188 ff; *Heinrich,* Medienökonomie, Bd. 1, 2.1., S. 91, 93 ff; *Schneider/Raue,* Journalismus, S. 54 ff.

[81] Vgl. Seite 60 ff.

[82] Vgl. zum Stand der Diskussion: *Schatz/Schulz*, ebd.

stattung, die allgemeinen Grundsätze, wie sie in den Landespressegesetzen oder den Richtlinien des Deutschen Presserates angesprochen werden.[83]

Es ist zu berücksichtigen, dass der Begriff der Informationssendung in § 10 Abs. 1 RStV nicht vom überholten Verständnis derjenigen auszugehen hat, die zwischen Informations- und Unterhaltungssendungen unterscheiden. Eine solche Differenzierung ist praktisch kaum möglich und auch nicht sinnvoll, da Information und Unterhaltung keine Inhalts- sondern Nutzenkategorien sind.[84]

Vielmehr können unter Informationssendungen und unter Berichterstattung nur diejenigen Sendungen verstanden werden, denen eine für den Meinungsbildungsprozess besondere, herausgehobene Stellung zukommt und von denen aufgrund der Glaubwürdigkeit der vermittelten Inhalte eine besonders hohe Überzeugungswirkung ausgeht. Es wird Aufgabe der Gerichte sein, im Einzelfall zu untersuchen, ob eine Sendung tatsächlich in den Anwendungsbereich des § 10 Abs. 1 S. 1 RStV fällt.

Als entscheidender Maßstab sollten dabei nur „klassische Nachrichten" und solche Verbrauchersendungen (z.B. Ratgeber, Reportagen) verstanden werden, die vom eigenen Anspruch für den Zuschauer erkennbar für eine unabhängige und kritische Berichterstattung stehen. In diesem für die politische Meinungsbildung besonders relevanten und sensiblen Bereich[85], der zugleich das Erscheinungsbild des Senders prägt (oder prägen kann), müssen die Zuschauer darauf vertrauen können, dass die inhaltliche Gestaltung und Durchführung der Sendungen unbeeinflusst von eigenen oder wirtschaftlichen Interessen Dritter erfolgen. Da die redaktionelle Gestaltung hier i.d.R. unmittelbar in den Händen der Rundfunkanstalt liegt, stellt sich für sie auch nicht das von Auftrags- oder Fremdproduktionen bekannte Problem[86], Sendebeiträge mit einem hohen Anteil Werbung, als unvermeidbar anzunehmen und auszustrahlen.

Der Zuschauer kann bei diesen Sendungen im Einzelfall kaum eine gezielte Parteinahme bzw. Werbeabsicht der Rundfunkanstalt erkennen, da er auf gewohnte und bekannte, unabhängige Berichterstattung der Rundfunkanstalt vertraut. Dieses Vertrauen in die Unabhängigkeit der Berichterstattung muss im Gegensatz zum übrigen Programmbereich, wo die Kommerzialisierung der Programmangebote zunehmend zum Kennzeichen der Fernsehwirklichkeit geworden ist, geschützt werden. Wird der Zuschauer bei Sendungen i.S.v. § 10 Abs. 1 RStV nicht auf die kommerzielle Einflussnahme hingewiesen, dann liegt ein Verstoß

---

[83] Vgl. *Ring* u.a. § 41 Rdnr. 21 m.w.N. sowie die Nachweise in Fußnote 139.

[84] Vgl. Seite 289.

[85] Die Abgrenzung zwischen Informations- und Unterhaltungssendung gestaltet sich allerdings äußerst schwierig; vgl. Seite 278 ff.

[86] Vgl. zu dem Problem der Eigen- und Fremdsendungen auch: Seite 116.

gegen die Wahrheitspflicht vor, mit der Folge, dass die Einblendung wettbewerbswidrig ist.

c) Das Trennungsgebot und Werbung im übrigen Programm

Bei von der Rundfunkanstalt als Fremdproduktionen eingekaufte Programmbeiträgen außerhalb des Anwendungsbereichs des § 10 RStV erscheint es sehr zweifelhaft, ob der Zuschauer überhaupt darauf vertrauen darf, dass alle darin vorkommenden, objektiv werbewirksamen Erwähnungen oder Darstellungen von Marken, Waren oder Dienstleistungen von einem am Markt unbeteiligten Dritten stammen.

Die Produzenten stehen mitten im Wettbewerb um den Verkauf von Lizenzen für die Ausstrahlung ihrer Produktionen. Sie verfolgen mit ihren Produkten für alle Beteiligte erkennbare eigenwirtschaftliche Ziele. Diese liegen darin, ihre Produktionen möglichst gewinnträchtig an die Rundfunkanstalten zu verkaufen. Wer aber im wirtschaftlichen Wettbewerb steht, kann niemals unabhängig handeln, sondern immer nur wettbewerbsbezogen.[87] Auf im Auftrag der Rundfunkanstalt hergestellte Spielfilme, Serien und Unterhaltungsshows, welche den überwiegenden Teil des Programmangebotes der Rundfunksender ausmachen[88], findet das Trennungsgebot deshalb keine Anwendung, da eine (ernsthafte) journalistische Berichterstattung über die Lebensrealität weder von der Rundfunkanstalt beabsichtigt ist noch vom Zuschauer erwartet wird.

In diesem Bereich wird im Gegensatz zur der journalistischen Berichterstattung kein besonderes kommunikatives Vertrauen zwischen der Rundfunkanstalt und dem Zuschauer aufgebaut, welches geschützt werden muss. Vielmehr werden die Sendungen i.d.R. von Dritten hergestellt und produziert. Die mit den Sendungen verfolgten kommunikativen Ziele sind so vielfältig, dass von einer bestimmten Erwartungshaltung des Zuschauers nicht ohne weiteres ausgegangen werden kann.

Bezüglich der übrigen, nicht auf den Methoden journalistischer Berichterstattung basierenden Programmteilen (i.d.R. Spielfilme, Serien, Gameshows) ist es im Interesse des Verbraucherschutzes erforderlich und ausreichend, dass sich der Zuschauer im konkreten Einzelfall darauf verlassen kann, dass die in einer Sendung mitgeteilten Informationen dem selbst gesteckten Anspruch an Wahrheit, Richtigkeit, Vollständigkeit und Aufrichtigkeit genügen.[89]

---

[87] Vgl. Seite 301 ff.

[88] Vgl. *Weiß*, zit. nach SbZ v. 19. Okt. 1999.

[89] Vgl. Seite 307 f.

Der üblich gewordene Einsatz neuer Sonderwerbeformen[90] wird zumindest in der Praxis des Spielfilm- und Seriengeschäfts nur noch unter besonderen Umständen unzulässig sein.

Auch bei der Sportberichterstattung, dem weiten Bereich des Infotainments sowie bei Mode-, Musik-, Filmreportagen und Kulturendungen kann nicht ohne weiteres davon ausgegangen werden, dass sich die Berichterstattung an den klassischen journalistischen Formen der Berichterstattung orientiert.

Ergebnis zu D

Das Trennungsgebot ist einschränkend auf diejenigen Programmangebote anzuwenden, die sich an einer klassischen journalistischen Berichterstattung orientieren. Darunter fallen in der Regel der eng zu verstehende Bereich von Informationssendungen und Berichterstattungen im Sinne des § 10 Abs. 1 RStV. Außerhalb des Bereiches von § 10 Abs. 1 RStV greift nicht mehr die Vermutung, dass der Zuschauer auf eine von werblichen Einflüssen unabhängige Programmgestaltung vertraut.

E. Schutzzweckorientierte Auslegung des Trennungsgebotes im System der übrigen Rundfunkwerberegelungen

I. Die bisherige Auffassung

Das Trennungsgebot impliziert ein Verständnis von Fernsehen, bei dem Werbung und Programm in aller Regel getrennt sein sollten. Es drückt eine auch ethisch begründbare Grenzziehung aus, die das Fernsehen als Informations- und Unterhaltungsmedium von geschäftlichen Verkaufsinteressen trennen soll. Auch wenn dieses Verständnis durch den Fernsehalltag zunehmend zu leiden droht, so ist doch davon auszugehen, dass der Zuschauer in erster Linie seine Programmwahl trifft, um sich unterhalten oder zu informieren zu lassen. Werblichen Informationen steht er ausgesprochen kritisch gegenüber und empfindet sie überwiegend als störend.[91]

Aus dem rundfunkrechtlichen Trennungsgebot, welches als wichtige Wertentscheidung des Gesetzgebers auch das Verständnis der guten Sitten im Sinne des § 1 UWG[92] beeinflusst, folgt, dass Werbung grundsätzlich vom eigentlichen Programm der Rundfunkanstalten zu trennen ist (§ 7 Abs. 3 RStV). Das Verbot

---

[90] Vgl. Seite 17 ff.
[91] Vgl. Seite 44 f.
[92] S. Seite 185.

der Vermischung von Werbung und Programm ist allerdings nicht absolut zu sehen.

Wie oben dargelegt, empfiehlt sich eine Auslegung des Trennungsgebotes dahingehend, dass das Gebot zur Trennung von Werbung und Programm nur bei Sendungen mit klassischem journalistischen Konzept im Sinne des § 10 Abs. 1 RStV Anwendung finden kann. Hier gilt die Verpflichtung, dass Sendekonzept und alle Beiträge den Zuschauer entsprechend den gängigen journalistischen Maßstäben als neutrale und unabhängige Instanz informieren.

Bei allen anderen Sendeformaten, die nicht in den engen Bereich von Berichterstattung oder Informationssendungen fallen, kann die strikte Trennung zwischen Werbung und Programm aufgrund der zunehmenden Vermischung publizistischer und ökonomischer Interessen nicht gelingen.

Aus der Tatsache, dass das Trennungsgebot im größten Programmteil keine Anwendung findet, darf nicht geschlossen werden, dass die Vermischung von Werbung und Programm nicht sanktioniert werden kann.

Wird der Zuschauer im konkreten Einzelfall über den Werbecharakter irregeführt, dann kommt weiterhin ein Verstoß gegen die §§ 7 Abs. 1 u. 6 RStV oder §§ 1, 3 UWG in Betracht.

1. Schleichwerbe- und Trennungsgebot

Sofern die kommerzielle Ausrichtung der Programme das Vertrauen der Zuschauer vor Täuschungen über den eigentlichen Hintergrund der Berichterstattung nicht verletzen will, so betrifft dies in erster Linie den Irreführungsschutz, der allerdings umfassend rundfunk- (vgl. § 7 Abs. 1, 3 u. 6 RStV) und wettbewerbsrechtlich (§§ 1, 3 UWG) gewährleistet ist.

Nach bisherigem Verständnis postulierte § 7 Abs. 3 RStV den zentralen Grundsatz der Trennung von Werbung und Programm, welcher in einem in der Lebenswirklichkeit häufig anzutreffenden Spezialfall der Schleichwerbung näher konkretisiert und erläutert wird. [93]

[93] Vgl.: *Hesse,* Rundfunkrecht, 3. Kap. IV Rdnr. 54; *Greffenius/Fikentscher*, ZUM 1992, 526, 529; *Engels*, Fernsehwerbung, S. 218 u.H.a. die amtliche Begründung zu § 7 Abs. 5 RStV, abgedr. in: *Bauer/Ory*, Recht im Hörfunk und im Fernsehen, 5.1.1.; wohl auch: *Beucher* u.a., § 7 RStV Rdnr. 8; *VG Hannover*, ZUM-RD 1998, 412, 413 – *Gute Zeiten Schlechte Zeiten*, wonach das Schleichwerbeverbot dem Grundsatz der Trennung von Werbung und Programm „dienen“ soll.

Ob jedoch das Verständnis des Trennungs- und Schleichwerbeverbotes als Verhältnis von Grund- zu Spezialfall vor dem Hintergrund des reduzierten Schutzzwecks des § 7 Abs. 3 Satz 2 RStV noch Aufrecht erhalten werden kann, ist fraglich.

Deuschle hält die Regelung zur Schleichwerbung in § 7 Abs. 6 RStV für unverständlich und sieht sie als inhaltsleer an, da ihr einziger Unterschied zur Regelung in § 7 Abs. 3 RStV in dem Erfordernis der Irreführung und der fehlenden Bußgeldbewertung[94] liege. Da aber beide Vorschriften das gleiche Verständnis von Werbung als zweckgerichtete Darstellung oder Erwähnung von Waren und Dienstleistungen vertreten, eine Irreführung im Sinne des § 7 Abs. 6 RStV aber schon dann vorliegt, wenn die Werbung im Programm als solche nicht gekennzeichnet ist, kommt ihr kein eigenständiger Anwendungsbereich zu.[95]

Nach Auffassung von *Platho* ist das Schleichwerbeverbot in § 7 Abs. 6 RStV das implizite Anerkenntnis, dass der Trennungsgrundsatz keine Anwendung finden kann. Das Trennungsgebot ist insoweit aufgrund konfligierender rechtlich relevanter Erwägungen teilweise aufgehoben.[96]

§ 7 Abs. 6 RStV lässt gewisse Parallelen zum Wettbewerbsrecht erkennen. Danach liegt Schleichwerbung vor, wenn die Produktdarstellung eine Handlung zu Zwecken des Wettbewerbs erfolgt und diese von einer entsprechenden Werbeabsicht getragen ist.[97] Charakteristisch für Schleichwerbung ist insbesondere die Tatsache, dass sie keine direkten Angebote an die Öffentlichkeit für Verkauf, Kauf, Miete oder Pacht von Erzeugnissen oder die Erbringung von Dienstleistungen enthält. Denn in diesen Fällen handelt es sich um Teleshoppingsendungen (§ 2 Abs. 2 Nr. 9 RStV), für die wieder eine andere gesetzliche Regelung gilt.[98] Eine über die normale Markenpräsentation hinausgehende Schleichwerbung soll unter Rückgriff auf die „Boro“-Entscheidung des *BGH*[99] immer dann untersagt sein, wenn eine werbliche Programmeinblendung vorliegt und dabei der Anschein einer neutralen Berichterstattung erweckt wird.[100]

[94] Der neue RStV erlaubt nunmehr die Bußgeldverhängung bei Verstößen gegen das Schleichwerbegebot, vgl. § 49 Abs. 1 Nr. 20 RStV 2000.

[95] *Deuschle,* ZUM 1999, 614, 617 f.

[96] *Platho,* ZUM 2000, 46, 49 f; ähnlich argumentierend auch Schaar, Programmintegrierte Fernsehwerbung, S. 277 f.

[97] *Herkströter,* MP 1998, 109.

[98] *Ring* u.a., § 7 RStV Rdnr. 36; *Degenhart,* Rechtliche Aspekte des Teleshopping, ZUM 1995, 353, insbes. 355.

[99] *BGHZ,* 110, 278, 291 f.

[100] Vgl. *Volpers u.a., Werbung und Programm* S. 118.

2. Werbung im Programm als aufgedrängte Werbung

a) Rundfunkwerbung als Belästigung?

Werbung im Programm, mit welcher der Zuschauer außerhalb des § 10 Abs. 1 RStV zwar grundsätzlich rechnen muss, und die er auch erkennt, kann sich weiterhin auch als eine Form der aufgedrängten Werbung darstellen, da sie vom Fernsehzuschauer, der sich für ein bestimmtes Programmangebot entscheidet, nicht gezielt ausgewählt werden kann sondern zwangsweise mitgewählt werden muss.

In erster Linie wird der Zuschauer vor belästigender Werbung vom Lauterkeitsrecht geschützt.[101] Dies schließt jedoch eine rundfunkrechtliche Regelung nicht aus. Im Gegenteil, wie die Regelung des § 7 Abs. 1 RStV deutlich macht, kann eine rundfunkrechtliche Werberegelung deckungsgleich mit der entsprechenden wettbewerbsrechtlichen Regelung sein. Entscheidend ist vielmehr, dass der Belästigungsschutz des Zuschauers vor Werbung im Programm, der seit fast zehn Jahren in Rechtsprechung und Literatur keine Aufmerksamkeit mehr erfahren hat, wieder gestärkt wird.

Wenn der Zuschauer aufgrund der kommerziellen Ausrichtung der Programme in den meisten Fällen nicht mehr zwischen werblichen und redaktionellen Gründen für die Erwähnung oder Darstellung von Marken, Produkten und Dienstleistungen innerhalb eines Programms unterscheiden kann, dann muss er zumindest vor unmittelbaren Einflussnahmen auf seine Entscheidungsfreiheit durch Werbeformen innerhalb des Programms geschützt werden. Eine solche Einflussnahem liegt insbesondere dann vor, wenn sie für den Zuschauer nicht mehr beherrschbar[102] ist, z.B. weil die von ihr ausgehende werbliche Wirkung sehr aufdringlich und penetrant ist, und ihm die Möglichkeit zur sachgerechten Kaufanalyse entzogen wird. Darin besteht auch ein rechtliches Bedürfnis einer solchen rechtsfortbildenden Auslegung.

Werbung im Programm ist daher grundsätzlich geeignet, den Genuss an Fernsehen empfindlich zu stören; insbesondere dann, wenn sie in plumper, aufdringlicher und übermäßiger Form erscheint.[103] Zugleich ist die werbliche Beeinflussung geeignet, die begrenzte Aufmerksamkeit des Zuschauers von meinungsbildungsrelevanten Programmangeboten auf ihre eigenen Angebote umzuleiten. Das nur begrenzt vorhandene Interesse des Zuschauers an politischen und anderen für die Meinungsbildung besonders relevanten Programmangeboten droht

---

[101] S. Seite 174 ff.
[102] Vgl. Seite 106.
[103] Vgl. Seite 174 f.

damit weiter verloren zu gehen. Dem soll das Verbot belästigender Werbung entgegentreten, welchem Verfassungsrang zukommt.[104]

b) Belästigungsschutz und Trennungsgebot

Zugleich bietet es sich an, das Verbot belästigender Werbung als Schutzzweck des Trennungsgebotes zu verstehen.

Ein solches Verständnis des Trennungsgebotes steht nicht im Widerspruch zum eindeutigen gesetzgeberischen Willen. Ausreichend ist, dass der Schutz vor Belästigung nicht aus dem Gesetzeszweck des § 7 Abs. 3 RStV geschlossen werden kann, jedoch vom Gesetzeszweck nicht versperrt ist, sondern vielmehr einem dringenden Bedürfnis des Verbraucherschutzes entspricht.[105] Die Einbeziehung des Belästigungsschutzes als Schutzzweck des Trennungsgebotes trägt insoweit dem allgemeinen Grundsatz Rechnung, dass kommerzielle Kommunikation in unserer heutigen Lebenswirklichkeit ein untrennbarer Teil sozialer Kommunikation ist.

Hier kommt ein neues Verständnis einer Mediengesellschaft zum Ausdruck, die nicht jede einzelne Werbung im Programm als Gefahr für die Meinungsbildung ansieht, sondern die gelernt hat, mit den vielfältigen Erscheinungsformen der täglichen Werbung umzugehen. Vorrangig geschützt werden muss jedoch die unabhängige und werbefreie Gestaltung von Nachrichten- und Informationssendungen (i.S.d. § 10 Abs. 1 S. 1 RStV), weshalb in diesem Bereich das Trennungsgebot vor dem Hintergrund des bisherigen Schutzzweckes[106] anzuwenden und auszulegen ist. Zugleich ist sie nicht bereit, besonders rücksichtslose und übermäßig intensive Werbung gegen den ersichtlichen Willen des Zuschauers zu akzeptieren.

Dem im bundesdeutschen Rechtssystem nach wie vor fest verankerten Trennungsgebot kommt in diesem Bereich die Aufgabe zu, den Schutz des Zuschauers vor übermäßiger, unerwarteter und aufdringlicher Werbung im Fernsehen zu gewährleisten. Unfang und Ausmaß dieses Belästigungsschutzes orientieren sich am Wettbewerbsrecht.

Es bleibt Aufgabe des Schleichwerbeverbots ist es in erster Linie, den Zuschauer vor einer Irreführung über den Zweck der Erwähnung und Darstellung von Marken, Dienstleistungen und Produkten innerhalb redaktioneller Programme zu schützen.

---

[104] Vgl. ebd.

[105] Vgl. zur Rechtsfortbildung mit Rücksicht auf die Bedürfnisse des Rechtsverkehrs, *Larenz*, a.a.O., S. 414 ff; *Koch/Rüßmann*, a.a.O., S. 261 f.

[106] Vgl. Seite 184 ff; 311 ff.

Sofern darüber hinausgehende Werbeformen, außerhalb oder am Rande des Programms[107] nicht vom Schleichwerbeverbot erfasst sind, fallen sie unter § 7 Abs. 1 RStV.

3. Anwendungsbereich des rundfunkrechtlichen irreführungsschutzes

Bisher war es allgemeine Auffassung, der Schutzzweck der Regelung des § 7 Abs. 1 Satz 1 RStV sei es, zu verhindern, dass der Zuschauer über die Eigenschaft der beworbenen Produkte oder Dienstleistungen irregeführt werde, nicht hingegen den Zuschauer vor der Täuschung über den werblichen Charakter der Sendung zu schützen, da diese Aufgabe dem Trennungsgebot (§ 7 Abs. 3 RStV) und Schleichwerbungsverbot (§ 7 Abs. 6 RStV 2000) zukam.[108]

Dieser Auffassung erscheint vor dem Hintergrund der bisher entwickelten Ergebnisse nicht mehr zwingend.

Sie beruhte ausschließlich auf der Tatsache, dass für einen umfassenden, in § 7 Abs. 1 RStV verankerten, Irreführungsschutz wegen dem als spezieller eingestuftem Trennungs- und Schleichwerbegebot kein Raum mehr blieb, da die Irreführung über den Werbezweck bereits in § 7 Abs. 6 RStV (für Schleichwerbung in einer Sendung) und in § 7 Abs. 3 RStV (generell für Werbung im Programm) geregelt schien. Eine aus dem Wortlaut nicht ersichtliche, einschränkende Interpretation dieser Vorschrift besteht aber gerade nicht, da das Trennungsgebot nicht (mehr) allein den Schutz der Irreführung der Verbraucher bezweckt.

Dieses Ergebnis ist nicht nur aus systematischen Gründen überzeugend, da es den einzelnen Werberegelungen wieder eigene Anwendungsbereiche schafft. Diese Interpretation kann auch auf für das Verständnis des Lauterkeitsbegriffs in §§ 1, 3 UWG wichtige Signalwirkung zukommen und in der Praxis des Lauterkeitsrechts eine wichtige Abgrenzung für das Verhältnis von Trennungsgebot und Irreführungsschutz erzielen. Zugleich entspricht nunmehr § 7 Abs. 1 RStV dem allgemeinen Täuschungsgebot im Wettbewerbsrecht. Festzuhalten bleibt, dass entgegen dem bisherigen Verständnis in Rechtsprechung und Literatur der Irreführungsschutz nicht als der zentrale Schutzzweck des Trennungsgebotes anzusehen ist. Vielmehr wird die Frage der Irreführung durch Fernsehwerbung im Programm in erster Linie durch die Vorschriften des § 7 Abs. 6 und Abs. 1 RStV geregelt, während das Trennungsgebot eine Spezialregelung des Falles

---

[107] Schleichwerbung ist laut Legaldefinition in § 2 Abs. 2 Nr. 6 RStV 2000 (Hervorhebung durch den Verfasser): „...die Erwähnung oder Darstellung von...in Programm..." Darunter fällt i.d.R. nicht das Merchandising, Programmsponsoring und die redaktionell gestaltete Werbung.

[108] Vgl. *Beucher u.a.*, § 7 RStV Rdnr. 18.

von Werbung im Programm in § 10 Abs. 1 RStV darstellt und im übrigen als Belästigungsschutz zu interpretieren ist.

ERGEBNIS ZU ABSCHNITT 12

Das Bild des Trennungsgebotes als Kernregelung des Rundfunkwerberechts hat erhebliche Risse bekommen.

Die heutige Fernsehlandschaft ist durch eine zunehmende Vermischung werblicher und programmlicher Interessen gekennzeichnet. Es wurde dargelegt, dass die hinter dem Trennungsgebot stehenden Regelungen des Schutzes der Unabhängigkeit und Neutralität des Rundfunks vor dem Hintergrund des sich rasch verändernden Medienmarktes und der weitgehend systembedingten Kommerzialisierungstendenzen nicht mehr generell für alle redaktionellen Angebote aufrecht erhalten werden können, sondern dass diesen Grundsätzen vielmehr nur noch innerhalb des engen Bereiches journalistischer Berichterstattung und Informationssendungen i.S.d. § 10 Abs. 1 RStV Bedeutung zukommt.

Entgegen dem bisherigen Verständnis in Rechtsprechung und Literatur ist der Irreführungsschutz nicht als der zentrale Schutzzweck des Trennungsgebotes anzusehen. Vielmehr wird die Frage der Irreführung durch Fernsehwerbung im Programm in erster Linie durch die Vorschriften des § 7 Abs. 6 und Abs. 1 RStV geregelt, während das Trennungsgebot nur den Fall der Trennung von Informationssendungen und Berichterstattungen i.S.d. § 10 Abs. 1 RStV erfasst und im übrigen als Belästigungsschutz zu verstehen ist.

KAPITEL 6: ERGEBNIS UND AUSBLICK

Abschnitt 13: Zur Zukunft journalistischer Ethik und Verbraucherschutzes im Zeitalter der Konvergenz der Medien

A. Journalismus im Zeitalter der Kommerzialisierung aller Lebensbereiche

In der vorliegenden Untersuchung ist deutlich, dass sich die einstmals strengen Gegensätze von ökonomischen und redaktionellen Interessen mit Unterstützung des Gesetzgebers im Kampf um die begrenzte Aufmerksamkeit des Zuschauers immer weiter angenähert haben.

Nicht nur die sogen. „Unterhaltungssendungen" stehen im Ruf, sich der Beliebigkeit des Kampfes um Einschaltquoten preiszugegeben.[1] Viele Publikationen und Sendungen werden nicht mehr für den Rezipienten, sondern für Werbemärkte konzipiert. Die Gefahr, dass dieses Umfeld auch Inhalte des Programms mitbestimmt, bzw. auf eine kritische redaktionelle Berichterstattung Einfluss genommen wird, nimmt damit zu.[2]

Dabei darf nicht übersehen werden, dass der vielfach beklagte Verlust journalistischer Unabhängigkeit in der Berichterstattung[3] nicht auf eine einseitige Einflussnahme durch Wirtschaft und fehlende rechtliche Instrumentarien zum Schutz der Rundfunkfreiheit zurückzuführen ist. Vielmehr fühlen sich die Fernsehverantwortlichen durch Belange der ins Fernsehprogramm drängenden Werbewirtschaft keineswegs behindert, sondern jederzeit als Souverän ihrer Programmgestaltung.[4] Bedeutsamer als der Einfluss der Werbung auf die Medien

---

[1] Krit. hierzu der Philosoph *Karl Popper*, Die Macht des Fernsehens - Gegen den Mißbrauch der Television, DIE WELT v. 5. Nov. 1994: „Mit der Zunahme an konkurrierenden Sendern sinkt gleichzeitig auch das Niveau, weil Fernsehsender immer häufiger bloß minderwertigen und sensationellen Stoff produzieren müssen, um das Publikum an sich zu binden. Dem Ziel der Demokratie, das Bildungsniveau zu heben, wird ein solches Verhalten nicht gerecht. Einschaltquoten sind kein Spiegel für die Wünsche der Menschen, sondern allenfalls Präferenzen bei der Auswahl der angebotenen Produkte. Außerdem sei Fernsehen für die Demokratie eine zu starke, nicht mehr einer demokratischen Kontrolle unterliegenden, auch politische Macht geworden."

[2] Vgl. *Ladeur,* Publizistik 45 (2000), S. 442 ff.

[3] Vgl. die kritische Stellungnahme des Deutschen Journalistenverbandes (DJV) zum „Gefälligkeitsjournalismus"; hierzu: *Nickel*, MA 1995, S. 154.

[4] So NDR-Intendant *Nowottny*, in: ZUM 1991, 10 ff. Ähnlich auch *Baerns*, a.a.O., in: *dies./Fischer* (Hrsg.), S. 122.

dürfte immer noch der Einfluss der Medien als kritische Kommentatoren und Analysten der Werbung sein.[5]

Ein größere Bedrohung für qualitativ hochwertigen Journalismus erwächst aus dem veränderten Selbstverständnis vieler Journalisten, welches nicht mehr dem klassischen und gesetzlich verankerten Ideal des unabhängigen, kritisch-objektiven, nur den Interessen seiner Leser verpflichteten Journalisten entspricht.[6]

In der Medienwissenschaft wird diese Entwicklung mit großer Sorge verfolgt. Die Frage nach den Folgen einer Kommerzialisierung der Programminhalte und deren Einfluss auf den Journalismus steht im Mittelpunkt zahlreicher Forschungsarbeiten.

So untersuchte *Baum* anhand verschiedener Beispiele der jüngeren Zeit (Golfkriegsberichterstattung, Fernsehberichterstattung über das Geiseldrama von Gladbeck u.a.), ob sich der Journalismus als kalkulierbarer Faktor der Medienproduktion darstellt.[7] Dabei kam er zu dem Ergebnis, dass sich die Medienunternehmen zunehmend des Aufwandes und der Risiken, die mit der Beschaffung und Recherche von Themen und Informationen verbunden sind, entledigen.[8]

Auch *Altmeppen* legt dar, dass die Medienkonzerne aus ökonomischen Gründen gezwungen sind, den Schwerpunkt ihrer Aktivitäten zu verlagern – weg von der Produktion und zu Marketing und Vertrieb. Unter Programmgesichtspunkten wird der Journalist mit seiner benötigten technischen Ausstattung, dem Bezug von Agenturmeldungen, der Einrichtung von Korrespondentenplätzen usw. zum Kostenfaktor und deshalb vor allem im privat-kommerziellen Rundfunk durch massenattraktive und kostengünstige Unterhaltungsprogramme verdrängt.[9] Verschärft wird das Problem durch die Tatsache, dass redaktionelle Angebote (Reportagen, Berichte zum Zeitgeschehen) traditionell weniger Einschaltquoten aufweisen als Unterhaltungsangebote.[10] Damit werde deutlich, dass der Wettbewerbsmarkt alleine diese Entwicklung nicht in den Griff bekommt. Bei Medienprodukten fehle es im Gegensatz zu sonstigen Märkten an einer durch die Kaufentscheidung des Konsumenten sich realisierenden Akzeptanz oder Nichtakzeptanz des angebotenen Produktes. Ein Konsument als Schiedsrichter im Wettbe-

[5] So der ZAW-Vorsitzende *Nickel*, MA 1995, S. 155.

[6] *Klaus*, RuF 1996, 403, 412 m.w.N. Vgl. auch die Repräsentativerhebung „Journalismus in Deutschland" von *Schneider/Schönbach/Stürzebecher*, Publizistik 1993 S. 353 ff.

[7] *Baum*, Inflationäre Publizistik und misslingender Journalismus: in: *Altmeppen* (Hrsg.), Ökonomie der Medien, 1996, S. 236, 242.

[8] *Baum*, ebd., S. 240.

[9] *Altmeppen*, Märkte und Medienkommunikation: in: *ders.* (Hrsg.), 1996, S. 267.

[10] Vgl. die Dokumentation in: MP 1994, 77 f.

werb, der über das beste Angebot durch den Kauf und damit durch Hingabe seines beschränkt vorhandenen Geldes entscheidet, signalisiert i.d.R. den Anbietern seine Zustimmung.[11] Die Nutzung der Medien ist hingegen auf den ersten Blick kostenlos und wird nur verdeckt über höhere Produktpreise und Gebühren bezahlt. Da die Preis-/Leistungssteuerung entfällt, wird nach Auffassung von *Altmeppen* den Nachfragern ihre Orientierungsfunktion entzogen, sie können keinen Zusammenhang zwischen angebotener Leistung und Zahlung herstellen. Von daher müsse auf dem Medienmarkt die Existenz einer Konsumentensouveränität grundsätzlich bezweifelt werden.[12] Der Zuschauer empfängt aufgrund der Werbezahlungen die Medien kostenlos oder stark vergünstigt, was zu einer Entkoppelung vom Preis sowie zum Fehlen eines Qualitätswettbewerbs führe, da die Rundfunkanbieter auf Mengen an Werbekontakten bei möglichst niedrigem Kostenaufwand aus seien, was wiederum den Journalismus mit seinen hohen Produktionskosten benachteilige.[13]

Dass die als Folge des zunehmenden Wettbewerbs im Rundfunk einsetzende Verteuerung der Programme und die damit einhergehende Kostenspirale eine weitaus größere Gefährdung der publizistischen Rolle des Free-TV darstelle, als die zunehmende Vermischung von Werbung und Programm im Unterhaltungsbereich[14], kann kaum bestritten werden.

Mit einem generellen Kommerzialisierungsverbot kann man aber dieser Entwicklung nicht Einhalt gebieten, solange man am Prinzip der Werbefinanzierung als Instrument des privaten und öffentlich-rechtlichen Rundfunks festhält.[15]

---

[11] Vgl. *Kruse,* Ordnungspolitik im Rundfunk, S. 77 ff, 86 f, in: *Schenk/Donnerstag* (Hrsg.), 1989, wonach die Programmqualität unter der Unentgeltlichkeit der Fernsehangebote, der dadurch bedingten starken Abhängigkeit der Medientreibenden von der Werbeindustrie sowie der übermäßigen Programmausrichtung an den Interessen konsumstarker Zielgruppen leide.

[12] *Altmeppen*, Medienkommunikation, in: *ders.* (Hrsg.), 1996, S. 270 f; *Kiefer*, Wettbewerb im dualen Rundfunksystem? Betrachtungen aus wirtschaftswissenschaftlicher Sicht, MP 1994, 430, 433.

[13] *Altmeppen*, ebd., S. 272 spricht von „Verramschung" medialer Produkte und setzt als Gegenbeispiel den deutlichen Preiswettbewerb im Beschaffungsmarkt Fernsehprogramm entgegen. Allerdings räumt er ein, dass sich Steuerungs- und Gestaltungspotentiale der Medienentwicklung zurzeit noch nicht ausloten lassen, da es an einer ausreichenden Erforschung der Medienprozesse fehle.

[14] So auch *Ladeur,* ZUM 1999, 680 f, der Werbung im Programm für einzelne Sendeformate als „unmittelbare Werbefinanzierung" erlauben will, sofern diese strikt auf Imagewerbung reduziert ist und Informationssendungen davon ausgenommen werden.

[15] Vgl. 58 ff.

B. Neue Ansätze zum Schutz journalistischer Berichterstattung vor einseitiger Einflussnahme

In jüngerer Zeit wird die Frage der Sicherung der Programmqualität vor fremden Einflüssen wieder verstärkt diskutiert.

Um die Gefahr einer Strategie der begrenzten Regelverletzung mit dem Ziel, die Grenzen des Trennungsgebotes auszuweiten, zu verhindern, fordert *Ladeur*[16] den Aufbau eines Risikokapitals, durch das sich die Rundfunkveranstalter verpflichten, in neue Programme und Formate, so genannte massenattraktive konzentrierte Programme“ zu investieren.

Vesting spricht sich für eine Umstellung der Rundfunkregulierung weg von der Programmaufsicht einzelner Sender hin zu einer rundfunkrechtlichen Marktmachtkontrolle der Dachmarke des Rundfunksenders, die sowohl das Kerngeschäft Rundfunk als auch die Nebengeschäfte des Veranstalters wie z.B. Merchandising, Cross Marketing etc. mitumfasst.[17] Überschreitet eine Dachmarke den rundfunkspezifischen Schwellenwert, sollen die Medienunternehmen nach Auffassung von *Vesting* verpflichtet sein, im selbsregulativen Verfahren eigene Standards und Konventionen etwa im Hinblick auf die Einhaltung des wettbewerbsrechtlichen Trennungsgebotes in neuen Programmangeboten zu entwickeln. Die Landesmedienanstalten sollten sich hingegen mit den spezifischen kultur- und medienökonomischen Folgen und Zwängen der Aufmerksamkeitsökonomie beschäftigen.[18]

Ein offenes Qualitätsmanagement ist grundsätzlich ein Ansatz, der geeignet erscheint, Defizite der heutigen Medienkultur auszugleichen. Ob hier geeignete Kriterien gefunden werden, ist noch nicht endgültig geklärt.[19] Einig ist man sich aber in dem Ziel, durch Vermittlung von Meinung und Information unter Einsatz moderner technischer Mittel den Zuschauer zum eigenen politischen Urteil zu befähigen.[20]

Deshalb ist es besonders wichtig, dass man nicht nur die Verbreitung von Lügen und Halbwahrheiten verbietet[21], sondern durch zur Verfügungstellen leicht zugänglicher Informationen dem Zuschauer die Möglichkeit zur Überprüfung und

---

16 *Ladeurr*, ZUM 1999, 680 f.
17 *Vesting*, M&K 2001, 301 ff.
18 Ebd., 303.
19 Vgl. *Hagen*, a.a.O., S. 48 ff sowie die Nachweise bei *Neuberger*, a.a.O., S. 89 ff.
20 *Elitz*, a.a.O., S. 60, 65.
21 *Wunden*, Kommunikationswissenschaftler und Ethiker – Plädoyer für einen Dialog, in: *Hömbert/Pürer* (Hrsg.), S. 316 ff; Grundl.: *Pieper, An.*, Einführung in die Ethik, 1991.

Kontrolle der gemachten Aussagen ermöglicht. Es gilt der Satz, der von der amerikanischen Rechtsprofessorin *Jennings* formuliert wurde:

„[...] die Wahrheit wird durch die Lüge verletzt aber geschändet wird sie durch das Schweigen“.[22]

Als „Aufklärungsstellen“ bieten sich sowohl das Internet (z.B. die Homepage der jeweiligen Rundfunk- oder Landesmedienanstalt), der Videotext oder auch der Ab- und Vorspann der jeweiligen Sendung an. Hier könnte der Zuschauer Informationen über die Finanzierung einer Produktion und über die Anteilseigentümer der Sender etc. erhalten.

Zu überlegen ist weiterhin, ob nicht ein Teil der Rundfunkgebühr besser zur Errichtung einer vom Staat unabhängigen Stiftung Medientest, die über die Qualität der Programme wacht und sich aus Journalisten, Medienwissenschaftlern, Ökonomen und Juristen in Anlehnung an die „Stiftung Warentest“ zusammensetzt, verwendet werden kann. Die Hauptaufgabe einer solchen Institution sollte in der regelmäßigen Herausgabe einer (elektronischen?) Zeitschrift liegen, die über bereits gesendete Beiträge im Fernsehen (u.U. auch Radio, Internet und Kino) und über die Einhaltung qualitativer, journalistischer und rechtlicher Standards informiert. Auf diese Weise könnte die Medienkompetenz der Zuschauer erhöht werden. Würde eine solche Zeitschrift z.B. jedem Gebührenzahler zugestellt werden, könnte dadurch zugleich auch die Rundfunkgebühren, deren Legitimation immer wieder in Frage gestellt wird[23], in der Öffentlichkeit besser gerechtfertigt werden.

Wenn eine solche Stiftung, und insbesondere deren Programmempfehlungen, in den Kernbereich der Rundfunkfreiheit der Programmveranstalter eingreifen, ist zu überlegen, ob nicht doch Ausgestaltungen denkbar sind, die verfassungsrechtlich Bestand haben.[24]

[22] The real generation Gap, in: Hillsdale College – Imprimis, Vol. 27, No. 8, August 1998.

[23] Vgl. *BVerwG,* Urt. v. 9. Dez. 1998, MMR 1999, 416 ff –Rundfunkgebührenpflicht.

[24] Nach Auffassung von *Platho*, ZUM 2000, 46, 54 f, sei kein Verfassungsgrundsatz ersichtlich, der mit einer die Rundfunkfreiheit überlagernden Gewichtigkeit Qualitätsmaßstäbe im Rundfunk definiert und vorgibt.

Hier sind wiederum die Medienrechtler aufgefordert, gemeinsam mit Politikern, Soziologen, Erziehungs- und Kommunikationswissenschaftlern nach neuen Wegen und Regeln im Umgang mit den Medien zu suchen.

Diese Diskussion verspricht gerade in Hinblick auf die vielfältigen Herausforderungen, die das Medium Internet und die Probleme der Konvergenz mit sich bringen, noch sehr spannend zu werden.

Abschnitt 14: ABSCHLIEßENDE BETRACHTUNG

Werbeformen im Programm stellen ein nicht grundsätzlich unzulässiges Finanzierungs- und Marketinginstrument der Rundfunkveranstalter und Produktionsfirmen dar.

Die vorliegende Untersuchung hat gezeigt, dass sie dann zulässig sind, wenn die Entscheidung über die Ausstrahlung einer Sendung, die Werbung im Programm enthält, bei der Rundfunkanstalt verbleibt, und der Zuschauer durch diese Werbeform weder irregeführt noch belästigt wird.

Ein wettbewerbsrechtliches Verbot von Werbung im Programm, welche für den Zuschauer erkennbar ist, lässt sich nur in Ausnahmefällen begründen. Die gegenteiligen Auffassungen von Rechtsprechung und juristischer Literatur überanspruchen den Verbraucherschutz und vernachlässigen dabei grundlegende Veränderungen im Mediensektor, in der Werbung sowie im Konsumentenverhalten der letzten Jahre.

Gerade die aktuellen Veränderungen der Medienwelt und die zunehmende Kommerzialisierung aller Lebensbereiche haben Werbung im Programm zu einem Teil unserer Medienwirklichkeit und die gleichmäßige Durchsetzung des Trennungsgebotes praktisch unmöglich gemacht.[1] *Mestmäcker* hat zu Recht darauf hingewiesen, dass wir eine Medienordnung brauchen, welche „die neue Wirklichkeit" in Rechnung stellt. Nur so sei es möglich, die Entwicklung zu steuern.[2] Der Schutz des lauteren Wettbewerbs darf sich aktuellen Entwicklungen und Wandlungen nicht verschließen, auch wenn sie unerwünscht oder unbequem erscheinen. Das Fernsehwerberecht muss dem veränderten Wahrnehmungsverhalten der Zuschauer vor dem Hintergrund vielfältiger neuer Formen der Massen- und Individualkommunikation und einer damit einhergehenden Ökonomisierung der Aufmerksamkeit des Zuschauers Rechnung tragen.

Wir leben in einem Zeitalter, in dem weite Teile der Bevölkerung und damit auch der Fernsehzuschauer auf der Suche nach neuen Leitbildern und Orientierungspunkten ist. Werbung verleiht dem Zuschauer mit den durch sie vermittelten Botschaften und „Werten" ein viel offeneres Ohr, sie stellt sich dem An-

[1] *Laukemann,* Hörfunkwerbung, S. 125.
[2] In Mediendialog 12/1993, S. 2 f.

spruch alltagstauglicher Lebensphilosophien[3] mit nicht unbeachtlichem Erfolg, vielleicht auch gerade weil viele Menschen auf der Suche nach prägenden Ereignissen sind. Das Fernsehen scheint von den Menschen immer weniger als Medium zur Information über die Welt, so wie sie ist, genutzt zu werden, dafür immer mehr zur Orientierung an einer Welt, in der der Zuschauer seine Sehnsüchte, Wünsche und Hoffnungen wiederfindet.

Die schöne Verpackung des Stoffes wird in diesem Umfeld wichtiger als seine gewissenhafte Verarbeitung, als müsse Qualität der Form die Mängel des Inhalts kompensieren.[4] Ob die Gestaltung schöner Bilder von Journalisten, Designern oder Werbemachern vorgenommen wird, spielt dabei kaum noch eine Rolle; zumindest die Unterschiede verwischen.

Der Programmanbieter, der um die begrenzte Aufmerksamkeit und damit um die Gunst der Zuschauer, von der wiederum die Gunst der Werbetreibenden abhängt, kämpfen muss, sucht diese in erster Linie mit populären Sendeangeboten zu erreichen.

Damit geht das Postulat des *BVerfG* vom „Leitmedium Fernsehen" und seiner schlechthin konstituierenden Bedeutung für die politische und staatsbürgerliche Meinungsbildung zunehmend verloren. Letztlich wird immer stärker sichtbar, dass das Fernsehen nur begrenzt zur Vermittlung komplexer Sachinformationen geeignet ist. Fernsehen entpuppt sich zunehmend als Boulevardmedium, dass von den Zuschauern in erster Linie zur Unterhaltung in ihren vielfältigsten Erscheinungsformen genutzt wird.[5]

Diese Einschätzung wird auch durch eine Untersuchung des Kommunikationswissenschaftler *Weiss* bestätigt. Danach verliert das Fernsehen seine Bedeutung als Medium der politischen Information und Meinungsbildung. Nach seinen Erkenntnissen bestreiten fast alle Fernsehsender mit zum Teil zu deutlich mehr als

---

[3] Hierzu *Schmidt, H.*, Nabelschau, in: Die Zukunft des Marketing? 1999, S. 4 These 3. Nach Ansicht des Medienwissenschaftlers *Bolz*, ebd., S. 29 hat das Marketing als Sinnstifter und Methode der Lebensbewältigung fast alle Bereiche der Gesellschaft erfasst. Krit. *Meffert*, ebd. S. 12 ff, „Marketing entwickelt Visionen von der Zukunft, wir beschäftigen uns intensiv mit dem Wertewandel, und wir versuchen die Trends des kommenden Jahres heute schon zu erkennen. Die daraus gewonnenen Inhalte können jedoch nicht zur gesamten Daseinsbewältigung beitragen. Das Instrument wird zum Verkauf des Produkts eingesetzt, nicht zur Beglückung der Menschheit."

[4] Vgl. *de Weck* (Chefredakteur der Zeit), Die Dramaturgie des Aufstiegs und des jähen Falls. Die Mediengesellschaft macht Unwichtiges wichtig und Wichtiges unwichtig – Guter Journalismus aber ist zugleich informativ und unterhaltsam, in: SbZ v. 8. Jan. 2000, S. 6.

[5] Auch im Pressebereich wird eine ähnliche Entwicklung beklagt. Zugleich erlebt die Republik mit dem Ausbau zahlreicher Tageszeitungen (SZ, FAZ, Die Welt, Handelsblatt, Berliner Zeitung, Tagesspiegel, FTD) eine „Blüte ihrer Qualitätspresse". Vgl. *de Weck*, ebd.

der Hälfte der Programmzeit mit Unterhaltungsformaten wie Serien, Spielfilmen, Quiz-, Spiel-, und Nonsensshows.[6]

Leidtragender dieser Entwicklung ist dabei auch der Zuschauer, der von den Programmverantwortlichen immer weniger als sich informierender Staatsbürger, sondern immer mehr als Konsument von Waren und Dienstleistungen betrachtet wird.

Diese Einschätzung ist nicht nur auf das Fernsehen beschränkt. Die vorliegend gefundenen Ergebnisse sind im wesentlichen auch auf die vergleichbaren Fälle der redaktionellen Werbung in Hörfunk und Presse übertragbar.

Auch für diese Medien wird in der Zukunft verstärkt die Frage nach der inhaltlichen Zielrichtung der übertragenen Information und weniger das Kommunikationsmedium selbst im Mittelpunkt der wettbewerbsrechtlichen Beurteilung stehen.

Für eine durchgehende Trennung und Kennzeichnung von Werbung und Programm besteht im übrigen gerade im Pressebereich überhaupt kein Bedürfnis; da die Vermischung redaktioneller und wirtschaftlicher Interessen im Pressebereich genauso ausgeprägt ist wie beim Fernsehen.

Werbung im Programm stellt sich vor diesem Hintergrund als Ausdruck des allgegenwärtigen gesellschaftlichen Trends immer weiter vorstoßender Werbung, die nahezu alle Lebensbereiche erfasst sowie eines veränderten Wertebewusstseins der Verbraucher, die sich zunehmend über Produkte und Marken definieren und orientieren. In einer solchen Zeit kann der Zuschauer nicht mehr von allen redaktionellen Beiträgen erwarten, dass sie auf Grundlage journalistischer Kriterien wie Objektivität und Unabhängigkeit erfolgen. Das Trennungsgebot kann vielmehr von seiner Ausrichtung her nur die journalistische, d.h. aufgrund journalistischer Leistungen erbrachte Berichterstattung, nicht aber jede Form der Informationsvermittlung, sichern.

Der Verfasser verkennt nicht die Gefahren, die mit einem solchen Verständnis der Rundfunkwerberegelungen verbunden sind. Diese bestehen weniger in der Manipulation des Verbrauchers zu kommerziellen Zwecken. Diese Gefahr wird durch die überborstene Informationsangebot verschiedenster Wettbewerber gebannt. Diese Entwicklung darf aber keinesfalls zu einer einseitigen Ausrichtung

[6] Zit. nach O.V., Ist Daums Haar-Analyse im Fernsehen wichtiger als Information und Bildung? TV-Forscher sehen bedenkliche Entwicklung - Politische Publizistik wird zurückgefahren, Unterhaltung nimmt zu - Kritik an RTL2, Die Rheinpfalz vom 19. Dez. 2000. So betreibt der Privatsender RTL in der Zeit zwischen 18 und 23 Uhr durchschnittlich elf Minuten politische Berichterstattung, beim Sender Vox schrumpft der Anteil auf 60 Sekunden. Sat.1 zeigt in seinen Nachrichtensendungen nur noch zu 24% politische Inhalte.

des gesamten Rundfunks an den Interessen der Werbewirtschaft führen. Vielmehr ist es erforderlich, eine ausreichende Meinungsvielfalt und den Zugang aller gesellschaftlichen Gruppen zum Programm zu sichern, wofür der Gesetzgeber entsprechende Rahmenbedingungen zu schaffen hat.

Das Thema vielfaltsichernder Maßnahmen und Qualitätssteigerung von Programmangeboten, die eine möglichst hohe Anzahl von Zuschauern auch tatsächlich erreichen, steht wieder auf der Tagesordnung. Auch der Frage des ausreichenden Jugendschutzes wird damit wieder akut. Für diese Gruppe bestehen schon jetzt besondere Regelungen (§ 7 Abs. 1 S. 2 RStV), die nicht ohne hinreichende empirische Grundlage aufgegeben werden sollten.

Die Medien- und Wettbewerbsjuristen sind aufgerufen, hierfür entsprechende Lösungen zu entwickeln. Die „aufmerksame“ Öffentlichkeit darf sich auf eine spannende Diskussion freuen.

Abschnitt 15: ZUSAMMENFASSUNG DER WICHTIGSTEN ERGEBNISSE:

(1) Obwohl der Gesetzgeber die strikte Trennung und Kennzeichnung von Werbung und Programm im Fernsehen vorschreibt (§ 7 Abs. 3 RStV), und obwohl Schleichwerbung im Programm grundsätzlich verboten ist (§ 7 Abs. 6 RStV), wird Werbung zunehmend im redaktionellem Programmbereich betrieben. Diese Werbeform hat aufgrund der zunehmenden Kooperation zwischen Werbetreibenden und Rundfunkanstalten so erhebliche Ausmaße angenommen, dass zweifelhaft ist, ob mit den zur Verfügung stehenden rechtlichen Instrumentarien ausreichende Gegenmaßnahmen ergriffen werden können.

(2) Der rundfunk- und wettbewerbsrechtliche Werbebegriff erfassen nur die reine Wirtschaftswerbung. Werbung im Sinne von § 7 Abs. 3 i.V.m. § 2 Abs. 2 Nr. 5 Rundfunkstaatsvertrag ist jede Sendung Werbung, mit der ein Rundfunkveranstalter oder ein die Rundfunkveranstaltung nutzender Dritter einseitig zu Zwecken der kommerziellen Absatzförderung auf den Rezipienten einwirken will. Eigenwerbung, die gegen Entgelt erfolgt, fällt ebenfalls unter die Rundfunkwerberegelungen der §§ 7 ff RStV.

(3) Allgemein kann man von Werbung im Programm sprechen, wenn innerhalb des durch das Senderlogo der Rundfunkanstalt gekennzeichneten Programmbereichs Werbung betrieben wird. Diese Werbeform umfasst damit diejenige Werbung, die außerhalb des als Werbespot (gem. § 14, 44 RStV), Sponsoring (§8 Abs. 1 RStV), Dauerwerbesendung (§ 7 Abs. 5 RStV) oder Teleshopping (§ 7 RStV) gekennzeichneten Bereichs ausgestrahlt wird.

(4) Werbung im Programm kann unter den Schutz der Meinungs- Kunst- und Rundfunkfreiheit fallen.

(5) Die Anwendbarkeit des Trennungsgebotes setzt den schwierigen Nachweis voraus, dass die Rundfunkanstalt statt redaktioneller Berichterstattung mit Werbeabsicht handelte. Der Nachweis ist erbracht, wenn die objektiv feststellbare Werbewirkung mit der übrigen Charakteristik der Sendung wie Sendekonzept, Art der Berichterstattung u.s.w. nicht kompatibel ist. Im ersten Schritt ist zu fragen, inwieweit eine werbewirksame Darstellung oder Erwähnungen von Marken, Waren oder Dienstleistungen eines Unternehmens in Sendungen dieses redaktionellen Formats allgemein üblich und gewöhnlich ist. Im zweiten Schritt muss dann geprüft werden, inwieweit die konkrete Werbemaßnahme mit dem redak-

tionellen Konzept der Sendung vereinbar ist. Solange die Werbewirkung nur Folge einer bestimmten redaktionellen Berichterstattung ist, und nicht deren Hauptzweck, kann eine Werbeabsicht nicht vermutet werden.

(6) Das grundsätzliche Verbot absichtlicher Werbung im Programm wird durch zahlreiche Ausnahmen verwässert. Die Durchsetzung des Trennungsgebotes wurde insbesondere durch die Neuregelungen im 4. Rundfunkänderungsstaatsvertrag erheblich geschwächt. Eine dogmatisch überzeugende und in der Praxis handhabbare Anwendung des Trennungsgebotes durch die Rechtsprechung ist nicht mehr gegeben.

(7) Die bisherige Auslegung des Trennungsgebotes erfolgte vor dem Hintergrund der bundesverfassungsgerichtlichen Rechtsprechung, welche im Gebot zur Trennung von Werbung und Programm eine Ausgestaltung der objektiven Rundfunkfreiheit ansah, welche die Unabhängigkeit und Neutralität der Berichterstattung und damit die Rundfunkordnung selber sicherte. An diesem „objektivrechtlichen“ Verständnis des *BVerfG* ist jedoch nicht länger festzuhalten. Denn eine strikte Trennung zwischen ökonomischem und publizistischem Wettbewerb lässt sich im Wettbewerb der Rundfunkanstalten um die begrenzte Aufmerksamkeit der Zuschauer und der Verlagerung des Fernsehens vom Angebots- zum Nachfragemedium nicht durchhalten, weil ökonomische und programmliche Interessen sich aufgrund der Abhängigkeit der Rundfunkanstalten von Werbeeinnahmen gegenseitig bedingen.

(8) Maßstab ist vielmehr die Rundfunkfreiheit als subjektives Abwehrrecht, wie es auch in der Rechtsprechung des *EuGH* und der europäischen Rechtsordnung (Art. 10 EMRK i.V.m. Art. 6 Abs. 2 EGV, Art 11 Abs. 2 Europäische Grundrechtscharta) zum Ausdruck kommt. Eine verfassungsrechtliche Verpflichtung zu journalistischer Unabhängigkeit und Neutralität besteht insbesondere vor dem Hintergrund einer weitgehend kommerzialisierten Medienlandschaft, deren Informationsvermittlung dem „Diktat einer Ökonomie der Aufmerksamkeit“ unterworfen ist, nicht mehr.

(9) Das erforderliche und verfassungsrechtlich geschützte Vertrauen des Zuschauers als Konsument und Rezipient in die Glaubwürdigkeit von Fernsehinhalten muss durch ein rundfunk- und wettbewerbsrechtliches Irreführungsverbot sichergestellt werden. Grundsätzlich ist eine absichtliche Werbung i.d.R. nur noch im eng zu fassenden Bereich journalistischer und redaktionell gehaltener In-

formationssendungen und Berichterstattungen (i.S.d. § 10 Abs. 1 RStV) unzulässig. In diesem engen Bereich journalistischer Berichterstattungen und Informationssendungen ist die Rundfunkanstalt zur Einhaltung der journalistischen Grundsätze verpflichtet. In allen übrigen Programmbereichen ist Werbung im Programm rundfunk- und wettbewerbsrechtlich zulässig, sofern der Zuschauer von der Werbung weder irregeführt (§§ 7 Abs. 1, Abs. 6 RStV, 1 UWG) noch belästigt wird. Insbesondere ist eine unterschiedliche werberechtliche Einstufung von Informations- und Unterhaltungssendungen nicht begründbar. Der Belästigungsschutz wird dabei sowohl durch § 1 UWG als auch durch § 7 Abs. 3 gewährleistet. Die Rechtsprechung, die einen Verstoß bei fehlender Sachlichkeit bzw. fehlendem Sachbezug von Werbeobjekt und Werbeaussage annimmt, ist abzulehnen.

(10) Jede absichtliche Werbung in Informationssendungen und Berichterstattungen wie beispielsweise „klassischen Nachrichten“ und Verbrauchermagazine stellt mithin einen Verstoß gegen das Trennungsgebot dar, da hier i.d.R. der Zuschauer über den Charakter der Werbeeinblendung irre geführt wird. Im übrigen Programmbereich täuscht eine absichtliche Werbung nur dann den Zuschauer, wenn bestimmte Erwartungshaltungen bzw. besonderes Vertrauen geweckt werden, welche die Rundfunkanstalt bewusst zweckwidrig ausnutzt. Plump oder schlecht platzierte Werbung, die vom Zuschauer gleich erkannt wird, kann den Verbraucher über die kommerzielle Absicht der scheinbar auf journalistischen Grundsätzen beruhender Berichterstattung des Rundfunksenders nicht irre führen, da der Werbecharakter und damit der Versuch, den Zuschauer zu kommerziellen Zwecken zu beeinflussen, offensichtlich wird.

(11) Werbung im Programm, die ein vernünftiger und sich informierender Zuschauer nicht als solches erkennt und mit der er billigerweise nicht rechnen muss, verstößt als getarnte Werbung gegen § 1 UWG und das Schleichwerbeverbot in § 7 Abs. 6 RStV. Werbung als Programm ist grundsätzlich an § 7 Abs. 1 RStV i.V.m. § 1 UWG zu messen.

(12) Als Maßstab für die Beurteilung einer Irreführung gilt das europäische Verbraucherleitbild. Auch wenn der Zuschauer Informationen im Fernsehen grundsätzlich nur flüchtig und oberflächlich wahrnimmt, ist er verpflichtet, sich über das wesentliche redaktionelle Sendekonzept (Sendeformat, inhaltlicher Anspruch etc.) sowie die von ihm angesehenen Programme zu informieren. Maß-

geblich ist die Glaubwürdigkeit, die Rundfunkanstalt und Programmmacher für ihre Sendung in Anspruch nehmen.

(13) Durch das Einfügen des Wortes „absichtlich" in § 7 Abs. 6 RStV 2000 ist keine Änderung der Rechtslage eingetreten. Die Schleichwerbeabsicht muss grundsätzlich nachgewiesen werden.

(14) Eine Sendung, die ein Übermaß an objektiv feststellbarer Werbung enthält muss als Dauerwerbesendung gekennzeichnet werden.

(15) Die rasante Entwicklung der Medien- und Kommunikationsangebote wird die Einhaltung journalistischer Standards weiter erschweren. Die Konvergenz der Medien wird ein neues Medienwerberecht erfordern.

LITERATURVERZEICHNIS

Im Folgenden sind nur die Anfangsseiten der Aufsätze genannt. Wo es der Unterscheidbarkeit der Autoren dienlich ist, wurden Vor- und Hauptnamen vollständig aufgelistet

- **Abeltshauser**, Thomas E.: Redaktionelle Presseäußerungen im Lichte von § 1 UWG. WRP 1997, S. 1143.
- **Ackermann**, Brunhilde: Die deutsche Umweltrechtsprechung auf dem Weg zum Leitbild des verständigen Verbrauchers? WRP 1995, S. 515.
- **Ahlert**, Dieter/**Schröder**, Hendrik: Rechtliche Grundlagen des Marketing. 2. Aufl. 1996. Kohlhammer.
- **Ahrens**, Hans J.: Redaktionelle Werbung - Korruption im Journalismus, GRUR 1995, S. 307.
- **Ders.**: Benetton und Busengrabscher - Ein Test für die wettbewerbsrechtliche Sittenwidrigkeitsklausel und die Meinungsfreiheit. JZ 1996, S. 1096.
- **Altmeppen**, Klaus-Dieter: Märkte und Medienkommunikation: Publizistische und ökonomische Aspekte von Medienmärkten und Markthandeln. In: ders.: (Hrsg.) 1996, S. 258.
- **Ders.**: (Hrsg.): Ökonomie der Medien und des Mediensystems. Opladen 1996.
- Arbeitsgruppe „Überprüfung des Wettbewerbsrechts" des Bundesjustizministeriums: Diskussionsbericht. Abg. In: WRP 1997, S. 169.
- **Asche,** Florian: Produkt-Placement im Kinospielfilm. Europäische Hochschulzeitschriften Reihe 2. Bd. 1958. Diss. 1996.
- **Assmann**, Heinz-Dieter/**Brinkmann**, Thomas/**Gounalakis**, Georgius/**Kohl**, Helmut/**Walz**, Rainer (Hrsg.): Wirtschafts- und Medienrecht in der offenen Demokratie. Freundesgabe für Friedrich Kübler zum 65. Geburtstag, Heidelberg 1997. Wirtschafts- und Medienrecht in der offenen Demokratie. FS für Friedrich Kübler, Heidelberg, 1997
- **Auer**, Manfred: Werbung below the line: licensing, TV- Sponsoring, Product Placement, Landsberg/Lech, Verlag Moderne Industrie 1993. (zit. Auer, Werbung)

- **Ders./Kalweit**. U./**Nüssler**. P.: Product-Placement: die neue Kunst der geheimen Verführung. ECON Taschenbuch 1991. (zit. Auer u.a., Product Placement)

- **Baacke**, Dieter/**Schäfer**, Horst/**Vollbrecht**, Ralph: Treffpunkt Kino: Daten und Materialien zum Verhältnis von Jugend und Kino. Weinheim und München 1994.

- **Bachem**: Fernsehen in den USA. Neuere Entwicklungen von Fernsehmarkt und Fernsehwerbung. Opladen (Studien zur Kommunikationswissenschaft. Bd. 9). 1997.

- **Bachmann**, J. W.: Massenmedien in biblischer Sicht. In: Wolfgang Wunden (Hrsg.). 1989, S. 71.

- **Badura**, Peter/**Scholz**, Rupert, (Hrsg.): Wege und Verfahren des Verfassungslebens. Festschrift für Peter Lerche zum 65. Geburtstag. München 1993.

- **Baerns**, Barbara: Redaktionelle Werbung im Wettbewerb von Tageszeitungen: Probleme und Befunde einer Untersuchung zur Trennung redaktionellem Text und Anzeigen. In: dies./Fischer (Hrsg.). 1979, S. 100.

- **Dies.**: Schleichwerbung lohnt sich nicht! Ein Plädoyer für eine klare Trennung von Redaktion und Werbung in den Medien. Neuwied. 1996.

- **Dies./Fischer**, Heinz-Dietrich. Wettbewerbswidrige Praktiken auf dem Pressemarkt. Materialien zur interdisziplinären Medienforschung, Bd. 7. Nomos 1979.

- **Dies./Lamm**, Ulrich: Erkennbarkeit und Beachtung redaktionell gestalteter Anzeigen. Design und Ergebnisse der ersten Umfrage zum Trennungsgrundsatz. MP 1987, S. 149.

- **Bänsch**, Axel: Käuferverhalten. München. Wien 5. Aufl. 1993 Oldenburg Verlag.

- **Bartels**, Christian: Harry, hol schon mal den BMW. Die einen nennen es „Private Public Partnership", die anderen Schleichwerbung: Wie Produkte ihren Weg auch ins öffentlich-rechtliche Fernsehen finden. Der Zuschauer merkt meistens nichts. Die Zeit 28/2001.

- **Baudenbacher**, Carl: Suggestivwirkung und Lauterkeitsrecht. Zürich 1978.

- **Bauer**, Helmut G./**Ory**, Stephan: Recht in Hörfunk und Fernsehen (Loseblatt) Bd. 1 (Stand. Dez. 1999); Bd. 2 (Stand 1999).

- **Dies.** (Hrsg.): Hörfunkjahrbuch 2000/2001. Vistas 2001.
- **Baur,** Jürgen F./**Jacobs,** Rainer/**Lieb,** Manfred/**Müller-Graf,** Peter-Christian (Hrsg.): FS für Walter Vieregge zum 70. Geburtstag am 06.11.1995, Berlin 1995.
- **Baum,** Achim: Inflationäre Publizistik und misslingender Journalismus: Über das journalistische Handeln in einer entfesselten Medienwirtschaft. In: Altmeppen (Hrsg.). 1996, S. 236.
- **Bausinger,** Hermann. Ist der Ruf erst ruiniert. Zur Karriere der Unterhaltung. In: Bosshart/Hoffmann-Riem (Hrsg.). 1994, S. 15.
- **Becker,** Udo: Existenzgrundlagen öffentlich-rechtlicher und privater Rundfunkanstalten nach dem Rundfunkstaatsvertrag. Baden-Baden 1992.
- **Beigbeder,** Frederic: 39,90. Roman Rowolth 2001.
- **Behrens,** G. (Hrsg.): Handbuch der Werbung. Wiesbaden 1970.
- **Benda,** E./**Maihofer,** W./**Vogel,** H.J. (Hrsg.): Handbuch des Verfassungsrechts. 2. Aufl. 1994.
- **Bente,** Klaus: Produkt Placement. Entscheidungsrelevante Aspekte der Werbepolitik. Wiesbaden. 1990.
- **Berg,** Evamaria: Sponsoring - Zauberwort für leere Kassen?. Medienkritik Nr. 15 v. 11. April 1994.
- **Bergler,** R.: Ethische Probleme der Werbung. In: Behrens (Hrsg.) 1970.
- **Berhaus,** M./**Staab,** J. F.: Fernsehshows auf deutschen Bildschirmen. Eine Inhaltsanalyse aus Zuschauersicht. München 1995.
- **Bernet.** M.: Die wettbewerbsrechtliche Beurteilung der gefühlsbetonten Werbung. Diss. Münster 1987.
- **Bernreuther,** Friedrich: Werbefreiheit und Ökonomisierung des Rechtsbegriffs. WRP 1999, S. 792.
- **Bethge,** Herbert, Rundfunkfreiheit und privater Rundfunk. Frankfurt a.M. 1985.

- **Beucher**, Klaus/**Leiendecker**, Ludwig/**von Rosenberg**, Oliver. Mediengesetze, Kommentar zum Rundfunkstaatsvertrag, Mediendienste-Staatsvertrag, Teledienstegesetz und Teledienstedatenschutzgesetz. 1999. Vahlen.

- **Bikchandani/Hirshleifer/Welch**. A Theory of Fads. Fashion. Custom and Cultural Chang as informational Cascades. Journal of Political Economy 1992, S. 992.

- **Bleicher**, Joan Kristin: Programmmodelle und Programmentwicklung des Fernsehens von 1984 bis 1993. In: Hömbert/Pürer (Hrsg.). 1996. S. 137.

- **Blödorn,** Sascha/**Gerhards,** Maria/**Klingler** Walter: Fernsehen im neuen Jahrtausend – ein Informationsmedium? MP 2000, S. 171.

- **Böll**, Karin: Merchandising - ein neue Dimension der Verflechtung zwischen Medien und Industrie. Kommunikationswissenschaftliche Studien, Bd. 17. Diss. 1996.

- **Bolz**, Norbert: Nabelschau. In: Die Zukunft des Marketing? Die Zukunft ist Marketing. Gemeinsames Supplement von w&v. SZ. media & marketing und Der Kontakter zum Deutschen Marketingtag 1999, S. 29 .

- **Ders**: o.T. In: w&v 16/1997, S. 74.

- **Bork**, Reinhard: Der Sponsorhinweis beim Ereignissponsoring – eine wettbewerbsrechtliche Zwischenbilanz. ZUM 1988, S. 322.

- **Ders.**: Werbung im Programm - Zur wettbewerbsrechtlichen Haftung der Fernsehanbieter für unzulässige Werbung im Fernsehprogramm, 1988 (abgek.: Bork, WiP).

- **Ders.**: Product Placement und Wettbewerbsrecht - zu den Grenzen „medialer“ Fernsehwerbung. GRUR 1988, S. 264.

- **Ders.**: Eigenwerbung im Fernsehprogramm. ZUM 1990, S. 11.

- **Ders.**: Möglichkeiten und Schranken des Medienverbundes vor dem Hintergrund einschlägiger medien- und wettbewerbsrechtlicher Bestimmungen sowie des BGH. 'Urteils im Fall „Wer erschoß Boro?“ ZUM 1991, S. 52.

- **Ders.**: Anm. zu BGH, JZ 1992, S. 874. JZ 1992, S. 876.

- **Bornemann, Roland:** Ordnungswidrigkeiten in Rundfunk und Mediendiensten: ein Handbuch für die Praxis, Heidelberg 2001.

- **Ders.:** Crosss-Promotion in Fernsehprogrammen von Senderfamilien, K&R 2001, S. 302.

- **Bosmann,** Wieland: Rundfunkrechtliche Aspekte der Trennung von Werbung und Programm. ZUM 1990, S. 545.

- **Bosshart/Hoffmann-Riem** (Hrsg.). Medienlust und Mediennutz. Unterhaltung als öffentliche Kommunikation. München. Ölschläger 1994.

- **Brand,** H.-W.: Die Legende von den „geheimen Verführern". 1978.

- **Braun,** Kurt: Werbung und Meinungsfreiheit nach Art. 5 I S. 1 GG. WRP 1982, S. 510.

- **Brill,** Klaus: Miss Downing und der Müslimann. Die „Los Angeles Times" - Durch den Deal mit einem Anzeigenkunden ruinierten die Verleger den Ruf ihres Weltblattes. In: SZ v. 15. Nov. 1999.

- **Brinkmann,** Thomas: Probleme der Marktregulierung des Rundfunks in der dualen Ordnung. In: FS für Kübler. 1997, S. 153.

- **Brockert,** Siegfried: Die Macht der Emotionen. In: Die Zukunft des Marketing? Die Zukunft ist Marketing. Gemeinsames Supplement von w&v. SZ. media & marketing und Der Kontakter zum Deutschen Marketingtag 1999, S. 34.

- **Broder,** Henryk **M.:** Schöner Schoppen für Promis. In: DER SPIEGEL 15/2000, S. 128.

- **Brosius,** Hans-Bernd/**Steger,** Beate: Programmzeitschriften und Sehbeteiligung: Gibt es einen Zusammenhang?. RuF 1997, S. 305.

- **Bruchhausen,** Karl/**Hefermehl,** Wolfgang/**Hommelhoff,** Peter/**Messer,** Herbert (Hrsg.): FS für Rudolf Nirk zum 70. Geburtstag am 11. Oktober 1992.

- **Brugger,** Florian: Mogelpackung - Soundtracks: Nicht immer ist drin was draufsteht. In: MAX 8/1997, S. 25.

- **Bruhn,** Manfred/**Mehlinger**: Rudolph: Rechtliche Gestaltung des Sponsoring: Bd. 1 Allgemeiner Teil: Vertragsrecht - Steuerrecht - Medienrecht – Wettbewerbsrecht. München. 2. Aufl. 1995 (zit. Bruhn/Mehlinger, Sponsoring Bd. 1).

- **Dies.**: Rechtliche Gestaltung des Sponsoring. Bd. 2. Spezieller Teil, Sport-, Kultur- , Sozial-, Umwelt- und Programmsponsoring. München. 2. Aufl. 1999 (zit.: Bruhn/Mehlinger, Sponsoring Bd. 2).

- **Bruhn**, Manfred: Effizientes Kommunikationsmanagement. Werbeforschung & Praxis 1993, S. 75.

- **Ders.** Manfred: Handbuch des Marketings: Anforderungen an Marketingkonzeptionen aus Wissenschaft und Praxis. München, 1989.

- **Ders.**: Sponsoring- Begriff, Leistungen, Formen, Kosten SpuRt 1996, S. 16.

- **Ders.**: Sponsoring: Unternehmen als Mäzene und Sponsoren. 2. Aufl. 1991. Frankfurt a.M., Wiesbaden.

- **Bullinger**, Martin,: Rundfunkwerbung im Umbruch der Medien. ZUM 1985, S. 121.

- **Bülow**, Lorenz: Themensponsorin im Fernsehen. Zulässigkeit einer innovativen Werbeform neben Spotwerbung und Produkt-Placement. CR 1999, S. 105.

- **Ders.**: Themensponsoring im Fernsehen. Diss. 1998.

- **Bülow**, Peter: Produkt Placement und Freiheit der Kunst. WRP 1991, S. 9.

- **Butin**, Hubertus: Horizont. Heft 51/52 v. 20. Dez. 1996 S. 95.

- **Büttner**, Hermann: Irreführungsquote im Wandel. Folgen eines sich ändernden Normenverständnisses. GRUR 1996, S. 533.

- **Calliess**, Christian: Werbung, Moral und Europäisches Menschenrechtskonvention. AfP 2000, S. 248.

- **Castendyk**, Oliver: Werbung nach der Fernsehrichtlinie. In: Schwarze (Hrsg.) 1999, S. 151.

- **Coerdt-Taxhet**, Martina: Irreführende Fernsehwerbung in Deutschland: das Spannungsverhältnis zwischen Rundfunk- und Wettbewerbsrecht vor dem Hintergrund gemeinschaftsrechtlicher und internationaler Vorgaben. Europäische Hochschulschriften. Reihe 2. Bd. 2644. Diss. Köln 1999.

- **Cox/Jens/Markert**, (Hrsg.). Handbuch des Wettbewerbs. 1981.

- **De Nanclares**, Martin-Péres: Die EG-Fernsehrichtlinie. Diss. Saarbrücken. 1995.

- **De Weck**, Roger: Die Dramaturgie des Aufstiegs und des jähen Falls. Die Mediengesellschaft macht Unwichtiges wichtig und Wichtiges unwichtig – Guter Journalismus aber ist zugleich informativ und unterhaltsam. In: SbZ v. 8. Jan. 2000, S. 6.

- **Degenhart**, Christoph: Rechtliche Aspekte des Teleshopping. ZUM 1995, S. 353.

- **Dehm**, Ursula: Fernseh-Unterhaltung. Zeitvertreib. Flucht oder Zwang? Eine sozialpsychologische Studie zum Fernseherleben. Mainz. 1984.

- **Depenheuer**, Otto: Informationsordnung durch Informationsmarkt. Rechtliche Rahmenbedingungen einer Informationsordnung. AfP 1997, S. 669.

- **Dernbach**, Beatrice: Themen der Publizistik – Wie entsteht die Agenda öffentlicher Kommunikation? Publizistik 1999, S. 38.

- **Deul**, Dieter: Drehbuch von Uncle Sam – Aufregung in den USA: Regierung schrieb an TV-Serien mit. In: SZ v. 15./16. Jan. 2000. Nr. 11, S. 21.

- **Deuschle**. Thomas: Anmerk. zum Beschluß des BayVGH vom 18. Dez. 1998 zur Untersagung künftiger Schleichwerbung. ZUM 1999, S. 614.

- Deutscher Kommunikationsverband: o.T. BDW 1993, S. 156.

- **Dick**: Das Verbraucherleitbild in der Rechtsprechung 1995, S. 19.

- **Diekhof**, Rolf: Bezahlte Werbebotschaften. w&v Background Nr. 41 1996, S. 92.

- **Diekenberger**, M./**Gniech**, G: Probleme der Motivations- und Emotionsforschung. 1983.

- **Div.**: w&v Sonderbeilage. In: SZ v. 16. Okt. 1996. 7 Thesen zum Marketing von morgen.

- **Doepner**, Ulf: Verbraucherleitbilder zur Auslegung des wettbewerbsrechtlichen Irreführungsverbots. WRP 1997, S. 999.

- **Donges**, Patrick/**Jarren**, Otfried: Redaktionelle Strukturen und publizistische Qualität. MP 1997, S. 198.

- **Dörfler**, Gabriele: Product Placement im Fernsehen - unlautere Werbung oder denkbare Finanzierungsquell im dualen Rundfunksystem?: Eine Beurteilung aus dem Blickwinkel des Wettbewerbsrechts unter Berücksichtigung der

Mediengesetze, Reihe Europäische Hochschulschriften: Reihe 2, Bd. 1324, 1992.

- **Dörr**, Dieter: Maastricht und die Rundfunkpolitik der Europäischen Gemeinschaften. MedienDialog 8/1993, S. 21.
- **Ders.**: o.T. JuS 1995, S. 831.
- **Ders./Eckel**, Judith: Die Entwicklung des Medienrechts. NJW 1999, S. 1925.
- **Dorsten**, Michael: Sponsoring nach Maß, Absatzwirtschaft 6/1995, S. 35.
- **Dreher**, Eduard: Die Willensfreiheit. 1987.
- **Dreher**, Manfred: Der Verbraucher - Das Phantom in den opera des europäischen und deutschen Rechts? JZ 1997, S. 167.
- **DTV Brockhaus** Lexikon 1988. Bde. 11, 20.
- **Eberle**, Carl- Eugen: Praxis des Medienverbunds - Konsequenzen aus dem BGH- Urteil zum Fall „Boro". ZUM 1991, S. 56.
- **EG-Kommission**: Dokumentation: Verbraucherpolitische Prioritäten; Dok. KOM (95) 519 v. 31. Okt. 1995.
- **Dies.**: Grünbuch „Kommerzielle Kommunikation im Binnenmarkt" v. 8. Mai. 1996. KOM (96) 192 endg., S. 12.
- **Dies.**: Grünbuch zur Konvergenz der Europäischen Kommission der Branchen Telekommunikation. Medien und Informationstechnologien und ihren ordnungspolitischen Auswirkungen. 1997.
- **Ehlgen**, Hans-Werner: Merchandising. ZUM Sonderheft 1996, S. 1008.
- **Elitz**, Ernst: Drei Kategorien der Programmqualität im Fernsehen. In: Hömberg/Pürer (Hrsg.). 1996, S. 60.
- **Emmerich**, Volker, Wettbewerbsrecht, JuS-Schriftenreihe, 5. Aufl. 1999 (abgek.: Emmerich, UWG).
- **Ders.**, Wettbewerbsrecht. JuS-Schriftenreihe. 4. Aufl. 1995.
- **Ders.**, o.T. JuS 1993. 696 Nr. 11.
- **Ders.** o.T. JuS 1993. 165.

- **Ders.**: Neues zur Zulässigkeit der wirtschaftlichen Betätigung der öffentlichen Hand. AG 1985, S. 293 .
- **Engel**, Christoph: Privater Rundfunk vor der Europäischen Menschenrechtskonvention. 1993.
- **Ders.**: Rundfunk in Freiheit. AfP 1994, S. 185.
- **Ders.**: Multimedia und das deutsche Verfassungsrecht. In: Hoffmann-Riem/Vesting (Hrsg.). 1995, S. 160.
- **Ders.**: Medienordnungsrecht. Baden Baden Nomos. 1996.
- **Ders.**: Die Europäische Grundrechtscharta und die Pressefreiheit. ZUM 2000, S. 975.
- **Engels**, Stefan: Fernsehwerbung für Kinder. Diss. 1997. Nomos.
- **Ders.**: Der Trennungsgrundsatz in der dualen Rundfunkordnung - Rechtlicher Gehalt und tatsächliche Durchsetzung durch die Landesmedienanstalten. RuF 1997, S. 214.
- **Ders./Giebel,** Torsten: Das neue Fernsehwerberecht. ZUM 2000, S. 265.
- **Ennuschat**, Jörg: o.T. BB 1999, S. 494.
- **Enz**: Programmauftrag und Einschaltquote. ZUM 1987, S. 58.
- **Erdmann**, Willi/**Gloy**, Wolfgang/**Herber**, Rolf (Hrsg.): FS für Henning Piper, München 1996.
- **Esposito**, Elena: Interaktion. Interaktivität und die Personalisierung der Massenmedien. Soziale Systeme 1995, S. 225.
- **Dies.:** Macht als Persuasion oder Kritik der Macht. In: Maresch/Werber (Hrsg.). 1999, S. 83.
- **Federhoff-Rink**, Gerlind: Social Sponsoring in der Werbung - Zur rechtlichen Akzessorität der Werbung mit Umweltsponsoring, GRUR 1992, S. 643.
- **Fette**, Gunter: Schleichwerbung in Hörfunk und Fernsehen. Begriff, Grundlagen und Grenzen ihrer Unzulässigkeit. UFITA 56 (1970), S. 43.

- **Fezer**, Karl-Heinz: Das wettbewerbsrechtliche Irreführungsverbot als ein normatives Modell des verständigen Verbrauchers im Europäischen Unionsrecht. WRP 1995, S. 671.

- **Ders.**: Imagewerbung mit gesellschaftskritischen Themen im Schutzbereich der Meinungs- und Pressefreiheit – BVerfG hebt BGH-Urteile zur Benetton-Werbung auf. NJW 2001, S. 580.

- **Ders.**: Modernisierung des deutschen Rechts gegen den unlauteren Wettbewerb auf der Grundlage einer Europäisierung des Wettbewerbsrechts. WRP 2001, S. 989.

- **Fikentscher**, Wolfgang/**Möllers**, Thomas, M. J.: Die (negative) Informationsfreiheit als Grenze von Werbung und Kunstdarbietung. NJW 1998, S. 1337.
- **Fleischer, Thomas:** Die Zulässigkeit der Ausstrahlung von Nicht-Wirtschaftswerbung im Fernsehen. Berichte aus der Rechtswissenschaft Shaker. Diss. 2000

- **Fowler**, Mark, S.: In: 37 Federal Communication Law Journal. 1985, S. 71.

- **Frank**, Georg: Ökonomie der Aufmerksamkeit. München, Wien. 1998, Carl Hanser-Verlag.

- **Frey**, D. (Hrsg.): Kognitive Theorien der Sozialpsychologie. Bern 1978.

- **Friauf**, Karl-Heinrich/**Höfling**, Wolfram: Meinungsgrundrechte und Verfolgung von wirtschaftlichen Belangen. AfP 1985, S. 249.

- **Friccius**, Enrico:. Sponsoring. ZUM Sonderheft 1996, S. 1019.

- **Frowein, J.A./Peukert**. EMRK Kommentar. 2. Auflage 1996.

- **Fuchs**, Andreas: Die wettbewerbsrechtliche Beurteilung redaktioneller Werbung in Presseerzeugnissen unter besonderer Berücksichtigung der Koppelung von entgeltlicher Anzeige und redaktioneller Berichterstattung. GRUR 1988, S. 736.

- **Fünfgeld, H.** (Hrsg.). Massenkommunikation. Ergebnisse und Perspektiven. 1997.

- **Fuhr**, Ernst W.: ZDF Staatsvertrag Kommentar zum Staatsvertrag über die Errichtung der gemeinnützigen Anstalt des öffentlichen Rechts "Zweites Deutsches Fernsehen". 2. Aufl. Mainz 1985.

- **Ders./Rudolf**, Walter/**Wasserburg**, Klaus (Hrsg.): Recht der Neuen Medien. 1989.
- **Funiok**, Rüdiger (Hrsg.): Grundfragen der Kommunikationsethik. 1996.
- **Gangloff**, Tilmann: Der Rasen wird nicht lila. Ab April haben Fernsehsender in der Werbung mehr Freiheit. In: FR v. 31. März 2000.
- **Gärtner**, Stefan: Zum Einfluß der Meinungsfreiheit auf § 1 UWG am Beispiel der Problemwerbung. München. Rechtswissenschaftliche Forschung und Entwicklung; Bd. 575. Diss. 1998.
- **Gehrau**, Volker: Rezeption von Fernsehunterhaltung. Eine experimentelle Studie zu dem Einfluss persönlich relevanter Zeitbezüge auf das Unterhaltungsgefühl. Medienpsychologie 8. 2/96, S. 117.
- Gemeinsame Erklärung der Deutschen Bischofskonferenz und des Rates der Evangelischen Kirche: In: Deutschland. Chancen und Risiken der Mediengesellschaft. Gemeinsame Texte 10. 1997.
- **Gierl**, Heribert/**Stich**, Armin/**Strohmayr**, Marcus: Einfluß der Glaubwürdigkeit einer Informationsquelle auf die Glaubwürdigkeit der Information. MARKETIN ZFP 1997, S. 27.
- **Gleich**, Uli: Aktuelle Ergebnisse aus der Werbeforschung. MP 1997, S. 401.
- **Ders.**: Unterhaltungsangebote im Fernsehen und ihre Rezeption durch die Zuschauer - Ergebnisse qualitativ-empirischer Studien 1993 und 1995. MP 1997, S. 103.
- **Ders./Groebel**, Jan: ARD-Forschungsdienst. Die emotionale Qualität von (Fernseh-) Nachrichten Zuschauerinteresse und Wirkung. In: Media Perspektiven. 1993, S. 445.
- **Gloy**, (Hrsg.): Handbuch des Wettbewerbsrechts, 2. Aufl. 19997 (zit. Gloy-Mitarbeiter, WbR).
- **Ders.**: Zur Wettbewerbsabsicht in Presseäußerungen. In: Heldrich (Hrsg.): FS für Schweizer. 1999, S. 195.
- **Goldhaber, Michael H.**: Die Aufmerksamkeitsökonomie und das Netz - Teil I. Prominenz statt Geld, vom 27. Nov. 1997 in der Übersetzung von Florian Rötzer, Artikel-URL: http://www.telepolis.de/tp/deutsch/special/eco/6195/1.html.

- **Ders.**: Die Aufmerksamkeitsökonomie und das Netz - Teil II. Über das knappe Gut der Informationsgesellschaft, vom 12. Dez. 1997 in der Übersetzung von Florian Rötzer, Artikel-URL: http://www.telepolis.de/deutsch/special/eco/6200/1.html.

- **Gniech**, G./**Grabitz**, H.-J.: Freiheitseinengung und psychologische Reaktanz. In: Frey, (Hrsg.). 1978, S. 48.

- **Göpelt**: Das Spannungsfeld zwischen der Meinungsfreiheit und den Vorschriften zum Schutz vor unlauteren Wettbewerb aus nationaler und EG-rechtlicher Sicht. Bochumer Juristische Studien Bd.118.

- **Gottschalk**, Christoph/**Scheele**, Michael: Schluß mit der Schleichwerbung - Es lebe das Product Placement. MA 1987, S. 532.

- **Graw**, Ansgar: Schwarze Socken zum BMW: Vorwürfe gegen „Bizz TV“. Die Welt v. 12. 9.2000.

- **Greffenius**, Gunter/**Fikentscher**, Andrian: Werbeformen bei Sportübertragungen im Fernsehen und ihre wettbewerbsrechtliche Zulässigkeit. ZUM 1992, S. 526.

- **Greissinger**, Christian: Die EuGH-Rechtsprechung zur Fernsehrichtlinie. CR 1999, S. 112.

- **Groebel**, Jan: Medienpsychologie und Medienzukunft. In: Fünfgeld/Mast (Hrsg.). 1997, S. 321.

- **Gröning**, Joachim, Hintertüren für redaktionelle Werbung? - Aufdeckung und Bekämpfung redaktioneller Werbung nach der neusten Rechtsprechung des Bundesgerichtshofs-, WRP 1993, S. 685.

- **Grosskopf**, Lambert: Station Promotion – Zur Eigenwerbung von ARD und ZDF. WRP 1990, S. 153.

- **Grünwald**, Andreas (Hrsg.): SCHALL UND RAUCH? Zur Vereinbarkeit der sogenannten Tabakrichtlinie mit den Grundrechten des Europäischen Gemeinschaftsrechts. Arbeitsberichte zum Informations- und Telekommunikations- und Medienrecht. Bd. 4. 1999. LIT-Verlag.

- **Grupp**, Klaus: Wirtschaftliche Betätigung der öffentlichen Hand unter dem Grundgesetz. ZHR 140 (1976), S. 367.

- **Gustedt**, Volker/**Ruzas**, Stefan: Preisdiktat bis an die Schmerzgrenze. FOCUS 34/2000.

- **Gutachten der Wirtschaftsprüfungsgesellschaft KPMG** „Public. Policy Issues Arising from Telecommunication and Audiovisual Convergence". European Commission. Contract Number 70246.

- **Habermas**, Jürgen: Volkssouveränität als Verfahren. Ein normativer Begriff von Öffentlichkeit. Merkur. 6. Jg. 1989, S. 465.

- **Hackbarth**, Christine: Titelsponsorin im Fernsehen. ZUM 1998, S. 974.

- **Hackforth**, Josef (Hrsg.): Sponsoring. 1989.

- **Hagen**, Lutz: Informationsqualität von Nachrichten. Opladen 1995.

- **Hain**, Karl E.: Rundfunkfreiheit und Rundfunkordnung. 1993, S. 41.

- **Hartel**, Ulrich: Werbung im Kinofilm ZUM 1993, S. 617.

- **Ders.**: Werbung im Kinofilm, ZUM 1996, S. 129.

- **Ders.**: Product Placement, ZUM Sonderheft 1996, S. 1033.

- **Ders.**: ZUM 1999, S. 751.

- **Harstein,** Rheinhard/**Ring,** Wolf-Dieter/**Kreile**, Johannes/**Dörr**, Dieter/**Stettner,** Rupert: Rundfunkstaatsvertrag Kommentar zum Staatsvertrag der Länder zur Neuordnung des Rundfunkwesens, 2 Aufl. 1995. (zit. Harstein u.a.)

- **Dies.**: Kommentar zum RStV. In: Ring, Medienrecht. Bd. 2 C-O3 (Loseblatt). Stand. April 2000 (zit. Ring u.a.)

- **Hartwig**, Henning: Über das Verhältnis von informativer und suggestiver Werbung - Anmerkungen zur „Benetton-Werbung". WRP 1997, S. 825.

- **Hasebrink**, Uwe/**Krotz**, Friedrich: Fernsehnutzung im dualen System: duales Publikums- und duales Nutzungsverhalten. In: Hömbert/Pürer (Hrsg.). 1996, S. 357.

- **Haseloff**: Werbung als instrumentelle Kommunikation. In: Tietz (Hrsg.). Landsberg am Lech. 1982.

- **Hatje**, Armin: Wirtschaftswerbung und Meinungsfreiheit. 1993.

- **Hauschka**, Peter: Product Placement und Wettbewerbsrecht. Ein Lösungsversuch. DB 1988, S. 165.

- **Hefermehl**, Wolfgang: Redaktionelle Werbung in Kundenzeitschriften. AfP 1971, S. 111.
- **Ders.**: Rechtsfortbildung im Wettbewerbsrecht. in FS zur 500 Jahr-Feier d. Universität Heidelberg. 1985, S. 333.
- **Heidel**, Thomas: Verfassungsfragen der Finanzierung von Privatfunk durch Werbung. Baden-Baden 1988.
- **Heinrich**, Jürgen: Medienökonomie. Bd. 1: Mediensystem, Zeitung, Zeitschrift, Anzeigenblatt. Opladen. 1994.
- **Heinzle**, Christoph: Wenn Boris im Stern für AOL lacht – Macht G + J-Blatt Schleichwerbung für andere Konzernteile? FR v. 21. Dez. 1999.
- **Heldrich**, Andres (Hrsg.): Medien zwischen Spruch und Informationsinteresse: FS für Robert Schweizer zum 60 Geburtstag, Nomos 1999.
- **Heller**, Georg: Anzeige. Anzeige. Anzeige. In: Heldrich (Hrsg.) FS für Schweizer 1999, S. 297.
- **Henning-Bodewig**, Frauke: Wettbewerbsrechtliche Probleme der Werbung mit Prominenten. BB 1983, S. 606.
- **Dies.**: Product Placement und andere Formen „absatzfördernden Kommunikation". Die neuen Formen der Schleichwerbung? BB 1986. Beil. 18.
- **Dies.**: Fernsehwerbung und unlauterer Wettbewerb. UFITA 94 (1984), S. 197.
- **Dies.**: Die Trennung von Werbung und Programm im deutschen und europäischen Rundfunk- und Wettbewerbsrecht. GRUR Int. 1987, S. 538.
- **Dies.**: Product Placement im Kino. ZUM 1988, S. 263.
- **Dies.**: Product Placement und Sponsoring. GRUR 1988, S. 867.
- **Dies.**: Produkt-Placement und Sponsoring. GRUR 1988, S. 867.
- **Dies.**: Sponsoring. AfP 1991, S. 487.
- **Dies.**: Die Tarnung von Werbung. GRUR Int. 1991, S. 858.
- **Dies.**: Schockierende Werbung. WRP 1992, S. 533.

- **Dies.**: Werbung im Kinofilm - Die Situation nach „Feuer, Eis & Dynamit“-. GRUR 1996, S. 321.

- **Dies.**: Neue Aufgaben für die Generalklausel des UWG - Von „Benetton“ zu „Busengrapscher“. GRUR 1997, S. 180.

- **Dies.**: Kommerzielle Kommunikation. GRUR Int. 1997, S. 515.

- **Dies.**: Neue Entwicklungen im Sponsoring. ZUM 1997, S. 633.

- **Dies.**: Wo kein Kläger. da viel Reklame - Werbung und Programm werden häufig nicht klar getrennt und niemanden kümmert's. In: SZ. v. 29. Dez. 1997, S. 15.

- **Dies.**: Die EG-Fernsehrichtlinie von 1989. In: Schricker/dies. (Hrsg.) Neuordnung des Wettbewerbsrechts. Nomos 1998/1999, S. 81.

- **Dies.**: Werbung nach der Fernsehrichtlinie. In: Schwarze (Hrsg.) 1999, S. 170.

- **Henssler**, Martin: Anmerkung zu: BGH, U. v. 28.11.1996 - I ZR 184/94 -, (Zur Zulässigkeit von Drittwerbung in Presseberichten), JZ 1997, S. 1011.

- **Ders./Prütting**, Hanns: Bundesrechtsanwaltsordnung mit Rechtsberatungsgesetz, Partnerschaftsgesellschaftsgesetz, Rechtsanwaltsdienstleistungsgesetz, Kommentar, München 1997-

- **Herkströter**, Dirk: Werbebestimmungen für den privaten Rundfunk nach dem Rundfunkstaatsvertrag vom 31.8.1991. ZUM 1992, S. 395.

- **Ders.**: Neue elektronische Werbeformen: Glaubwürdigkeit des Programms gefährdet?. MP 1998, S. 106.

- **Herrlemann**: Die Regelung der Hörfunk- und Fernsehwerbung in den Mitgliedstaaten der Europäischen Gemeinschaft: Deutschland-Vereinigtes Königreich-Frankreich-Niederlande-Italien. München 1989.

- **Hermanns**, Arnold (Hrsg.): Sport- und Kultursponsoring, München, Vahlen 1989.

- **Ders./Püttmann**, Michael: Kontrolle des Sponsoring in: Hermanns Sport- und Kultursponsoring München, Vahlen 1989.

- **Hess**, Wolfgang: Medienkartellrecht. AfP 2000, S. 61.

- **Hesse**, Albrecht: Rundfunkrecht. 2. Aufl. 1999.
- **Hickethier**, Knut/**Bleicher**, Joan (Hrsg.): Trailer. Teaser. Appetizer: Zur Ästhetik und Design der Programmverbindungen im Fernsehen; Beiträge zur Medienästhetik und Mediengeschichte 3. Lit. 1997.
- **Hochstein**, Reiner: Neue Werbeformen im Rundfunk – ordnungspolitische und aufsichtsrechtliche Aspekte, AfP 1991, S. 696. 697.
- **Hoefer**: Georg: Eine Filmtheorie der Wahrnehmung. Wahrnehmungspathologie als Folge der Reizüberflutung. Ursachen - Folgen - Auswege; Aufsätze zu Film und Fernsehen. Bd. 28. 1996.
- **Hoeren,** Thomas: Cybermanners und Wettbewerbsrecht - Einige Überlegungen zum Lauterkeitsrecht im Internet. WRP 1997, S. 993.
- **Hömberg/Pürer** (Hrsg.): Medientransformation. Zehn Jahre dualer Rundfunk in Deutschland. Schriftenreihe der Deutschen Gesellschaft für Publizistik- und Kommunikationswissenschaft. Bd. 22. 1996.
- **Hoffmann. H.-J.**: Werbepsychologie. 1972.
- **Hoffmann-Riem**, Wolfgang (Hrsg.): Der öffentl.-rechtl. Rundfunk im Spannungsfeld zwischen Wirtschaftsrecht und Rundfunkrecht. 1988.
- **Ders.:** Wolfgang: Multimedia-Politik vor neuen Herausforderungen. RuF 1995, S. 125.
- **Ders.**: Kommunikationsfreiheit für Werbung. ZUM 1996, S. 1.
- **Ders./Vesting**, Thomas (Hrsg.): Perspektiven der Informationsgesellschaft. 1995.
- **Hollerbach**, Tobias/**Kapp**, Thomas: Fehlentwicklungen der wettbewerbsrechtlichen Rechtsprechung zum Social Sponsoring. DB 1998, S. 1501.
- **Holznagel**, Bernd. Rundfunkrecht in Europa. Auf dem Weg zu einem Gemeinrecht europäischer Rundfunkordnungen. Tübingen 1996.
- **Ders.**: Anm. zu: BVerfG. Urt. v. 17. Feb. 1998. MMR 1998. 211.
- **Ders.**: Rechtsprobleme der Konvergenz von Rundfunk und Telekommunikation. Beilage MMR 9/1999, S. 12.
- **Honig**, Gerhart: Werbung und Produktgestaltung. WRP 1997, S. 807.

- **Hoppenkamp**, H: Information oder Manipulation? 1977.
- **Hoppmann**, Erich: Wettbewerb und Werbung. WuW 1982, S. 776.
- **Ders**: Meinungswettbewerb als Entdeckungsverfahren. In: Mestmäcker. Offene Rundfunkordnung. 1988, S. 178.
- **Hormuth**, Steffen: Placement: eine innovative Kommunikationsstrategie. München: Vahlen Verlag 1993.
- **Hunziker**, P: Medien. Kommunikation und Gesellschaft. Darmstadt 1988.
- **Irle,** M. (Hrsg.): Marktpsychologie: Methoden und Anwendungen in der Marktpsychologie. 2. Halbband Göttingen 1983.
- **Jacob,** Klaus-Dieter: Werbung und Wettbewerb: Eine theoretische Analyse. In Schmollers Jahrbuch 86 (1966); S. 385.
- **Jacobs**, Rainer/**Lindacher**, Walter F./**Teplitzky**, Otto, (Hrsg.):, Großkommentar UWG, 7.-10. Lfg. 1993/94, Berlin. (zit. Großkommentar-Mitarbeiter)
- **Jacke, Christoph**: Prominente und Stars. Aufmerksamkeitskonglomerate und Werbeknotenpunkte, vom 28. Feb. 2001, Artikel-URL: http://www.heise.de/tp/deutsch/special/auf/7017/1.html.
- **Jarass**, Hans D.: Fernsehwerbung im deutschen und europäischem Recht. ZUM 1997, S. 769.
- **Jendrosch**: Der programmierte Konsument. Psychobiologische Grundlagen der Verhaltenssteuerung. 1995.
- **Jacobi**, Robert: Nachrichtenfieber – Aufschrei in Amerika: Zeitungen paktieren mit der Industrie, SZ v. 31. Mai/1. Juni 2000.
- **Jennings**, Marianne M.: The real generation Gap. In: Hillsdale College – Imprimis. Vol. 27. No. 8. August 1998.
- **Johansson, Anja:** Product Placement in Film und Fernsehen. Ein Vergleich der rundfunk- und wettbewerbsrechtlichen Zulässigkeit der Einblendung von Markenprodukten in Kinofilm und Fernsehen unter besonderer Berücksichtigung der Kunstfreiheit nach Art. 5 III GG. Diss. 2000.
- **Jones**, J.P./**Blair**, M.H.: Examing „conventional wisdoms" about advertising effects with evidence from independent sources. Journal of Advertising Research 36, 6/1996, S. 37.

- **Kant**, Imanuel: Beantwortung der Frage: Was ist Aufklärung?. Akademieausgabe. Bd. 8.

- **Kantzenbach**, Erhard: Zum Verhältnis von publizistischem und ökonomischem Wettbewerb aus ökonomischer Sicht. In: Rundfunk im Wettbewerbsrecht. In: Hoffmann-Riem (Hrsg.). 1988, S. 78.

- **Karle**, Roland: Mit Chiquita gegen China. In Horizont 37/97. v. 11. Sept. 1997, S. 82.

- **Keller**, Roland: Freiraum für Werbehelden. In: w&v 34/99, S. 124.

- **Kepplinger**; Hans Mathias: Ereignismanagement: Wirklichkeit und Massenmedien. Zürich 1992.

- **Keßler**, Jürgen: Lauterkeitsrecht und Verbraucherschutz in Polen. In: Micklitz (Hrsg.). Nomos 1996. S. 273.

- **Ders.**: Anm. zum Urteil des OLG Karlsruhe, vom 8. Mai 1996, 6 U 226/95, VuR 1997, 33.

- **Kiefer**, Marie-Luise: Massenkommunikation 1964-1985. MP. 1987, S. 137.

- **Dies.**: Die Dominanz des Ökonomischen. epd 63 v. 13. Aug. 1994.

- **Dies.**: Das duale Rundfunksystem - wirtschaftstheoretisch betrachtet. In: Hömberg/Pürer (Hrsg.). 1996, S. 81 (zit.: Duale Rundfunksystem, 1996).

- **Kiethe, Kurt:** Werbung im Internet. WRP 2000, S. 616.

- **Kimminich**, Otto: Der Staat. 1964.

- **Kinnebrock**, Wolfgang: Integriertes Eventmarketing: vom Marketing-Erleben zum Erlebnismarketing. Wiesbaden 1993.

- **Kirchhof**, Paul: Grundgesetz beim Wort genommen: Die Verfassung wahrt Rechterinnerung und Nachdenklichkeit. FAZ v. 12. Febr. 2000 Nr. 36, S. 8.

- **Kisseler**, Marcel: Unlautere Werbung durch redaktionelle Werbung. In: Baerns/Fischer (Hrsg.). S. 89.

- **Ders.**: Das deutsche Wettbewerbsrecht im Binnenmarkt. WRP 1994, S. 1.

- **Klaus**, Elisabeth: Der Gegensatz von Information ist Desinformation. der Gegensatz von Unterhaltung ist Langweile. In: Rundfunk und Fernsehen 1996, S. 402.

- **Dies./Lünenborg**, Margret: Der Wandel des Medienangebotes als Herausforderung an die Journalismusforschung: Plädoyer für eine kulturorientierte Annäherung. M&K 2000, S. 180.

- **Klooz**, Thomas: Sportsponsoring - Ein etabliertes Instrument der Unternehmenskommunikation. In Vieweg (Hrsg.). 1996, S. 17.

- **Knickenberg**, Daniel. Programmfreiheit contra Sponsoring, Diss. Köln 1999.

- **Knops**, Kai-Oliver: Verbraucherleitbild und situationsgebundene Unterlegenheit. VuR 1998, S. 363.

- **Knothe**, Matthias: Konvergenz und Medien. K&R 1998, S. 95.

- **Koffler**, Georg: Mediendialog 6/7 1994, S. 8.

- **Koch**, Hans-Joachim/**Rüßmann**, Helmut: Juristische Begründungslehre: eine Einführung in Grundprobleme der Rechtswissenschaft. Schriftenreihe der Juristischen Schulung; Bd. 22. 1982.

- **Kohl**, Helmut: Wettbewerbsrechtliche Schranken für Presseberichterstattung und Pressekritik. AfP 1984 S. 201.

- **Ders.**: Elektronische Massenmedien und staatliche Verantwortung. In: FS-für Friedrich Kübler, Wirtschaft und Medienrecht in der offenen Demokratie, S. 215.

- **Köhler**, Helmut: Redaktionelle Werbung. WRP 1998, S. 349.

- **Ders.**, EG-Recht, nationales Wettbewerbsrecht und Verbraucherschutz, JuS 1993, S. 447.

- **Ders./Piper**, H.: Kommentar zum UWG. München 1995.

- **Kollek**: Rechtsfragen der Rundfunkfinanzierung.

- **Kotteder**, Franz/**Ruge**, Clarissa: Medienmoguln. Meinungsmacher. Marktbeherrscher. Wer bestimmt die Medienszene? 1997. Heyne.

- **Kränzle**, Bernd: . X. Münchner Symposion zum Film- und Medienrecht am 05.07.1996 - "Nebenrechtsverwertungen in Film und Fernsehen". Grußwort, ZUM Sonderheft 1996, S. 1007.

- **Krause-Ablaß**, Günther B.: Die Neutralitätspflicht der Rundfunkanstalten. RuF 1962, S. 113.

- **Kreile**, Johannes: Die Neuregelung der Werbung im 4. Rundfunkänderungsstaatsvertrag. ZUM 2000, S. 194.

- **Ders./Stumpf**, Christoph A.: Das neue „Medienkartellrecht" – Die Sicherung der Meinungsvielfalt im novellierten Rundfunkstaatsvertrag. MMR 1998, S. 192.

- **Kresse**, Herrmann: Wirtschaftswerbung und Art. 5 GG, WRP 1988, S. 575.

- **Kroeber-Riel**, Werner: Über die Schönfärberei in der Werbelehre – faktische und normative Aspekte der menschlichen Verhaltenssteuerung. In: WiSt 1972, S. 127.

- **Ders.**: Wirkung von Werbung- und Aufklärungskampagnen. In. Schulz (Hrsg.). Weinheim 1986, S. 61.

- **Ders.:** Kommunikation im Zeitalter der Informationsüberlastung, Marketing ZFP 3/1988 S. 182.

- **Ders.**, Strategie und Technik der Werbung, 3. Aufl. 1991, Stuttgart, Kohlhammer. (zit.: Kroeber-Riel, 1991.

- **Ders.**: Bildkommunikation – Imagerystrategien für die Werbung. München 1993. (zit.: Kroeber-Riel, 1993)

- **Ders./Meyer-Hentschel,** G.: Werbung- Steuerung des Konsumentenverhaltens. Würzburg 1982.

- **Ders./Weinberg**, Peter: Konsumentenverhalten, 7. Aufl. München 1999.

- **Krüger**, Udo-Michael: Kontinuität und Wandel im Programmangebot. MP 1993, S. 246.

- **Krüger**, Timothy: Die Zulässigkeit vergleichender Werbung aufgrund gemeinschaftsrechtlicher Vorgaben. Das Leitbild des mündigen Verbrauchers und die Öffnung der nationalen Märkte. Berlin 1996,

- **Kruse**: Ordnungspolitik im Rundfunk, In: Schenk. Michael/Donnerstag. Joachim (Hrsg.). München 1989, S. 77.

- **Kübler**, Friedrich: Massenkommunikation und Medienverfassung. Bemerkungen zur "institutionellen" Deutung der Presse- und Rundfunkfreiheit. FS für Peter Lerche. 1993, S. 649.

- **Kühn**, Manfred: Neue Medien und Werbung. ZUM 1986, S. 370.

- **Kull**, Edgar: „Dienende Freiheit" - dienstbare Medien. FS für Peter Lerche. 1993, S. 663.

- **Laachmann**, Jens-Peter, Anm. zu BGH, GRUR 1988, 614 – Btx. GRUR 1988, S. 617.

- **Ladeur**, Karl-Heinz: Neue Werbeformen und der Grundsatz der Trennung von Werbung und Programm: Virtuelle Werbung. Split Screen und Vernetzung von Medien als Herausforderung der Rundfunkregulierung. ZUM 1999, S. 672.

- **Ders.**: Virtuelle Werbung in Sportübertragungen (1). Zur Rechtslage in Deutschland und Europa nach dem neuen Rundfunkstaatsvertrag. SpuRt 2000, S. 45.

- **Ders.**: Virtuelle Werbung in Sportübertragungen (2). Zur Rechtslage in Deutschland und Europa nach dem neuen Rundfunkstaatsvertrag. SpuRt 2000, S. 101.

- **Ders.:** Persönlichkeitsschutz und „Comedy". NJW 2000, S. 1977

- **Ders.**: Rechtliche Möglichkeiten der Qualitätssicherung im Journalismus. Publizistik 45 (2000), S. 442.

- **Ders.**: Verantwortung für Verstöße gegen das Rundfunkwerberecht. ZUM 2001, S. 643.

- **Lange**, Knut-Werner: Verhindern die Zivilgerichte das soziale Engagement von Unternehmen? WRP 1999, S. 893.

- **Langer**, Ulrike: Reklame mitten auf dem Fußballrasen? Bald ist virtuelle Fernseh-Werbung erlaubt - doch kaum ein Sender zeigt daran Interesse. FR v. 29. Feb. 2000.

- **Larenz**, Karl: Methodenlehre der Rechtswissenschaft. 6. Aufl. 1991. München.

- **Laukemann**, Marc: Analoge Anwendung des VerbrKrG auf Pay-TV-Verträge? WRP 2000, S. 624.
- **Ders.**: Die Auswirkungen des 4. Rundfunkänderungsstaatsvertrages auf die Hörfunkwerbung. In: Bauer/Ory (Hrsg.), S. 115.
- **Ders./Junker**, Markus: Neues Spiel, neues Glück. Zur strafrechtlichen Zulässigkeit von Lotterie und Ausspielungen im Internet. AfP 2000, S. 254.
- **Lehmann**, Michael: Die Werbung mit Geschenken. München u.a. 1974.
- **Leible**, Stefan /**Sosnitza**, Olaf: Richtlinienkonforme Auslegung vor Ablauf der Umsetzungsfrist und vergleichende Werbung. NJW 1998, S. 2507.
- **Leicht**, R.: Wie es uns gefällt. Fünfzig Jahre DIE ZEIT: Von neuen Herausforderungen für den Journalismus. In: DIE ZEIT. 51 Jg. 1996. Nr. 9, S. 1.
- **Leisner**, Walter: Der mündige Verbraucher in der Rechtsprechung des EuGH. Zur europarechtlichen Zulässigkeit abstrakter Gefährdungstatbestände (§§ 6 a, 6 b UWG). EuZW 1991, S. 498.
- **Lerche**, Peter: Rechtsprobleme des Werbefernsehens. Frankfurt u.a. 1965.
- **Ders.** Werbung und Verfassung. Berlin u.a. 1967.
- **Ders.**: Gestaltungskompetenz und Programmbereich der Rundfunkanstalten. In FS-Kübler. 1997, S. 239.
- **Lerg**, Winfried B.: Rundfunkpolitik in der Weimarer Republik. München 1980.
- **Leupold**, Andreas/**Bräutigam**, Peter/**Pfeiffer**, Markus: Von der Werbung zur kommerziellen Kommunikation: Die Vermarktung von Waren und Dienstleistungen im Internet. WRP 2000, S. 577.
- **Lindacher**, Walter F: Funktionsfähiger Wettbewerb als Final- und Beschränkungsgrund des lauterkeitsrechtlichen Irreführungsverbots. In: FS für Nirk. 1992, S. 587.
- **Loewenheim**, Ulrich: Suggestivwerbung und Lauterkeitsrecht. GRUR 1975, S. 99..
- **Löffler**, Christian: Verstößt die "Benetton-Werbung" gegen die guten Sitten i.S. des § 1 UWG? Zugleich eine Besprechung des Beschlusses des OLG

Frankfurt/M. vom 13.08.1992 - 6 W 72/92 - = AfP 1992, 378. AfP 1993, S.536.

- **Löffler**, Martin: Presserecht - Kommentar zu den Landespressegesetzen der BRD. 4. Aufl. 1997.
- **Ders./Ricker**, Reinhart: Handbuch des Presserechts, 3. Aufl. 1993.
- **Loock**, Friedrich: Kunstsponsoring - Eine neue Dimension der künstlerischen Abhängigkeit? In: Hermanns (Hrsg.) Sponsoring. 1989, S. 179.
- **Lübbe**: Unterhaltung sucht jeder - auch der Informationsorientierte. in Bertelsmann Briefe 1992, Heft 128.
- **Luck**, Oliver/**Kriwat**, Thomas: Moderne Tendenzen im Sportsponsorin In den USA. In: Vieweg (Hrsg.). 1996, S. 9.
- **Lüke**, Barbara: Und immer an den Käufer denken, e-marketing. Heft 30 2000, S. 22.
- **Luhmann**, Niklas: Die Wirtschaft der Gesellschaft: 2. Aufl. 1989.
- **Ders.**: Die Realität der Massenmedien. 2. Aufl. 1996.
- **Mahle** (Hrsg.) Medien in Deutschland. AKM Studien. Bd. 32.
- **Mähling**, F.W.: Werbung, Wettbewerb und Verbraucherpolitik. München 1983.
- **Mahrenholz**, Gottfried: Grundversorgung und Programmfreiheit. In: FS-Kübler. 1997, S. 251.
- **Maier**: Thomas: Kölnische Rundschau vom 20. Dez. 1999. Wenn die Werbung schleichend wirkt.
- **Maresch**, Rudolf/**Werber,** Niels (Hrsg.): Kommunikation, Macht, Medien. Frankfurt a.M. 1999.
- **Martinek**, Michael: Der deutsche Konsument als europäischer Verbraucher, NJW 1996, S. 3136.
- **Ders.:** Verbraucherschutz im Fernabsatz - Lesehilfe mit Merkpunkten zur neuen EU-Richtlinie. NJW 1998, S. 207.

- **Ders.**: Die Zurechnung von Zuschaueranteilen nach § 25 ff. des Rundfunkstaatsvertrags 1996 - Rechtsgutachten anläßlich der Lizenzanträge der Premiere Medien GmbH & Co. KG auf Zulassung zur bundesweiten Veranstaltung von digitalen Pay-TV-Programmangeboten. Schriftenreihe des Instituts für Europäisches Medienrecht, Saarbrücken. Band 19. Verlagsgruppe Jehle Rehm. München und Berlin 1998.

- **Mast**: Massenkommunikation - quo vadis? Grenzaufhebungen markieren den Weg nach Multimedia. In: Fünfgeld/Mast (Hrsg.). 1997, S. 213.

- **Matt**: In: w&v. Nr. 5 v. 4. Feb. 2000.

- **Maunz**, Theodor/**Dürig**, Günther/**Herzog**, Roman/**Scholz**, Rupert. Grundgesetz für die Bundesrepublik Deutschland. Bd. 1, Loseblatt, München 1989.

- **Meffert**, Heribert: Marketing. - Grundlagen der Absatzpolitik. 7. Auf. 1986 (Nachdruck 1991).

- **Mehlinger**, Rudolf: Sportsponsoring - einführende rechtliche Aspekte, SpuRt 1996 S. 54.

- **Ders.**, Sportsponsoring - Erscheinungsformen und Grenzen, SpuRt 1996, S. 165.

- **Menke**, Burckhart, Zur Fallgruppe der „Gefühlsbetonten Werbung" - Bemerkungen aus Anlaß der Arbeitsplätze bei uns"-Entscheidung des BGH, GRUR 1995, 534.

- **Merz**. Die Vorfeldthese. Diss. 1988.

- **Mestmäcker**, Joachim: Der verwaltete Wettbewerb: eine vergleichende Untersuchung über den Schutz von Freiheit und Lauterkeit im Wettbewerbsrecht. 1984. (zit. Wettbewerb).

- **Ders.**: Offene Rundfunkordnung. 1988.

- **Ders.**: Meinungsfreiheit und Medienkonzentration, (1986), in: **ders.** (Hrsg.) Recht der offenen Gesellschaft, 1993, S. 513 (zit. Meinungsfreiheit)

- **Ders.**: Zur Neuordnung des Rundfunks in der BRD (1986), in *ders.*, Recht der offenen Gesellschaft: 1993, S. 526 (zitiert Neuordnung).

- **Ders.**: Recht der offenen Gesellschaft: Hamburger Beiträge zum deutschen. europäischen und internationalen Wirtschafts- und Medienrecht. 1993. (zit. Meinungsfreiheit).

- **Ders.**: Mediendialog 12/1993, S. 2.

- **Ders.**: Über den Einfluß von Ökonomie und Technik auf Recht und Organisation der Telekommunikation und der elektronischen Medien. In: **ders.** (Hrsg.) 1995 (zit. Ökonomie und Technik).

- **Ders.** (Hrsg.). Kommunikation ohne Monopole II. 1995.

- **Meyer**, Alfred Hagen, Bemerkungen zur „Mars-Entscheidung des EuGH, GRUR Int. 1996, S. 98.

- **Meyer-Cording**, Ulrich: Gute Sitten und ethischer Gehalt des Wettbewerbs. JZ 1964, S. 273.

- **Meyer-Harport, Dirk:** Neue Werbeformen im Fernsehen. Eine Untersuchung besonderer Werbeformen anhand deutschen und europäischen Rundfunk- und Medienrechts. Europäische Hochschulschriften Reihe 2, Bd. 3020.

- **Micklitz**, Hans. W: Umweltwerbung im Binnenmarkt WRP 95, 1014.

- **Ders.** (Hrsg.): Rechtseinheit und Rechtsvielfalt in Europa, zur Rolle und Funktion des Verbraucherrechts in der EG und den MOE- Staaten. Nomos 1996.

- **Monopolkommission**. Wettbewerbsprobleme bei der Einführung von privatem Hörfunk und Fernsehen (Sondergutachten 11). 1981.

- **Moore**, D.j./**William**, D. H.: Affect intensity and the consumers attitude toward high impact emotional advertising appeals. Journal of Advertising Research 25. 2/1996, S. 37.

- **Morhart**, Claus: Sollte wegfallen: Zum ersten Entwurf einer Rundfunkstaatsvertrags-Novelle. epd medien Nr. 7 v. 31. Jan. 1998, S. 3.

- **Möschel**, Wernhard: Reform der deutschen Rundfunkordnung. In: Mahle (Hrsg.). S. 98.

- **Müller**, Thomas Walter: Die demoskopische Ermittlung der Verkehrsauffassung im Rahmen des § 3 UWG. 1987. Rechtswissenschaftliche Forschung und Entwicklung; Bd. 118.

- **Müller**, Werner: Die Ökonomik des Fernsehens - Eine wettbewerbspolitische Analyse unter besonderer Berücksichtigung unterschiedlicher Organisationsformen. Diss. Göttingen 1980.

- **Mütinga**, Maren: Die journalistische Wahrheits- und Sorgfaltspflicht und die Möglichkeit ihrer Durchsetzung: Eine Untersuchung anhand der Landesgesetze. Diss. 1999. Nomos-Universitätsschriftenreihe: Medien; Bd. 19.

- **Neft**, Hans: Rundfunkwerbung und Rundfunkfreiheit: inhaltliche Bindungen der Rundfunkwerbung durch Anforderungen des Art. 5 Abs. 1 Satz 2 GG. Rechtswissenschaftliche Forschung und Entwicklung. Bd. 429. 1994. Diss. München.

- **Neuberger,** Christoph: Journalismus als Problembearbeitung. Objektivität und Relevanz in der öffentlichen Kommunikation. 1996.

- **Ders.:** Was das Publikum wollen könnte. Autonome und repräsentative Bewertung journalistischer Leistungen. In: Weßler (Hrsg.). 1997, S. 171.

- **Neumann-Braun**, Klaus/**Barth**, Michael/**Schmidt**, Axel:. Kunst und Supermarkt. Videoclips und Musikfernsehen - Eine forschungsorientierte Literaturübersicht. RuF1997, S. 69.

- **Nickel**, Volker: Anmerkungen zum Einfluß der Werbung auf die Medien. MA 1995, S. 155.

- **Ders.**: Werbung und Moral. Verlag Edition ZAW. 1997.

- **Niederleithinger**, Ernst: Die vernachlässigte Einheit der Rechtsordnung im Wettbewerbsrecht. GRUR Int. 1996, S. 467.

- **Nieschlag**, Robert/**Dichtl**, Erwin/**Hörschgen**, Hans: Marketing. 17. Aufl. 1994. Berlin. Dunker und Humboldt (zit. Nieschlag u.a., Marketing).

- **Niewiarra**, Manfred: Boros Vermächtnis. ZUM 1991, S. 67.

- **Nordemann**, Wilhelm: Der verständige Durchschnittsgewerbetreibende. GRUR 1975. S. 625.

- **O.V.**: epd medien Nr. 10 v. 9. Febr. 2000. Privatsender dürfen neue Werbeparagrafen missachten.

- **O.V.**: FOCUS 18/1997, S. 259. Schleichwerbung - Sittenwidrig und sehr modern.

- **O.V.**: o.T. In: DER SPIEGEL 37/97, S. 94.

- **O.V.**: o.T. In: DER SPIEGEL 37/97, S. 96.

- **O.V.**: o.T. In: DER SPIEGEL 39/97, S. 112.
- **O.V.**: o.T. In: DER SPIEGEL Heft 35/1995; S. 120.
- **O.V.**: o.T. In: FAZ v. 28. Sept. 1998, S. 32.
- **O.V.**: o.T. In: FAZ v. 30. Sept. 1998, S. 42.
- **O.V.**: o.T. In: FOCUS 44/1999, S. 292.
- **O.V.**: o.T. In: Horizont 14/97. 37.
- **O.V.**: o.T. In: Horizont 37/97. v. 11. Sept. 1997, S. 80.
- **O.V.**: o.T. In: Horizont 37/97. v. 11. Sept. 1997, S. 82.
- **O.V.**: o.T. In: Horizont v. 5. Juni 7997. Nr. 23/97, S. 76. 78
- **O.V.**: o.T. In: TV-Movie16/97, S. 5.
- **O.V.**: o.T. In: TV-Movie 22/97, S. 31.
- **O.V.**: o.T. In: w&v 16/1997, S. 144.
- **O.V.**: o.T. In: w&v 16/1997, S. 74.
- **O.V.**: o.T. In: w&v 39/96, S. 22.
- **O.V.**: o.T. In: w&v 34/99, S. 12.
- **O.V.**: Medienbulletin Nr. 7/1992, S. 28. Werbung für die erste Reihe.
- **O.V.**: o.T. In: Handelsblatt v. 19. Juni 1996.
- **O.V.**: In: Horizont Heft 51/52 v. 20. Dez. 1996 S. , 57. „Print goes TV",
- **O.V.**: o.T. In: Horizont 51/52 v. 20. Dez. 1996, S. 66.
- **O.V.**: o.T. In: Horizont 20/97 v. 15. Mai 1997. S. 45.
- **O.V.**: o.T. In: SbZ v. 6. Juni 1997, S. 1.
- **O.V.**: o.T. In: FOCUS 7/1997, S. 165.

- **O.V.**: Horizont v. 16. Okt. 1997. Nr. 42, S. 1 u. S. 69. „Mehr Werbung in der Grauzone. Produkt-Placement ist ein Millionengeschäft. Markenartikelhehrsteller setzen zunehmend auf Werbung im redaktionellen Programm".

- **O.V.**: o.T. In: Horizont, 42/97 v. 16.10.97, S. 70.

- **O.V.**: o.T. In: Horizont 12/97 S: 42.

- **O.V.**: o.T.: In. SZ. V. 28. Jan. 1998: Wir sind nicht Amerika. Medienwächter Norbert Schneider über die Trennung von Werbung und Programm.

- **O.V.**: o.T. In: FOCUS. Heft 21/98. v. 18. Mai 1998; S. 260.

- **O.V.**: TAZ Nr. 5887 v. 16. Juli 1999, S. 14: Schamlose Reklame: Schleichwerbung ist gängig, nun wurde sie mal gerügt.

- **O.V.**: o.T. In: SbZ v. 19. Okt. 1999.

- **O.V.**: SZ v. 16. Nov. 1999 „DJ Bobo oder wie RTL2 die Welt sieht".

- **O.V.**: o.T. In: FR v. 20. Nov. 1999.

- **O.V.**: FAZ v. 10. Dez. 1999. Nr. 288, S. 18. ZDF kooperiert mit Euronews und Eurosport.

- **O.V.**: o.T. FAZ v. 19. Jan. 2000. Nr. 15, S. 25.

- **O.V.**: epd. medien 11/00 v. 12. Feb. 2000. Schleichwerbung künftig „schwieriger" nachzuweisen. Medienaufsicht hält Indizienbeweis aber für möglich – Werberichtlinie überarbeitet.

- **O.V.**: FAZ. v. 24. März 2000, S. 13f.: Die Zeit des geteilten Fernsehbildes beginnt am kommenden Sonntag.

- **O.V.**: w&v 13/2000 v. 31.3.2000, S. 152 – Geteilter Bildschirm.

- **O.V.**: USA sind fernsehhungrig. In: WaS vom 3. Dez. 2000, S. 36.

- **O.V.**: Bedeutung der elektronischen Werbemedien wächst. In: FAZ v. 4. Dez. 2000, S. 18.

- **O.V.**: Brüssel verschärft Entwurf für Tabak-Werbeverbot. Neufassung schließt auch Zeitungen mit nur nationaler Reichweite ein / Massive Kritik von Verlegern und Agenturen. In: FR vom 31. Mai 2001

- **Ott**, Klaus: Die Affäre Melissengeist – Medienwächter rügen Schleichwerbung im „Bayernjournal". SZ v. 7. Nov. 1997, S. 19.
- Werbung, die ins Programm schleicht. Süddeutsche Zeitung vom 20. Dez. 1999.
- **Ders.**: Wer kassiert schafft an. DFB verlangt für Liga-Rechte außer Geld auch Mitsprache. In SZ v. 22. Dez. 1999.
- **Ders.**: Mach mal `n Gutachten. SZ v. 20. Nov. 1999.
- **Ders.**: Journalismus war nicht vorgesehen. RTL droht ARD und ZDF mit Vertragsauflösung wegen zu kritischer Skisportberichterstattung. In: SZ v. 31. März 2000.
- **Ottler**, Simo: Das Märchen von der Zapp-Manie. Tele Images 1/97. 18-21.
- **Packard**. Vance: The hidden persuaders. 1957. Deutsch: Die geheimen Verführer: der Griff nach dem Unbewußten In jedermann. Düsseldorf 1992.
- **Paefgen**, Thomas, Christian, EWiR § 1 UWG 1/96.
- **Pappi,** Urban: Der 4. Rundfunkänderungsstaatsvertrag – Rechtsfolgen für die Praxis. Diskussion bericht der gleichlautenden Arbeitssitzung des Instituts für Urheber- und Medienrecht am 17. Dez. 1999. ZUM 2000, S. 203.
- **Paschke**, Marian/**Reuter**, Christian: Neues Werberecht für Kinospielfilme. DZWir 1996, S. 45.
- **Pepels**, Werner: Kommunikations-Management. Marketing-Kommunikation vom Briefing bis zur Realisation. 2. Aufl. 1996.
- **Perau**, Guido: Werbeverbote im Gemeinschaftsrecht - Gemeinschaftsrechtliche Grenzen nationaler und gemeinschaftsrechtlicher Werbebeschränkungen. 1997.
- **Pieper**, Annemarie. Einführung in die Ethik. Tübingen 1991.
- **Piper**, Ante-Karin: Die Anforderungen an die Werbesendungen im grenzüberschreitenden Rundfunk. ZUM 1989, 396.
- **Piper**, Henning.: Zu den Auswirkungen des EG-Binnenmarktes auf das deutsche Recht gegen den unlauteren Wettbewerb. WRP 1992, S. 685.

- **Ders.**: Zur wettbewerbsrechtlichen Beurteilung von Werbeanzeigen und redaktionellen Beiträgen werbenden Inhalts insbesondere in der Rechtsprechung des Bundesgerichtshofs, FS für Vieregge. 1995, S. 715.

- **Ders.**: Neue Rechtsprechung des BGH zum Wettbewerbsrecht. GRUR 1996, S. 147.

- **Plam**, Carla: Mit flottem Spruch auf Kundenfang – Massenmedien geben für Eigenwerbung viel Geld aus. In: FR v. 28. Dez. 1999.

- **Plaß**, Gunda: Die gesetzliche Neuregelung zur vergleichenden Werbung. NJW 2000, S. 3161.

- **Platho**, Rolf: Werbung. nichts als Werbung – und wo bleibt der Trennungsgrundsatz – Eine Erwiderung auf Ladeur, ZUM 1999, 672 – ZUM 2000, S. 46.

- **Pöchhacker**, Christof: Suggestivwerbung und unlauterer Wettbewerb. Juristische Schriftenreihe. Bd. 25. Wien. 1990.

- **Popper**, Karl: Die Macht des Fernsehens - Gegen den Mißbrauch der Television. DIE WELT v. 5. Nov. 1994.

- **Postman**, Neil: Wir amüsieren uns zu Tode. Urteilsbildung im Zeitalter der Unterhaltungsindustrie. Frankfurt a.M. 1985.

- **Poth:** Grundlagen des Marketing. 2. Aufl. 1990.

- **Pöttker**, H: Wozu brauchen wir Medien? Erwartungen an die Informationsvermittlung in der Gegenwartsgesellschaft. In: Wunden (Hrsg.). 1989, S. 87.
- **Prinz**, Mathias/**Peters**, Butz, Medienrecht: die zivilrechtlichen Ansprüche, München 1999.

- **Prosi**, Gerhard: Staatliche Monopole oder Wettbewerb privater Unternehmen - eine ökonomische Betrachtung, WuW 1996, S. 973.

- **Pürer**, H: Zwischen Tradition und Wandel: Zum Stand der Kommunikatorforschung in Deutschland. In: Fünfgeld/Mast (Hrsg.). 1997, S. 891.
- **Rediske**, Michael: Verstöße gegen das Trennungsgebot. Ein Hearing des Deutschen Presserates zur Vermischung von Werbung und Programm. MMM Nr. 1/2. Jan./Feb. 2000. Jg. 49.

- **Redmann**, Jutta: Trennungsgebot in Gefahr. Experten warnen vor zunehmender Vermischung von Anzeigen und redaktionellen Beiträgen. FR v. 26.11.1999.

- **Reichardt**, Hans: Gestattet § 1 UWG gefühlsansprechende, unsachliche Werbung?. WRP 1995. S. 795.

- **Reichhold**, Hermann: Unlautere Werbung mit der "Realität"? WRP 1994, S. 219.

- **Reidt**, Olaf: Art. 7 Abs. 4 des Rundfunkstaatsvertrages (RStV) - Das Verhältnis von Werbung und Programm in Hörfunk und Fernsehen. AfP 1990, S. 100.

- **Reifenrath**, Sven; Einstellungen zur Fernsehwerbung. Ergebnisse explorativer Interviews. Diss. Frankfurt 1996.

- **Reuthal**, Klaus-Peter: Verstößt die deutsche Irreführungsverbot gegen Artikel 30 EGV? WRP 1997, S. 1154.

- **Ricken**, F.: Allgem. Ethik. 2. Aufl. 1989.

- **Ricker**, Rheinhard: Die Werbefreiheit des privaten Rundfunks in einer veränderten Kommunikationsordnung. AfP 1997, S. 590.

- **Ders./Schiwy**, Peter: Rundfunkverfassungsrecht. München1997.

- **Ridder**. H.: Freiheit der Kunst nach dem Grundgesetz. 1964.

- **Ring**, Wolf-Dieter: Der Vierte Rundfunkänderungsstaatsvertrag – Rechtsfolgen für die Praxis. ZUM 2000, S. 177.

- **Ders.** (Hrsg.): Medienrecht - Rundfunk, Presse, Technische Grundlagen, Internationales Recht, Medienrecht. Bd. IV. Ergänzungslieferung. Stand Jan. 1998.

- **Ders./Hartstein**: Bildschirmtext heute. 1983.

- **Rödding**: Scheinargumente im Wettbewerbsrecht. DB 1969, S. 1877.

- **Rode**, Friedrich A.: Ist Werbewirkung soziologisch erklärbar? Werbewirkungstheorie heute. Düsseldorf 1994.

- **Rodekamp**, Horst: Redaktionelle Werbung - Die tatsächlichen und rechtliche Problematik der Trennung von Text- und Anzeigenteil In Druckerzeugnissen. Bielefeld 1975.
- **Rogge,** Hans-Jürgen: Werbung. Ludwigshafen. 1988.
- **Römer,** R.: Die Sprache der Anzeigenwerbung. 1974.
- **Rost**, Dankwart: Wer Werbung als Manipulation versteht hat ein gestörtes Verhältnis zur Wirklichkeit. In. MedienDialog 12/1993, S. 15.;
- **Ders.**: Pawlows Hunde - Die Legende der beliebigen Manipulierbarkeit des Menschen. 1993.
- **Roth**, Martin: Die Angst vor der Wirklichkeit - Zur Krise der Kulturpolitik: Die Unbeweglichkeit der Verwaltung und das Sponsoring. FAZ v. 13. Juni 1996, S. 37.
- **Rüggeberg**, Jörg: Product Placement und Sponsorship - Neue Formen der Werbung im Rundfunk?, GRUR 1988, S. 873.
- **Rühl**, Manfred: Zwischen Information und Unterhaltung. Funktionen der Medienkommunikation. In: Deutsches Institut für Fernstudien an der Universität Tübingen (Hrsg.): Funkkolleg Medien und Kommunikation. Konstruktionen von Wirklichkeit. Studienbrief 9. Weinheim/Basel, S. 11.
- **Ruijsennaars**. H.: Zur Vermarktung der Titel von Fernsehprogrammen. ZUM 1993. 353.
- **Ruß-Mohl**, Stefan.: Arrivederci Luhmann? Vorwärts zu Schumpeter! Transparenz und Selbstreflexivität: Überlegungen zum Medienjournalismus und zur PR-Arbeit von Medienunternehmen. In: Fünfgeld/Mast (Hrsg.). 1997, S. 193.
- **Rüttgers**, Jürgen: Vor welchen Herausforderungen stehen die Entscheidungsträger in der Medienwirtschaft und Politik?. In: Multimedia: eine revolutionäre Herausforderung. Perspektiven der Informationsgesellschaft. Alfred-Herrhausen-Gesellschaft für Internationalen Dialog (Hrsg.) - Stuttgart. 1995. S. 115.
- **Sack**, Rolf: Product Placement im Fernsehen. Medien-, urheber- und wettbewerbsrechtlichen Grenzen. Marketing ZFP 1987, S. 196.
- **Ders.**: Zur wettbewerbsrechtlichen Problematik des Produkt-Placement im Fernsehen. ZUM 1987, S. 103.

- **Ders.**: Neue Werbeformen im Fernsehen - rundfunk- und wettbewerbsrechtliche Grenzen, AfP 1991, S. 704-715.
- **Ders.**: Anmerkung zum BGH- Urteil vom 22.2.1990 (Wer erschoß Boro?), JZ 1991, S. 368.
- **Ders.**: Anm. zu BGH. Urt. v. 15. Mai 1997, LM H. 12/97, S. 2218, ebd. S. 2223
- **Ders.**: Die Präzisierung des Verbraucherleitbildes durch den EuGH. WRP 1999, S. 399.
- **Schaar**, Oliver: Regulierung redaktioneller Fernsehwerbung in Großbritannien. Ein Vorbild für den deutschen Rundfunkstaatsvertrag? ZUM 1998, S. 869.
- **Ders.**: Programmintegrierte Fernsehwerbung in Europa. Zum Stand der kommunikationsrechtlichen Regulierung in Europa. Materialien zur interdisziplinären Medienforschung Bd. 40. Nomos 2001.
- **Schalte**, Michael: Staatliche Schleichwerbung. In: TV-SPIELFILM. Heft 23/99, S. 22.
- **Schardt,** Andreas: Medienverbund aus Sicht des privaten Rundfunks. ZUM 1991, S. 61.
- **Schatz/Schulz**: Qualität von Fernsehprogrammen. Kriterien und Methoden zur Beurteilung von Programmqualität im dualen Fernsehsystem. MP 1992, S. 690.
- **Schenk**, Michael/**Donnerstag,** Joachim (Hrsg.): Medienökonomie. München 1989.
- **Ders./Donnerberg/Höflich**: Wirkungen der Werbekommunikation. 1990.
- **Scherer**, Beate: Product Placement im Fernsehprogramm. 1. Aufl. Baden-Baden: Nomos Verlagsgesellschaft. 1990.
- **Scherer**, Inge: Privatrechtliche Grenzen der Verbraucherwerbung. Schriften zum Wirtschaftsrecht Bd. 93. 1996.
- **Schertz**, Christian: Merchandising. Rechtsgrundlagen und Rechtspraxis. Diss. Berlin. 1997.

- **Scheuch**, Silke: Eigenproduktionen der Filmwirtschaft und Product Placement - Schranken wettbewerbsrechtlicher Kontrolle. In FS- für Piper. 1996, S. 439. (zit. Scheuch, Product Placement).

- **Schiedermair**, Hartmund: o.T. MedienDialog 9/1993, S. 17.

- **Schmidt, Siegfried J.**: Aufmerksamkeit - revisited. Das Mediensystem verstrickt sich in eine mörderische Paradoxie, vom 22. Dez. 2000, Artikel-URL: http://www.telepolis.de/deutsch/special/auf/4543/1.html.

- **Schlette**, Volker: Die Einrichtung eines Fensterprogramms gem. §§ 26 Abs. 5. 31 RStV. ZUM 1999, S. 802.

- **Schliesky**, Utz: Anm. zu OLG Hamm. Urt. vom 23. Sept. 1997. JA 1998, S. 930.

- **Schlosser**, Sabine: TM3 zieht alle TV-Werberegister - Kundennahe Programmumfelder und ein breite Palette an Werbemöglichkeiten sollen dem Frauensender Aufwind geben. In: Horizont 39/97 v. 25. Sept. 1997, S. 72.

- **Schmidt**, Hans: Nabelschau. In: Die Zukunft des Marketing? Die Zukunft ist Marketing. Gemeinsames Supplement von w&v. SZ. media & marketing und Der Kontakter zum Deutschen Marketingtag 1999, S. 4 These 3.

- **Schmidt**, Ingo: Wettbewerbspolitik und Kartellrecht. 4. Aufl. 1993.

- **Schmittmann**, Jens M.: Anm. zu LG Traunstein. B v. 18. Dez. 1997. MMR 1998. 53.

- **Ders.**: Anmerkung zu: LG Berlin, B. v. 14.05.1998 - 16 O 301/98 - (Zulässigkeit von E-Mail-Werbung). CR 1998, S. 499.

- **Schneider**, Norbert: Begriffsverlust und Zeitgewinn - Staatsvertragsnovellierung: ein Plädoyer für Klärungen. In: epd 96 v. 7. Dez. 1994.

- **Ders.**: Statement zur LfR-Studie „Trennung von Werbung und Programm im Fernsehen“. Kabel & Satellit Nr. 6 v. 2. Feb. 1998, S. 10.

- **Schneider/Schönbach/Stürzebecher**: Journalisten im vereinigten Deutschland. Strukturen. Arbeitsweisen und Einstellungen im Ost-West-Vergleich. In: Publizistik. 38 Jg. 1993 S. 353.

- **Schneider**, Wolf/**Raue,** Paul-Josef: Handbuch des Journalismus, RoRoRo 1996.

- **Schön**, Gerti: Wenn aus einen Buch-Autor ein Mythos werden soll: Jack Welch erhält eine Rekordsumme für ein Buch und eine komplette Marketing-Kampagne, in FR vom 25. Juli 2000.
- **Scholz**, Rupert.: o.T. Mediendialog 1993, S. 6.
- **Schrey**, Joachim/**Westerwelle**, Kai:.„Junk-Emails“ im Internet. K&R. Beilage 2 zu RIW. Heft 12/1997.
- **Schricker**, Gerhard: Gesetzesverletzung und Sittenverstoß. 1970.
- **Ders.** Entwicklungstendenzen im Recht des unlauteren Wettbewerbs. GRUR 1974, S. 579.
- **Ders.**: Deregulierung im Recht des unlauteren Wettbewerbs?. GRUR Int. 1994, S. 586.
- **Ders.** (Hrsg.): Kommentar zum Urheberrecht. München 2. Aufl. 1999.
- **Ders./Henning-Bodewig** (Hrsg.): Neuordnung des Wettbwerbsrechts. Nomos 1998/1999.
- **Schröder**, Jürgen: Rechtliche Grenzen von Marketing, Öffentlichkeitsarbeit und Eigenwerbung bei öffentlich-rechtlichen Rundfunkanstalten. ZUM 2000, S. 6.
- **Schultze, Reinhard D.**: Product Placement im Spielfilm. Grenzen zulässiger Produktabbildungen im Rundfunkprogramm. Schriftenreihe Information und Recht Bd., Diss. 2001.
- **Schulz** (Hrsg.): Medienwirkungsforschung in der BRD. Teil I. Bericht und Empfehlungen. Weinheim 1986.
- **Schuster**, Thomas: Sittenwidrig, unlauter und lukrativ. TAZ v. 25. Aug. 2000, S. 16.
- **Schwarz**, Mathias: Entgeltliches Product Placement in Kinofilmen: Umfang der Hinweispflicht für Produzenten, Verleiher und Kinotheaterbesitzer. AfP 1996, S. 31.
- **Ders./Eichler**, Boris: Der Werbebegriff im Rundfunkstaatsvertrag. AfP 1996, S. 228

- **Schwarze**, Jürgen (Hrsg.): Werbung und Werbeverbote im Lichte des europäischen Gemeinschaftsrechts. Schriftenreihe Europäisches Recht, Politik und Wirtschaft, Bd. 216. Nomos 1999.

- **Schweizer**, Robert: Anm. zu OLG München. Urt. vom 19. Juni 1997. AfP 1997, S. 930.

- **Seufert**, Wolfgang: Rundfunkunternehmen – Gewinner beim Strukturwandel der Medienwirtschaft. In: Altmeppen(Hrsg.). 1996, S. 166.

- **Sevecke**, Torsten: Die Benetton- Werbung als Problem der Kommunikationsfreiheiten AfP 1994, S. 196.

- **Sieber**, Stefanie/**Klimek**, Oliver. A.: Werbung in Push-Diensten: Zulässige unaufgeforderte kommerzielle Kommunikation? K&R 1999, S. 305.

- **Sjurt**; Ina: Wettbewerb und Unternehmensstrategie In der Medienbranche. In: Altmeppen (Hrsg.). Opladen 1996, S. 53.

- **Sosnitza**, Olaf: Werbung mit der Realität - Anmerkungen zum Benetton-Beschluß des OLG Frankfurt. GRUR 1993, S. 540.

- **Ders.**: Anmerkung zu OLG München, Urteil vom 03.02.1994 - 6 U 6417/93 – Togal. WRP 1994, S. 417.

- **Ders.**: Wettbewerbsbeschränkungen durch die Rechtsprechung. Erscheinungsformen und Ursachen auf dem Gebiet des Lauterkeitsrechts, Baden-Baden. 1995.

- **Spengler**, Albrecht: Gibt es ein generelles Verbot, Wirtschaftswerbung im Gewande von Unterhaltung oder Information zu betreiben? UFITA 27 (1959), S. 169.

- **Spenneberg,** Lutz: Was kostet die Welt: In: DieWoche v. 12. Dez. 1997, S. 14.

- **Spitzer**, Gerold: Sonderwerbeformen im TV - Kommunikationskooperation zwischen Fernsehen und Wirtschaft. Diss. Wiesbaden 1996.

- **Starck**, Christian: Grundversorgung und Rundfunkfreiheit. NJW 1992, S. 3257.

- **Ders.**: Grund- und Individualrechte in der Telekommunikation In: Mestmäcker (Hrsg.). 1995, S. 291.

- **Stock,** Martin: EU-Medienfreiheit – Kommunikationsgrundrecht oder Unternehmensfreiheit? K&R 2001, S. 294.

- **Stein**, Torsten: Ohne Rechtsgrundlage: Die Tabakwerbeverbotsrichtlinie der EG. ZLR 1998, S. 209.

- **Steinbeck**, Vera: Zur europarechtskonformen Auslegung des Irreführungsverbots nach § 3 UWG. EWS 1996, S. 234.

- Stellungnahme des **Wissenschaftsbeirates beim Bundesministerium** für Wirtschaft und Technologie vom 18. Nov. 1999 „Offene Medienordnung" (zit. Wissenschaftsbeirat).

- **Streissler**, E. u. M. (Hrsg.): Konsum und Nachfrage. 1966.

- **Taber**, M: Alternativer Journalismus. In: Wunden (Hrsg.). 1989, S. 111.

- **Teichmann/ v. Krüchten**: Kriterien gefühlsbetonter Werbung. WRP 1994, S. 704.

- **Tettinger**, Peter. J.: Rechtsschutz gegen kommunale Wettbewerbsteilnahme, NJW 1998, S. 3473.

- **Tietz**, Bruno: Die Werbung: Handbuch d. Kommunikations- u. Werbewirtschaft, Bd. 1, Landsberg am Lech: Verlag Moderne Industrie 1981.

- **Ders./Zentes**, J., Die Werbung der Unternehmung, Reinbeck bei Hamburg 1980.

- **Tilmann**, Winfried: Der verständige Verbraucher. In: FS-Piper. 1996, S. 481.

- **Tröndel**, Herbert/**Fischer**, Thomas, Strafgesetzbuch und Nebengesetze. Kommentar. 49. Aufl. München. 1999.

- **Trommsdorff**: Konsumentenverhalten. 2. Aufl. 1993.

- **Tschentscher**, Thomas/**Klee**, Dirk: Aktuelle Rechtsprobleme der Werbung im privaten Rundfunk. ZUM 1994, S. 146.

- **Tschiedert, Markus**: Die Reklame-Offensive. Noch nie durfte ein Unternehmen in einem Film so vordergründig Werbung betreiben wie die Federal Express, Berliner-Morgenpost vom 18. Jan. 2001, Art-Url: http://www.berliner-morgenpost.de/bm/inhalt/heute/feuilleton/story384951.html

- **Ulbrich**, Martin: Konvergenz der Medien auf europäischer Ebene. Das Grünbuch der Europäischen Kommission. K&R 1998, S. 100.

- **Ullmann**, Eike: Spenden. Sponsern. Werben. FS für Traub. 1994, S. 411.

- **Ders.**: Einige Bemerkungen zur Meinungsfreiheit in der Wirtschaftswerbung. GRUR 1996, S. 948.

- **V. Benningsen-Foerder:** o.T. MA 1988, S. 334.

- **V. der Horst, Rutger**: Europäisches Rundfunkrecht – Abschied vom public-service Modell des Rundfunks oder Überlebem im gewandelten Kleid? – Diss. 1995.

- **V. Gamm**, Otto Friedrich: Das Verbot einer unbilligen Behinderung und einer sachlich nicht gerechtfertigten Diskriminierung. NJW 1980. 2489.

- **Ders.**: Gesetz gegen den unlauteren Wettbewerb. Kommentar. 3. Aufl. 1993.

- **V. Hayek**, Fr.: Wettbewerb als Entdeckungsverfahren, Kieler Vorträge Neue Folge 56, Kiel 1968.

- **V. Hippel**, Eike: Verbraucherschutz. 3. Aufl. 1986. Tübingen.

- **V. Marwitz**, Petra: Sind Unternehmenshomepages Werbung? MMR 1998, S. 188.

- **V. Münch**, Ingo/**Kunig**, Ingo: Grundgesetz- Kommentar Bd.1: Präambel bis Art. 20 GG. 4. Aufl. München 1992.

- **V. Nostitz,** Wolfgang: Sponsoring - mit Steuergeldern die öffentliche Meinung steuern? ZRP 1996, S. 84.

- **V. Wallenberg**, Gabriela: Werbung und Sponsoring im öffentlich-rechtlichen und privaten Rundfunk. ZUM 1994, S. 293.

- **V. Westerhold,** Margot G.: Übertragung von Sportveranstaltungen im Fernsehen. ZIP 1996, S. 264.

- **Vesting,** Thomas: Das Rundfunkrecht vor den Herausforderungen der Logik der Vernetzung. Überlegungen zu einer horizontalen Rundfunkordnung für die Ökonomie der Aufmerksamkeit. M&K 2001, S. 285.

- **Vieweg**, Klaus (Hrsg.): Sponsoring im Sport, 1996.

- **Voigt**, Stefan: Die Entwicklung des Wettbewerbsrechts in den Jahren 1995-1997. NJW 1997, S. 2558.
- **Voigt**, Thomas/**Löw,** Elke.: Fernsehsender sind wie Markenartikel. In: w&v Nr. 42/1991, S. 132.
- **Volk**: Sport ist das Lieblingskind der Sponsoren, Markenartikel 1994, S. 472.
- **Völkel**, Rüdiger: Product Placement aus der Sicht der Werbebranche und seine rechtliche Einordnung. ZUM 1992, S. 55.
- **Volpers**, Helmut/**Herkströter**, Dirk/**Schnier**, Detlef: Die Trennung von Werbung und Programm im Fernsehen. Programmliche und werbliche Entwicklungen im digitalen Zeitalter und ihre Rechtsfolgen. Schriftenreihe Medienforschung der LfR, Bd. 25. Opladen 1998 (zit. Volpers u.a.).
- **Vorderer**, Peter: Rezeptionsmotivation: Warum nutzen Rezipienten mediale Unterhaltungsangebote? Publizistik 41. 3/96, S. 310.
- **Voß**, Peter: Wirtschaft im Fernsehen. Informedien-Stiftung Köln. 1996,
- **Wagner**, Hans: Medientabus und Kommunikationsverbote. Die manipulierte Wirklichkeit. München 1991.
- **Ders.**: Der Journalismus I: Auftrag. Gesammelte Beiträge zur Journalistentheorie. Erlangen. 1995.
- **Wallraf,** Georg: Sponsoring redaktioneller Seiten in der Zeitungs- und Zeitschriftenpresse, FS für Heldrich. 1999. S. 271.
- **Walliser**, Björn, Der Zusammenhang zwischen Markenbekanntheit und Wiedererkennung bei der Bandenwerbung, MARKETIN ZFP 1997, S. 43.
- **Wefing**, Heinrich: Spesen für den genossenen Liebesdienst - Schönwettersponsoring: Das vorzeitige Ende einer Gerhard-Richter-Ausstellung in der Dresdner „Kunsthalle". FAZ v. 27/28. April 1996, S. 35.
- **Wehmeier,** Sabine: Ökonomisierung des Fernsehens. Ein Beitrag zur Verbindung von System und Akteur. M&K 2001, S. 306.
- **Weiand**, George: Kultur- und Sportsponsoring im deutschen Recht unter besonderer Berücksichtigung urheber-, medien- und wettbewerbsrechtlicher Aspekte, Berlin, 1993.
- **Ders.**: Anm. zu BGHZ 117, 353ff. ZUM 1993, S. 81.

- **Ders.**: Rechtliche Aspekte des Sponsoring. NJW 1994, S. 227.
- **Ders.**: Der Sponsoringvertrag. Becksche Musterverträge Bd. 29, 1995.
- **Weischenberger**, Siegfried: Neues vom Tage. Die Schreinemakerisierung der Medien. Rasch und Röhring Verlag 1997.
- **Weiß**, Hans-Jürgen: Programmnormen. Programmrealität und Programmforschung. In: Hömbert/Pürer (Hrsg.). 1996, S. 227.
- **Weiß**, Ralph: Lässt sich über Qualität streiten - Versuche in der Kommunikationswissenschaft zur Verobjektivierung des Qualitätsbegriffs. In: Weßler (Hrsg.). 1997, S. 185.
- **Wenders**, Wim: o.T. In: w&v 34/99.
- **Weng**, Hsiao-Ling: Rechtsprobleme der indirekten Werbung durch Sponsoring und Product Placement im Kinospielfilm. Eine Untersuchung zur Bedeutung der Kunstfreiheitsgarantie für die Anwendung des § 1 UWG. Europäische Hochschulschriften Reihe II, Bd. 2642. Diss. 1999.
- **Wenzel**, Egbert: 70. Tagung des Studienkreises für Presserecht und Pressefreiheit: Neue Werbeformen im Rundfunk. NJW 1992, S. 959.
- **Weßler**, Hartmut (Hrsg.): Perspektiven der Medienkritik: die gesellschaftliche Auseinandersetzung mit öffentlicher Kommunikation in der Mediengesellschaft. FS für Dieter Roß. Opladen. 1997,
- **Westerwelle**, Kai: Anm. zu LG Berlin, MMR 1999. 43. MMR 1999, S. 45.
- **Wieben, Arne:** Die Tarnnung von Werbung und redaktionellem Programm: Eine rundfunkrechtliche Bestandsaufnahme unter besonderer Berücksichtigung des Rundfunkstaatsvertragsreform 2000: Schriften zum Informaitons-, Telekommunikations- und Medienrecht Bd. 7. Diss. 2001.
- **Wiendick, G./Bungard, W./Lück**, H.E.: Konsumentenentscheidungen. Darstellung und Diskussion konkurrierender Forschungsansätze. In: Irle (Hrsg. 1983). 2. Hb. S. 1. 1983.
- **Wilde**, Walter: Wirtschaftswerbung durch Einblendungen im Spielfilm. UFITA 25 (1958), S. 152.
- **Wilhelm**: Werbung als wirtschaftstheoretische Problem. 1961.

- **Wille**, Karola/**Schneider-Freyermutz**, Georg: Die Rechtsprechung zu „MDR Sputnik“ und das Verfassungsrecht. ZUM 1999, S. 713.

- **Willems**, Herbert: Medienproduktion, Medienprodukt und Medienrezeption: Überlegungen zu den medienanalytischen Möglichkeiten der „Rahmentheorie“ und komplementäre Ansätze. M&K 2000, S. 212.

- **Ders./Kautt**, York: Der Körper in der Werbung: Überlegungen zu den Sinnbezügen und Formen der Inszenierung. RuF 1999, S. 515.

- **Wirtz**, Karl-Ernst: Rechtliche Probleme des Sponsoring. In: Hermanns. (Hrsg.). 1989, S. 251.

- **Wiswede, G.**: Motivation und Verbraucherverhalten. 2. Aufl. München 1973.

- **Ders.**: Soziologie – Ein Lehrbuch für den wirtschafts- und sozialwissenschaftlichen Bereich. 2. Aufl. Landsberg am Lech 1991.

- **Wittwen**, Andreas: Infotainment: Fernsehnachrichten zwischen Information und Unterhaltung. Züricher Germanische Studien. Bd. 43. Diss. Zürich. 1995.

- **Woelke**, Jens: Product Placement oder Werbespots? Zwei Werberepräsentationsformen im Vergleich, Zeitschrift für Sozialpsychologie Heft 29, 1998, S. 165.

- **Wokl**; L.: You Won't Know It When You See It. An Essay on Subliminal Communication and First Amendment Theory; In: Columbia JL Social Problems 23. 1990. S. 523.

- **Wolf**, Thorsten: Telegener Seitensprung, w&v 13/2000, S. 226.

- **Wolff**, Volker: Wettbewerb und Qualität bei Presseprodukten. Publizistik. 1998, S. 259.

- **Wolfrad**, Uwe/**Petersen**, Lars-Eric: Dimensionen der Einstellung gegenüber Fernsehwerbung. RuF 1997, S. 325.

- **Wunden**, Wolfgang: Medienethik - Medienpädagogik. In: ders. (Hrsg.). 1989, S. 267.

- **Ders.** (Hrsg.): Medien zwischen Macht und Moral - Beiträge zur Medienethik. 1989.

- **Ders.**: Kommunikationswissenschaftler und Ethiker – Plädoyer für einen Dialog. In: Hömbert/Pürer (Hrsg.). 1996, S. 316.

- **Zabel**, Wolfram/**Letz**, Sabine: Wenn die Werbung angeschlichen kommt. In: DIE WELT vom 21. Dez. 1999, S. 36.

- **Zastrow**, Hartmut: Zielgruppenbestimmung im Sponsoring, Planung und Analyse 1/1994, S. 55.

- **Zentes**, Joachim: Grundbegriffe des Marketing. 4. Aufl. 1996.

- **Zentralausschuß der deutschen Werbewirtschaft** e.V.: Schleichwerbung, 2. Aufl. Edition ZAW. Bonn.

- **Ziesel**, Günther: Grundrecht auf Meinungsfreiheit – Über journalistisches Ethos und den wirtschaftlichen Druck in der modernen Medienindustrie. Der Tagesspiegel v. 24. Juni 2001, S. 33.

- **Zollinger**, Hans. Sponsoring- mit außergewöhnlichen Mitteln Sympathie schaffen. In: Management Zeitschrift. 61. (1992) Nr. 5, S. 90.

- **Zurstiege, Guido**: Aufmerksamkeit - die Unwahrscheinlichkeit des Unvermeidbaren. Bei allen Aufmerksamkeitsgeschäften geht es stets um die lukrative Kontrolle der Aufmerksamkeitsqualitäten, vom 17. Jan. 2001, Artikel-URL: http://www.telepolis.de/deutsch/special/auf/4699/1.html.

Saarbrücker Studien zum Privat- und Wirtschaftsrecht

Herausgeber:
Johann Paul Bauer, Michael Martinek und Helmut Rüßmann

Band 1 Susanne Jaschinski: Die Haftung von Schwestergesellschaften im GmbH-Unterordnungskonzern. Ein Beitrag zum Konzernverfassungsrecht. 1997.

Band 2 Roman Sascha Ahnert: Die *actio individualis*. Ein Beitrag zur verfassungsrechtlichen Fundierung der Aktionärsklage bei sogenannten Aktien-Interessenverbänden. 1997.

Band 3 Torsten Peters: Der Cateringvertrag. Rechtstatsachen, Rechtsnatur und Rechtsprobleme eines modernen Dienstleistungsvertrags. 1998.

Band 4 Michael Meissner: Persönlichkeitsschutz juristischer Personen im deutschen und US-amerikanischen Recht. Eine rechtsvergleichende Untersuchung des allgemeinen Persönlichkeitsrechts juristischer Personen. 1998.

Band 5 Thomas Tegen: Joint Venture-Vertrag und Projektträgergesellschaft im amerikanischen und deutschen Recht. 1998.

Band 6 Gerhard Wolter: Treuhandrecht im Umbruch? Ein Blick nach Frankreich, Luxemburg, in die Schweiz und in den Libanon sowie auf das Haager Trust-Übereinkommen. 1999.

Band 7 Thomas Dehlfing: Das Recht der irreführenden Werbung in Deutschland, Großbritannien und Frankreich. 1999.

Band 8 Hanno Dornseifer: Börsentermingeschäfte und Börsentermingeschäftsfähigkeit. Zur börsengesetzlichen Behandlung von finanzwirtschaftlichen Festgeschäften, Options- und Optionsscheingeschäften. 1999.

Band 9 Patrick Lenz: Absatzförderung durch *zinssubventionierte* Darlehen. Eine wettbewerbs- und kartellrechtliche Studie zur Zulässigkeit von Niedrigzins-Kreditangeboten unter besonderer Berücksichtigung des Automobilmarktes. 1999.

Band 10 Mansur Pour Rafsendjani: Der Goodwill-Ausgleichsanspruch des Franchisenehmers. Ein Vergleich des deutschen, französischen und US-amerikanischen Franchiserechts. 1999.

Band 11 Jörg Hartmann: Juristische und ökonomische Regelungsprobleme des Insiderhandels. Eine rechtsvergleichende Darstellung USA – Deutschland. 1999.

Band 12 David Altmeier: Rückstellungsbilanzierung in Deutschland und Frankreich. Eine vergleichende Untersuchung der französischen Rückstellungsbilanzierung aus der Perspektive des deutschen Bilanzrechts. 1999.

Band 13 Barbara Günther: Aktivische Bilanzierungshilfen im deutschen und französischen Bilanzrecht. 1999.

Band 14 Bernhard Glasow: Vertikale Preisbindung, Wettbewerbstheorie und Wettbewerbsrecht in den USA, Deutschland und Europa. Bestandsaufnahmen, Kritik und Zukunftsperspektiven. 2000.

Band 15 Dorota Nowak-James: Der Börsenzugang für Anleger in Deutschland und Polen. Eine rechtsvergleichende Untersuchung zum deutschen Finanzkommissionsgeschäft und zum polnischen Brokerauftragsvertrag. 2000.

Band 16 Mathias Queck: Der Nießbrauch am Anteil einer offenen Handelsgesellschaft. Eine Form der (un-)mittelbaren Unternehmensbeteiligung. 2000.

Band 17 Ina Roth: Umweltbezogene Unternehmenskommunikation im deutschen und europäischen Wettbewerbsrecht. 2000.

Band 18 Jörg Preiss: Die Anwendung des markenrechtlichen Erschöpfungsgrundsatzes auf Dienstleistungsmarken. 2000.

Band 19 Kevin M. McDonald: Der Begriff der Dienstleistung im europäischen Binnemarkt und WTO-System (GATS). 2001.

Band 20 Carolin Opgenhoff: Die europäische Fusionskontrolle zwischen Wettbewerbsrecht und Industriepolitik. 2001.

Band 21 Susanne Schäfer: Die Deliktsfähigkeit juristischer Personen. Eine rechtsvergleichende Untersuchung zur Übertragbarkeit des englischen Modells. 2001.

Band 22 Kay Diedrich: Die Interventionswirkung – Ausprägung eines einheitlichen Konzepts zivilprozessualer Bindungswirkung. 2001.

Band 23 Michael Fröhlich: Zentrale Institutionen des deutschen Urheberrechts und des französischen Droit d'auteur auf dem Prüfstand der elektronischen Netzwerke. 2001.

Band 24 Joël Benjamin Münch: Abtretungsverbote im deutschen und französischen Recht. Rechtsvergleichende Untersuchung der Übertragungshindernisse im deutschen und französischen Forderungsverkehr als Beitrag zu einer weiteren Schuldrechtsvereinheitlichung in Europa. 2001.

Band 25 Monika Prieß: Der Begriff des Sachmangels im deutschen und englischen Kaufrecht. Reformbedarf aufgrund der Verbrauchsgüterkauf-Richtlinie 1999/44/EG. 2001.

Band 26 Katharina Siegel: Produkthaftung im polnischen, tschechischen und slowenischen Recht. 2001.

Band 27 Carolin Kühne: Die gesetzliche Form der Rechtsgeschäfte im deutschen und italienischen Recht. Eine rechtsvergleichende Untersuchung. 2002.

Band 28 Nina Scherf: Die Nachschußpflicht im Gesellschaftsrecht. Eine rechtsformübergreifende Bestandsaufnahme, Analyse und Kritik. 2002.

Band 29 Marc Laukemann: Fernsehwerbung im Programm. Die zunehmende Kommerzialisierung des Fernsehprogramms im Zeitalter einer Ökonomisierung der Aufmerksamkeit als verfassungs-, wettbewerbs- und rundfunkrechtliches Problem. 2002.